法治政府要论丛书

法治政府要论

——行为法治

On the Rule of Law Government
—Law-Based Administrative Act

江国华　著

WUHAN UNIVERSITY PRESS
武汉大学出版社

图书在版编目(CIP)数据

法治政府要论:行为法治/江国华著.—武汉:武汉大学出版社,
2021.6
法治政府要论丛书
ISBN 978-7-307-22271-7

Ⅰ.法⋯　Ⅱ.江⋯　Ⅲ.社会主义法治—建设—研究—中国
Ⅳ.D920.0

中国版本图书馆 CIP 数据核字(2021)第 071731 号

责任编辑:沈继侠　　　责任校对:汪欣怡　　　版式设计:韩闻锦

出版发行:**武汉大学出版社**　　(430072　武昌　珞珈山)
(电子邮箱:cbs22@whu.edu.cn　网址:www.wdp.com.cn)
印刷:湖北金港彩印有限公司
开本:720×1000　1/16　印张:41.25　字数:651 千字　插页:2
版次:2021 年 6 月第 1 版　　　2021 年 6 月第 1 次印刷
ISBN 978-7-307-22271-7　　定价:128.00 元

总　　序

根据党的十八大精神要求，2020 年，是中国法治政府建设的收官之年，经过不懈努力，我国已经基本建成了职能科学、权责法定、执法严明、公开公正、廉洁高效、守法诚信的法治政府。

法治政府的内涵丰富，以马克思列宁主义、毛泽东思想、邓小平理论、"三个代表"重要思想、科学发展观、习近平新时代中国特色社会主义思想为指导，根据全面建成小康社会、全面深化改革、全面依法治国、全面从严治党的战略布局，围绕建设中国特色社会主义法治体系、建设社会主义法治国家的全面推进依法治国总目标，坚持依法治国、依法执政、依法行政共同推进，坚持法治国家、法治政府、法治社会一体建设，深入推进依法行政，建成法治政府，培育和践行社会主义核心价值观，弘扬社会主义法治精神，推进国家治理体系和治理能力现代化，为实现"两个一百年"奋斗目标、实现中华民族伟大复兴的中国梦提供有力法治保障。坚持中国共产党的领导，坚持人民主体地位，坚持法律面前人人平等，坚持依法治国和以德治国相结合，坚持从中国实际出发，坚持依宪施政、依法行政、简政放权，把政府工作全面纳入法治轨道，实行法治政府建设与创新政府、廉洁政府、服务型政府建设相结合。

随着法治政府的基本建成，政府职能依法全面履行，依法行政制度体系完备，行政决策科学民主合法，宪法法律严格公正实施，行政权力规范透明运行，人民权益切实有效保障，依法行政能力普遍提高，其意义重大、影响深远。本套《法治政府要论丛书》是对法治政府之原理、渊源、制度、现状的全面总结，共分为六本，分别是《法治政府要论——基本原理》《法治政府要论——组织法治》《法治政府要论——行为法治》《法治政府要论——程序法治》《法治政府要论——救济法治》和《法治政府要论——责任法治》，从行政法学的理论出发，结合中国实际国情，展开系统论述。

一、法治政府建设的十大成就

经过改革开放以来的数次行政体制改革，特别是十八大以来的行政体制改革，中国法治政府建设取得了令人瞩目的成就，圆满完成了《法治政府建设实施纲要（2015—2020年）》（以下简称《纲要》）所设定的各项基本任务，取得了伟大的成就。

其一，完善了行政机关坚持党的领导制度体系。法治政府建设是一项全面系统的工程，党的领导是建成法治政府最根本的保证。十九大确立了习近平新时代中国特色社会主义思想，明确了中国特色社会主义最本质的特征是中国共产党的领导。在实践中，由党总揽全局、协调各方，发挥各级党委领导核心作用，党的领导贯彻到了法治政府建设各方面。各级政府在党委统一领导下，谋划和落实法治政府建设的各项任务，结合本地区本部门实际，发挥牵引和突破作用，使得建设法治政府的工作全面深入开展。坚持党的领导下建成的法治政府，落实了第一责任人责任，领导干部作为"关键少数"做好表率，把好方向，带动了法治政府建设各项工作的全面深入开展，并且在党的领导下强化了考核评价和督促检查，各级党委将建设法治政府纳入了政绩考核指标体系，督促了法治政府的建设。除此之外，在党的领导下加强理论研究、典型示范和宣传引导，凝聚社会共识，营造全社会关心、支持和参与法治政府建设的良好社会氛围。这些都为法治政府的建成提供了坚实的保障。

其二，构建了法治政府建设目标体系，总体目标是基本建成职能科学、权责法定、执法严明、公开公正、廉洁高效、守法诚信的法治政府。在总体目标的指引下，针对突出问题，依次提出了依法全面履行政府职能，完善依法行政制度体系，推进行政决策科学化、民主化、法治化，坚持严格规范公正文明执法，强化对行政权力的制约和监督，依法有效化解社会矛盾纠纷，全面提高政府工作人员法治思维和依法行政能力这七个方面的主要任务，对于每方面任务都规定了更具体的目标，总目标和七个具体目标指引着法治政府建设的方向。

其三，构建了法治政府建设标准体系。法治政府有没有建成，如何评估，这非某个人说了算，而是需要有明确的标准。法治政府建成的标准要求政府职能依法全面履行、依法行政制度体系完备、行政决策科学民主合法、宪法法律严格公正实施、行政权力规范透明运行、人民权益切实有效保障、依法行政能力普遍提高。这样的标准体系涵盖了政府依法行政的方方面面，使得法治政府的建成有据可依，形成了完备的制度体系。

其四，依法全面履行了政府职能。牢固树立创新、协调、绿色、开放、共享的发展理念，坚持政企分开、政资分开、政事分开、政社分开，简政放权、放管结合、优化服务，政府与市场、政府与社会的关系基本理顺，政府职能切实转变，宏观调控、市场监管、社会管理、公共服务、环境保护等职责依法全面履行。措施是深化行政审批制度改革，大力推行权力清单、责任清单、负面清单制度并实行动态管理；优化政府组织结构；完善宏观调控；加强市场监督管理；创新社会治理；优化公共服务；强化生态环境保护。

其五，完善了依法行政制度体系。提高了政府立法质量，构建成系统完备、科学规范、运行有效的依法行政制度体系，使政府管理各方面制度更加成熟更趋向定型，为建设社会主义市场经济、民主政治、先进文化、和谐社会、生态文明，促进人的全面发展，提供有力制度保障。措施是完善政府立法体制机制；加强重点领域政府立法；提高政府立法公众参与度；加强规范性文件监督管理；建立行政法规规章和规范性文件清理长效机制。

其六，行政决策科学化、民主化、法治化。行政决策制度科学、程序正当、过程公开、责任明确，决策法定程序严格落实，决策质量显著提高，决策效率切实保证，违法决策、不当决策、拖延决策明显减少并得到及时纠正，行政决策公信力和执行力大幅提升。措施是健全依法决策机制；增强公众参与实效；提高专家论证和风险评估质量；加强合法性审查；坚持集体讨论决定；严格决策责任追究。

其七，严格规范公正文明执法。权责统一、权威高效的行政执法体制建立健全，法律法规规章得到严格实施，各类违法行为得到及时查处和制裁，公民、法人和其他组织的合法权益得到切实保障，经济社会秩序得到有效维护，行政违法或不当行为明显减少，对行政执法的社会满意度显著提高。措施是改革行政执法体制；完善行政执法程序；创新行政执法方式；全面落实行政执法责任制；健全行政执法人员管理制度；加强行政执法保障。

其八，强化了对行政权力的制约和监督。科学有效的行政权力运行制约和监督体系基本形成，惩治和预防腐败体系进一步健全，各方面监督形成合力，人民群众的知情权、参与权、表达权、监督权得到切实保障，损害公民、法人和其他组织合法权益的违法行政行为得到及时纠正，违法行政责任人依法依纪受到严肃追究。措施是健全行政权力运行制约和监督体系，自觉接受党内监督、人大监督、民主监督、司法监督，加强行政监督和审计监督；完善社会监督和舆论监督机制；全面推进政务公开；完善纠错问责机制。

其九，依法有效化解社会矛盾纠纷。公民、法人和其他组织的合法权益得到切实维护，公正、高效、便捷、成本低廉的多元化矛盾纠纷解决机制全面形成，行政机关在预防、解决行政争议和民事纠纷中的作用充分发挥，通过法定渠道解决矛盾纠纷的比率大幅提升。措施是健全依法化解纠纷机制；加强行政复议工作；完善行政调解、行政裁决、仲裁制度；加强人民调解工作；改革信访工作制度。

其十，政府工作人员法治思维和依法行政能力全面提高。政府工作人员特别是领导干部牢固树立宪法法律至上、法律面前人人平等、权由法定、权依法使等基本法治理念，恪守合法行政、合理行政、程序正当、高效便民、诚实守信、权责统一等依法行政基本要求，做尊法学法守法用法的模范，法治思维和依法行政能力明显提高，在法治轨道上全面推进政府各项工作。措施是树立重视法治素养和法治能力的用人导向；加强对政府工作人员的法治教育培训；完善政府工作人员法治能力考查测试制度；注重通过法治实践提高政府工作人员法治思维和依法行政能力。

二、中国法治政府发展趋向

目前我国的法治政府已经基本建设完成，而这远远不是终点，司法部公布的《全面深化司法行政改革纲要（2018—2022年）》中明确规定，到2022年，法治政府建设取得显著成效，行政立法的引领、规范、保障和推动作用有效发挥，行政执法体制机制改革创新不断推进，严格规范公正文明执法水平显著提高。由此可见，法治政府的基本建成只是一个开始，在基本建成后必然要面对时代的检验，也会向更高的目标迈进，支撑、推动着"基本实现社会主义现代化"这个更宏伟目标的实现。

回顾三十余年来中国行政法治路程，可以看到我们已经取得了举世瞩目的成就。而当今世界正经历百年未有之大变局，我国正处于实现"两个一百年"奋斗目标的历史交汇期，随着经济发展和社会转型，社会矛盾急剧增多，公民意识的觉醒，价值观多元，矛盾的表现形式也呈现多样化态势，这对法治政府建设提出了新的挑战。

未来，法治政府建设必须适应不断发展变化的社会对政府行政提出的新要求，在已有成绩的基础上让法治政府"更上一层楼"。要求从行政行为的源头上进一步推行行政决策科学化、民主化、法治化；进一步理顺行政立法体制；加强重点领域行政立法；确保行政立法与改革相衔接，进一步提高行政立法质量和效率；提高行政立法公众参与度；继续健全全面清理和专项清理相结合的清理机制；全面落实行政执法责任制；完善行政执法程序；加强行政执法人员资格和证件管理；加强行政执法指导监督；深化行政复议体制机制改革。

同时，法治政府建设不只是跨越了行政立法、行政执法以及行政救济与监督之间的系列问题，更是涵盖面广泛，跨越了政治、经济、社会、管理等专业学科领域背景的系列复合型问题。因此，未来进一步推进法治政府发展，也要求政府更加了解其在社会的政治、经济、社会、文化、生态等方面的职能及其定位。

法治政府基本建成后，其内涵在未来将越来越丰富。法治国家、法治政府、法治社会建设本是一体，相互促进，法治政府的建成和发展将有利于法治国家、法治社会的发展，使中国特色社会主义法治体系日益完善，全社会法治观念逐步增强，这也是全面建成小康社会的重要标志，为中国未来基本实现现代化、全面建成社会主义现代化强国的目标保驾护航，继续向实现中华民族伟大复兴的中国梦而奋勇前进。

三、本套丛书的学术志趣

古今中外政府的权力，堪称一柄锋利而危险的双刃剑，是人类社会中一种"必要的恶"。运用得当，权力可以成为促进人民福祉、推动社会进步的强大力量；任意滥用，则会成为侵犯民众利益、阻碍社会发展的恐怖工具。如果缺乏必要的约束和监督，权力势必趋向滥用和腐败。这是由人性和权力的本性所决定的，是适用任何一种政治制度的一条普遍规律。法治政府的建成绝不仅仅是让行政更有效率，而是将行政权力关进笼子里，让其在规范下妥善运行。

历史上的中国，或为家族之国，或为诸侯之国，或为一王专制之国。今日之中国，是人民的中国，在短短数十年间，科技日新月异，经济迅猛腾飞，举世震惊。外在的物质水平固然重要，内在的制度建设亦不可放松，在中华民族伟大复兴的历史长河中，法治政府的基本建成是重大而关键的一步。本套《法治政府要论》丛书着眼于大局，承历史进程之重，扬时代发展之声，深刻总结行政权力的特点，博采众言，开拓创新，究法治之理，纳社会之变，成一家之言，系统展现了法治政府的面貌。受光于庭户见一堂，受光于天下照四方，本丛书分为"基本原理、组织法治、行为法治、程序法治、救济法治、责任法治"之六本，力求从多方面展现建成法治政府的要点。

法治政府建设的理论基础是法治，强调行政权力运行中法律对政府而非公民的规制。在过去很长一段时间里，我们的政府仅仅是法制政府，而非法治政府。法制是"rule by law"，法律是治理的工具，本质上是人利用法律进行统治。而法治则是"rule of law"，法律成为了主格，任何部门、任何人都要接受法律的规范。政府工作需要全面纳入法治轨道，让政府用法治思维和法治方式履行职责，确保行政权在法治框架内运行。这也是推进国家治理体系和治理能力现代化的必然要求，行政权力的运行需要在法律框架下制度化、规范化。

组织法治是行政法基本原则在政府组织领域的具体化体现，须遵循法治原则、精简高效原则、分工协作原则以及民主集中制原则。广义的政府组织是对国家行政机关及其组成部门、派出机构等组织体系的统称，行政组织的法治化是依法行政、建成法治政府的基础，通过行政组织法对行政机构、人员、职权、财政、公产公物等的规范，从而实现我国行政组织的法治化和体系化，从统一行政组织法典的角度出发，进一步促进和保障我国法治政府和法治国家建设。

行为法治要求政府行政行为必须遵循法治。这要求行政机关"法无授权不可为、法定职责必须为"。传统的行政法体系中，行政行为在行政法和行政法学中的核心地位始终没有动摇过，但随着社会的发展，以"行政行为中心论"构建的行政法学体系面临新的挑战。大量新型行政手段，比如行政契约、行政指导、行政协商等，被广泛频繁地适用。传统上的"非行政行为"也确确实实会给公民个人或社会组织的合法权益造成事实上的损害。这对法治政府建成提出了更高的要求，将行政行为的意涵进一步扩大，让行政权力不能僭越法治框架运行。

程序法治是法治对行政程序的要求。过去我们的法治政府建设存在着重内部机制、轻外部机制，重实体设定机制、轻程序规范机制的问题。程序法治是对行政权的有力制约，规范权力的行使过程。目前我国并没有统一的程序立法，关于行政程序的规定分布在法律、法规中，正在逐步健全。一些省份和城市也出台了地方性的程序立法，相信程序法治在将来会进一步完善。

救济法治是指，相对人的权益受到行政机关损害时，法治赋予其畅通的救济途径，包括行政诉讼的救济和非行政诉讼的救济。建成法治政府，并不意味着所有行政行为就完美无缺，实践中会遇到各种各样的复杂情况，难免会有一些瑕疵，给行政相对人的权益带来损害。健全救济法治，意味着行政相对人可以通过法定渠道解决这些矛盾和纠纷，通过复议、调解、裁决、信访等多种渠道，保障相对人的正当权益，让法治政府更平稳、公正地运行。

责任法治要求政府必须依法承担责任。根据权责一致原则，我国政府是行使国家权力的机关，掌握着公共权力，理应承担政府责任。有权必有责，有责要担当，失责必追究，责任法治通过法律明确我国政府责任建设的要求，不断建立和完善我国政府责任的实现机制，强化我国的问责机制，在法治框架下通过制度建成负责任的政府。

　　人类历史最珍贵的成就，不是令人炫目的科技，不是大师们浩如烟海的经典著作，不是政客们天花乱坠的演讲，而是一步步对于政府权力的驯服，把权力关在笼子里。建成法治政府，为中华民族伟大复兴保驾护航，此志甚远，所含甚大，非零散文字所能概括言之。人有所忘，史有所轻，本套丛书力求系统涵盖法治政府建成的方方面面，对其伟大成就予以充分肯定，不足之处也加以指出。法治政府的建成是漫漫历史长河上浓墨重彩的一笔，需要有这样一套系统的丛书去记录，世纪交迭，万事发生，此刻的法治政府建设做了什么，意识到了什么，又期盼了什么，这其实是历史进程的长河中必不可少的工作，是一份不懈的责任。

目　　录

导　论

　　法治是现代国家进行国家治理的重要手段与方法，以政府为主体的行政体系则是国家治理体系的重要组成部分之一。随着行政法治实践的变革，行政行为中心论的局限性日益凸显，并成为阻碍政府法治发展的重要因素。随着国家治理体系和治理能力现代化的推进，中国行政法治实践在其行政理念、行为主体、行政手段以及行政评价等方面都已经发生了深刻的变革。正是这场变革，促使中国行政法学者将其注意力从传统研究领域渐次转向"新的问题领域"。所以，超越"行政行为"，实现元概念向"政府行为"演变；超越"行政行为中心论"，实现立论中心向"行政方式"挪移，堪称当下中国行政法学和法治政府治理的一场自身革命。①

一、政府行为的规范阐释

　　政府守法是法治的基本要求，如此政府行为才不会出现管得太严的越位、不作为的缺位、随心所欲的错位，政府行为结果才能体现出为民用权的实效。反过来，法治政府建设又要求政府依法行政，依法行使职权，依法履行职责，归根结底就是要求政府行为符合法律要求，不越权、不懈怠。

（一）政府行为的定义

　　政府行为是人类社会产生国家以来，一个影响广泛、作用重大、地位复

---

① 参见江国华：《从行政行为到行政方式：中国行政法学立论中心的挪移》，载《当代法学》2015 年第 4 期。

杂、意义深远的现象，是同人类文明的基本过程有着密切联系的现象，是同人类生活的各个方面有着重要制约的现象。① 作为一种历史现象，任何一种政府行为都肇因于特定的历史条件。因而，政府行为理论内涵有其阶段性；作为一种文化现象，在追求法治、平等、公平、正义的时代，希望政府全面履行职责是人们共同的意志。因而，政府行为理论内涵有其规范性。

其一，政府行为是国家行政机关管理社会公共事务的管理行为。在其一般意义上，政府行为是指行政主体依照一定的法律规范对社会公共事务实行管理的行为，并承担相应的法律后果。② 其要义有三：（1）政府行为是狭义的政府行为。从行为主体角度，在法治中国建设、法治政府建设语境下，政府行为应当是指狭义上的政府③行为，即国家的中央政府和各级地方政府行为，也即国家行政机关的行为。（2）政府行为是仅就管理机关而言的行为，对于那些不属于政府管理机关的政府机关作出行为不属于此处狭义上的政府行为。其要义有二：一则非政府机关的行为不是政府行为；二则政府机关的非管理行为不是政府行为。（3）必须是管理社会公共事务的行为。如果管理范围不属于社会公共事务，而是超出了社会公共事务的范围，那么也不应当属于政府行为。

其二，政府行为包括非国家行政机关对社会公共事务进行管理作出的行为以及行政机关对非社会公共事务的管理行为。其要义有三：（1）现代政府建设越深入，政府职能转变越紧迫。一般而言，行政行为的行为主体首先应当是政府机关。但随着政府职能改革的深入，归权于民的现象并不鲜见。在此背景之下，非国家机关对社会公共事务的参与范围、参与深度都得以提升。正因如此，现代政府行为不应当仅仅局限于政府行政机关对于社会公共事务的管理行为上，这不符合法治中国建设的趋势。（2）政府行为包括依法作出的"授权

---

① 参见马孝扬、赵玲主编：《政府行为学概论》，辽宁人民出版社 1995 年版，第 1 页。

② 参见马孝扬、赵玲主编：《政府行为学概论》，辽宁人民出版社 1995 年版，第 1 页。

③ 政府有广义与狭义之分。广义的政府泛指一切国家政权机关，包括立法机关、司法机关、行政机关以及一切公共机关，议会、内阁、总统等都属于广义上的政府。狭义的政府仅包括国家、中央和地方行政机关。

行为"。根据我国《行政诉讼法》第 2 条规定，"前款所称行政行为，包括法律、法规、规章授权的组织所作出的行政行为"。由此可见，将"法律法规授权的组织所作出的行政行为"纳入政府行为规范体系是法治政府建设的应有之义。政府行为必须要将"法律、法规授权的组织所作出的行政行为"包含在内统一加以规范，如此才能做到对政府行为的全面规范，以促进法治政府建设。（3）行政机关对非社会公共事务的管理也属于政府行为。行政机关对于非社会公共事务的管理是以政府为主体作出的行为，其行为对象、行为方式与狭义的政府行为无本质区别。政府守法是法治建设的基本要义，它意味着政府权力要受到法律的控制和制约。① 但政府权力并不局限于政府对公共事务的管理权。而政府对非公共事务的管理权亦可能发生侵害相对人权益的后果。故此，对于非社会公共事务的管理亦需要纳入政府行为范畴。

其三，政府行为包括国家行政机关的非管理性行为。其要义有三：（1）政府行为应当包括政府机关对社会公共事务作出的非管理性质的行为。将政府机关对于非社会公共事务的管理纳入政府行为规范范围符合现代政府管理模式的需要。这是因为，传统治理模式一般通过公共权力资源的垄断性占有获得，而不是公共选择的结果。② 随着时代变迁，行政理念逐渐从"管理"转向"治理"；政府角色逐渐从"统治者"转向"服务者"；政府职能逐渐从"全能"转向"有限"；行政方式逐渐从"命令式"转向"合作式"。（2）政府的非管理行为呈现范围扩张的趋势。在此背景下，中国公共行政管理被赋予了诸多"合作治理模式"之特质，公共管理职责越来越广泛地转移到企事业单位、社会团体，甚至个人手中，继而呈现出由政府单一权力中心向权力多元化中心过渡的趋向。③ 相对应地，政府在向"服务者"角色转变的过程中，亦会更多地参与非管理性事务。（3）法治政府建设应当是全面规范政府的行为。在我

---

① 参见王甲成著：《政府成长：和谐社会构建中的政府改革与建设》，河北人民出版社 2009 年版，第 245 页。

② 参见徐勇：《治理转型与竞争——合作主义》，载《开放时代》2001 年第 7 期。

③ 参见江国华：《从行政行为到行政方式：中国行政法学立论中心的挪移》，载《当代法学》2015 年第 4 期。

国，政府行为的影响几乎遍及社会生活各领域。① 无论是政府的管理性行为，还是政府的非管理性行为，皆需被规范。承上述，随着现代行政理念的变化，在政府从"管理"向"治理"转变的过程中出现了许多需要政府加以宏观指导、提出建议的事项。与此同时，政府与社会的合作也逐渐增多，而这些事项一般并不具有管理性质。但在此过程中，政府基于公权形象参与其中，其行为仍然有可能侵害相对方的权益。因此，理应受到相应的制约与规范。同时，政府行为及于政府作出的保障政府运行所需的行为。处理好国家机关之间的关系与政府内部的关系，才能更好地处理好其与社会的关系，更好地发挥其管理社会的职能。法治政府建设应当是全面规范政府的行为，包括对外的行为，对内的行为，国家机关之间职权行使、衔接、协助等管理行为和非管理行为在内的所有政府行为。

（二）政府行为的定位

十九大报告明确提出全面深化改革的总目标是推进国家治理体系和治理能力现代化。党的十九届四中全会再次重申推进国家治理体系和治理能力现代化，要求"优化政府职责体系"、"健全充分发挥中央和地方两个积极性体制机制"。可见，党领导下的中央与各级政府构成国家治理现代化的重要驱动主体。此时，明确"政府行为"的理论价值和理论地位，有助于推动政府在新时代国家治理过程中发挥其驱动作用。

其一，政府是国家治理中的主要国家机关。（1）从人民角度来看，政府是公共服务职责的主要承担者。政府起源于满足社会公众的需要。② 无论是社会契约论所解释的政府来源，还是 19 世纪马克思、恩格斯提出的"国家是社会在一定的发展阶段上的产物"。③ 政府的产生都是为了满足社会公众的需要，

---

① 参见周飞舟：《政府行为与中国社会发展》，载《高等学校文科学术文摘》2019 年第 3 期。

② 参见郑慧、陈震聃：《国家治理与政府治理辨析》，载《理论探索》2016 年第 4 期。

③ 参见《马克思恩格斯选集》（第 4 卷），人民出版社 1995 年版，第 189 页。

或是为保护社会公众利益，或是为调节社会公众矛盾。（2）从社会角度，政府是社会形态的重要塑造者。政府的决策与行为深刻地影响着社会的运行。政府作为国家的主要权力机构，其"决定做或者决定不做"① 都将极大地影响着社会运行。（3）从国家角度，政府是国家意志的主要执行者。政府是执行国家意志的主体。政府的存在就是要贯彻执行国家的意志。②

其二，政府行为是政府治理活动的外在形式。（1）行政权的行使主要依仗政府行为的作出。一般认为行政权是行政机关依法从事国家行政管理的权力，是管理社会公共事务与国家事务的权力。而行政权的行使，传统是均依仗行政手段。③ 政府行为可以说主要是行使行政权的行为。（2）国家事务的管理依赖政府行为。国家机关的运行需要秩序，政府行为一定程度上产生于国家事务管理的需要。对于政府机关自身的事务管理而言，仅凭其他国家机关、社会组织以及社会民众等对于政府的管控是远远不够的，远无法达到政府运作的有序要求，政府的自我管理才是最有效的管理方式。而基于国家各机关之间的团结、发展以及有序运行的需要，必须要由政府作出行为加以控制与管理。（3）社会事务治理依赖政府行为。任何社会都具有高度的分散性，而社会难以自行保障公众的所有权利。一方面，社会秩序依赖于政府的决策和调控，实现社会的有序发展；另一方面，社会发展需要政府提供包括基础设施建设等在内的诸多公共服务。在这个意义上，社会的有序健康发展离不开政府行为。

其三，政府行为法治是法治政府的重要指标。（1）政府行为最能体现行政法律运行实践。政府是法律法规的执行者，是国家法治政策的落实者。故此，政府行为效能是我国行政立法运行效果的直观体现。（2）依法行政是法治政府建设的核心。法治政府的建设要求政府机关依法办事、依法履约。（3）

---

① 参见 Thomas R. Dye, *Understanding Public Policy*, NJ: Prentice Hall, 1998, p. 2.

② 参见［英］哈罗德·拉斯基著：《国家的理论与实际》，王造时译，商务印书馆1959 年版，第 7 页。

③ 参见金国坤著：《依法行政——行政法新论》，中国政法大学出版社 1991 年版，第35 页。

政府行为的法治化程度是法治政府建设的重要衡量标准。法治政府建设评估是有关组织按照规范的程序，运用多种方式方法，对一定行政区域范围内推行法治政府建设的规划、措施、效果和问题等重要事项作出全面系统的总结。① 归根结底，所有标准都最终要归结到政府行为法治化程度的考量上。

（三）政府行为的规范

党的十八大以来，以习近平同志为核心的党中央推动了中国特色社会主义进入新时代，创立了习近平新时代中国特色社会主义思想。② 新时代，"全面推进依法治国是一个系统工程"③，必须要坚持中国特色社会主义法治道路。更广泛地规范政府行为是我国长期法治建设的基本经验，也是中国特色社会主义法治道路的必然选择。

其一，政府行为规范化是我国法治探索的基本经验。（1）科学规范的政府行为是我国经济发展的前提条件。通常，一个国家对欠发达地区的开发都是由政府进行组织、协调和开发的。④ 因此，必要的政府宏观调控可以为国家经济协调可持续发展提供空间。但政府的管控需要保持克制，有限的政府行为是经济发展的重要要求。我国在中华人民共和国成立之后的很长一段时间都在实行计划经济，其中的利弊关系及其权衡不言而喻。改革开放以来，我国开始实行市场经济，政府不再以全面把控为主，而是侧重于用优惠政策引导民间投资，培育了市场经济的发展。显然，不受制约的政府行为过分参与到国家经济的发展中将会强化政府在经济中的角色，对经济的长期与持续发展产生负面效应。可以说，科学规范的政府行为是中国特色市场经济持续发展的基本前提。

---

① 参见方军：《我国法治政府建设评估机制的构建与完善》，载《中国法律评论》2017 年第 4 期。

② 参见付子堂：《习近平总书记全面依法治国新理念新思想新战略：发展脉络、核心要义和时代意义》，载《中国法学》2019 年第 6 期。

③ 2014 年 10 月 23 日，党的十八届四中全会通过《中共中央关于全面推进依法治国若干重大问题的决定》

④ 参见李红梅著：《发达经济体落后地区开发与发展中的政府行为》，新华出版社2014 年版，第 82 页。

（2）科学规范的政府行为是建设政治信任的关键。一国政治运作的顺利与否与公民的参与、信任有着极大的联系。而政府是与社会公众接触最多，联系最为紧密的国家机关。同时又作为参与政治、推进政治运行的主要主体，政府的行为影响着政治的运行，影响着公民对于政治的信任感与参与度。公民对于政治运行的评价很大程度上取决于政治制度对于公共政策的制定与执行、公共产品的供给等层面。而这些层面无不需要政府行为加以具体实施与落实。（3）科学规范的政府行为是社会发展的重要保障。中华人民共和国成立以来，经过长期的探索与实践，我国坚定不移地走上了中国特色社会主义道路。由中国政府主导的中国特色发展模式则是我国社会发展与进步的关键。政府的每一个决定都将决定着社会的运作与发展方向，而反过来，社会的每一发展计划与阶段都与各级政府奋斗目标保持高度一致。因而社会的发展与进步取决于政府的运作，政府行为必须得到规范与制约。

其二，政府行为规范化是国家治理的路径选择。1988 年邓小平会见捷克斯洛伐克总统胡萨克时说过，如果一个党、一个国家把希望寄托在一两个人的威望上，就会出现不稳定，并直言"中国必须使民主制度化、法律化"。① 法治是现代国家治国理政的基本模式，而在法治中国建设的过程中，法治政府建设、政府行为规范是其关键。（1）法治中国建设是我国国家发展的基本方向。在中国究竟采取什么样的治国方略，是中国共产党执政以来始终关注并不断探索的课题。十一届三中全会提出"有法可依，有法必依，执法必严，违法必究"，1999 年第九届全国人大二次会议修订宪法时将"依法行政，建设法治国家"写入宪法，成为治理国家的方略。进入 21 世纪后，我国继续向着法治中国建设前进，法治中国建设早已经成为我国发展的基本方向。（2）法治政府建设是法治中国建设的关键。国家的管理者面对社会发展应当不断思考的一个基本问题就是如何有效地治理国家，实现社会和谐。② 中国法治政府建设的努

---

① 参见范奇：《法治政府建设的路径探析——以五大发展理念下法治政府实践为切入点》，载《中共南宁市委党校学报》2017 年第 2 期。

② 参见王宝明著：《法治政府：中国政府法治化建设的战略选择》，研究出版社 2008 年版，第 1 页。

力始于 1978 年十一届三中全会，改革必然要求法治。① 1997 年十五大明确提出建设法治国家，1999 年国务院通过《国务院关于推进依法行政的决定》，2004 年国务院颁布了《全面推进依法行政实施纲要》正式提出建设法治政府。2012 年党的十八大明确提出 2020 年建成法治政府。2014 年的十八大四中全会则对法治政府建设提出了明确的要求等。可见法治政府建设是法治国家建设的关键，是重中之重。（3）法治政府建设的关键在于规范政府行为。法治政府的根本就在于政府受到法的规范，"政府在一切行为中都受到事前规定并宣布的规则的约束，以使人们能够准确预测政府在某一情况下使用强制权力，并据此安排个人事务"。② 因此，法治政府要求依法管理国家、公共事务，其本质在于规范政府行为，使政府按照法律规定对社会进行管理和提供公共服务。

　　其三，政府行为规范化是现代法治精神的基本要求。（1）法治精神的塑造有赖于规范的政府行为。自十五大确定"依法治国"基本方略后我国社会主义建设摒弃了"人治"实行"法治"。建设社会主义法治国家的基本要求，即完备统一的法律体系、普遍有效的法律规则、严格公正的执法制度、专门化的法律职业、民众对法律的坚定信仰。③ 规范政府行为是达成这些既定目标的保障。（2）法治精神的践行有赖于规范的政府行为。规范政府行为对公民的法治精神的培育具有示范作用，对公民法治意识的塑造具有引领作用。（3）法治精神的培育有赖于规范的政府行为。即使是在"依法治国""法治国家"目标等深入人心的时代，法治理念对于大多数人来说仍停留在纸面上。公民法治精神的缺乏是我国目前亟待解决的问题。无论是公民法治信仰的树立，还是社会法治精神的培育，都无法"毕其功于一役"。规范的政府行为能够使法治成为一种生活方式，从而内在地、持续地作用于法治精神的培育。

---

① 参见应松年著：《从依法行政到建设法治政府》，中国政法大学出版社 2017 年版，第 1 页。

② 参见蔡立辉著：《政府法制论》，中国社会科学出版社 2000 年版，第 47 页。

③ 参见张文显主编：《法理学》，法律出版社 2004 年版，第 200 页。

二、政府行为之伦理法则

党的十九届四中全会决议①再次强调国家治理"把社会主义核心价值观要求融入法治建设和社会治理",提出要"坚持共同的理想信念、价值理念、道德观念","加强思想道德和党纪国法教育"。这要求我们法治政府实践中坚持并弘扬社会主义核心价值观,并以党的十九大所确立的习近平新时代中国特色社会主义思想统领法治伦理,从而指导新时代法治实践。事实上,行政伦理的话题一直是人们的兴趣所在。一般认为,行政伦理关注效率与公平、责任与平等标准等问题。② 换言之,政府的行为法治伦理形态蕴含着诸如公平、正义、科学民主等基本特质。政府行为的正当性依赖于上述行政伦理之践行。

（一）公正平等之法则

公平正义既是全社会和全体人民共同的道德目标,也是国家治理现代化的价值基准。③ 可以说,公平平等原则是政府行为要实现的主要价值目标。作为政府行为价值范围内的公平原则,要求政府重视公共政策的公平性,采取既有差异,又各有所得的政府行为。

其一,公平是政府行政的基本要求。（1）政府行为具有公共性,其所调整的是社会整体的利益,而非个人、集体、组织的利益。政府行为是政府为解决社会问题而进行规范和行动的总和。④ 因此,政府在面对一个广泛而庞大的社会作出政府行为时,必须要全面考虑到所有相关人员、集体、组织的利益,实现社会公平。它不应是一种如沃尔夫所批评的"负担与义务的分离"的行

---

① 参见《中共中央关于坚持和完善中国特色社会主义制度 推进国家治理体系和治理能力现代化若干重大问题的决定》。

② 参见郭夏娟著:《公共行政伦理学》,浙江大学出版社 2003 年版,第 12 页。

③ 参见陈伟:《公平正义:国家治理现代化的价值基准》,载《中州学刊》2019 年第 12 期。

④ 参见胡建、陈国跃:《现代政府行为及其活动边界的伦理基础》,载《浙江省政法管理干部学院学报》2001 年第 1 期。

为，即将未来政府的获益施加在普通民众身上。① （2） 公正平等本身就是政府伦理的重要准则。恩格斯在《反杜林论》中写道："一个社会的一切成员都应当有平等的社会地位和政治地位。"② （3） 公正平等的实现是衡量政府合法性的标准。政府以人民的赋权、委托为存在基础，以分配社会资源、调节社会矛盾。学者诺齐克主张从个人权利的角度出发来检验国家存在的合法性。③ 因而政府必须要平等地去完成这一职责，保障社会个人与个人之间、国家与社会之间政治权利、社会权利的平等分配。

其二，公平的政府行为应当坚持为民服务。（1） 以民为本，为民服务，是现代国家治理的重要要求与最终目标。"以人为本，为民服务"是我国一种悠久的人文思想，贯穿于整个中华历史。在人与神、自然万物等的关系上，不崇拜鬼神，要求注重人事，以人为本；在政治层面上，更是要求坚持"民为邦本""民贵君轻"的治国态度。（2） 以民为本，为民服务才能真正实现人民群众的根本利益，才能进而实现公平平等。人们奋斗所争取的一切，都同他们的利益有关。④ 而为争取"公平平等"亦是如此。要实现公平平等，必须要重视人民的根本利益。（3） 以民为本，为民服务体现在各届国家领导人的治国思想中。毛泽东的革命思想和建国思想始终体现着"群众路线""一切为了人民"；邓小平则从我国的实际国情出发，在认真总结历史经验教训的基础上，坚持走群众路线，大力解放和发展生产力，实现人民的根本利益；江泽民更是将为人民服务贯彻到社会主义的各项建设之中，要求我们党始终代表中国广大人民的根本利益；科学发展观则深刻地要求以人为本，促进人的全面发展，这是科学发展观的本质核心。自十八大以来，服务政府建设是我国政府发展的重要目标与方向，其本质亦在于服务于民。

---

① 参见陈振明：《非市场缺陷的政治经济学分析——公共选择和政策分析学者的政府失败论》，载《中国社会科学》1998 年第 6 期。

② 参见《马克思恩格斯选集》（第 3 卷），人民出版社 2012 年版，第 143 页。

③ 参见万俊人著：《现代西方伦理学史》（下卷），北京大学出版社 1992 年版，第 729 页。

④ 参见《马克思恩格斯全集》（第 25 卷），人民出版社 1956 年版，第 82 页。

其三，公平的政府行为应当清正廉洁。廉洁则是中国传统行政伦理对为政者基本的伦理道德要求，其基本精神就是循礼行法，廉洁自律。同时，在现代国家，廉洁更是政府行为的基本要求。（1）廉洁是政府行为最为重要的特质之一。古往今来，廉洁都被视为"国之大维""仕者之德""人生大纲"，廉洁被认为是为官之人最为重要的品质。廉洁是为政之本。因而，政府行为必须符合廉洁原则。（2）廉洁具有多层次的含义。中国古代思想家对廉洁作了许多方面的规定，如"临大利而不易其义，可谓廉""廉者不以富贵而忘其辱""廉者不受嗟来之食""廉者，民之表也"，等等，但究其根本，廉洁是指不贪财货，立身清白。①（3）廉洁与法治相辅相成。政府要做到廉洁，尊法守法是最主要的路径与方法，即"廉则无不法矣"。相反，政府行为倘若能做到完全依法而行，廉洁政府也将随之形成，即"法则无不廉矣"。

（二）社会正义之法则

美国著名的哲学家罗尔斯认为，正义是社会各种制度的首要美德。正义原则是国家（政府）或社会对待其成员的政治伦理准则。政府行为具有公共性，可以说政府的公共性行为应当是具有正义性的行为。②

其一，正义的政府行为是构成善治的基础。（1）正义是政府合法性的基础。正义是为政的准绳，实施正义可以确定是非曲直。从实践看来，不管是管理行政，还是19世纪80年代以来开始成为政府行政模式主流的公共行政，政府官员往往只考虑效率，而公正则往往成为政治性的问题。政府的公共行政应当在行政的同时在伦理意义上肩负起重新解读公共行政的公正责任。（2）正义是政府的价值内核。近代以来，公平正义越来越被看作一种评价制度合理性的道德性标准，被当作一项制度存在的首要价值。（3）实现正义是党中央明确赋予政府的职责，是行政体制改革的首要价值标准。党的十八大指出，必须

---

① 参见徐小佶主编：《行政伦理学》，福建人民出版社2002年版，第83页。
② 参见黄云宗：《对政府行为的几点伦理分析》，载《复印报刊资料（公共行政）》1999年第6期。

要维护社会公平正义，推动政府职能向维护社会公平正义转变，在新的历史条件下，夺取中国特色社会主义新胜利必须牢牢把握的基本要求之一就是坚持维护社会公平正义。

其二，正义的政府行为应当符合责任原则。（1）现代政府应该是一个责任政府。责任是一个与权力相对应的重要的伦理学范畴，拥有权力的同时就意味着担负一种责任。政府的公共权力来源于社会公共的让渡，公众与政府之间的委托代理关系实际上是一个责任关系。① 政府行为的作出是一个行使权力的过程，也是一个履行责任的过程。而公正作为政府行为的核心价值之一，其必然体现在政府行为的责任履行过程中。（2）政府应当是责任主体，要为其行为负责。如若出现未履行职责或履行职责错误抑或是不充分的情形，则作出该行为或不为行为的政府行为必须受到处罚，必须得到追责。整个政府活动应该处于一种负责任的状态，不允许政府只实施行政活动而不对自己的行为承担责任。否则，责任政府无法保障，公正更无法实现。（3）政府行为必须是有限的。现代政府应是责任政府，更是有限责任政府。而实现公正，也必须要严格限制政府行为，做到有限的政府行为。履行职责是正义的体现，而不越权、不超越职责更是现代政府正确行使权力以实现社会正义的要求。

其三，正义的政府行为应当符合效能原则。《联邦党人文集》中提到，正义是人类文明社会的目的。②（1）现代政府应当是效能政府。高效政府主要包含政府自身运转的高效和辖区整体治理的高效两个方面的内容。③ 现代政府必须实现高效率、高效益。（2）效率是正义的具体体现。在经济学中，判断社会资源配置优劣的标准是效率，效率越高意味着社会资源配置越优。当边际成本效率是正义的具体标准。正义是抽象，对于正义的判断很难直接具体地得出。而效率则可以从具象层面体现正义，因为效率在现实生活中可以通过某种

① 参见杨冬艳著：《公共行政正义研究》，河南人民出版社 2010 年版，第 114 页。
② 参见汉密尔顿、杰伊、麦迪孙著：《联邦党人文集》，程逢如、在汉、舒逊译，商务印书馆 1980 年版，第 51 页。
③ 参见罗一民：《行政效能建设：主体目标、现实挑战与实现路径》，载《唯实》2019 年第 12 期。

方式来把握，是可以对人类生活予以评判的客观标准，不仅能够被人们所认知，而且还能够被人们掌握。① （3）效益是衡量正义的尺度。尽管行政效率始终是行政管理学理论研究和实践活动的核心主题。但随着对于政府效能观的发展，人们认识到行政主体追求的效能不仅仅是投入、产出等经济目标，还关乎整体效果、受众收获感、组织结构优化度等问题。即，效率更注重产出与投入之间的比较情况，效能则是目标达成的程度，更注重品质层面。

（三）民主法治之法则

法治伦理是由法治化的社会关系所决定的在依法治国进程中应当遵循的准则。② 现代政治必须是民主政治和法治政治，现代治理必须是民主治理和法治治理。③ 政府作为行政的执行者，现代政府的行为更需要符合民主法治原则，这是政府行为的基本伦理要求。

其一，现代政府行为应当是民主的政府行为。（1）民主是人的主体性的内在派生物和外在表现。④ 从伦理角度，人的主体性主要表现为展现自我，以及对于平等和自由的享有。而民主就应运而生，民主将人看作自然界和社会发展的主人。（2）政府活动过程中应当充分尊重公众的自主治理，这是现代政府行为的基本要求。在行政管理活动中必须要充分接纳社会成员的广泛参与。（3）政府行为需以公共利益为出发点。行政管理应当以公众的参与为标准，一切涉入政府活动中的人都应当是平等的，每个人的权利与利益都应当得到保护与尊重。⑤

其二，现代政府行为应当是法治的政府行为。（1）职权法定。政府对一类行政事务的管辖权力及管辖权限必须有法律法规的明确授予和明确界定，即

---

① 参见聂佳龙著：《跨越效率与正义的冲突（经济学的他种想象）》，中国政法大学出版社 2018 年版，第 38 页。

② 参见蒋晓伟：《论当代中国特色的法治伦理》，载《行政论坛》2017 年第 6 期。

③ 参见卓泽渊：《现代治理与民主法治》，载《人民法治》2017 年第 12 期。

④ 参见张康之主编：《行政伦理学》，中央广播电视大学出版社 2007 年版，第 49 页。

⑤ 参见张康之、刘柏志主编：《行政伦理学教程》，中国传媒大学出版社 2006 年版，第 111 页。

行政职权法定和行政权限法定。无论是超越职权还是超越权限都是违法的。（2）程序法定。行政程序法定一是保障和尊重行政相对人的人权；二是控制行政主体行使行政权；三是防止偏私与歧视；四是提高行政效率。①（3）责任法定。政府责任追究必须遵循理性和法治的原则，否则，责任追究必然沦为公权力在决策错误之后寻找"替罪羊"的游戏。②

其三，现代政府行为应当遵行民主法治理念。（1）权力是政府行为发生的支撑。在社会治理过程中，权力是一切社会治理行为赖以发生的基本性的支持因素。可以说，对于权力的正确认知是确保政府能够正确作出政府行为的根本保障。因而，政府必须树立对于权力的来源、性质、服务对象和行使方式的正确观念。（2）行政权力的获得往往是通过法律的途径，是由宪法或者其他基本法律作出明确规定。（3）对于权力的清晰认知是政府正确行使权力的重要前提，是政府对自己进行清楚定位的依据。唯其如此，才能本质上促进"全体人民在思想上精神上紧紧团结在一起的显著优势"。③

三、政府行为法治

政府行为是政府管理国家和社会事务所作出的一切行为的总和。行政行为则一般被狭义地理解为"是享有行政权能的组织或个人运用行政权对行政相对人所作的法律行为"。简言之，政府行为与行政行为外延和内涵均有区别，政府行为并不限于行政行为。而超越"行政行为"，以"政府行为"作为政府法治理论的元概念，无论在语义上还是在逻辑上都更为周延。

（一）政府行为与行政行为

政府行为是政府所作出的对其他主体产生影响的所有行为，包括一般社会

---

① 参见姜明安：《21 世纪中外行政程序法发展述评》，载《比较法研究》2019 年第 6 期。

② 参见林鸿潮：《重大行政决策责任追究事由的偏离和矫正——以决策中对社会稳定风险的控制为中心》，载《行政法学研究》2019 年第 6 期。

③ 参见《中共中央关于坚持和完善中国特色社会主义制度 推进国家治理体系和治理能力现代化若干重大问题的决定》。

公众、其他政府组织甚至其他国家机关等。行政行为与政府行为在行政主体、行政职权和法律效果等方面存在一致性。

其一，政府行为包含行政行为。（1）行政行为的主体与政府行为的主体一致。行政机关既是行政行为作出的主体也是政府行为作出的主体；法律法规授权的组织既是行政行为作出的主体也是政府行为作出的主体。（2）政府行为是行政主体依照其职权作出的，行政行为亦是如此。不越权是政府行为与行政行为的一个共同要求。积极行使法律法规赋予的职权是政府行为与行政行为必须遵守的要求。（3）政府行为与行政行为都可能产生法律效果。传统的行政行为具有极强的管控目的，并且强调依法而行，因而多会产生强制性与一定的法律后果。但这并不影响政府行为产生的法律效果仍占大多数。政府行为与行政行为都可能会具有强制性。政府是管理国家和社会事务的主体，因而政府的行为多具有强制性特点。

其二，政府行为不限于行政行为。随着公共行政变革已经成为一种既定的趋势，政府的行为不再仅仅局限于必然产生法律效果的行政行为，还纳入了许多行政事实行为；不再局限于必然产生强制性的行政行为，还包括不具有强制性的行为。（1）政府行为包括政府对非社会公共事务的管理行为。这类行为是由政府机关不直接针对社会公共事务所作出的行为。它一般对其他行政行为的生效起辅助、准备作用。主要包括通知行为、证明行为、受理行为、确认行为以及调查行为等。（2）政府行为包括非管理机关作出的行为。政府的功能虽主要在于管理社会公共事务，但并不限于管理职能。政府的运行需要依赖许多相关部门的共同合作以及政府自身的制度设定与内部管理。行政立法行为是最为重要的一项保障政府进行社会管理、正常运行的职能与权限。"行政立法"一词最早出现在第五届人大三次会议上的政府工作报告中。① 一般是指政府机关依照法律法规规定的权限和程序制定有关行政管理的规范性文件的活动。这一活动并不由政府机关中进行直接社会管理的机关部门作出，而一般由政府部门专职法律工作的部门作出。显然，行政立法行为亦为政府行为的组成

---

① 参见王清云、迟玉收主编：《行政法律行为》，群众出版社1992年版，第83页。

部分。（3）政府行为包括对公共事务作出的非管理行为。随着社会的发展，许多新型行政手段应运而生，其中典型的如行政指导行为。行政指导始于日本，作为一种新型的行政管理手段，20世纪后半期以来被广泛地应用于世界各国经济与社会管理活动中。① 如政府制定和实施的指导性计划、发布的部分产业发展的政策性指南等，这对于高效民主地治理社会事务起到了很大的促进作用。但究其根本，这些指导性政策的新意见与指南，并不属于传统上的具有法律效力、强制性的对公共事务的管理行为，而是属于一种指导性的非管理行为。这一新兴治理方式的可行性与实效性日益凸显，但随之而来的则是政府的这一行为并不受到已有行政法规范的制约与规范。

（二）政府运行与政府行为法治

政府是从事公共事务的管理者和服务者，在经济的发展、社会的进步中都起着关键的作用。我们需要一个强有力的政府，但政府不是万能的，这已经成为现代政府法治理论所公认的准则。我国政府改革在促进政府职能转变，优化政府机构，理顺政府间关系，推进依法行政等方面进行了大胆的探索和实践，取得了积极的成效，促进了经济发展和社会进步。② 应当说，政府行为必须要得到严格规范，政府才能长久地运行下去。

其一，现代政府是有限政府，必须规范政府治理行为。（1）有限政府意味着权力受制约。相对于全能政府，有限政府无论是在政府规模、职权范围还是行政方式上都体现受制约的特点。（2）有限政府应当是服务型政府。为人民提供公共服务是现代政府的基本定位，现代政府不再是单纯地发挥管理和控制人们的作用。因而，政府的行为必须受到规范，以促使人们的利益得到保护。（3）有限政府应当是法治政府。无论政府发挥着何种作用，都必须受到法律的制约。在现代法治政府语境中，即为要求政府的所有行为都受到法律的

---

① 参见杨临宏著：《中国行政诉讼的制度缺失及完善问题研究》，云南大学出版社2010年版，第288页。

② 参见潘小娟：《中国政府改革七十年回顾与思考》，载《中国行政管理》2019年第10期。

规范和约束。

其二，有限政府是强政府，必须规范政府治理行为。（1）有限政府是一个强政府。有限政府并不意味着政府的休养生息或无为而治。世界各国的发展历史已经证明，政府在经济和社会各项事业的发展中都起着举足轻重的作用。① 可见，有限政府仍然应当是一个强政府，主要表现在政府的宏观调控功能上。（2）经济的宏观稳定需要规范政府行为。经济秩序一方面依赖政府的宏观调控，另一方面依赖市场的自我调节。改革开放以来我国经济的宏观增长路径和市场发育进程都离不开政府的宏观把控。市场是有可能失灵的，市场规则的不健全、残缺以及人为地被割裂等情况下均需要政府从整体上进行资源配置与调节。不规范的政府行为不仅无法纠正市场失灵，反而可能致使市场运行越发困难。保障市场机制的运行关键在于规范政府行为。不规范的政府行为将直接影响经济环境与经济秩序。（3）社会公共服务资源需要政府统筹调控。② 人是理性的经济人。③ 政府不应当干预个人追求自我利益的过程，但也不可完全地放任。社会生活方面，政府作为参政议政的主要主体，作为管理国家、社会政治生活的主体，社会、政治生活的许多方面都需要政府加以总体把握，制定相关政策和方针，调整社会的运营与保障人们政治生活的参与。

其三，政府行为具有强包容性，对政府行为的规范就是对政府的规范。政府行为几乎可以贯穿于整个政府中，包括政府的内部管控、外部治理以及与其他机关之间的衔接等。在某种意义上，对于政府行为的规范，就是对于政府的规范。（1）政府的内部管理与控制属于政府行为。政府作为我国国家机关中结构最为复杂、部门人员最为繁多的一个机关，其内部的管理与控制也十分繁杂。除一般的行政内部行为之外，还存在许多不属于传统行政行为范畴的行

---

① 参见李连友著：《经济主体收入分配格局与政府调控》，河北大学出版社 2010 年版，第 1 页。

② 参见杨庆育、黄朝永、文良印著：《经济运行体制与政府宏观调控》，重庆出版社 2006 年版，第 155 页。

③ 参见［英］马歇尔著：《经济学原理》，朱志泰译，商务印书馆 1964 年版，第 11 页。

为，如政府的立法行为，政府内部发出通知、公告等行为。但政府行为作为一个总概念则可以将其纳入其中，并加以制约与规范。（2）政府的外部行为属于政府行为。政府按照法律法规授予的职权对相对人作出的，直接产生法律效力影响当事人权益的行为，无疑是属于政府行为。另外，以政府名义作出的，对外作出的并不直接产生法律效力，或仅仅是指导性的行为，同样也应当是属于政府行为范畴。（3）政府与其他国家机关之间的衔接、协助行为亦可归为政府行为。各国家机关职权划分明确，各司其职，但这并不意味着各机关之间是割裂关系。相反，各国家机关之间应当是相互联系，关系紧密的，各国家机关之间的衔接问题是无法避免的。而这些行为应当归为政府行为。

（三）政府行为法治与法治政府建设

随着社会主义法治国家目标的提出，1999 年《国务院关于全面推进依法行政的决定》、2004 年《全面推进依法行政实施纲要》以及十八大以来国家最高领导阶层的决定先后发布，确立了中国政府"依法行政，建设法治政府"的基本方向。新时代我国法治政府建设在转变政府职能、推进政务公开、推行"权责清单"制度、实行电子政务、促进公众参与、加强诚信政府建设、构建高效反腐败机制、建设服务型政府八个方面取得了重大进展。[1]

其一，依法行政是法治政府建设的关键。合法性行政与合理行政是法治政府两个最为鲜明的特征。它们要求政府机关在实施行政管理时，应当依照法律、法规、规章的规定进行，要遵循公平、正义原则，平等地对待行政管理相对人。（1）从发展历程来看，依法行政已经成为中国政府行使职权、履行职责的基本要求，其内涵也在不断地完善和充实。[2] 1993 年，党的十四届三中全会明确提出"各级政府都要依法行政、依法办事"；十五大提出"一切政府机关都必须依法行政"；1999 年宪法修改时将"依法治国"写入宪法；2004 年

---

[1]　参见姜明安：《新时代法治政府建设与营商环境改善》，载《中共中央党校（国家行政学院）学报》2019 年第 5 期。

[2]　参见黄梅兰、屠建学著：《依法行政专题研究》，甘肃人民出版社 2006 年版，第 3 页。

国务院确定了建设法治政府的目标。十八大以来，在法治政府建设过程中依法行政更是日益受到重视并得到落实。十九届四中全会再次强调推进国家治理体系和治理能力现代化的政府治理目标。① （2）从发展阶段来看，20 世纪 90 年代是我国改革开放的关键时期，提出依法行政是内在要求。② 进入 21 世纪以来，进一步提出坚持依法治国、依法执政、依法行政共同推进，坚持法治国家、法治政府、法治社会一体化建设，表明了其重要程度。（3）依法行政是法治的基本要素。③ 1956 年的《德里宣言》确定了现代法治的各要素：一是立法机关制定良好的法律；二是行政法治，即政府有效维护法律秩序，防止权力滥用；三是司法独立与律师自由。德国在对于法治的认定上，除了法律至上和立法良善之外还提出了六项具体原则：一是权力分立；二是依法行政；三是国家行为可预测性；四是根据事实依法衡量裁处；五是行政自治；六是司法独立。法治在不同的国家，因历史经历、国情等原因可能会有不同的含义，但是无论如何，"良善的法律"和"法律的实施"是最基本的要求。

其二，依法行政与政府行为规范化两者相辅相成。（1）"行政"是政府行为的构成要素之一。作为行政法治的核心和逻辑起点④，依法行政中的"行政"，可以认为是国家行政机关运用国家权力，在法律法规范围内对国家、社会以及自身的事务进行管理的行为。"行政"的合法、依法程度与政府行为的规范化存在密切联系。（2）规范的政府行为确保依法行政的实现。从逻辑关系上说，"行政"只能涵盖政府行为的大部分行为，仍有一部分政府行为不属于行政的范围，如行政立法行为等。政府行为可以将"行政"涵盖在内。因此，当政府行为得到规范时，依法行政将水到渠成。（3）规范的政府行为是依法行政的外在样态。依法行政给人们带来的是真正的公平与平等，是增加人

---

①　参见《中共中央关于坚持和完善中国特色社会主义制度 推进国家治理体系和治理能力现代化若干重大问题的决定》。

②　参见应松年著：《从依法行政到建设法治政府》，中国政法大学出版社 2017 年版，第 1 页。

③　参见唐德先著：《依法行政析论——理论、主体和行为》，吉林人民出版社 2005 年版，第 5 页。

④　参见苏祖勤、徐军华著：《行政法治》，中国国际广播出版社 2002 年版，第 3 页。

们幸福感的重要因素，而政府行为规范化则是依法行政对政府带来的外在表现。

其三，政府行为应当纳入法律规范的调整之中。（1）行政权力依法行使。法治政府，笼统来说就是法治观念下的政府，强调政府主体的所有活动都纳入法律的调整范围之内，坚持法律之上。要把政府工作全面纳入法治轨道，确保行政权在法治框架内运行。①（2）政府权力受到制约。法治政府意味着将政府权力关进笼子里。法治就是要确保政府权力行使过程中必须处于监督与制约的状态，政府的权力必须是有限的，受限制的。政府行为就是一个行使政府权力的过程，制约政府权力其实质就在于规范政府行为。（3）法治及于政府行为整体。法治政府建设不应仅限于规范行政行为。如前所述，政府行为包括但并不限于行政行为。因而在建设法治政府的过程中，必须要全面规范政府行为，而不应该仅仅限于对于行政行为的规范。

四、从行政行为中心到行政方式中心

传统上，行政行为作为行政权的主要外在表现形式，在行政法和行政法学中的核心地位一直牢不可破。然而，随着行政法治实践的发展和学术界对传统行政法学的深入反思，超越"行政行为中心论"渐成共识。而以"行政方式"为中心建构法治政府理论体系，则能够有效地解决这一问题。

（一）为何要超越"行政行为中心论"

现代政府行为不再局限于行政行为。相应地，以行政行为为中心构建起来的相关概念、制度体系，并不能容纳所有的政府行为。这样一来，以"行政行为"为元概念发展起来的传统法治政府规范体系面临多重挑战，以行政行为为中心建构起来的传统行政法学的缺陷逐渐暴露。

其一，行政法治理念发生改变。（1）公共行政改革浪潮的出现。自20世

---

①　参见应松年著：《从依法行政到建设法治政府》，中国政法大学出版社 2017 年版，第 1 页。

纪70年代末以来，以英国为代表的公共行政改革，已经蔓延而成为一场世界性的公共行政革命浪潮，其所倡导的"政府管理"向"公共治理"（合作治理）转变之理念，其所采取的"民营化、自由化、合作化、竞争化"之方式，为西方诸法治国家所推崇。①（2）我国公共行政管理模式逐渐建立。公共行政改革浪潮深刻影响了转型中的中国——经过几十年的体制改革，在初步实现经济与世界接轨的同时，我国国家治理、社会治理以及公共行政等领域的国际化程度也日益提升。例如，行政理念逐渐从"管理"转向"治理"——本着协商合作，追逐善治目标；政府角色逐渐从"统治者"转向"服务者"——立足"以人为本"，严格政府责任；政府职能逐渐从"全能"转向"有限"——打破职能垄断，实现"公私共享"；行政方式逐渐从"命令式"转向"合作式"——鼓励各方参与，走向柔性行政等。（3）政府的公共管理职能逐渐向社会组织转移。中国公共行政管理被赋予了诸多"合作治理模式"之特质，公共管理职责越来越广泛地转移到企事业单位、社会团体，甚至个人手中，继而呈现出由政府单一权力中心向权力多元化中心过渡的趋向。在现代社会，随着国家与社会二元化的发展，国家对社会的掌控力度日趋弱化，对公共事务的管理由国家包打天下的局面已经一去不复返。② "公共行政的变迁，也激发出更多的非正式行政活动。"③ 行政机关通过合同的方式将某些公共事务外包给私人，由该私人具体负责这一公共产品或服务的提供，而行政机关则由前台转向幕后，具体承担相应的监管与担保责任。④

---

① 继英国之后，在澳大利亚、新西兰，随着两国工党的上台，两国也开始了大刀阔斧的公共行政改革。其中，新西兰的改革因其力度大、富于系统性而受到举世瞩目，其更加强调政府的灵活性、责任性和结果性，进而实现了政府的分权化、小型化和扁平化。美国自20世纪80年代以来也开始了以"非官僚化""市场化"为取向的行政改革，以寻求新的政府治理模式，创造一个更具有回应性、更有责任心、更富有效率的政府。参见石佑启著：《论公共行政与行政法学范式转换》，北京大学出版社2003年版，第52~53页。

② 参见王青斌：《公共治理下的行政执法权配置——以控烟执法为例》，载《当代法学》2014年第4期。

③ 参见余凌云著：《行政法讲义》，清华大学出版社2010年版，第11页。

④ 参见江玉桥、梅扬：《行政任务外包的正当性及相关纠纷解决》，载《中州学刊》2014年第4期。

其二，行政行为中心论遭遇挑战。（1）履行公共职能的私人机构是否属于行政法主体？无论是根据原有理论还是实践，行政主体都被严格地限缩为"作出行政行为的主体"，而行政行为主体之外的主体，只要不是以"行政行为"履行职责的，不管其是直接履行行政职责的主体，抑或合作或者参与行政过程的主体，均被排除在外。（2）不断涌现的行政指导、行政协商、行政契约等新型行政手段，能否为传统的行政行为所包容？如果不能被包容，那么应当命之以何种恰当的名称？（3）这些新出现的主体与行为能否纳入现有行政救济的框架内？"行政行为中心论"是以行政权运行末端的行政行为与行政执行，以及最后因行为纠纷而提起的行政诉讼作为主要研究对象。① 根据现有法律法规，仅行政主体之行政行为（主要是具体行政行为）方可进入行政救济的范围，而行政主体以及非行政主体所为的"非行政行为"，即便给公民个人或社会组织的合法权益造成事实上的损害，也被排除在法律救济之外。

其三，行政法律关系论的探索。（1）基于以上分析，以"行政行为中心论"为基础构建起来的现行行政法构架似乎已经无法规范政府的多数行为，行政法的新构想迫在眉睫。（2）在国外，诸多行政法学者从行政民主、行政公开、科学行政等不同视角入手，为应对新形势下公共治理领域中的全新课题，提出了"新行政法"的概念。② 如美国学者 E. S. 萨瓦斯从民营化入手，认为在激烈的市场竞争下，由公共部门和私营部门共同参与公共物品和服务的生产和提供是必然选择；③ 英国学者达霖·格里姆赛与澳大利亚学者莫文·K. 刘

---

① 参见［日］山村恒年著：《新公共管理システムと行政法》，信山社 2004 年版，第 38 页。

② 姜明安教授曾赴澳大利亚考察，回国后写过一篇《澳大利亚"新行政法"的产生及其主要内容》的文章，其内容中介绍到，澳大利亚法学界将 20 世纪 70 年代以来制定的一系列调整现代行政关系，反映现代行政权力行使民主化、科学化趋势的法律及在实施中形成的相应法律机制称为"新行政法"。其主要代表性法律有：1975 年《行政上诉裁判所法》、1977 年《行政决定私法审查法》、1982 年《情报自由法》、1988 年《隐私权法》，等等。参见姜明安：《澳大利亚"新行政法"的产生及其主要内容》，载《中外法学》1995 年第 2 期。

③ 参见［美］E. S. 萨瓦斯著：《民营化与公私部门伙伴关系》，周志忍译，中国人民大学出版社 2002 年版，第 105 页。

易斯从公私合作入手，解释当前在全球范围内广泛出现的私营实体参与或提供基础设施的形式；① 而美国学者朱迪·弗里曼则通过典型事例认可私人与非政府组织在公共治理中起到的显著作用，及其在这一背景下的美国行政法的发展。② （3）在中国，也有学者从当前行政法治实践出发，通过反思传统基础理论和吸收国外创新理论，提出构建新行政法的构想。例如，以朱维究教授为代表的诸多学者曾提出以行政过程论重构我国行政法学体系的主张；罗豪才、姜明安等学者曾尝试借鉴德国"行政法律关系论"来重构中国行政法学体系。

（二）为何要选择"行政方式中心论"

面临现存困境，众多学者改弦易辙导入新理论，进行体系更新，试图引入行政过程、行政法律关系、行政决定等理论重构中国行政法学体系。而以"行政方式"为中心对行政法学体系作更新式调适最具现实意义。

其一，作为行政行为上位概念的行政方式更具包容性。（1）所谓包容性，意指一个范畴不仅能够有效涵摄所定义对象固有的全部信息，而且能够在与外在系统保持良性信息对流的过程中有效俘获新元素，以确保其本身的适应性。对于中国行政法学理论体系而言，"行政方式论"仅仅是一个改良或者更新，而非革命或者重构。其基本思路在于：为行政行为设置一个上位概念，并由这个上位概念统筹行政行为和非行政行为两大基本类型的行政方式。（2）"行政方式"能够包容行政行为及其知识体系——既保持了对基于行政行为所建构起来的现行制度的必要尊重，也避免了知识衔接上的断裂。在反思行政行为中心论之初，行政法学者大多强调对行政行为概念的重新界定，以满足实践之需，

---

① 参见［美］达霖·格里姆赛、莫文·K. 刘易斯著：《公私合作伙伴关系：基础设施供给和项目融资的全球革命》，济邦咨询公司译，中国人民大学出版社2008年版，第207~211页。

② 朱迪·弗里曼指出，私人与非政府组织参与公共治理可以充分发挥其专业性、竞争性等优势，以提高公共服务的效率与质量。同样，在此背景下，美国行政法学界也作出了相应的回应和改变，如替代性行政观念的出现、替代性责任机制的形成、正当性评价的提出等。参见［美］朱迪·弗里曼著：《合作治理与新行政法》，毕洪海、陈标冲译，商务印书馆2010年版，第314~335页。

提出了"狭义型"概念和"广义型"概念等。前者主张借鉴德、日等国家和中国台湾地区的行政处分概念，即以"行政行为"取代"具体行政行为"，并使行政行为与行政命令、行政合同等概念处于同一位阶。① 而后者则主张在公共行政改革的形势下，将所有的行政活动都纳入行政行为之范畴，以避免概念之争，此时，行政行为意指"依法享有行政权的组织或个人，为实现一定的行政管理目标，执行公务的各种行为方式、方法和过程的总称"。② 更有学者提出了第三种思路，认为可寻求与行政行为相平行的法学术语。③ 但是，无论是"狭义型"，还是"广义型"，抑或"第三种思路"，都忽视了一个基本事实，那就是"行政行为"并非单纯的学术概念，而系"法律用语"。④ 作为"法律用语"，行政行为的内涵与外延是比较明确的，至少它没有留给学者们漫无边际的解释空间。而引入"行政方式"，并将其设定为"行政行为"的上位概念，则不仅使行政行为的法定意涵及其知识体系得到保全，行政法学的研究视野也因此摆脱了行政行为的狭隘窠臼，变得无比开阔。(3)"行政方式"能够涵纳行政行为以外的新型行政手段或方法。当前行政法治实践产生的一个重要成果是大量新型行政手段的出现与频繁适用。⑤ 新型行政手段的出现不仅缓和了传统行政行为的"刚性"色彩，更彰显了公民与社会在国家治理中的主体性角色。

---

① 参见江必新：《统一行政行为概念的必要性及其路径选择》，载《法律适用》2006年第1~2期。

② 参见王琼、张宏：《面对概念冲突的行政行为》，载《国家行政学院学报》2003年第3期。

③ 例如"行政相关行为""其他行政行为"等。

④ 参见杨伟东：《行政诉讼架构分析——行政行为中心主义安排的反思》，载《华东政法大学学报》2012年第2期。

⑤ 这里尤指非权力行政方式。所谓非权力行政方式，是指行政机关实施的不具有强制命令性质的非权力作用性的行政活动方式。其基本特点包括：它在法律关系上属于公法关系，在性质上属于非权力作用，不以国家权力来单方性地拘束行政相对人；它适用于整个行政领域，但主要是经济领域和部分社会管理领域。它的具体表现形态多种多样，主要有行政指导、行政契约、行政奖励、行政资助，等等。权力行政方式和非权力行政方式共同构成行政机关的基本活动类型。参见莫于川：《非权力性行政方式及其法治问题研究》，载《中国人民大学学报》2000年第2期。

其二，作为行政职权运作形态及过程的行政方式更具整体性。（1）整体性意指能够全面反映对象的整体特征或者全部属性。具体意指行政主体行使职权、履行职责，以完成法定行政任务、达成预定行政目标或效果之手段、形式、方法或者途径之总称。① （2）行政方式能够囊括行政职权运行的所有方面，包括行政职权配置、运行和救济。首先，行政职权的配置大体可从宏观与微观两个层面解读。其次，行政职权的运行是一个复杂过程，以"目标"为导向，它可以涵盖所有为达成行政目标而采取的一切行动和手段。最后，正是行政方式的多元化，成就了行政侵权救济的立体化。基于行政方式概念的整体性，本着有侵权必有救济之法理，除了行政诉讼、行政复议之外，诸如行政申诉、行政调解、行政协商乃至行政上访等救济机制便可顺理成章地纳入行政法学的研究视野。（3）行政方式能够覆盖行政职权运行的整个过程。在其现实意义上，行政往往是以各种行为方式结合起来共同构成整体的行政职权运行过程。② 这种由行政方式所构成的过程具有交往性、连贯性和整体性等特质。

其三，面向实质行政的行政方式更具实践性。（1）"行政方式论"是以实践为基本面相的研究理路，它意在最大限度地反映实践存在的问题，回应行政法治实践中所提出的挑战。总体而言，相对于"行政行为论"，"行政方式论"更具实践性。（2）"行政方式论"能够面对实践之变迁。"行政行为论"以"命令—服从"为核心内涵，其必然造成行政法律规范所规制范围的封闭与狭隘。相反，"行政方式论"则是以"协商—合作"为精神实质，其时刻关注着行政实践的发展。一方面"行政方式论"能够回应公共管理理论下政府基于"软法"和"私法"的"多元协作治理模式"所直接导致诸如公务外包、协商制定规则等新型行政手段的出现，在行政法上所遇到的制度、法律适用问题。日本盐野宏教授曾指出："行政除从前范围内的公法上的方法以外，也使用所

---

① 参见江国华编著：《中国行政法（总论）》，武汉大学出版社 2012 年版，第 203 页。

② 参见江利红：《以行政过程为中心重构行政法学理论体系》，载《法学》2012 年第 3 期。

谓私法上的手段进行活动。"① 另一方面，行政方式这一概念本身就将行政与行政目标结合起来，不同时期行政理念的变革必然导致行政目标的改变，而行政目标的改变亦必然引发行政方式的不同选择。（3）"行政方式论"暗含实质法治倾向。就其法律意义而言，"行政行为论"是以"形式行政"为逻辑基点的学说，其必然的推论即"形式法治"。② 而"行政方式论"则是以"实质行政"为观察样本的，其内在倾向则必然是"实质法治"。基于其"实质法治"的倾向，"行政方式论"强调裁断行政方式正当性依据不限于"形式意义上的法"（指称狭义的法律），还应当包括"实质意义上的法"（比如"软法"）——这里有个前提性问题，那就是在"行政方式论"的视域中，据以作出"行政决定"的依据并非仅限于"形式意义上的法"。基于同样的理由，"行政方式论"更关注行政手段与行政目标之间的适恰性——它意味着不仅"手段"为"目标"所必需，而且是恰当的和适宜的。据此，"合法律性"的行政，未必都是正当的。

（三）"行政方式中心"论域中的政府行为

在行政方式论域中，政府行为囊括所有的行政方式，意指公共行政主体（行政主体非传统意思）为达成特定治理目标而行使职权、履行职责的活动及其过程的总称。这是一个以"治理目标"为导向的开放性概念，它内在地包括"行政行为和非行政行为"双核。具体有三。

其一，"目标导向"，意在强调政府与治理目标之间的内在关联性，即但

----

① 参见［日］盐野宏著：《行政法》，杨建顺译，法律出版社 1999 年版，第 36~37 页。

② 从形式法治研究理论和成果来看，形式法治将注意力集中于：法律颁布的方式（是否由合格的被授权者颁布；是否以合适的被授权方式等），规范的清晰性（是否足够清楚指引个人行为，使之规划其生活等），规范的时间维度（面向未来或者溯及既往等）。形式法治并不寻求就法律的实际内容作个性的判定，他们不关心在那个意义上法律是善法或者恶法，条件是它们符合法治的形式规范。参见［英］保罗·克雷格：《形式法治与实质法治的分析框架》，王东楠译，载姜明安主编：《行政法论丛（2010）》，法律出版社 2011 年版，第 643 页。

凡与目标相关联的职权活动均可纳入政府行为之范畴——与目标导向相对应的是"结果导向"。就其性质而言，"行政行为"的认定标准本质上就是"结果导向"，将没有产生"结果"的行为排除在行政行为之外。如此，诸预备行为、中间行为、内部行为等均被排除。

其二，"双核结构"，意指在政府行为体系中，可以作"行政行为"与"非行政行为"两分，二者在逻辑上具有平等地位——作为逻辑上的下位概念，"非行政行为"与"行政行为"共同构成"行政方式"，即政府行为。这就意味着：（1）行政行为的概念及其知识体系得以保全，有关行政行为的理论和研究仍然是行政法学的基本内容。（2）"非行政行为"取得与行政行为同等的学术地位，成为行政法学研究的核心对象。（3）作为"行政行为"和"非行政行为"的上位概念，行政方式和政府行为可以相互替换，成为行政法学的立论中心，有关"行政主体"、行政程序以及侵权救济等结构安排，都将围绕"行政方式"而建构。

其三，政府行为中的"非行政行为"，完全是为了顾全"行政行为"的概念而设定的一个"非典型"学术范畴。但其在逻辑上能够涵摄"行政行为"以外的所有行政方式或政府行为。它意味着：（1）"非行政行为"是相对于"行政行为"而存在的学术概念，只有在涉及"行政行为"的学术场景中，它才具有存在的意义，并得到合理的解释。（2）在逻辑上，"非行政行为"与"行政行为"属于并列关系，并且是构成"政府行为"的两个基本板块——在行政方式分类上，要么是"行政行为"，否则就可归类于"非行政行为"。（3）在形式上，"非行政行为"尽管可以划分为惠益性、侵益性和互益性等类型，但在性质上，"非行政行为"多具有协商性、合作性、劝导性和非强制性等属性。

第一章　行政行为理论

　　"行政行为"这一法律概念最早起源于法国，起初，该概念强调行政相对人要对公权力机关的行政命令服从。19 世纪前叶，德国著名行政法学家奥托·麦耶在此基础之上提出行政行为"为行政机关依法针对个别事件所作出的对人民具有公权力之宣示"①，即行政机关对外作出的国家意志的转化称为行政行为，且这一概念被沿用至今。

　　一般认为，明治维新时期，日本学者引入德国行政行为概念，并将对这一概念的理解概括为最广义说、广义说、狭义说与最狭义说等多种学说，上述学说对中日的行政法学研究产生了深远的影响。我国台湾地区行政法学者张宇载在其著作中将相关学说概括为：（1）最广义说，行政行为是行政主体本其职权所为之一切行为，既包括法律行为，也包括事实行为。（2）广义说，行政行为是行政主体本其职权所为之法律行为，既包括公法上的行为，又包括私法上的行为。（3）狭义说，行政行为是行政主体就具体时间所为公的意思表示，既包括法律行为的行政行为，如行政处分②、行政协议、行政契约等，也包括准法律行为的行政行为，如行政过程中的确认行为、通知行为、受理行

---

　　① ［印］M. P. 赛夫著：《德国行政法》，周伟译，台湾五南图书出版公司 1991 年版，第 75 页。
　　② 台湾地区"行政程序法"第 92 条第 1 项规定："本法所称行政处分，系指行政机关就公法上具体事件所为之决定或其他公权力措施而对外直接发生法律效果之单方行政行为。"

为等。（4）最狭义说，行政行为是行政主体就具体时间所为，发生公法上效果的单独行为，即行政处分。（5）折中说，行政行为是公权力机关基于法律授予的权力的意思表示①，旨在发生公法上法律效果的行为，既包括具体行政行为（狭义行政行为），又包括抽象行政行为，如行政立法行为。②

在我国行政法学界，对于行政行为概念的讨论，则可根据不同的视角和目的，分为行为主体说、行政权说、公法行为说以及行政过程说等诸多学说。（1）行为主体说流行于行政法学产生阶段，当时的学者认为行政机关的一切行为无论是运用行政职权作出的行政行为还是在未使用行政职权情况下作出的私法行为，均属于行政行为。该学说的产生以欧洲资产阶级革命成熟为背景，当时政治领域盛行的三权分立思想对该学说产生了重要影响，而以主体为唯一区分标准的观念，也是出于当时人们迫切希望将行政权与司法权、立法权区分开来的愿望。（2）行政权说则是着眼于作出行为所依据的权利，认为行政行为应当以行使行政权为前提。在此前提下，行政行为的主体不仅限于行政机关，而其内容可以包含行政法律行为、行政事实行为③和准法律行为三类，排除行政机关作出的私法行为。（3）公法行为说又可以区分为全部公法行为说、立法行为除外说、具体行为说、合法行为说等不同学说，上述学说均认可行政行为应当是具有行政法律效果的行为，不应当包括私法行为和事实行为，其主要区别在于对行政行为外延的不同理解。全部公法行为说认为行政行为包括了全部有公法意义的行为，既包括具体行政行为，也包括抽象行政行为；而立法行为除外说则是相比之下将抽象行政行为中的行政立法行为排除在外。具体行为说进一步将行政行为限定在具体行政行为的范畴，认为行政行为是行政主体就具体对象行使行政职权的行为。

---

① 参见朱维究，胡卫列：《行政行为过程性论纲》，载《中国法学》1989年第4期。
② 参见张载宇著：《行政法要论》，台湾汉林出版社1986年版，第301页。
③ 参见叶必丰著：《行政法与行政诉讼法》，武汉大学出版社2008年版，第160页。将行政事实行为纳入行政行为范畴需要一定的条件，只有当行政事实行为侵害了行政相对人合法权益时才是一种法律行为，才属于行政行为。

而合法行为说则认为行政行为应当以合法性为前提，违法的行政行为不属于行政行为范畴，但该学说并未得到广泛支持。

支持行政过程论的学者在行政过程中侧重于整体全面动态的研究，而非孤立片面静态的考察①，在该核心观点上推导或引申出其他学术观点和学术理论。② 其中，"全面"是指将所有行政行为在空间上相互联系，形成一张纵横交织的"网"，彼此之间存在牵连关系；"动态"则是指注意观察行政行为随着时间流逝而发生的变化，而不是站在行政行为的"终点"等待行为的"完成"。在这种研究方式之下，行政过程论在两个层面对行政行为进行分解：在宏观层面，行政过程论要求全面考察一个行政行为所涉及的其他诸多行为，并且这些行为并不限于行政行为，事实行为、程序行为等均可纳入考察范围之内，从而对行政行为作出一个全面的、宏观的法律评价；而在微观层面，行政过程论也将单个的行政行为看作一个过程，这一过程包括了法律事实认定阶段——法律规范适用阶段——决定作出阶段——决定送达阶段等环节，各个环节随着时间的逐步进行，进而构成了微观上的行政行为过程，而要对行政行为进行评价，也要通过对微观过程中各个环节的评价，综合得出对单个行政行为的评价。最终，结合宏观层面的法律评价和微观层面的法律评价，得出对行政行为的整体评价。

第一节　行政行为要素理论

行政行为要素，即是指行政行为的构成要素，是一个行为能否被判定为行政行为的前提条件，也是将行政行为与民事行为、刑事行为区分开来的重要参

---

① 江利红：《以行政过程为中心重构行政法学理论体系》，载《法学》2012年第3期。

② 参见范伟：《行政黑名单制度的法律属性及其控制——基于行政过程论视角的分析》，载《政治与法律》2018年第9期，第94页。

考。如政府与行政相对人之间签订的协议，是属于普通民事协议，还是属于行政协议，都需要用行政行为的构成要素来进行判定。当其符合行政行为的构成要素时，就应当以行政法相关法律规定进行规范，反之则当适用民事法律进行规制。

对于行政行为的构成要素，我国学者虽有不同的观点，大致可分为三要素说与四要素说。例如，关保英教授主编的《行政法与行政诉讼法》持三要素说，认为行政行为的构成要件应当包括行政行为的主体要素、权力要素、法律要素三个要素①，其中，主体要素即是指行政行为的作出者应当是行政主体，权力要素是指行政行为应当是行政主体行使行政职权的行为，而法律要素则是指行政行为应当具有法律意义并产生法律效果。王周户教授主编的《行政法学》中亦认可此观点②。而四要素说中则又存在多种观点，例如应松年教授主编的《当代中国行政法》认为，行政行为的构成要件应当包括主体要素、行政权力要素、法律效果要素以及形式要素。其中，形式要素是指行政主体用一定的形式将其内在意思向外部表达出来，以使外部能够客观理解，并需告知行政相对人。③ 再如罗豪才教授认为行政行为要素应当包括主体要素、主观要素、客观要素和功能要素。此外，还有观点认为，行政行为应当包括主体要素、职权要素、法律要素、外部要素（即行政行为应当是行政主体对其组织以外的行政相对人作出的）。总的来说，行政行为的主体要素、职权要素与法律效果要素已经得到了学界的普遍认可，只是在是否存在其他要素，以及还存在哪些要素的问题上仍存在分歧。就其内在逻辑关系而言，将行政行为分解为主体要素、权力要素、目的要素及法律效果要素四项基本要素之观点④，更具自洽性。

---

① 参见关保英主编：《行政法与行政诉讼法》，中国政法大学出版社 2007 年版，第 215~216 页。
② 参见王周户主编：《行政法学》，中国政法大学出版社 2011 年版，第 186~187 页。
③ 参见应松年主编：《当代中国行政法》，中国方正出版社 2005 年版，第 510 页。
④ 参见江国华著：《中国行政法（总论）》，武汉大学出版社 2017 年版，第 139 页。

一、主体要素：行政行为须由行政主体作出

行政主体是指依法拥有独立的行政职权，能以自己名义行使行政职权以及独立参加诉讼，并能独立承受法律责任的组织。① 根据行政职权获取方式的不同，行政主体主要包括以下两类。

其一，职权行政主体。职权行政主体，是指从其成立之日起即从宪法和相关组织法中取得授权的行政主体，其职权源自天生，就我国的法律和实际情况而言，职权行政主体一般是指各级人民政府及其职能部门和派出机关等。具体而言，我国的职权行政主体可以分为中央行政主体和地方行政主体两大类。其中：

中央行政主体即是指中央层级的职权行政主体，包括：（1）国务院。根据《宪法》规定，中华人民共和国国务院是最高国家行政机关，其作为最高权力机关——全国人民代表大会的执行机关行使行政职权。国务院依法行使规定行政措施，制定行政法规，发布决定和命令，提出议案，统领各部委工作、全国地方各级国家机关工作和全国性行政工作等多项职权。②（2）国务院各组成部门。国务院各部门依法分别履行国务院的基本行政管理职能，可依法发布命令、指示和规章。（3）国务院直属机构。国务院直属机构也独立行使行政管理职能，能够独立承担行政责任，主要职能是主管政府的某一类专门任务和业务。③（4）国务院部委管理的国家局。国家局主管特定业务，行使行政管理职能。目前，我国国务院部委管理的国家局包括国家信访局、国家能源局、国家烟草专卖局等16个单位。

地方行政主体主要是指除了中央一级的行政主体，包括地方各级人民政府及其职能部门以及县级以上地方人民政府的派出机关。具体包括：（1）地方

---

① 章剑生：《反思与超越：中国行政主体理论批判》，载《北方法学》2008年第6期。

② 关于国务院的职权详见《中华人民共和国宪法》第89条。

③ 《国务院行政机构设置和编制管理条例》第6条第4款："国务院直属机构主管国务院的某项专门业务，具有独立的行政管理职能。"

各级人民政府。地方各级人民政府的行政权限范围由于行政级别的不同和行政法治的要求有所区别。以省、县市区、乡镇三级地方人民政府为例，省人民政府有权管理本辖区内各项行政工作，发布决定和命令，有权改变或者撤销不适当的决定，有权决定本辖区内乡镇一级的建制和区域划分，有权设立审计机关。县市区一级人民政府则有权管理本辖区内的行政事务，发布决定和命令等。① 乡镇一级人民政府由于层级较低，数量众多，不具有行政立法权，仅执行本级人大的决议和上级机关的决定和命令，管理所在地方的行政工作。（2）县级以上地方各级人民政府职能部门。与国务院各部委的职能类似，县级以上地方各级人民政府的职能部门主要负责依法分别履行本级地方人民政府的行政管理职能，处理本职能领域内的行政事务，不具有行政立法权限。（3）县级以上地方各级人民政府的派出机关：一是行政公署。目前行政公署已于1986年被修改为"省、自治区的人民政府在必要的时候，经国务院批准，可以设立若干派出机关"，但我国目前仍存在行政公署这一派出机关形式，多分布在我国北部地区；二是区公所。《地方各级人民代表大会和地方各级人民政府组织法》第68条第2款规定，县级政府经省级政府批准，可以设立区公所作为派出机关。中华人民共和国成立之初，由于交通不便，基层治理困难，该派出机关连接县乡两级，对当时的社会治理作出了重大贡献，但随着社会的不断发展，乡级行政区不断扩大，县、乡之间结合更加紧密，区公所逐步减少，大陆目前仅存一个区公所，我国台湾地区仍有数个此类派出机关；三是街道办事处。地方组织法规定，市政府经上级批准可以设立街道办事处作为派出机关，街道办事处与乡镇同级，属于城市化管理区域，主要负责本辖区内行政事务的管理，并承办区委、区政府交办的其他工作；四是县级以上地方各级人民政府在经济技术开发区设立的管理委员会。此类派出机关，是在当前各地经济发展过程中产生的一类特殊机关，主要表现为两种模式，一种是准政府的管委会体制。管委会作为政府的派出机构，不具有完整的行政机关职能，其主要承担的是经济开发职能，可以审批一定的项目。另一种是开发区与行政区管理合一的

---

① 　参见《中华人民共和国宪法》第 107、108、109 条。

管理体制。该管理体制具有更多的行政色彩，有相应的编制和更为广泛的权限范围。该模式主要适用于将整个行政区作为开发区，或者开发区是原有城区建制的一部分。①

其二，授权行政主体。授权行政主体，是指其成立时并不具有法定职权，其行政职权来自于其他有权机关作出的授权。其特点在于可独立行使法律、法规和规章授权范围内的有限职权，并对相应的法律后果独立承担责任。授权行政主体的种类较为多样，具体包括行政机构、公务组织和社会组织三大类。（1）行政机构。法律法规授权的行政机构，主要表现为行政机关内设机构和行政派出机构两大类，其中，行政机关内设机构如地方人民政府各部门等，行政派出机构则如派出所、税务所等单位。（2）公务组织。公务组织主要是指基层群众性自治组织，在我国即是居民委员会和村民委员会。基层群众性自治组织虽由一定区域内的人民组建，不具有行政职权，但基于其设立目的在于管理区域内公民的基本生活事务，因此在特定情况下其仍然可以行使一定的行政职权。（3）社会组织。社会组织，包括企事业单位、社会团体和行业组织三大类。社会组织其本身虽具有较强的民间性，但由于其在特定领域内具有较强的指导、领头等作用，因此法律、法规和规章授予其部分行政职权，以帮助其实现对本领域内相关秩序的规制，从而实现行政管理职能。

二、权力要素：作出行政行为必须具备行政职权

行政权这一概念，起源于西方学者孟德斯鸠的三权分立学说。孟德斯鸠在其著作中将国家权力分为三种：一种是国王或执政官制定临时或永久的法律并修正或废止已制定的法律的权力；一种是他们媾和或宣战，派遣或接受使节，维护公共安全，防御侵略的权力；一种是他们惩罚犯罪或裁决私人讼争的权力。这三种权力分别被命名为立法、行政和司法权，彼此之间职能不同，不能混淆。② 这一理论在美国的国家权力体制中得到了充分阐释。

---

① 吕薇：《关于开发区管理体制的思考》，载《重庆工学院学报》2004 年第 1 期。
② 参见［法］孟德斯鸠著：《论法的精神》，商务印书馆 1961 年版，第 157 页。

三权分立思想虽然也被我国在制定宪法及其他法律法规的过程中所借鉴，但我国并未采取三权分立学说，而是结合我国实际对国家权力进行分配。在我国宪法中，明文规定国务院及地方各级人民政府是国家权力机关的执行机关，依法行使行政职权。行政职权并不等同于行政权。相比于行政权，行政职权是更加明确、具体的概念。

行政职权是指特定机关依法享有的对某一类或某一个行政事务，以特定方式进行管理的权力。① 根据我国宪法与相关法律、法规的规定，行政职权可以区分为行政创制职权、行政执行职权和行政救济职权三大类。

其一，创制性职权，即行政主体为完成行政任务，达到行政目的，而创制规则、作出决策等职权的总称，包括了行政立法权、行政规则权、行政决策权等。其中：（1）行政立法权主要是指中央行政机关和地方行政机关的创制行政法规和政府规章职权的总称。（2）行政规则权意指行政主体制定除了行政法规和规章之外的具有普遍约束力的决定、命令等规范性文件之权的总称。例如我国《宪法》规定，国务院有权发布"决定、命令"，国务院各部、各委员会有权发布"命令、指示"，县级以上地方各级人民政府为管理本行政区域内行政事务，有权发布"决定和命令"等。在我国实践中，行政规则并无明确的法律定义，也没有统一的形式，但作为行政机关创制行政规范的一种重要形式，广泛存在于我国行政规范性文件中。（3）行政决策权意指行政主体为达成行政目标，作出某项决定并将其外部化的权力总称。行政决策权往往不是独立存在的，而是会与其他行政职权相配合，构成一条完整的职权体系。

其二，执行性职权，即源自于法律、法规或规章的规定，或基于法律、法规和特定机关授权，由特定主体行使的执行法律或政策之权。其要义有三：（1）行政执行职权必须由行政主体行使。（2）行政执行职权必须由法律规定的行政主体行使，行政主体不可超越本领域行使其他行政主体具有的行政职权。例如行政处罚中，只有法律规定的行政机关、法律、法规授权的机关和组织以及符合特定条件的受委托组织有权实施行政处罚，且只有公安机关有权实

---

① 江国华著：《中国行政法（总论）》，武汉大学出版社 2017 年版，第 46 页。

施限制人身自由的行政处罚。①（3）行政执行职权的权限范围、行使方式、涉及的金额等由法律、法规和规章明确规定，任何行政主体在作出行政行为时均不得超越法定权限。

其三，救济性职权，即对行政行为及其后果施以矫正或者救济的职权，其中行政复议职权、行政裁决职权、行政仲裁职权等较具典型意义。

（1）行政复议职权意指基于公民、法人或者其他组织之申请，对被申请之具体行政行为之合法性和适当性施以审查之职权。根据被申请的具体行政行为主体之不同，享有行政复议职权的机关也有所不同——对县级以上地方各级人民政府工作部门的具体行政行为不服的，由申请人选择，可以向该部门的本级人民政府申请行政复议，也可以向上一级主管部门申请行政复议。对海关、金融、国税、外汇管理等实行垂直领导的行政机关和国家安全机关的具体行政行为不服的，向上一级主管部门申请行政复议；对地方各级人民政府的具体行政行为不服的，向上一级地方人民政府申请行政复议。对省、自治区人民政府依法设立的派出机关所属的县级地方人民政府的具体行政行为不服的，向该派出机关申请行政复议；对国务院部门或者省、自治区、直辖市人民政府的具体行政行为不服的，向作出该具体行政行为的国务院部门或者省、自治区、直辖市人民政府申请行政复议。对行政复议决定不服的，可以向人民法院提起行政诉讼，也可以向国务院申请裁决，国务院依照本法的规定作出最终裁决；对县级以上地方人民政府依法设立的派出机关的具体行政行为不服的，向设立该派出机关的人民政府申请行政复议；对政府工作部门依法设立的派出机构依照法律、法规或者规章规定，以自己的名义作出的具体行政行为不服的，向设立该派出机构的部门或者该部门的本级地方人民政府申请行政复议；对法律、法规授权的组织的具体行政行为不服的，分别向直接管理该组织的地方人民政府、地方人民政府工作部门或者国务院部门申请行政复议；对两个或者两个以上行政机关以共同的名义作出的具体行政行为不服的，向其共同上一级行政机关申请行政复议；对被撤销的行政机关在撤销前所作出的具体行政行为不服的，向

---

①　参见《中华人民共和国行政处罚法》第三章。

继续行使其职权的行政机关的上一级行政机关申请行政复议。①

（2）行政裁决职权意指行政机关或法定授权的组织，依照法律授权，对当事人之间发生的、与行政管理活动密切相关的、与合同无关的民事纠纷进行审查，并作出裁决的职权。基于该职权所作出的行政裁决行为之要义有四：一则行政裁决的主体是经法律授权的特定行政机关，而不是司法机关，但是并非任何一个行政机关都可以成为行政裁决的主体，只有那些对特定行政管理事项有管理职权的行政机关，经法律明确授权，才能对其管理职权有关的民事纠纷进行裁决，成为行政裁决的主体。如《商标法》《专利法》《土地管理法》《森林法》《食品安全法》《药品管理法》等对侵权赔偿争议和权属争议作出规定，授权有关行政机关对这些争议予以裁决；二则当事人之间发生了与行政管理活动密切相关的民事纠纷，是行政裁决的前提。随着社会经济的发展和政府职能的扩大，行政机关获得了对民事纠纷的裁决权。但行政机关参与民事纠纷的裁决并非涉及所有民事领域，只有在民事纠纷与行政管理密切相关的情况下，行政机关才对该民事纠纷进行裁决，以实现行政管理的目的；三则行政裁决是依申请的行政行为。争议双方当事人在争议发生后，可以依据法律法规的规定，在法定的期限内向特定的行政机关申请裁决。没有当事人的申请行为，行政机关不能自行启动裁决程序；四则行政裁决是一种具体行政行为。行政机关依照法律法规的授权针对特定的民事纠纷进行裁决，是对已经发生的民事纠纷依职权作出的法律结论。这种行政裁决具有具体行政行为的基本特征。行政相对人不服行政裁决而引起的纠纷属于行政纠纷。对此，除属于法定终局裁决的情形外，当事人可依法申请行政复议或提起行政诉讼。

（3）行政仲裁职权意指行政机关以第三者身份依照法定仲裁程序对当事人之间的争议予以解决的职权。基于该职权所作出的行政仲裁行为，亦称"行政公断"，是具有准司法性质的行政活动。其要义有四：一则行政仲裁机构居间解决特定纠纷；二则行政仲裁机构只能是行政机关设立的解决民事争议的专门机构——行政机关所设的特定仲裁机构，依法对民事争议当事人双方提交仲

---

① 参见《中华人民共和国行政复议法》第 12、13、14、15 条。

裁的争议进行裁决，其裁决具有法律效力，争议双方受到裁决约束；三则行政仲裁属于行政执法的范畴，其适用范围仅限于"与行政机关行政管理有直接关系的民事纠纷"，主要包括企业与职工之间的劳动争议以及农村承包合同纠纷；四则行政仲裁以纠纷双方当事人事先或事后达成的协议为条件。

三、目的要素：行政行为应当有特定的行政目标

行政行为的作出，应当是为了达到特定的行政目的，从而实现其行政管理职能。从我国目前行政领域立法来看，行政复议的目的在于防止和纠正违法的或者不当的具体行政行为，保障和监督行政机关依法行使职权；① 行政处罚的目的在于保障和监督行政机关有效实施行政管理，维护公共利益和社会秩序；② 行政许可的目的在于保障和监督行政机关有效实施行政管理。③ 结合上述几部行政领域的法律文本来看，行政行为的作出，应当是为了实现特定的行政目的，即履行行政管理职能、保护行政相对人利益、维护公共利益和社会秩序。

行政行为的直接目的是实现行政管理职能。如前文所述，行政行为是行政主体为履行行政职责、达成行政目的所作出的行为，其最直接的目的，在于处理特定事项，从而实现其行政管理职能。无论是行政许可、行政复议这类需当事人申请方可启动的行政行为，还是行政强制、行政处罚这类行政主体依职权主动作出的行政行为，抑或是行政相对人纯获益的行政奖励等行政行为，都是行政主体为了履行自身的行政管理职能而作出的行为，其直接目的是通过行政职权的行使，使社会公共事务维持在一个平稳有序的状态。

行政行为的基本目的是维护个体合法权益。行政法"控权论"认为，行政法的基本目的在于保障私人的权利和自由，行政法的基本内容是控制和限制政府权力。亚当·斯密曾在《国富论》中阐述了个人利益与公共利益之间的

---

① 参见《中华人民共和国行政复议法》第 1 条。
② 参见《中华人民共和国行政处罚法》第 1 条。
③ 参见《中华人民共和国行政复议法》第 1 条。

关系：人必然出于利己的动机与他人交往，其内心实际上并不关心公共利益，但为了实现自身利益追求，人在社会交往过程中达成共识，进行合作，形成了一定规则，而这些规则，正是社会公共利益的保障。《国富论》虽为经济学著作，但其提出的个体与社会间的关系亦可在行政法学领域进行讨论。人民为生存形成聚落，而为了聚落的延续自愿让渡部分权利，制定社会运转规则，从而保证自己能够安居乐业，这可以说是不同历史时期、不同意识形态下人民的共同选择。在我国，行政主体，尤其是行政机关，作为国家权力机关的执行机关，其权力源自于人民，其宗旨亦为"全心全意为人民服务"，行政主体作出行政行为的直接目的虽为实现行政管理职能，但向前一步，即会看到在每个行政行为，尤其是"具体行政行为"作出后，必然有特定个体的合法利益将因行政行为的作出而得到保障，这一特定个体，既可以是行政相对人本身，例如行政许可中行政相对人从事特定行为的权利得到保障，也可以是行政行为的利害关系人，如土地确权纠纷中的另一方当事人。

行政行为的根本目的是维护社会公共利益。"社会公共利益"一词在我国法律法规中并不鲜见。例如，我国《宪法》第 13 条第 3 款规定，国家为了公共利益可以实行征收或者征用并给予补偿。《行政许可法》第 8 条第 2 款也有规定，可以依法变更或者撤回已经生效的行政许可。服务型政府的特点之一就是公益性。"政府管理的本质是为行政相对人提供最广泛意义上的公共产品，提供有效的公益性服务，满足现代社会多样化需求。"[1] 实际上，关于"公共利益"的概念界定仍存在争议。如有的观点认为，公共利益是指涉及国家安全和广大社会公众福祉的利益；[2] 有的观点认为，公共利益应当是指全体社会成员的共同利益和社会整体利益；[3] 亦有观点认为，公共利益代表的是社会中至

---

[1] 《行政主体基于公共利益需要可以单方变更或解除行政合同——湖南泰和集团股份有限公司诉湖南省岳阳市人民政府、湖南省岳阳市国土资源局行政合同纠纷案》，载《人民司法·案例》2011 年第 4 期；张坤世、文国银：《行政合同诉讼的法律思考》，载《人民司法》2011 年 2 月。

[2] 参见姜明安：《界定"公共利益"完善法律规范》，载《法制日报》2004 年 7 月 1 日。

[3] 秋风：《什么扭曲了"公共利益"》，载《中国经营报》2004 年 6 月 28 日。

少大多数成员的需求，体现了大多数人的共同意志。

四、法律要素：行政行为应当产生一定的行政法律效果

所谓法律效果，就是法律在实施过程中所产生的现实结果，具体而言，可以视为是法律所导致的法律关系的产生、变更与消灭。在行政法语境下，行政行为的行政法律效果，即是指在行政行为作出之后直接或间接地导致行政法律关系的产生、变更或消灭。

之所以对行政行为在法律要素方面作出要求，是因为行政主体所从事的行政行为未必都会产生行政法律效果。一般来说，能够寻求行政复议、行政诉讼救济的行政行为，例如行政许可、行政处罚、行政强制行为等，必然会对行政相对人的权利义务产生实际影响，也正因此，此类行政行为才有救济的必要。但也有一些行政主体作出的行为，如发布数据、提示预警等，其所履行的虽是行政主体管理社会事务时应尽的职责，但并未对任何特定主体设定权利义务，并未有行政法律关系产生、变更或消灭，因此，此类行为不能被认定为行政行为。

但除此之外，还有学者在行政过程理论的基础之上，提出了行政事实行为和准行政行为的概念。其中，行政事实行为，是指行政主体运用行政权实现行政目的，但并没有产生相应法律效果的实力行政作用。[①] 换言之，这一行为不产生行政法上的效力，但该行为的作出将会影响相关的事实状态。根据不同的标注，行政事实行为可作不同的类分。其中：（1）以事实行为是否涉及强制权力的运用为区分，行政事实行为可分为权力性事实行为与非权力性事实行为。比如行政检查行为、行政即时强制等即属于权力性事实行为，资讯处理行为、行政机关在执法过程中所搜集的各种证据材料的处置，有关档案的收发、管理等以及诸如道路养护、桥梁维修、公共工程建设等履行公共服务职能的行

[①] 叶必丰著：《行政法与行政诉讼法》，武汉大学出版社2008年版，第167页；参见叶必丰：《具体行政行为的法律效果要件》，载《东方法学》2013年第2期。

为则属于非权力性事实行为。（2）以事实行为与行政行为的关系为标准，行政事实行为可分为独立的事实行为（具有独立的法律意义，如行政即时强制）、补充性的事实行为（又称执行性行为，不具有独立的法律意义。如工商局销毁收缴的假冒伪劣产品）、即时性行政行为（具有临时性、紧急性的特征，其行为式样由行政主体根据实际情况裁量决定，如拖走抛锚的车辆、清理横倒在公路上的树木，以保证公路交通顺畅）和建议性行政事实行为（对行政相对人支配性最弱，如行政指导行为，对优质产品的推荐，某种商品的价格预测等）。相对于行政行为而言，行政事实行为并不造成任何行政法律关系的产生、变更或消灭，但又确实出于实现行政管理职权的目的，对行政相对人的权利义务产生了实际影响。对于此类行为的救济，通常是将其归于目前法律列举的行政行为之中进行认定，例如在行政强制行为中，如果行政主体使行政相对人的人身或是财产权利遭受损失，则行政相对人可以针对该行政强制行为申请行政复议或提起行政诉讼，也可以对作出该行政强制行为的主体申请行政赔偿或以行政赔偿为由提起行政诉讼。但在行政过程论的视角下，行政行为更加具体化，而行政事实行为也因此进入了学界的视野。

准行政行为，是指行政主体出于行政管理目的，通过行使行政职权的方式，作出一定观念表示的行为。准行政行为的典型代表，即是交通事故责任认定书。交通事故责任书虽属于行政主体依职权作出，且其确实会对行政相对人的权利义务产生实际影响，但在实践中认为，由于其已被定性为"证据"，在之后可能产生的民事诉讼等争议中，该证据是否会被采纳、是否能够对最终责任分配产生实质影响仍是未知数，也就是说其是否具备法律要素仍不可知，因此不能被认定为具体行政行为，而其作出对象的特定性也决定了其不能被归于抽象行政行为的范畴。相比之下，交通事故责任认定书的复核行为，虽然因其前行为不具有可诉性而导致本行为也不属于行政诉讼的受案范围，但其仍然具备了行政行为所应当有的主体、职权、目的及法律要素，可以被纳入行政行为的范畴。

第二节　行政行为效力理论

江必新教授曾经指出：行政行为的效力是行政行为的生命。一个没有效力的行政行为，甚至会被视为不存在（如自始无效或不成立）。但遗憾的是，我国行政行为效力理论的绝大部分观点既非原创也非源于对实践的总结，而是源于德国、日本和中国台湾地区的效力理论，甚至连效力内容的名称也都只是将域外名词进行简单翻译或演绎而成。在这个意义上，"行政行为效力理论一直都是我国行政法领域最具争议的问题之一"，"也是目前行政行为理论中应用性最强又最为薄弱的一个环节"。①

一、行政行为的生效要件

行政行为的生效要件，意指行政行为成立并发生法律效力所必须具备的各种要素的总称。它既是判断一个行为是否为行政行为的基本依据，也是判断行政行为是否有效的客观法则，主要包括主体要件、主观要件、客体要件和客观要件四个要素。其中：（1）主体要件，即只有具备行政职权之行政主体所作出的行为，才有资格称其为行政行为，并产生相应的法律效力。②（2）主观要件，即行政主体有运用行政职权建立、变更或者消灭行政法律关系之意图，并有积极追求这一结果的意思表示。（3）客体要件，也称形式要件，即行政行为乃行政主体履行职权的载体，是一种表现于外部的、客观化了的意志，本质上属于表意行为——行政主体只有将自己的意志通过语言、文字、符号或者行动等行为形式表示出来，并告知行政相对人以后，才能成为行政行为，并产生相应的法律效力。（4）客观要件，即行政行为必须是一种法律行为或者产生

---

① 江必新：《行政行为效力体系理论的回顾与反思》，载《江苏社会科学》2008 年第 5 期。

② 周佑勇著：《行政法原论》，中国方正出版社 2005 年版，第 175 页。

客观法律效果的行为——只有能够引起行政法律关系的产生、变更或者消灭，或者为行政相对人设定、变更或者消灭某种权利义务关系内容和效果时，该行为才构成行政行为，并产生相应的法律效力。①

二、行政行为效力的构成

行政行为效力构成意指行政行为效力所涵盖之内容，也被称作行政行为效力内容或效力体系。在理论溯源上，我国学界的观点主要源自日本的以公定力为核心的效力体系说和德国的以存续力为核心的效力体系论。我国目前已形成"三效力说""四效力说""五效力说"等不同的行政行为效力构成观点。其中：（1）"三效力说"出现最早，王珉灿先生在其主编的《行政法概要》中将行政行为的效力内容概括为拘束力、确定力和执行力，此后这一学说作为我国行政法学界早期的通说被沿用，直至1996年公定力概念得到正式论述。②（2）"四效力说"纳入了公定力概念，初步形成于罗豪才教授主编的教材《行政法学》③，后经不断丰富拓展逐步被我国行政法学界主流所接受。（3）"五效力说"是周佑勇教授的主张，他认为行政行为效力涵括先定力、公定力、确定力、拘束力和执行力五种。先定力是指行政行为的作出受行政主体单方面意思表示决定的效力。④根据通说观点"四效力说"，行政行为效力包括公定力、确定力、拘束力和执行力四种。其中，公定力在行政行为效力体系中居基础性地位，后三者由公定力阐发而来，同时也为公定力的实现发挥着保障作用。

---

① ［印］M.P.赛夫著：《德国行政法》，周伟译，台湾五南图书出版公司1991年版，第80页。翁岳生著：《行政法与现代法治国家》，台湾祥新印刷有限公司1979年版，第16~17页。

② 参见章志远著：《行政行为效力论》，中国人事出版社2003年版，第45~46页。

③ 参见罗豪才主编：《行政法学（新编本）》，北京大学出版社1996年版，第112~114页。

④ 参见周佑勇著：《行政法原论》，中国方正出版社2000年版，第160页。

（一）公定力

公定力作为一个明确概念的出现，是自日本学者美浓部达吉开始的，他提出，"国家行为受合法之推定，除了有权机关撤销或认定其无效，人民不能否定国家行为之效力，仅得依法以争讼手段请求救济，若法律不许争讼时，则端赖行政权之自我克制"。① "行政行为最重要的特色在于，尽管是有瑕疵的行为，但这种行为也具有公定力，对方仍有服从的义务。"② 行政行为的公定力，意指行政行为一经作出，都具有被推定为合法有效并获得任何机关、组织和个人尊重和信任的法律效力。申言之，行政行为在由法定机关经法定程序使之失效前，即便是违法或不当的，都应当被推定为合法、有效。在性质上，公定力是一种推定的约束力，即由实定法的规定或法律原理推导而来的，以确保行政行为在特定一段时间内获得尊重的效力。

行政行为的公定力对于维护法的安定性、保障行政法律关系中的权利义务、避免行政资源和成本的浪费等具有重要意义。公定力是一种对世的效力，对于公定力的这种假定，不仅及于行政主体和相对人，还包括整个社会。公定力的对世性主要体现在三个方面：（1）行政行为对司法行为的约束力。在分权制衡原则下，司法可以通过审查介入来控制行政恣意扩张，但行政权享有应当的尊重，例如法院应将行政行为作为认定合同是否有效的前提。（2）该行政行为对其他行政行为的约束力。"以后作出的行政行为必须建立在以前作出的行政行为的基础上，尤其是其行为必须依据这个基础作出。"③ 这是行政系统内部连贯性的要求，即行政系统作为一个整体，作出的不同行政行为之间应当保持最大限度的不矛盾。（3）行政行为对行政相对人的效力。基于信赖保护原则，行政相对人有理由相信行政行为是有效的，尤其是授益性行政行为。

---

① 吴庚著：《行政法之理论与实用》，中国人民大学出版社2005年版，第236页。

② 参见［日］田中二郎著：《新版行政法》，载《行政法研究资料》，中国政法大学出版社1985年版，第552页。

③ 参见［德］奥托·迈耶著：《德国行政法》，刘飞译，商务印书馆2002年版，第101页。

（二）确定力

行政行为的确定力，意指行政行为一经作出，其内容非经法律程序不得任意变更的效力。确定力可分为形式确定力与实质确定力。行政行为的形式确定力是相对于行政相对人而言的，其意涵为对于已经生效的行政行为，相对人不得要求改变的效力。行政行为的实质确定力又称作不可变更力，是对行政主体的效力，它意味着行政主体不得任意改变已作出的行政行为，或者对某一事项重新作出行为，否则应承担相应的法律责任。行政行为的确定力也是相对的，一方面行政主体可以通过主动纠错机制，依法按程序改变已确定的行政行为，并承担由此给行政相对人带来的损失。另一方面，行政相对人也可以在法定期限内提起行政复议或行政诉讼寻求救济。

（三）拘束力

行政行为的拘束力，意指行政行为一经作出，就对行政主体和行政相对人产生法律上的约束力，行政主体和行政相对人就必须要履行行政行为所确定的义务。拘束力的对象只包括行政主体和行政行为相对人——行政行为对行政主体具有拘束力，行政主体应当严格遵循自己作出的行政行为，不能超越该行为，违反其行为的规定；行政行为对行政相对人也具有拘束力。行政行为的拘束力与确定力一样，都是指向行政主体和行政相对人的，但是二者的侧重面不同。确定力所保护的是行政决定本身不受任何改变，而拘束力要求的是行为人的行为需要与行政决定相一致，因此，确定力强调的是一种行政决定的稳定性，拘束力更加强调行政决定的限制约束力。

（四）执行力

行政行为的执行力，意指行政行为一经作出，就要求行政主体和行政相对人对其内容予以实现的法律效力。执行力可以分为自觉履行力和强制履行力两种——在自觉履行力存续期间，行政行为是否能够实现完全取决于双方的意愿，权利主体不能对义务主体进行强制执行；只有在义务主体不履行义务的前提下，才有必要通过强制履行的方式来实现行政行为所设定的内容。相对人基于授益性行政行为所赋予的权益，受法律保护；若行政主体消极或懈怠履行基于惠益性行政行为所设定的义务，行政相对人有权依法定程序要求有权机关责令其履行。相对人基于侵益性行政行为而应承担的义务，具有强制性；若相对人消极或者拒绝履行，行政主体有权依法直接强制执行或者申请人民法院强制执行。

三、行政行为效力的起始与中止

行政行为效力的起始与中止法则，也称行政行为生效法则，是有关依法作出之行政行为效力起于何时的相关规定之总称。具体来说，包括效力起始法则、效力延迟法则和效力中止法则三种情况。

（一）行政行为效力起始

行政行为的效力起始包括四种情况：（1）即时生效，是指行政行为一经作出就产生法律效力。这种情况下，行政行为的成立与生效时间相同。基于紧急情况或者其他需要而当场作出的行政命令等行政行为，大多遵循即时生效法则。（2）告知生效，意指行政机关将行政行为的内容以公告或宣告等形式，使相对人知悉行政行为的内容，该行政行为才能开始生效。这种情况下，行政行为在作出之时并不立即生效，只有在行政主体向行政相对人告知行政行为的内容后，才可能产生法律效力。就其形式而言，行政行为的告知有口头告知，也有书面告知，其中，后者包括信函、通知、公报等。一般来说，比较简单的行政行为可以采用口头告知的形式，而比较复杂或者有法律明文规定采用书面形式的，就应当采用书面的告知形式。（3）受领生效，意指行政行为经过行政相对人受领之后才能发生法律效力。基于相对人受领途径之不同，受领生效的时间也有所不同。① 其中，采用口头送达的，口头告知之时就是受领之时，亦是行政行为生效之时；采用书面送达的，书面材料交付或者到达行政相对

---

① 叶必丰著：《行政行为的效力研究》，中国人民大学出版社2002年版，第87页。

人之时就是受领之时，亦是行政行为生效之时。（4）附条件生效，意指当行政行为的作出附有一定期限或其他条件，所附期限到来或条件达成之时，行政行为才开始生效。行政行为所附的条件是指行政主体在作出行政行为时设定某种法律事实作为行政行为发生法律效力的前提，是一种附加的从属性意思表示。

（二）行政行为效力延迟

行政行为效力的延迟主要包括以下几种情况：（1）时效告知错误，即行政机关对行政相对人所告知的救济时效不符合法律的规定以及没有及时告知救济时效。（2）附款规定，即行政主体在作出行政行为时随附了一定的条件、期限等，延迟了行政行为的效力。附款规定往往影响的不是行政行为的公定力和确定力的发生时间，而是执行力的发生时间。（3）不可抗力，即行政相对人因不可抗力耽误了法定期限，从而推迟了行政行为的效力时间——根据我国《行政诉讼法》第48条之规定，在障碍消除后的十日内，可以申请延长期限。

（三）行政行为效力中止

行政行为效力中止包括了非法中止和合法中止两种情形，此外，《行政诉讼法》与《行政复议法》所规定的"行政行为停止"也属于效力终止法则之范畴。（1）行政行为的非法中止，即行政行为被行政主体非法撤销、废止或者宣告无效，而后又通过行政救济程序使其效力得到了恢复——中止，本来意味着行政行为在一定时段内不具有法律效力，但在违法中止情况下，可以采取续展等补救方法。（2）行政行为的合法中止，即依法中止行政行为的效力，包括两类：一是基于相对人的申请，行政行为的某一时段被对相对人更为有利的附期限行政行为所取代的情形，其界限在于不得妨碍特定第三人；二是在许可证、执照持有人有违法行为或者违法嫌疑之前提下，许可行为主体合法地暂扣、吊扣许可证、执照而导致行政行为效力中止的情形——对于行政行为的合法中止，则不存在期限的续展问题。（3）行政行为效力的停止，即申请行政复议和提起行政诉讼会导致具体行政行为执行力的停止，这是一种法定的例外情形。我国《行政诉讼法》第 56 条和《行政复议法》第 21 条各规定了四种情形。①

四、行政行为的无效与失效

无效是对行政行为效力的整体性否定，失效则是将行政行为划分为具有效力与不具效力的前后两段，不影响失效规则发生之前行为的效力。行政行为的失效包括被撤销和被废止两种。

（一）行政行为无效

无效是行政行为效力的特殊表现形态，无效行政行为的确认标准实质上是无效行政行为与可撤销行政行为的界限问题。一般大陆法系会在行政程序法中确立一个标准，如德国的"瑕疵重大且明显说"，奥地利的"最低要件标准说"。②

目前，我国关于无效行政行为的认定标准存有多种学说，其中"重大而明显的违法"为通说——尽管由于其本身的模糊性和不确定性，"重大而明显的违法说"在实践中遭遇诸多诘难，但并不影响其作为判断无效行政行为基本标准之地位；正是以该标准为依据，重大而明显违法的行政行为才与一般违法的行政行为区分开来。其中，一般违法的行政行为属于可撤销行政行为，而重大而明显程度的违法行为，则属于无效行政行为。

---

① 《行政诉讼法》第 56 条规定：诉讼期间，不停止行政行为的执行。但有下列情形之一的，裁定停止执行：（一）被告认为需要停止执行的；（二）原告或者利害关系人申请停止执行，人民法院认为该行政行为的执行会造成难以弥补的损失，并且停止执行不损害国家利益、社会公共利益的；（三）人民法院认为该行政行为的执行会给国家利益、社会公共利益造成重大损害的；（四）法律、法规规定停止执行的。当事人对停止执行或者不停止执行的裁定不服，可以申请复议一次。《行政复议法》第 21 条规定：行政复议期间具体行政行为不停止执行；但是，有下列情形之一的，可以停止执行：（一）被申请人认为需要停止执行的；（二）行政复议机关认为需要停止执行的；（三）申请人申请停止执行，行政复议机关认为其要求合理，决定停止执行的；（四）法律规定停止执行的。

② 金伟峰：《我国无效行政行为制度的现状、问题与建构》，载《中国法学》2005 年第 1 期。

行政行为无效的后果。通常来说，行政行为被依法确认无效之后，会产生以下的法律效果：（1）自始无效，即无效的行政行为自其作出之时起，就不具有法律效力——无效的行政行为在任何阶段都不具有法律效力，也不能因事后的追认、转换等自然取得效力；相对人有权拒绝履行该行为，并可以在任何时候申请复议或者提起诉讼。（2）具有多项内容的行政行为，其中部分内容无效，且该部分内容的无效并不影响整个行政行为的效力，其他部分仍然有效。（3）行政行为被确认无效后，被无效行政行为改变的状态应尽可能恢复原状——行政主体通过无效行政行为从相对人处获取的利益应该返还；对行政相对人设定的一切义务也应当取消；给当事人或者其他利害关系人的合法权益造成的损害，应当承担赔偿责任。①

（二）行政行为撤销

行政行为撤销，意指基于行政行为存在违法或不当等法定情节，有权主体为终止其法律效力而依据法定程序对其作出撤销决定。

其一，行政行为撤销之依据。根据我国《行政诉讼法》第 70 条之规定，行政行为有下列情形之一的，判决撤销或者部分撤销，并可以判决被告重新作出行政行为：（1）主要证据不足的。（2）适用法律、法规错误的。（3）违反法定程序。（4）超越职权的。（5）滥用职权的。（6）明显不当的。

其二，行政行为撤销之后果。相对于自始无效的无效行为而言，行政行为撤销之后果有三：（1）行政行为自被撤销之日起失去法律效力，撤销之前仍然具有公定力、确定力等效力，行政相对人需要履行相应的义务，但是行政行为撤销的效力可以追溯到行政行为作出之日。（2）若行政行为的撤销是由行政主体的过错引起的，根据信赖保护原则，撤销的效力不能溯及行为作出之

---

① 如果行政相对人从行政主体处获得了利益的，应当视行政相对人是否有过错而定。如果相对人有过错的，其所获利益应当予以收回；如果相对人并无过错，则根据信赖保护原则，行政主体不能收回相对人所获利益；如果为了公共利益的需要而必须收回的，行政主体也要给予相对人必要的补偿。参见应松年主编：《行政法与行政诉讼法学》，法律出版社 2005 年版，第 124 页。

日，在此期间，行政相对人因行政行为所获得的利益可以不返还给行政主体，但如果因社会公共利益的需要而使被撤销的效力溯及行为发生之时，并给相对人造成了损害的，行政主体应当赔偿行政相对人的损失。（3）若行政行为被撤销是由于行政相对人的过错或者行政主体与行政相对人共同的过错引起的，撤销的效力通常应追溯到行为作出之日，行政相对人由于行政行为所获得的利益需要予以收回，因被撤销而造成的损失也应由过错方各依其过错程度承担相应法律责任。[①]

其三，行政行为撤销之限制。就其一般原则而言，对于违法的行政行为，无论其是否已经生效，都可全部或部分撤销，且撤销具有溯及既往的效力。但基于信赖保护等原则之要求，行政行为之撤销应受到必要的限制。具体而言，如下性质行为之撤销应受必要限制：（1）授益性行政行为。（2）涉及国家利益或者公共利益的行政行为之撤销应受到限制。（3）次要形式违法的行政行为撤销应受限制。（4）特定的适用法律、法规错误的行政行为之撤销应受限制。（5）能够补正的形式违法的行政行为。（6）某些滥用职权的行政行为。（7）其他受撤销限制的具体行政行为。[②]

（三）行政行为废止

基于情势变更等法定情由，行政主体依法撤回或解除其所作出的生效的行政行为，是为行政行为之废止。其是指已经发生法律效力的行政行为，因具有法定情形而被依法定程序宣布废止，使其失去法律效力。当有关法律、法规、规章或政策被修改、废止或撤销致使行政行为失去依据时，当实际情况发生变化致使行政行为失去存在意义时，当原定任务或目标已经完成，行政行为的任务已实现时，行政行为一般被废止。[③] 被废止的行政行为自被废止之日起失去

---

① 谭剑：《行政行为的撤销研究》，武汉大学 2004 年硕士学位论文，第 23 页。
② 刘德生主编：《具体行政行为限制撤销的七种情形》，载《江苏法制报》2007 年 9 月 20 日。
③ 张光杰主编：《中国法律概论》，复旦大学出版社 2005 年版，第 47 页。

效力。行政机关应予造成重大损失的相对人适当补偿。

第三节 行政行为类型理论

美国分析法学家约翰·格雷曾言："分析法学的任务就是分类，包括定义，谁能够对法律进行完美的分类，谁就能获得关于法律的完美的知识。"① 将行政行为类型化，有助于探究其本质。正如阿图尔·考夫曼强调的，"事物的本质的思考是一种类型学的思考"。② 依据不同的标准，行政行为可以分为不同的类型。

一、抽象行政行为与具体行政行为

一般认为，行政行为的概念起源于法国。而抽象行政行为与具体行政行为的类型化也源自法国行政法对行政行为所作的分类。法国行政法学家狄骥将法律行为分为规则行为、条件行为和条件。规则行为是指具有客观的性质，其改变牵涉不特定的人的地位，并抱有修改法律规则的故意。这一概念引入中国，衍变为抽象行政行为的概念。③ 法国行政法学家韦尔在 1983 年出版的《行政法》承继了这一分类。④ 叶必丰教授还认为法国学者让·里韦昂和让·瓦里安也同样承继了这一观点，将行政行为分为抽象行政行为和具体行政行为。⑤

据考究，我国 1983 年《行政法概要》是最早将行政行为分为抽象的行为和具体的行为的著作。该部分由王名扬教授撰写，因此王名扬教授是国内第一

---

① 高志宏著：《公共利益界定、实现及规制》，东南大学出版社 2015 年版，第 76 页。
② 参见［德］卡尔·拉伦茨著：《法学方法论》，陈爱娥译，商务印书馆 2003 年版，第 337 页。
③ 参见［法］来翁·狄骥著：《宪法论·第一卷·法律规则和国家问题》，钱克新译，商务印书馆 1962 年版，第 235~237 页。
④ 参见邢亮、刘芳主编：《行政法学》，海风出版社 2006 年版，第 124 页。
⑤ 参见叶必丰著：《行政行为原理》，商务印书馆 2014 年版，第 72 页。

位将行政行为分为抽象的行政行为与具体行政行为的学者。在其所著的《法国行政法》一书中，其认为法国多数学者依据适用的范围将单方面的行为分为普遍性的行为和具体的行为。①

现如今许多行政法学教材均以作用对象作为抽象行政行为与具体行政行为的划分标准。根据行为对象是否特定，可将行政行为分为具体行政行为和抽象行政行为。但自这两个概念出现伊始，其划分标准即存在争议，并在 20 世纪90 年代引起一场关于其划分标准的学术探讨。张树义学者认为学界存在三种划分抽象行政行为和具体行政行为的观点，一是在原有基础上增加新的划分标准，即以"能否反复适用"为标准，增加抽象行政行为和具体行政行为在结果和对象上的不同等划分标准。二是普遍性行政措施说，即在抽象行政行为和具体行政行为之间存在着普遍性行政措施——受抽象行政行为的规范又约束着具体行政行为。抽象行政行为与具体行政行为之间无绝对的划分标准。三是具体行政行为定义说，即对具体行政行为重新定义，以使之区分于抽象行政行为。但对于这三种观点，张树义教授认为并没有从根部解决问题，三种观点均存在弊端。他认为从职权、程序以及结果三方面重构抽象行政行为与具体行政行为的划分标准，可以解决实际中出现的问题。杨解君学者则从根本上推翻了这一分类，认为此种分类不伦不类。总之，抽象行政行为和具体行政行为的划分标准众说纷纭，但其在理论研究和实践中确有一定的意义，不能全盘否定之。

（一）抽象行政行为

抽象行政行为是指行政机关依照宪法和法律的规定，或是根据国家最高权力机关授权制定行政法律规范的行为。由于抽象行政行为是以制定规范性文件的形式实现的，也可以称之为"行政机关规范性文件的行为"。所谓抽象行政行为，是指行政主体针对不特定的行政相对人单方作出的具有普遍约

---

① 王名扬著：《法国行政法》，北京大学出版社 2007 年版，第 108 页。

束力的行政行为，即制定行政规则的行为。① 依据不同的标准，抽象行政行为亦可类型化。

其一，以抽象行政行为的规范程度与效力等级为标准。（1）行政立法行为。（2）非行政立法的其他抽象行政行为，是指行政机关针对广泛分布的、不特定的对象规定行政措施以及决定和命令的行政行为，包括行政决定、决议、行政命令指令和行政立法行为以外的其他规范性文件。②

其二，以行政立法权行使主体为标准。（1）中央行政立法。中央行政立法是指国务院制定行政法规和国务院各部门制定部门规章的活动。（2）地方行政立法是指一定层级以上人民政府制定行政规章的活动。

其三，以行政立法内容、目的为标准。（1）执行性立法。（2）补充性立法。（3）试验性立法。③

其四，以权力来源为标准。（1）依授权制定行为规则的行为。顾名思义，此种行为是指行为主体本身并不具备行使制定某种行为规则的职权，但是有权依据授权制定有关行政规则。（2）依职权制定行政行为规则的行为，则是指直接依据制定法，如宪法或者组织法，或者行使职权的范围，制定行政规则的行为。④

（二）具体行政行为

一般认为，具体行政行为，是指国家行政机关和行政机关工作人员、法律法规授权的组织，行政机关委托的组织，或者个人在行政管理活动中行使行政职权，针对特定的公民、法人或者其他组织，就特定的具体事项，作出的有关该公民、法人或者其他组织权利义务的单方行为。

---

① 刘俊祥著：《抽象行政行为的司法审查研究》，中国检察出版社 2005 年版，第 1~2 页。

② 参见杨海坤：《非行政立法的抽象行政行为》，载《法学杂志》1991 年第 5 期。

③ 刘俊祥著：《抽象行政行为的司法审查研究》，中国检察出版社 2005 年版，第 1~2 页。

④ 柴让措著：《行政法学》，知识产权出版社 2017 年版，第 191 页。

其一，以行政机关是否以当事人的申请作为作出具体行政行为的条件，也是判断该具体行政行为是否合法的标准。（1）依职权的具体行政行为，是指行政机关不需要公民、法人或其他组织申请，依职权——根据自己的判断直接启动具体行政行为。（2）依申请的具体行政行为，是指需要经过当事人的申请，行政机关才能作出具体行政行为，没有当事人的申请则无法启动该具体行政行为。

其二，以具体行政行为受法律约束的程度为标准。（1）羁束的具体行政行为，是指立法对具体行政行为的范围、方法、手段等条件作出严格规定，行政机关作出行为时基本没有选择余地。（2）裁量的具体行政行为，是指立法对具体行政行为的范围、方法、手段等方面给予行政机关根据实际情况裁量的余地。

其三，以具体行政行为与当事人之间的权益关系为标准。（1）授益的具体行政行为是指为当事人授予权利、利益或者免除负担义务的行政行为。（2）负担的具体行政行为则是为当事人设定义务或者剥夺其权益的行政行为。

其四，以具体行政行为是否需要具备法定的形式为标准。（1）要式的具体行政行为是指是否需要具备书面文字等其他特定意义符号为生效必要条件的。（2）非要式的具体行政行为则是不需要具备书面文字或者其他特定意义符号就可以生效的。①

（三）抽象行政行为与具体行政行为关系

抽象行政行为与具体行政行为是密不可分、辩证统一的关系。一方面，要加强行政立法，使其在内容规范和程序规范等方面更加趋向合法合理，从而使具体行政行为在实施操作前，就有了最重要的法律保障。另一方面，作为实现抽象行政行为目的的具体行政行为，必须依抽象行政行为的规定作出，尽量杜绝或减少非法行为，减少滥用职权和超越职权现象的出现，从而既保护了国家根本利益，又保护了公民、法人和其他组织的合法权益。

---

① 胡锦光主编：《行政法、行政诉讼法》，世界知识出版社 2006 年版，第 42~46 页。

其一，抽象行政行为是具体行政行为的基础和前提。（1）抽象行政行为是具体行政行为的依据之一。具体行政行为属于行政执法的一种，其作出须有一定的依据。而抽象行政行为可成为行政机关作出具体行政行为的依据。（2）抽象行政行为作为规范性法律文件，具有普适性、不特定性和规范性的特点，客观上为具体行政行为的存在奠定了基础。（3）依法行政的要求。具体行政行为的实施须在法律框架范围之内，抽象行政行为也属于这法律框架上的组成部分。因此，无抽象行政行为可能无具体行政行为。

其二，具体行政行为是抽象行政行为的价值实现和完成。（1）具体行政行为是抽象行政行为的具体落实，没有具体行政行为的实施，则抽象行政行为的内容无法得以实现，沦为一纸空文。（2）具体行政行为是抽象行政行为实现目的的手段。制定抽象行政行为是为了规制某些行为或重新分配资源，但这些目的需要具体行政行为转化为行动才能真正实现。[1]

其三，抽象行政行为与具体行政行为的区别。在理论上需要明确二者的区别，否则一方面会造成行政执法者难以正确执法，从而影响具体行政行为的效果和效率；另一方面也会使行政管理相对人由于认识上的问题，或难以实现其真正的权利，或者权利被行政主体侵犯而自己却不知道。具体行政行为的规定应更为具体与明确，才能方便行政机关的实施以及实现抽象行政行为的转化；抽象行政行为须具有普适性，否则就是披着抽象行政行为外衣的具体行政行为，应受法院的管辖。[2] 具体而言：（1）适用范围。抽象行政行为针对大范围、不确定的对象；相对而言，具体行政行为针对小范围、确定的对象。（2）对象是否特定。抽象行政行为针对不特定或不明确、不固定的对象；具体行政行为针对特定或明确、固定的对象。如果行政行为对象的数量在该行为作出时可以统计和确定，该行为就是具体行政行为，反之就是抽象行政行为。[3]（3）能否反复适用。抽象行政行为作为行为规则，对符合一定条件或特征的某类

① 张弘、王红日著：《具体行政行为论》，辽宁大学出版社 1993 年版，第 75~77 页。
② 张弘、王红日著：《具体行政行为论》，辽宁大学出版社 1993 年版，第 80 页。
③ 魏定仁主编：《宪法学》，北京大学出版社 1999 年版，第 93 页。

事、某类人均具有拘束力，因而其具有可反复适用性；具体行政行为作为对具体事项的处理，只能适用于特定的事和特定的人，因而其效力是一次性的，不能反复适用。（4）是否具有直接的强制执行效力。抽象行政行为是设置法律关系模式的行为，不具有直接的强制执行效力；而具体行政行为是将行为模式在现实生活中加以具体适用的行为，具有直接的可强制执行性。（5）溯及方向。抽象行政行为对相对方将来可能的行为或事实发生效力；具体行政行为对相对方业已发生的行为或存在的事实发生效力。①（6）先后关系。就某相关事项而言，由于具体行政行为是对规范性文件的执行，或抽象行政行为是具体行政行为的依据，因此抽象行政行为在具体行政行为之前，具体行政行为在抽象行政行为之后。②

二、依职权行政行为和依申请行政行为

从其启动机制来看，以是否由行政主体主动实施为标准，可将行政行为分为依职权行政行为和依申请行政行为。之所以如此区分，是因其有积极的现实意义。（1）行政权属性的彰显。依职权行政行为是以行政职权的启动为前提，其核心在于行政机关的意思表示，是自身动因而非因外界压力积极为之。依申请行政行为是行政相对人的意思表示，行政机关的行为须依行政相对人的申请为前提，于行政机关而言是被动的。（2）具体行政诉讼案件中的举证责任分配存在区别。依职权行政行为是基于职权而主动为之的行为，故行政机关承担举证责任。依申请行政行为是基于行政相对人的申请而启动的行为，故需要行政相对人承担相应的举证责任。（3）为行政不作为和乱作为等违法行政行为的惩罚提供理论基石。基于这两者的分类，依职权行政行为和依申请行政行为都分别有其不作为和乱作为的形态。于公权力而言，法无明文规定不可为。在依职权行政行为中，不作为是指不主动履职，乱作为则是越权履职，行政行为

---

① 方世荣：《论我国行政诉讼受案范围的局限性及其改进》，载《行政法学研究》2012 年第 2 期。

② 江必新：《〈行政诉讼法〉与抽象行政行为》，载《行政法学研究》2009 年第 3 期。

必须在法定职权的范围内行使。在依申请行政行为中，不作为是指对符合条件的行政相对人的申请不予理会、忽视并不予答复、不一次性告知申请材料；而乱作为则是指因利益关系或者疏于职守等其他原因，受理并审核通过不符合条件的申请人等。

（一）依职权行政行为理论

"依职权行政行为，是指行政主体依据其所具有的法定行政职权即可直接作出，而不需要以行政相对人的申请作为启动前提条件的行政行为。"①

其一，依职权行政行为的特征。（1）法定性。依法行政是行政法的首要原则和必然要求，依职权的行政行为也须遵循基本原则，即行政职权从设定到行使都必须在宪法和组织法固定的范围和程序内进行。（2）主观能动性。区别于依申请行政行为，依职权行政行为更注重发挥行政机关的主观能动性，行政机关自由裁量的空间更大。（3）强制性。依职权的行政行为是依法行政的要求，也是由依职权的行政行为的法定职责性决定的，因此行政相对人并不能拒绝履行相应的义务。（4）时效性。由于法定性和主观能动性，依职权行政行为更能适应社会发展的需求，及时满足社会对行政机关的要求，从而迅速促进相对人合法权益的实现。

其二，依职权行政行为的类型。（1）行政命令，即指行政机关依法要求行政相对人作为或不作为的决定或者措施。②（2）行政征收，即行政机关依法对行政相对人的财务进行无偿和强制取得，包括税收征收和行政收费。行政收费是指行政机关因为提供公共服务、提供国家资源使用权和进行行政管理而收取的费用，譬如水资源费、排污费、教育附加费，等等。其特征包括：一是行政征收是一种具体的行政行为，即相对人是特定的，且必须履行义务；二是主体是特定的行政机关或国家授权组织；三是征收标的是金钱或实物；四是具有可诉性。（3）行政强制，是指行政机关为了实现行政目的，对相对人的财产、

---

① 姜明安主编：《行政法与行政诉讼法》，北京大学出版社 2007 年版，第 293 页。

② 陈光主编：《宪法与行政法学》，北京邮电大学出版社 2016 年版，第 243～244 页。

人身和自由予以强制而采取的措施。① （4）行政处罚，是指行政机关依职权和程序对违反行政法律规范但尚未构成犯罪的行政相对人给予行政制裁的具体行政行为。其主要特征包括：一则其主体是行政机关或者法律、法规授权的其他行政机关；二则其对象是实施了违反行政法律规范行为的公民、法人或者其他组织；三则其性质是一种以惩罚违法行为为目的的具有制裁性的具体行政行为。

（二）依申请行政行为理论

依申请行政行为，是指行政主体只有在相对人申请的条件下方能作出，没有相对人的申请，行政主体便不能主动作出的行政行为。而依职权行政行为是与依申请行政行为相对应的概念。②

其一，依申请行政行为的特征。（1）启动以行政相对人的申请为前提条件，行政机关一般不主动行使相关职权。（2）依申请行政行为中的"申请"是一种法定条件。（3）依申请行政行为是要式法律行为，即必须依据法律规定的条件和程序作出。之所以必须严格依法执行，其背后的法理是该行为具有授益性以及资源的有限性。③（4）授益性是依申请行政行为的本质特征，即行政机关根据行政相对人授予其一定的资格和利益。④

其二，依申请行政行为的实施程序。（1）提出申请，是依申请行政行为的肇始。（2）受理。行政相对人提出申请后，该行政行为即启动，行政机关依法行使职权，对该申请人的资格以及申请是否符合条件进行形式审查。"对于符合法定条件的申请，行政机关应该立即予以受理；对于形式上不符合法定条件或者提出申请人欠缺申请资格的申请，则应该向行政相对人说明理由，不予受理；对于形式上存在欠缺的申请，可以通知行政相对人予以补正。"（3）

---

① 宋惠玲主编：《行政法概论》，吉林大学出版社 2008 年版，第 239~240 页。

② 姜明安主编：《行政法与行政诉讼法》，北京大学出版社 2007 年版，第 255 页。

③ 曹胜亮、刘权主编：《行政法与行政诉讼法》，武汉大学出版社 2015 年版，第 105 页。

④ 尹奎杰主编：《政行法学简明教程》，吉林大学出版社 2016 年版，第 93 页。

审核。"在受理阶段，行政机关对行政相对人的申请进行的审查主要是对申请人的资格及申请人所提出的申请进行形式上的审查。行政机关决定受理行政相对人的申请之后，还必须对申请人的资格及其申请的内容进行实质上的审核。审核的内容包括：申请人所提交的书面材料是否属实，申请人在实质上是否符合提出申请的条件，申请的内容在实质上是否合理、合法，等等"。①（4）批准或拒绝申请。"在对行政相对人及其申请进行审核之后，行政主体应该及时作出是否批准的决定。对于符合法定条件的申请，行政主体应该及时批准，并按照申请的要求办理相关的手续，如向行政相对人颁发证照，或者发放物品，等等。对于不符合法定条件的申请，行政机关应该在法定期限之内依法作出驳回申请的行政决定，并将决定告知行政相对人。行政机关逾期不作出决定的，除非法律规定行政机关的沉默可以视为对申请的同意，在行政法法理上可以视为该行政行为已经完成，即该行政机关已经拒绝了行政相对人提出的申请。"②（5）对不予批准的救济。"行政相对人可以向复议机关提出复议，也可以向人民法院提出行政诉讼，要求对该依申请行政行为进行合法性审查。"③

　　其三，依申请行政行为的类型；（1）行政许可。这是典型的依申请行政行为的类型，是指行政机关根据个人或者组织的申请，作出决定允许其从事某种活动，行使某种特权，获得某种资格能力的行为。其主要特征包括：一则，行政许可系依申请而启动的行政行为；二则，行政许可是一种赋予被许可的相对人权利的行政处理行为；三则，性质上是一种特许，非许可而不为。（2）行政奖励，是运用于国家行政管理领域的一种激励措施，指行政机关或者法律授权的组织，对于自觉遵纪守法，工作成绩显著，为国家和社会作出重大贡献的行政相对人，给予的某种精神或物质鼓励。其主要特征包括：一则，其行使主体是行政机关；二则，其奖励对象是行政相对人；三则，行政奖励属于赋予相对人权利或利益的行政行为；四则，行政奖励行为既可以依申请也可以依职

① 肖北庚主编：《行政法与行政诉讼法学》，湖南人民出版社2003年版，第144页。
② 肖北庚主编：《行政法与行政诉讼法学》，湖南人民出版社2003年版，第144页。
③ 肖北庚主编：《行政法与行政诉讼法学》，湖南人民出版社2003年版，第144页。

权行使。因此，这是一种非典型不纯粹的依申请行政行为。（3）行政裁决，是指行政机关依法定授权，裁决与行政行为有关的非合同民事纠纷的活动。由行政机关负责对一定的民事纠纷进行裁决，是当代各国行政活动普遍存在的现象。其主要特征是：一则，其主体多是对某类违反行政法律规范的行为拥有处理权或者处罚权的行政机关；二则，其裁决对象主要是与合同无关的民事纠纷；三则，行政裁决的内容尽管一般与裁决机关主管的事项有关联，但行政机关是居中人，以保证结果的公平合理性。四则，行政裁决的效力一般低于行政仲裁。① 除上述三类外，依申请的行政行为还包括行政合同与行政指导等。可见，依申请的行政行为的范围较为广泛，其研究对于指导现实行政行为具有重要意义。

三、行政内部行为与外部行政行为

行政内部行为与外部行政行为的区分肇始于对行政诉讼法的解释。中华人民共和国成立以后，行政机关开始区分内部事务和外部事务。这是以其作用对象与行为主体是否存在隶属关系为标准所作的区分。有的学者如姜明安教授是以行为的相对人在行政机关内部，还是在行政机关外部划分的。在姜教授的方法中，行政相对人的解释是广义的，既包括行为针对的直接相对人，还包括复效行为影响到的相对人。比如，行政机关核准颁发了规划许可证给申请人，申请人是直接相对人，但此行为的实施如盖楼则可能影响到其他居民的利益，即为复效行政行为，这些居民也是广义上的相对人。区分内部和外部行政行为的现实意义是给予法院是否受理和审理的某种标准。行政内部行为一般不影响行政相对人的利益，则法院不能受理。② 当然对于行政内部行为是否可诉在行政法学界存在争议。

（一）行政内部行为

行政内部行为是行政主体基于内部隶属关系对其系统内部的组织、人员和

---

① 尹奎杰主编：《政行法学简明教程》，吉林大学出版社 2016 年版，第 108～117 页。
② 刘芋著：《中国行政法》，中国法制出版社 2016 年版，第 105 页。

财物所作出的一种内部管理行为，包括上级对下级的任免、考核、调动等人事变动等，一般被排除在司法审查之外。①

其一，行政内部行为的特征。（1）行政内部行为除了对当事人权益产生重大影响的，一般不予司法审查。（2）执法上行政内部行为会影响外部行政行为的实施，故对行政内部行为进行研究有利于把握整个行政行为。（3）行政内部行为一般不予司法审查，对于其影响了外部行政行为并对行政相对人的权益造成影响的，应该穷尽行政救济的途径，在行政救济不能时才予以司法审查；在审查的标准上应重点审查其法定事由和法定程序。人民法院对行政内部行为的审查必须兼顾司法审查的自我抑制，尊重行政机关的自我管理权和裁量权，不能陷于行政权的内部纠纷。②

其二，行政内部行为的可诉性争论。行政内部行为效果外化导致了其是否可诉成为争议焦点。有权利则有救济，行政内部行为效果外化从而影响行政相对人的权益，行政相对人应当得到相应的救济，因此其可诉性就在于行政内部行为产生了外化的效力。（1）产生外化效力的行政行为应基于行政机关的职权作出，而且产生外化效力的行政行为也是通过行政机关核发的职权行为被行政相对人所获悉。（2）行政内部行为对特定的相对人产生了实际的法律效果，并对其合法权益产生了实际的影响。（3）外化效果的表现方式一般不同，有的如书面告知更有利于确认行政内部行为具有可诉性。③

（二）外部行政行为理论

外部行政行为是行政主体对外部相对人所作出的行政行为，属于行政诉讼受案范围。由于社会公共事务比行政机关的内部事务范围更广泛，因此行政机

---

① 惠生武主编：《行政法与行政诉讼法教程》，中国政法大学出版社1999年版，第75页。

② 马生安著：《行政行为研究——宪政下的行政行为基本理论》，山东人民出版社2008年版，第195~196页。

③ 金陵行政法案例研究中心编：《法律在个案中的发展与演进——江苏行政法典型案例评析》，武汉大学出版社2018年版，第108页。

关的行政行为多为外部行政行为。

其一，外部行政行为的特征。（1）行政相对人一般与行政机关无隶属关系，但处于普通公民地位的公务员也可成为行政机关的外部行政相对人。（2）外部行政行为的效力突破了行政系统本身。（3）外部行政行为一般影响了行政相对人作为普通公民应具有的法律地位或享有的基本权利义务。

其二，外部行政行为的类型。（1）行政法律行为，是指行政机关依法行使行政职权并产生法律后果的行为，例如行政处罚、行政许可、行政奖励、行政救助等。大部分的外部行政行为属于此类。（2）准行政法律行为，是指行政机关单方面作出并间接地产生法律效果的行为，例如行政证明、行政确认与行政登记等。（3）行政事实行为，是指不直接产生法律后果的行政行为①，例如行政受理等。②

四、行政作为与行政不作为

行政作为和行政不作为是以行为方式为标准所作的区分。区分行政作为与行政不作为有利于指导行政行为相关问题的立法，提高立法质量；有利于指导行政执法，提高行政执法水平；有利于指导行政诉讼，提高行政审判的质量和效率。③（具体参考本书典型案例1-1）

（一）行政作为

作为的含义是为一定行为，为一定的有行为形态的行为。因此，行政作为是指行政机关积极改变现有法律状态的行政作为，如行政征收行为、颁发许可证行为等。其特征包括以下几点。

其一，外部形态表现为积极动作或动作系列。（1）行政机关的主观上为

---

① 王锴：《论行政事实行为的界定》，载《法学家》2018年第4期。

② 马生安著：《行政行为研究——宪政下的行政行为基本理论》，山东人民出版社2008年版，第190页。

③ 马生安著：《行政行为研究——宪政下的行政行为基本理论》，山东人民出版社2008年版，第216~217页。

积极的、主动的。（2）外部上作出一定动作或动作系列。譬如交警对违反交通规则的行为人作出警告、罚款等具体的行政处罚行为。

其二，行政主体意思表示明确。即行政机关的意思表示直接通过积极的外部动作表现出来，如行政机关颁发营业执照，作出处罚决定等。

其三，行政作为是一个具结论性的行为。程序过程是从一个行政性行为的作出到最终完成，包括一系列的行为环节，即为程序过程。一个行政行为的作出不能滞留在某程序性环节停步不前，而不具实体结论性。行政作为须对相对人的实体权利义务发生确定性影响。①

（二）行政不作为

行政不作为是行政主体消极或懈怠履职的行为，行政不作为一般会对相对人产生不利的法律后果，可纳入行政诉讼的受案范围。

其一，行政不作为的特征。（1）行政不作为是对行政作为职责的违背。行政机关不作为是相对于行政作为而言的。（2）行政不作为须与公民、法人、组织的权利义务有关，涉及公民、法人、其他组织的权益，才具有法律的意义。（3）行政不作为与个人请求权有关，当然这并非是行政不作为的本质。②

其二，行政不作为的构成要件。（1）负有作为的义务。根据修改后的《行政诉讼法》第2条第2款的规定，职权法定中的"法"主要是指法律、法规和规章。但在我国，出于行政管理实践的需要，各级国家行政机关都通过发布大量行政性规范文件，设定自己的职责，并借此调整公民的权利义务。（2）行政机关具备履行作为义务的能力。在终止型不能作为的语境下，行政不作为不可能存在，因为行政不能作为贯穿了整个过程。在中止型不能作为的情况下，当制约"行为不能"的客观因素消除时，行政主体应继续履行行政行为，

---

① 胡建淼著：《行政行为基本范畴研究》，浙江大学出版社2005年版，第155页。
② 杨小军著：《行政机关作为职责与不作为行为法律研究》，国家行政学院出版社2013年版，第155~156页。

不履行则可能构成行政不作为。① （3）在一定期限内没有完成实质性作为内容。第一，必须是在一定期限内。这一期限应当优先考虑法律、法规规定的期限。②第二，没有完成实质性作为内容。

典型案例 1-1：贝某某诉某市公安局交通警察大队道路交通管理行政处罚案③

【裁判要点】

礼让行人是文明安全驾驶的基本要求。机动车驾驶人驾驶车辆行经人行横道，遇行人正在人行横道通行或者停留时，应当主动停车让行，除非行人明确示意机动车先通过。公安机关交通管理部门对不礼让行人的机动车驾驶人依法作出行政处罚的，人民法院应予支持。

【相关法条】

《中华人民共和国道路交通安全法》第 47 条第 1 款

【基本案情】

原告贝某某诉称：其驾驶浙 F1158J 汽车（以下简称"案涉车辆"）靠近人行横道时，行人已经停在了人行横道上，故不属于"正在通过人行横道"。而且，案涉车辆经过的西山路系某市主干道路，案发路段车流很大，路口也没有红绿灯，如果只要人行横道上有人，机动车就停车让行，会在很大程度上影响通行效率。所以，其可以在确保通行安全的情况下不停车让行而直接通过人行横道，故不应该被处罚。某市公安局交通警察大队（以下简称"某市公安局交警大队"）作出的编号为 3304811102542425 的公安交通管理简易程序处罚决定违法。贝某某请求：撤销某市公安局交警大队作出的行政处罚决定。

被告某市公安局交警大队辩称：行人已经先于原告驾驶的案涉车辆进入人行横道，而且正在通过，案涉车辆应当停车让行；如果行人已经停在人行横道上，机动车驾驶人可以示意行人快速通过，行人不走，机动车才可以通过；否

---

① 参见周佑勇：《行政不作为构成要件的展开》，载《中国法学》2001 年第 10 期。

② 参见周佑勇：《行政不作为构成要件的展开》，载《中国法学》2001 年第 10 期。

③ 本案裁判文书参见附件 1。

则，构成违法。对贝某某作出的行政处罚决定事实清楚，证据确实充分，适用法律正确，程序合法，请求判决驳回贝某某的诉讼请求。

法院经审理查明：2015年1月31日，贝某某驾驶案涉车辆沿某市西山路行驶，遇行人正在通过人行横道，未停车让行。某市公安局交警大队执法交警当场将案涉车辆截停，核实了贝某某的驾驶员身份，适用简易程序向贝某某口头告知了违法行为的基本事实、拟作出的行政处罚、依据及其享有的权利等，并在听取贝某某的陈述和申辩后，当场制作并送达了公安交通管理简易程序处罚决定书，给予贝某某罚款100元，记3分。贝某某不服，于2015年2月13日向某市人民政府申请行政复议。3月27日，某市人民政府作出行政复议决定书，维持了某市公安局交警大队作出的处罚决定。贝某某收到行政复议决定书后于2015年4月14日起诉至某市人民法院。

【裁判结果】

海宁市人民法院于2015年6月11日作出〔2015〕嘉海行初字第6号行政判决：驳回贝某某的诉讼请求。宣判后，贝某某不服，提起上诉。嘉兴市中级人民法院于2015年9月10日作出〔2015〕浙嘉行终字第52号行政判决：驳回上诉，维持原判。

【裁判理由】

法院生效裁判认为：首先，人行横道是行车道上专供行人横过的通道，是法律为行人横过道路时设置的保护线，在没有设置红绿灯的道路路口，行人有从人行横道上优先通过的权利。机动车作为一种快速交通运输工具，在道路上行驶具有高度的危险性，与行人相比处于强势地位，因此必须对机动车在道路上行驶时给予一定的权利限制，以保护行人。其次，认定行人是否"正在通过人行横道"应当以特定时间段内行人一系列连续行为为标准，而不能以某个时间点行人的某个特定动作为标准，特别是在该特定动作不是行人在自由状态下自由地做出，而是由于外部的强力原因迫使其不得不做出的情况下。案发时，行人以较快的步频走上人行横道线，并以较快的速度接近案发路口的中央位置，当看到贝某某驾驶案涉车辆朝自己行走的方向驶来，行人放慢了脚步，以确认案涉车辆是否停下来，但并没有停止脚步，当看到案涉车辆没有明显减速且没有停下来的趋势时，才为了自身安全不得不停下脚步。如果此时案涉车辆有明显减速并停止行驶，则行人肯定会连续不停止地通过路口。可见，在案发时间段内行人的一系列连续行为充分说明行人"正在通过人行横道"。再次，机动车和行人穿过没有设置红绿灯的道路路口属于一个互动的过程，任何一方都无法事先准确判断对方是否会停止让行，因此处于强势地位的机动车在行经人行横道遇行人通过时应当主动停车让行，而不应利用自己的强势迫使行人停步让行，除非行人明确示意机动车先通过，这既是法律的明确规定，也是保障作为弱势一方的行人安全通过马路、减少交通事故、保障生命安全的现代文明社会的内在要求。综上，贝某某驾驶机动车行经人行横道时遇行人正在通过而未停车让行，违反了《中华人民共和国道路交通安全法》第四十七条的规定。某市公安局交警大队根据贝某某的违法事实，依据法律规定的程序在法定的处罚范围内给予相应的行政处罚，事实清楚，程序合法，处罚适当。

（生效裁判审判人员：樊某某、张某某、张某）

第四节　行政行为可诉性理论

违法的行政行为如何救济是诉讼法上的一个重要议题。但是行政行为可诉应然性与实然性的分离，导致司法审查难以得到完全覆盖，对行政法治原则构成了现实威胁，而行政行为可诉性理论就是为了解决这一难题而产生的。

一、行政行为可诉性的基本意义

法律的可诉性是现代法治国家法律的基本特征之一。"诉"意指当事人向法院提出的，请求特定的法院就特定的法律主张或权利主张进行裁判的诉讼行为。"可诉性"一般包括两个方面的含义：一是可争诉性；二是可裁判性（可适用性）。行政行为可诉性，也被称为行政行为"可审查性"[1]，是指行政主

---

[1] See Ernest Gellhorn and Ronald M. Levin, *Law and Process*, West Academic Publishing, 1997, pp. 342-346.

体作出的行政行为可以被诉诸法院进行行政诉讼或司法审查的属性，这是判断行政行为的一个根本标准。过去，我国学界对行政行为特性的认识却忽视了这一点。可诉性是贯穿于行政行为与行政诉讼的一条红线，它使公民行政诉权的行使与法院对行政权的司法审查成为可能，具有普遍适用性。①

（一）宏观视角：行政诉讼制度下行政行为可诉性的意义

在当前的形势下，中国行政诉讼的主要目的应确立为保护相对人的合法权益。理由在于：（1）法律依据。我国《行政诉讼法》第 1 条规定，为保证人民法院公正、及时审理行政案件解决行政争议，保护公民、法人和其他组织的合法权益，监督行政机关依法行使职权，根据宪法，制定本法。对于该条文，我们应该认识到"保证人民法院公正、及时审理行政案件"实际上是实现"保护公民、法人和其他组织的合法权益，监督行政机关依法行使职权"这一目的的手段和途径。而且，条文中"保护公民、法人和其他组织合法权益"是主要目的。（2）符合行政诉讼制度的设计要求。② 行政诉讼制度的宪政意义在于实现"民告官"真正意义上的对峙和平衡，相对于已然非常强大的政治国家或权力一方来说，用法律来保护相对弱小的个人或权利是相当必要的，保护公民、法人和其他社会组织的合法权益符合宪政的这一要求。

行政行为概念在行政法上具有多重功能：在实体法上，行政行为具有确定国家与人民权利义务关系的功能；在执行法上，行政行为具有充当执行依据的功能；在程序法上，行政行为具有决定具体行政程序种类的功能（不同的行政行为适用不同的程序规则）；在诉讼法上，行政行为概念的产生、存在和发展，更是与行政诉讼实践密切配合，以适应一国行政诉讼制度的实际，服务于行政诉讼制度的运行，满足对公民、法人和其他组织权利救济的需要。从大陆法系国家和地区看，行政行为何以可诉的法律规定虽有不同的模式，但每一种模式

---

① 郝明金：《论可诉性是行政行为的本质属性》，载《法学论坛》2006 年第 5 期。
② 马怀德主编：《行政诉讼原理》，法律出版社 2003 年版，第 71~72 页。

在本质上都能反映一切行政行为均可诉的属性。① 总之，在行政诉讼制度视角下，行政行为可诉性反映了制度设计者对行政行为接受法院审查必要性的考量。

（二）微观视角：行政行为可诉性下行政诉讼参与各方的意义

根据我国《行政诉讼法》关于行政诉讼受案范围的概括式规定，行政行为是可诉的。在域外，无论是大陆法系国家还是英美法系国家，除法律特别规定的极个别情形外，行政行为也是可诉的。② 在中国大陆，具体行政行为担负着行政诉讼"通道"的制度功能，即中国大陆创建了由法律明确概括性规定具体行政行为可诉的模式。③ 此外，修订后的《行政诉讼法》也赋予了法院对规范性文件进行附带审查的权力，这在某种程度上也拓深了司法机关对行政行为进行审查的程度。

具体而言，行政行为可诉性下行政诉讼参与各方的意义可归结为如下方面：（1）对行政相对人而言，行政行为可诉性，即行政相对人对行政行为提起行政诉讼或请求司法审查在法律上的可能性④，即行政行为可诉性赋予了相对人提起行政诉讼的可能性。（2）对法院而言，行政行为可诉性，即法院对行政行为进行审查的权限的合法性，即行政行为可诉性赋予了法院对行政行为的可审查性。（3）对行政机关而言，行政行为可诉性，即行政机关对法院就其作出的行政行为进行审查、作出裁判的服从性⑤，即行政行为可诉性赋予了行政机关作出行政行为而接受司法审查的必要性。

---

① 参见胡建淼主编：《行政行为基本范畴研究》，浙江大学出版社 2005 年版，第 253～267 页。

② 梁君瑜：《论行政纠纷可诉性》，载《北方法学》2019 年第 6 期。

③ 江必新主编：《中国行政诉讼制度的完善》，法律出版社 2005 年版，第 18～19 页。

④ 当然，行政相对方对行政行为提起行政诉讼或请求司法审查仍需符合一定条件。例如，我国《行政诉讼法》规定，提起行政诉讼应当符合下列条件：（1）原告是认为具体行政行为侵犯其合法权益的公民、法人或者其他组织。（2）有明确的被告。（3）有具体的诉讼请求和事实根据。（4）属于人民法院受案范围和受诉人民法院管辖。

⑤ 江国华著：《中国行政法（总论）》，武汉大学出版社 2017 年版，第 85 页。

二、行政行为可诉性的标准

在我国，行政行为的范围比较广泛，既包含抽象行政行为，也包含具体行政行为，既有内部行为又有外部行为，不像日本、德国那样其行政行为内容比较单一，但实际与我国的具体行政行为相当。这给我们确定行政行为可诉性的标准带来一定难度。[1] 目前，理论界和实务界认为对作为行政诉讼被诉的行为有几项基本的指标是必须具备的，比如内容标准（行使行政职责的行为）、主体标准（行政主体）、法律未禁止标准（法律明确排除司法审查的自然不可诉），等等。其中，成熟性标准也是行政诉讼可诉性的内在要求，不过理论界和实践界的认识并不一致，且该标准本身也是不断演变发展的[2]，对其探讨将放在第三部分的"中间行政行为可诉性争论"中展开。结合我国行政诉讼制度的实际情况，可以从以下维度来探析行政行为可诉性的标准。

（一）权利保护视角下的实质判定标准

权利保护视角下的实质判定标准主要体现在《行政诉讼法》和《行诉法解释》等的宣示性规定中，行政行为是否可诉的基准是行政行为是否对行政相对人的权利义务产生实际影响。

我国《行政诉讼法》司法解释第 1 条第 1 款规定"不可诉"的前 9 项内容依次为刑事司法行为、调解仲裁行为、行政指导行为、重复处理行为、无外部效力行为、过程性行为、司法协助行为、层级监督行为、信访处理行为。[3]上述行为可划分为五类：（1）不属于行政行为。（2）属行政事实行为。（3）属行政内部行为。[4]（4）属外部行政行为但对相对人的权利义务无实际影响。

---

[1] 殷志文：《行政行为的可诉性标准》，载《法律适用》2003 年第 2 期。

[2] 刘行：《行政程序中间行为可诉性标准探讨——结合最高法院第 69 号指导案例的分析》，载《行政法学研究》2018 年第 2 期。

[3] 张静：《行政诉讼受案范围的法治完善——以新〈行诉解释〉为视角》，载《陕西警察学院学报》2018 年第 4 期。

[4] 参见［印］M. P. 赛夫著：《德国行政法——普通法的分析》，周伟译，山东人民出版社 2006 年版，第 60 页。

（5）无法作单一的行为定性，如过程性行为。① 在上述可作出单一定性的前四类行为中，除第一类外，其余三类均未超出广义行政行为的范畴，其之所以不可诉，皆因对权利义务未产生实际影响。此外，纵观我国司法实践，当原告认为其合法权益受侵犯或对行政行为不服时究竟有无行政行为可诉性，仍需由法院在依法审查后作出判断。故而真正决定行政行为可诉性的判定标准为客观判定标准。前已述及，该标准在我国体现为"权利义务受行政行为所实际影响"。（具体参考本书典型案例1-2）

（二）行政权运作视域下的行政职权标准

行政行为是行政管理活动的形式，是行政权运作的结果。因此，行政职权既是行政行为的要素之一，也是确立行政行为可诉性的标准之一，即公民只能对行政机关在行使职权过程中的行为提起行政诉讼。如果一个行为不包含行政职权要素，那么这个行为就不是行政行为，它给公民造成损害，当事人不能通过行政诉讼途径获得救济，当然它也不具有行政诉讼上的可诉性。② 例如，行政机关以民事主体身份实施的行为给公民权益造成影响，当事人可提起民事诉讼。

在适用行政职权标准时，如果行政主体依职权实施的行为属于国家行为，这是行政职权标准的例外，可以排除该行为的可诉性，当事人不能提起行政诉讼。对行政机关的不作为提起行政诉讼时，职权标准是判断可诉性的基本标准，每个行政机关都有特定的职权，对其职权范围内的不作为可以提起行政诉讼，对其职权范围外的不作为不能起诉。③ 另外，对行政机关所为的行为是否是行使职权的行为，只能从形式上而不能从实质上判断，行政机关的行为可能是滥用职权的行为，也可能是超越职权的行为，但只要表面上看来是为了行政管理即可。

---

① 参见李建良：《行政处分2.0：法治国家的制度工具与秩序理念》（上），载《月旦法学杂志》2018 年第 277 期。

② 殷志文：《行政行为的可诉性标准》，载《法律适用》2003 年第 2 期。

③ 薛刚凌：《行政诉讼受案范围标准研究》，载《法商研究》1998 年第 1 期。

（三）行政行为可诉性之补强标准

"无救济则无权利"。在行政法领域，作为行政权力外化形式的所有行政行为都存在侵害行政利害关系人合法权益的可能，利害关系人对侵害自身合法权益的行政行为是否具有法定的救济渠道在一定程度上反映着一国行政救济制度乃至行政法治的完善程度。

在行政诉讼法上，有学者将"是否具有法定救济途径"标准作为具有识别复杂行政行为可诉性的判断标准。这一新的判断标准既丰富了行政行为可诉性判断标准的内容，也是对传统可诉性判断标准的重要补强。具体而言，"是否具有法定救济途径"的可诉性判断标准是指行政利害关系人不服影响其合法权益的行政行为时，是否具有法律明确规定的对该行政行为或其涉及的实质争议事项进行规范处理以提供救济的渠道。该标准是从人权保障和行政救济的实效性角度提出的可诉性判断标准。"是否具有法定救济途径"标准应当从法定性、明确性与规范性以及可行性与实效性三个层面进行识别。[1]　"是否具有法定救济途径"标准是对行政行为可诉性判断标准的补充和完善，与行政诉讼和内在价值和行政机关依法履行职责的追求相契合。

三、具体行政行为的可诉性

章志远教授在《行政行为概念重构之尝试》中对具体行政行为进行了界定，即"具有行政权能的组织或个人行使行政权，就具体事项针对行政相对人所作的直接产生外部法律效果的行为"。[2]　具体行政行为与抽象行政行为相对，二者的区分与识别将在下文关于"抽象行政行为可诉性争论"中进行详细阐述。

通常认为，具体行政行为属于我国行政诉讼的受案范围。我国《行政诉讼

---

[1]　宋国涛：《"是否具有法定救济途径"：行政行为可诉性之补强标准》，载《学习论坛》2019 年第 8 期。

[2]　章志远：《行政行为概念重构之尝试》，载《行政法学研究》2001 年第 1 期。

法》第 2 条对行政诉讼受案范围进行了总体划定，规定公民、法人或者其他组织认为行政机关和行政机关工作人员的具体行政行为侵犯其合法权益，有权依照本法向人民法院提起诉讼。同时《行政诉讼法》第 11、12 条分别从受案范围的正面列举以及对不可诉行为的排除这两个方面对行政诉讼的受案范围进行详细的规定。根据《行政诉讼法》的规定，公民、法人或者其他组织认为行政机关和行政机关工作人员作出的行政处罚、行政强制措施等有关财产权、人身权的具体行政行为侵犯其合法权益的，可以依法提起行政诉讼。有关人身权、财产权以外的其他权利的具体行政行为必须是法律、法规明确规定可以提起诉讼的，人民法院才能受理。① 此外，《行政诉讼法》还规定，人民法院不受理公民、法人或者其他组织对国家行为、抽象行政行为、内部行政行为和最终裁决的具体行政行为提起诉讼。② 随着科学技术的进步，我国政府的法治化治理能力也随之提升，出现了电子行政行为，学界也对此类行政行为进行了探究。③ 不过，目前日益凸显的难题是具体行政行为与抽象行政行为区分越来越模糊，这就为实践中判别某一行政行为是否具有可诉性增加了难度。

四、部分行政协议的可诉性

一般认为，作为一种非权力性的行政活动方式，行政合同在行政领域的广泛运用始于第二次世界大战以后。在中国大陆，作为一种普遍存在的合同形式，行政协议是伴随我国经济体制和行政管理方式的改革而出现的。在计划经济时代，政府主要通过行政指令或行政命令管理社会和经济，行政合同无存在的空间。④ 实行改革开放政策以后，在建立社会主义市场经济体制的目标模式

---

① 江必新著：《中国行政诉讼制度的完善：行政诉讼法修改问题》，法律出版社 2005 年版，第 42 页。

② 张正炎：《行政诉讼受案范围之变——从具体行政行为标准到权利义务标准》，载《安徽行政学院学报》2014 年第 3 期。

③ 参见查云飞：《人工智能时代全自动具体行政行为研究》，载《比较法研究》2018 年第 5 期。

④ 张旭：《行政协议争议可复议问题研究》，载《上海公安学院学报》2019 年第 5 期。

指引下，在发展社会主义民主和法治的推动下，公民、企业不再是行政机关的附属物，自由、民主、权利意识日益深入人心，国家行政开始向公共行政转变，服务行政、给付行政、参与行政兴起，单纯依靠行政指令、行政命令在许多领域已经行不通。在这样的背景下，在一些领域，政府便开始寻求一种更为灵活、有效的管理方式——行政协议。① 行政协议，即国家行政机关或法律法规授权的组织为实现行政管理目标，与公民、法人或其他组织签订的具有权利义务内容的协议。② 对于行政协议（或称行政合同）是否属于具体行政行为，是否应当纳入行政诉讼的范围，一直是一个有争议的问题，下文将从理论、域外经验和我国司法实践方面分别进行分析。

其一，理论上认为，行政机关与相对人签立合同的行为应该是基于双方的意思表示一致，行政机关不得以行政命令的方式来强迫相对人签订行政合同。但是，结合中国的具体国情，行政合同的双方并不是可以相互协商的平等主体，相对人往往屈服于各种各样的压力与行政机关签订行政合同。他们甚至不知道自己是在签订行政合同，而只是一味地当作行政命令去遵守，于是在中国就出现了许许多多"被自愿"的情况。而且，在行政合同的履行、变更或解除中，行政机关享有行政优益权。行政机关对于与行政相对人签订的合同可以根据国家行政管理的需要，依法变更或解除，而行政相对人则不享有单方的变更和解除权。因此，就其签订合同而言，行政合同行为不具备具体行政行为的特征。③ 但是如果行政机关违反法律规定或者没有法律依据强迫要求行政相对人订立行政合同的，属于行政机关违法要求履行义务的行为，得为行政诉讼之标的。就行政机关可以单方面变更、解除、履行合同以及因违反合同而引起的制裁而言，又具有可诉的行政行为的特征。④ 因此，理论上基本认为上述部分

① 闫尔宝：《行政协议诉讼法定化的意义检讨》，载《学术论坛》2019 年第 5 期。

② 陈阜东，上官丕亮：《试论行政合同行为的可诉性》，载《行政与法》1997 年第 1 期。

③ 王安琪、王铁牛：《论行政合同的救济机制——以"失独者"为视点》，载《理论观察》2013 年第 5 期。

④ 江必新、梁凤云著：《行政诉讼法理论与实务》（上卷），北京大学出版社 2011 年版，第 229 页。

行政协议具有可诉性，可以纳入行政诉讼受案范围。

其二，在域外经验方面，从西方国家的法律救济模式看，对行政契约纠纷的解决主要是通过行政法上的救济方式，具体制度表现为协商、仲裁或行政机关内部裁决等司法外解决方法或者诉诸司法途径。[1] 尽管大陆法系国家或地区对行政合同或行政契约（Administrative Contract）是否属于行政行为（行政处分）的认识有所差异，但在诉讼制度上一般均将其纳入行政诉讼的范围。同时，行政合同或行政契约既是与私法行为不同的行为，也是与单方行政行为不同的行为，因而对其引起的行政诉讼，又规定了一些不同于单方行政行为引起的行政诉讼的处理方式，甚至规定可以补充适用民法的有关规定。

其三，从我国司法实践上看，我国将部分行政协议纳入了行政诉讼受案范围。如《最高人民法院关于审理行政协议案件若干问题的规定》表明，我国司法实践已经将部分行政协议纳入了行政诉讼的受案范围，认可其可诉性。该司法解释认为有效化解行政协议纠纷能够在保障人民合法权益、助推法治政府建设等方面发挥重要作用。[2] 该司法解释主要包括七个方面内容，在此不作赘述。[3] 不过就此可以看出，我国司法机关认可部分行政协议的可诉性。

五、部分政府行为可诉性争议

在理论上，并非所有的政府行为都具有可诉性。实践中，在某些政府行为究竟是否可诉方面，一直存在较大分歧。其中，抽象行政行为、行政事实行为、持续性行为以及行政内部行为的可诉性问题的争议，最具典型意义。

（一）抽象行政行为可诉性争论

抽象行政行为是指行政机关针对不特定对象发布的能反复适用的具有普遍

---

① 余凌云：《论行政契约的救济制度》，载《法学研究》1998 年第 2 期。

② 杨临萍：《推进国家治理体系和治理能力现代化 最高法出台行政协议司法解释正当其时》，载《人民法院报》2019 年 12 月 17 日。

③ 沈福俊：《司法解释中行政协议定义论析——以改造"法定职责范围内"的表述为中心》，载《法学》2017 年第 10 期。

约束力的规范性文件，它包括国务院制定的行政法规，国务院各部、各委员会、中国人民银行、审计署和具有行政管理职能的直属机构制定的部门规章，省、自治区、直辖市的人民政府以及省、自治区的人民政府所在地的市、经济特区所在地的市和经国务院批准的较大的市的人民政府制定的地方政府规章，各级人民政府及其工作部门发布的具有普遍约束力的决定、命令等行政规定。① 要对抽象行政行为的可诉性进行探究，就需要弄清楚以下问题：一是如何区分抽象行政行为与具体行政行为；二是抽象行政行为的可诉性与对抽象行政行为进行司法审查是两个层次的概念，抽象行政行为固然需要司法监督，但是否需要将抽象行政行为纳入行政诉讼的受案范围。

其一，具体行政行为与抽象行政行为的区分。从行政行为来讲，抽象行政行为暗含于行政行为之中，不应因具有立法的属性而排除在行政行为之外。②（具体参考本书典型案例 1-3）

具体而言，抽象行政行为与具体行政行为的区分往往不是仅靠一两个要素就能够解决的，而是需要通过多个要素进行综合判断。大体而言：（1）对象不同。具体行政行为一经作出即有特定的相对人，针对的是特定的事项。（2）效力范围不同。抽象行政行为具有反复适用的效力，其效力及于抽象行政行为作出以后发生的事件，且效力仅具有间接性，不能即时实现，产生期待或等待效应，被依法撤销后不溯及既往；具体行政行为则是一次性效力，仅能针对特定事件，不能反复适用，且效力具有直接性，一经产生即发生法律效力，被依法撤销后产生溯及力。③（3）表现形式不同。抽象行政行为的表现形式通常为具有普遍约束力的规范性文件，当然也并不绝对；具体行政行为一般产生具体的行政法律关系，直接影响相对人的权利义务。④ 在将抽象行政行为与具体行

---

① 上官丕亮：《论抽象行政行为的不可诉性与可附带司法审查性》，载《西南政法大学学报》2005 年第 3 期。

② 章剑生：《有关行政诉讼受案范围的几个理论问题探析》，载《中国法学》1998 年第 2 期。

③ 张弘、王红日著：《具体行政行为论》，辽宁大学出版社 1993 年版，第 78~79 页。

④ 江国华编著：《中国行政法（总论）》，武汉大学出版社 2012 年版，第 189~191 页。

政行为加以区分的基础上，我们进而探讨抽象行政行为的可诉性问题。

其二，对于是否应将抽象行政行为纳入行政诉讼的受案范围，即是否认定其具有可诉性的问题，学界存在分歧。赞成的观点认为，抽象行政行为可诉性具有其法理与现实基础。在法理基础方面，有学者阐述，将抽象行政行为纳入司法审查的范围具有合理性、可行性、必要性和紧迫性等基础，也有人认为抽象行政行为的可诉性是法治原则的必然要求，以及抽象行政行为是行政权行使的必然结果，从这种公权力本身的属性上看其具有可诉性。在现实基础方面，主要可以参照其他国家，如在美国的《联邦行政程序法》中，将机关规章、命令、许可、制裁、救济，以及相应的拒绝和不作为等各种行为的一部分或全部都列入了司法审查的范围，并且收到了良好的效果。① 由此，赞成的观点认为抽象行政行为具有可诉性。反对的观点则认为，不宜将抽象行政行为纳入行政诉讼的受案范围，主要不是因为原告资格不好解决或者它在本质上属于立法行为②，而正是在实践中难以得到真正的贯彻落实。新修订的《行政诉讼法》已经赋予了司法机关对规章以下规范性文件进行附带审查的权力，这也是对抽象行政行为进行司法监督的一种体现。在此基础上，应着力完善抽象行政行为的司法监督标准，主要涉及以下方面：（1）法律制度统一化。在我国，所有的法规、规章以及规范性的文件都有其相应的实施区域，但是不管在哪个区域都需要遵守法制的统一性原则，上下位法相抵触时无效，下位法必须要服从上位法的规定。③（2）解释合理化。要在准确理解并服从上位法的规定的基础上制定下位法或者其他地方性法规，但是在实际操作中，偶尔会发生有些行政机

---

① 田慧敏：《抽象行政行为可诉性探讨》，载《理论观察》2006 年第 3 期。

② 有学者认为，抽象行政行为不能被提起行政诉讼的重要原因之一是抽象行政行为的对象具有不特定性，适用于大范围内的行政管理相对人，就目前行政诉讼立法而言，一旦涉及诉讼，原告资格问题很难解决，参见阎尔宝：《我国行政诉讼受案范围的再检讨》，载《行政法学研究》2000 年第 3 期。而另有学者认为，制定行政法规、规章的行为在本质上不是行政行为，而是立法行为，故不属于行政诉讼受案范围，参见敖明金：《行政诉讼范围的反思与重构》，载《行政法学研究》2003 年第 1 期。

③ 朱芒：《规范性文件的合法性要件——首例附带性司法审查判决书评析》，载《法学》2016 年第 11 期。

关滥用立法权扩大部门或地方的权力，而且出于对国家法律法规的理解不一等问题，在实际立法时，一些行政机关所指定的规范性文件可能存在较大的偏差。（3）文件内容稳定化。其他规范性文件应具有连续性、稳定性的特点，要求行政机关在制定时要严谨认真，并具有一定的可预见性，避免法规出现变动。为了防止朝令夕改的问题①，一方面要确定符合保障公民、法人或其他组织的合法权益，在制定其他规范性文件时，行政机关需要秉承统一、效能、精简的原则，简化行政管理手续，规范行政行为，并体现改革精神。② 另一方面要注意制定程序的合法性，并需要保证制定主体的合法性。③ 通过上述标准的完善，加之目前确立的附带审查，对抽象行政行为进行有效监督，而非全然将其纳入行政诉讼的受案范围。

（二）行政事实行为可诉性争论

目前，学术界对行政事实行为的概念及法律特征主要有以下几种表述：（1）"事实行为，谓不发生法律效果，或虽发生法律效果，然而效果之发生，乃系于外界之事实状态，并非由于行政权心理之状态。"④ （2）事实行为不直接发生法律效果。"所谓事实的行政行为，是指行政机关作出的行政行为，不直接发生法律的效果。"⑤ （3）事实行为是行政机关在行政执法中的方法、手段或措施。"在行政措施中有法律行为、事实行为、纯政策性行为。"⑥ （4）事实行为不具有法律的强制性。"法律行为意味着相对人不服从该行为时必定

---

① 马竞遥：《抽象行政行为的合法性审查及其制度完善》，载《广东行政学院学报》2019年第1期。

② 余军，张文：《行政规范性文件司法审查权的实效性考察》，载《法学研究》2016年第2期。

③ 耿玉娟：《规范性文件附带审查规则的程序设计》，载《法学评论》2017年第5期。

④ 林纪东著：《行政法》，台湾三民书局1988年版，第290页。

⑤ 刘永安编著：《行政行为概论》，中国法制出版社1992年版，第58页。

⑥ 王连昌、马怀德主编：《行政法学》，中国政法大学出版社1994年版，第127页。

伴随一定的制裁后果，而事实行为则不具有法律的强制性。"① 整体而言，行政事实行为就是行政主体在行政管理活动中作出的抽象行政行为或具体行政行为过程中实施的对相对人不具有确定力、强制约束力、执行力的细节、方法、手段。其法律特征主要体现在主体的特殊性，行为的职务性、服务性、不规则性，程序上的前置性和辅助性。

其一，对事实行为能否提起行政诉讼，不能笼统地作出定论。正如行政行为分为可诉性行政行为与不可诉性行政行为一样，行政事实行为同样存在着可诉的事实行为与不可诉的事实行为。对于没有法律规定能够提起行政诉讼的事实行为是不可诉的事实行为；如果事实行为有明确的法律规定可以提起行政诉讼，则是可诉的事实行为。目前《行政诉讼法》《国家赔偿法》《行政处罚法》明确的可诉的行政事实行为即为行政侵权中的事实行为是可诉的事实行为。如一些学者已经论述过的《国家赔偿法》规定的"以殴打等暴力行为或者唆使他人以殴打等暴力行为造成公民身体伤害或者死亡的"，"违法使用武器、警械造成公民身体伤害或者死亡的"，"造成公民身体伤害或者死亡的其他违法行为"；《行政处罚法》规定的行政机关使用不合格的单据的行为以及行政机关使用或者损毁扣押的财物对当事人造成损失的行为等。② 不过，目前也有学者提出扩大可诉的行政事实行为的范围。

其二，关于行政事实行为是否可诉的问题，学界历来存在两种认识。持否定观点的学者认为，行政事实行为本身没有设立、变更或消灭行政相对人的权利义务，因而对行政相对人的权利义务并不具有实质性影响，不能给予诉讼救济。而持肯定观点的学者则认为，虽然行政事实行为对行政相对人不具有法律拘束力，也不以设立、变更或消灭行政相对人的权利义务为目的，但它可能影响到行政相对人的合法权益。如行政主体发布错误信息致使相对人受损，行政主体进行公共工程建设时侵害了一部分人的利益等。有损害就必须给予救济，因此，行政事实行为应是可诉的。从我国现行立法及司法实践来看，虽然《行

---

① 应松年主编：《行政行为法》，人民出版社 1993 年版，第 571 页。
② 李云峰：《行政事实行为若干法律问题之探讨》，载《山东法学》1999 年第 5 期。

政诉讼法》未明确地将行政事实行为排除在行政诉讼受案范围之外，但从该法的整体规定以及立法精神上可以看出，行政事实行为实际上并未列入行政诉讼受案范围之内。特别是《最高人民法院关于执行〈中华人民共和国行政诉讼法〉若干问题的解释》则更进一步印证了这一点。该解释中规定，因具有强制力的行政指导行为和对公民、法人或者其他组织权利义务不产生实际影响的行为而发生争议的案件，不属于人民法院的受案范围。这些行为严格意义上属于行政事实行为的范畴。在实践中，许多行政相对人受到了行政主体所为的行政事实行为的侵害，往往得不到诉讼上的救济，甚至投诉无门。这既不利于对行政相对人合法权益的维护，也不符合现代行政法治的基本要求。① 因此，对于行政事实行为可诉性的分析最终落脚点还是在于行政行为可诉性的标准方面，即是否对行政相对人的权利义务产生实际影响的行使行政职权的行为，是否具有法定救济途径。

（三）中间行政行为可诉性争论

结合前文对于行政行为可诉性标准的探讨，成熟性原则作为审查行政行为可诉性的重要标准之一，不可避免地涉及对中间行政行为可诉性的争论。在行政审判实务中，行政程序中间行为的可诉性问题一直是热点话题。何海波教授在其著作中梳理了较为典型的几个案例，比如赖某某诉 C 市人民政府不予复议案，最高人民法院在〔1998〕行终字第 10 号行政判决书中认为，C 市教育委员会 1996 年 10 月给国家教育委员会、G 省教育委员会呈报的《关于赖某某同志反映问题及处理情况》，"其内容尚未最终确定，对赖某某的权利义务并未产生实际影响，故该行为属不成熟行政行为，不具有可诉性"。此外，还有一系列关于行政行为实施前有关程序事项的告知或通知行为涉诉的案例，引发广泛讨论。② 成熟性原则起源于美国司法审查所形成的判例，对我国来说可谓是

---

① 刘飞：《行政事实行为的可诉性分析》，载《广西政法管理干部学院学报》2005 年第 2 期。

② 参见何海波著：《行政诉讼法》，法律出版社 2016 年版，第 165~167 页。

个舶来品，但对于分析和确定行政行为可诉性是不可或缺的。所谓成熟性标准，是指行政行为只有发展到一定的阶段，已经达到了"成熟"的程度，才允许司法对其进行审查。

其一，在法理基础层面，对于中间行政行为可诉性的争论，源于成熟性标准在域内外司法审查实践中发挥深层次的影响作用，具有深厚的理论基础，即司法权对行政权既要发挥制衡监督的作用，又要秉持自身谦抑和克制精神，以保证行政权的正常运转，维护和发展社会公共福祉。① 按王名扬教授在《美国行政法》中的理解，成熟性原则的法理主要在于两个方面：一是避免法院过早进行裁判，陷入抽象的行政政策争论，法院只能对实在的现实问题进行裁判，在需要裁判的问题出现前，不能预测未来可能发生的问题，当事人所攻击的行政行为不能是捉摸不定的、没有确定的问题。二是保护行政机关在作出最后决定之前，以及行政行为对当事人发生具体影响之前，不受法院干涉，这是由行政机关的专业性所决定的。② 由此可见，成熟性原则尽管不是我国法律上的法定标准，但却为我们分析中间行政行为可诉性提供了内在规律性的规则。③

其二，在司法实践层面，2016 年 9 月 30 日最高人民法院发布的第 69 号指导案例就是一个针对行政程序中间行为可诉性的工伤认定行政案件。这是一个典型的行政程序中间行为提起诉讼的情形，当事人对工伤行政部门作出的《工伤认定时限中止通知书》提起诉讼。对于这个中止通知的可诉性问题，第 69 号指导案例提炼的裁判要旨是这样的：当事人认为行政机关作出的程序性行政行为侵犯其人身权、财产权等合法权益，对其权利义务产生明显的实际影响，且无法通过提起针对相关的实体性行政行为的诉讼获得救济，而对该程序性行政行为提起行政诉讼的，人民法院应当依法受理。从这个裁判要旨可以看出两

---

① ［美］伯纳德·施瓦茨著：《行政法》，徐炳译，群众出版社 1986 年版，第 478 页。

② 王名扬著：《美国行政法》，中国法制出版社 1995 年版，第 643 页。

③ 刘行：《行政程序中间行为可诉性标准探讨——结合最高法院第 69 号指导案例的分析》，载《行政法学研究》2018 年第 2 期。

个基本逻辑：一是并非所有程序性行政行为都不可以提起诉讼，也并非所有程序性行政行为都可以提起诉讼，与理论通说相一致，即"一个行政决定的作出往往包含告知、通知等程序事项，行政机关实施强制执行前还会催告当事人履行义务。这些程序性事项构成一个行政行为的准备过程，当事人一般不能单独对其提起诉讼"。① 二是程序性行政行为可诉的条件是该行为对相对人权利义务产生明显的实际影响，且还需要无法通过提起针对相关的实体性行政行为的诉讼获得救济。

（四）行政内部行为可诉性争议

行政内部行为并非一个实定法上的概念，而是一个学理上的概念，其与外部行为（主要是行政行为）相对应，若行为的作用对象和效力范围止于行政系统内部，则为行政内部行为。② 行政机关的内部行为通常不对相对人的权利义务直接作出处分，因此不属于人民法院的受案范围。但在行政审判中，常常以内部行为外部化为理由，例外地承认其可诉性。所谓"外部化"，指的是内部行为向行政行为转变的过程。"外部化"的过程是否可以完成，取决于原本意义上的内部行为是否满足以下三要素：涉权性；具体、确定与直接性；相对人知悉。③ 在实践中，哪一类行为归于内部，哪一类行为归于外部，没有一个泾渭分明的界限。实际上，行政机关对外作出的每一个具有法律效力的决定，在作出之前通常都要经过一定的内部程序。

不过，在行政机关作出行政行为之前虽有内部行为阶段，但一般而言，前

---

① 何海波著：《行政诉讼法》，法律出版社 2016 年版，第 165 页。

② 以作用对象为标准，凡是以公民、法人和其他组织为对象而作出的行为是外部行政行为，凡是以行政机关及其工作人员为作用对象的行为则是内部行政行为。参见应松年主编：《行政法与行政诉讼法词典》，中国政法大学出版社 1992 年版，第 92 页；以效力范围为标准，如果行为作出的法律效果只及于行政系统的内部，则为内部行政行为，反之，则为外部行政行为。参见张焕光、胡建淼主编：《行政法学原理》，劳动人事出版社 1989 年版，第 221 页。

③ 刘飞、谭达宗：《内部行为的外部化及其判断标准》，载《行政法学研究》2017 年第 2 期。

阶段行为为内部行为，最终作出的行为为外部行为，内、外部行为是分别实施并且是容易区分的。然而，在前阶段的内部行为发生外部化的情况下，因为外部化在个案中的情形并不统一，对外部化的内部行为的性质便不容易判断。① 有学者认为行政内部行为的外部化主要涉及以下方面：（1）内容涉权性。能够产生外部化的前提在于行政内部行为在内容上具有涉权性，这种涉权性内容明确、具体。即使相对人知悉，如果该内容并无涉权性也就无法对其权益造成增减，从而也丧失了进行行政诉讼救济的必要性。（2）职权外化。行政行为的送达作为连接行政机关职权行使与行政行为效果实现过程中连接点上的一环，是行政行为得以生效的前提。法院曾在判决中认为②，只要产生了送达的行为，即已构成行政内部行为外部化。（3）造成实际影响。在前置程序中以内部公文的形式对自然人、法人或社会团体直接作出增减其权益的实质性决定，导致后续的行政机关所进行的程序，毫无裁量余地，仅能"落实"前置程序中形成的相关内容的情况下。③ 上述标准对于认定行政内部行为外部化进而判断其可诉性有一定的参考意义。

此外，学界也有从行政内部行为外部化的构成要素入手，分析其"外部化"（简称"外化"）标准的思路。在这一思路下，无论是法律依据还是学说观点，无论是个案"批复"还是相关实务，都是在判断内部行政行为是否以及如何纳入行政诉讼的受案范围。由此，可提炼出行政内部行为外部化的三个"关键词"，分别是：独立意义的行为（被相对人知悉的意义）、行政职权的行使以及法律效果的产生。以上每项要素都会出现不同的可能，这也就构成了对行政内部行为外部化的进阶判断标准：（1）"外化"在何种意义上使用，这一层次提醒我们注意程序独立性与行政从属性、执行名义本身与执行名义执行的不同。（2）是否通过行政职权为之以及职权的主体是否统一。公权力行使是

① 刘章：《内部行政行为可诉性理论探讨》，载《行政与法》2008 年第 2 期。

② "定襄县道路运输管理所因公路行政许可一案"参见忻州市中级人民法院行政判决书，〔2015〕忻中行终字第 51 号。

③ 刘飞、谭达宗：《内部行为的外部化及其判断标准》，载《行政法学研究》2017 年第 2 期。

"外化"的条件。关键点是作出内部行政行为与把内部行政行为"外化"的行为主体是否统一。这一层次也是整个判断进路中最为复杂，且与行为主体的统分判断、管辖权变更的效力等其他理论关联最紧密的一环。（3）"外化"后是否产生法律效果。内部行政行为即使满足"外化"前两个层次的要求，若对相对人合法权益没有带来实际影响，依然不可诉。相较于前两个层次，有无法律效果产生的判断不仅少争议且容易分辨。正是该层次的易辨识性，法院可基于判断的便宜性和节省司法资源的考虑，从法律效果要素入手，判断"外化"的满足与否。① 这一从要素认定出发构建的标准显然更为细化，分别从行为特质、行为主体和法律效力三个方面构筑了认定行政内部行为外部化进而可诉的解决思路。

典型案例 1-2："北雁云依"诉 B 市公安局 C 区分局 D 派出所公安行政登记案②

【裁判要点】

公民选取或创设姓氏应当符合中华传统文化和伦理观念。仅凭个人喜好和愿望在父姓、母姓之外选取其他姓氏或者创设新的姓氏，不属于《全国人民代表大会常务委员会关于〈中华人民共和国民法通则〉第九十九条第一款、〈中华人民共和国婚姻法〉第二十二条的解释》第二款第三项规定的"有不违反公序良俗的其他正当理由"。

【相关法条】

《中华人民共和国民法通则》第 99 条第 1 款

《中华人民共和国婚姻法》第 22 条

《全国人民代表大会常务委员会关于〈中华人民共和国民法通则〉第九十九条第一款、〈中华人民共和国婚姻法〉第二十二条的解释》

---

① 李永超：《揭穿内部行政行为之面纱——基于司法实践中"外化"之表达的一种解释框架》，载《行政法学研究》2012 年第 4 期。

② 本案裁判文书参见附件 2。

【基本案情】

原告"北雁云依"法定代理人吕某某诉称：其妻张某某在医院产下一女取名"北雁云依"，并办理了出生证明和计划生育服务手册新生儿落户备查登记。为女儿办理户口登记时，被告 B 市公安局 C 区分局 D 派出所（以下简称"D 派出所"）不予上户口。理由是孩子姓氏必须随父姓或母姓，即姓"吕"或姓"张"。根据《中华人民共和国婚姻法》（以下简称《婚姻法》）和《中华人民共和国民法通则》（以下简称《民法通则》）关于姓名权的规定，请求法院判令确认被告拒绝以"北雁云依"为姓名办理户口登记的行为违法。

被告 D 派出所辩称：依据法律和上级文件的规定不按"北雁云依"进行户口登记的行为是正确的。《民法通则》规定公民享有姓名权，但没有具体规定。而 2009 年 12 月 23 日最高人民法院举行新闻发布会，关于夫妻离异后子女更改姓氏问题的答复中称，《婚姻法》第二十二条是我国法律对子女姓氏问题作出的专门规定，该条规定子女可以随父姓，可以随母姓，没有规定可以随第三姓。行政机关应当依法行政，法律没有明确规定的行为，行政机关就不能实施，原告和行政机关都无权对法律作出扩大化解释，这就意味着子女只有随父姓或者随母姓两种选择。从另一个角度讲，法律确认姓名权是为了使公民能以文字符号即姓名明确区别于他人，实现自己的人格和权利。姓名权和其他权利一样，受到法律的限制而不可滥用。新生婴儿随父姓、随母姓是中华民族的传统习俗，这种习俗标志着血缘关系，随父姓或者随母姓，都是有血缘关系的，可以在很大程度上避免近亲结婚，但是姓第三姓，则与这种传统习俗、与姓的本意相违背。全国各地公安机关在执行《婚姻法》第二十二条关于子女姓氏的问题上，标准都是一致的，即子女应当随父姓或者随母姓。综上所述，拒绝原告法定代理人以"北雁云依"的姓名为原告申报户口登记的行为正确，恳请人民法院依法驳回原告的诉讼请求。

法院经审理查明：原告"北雁云依"出生于 2009 年 1 月 25 日，其父亲名为吕某某，母亲名为张某某。因酷爱诗词歌赋和中国传统文化，吕某某、张某某夫妇二人决定给爱女起名为"北雁云依"，并以"北雁云依"为名办理了新生儿出生证明和计划生育服务手册新生儿落户备查登记。2009 年 2 月，吕某某前往 D 派出所为女儿申请办理户口登记，被民警告知拟被登记人员的姓氏应当随父姓或者母姓，即姓"吕"或者"张"，否则不符合办理出生登记条件。因吕某某坚持以"北雁云依"为姓名为女儿申请户口登记，被告 D 派出所遂依照《婚姻法》第二十二条之规定，于当日作出拒绝办理户口登记的具体行政行为。

该案经过两次公开开庭审理，原告"北雁云依"法定代理人吕某某在庭审中称：其为女儿选取的"北雁云依"之姓名，"北雁"是姓，"云依"是名。

因案件涉及法律适用问题，需送请有权机关作出解释或者确认，该案于 2010 年 3 月 11 日裁定中止审理，中止事由消除后，该案于 2015 年 4 月 21 日恢复审理。

【裁判结果】

B 市 C 区人民法院于 2015 年 4 月 25 日作出〔2010〕历行初字第 4 号行政判决：驳回原告"北雁云依"要求确认被告 D 派出所拒绝以"北雁云依"为姓名办理户口登记行为违法的诉讼请求。

一审宣判并送达后，原被告双方均未提出上诉，本判决已发生法律效力。

【裁判理由】

法院生效裁判认为：2014 年 11 月 1 日，第十二届全国人民代表大会常务委员会第十一次会议通过了《全国人民代表大会常务委员会关于〈中华人民共和国民法通则〉第九十九条第一款、〈中华人民共和国婚姻法〉第二十二条的解释》。该立法解释规定："公民依法享有姓名权。公民行使姓名权，还应当尊重社会公德，不得损害社会公共利益。公民原则上应当随父姓或者母姓。有下列情形之一的，可以在父姓和母姓之外选取姓氏：（一）选取其他直系长辈血亲的姓氏；（二）因由法定扶养人以外的人抚养而选取抚养人姓氏；（三）有不违反公序良俗的其他正当理由。少数民族公民的姓氏可以从本民族的文化传统和风俗习惯。"

本案不存在选取其他直系长辈血亲姓氏或者选取法定扶养人以外的抚养人

姓氏的情形，案件的焦点就在于原告法定代理人吕某某提出的理由是否符合上述立法解释第二款第三项规定的"有不违反公序良俗的其他正当理由"。首先，从社会管理和发展的角度，子女承袭父母姓氏有利于提高社会管理效率，便于管理机关和其他社会成员对姓氏使用人的主要社会关系进行初步判断。倘若允许随意选取姓氏甚至恣意创造姓氏，则会增加社会管理成本，不利于社会和他人，不利于维护社会秩序和实现社会的良性管控，而且极易使社会管理出现混乱，增加社会管理的风险性和不确定性。其次，公民选取姓氏涉及公序良俗。在中华传统文化中，"姓名"中的"姓"，即姓氏，主要来源于客观上的承袭，系先祖所传，承载了对先祖的敬重、对家庭的热爱等，体现着血缘传承、伦理秩序和文化传统。而"名"则源于主观创造，为父母所授，承载了个人喜好、人格特征、长辈愿望等。公民对姓氏传承的重视和尊崇，不仅仅体现了血缘关系、亲属关系，更承载着丰富的文化传统、伦理观念、人文情怀，符合主流价值观念，是中华民族向心力、凝聚力的载体和镜像。公民原则上随父姓或者母姓，符合中华传统文化和伦理观念，符合绝大多数公民的意愿和实际做法。反之，如果任由公民仅凭个人意愿喜好，随意选取姓氏甚至自创姓氏，则会造成对文化传统和伦理观念的冲击，违背社会善良风俗和一般道德要求。再次，公民依法享有姓名权，公民行使姓名权属于民事活动，既应当依照《民法通则》第九十九条第一款和《婚姻法》第二十二条的规定，还应当遵守《民法通则》第七条的规定，即应当尊重社会公德，不得损害社会公共利益。通常情况下，在父姓和母姓之外选取姓氏的行为，主要存在于实际抚养关系发生变动、有利于未成年人身心健康、维护个人人格尊严等情形。本案中，原告"北雁云依"的父母自创"北雁"为姓氏、选取"北雁云依"为姓名给女儿办理户口登记的理由是"我女儿姓名'北雁云依'四字，取自四首著名的中国古典诗词，寓意父母对女儿的美好祝愿"。此理由仅凭个人喜好愿望并创设姓氏，具有明显的随意性，不符合立法解释第二款第三项的情形，不应给予支持。

（生效裁判审判人员：任某、白某、钱某）

典型案例 1-3：某某公司诉 E 市国土资源局不履行行政协议案①

【裁判要点】

行政机关在职权范围内对行政协议约定的条款进行的解释，对协议双方具有法律约束力，人民法院经过审查，根据实际情况，可以作为审查行政协议的依据。

【相关法条】

《中华人民共和国行政诉讼法》第 12 条

【基本案情】

2004 年 1 月 13 日，E 市土地收购储备中心受 E 市肉类联合加工厂委托，经被告 E 市国土资源局（以下简称市国土局）批准，在萍乡日报上刊登了国有土地使用权公开挂牌出让公告，定于 2004 年 1 月 30 日至 2004 年 2 月 12 日在土地交易大厅公开挂牌出让 TG-0403 号国有土地使用权，地块位于某市安源区后埠街万公塘，土地出让面积为 23173.3 平方米，开发用地为商住综合用地，冷藏车间维持现状，容积率 2.6，土地使用年限为 50 年。某某公司于 2006 年 2 月 12 日以投标竞拍方式并以人民币 768 万元取得了 TG-0403 号国有土地使用权，并于 2006 年 2 月 21 日与被告市国土局签订了《国有土地使用权出让合同》。合同约定出让宗地的用途为商住综合用地，冷藏车间维持现状。土地使用权出让金为每平方米 331.42 元，总额计人民币 768 万元。2006 年 3 月 2 日，市国土局向某某公司颁发了萍国用〔2006〕第 43750 号和萍国用〔2006〕第 43751 号两本国有土地使用证，其中萍国用〔2006〕第 43750 号土地证地类（用途）为工业，使用权类为出让，使用权面积为 8359 平方米，萍国字〔2006〕第 43751 号土地证地类为商住综合用地。对此，某某公司认为约定的"冷藏车间维持现状"是维持冷藏库的使用功能，并非维持地类性质，要求将其中一证地类由"工业"更正为"商住综合"；但市国土局认为维持现状是指冷藏车间保留工业用地性质出让，且该公司也是按照冷藏车间为工业出让地缴纳的土地使用权出让金，故不同意更正土地用途。2012 年 7 月 30 日，

---

① 本案裁判文书参见附件 3。

某市规划局向某市土地收购储备中心作出《关于要求解释〈关于某市肉类联合加工厂地块的函〉》中有关问题的复函，主要内容是：我局在 2003 年 10 月 8 日出具规划条件中已明确了该地块用地性质为商住综合用地（冷藏车间约 7300 平方米，下同）但冷藏车间维持现状。根据该地块控规，其用地性质为居住（兼容商业），但由于地块内的食品冷藏车间是目前我市唯一的农产品储备保鲜库，也是我市重要的民生工程项目，因此，暂时保留地块内约 7300 平方米冷藏库的使用功能，未经政府或相关主管部门批准不得拆除。2013 年 2 月 21 日，市国土局向某某书面答复：一、根据市规划局出具的规划条件和宗地实际情况，同意贵公司申请 TG-0403 号地块中冷藏车间用地的土地用途由工业用地变更为商住用地。二、由于贵公司取得该宗地中冷藏车间用地使用权是按工业用地价格出让的，根据《中华人民共和国城市房地产管理法》之规定，贵公司申请 TG-0403 号地块中冷藏车间用地的土地用途由工业用地变更为商住用地，应补交土地出让金。补交的土地出让金可按该宗地出让时的综合用地（住宅、办公）评估价值减去的同等比例计算，即 297.656 万元 * 70% = 208.36 万元。三、冷藏车间用地的土地用途调整后，其使用功能未经市政府批准不得改变。某某公司于 2013 年 3 月 10 日向法院提起行政诉讼，要求判令被告将萍国用〔2006〕第 43750 号国有土地使用证上的地类用途由"工业"更正为商住综合用地（冷藏车间维持现状）。撤销被告"关于对市某某房地产有限公司 TG-0403 号地块有关土地用途问题的答复"中第二项关于补交土地出让金 208.36 万元的决定。

【裁判结果】

江西省某市安源区人民法院于 2014 年 4 月 23 日作出〔2014〕安行初字第 6 号行政判决：一、被告 E 市国土资源局在本判决生效之日起九十天内对萍国用〔2006〕第 43750 号国有土地使用证上的 8359.1m² 的土地用途应依法予以更正。二、撤销被告 E 市国土资源局于 2013 年 2 月 21 日作出的《关于对市某某房地产开发有限公司 TG-0403 号地块有关土地用途的答复》中第二项补交土地出让金 208.36 万元的决定。宣判后，E 市国土资源局提出上诉。江西省某市中级人民法院于 2014 年 8 月 15 日作出〔2014〕萍行终字第 10 号行政判决：

驳回上诉，维持原判。

【裁判理由】

　　法院生效裁判认为：行政协议是行政机关为实现公共利益或者行政管理目标，在法定职责范围内与公民、法人或者其他组织协商订立的具有行政法上权利义务内容的协议。本案行政协议即是市国土局代表国家与某某公司签订的国有土地使用权出让合同。行政协议强调诚实信用、平等自愿，一经签订，各方当事人必须严格遵守，行政机关无正当理由不得在约定之外附加另一方当事人义务或单方变更解除。本案中，TG-0403 号地块出让时对外公布的土地用途是"开发用地为商住综合用地，冷藏车间维持现状"，出让合同中约定为"出让宗地的用途为商住综合用地，冷藏车间维持现状"。但市国土局与某某公司就该约定的理解产生分歧，而某市规划局对原某市肉类联合加工厂复函确认 TG-0403 号国有土地使用权面积 23173.3 平方米（含冷藏车间）的用地性质是商住综合用地。某市规划局的解释与挂牌出让公告明确的用地性质一致，且该解释是某市规划局在职权范围内作出的，符合法律规定和实际情况，有助于树立诚信政府形象，并无重大明显的违法情形，具有法律效力，并对市国土局关于土地使用性质的判断产生约束力。因此，对市国土局提出的冷藏车间占地为工业用地的主张不予支持。某某公司要求市国土局对"萍国用〔2006〕第 43750号"土地证（土地使用权面积 8359.1 平方米）地类更正为商住综合用地，具有正当理由，市国土局应予以更正。某某公司作为土地受让方按约支付了全部价款，市国土局要求某某公司如若变更土地用途则应补交土地出让金，缺乏事实依据和法律依据，且有违诚实信用原则。

　　（生效裁判审判人员：朱某某、李某某、邹某某）

第五节　行政裁量理论

　　基于斯图尔特的"传送带理论"，行政权的正当性由立法权传递过来，因此有"行政权是立法意思的执行者的定位"。① 这种模式符合我们对于法治、民主、宪政的基本认识，也与古典行政法的基本原则相适应。行政虽然执行法律，但在其过程中，存在着有必要给予执行者以自己决定余地的情形②，裁量得以产生。裁量权问题被认为是现代行政法问题的核心，我国行政裁量理论借鉴了西方的行政法理论。

一、行政裁量概念的起源与承袭

在我国，如同许多社会科学的概念一样，行政裁量是一个"舶来品"。"行政裁量"一词，最早是由 19 世纪德国学者 F. F. 迈耶（F. F. Mayer）根据 Pouvoir Discrétionnaire 而提出的。③ 随后这一学说几经发展，影响力不断扩大，并由美浓部达吉、佐佐木惣一等人介绍传至日本，20 世纪初美浓部达吉的行政裁量理论传入中国。④

其一，就其渊源而言，"行政裁量"这一概念出自德国学者 F. F. Mayer 1862 年出版的《行政法之原则》一书。他从裁量与法律的关系出发，将行政裁量分为两种，即纯行政裁量与法律适用裁量。前者如行政机关管理国家财产，以及公法上形成权的行使等；后者乃是一种弹性法条的适用问题，行政机关对具体案件有较大斟酌及较多的考虑。此种分类是其重要的一项贡献，成为后来"自由裁量"与"羁束裁量"概念的区分，以及"自由裁量"与"不确定法律概念"区分的滥觞。⑤ 但由于客观原因，当时行政诉讼制度尚未建立，其理

---

① 王周户、徐文星主编：《现代政府与行政裁量权》，法律出版社 2010 年版，第 4 页。

② ［日］盐野宏著：《行政法总论》，杨建顺译，北京大学出版社 2008 年版，第 80 页。

③ 参见陈慈阳：《行政裁量及不确定法律概念——以两者概念内容之差异与区分必要性为研究对象》，载台湾行政法学会编：《行政法争议问题研究》（上），台湾五南图书出版公司 2000 年版，第 458 页。

④ 参见王贵松著：《行政裁量的构造与审查》，中国人民大学出版社 2016 年版，第 7 页。

⑤ 参见翁岳生著：《行政法与现代法治国家》，台湾三民书局 2015 年版，第 36~37 页。

论未考虑法院对行政裁量的审查问题，而是代之以上级行政机关的审查，从行政裁量本身加以分析，不过他所列举的具体审查标准为后世提供了研究路径。①

其二，继迈耶之后，奥国学者特茨纳（F. Tezner）则是有关"不确定法律概念"学说的开拓者。特茨纳将"不确定法律概念"从行政裁量中分离出来，他的主要贡献是主张将"公益""合目的性""必要性""公共安宁与秩序"等不确定概念视为法律概念从行政裁量中分解出来，可以由法院审查。"自由裁量"与"不确定法律概念"则不同，"自由裁量"只有在法律使行政机关对各种不同执行的可能性有"选择的自由"时才有意义，而行政机关由法律授权行使对各种执行可能性选择时，法院不得加以审查。② 特茨纳的观点对其后德国法学者关于行政裁量的研究产生了重大的影响，并从此引发了关于"行政裁量"和"不确定法律概念"两者是否需要予以区分的漫长讨论。

其三，"二战"后，基于对行政的不信任和对法治的渴望，德国法学者对行政裁量问题进行了激烈的探讨，并比较一致地认为，从严格限制行政自主性出发，应当将行政裁量与不确定法律概念明确区分开来。如平特纳教授认为，"裁量是在已确定事实要件的情况下，法定地确定法律效果的酌量余地；而在不确定法律概念的解释或判断活动范围内，相反仅涉及对法定事实要件或活动方式的理解和认定。一般在裁量中可具有多个正当的决定，只有行政机关有权进行选择，法院不得变更；相反，对不确定法律概念的解释，法院可进行全面审查"。③ 德国另一位著名学者哈特穆特·毛雷尔教授则对行政裁量与不确定法律概念进行了更为细致的区分。他认为，裁量是指行政机关处理同一事实要件时可以选择不同的处理方式，具体表现为两种情况：一是行政机关决定是否

① 翁岳生：《论"不确定法律概念"与行政裁量之关系》，载翁岳生著：《行政法与现代法治国家》，台湾祥新印刷有限公司1990年版，第42~86页。

② 翁岳生：《论"不确定法律概念"与行政裁量之关系》，载翁岳生著：《行政法与现代法治国家》，台湾祥新印刷有限公司1990年版，第42~86页。

③ ［德］平特纳著：《德国普通行政法》，朱林译，中国政法大学出版社1999年版，第56~57页。

采取某个法定措施，此谓之决定裁量；二是在各种不同的法定措施中，行政机关根据案件的具体情况选择哪一个，此谓之选择裁量。裁量并没有给予行政机关自由或任意，"自由裁量"是不存在的，只有"合义务的裁量"或者"受法律约束的裁量"。裁量与不确定的法律概念具有严格的区别，裁量的客体是法律后果（"法律后果裁量""行为裁量"），而不确定的法律概念和判断余地的客体是法定事实要件。① 在德国，直到毛雷尔这儿，行政裁量行为与不确定法律概念才有了更为清晰的区别，并且更多地从司法审查的角度对其进行了探讨。由此可见，德奥等大陆法国家对行政裁量的研究，更多的是一步步在缩小自己的研究范围，从而将不确定法律概念从裁量理论中排除，重点研究行政裁量与司法审查的关系。②

其四，在英美等国的法律文献中比较有影响的关于裁量的定义主要有：哈特和赛克斯（Albert M. Sacks）的裁量概念，另一个是德沃金（R. M. Dworkin）的强意义与弱意义上的裁量之划分（Distinction between Strong and Weak Discretion），再有一个就是伽利根（D. J. Galligan）的更加广泛意义上的裁量分析模型，在表述上更加完整、精练的要算韦德（H. R. Wade）和福赛（C. F. Forsyth）的描述，但最有影响的，也是迄今为止仍然被广为接受的定义是戴维斯（K. C. Davis）作出的。③ 目前英美学者比较认同的是戴维斯所下的定义："一个公共官员所能享有的裁量权就是对其权力进行有效约束后所留下的在各种可能性中作为或者不作为的自由选择权。"④ 行政裁量并不仅仅限于实体的选择，而是扩展到程序、方法、形式、时间、强调的程度以及许多其他的次要因素等方面。一个官员通常在以下三个方面决定作为或者不作为：一是寻找事实；二是适用法律；三是在事实和法律都已经知晓的情况下决定什么才

---

① ［德］哈特穆特·毛雷尔著：《行政法学总论》，高家伟译，法律出版社 2000 年版，第 124~132 页。

② 周佑勇、邓小兵：《行政裁量概念的比较观察》，载《环球法律评论》2006 年第 4 期。

③ 余凌云著：《行政自由裁量论》，中国人民公安大学出版社 2009 年版，第 31 页。

④ K. C. Davis, *Discretionary Justice*: *A Preliminary Inquiry*, University of Illinois Press, 1971, p. 4.

是适宜的做法。在上述三个职能中第三个就是通常所说的"行使自由裁量权"，也是戴维斯所要论述的主旨。① 英美对行政裁量的理解至为宽泛，他们判断行政裁量存在与否的标准只有一个，即法律对行政机关的约束降低，允许行政机关有选择权，而不管这种选择权是否限于法律后果，此为广义的行政裁量概念。在这层意义上，英美法国家行政裁量所包括的范围要比德国法宽，前述德国通说的观点是不承认行政机关对不确定法律概念的适用具有裁量权，而将行政裁量仅限于法律效果方面的裁量，即狭义的行政裁量概念。但是，在英美等国采用广义行政裁量的国家也存在着对行政裁量狭义的理解，特别在涉及法院对行政裁量的法院审查范围时，更多以狭义行政裁量为中心。即使是上述采用广义行政裁量界说的戴维斯，也承认行政机关决定采取何种行为是行政裁量最主要的部分。特别是在涉及法院对行政裁量的司法审查范围与强度时，英美法国家更多的还是以狭义行政裁量为中心，或者将法律要件方面的裁量与法律后果方面的选择权更加审慎地加以区别。②

其五，在我国，台湾地区学者对行政裁量的研究颇为细致，大陆地区学者在 20 世纪末早期对行政裁量概念研究较多较泛，后趋于平淡。随着 21 世纪初国家立法要求建立行政裁量基准制度，对行政裁量基准的学界研究又呈现增多趋势。

我国台湾地区学者深受德国学者影响，将行政裁量与不确定法律概念进行区分研究。翁岳生主编的《行政法》明确区分不确定法律概念与行政裁量，"不确定法律概念是指未明确表示而具有流动的特征之法律概念，其包含一个确定的概念核心以及一个多多少少广泛不清的概念外延。此种不明确的概念，多见于法规之构成要件层面，亦有见于法规之法律效果层面。一般将不确定法律概念分为两种，即经验（或叙述）概念以及规范（或需要填补偿值的）概念。经验概念乃涉及实际的标的事件，亦即涉及可感觉的或其他可体验的客体

---

① 　K. C. Davis, *Discretionary Justice: A Preliminary Inquiry*, University of Illinois Press, 1971，p. 5.

② 　参见杨伟东著：《行政行为司法审查强度研究——行政审判权纵向范围分析》，中国人民大学出版社 2003 年版，第 162~164 页。

（例如黎明、夜间、危险、干扰等）。反之，规范概念则缺乏此种实际的关系，而必须经由评价态度始能阐明其意义，此种评价态度不可避免地内含主观的因素"。"行政机关在法律规定的构成要件实现时，得选择不同的行为方式，亦即法律规定和构成要件相连接的，不是单纯一个法律效果，其中该决定至少有两种甚或数种可能性或者被赋予某种程度的行为自由，此即所谓行政裁量。""行政机关行使裁量权，并非不受任何拘束之自由裁量，其行政裁量除应遵守一般法律原则外，也应符合法令授权之目的，并不得逾越法定之裁量范围。"此外，该书将行政裁量分为决定裁量与选择裁量。"决定裁量"是指法律授权行政机关决定是否想要作出某一个合法的处置（决定采取措施与否），例如，我国台湾地区"民法典"第 34 条规定，"法人违反设立许可之条件者，主管机关得撤销其许可"，其是否作撤销许可处分，主管机关享有决定物量权。而"选择裁量"是指行政机关得在数个不同的合法的处置中，选择作出某一个处置。此外，另有行政程序的裁量或程序形成的裁量，亦即如法规无特别规定者，行政机关对行政程序的履行与形成，具有裁量权限，唯行政程序之实行，应力求简单、迅速、经济且效率，并合乎目的之要求。① 但是，"由于不特定法律概念，必须由法律规范适用者确定其意义，因此，不特定法律概念事实上是给予法律规范适用者一个判断的活动范围"。也即，"裁量与不特定法律概念，都是在于给行政机关相当的弹性，使其能针对具体情况而为适当的行为"。② 一方面台湾地区"'行政法院'于使用不确定之法律要件，原则上认为系法规裁量之问题，'法院'得审查其违法性"，但是另一方面"行政法院之判例，实际上已采纳不确定法律概念之理论，实务上之判例与疑义，亦唯有以不确定法律概念与新近之裁量学说，始能加以合理之解决"。③

　　在我国大陆地区，关于行政裁量有颇多争议。（1）"行政裁量"或"行政

---

① 参见翁岳生编：《行政法》，中国法制出版社 2002 年版，第 225、237、246 页。

② 黄膑著：《行政法总论》，台湾三民书局 1996 年版，第 71 页。

③ 翁岳生：《论"不确定法律概念"与行政裁量之关系》，载翁岳生著：《行政法与现代法治国家》，台湾祥新印刷有限公司 1990 年版，第 42~86 页。

自由裁量"？我国对自由裁量概念的最早表述是在 1983 年，由王珉灿主编的第一本部颁行政法教材《行政法概要》中提出了有关自由裁量的定义，该书在对行政措施进行分类时指出："凡法律没有详细规定，行政机关在处理具体事件时，可以依照自己的判断采取适当的方法的，是自由裁量的行政措施。"①由于该书是我国改革开放后第一本行政法学专门教材，以后出版的各种教材中的自由裁量概念受其影响颇深，且在其后的全国通用教材中一般用于与羁束行为进行区分。后有学者力倡以"行政裁量"取代"自由裁量"，"以'行政裁量'取代'行政自由裁量'，厘清'自由裁量'的概念内涵和外延，对于正确把握法治行政原则，合力构建国家权力配置体系，具有极其重要的意义"。"'自由裁量'是一个非常狭义的概念，切不可随意'滥用'。"② 但也有学者认为，羁束裁量和自由裁量，无一例外地都要受到司法审查，所以，从这个意义上讲区分羁束裁量和自由裁量并无多大意义。在我国，"行政自由裁量"的术语已然由来已久，也被很多人所接受，沿用未尝不可。何况行政自由裁量之中的确有着一定的自由度，如果从这个角度去理解"自由"二字的含义，也未尝不可。③ 两者各有其道理，目前两者也仍旧皆有学者使用。但值得注意的是，早期使用"自由裁量权"称谓的学者也有部分接受使用"行政裁量"，如姜明安曾言，"一般来说，discretion 翻译成自由裁量权，我认为这个翻译是不准确的。立法者从来不可能授予执法者完全自由的那种裁量权，执法者在任何情况下也不可能完全自由地行使那种裁量权，裁量权不可能有完全自由的，也不可能有绝对自由的。所以说，没有完全自由的裁量权，裁量权就是裁量权，不要翻译成自由裁量权"。④（2）行政裁量的含义。总体而言，当前我国大陆地区学者对行政裁量的含义众说纷纭。如有学者认为行政自由裁量（行政裁

---

① 王珉灿主编：《行政法概要》，法律出版社 1983 年版，第 113 页。

② 杨建顺著：《行政规制与权利保障》，中国人民大学出版社 2007 年版，第 503、507 页。

③ 余凌云著：《行政自由裁量论》，中国人民公安大学出版社 2013 年版，第 3 页。

④ 姜明安著：《行政监管裁量权的法律规制》，载《湖南省社会主义学院学报》2009 年第 4 期。

量）就是指在法律许可的情况下，对作为或不作为，以及怎么作为进行选择的权利。它是给决定者在确定的框架与内容之内的一定程度的自制，是"戴着镣铐跳舞"。说明裁量有两个层次的选择，一是行为选择，包括作为与不作为；二是在作为的前提下产生的有关幅度、时间、程序上的选择。① 也有学者分别从外延、内涵及其存在形态三个方面对行政裁量进行界定，从行政裁量的外延来看，所谓行政裁量是指在法律授权的情况下，行政机关对同一事实要件的处理根据具体情况进行选择的权力，并不包括对该事实要件的评价判断。这种处理的选择包括两个方面的层次：一是作为与不作为的行为选择；二是在作为的情况下对有关行为内容、程序和时间的选择。从内涵的角度而言，行政裁量是指法律赋予行政机关可以选择判断的权力，行政机关通过裁量获得一定自由活动的空间，但严格限制在法律授权的范围之内。从行政裁量的存在形态剖析，行政裁量包括两大类，分别是决定裁量与选择裁量。选择裁量中又分为两小类，分为法规裁量与便宜裁量。最后又将上述一级、二级分类总括为两种，即接受司法审查的行政裁量和排除司法审查的行政裁量，前者包括了决定裁量和法规裁量。② 这种界定颇为全面。还有学者认为行政裁量是指行政机关在适用法律规范判断个案时，由于法律规范与案件事实之间的永恒张力而享有的由类推法律要件、补充法律要件进而确定法律效果的自由。规范与事实之间的照应使得行政裁量成为一种可能，而规范与事实之间的不同使行政裁量成为一种必要。行政裁量通过对复杂现实的经验把握、技术性知识的专业运用、政策目的的考量等而被注入行政适用法律的过程之中。③

二、行政裁量权

而目前的学界主流意见认为，行政裁量权是法律、法规赋予行政机关在行政管理中依据立法目的和公正合理的原则自行判断的条件、自行选择行为的方

---

① 余凌云著：《行政自由裁量论》，中国人民公安大学出版社 2013 年版，第 39 页。
② 参见周佑勇著：《行政裁量治理研究》，法律出版社 2008 年版，第 16~22 页。
③ 王贵松著：《行政裁量的构造与审查》，中国人民大学出版社 2016 年版，第 54~55页。

式和自由作出行政决定的权力。① 或者行政机关在法律明示授权或消极默许的范围内，基于行政目的、自由斟酌、自主选择而作出一定行政行为的权力。②

我国大陆地区学者对行政裁量权的界定"大同小异"。"大同"表现在：（1）行政自由裁量权是行政主体便于行事的权力。（2）行使这种权力的前提是缺乏羁束性规范。（3）这种权力在行政主体的权限范围之内。③"小异"则表现在：（1）对这种权力的行使前提表述略有不同。有人明确指出，只有在法律、法规明确规定的前提下，行政主体才能行使这种权力；④ 有人认为，这种权力除法律明确授权外，法律"消极默许"的情况下也可行使；⑤ 也有人指出这种权力还可以根据"法律的目的"而行使；⑥ 有人从否定方面表述，认为自由裁量权在"法律无详细规定"的前提下行使。⑦（2）对自由裁量权的范围表述有异，有人明确指出，他们所研究的自由裁量权限于执法领域，或限于行政管理中的行政决定行为，或限于具体行政行为；⑧ 有的则没有这样明确的限定。⑨

三、行政裁量基准

行政裁量基准是指，"行政执法者在行政法律规范没有提供要件——效果规定，或者虽然提供了要件——效果规定，但据此不足以获得处理具体行政案

① 姜明安：《论行政自由裁量权及其法律控制》，载《法学研究》1993 年第 1 期。

② 王英津：《论我国的行政自由裁量权及其滥用防范》，载《国家行政学院学报》2001 年第 3 期。

③ 司久贵：《行政自由裁量权若干问题探讨》，载《行政法学研究》1998 年第 2 期。

④ 姜明安：《论行政自由裁量权及其法律控制》，载《法学研究》1993 年第 1 期。

⑤ 于绍元、傅国云：《论行政自由裁量权的合理运行》，载《政法论坛》1994 年第 3 期。

⑥ 袁曙宏著：《行政处罚的设定、实施和救济》，中国法制出版社 1994 年版，第 75 页。

⑦ 胡肖华：《再论行政处罚"显失公正"》，载《湘潭大学学报》1993 年第 3 期。

⑧ 游振辉：《论行政执法中的自由裁量权》，载《中国法学》1990 年第 5 期。

⑨ 胡建淼：《有关行政滥用职权的内涵及其表现的学理探讨》，载《法学研究》1992 年第 3 期。

件所需之完整的判断标准时，按照立法者的意图，在行政法律规范所预定的范围内，以要件—效果的形式设定的判断标准".① 裁量基准由于较为具体且容易变动，一般不由成文法来规定，而由上级机关根据客观行政实践的需要进行规定，以方便下级机关运用法律时有参考的依据，从而对此进行裁量。关于裁量基准，涉及以下几方面的内容。

其一，行政裁量基准的性质。在理论上有三种意见。一种是行政立法说，裁量基准的设定，是行政机关对行政法律和法规的立法意图和目标的阐释，作为立法的补充和延伸，行政裁量基准让行政法规得以准确实施;② 一种是行政规则说，裁量基准仅供内部参考使用。对于外部而言，比如法院在审查行政案件时，不一定要参考内部的行政裁量基准;还有一种观点认为，裁量基准是行政法规范的具体化说。规范性文件中所规定的裁量基准，对于下级机关而言有一定的拘束力。③

其二，裁量基准的设定主体。对于设定主体，有主张立法机关作为设定主体的，也有主张上级行政机关作为裁量基准的设定主体的，都有一定的道理。④

其三，裁量基准的适用范围。裁量基准的适用范围反映了其在行政法律中可以到达的极限。⑤

其四，裁量基准的效力。这一点仍然是反映了裁量基准的性质上的分歧，不用的性质认定决定了效力的不同。有学者认为裁量基准以规范行政裁量的行

---

① 王天华:《裁量标准基本理论问题刍议》，载《浙江学刊》2006年第6期。

② 王锡锌:《自由裁量基准:技术的创新还是误用》，载《法学研究》2008年第5期。

③ 王天华:《裁量基准与个别情况考虑义务——从一起特殊案件反思我国的行政裁量理论和行政裁量基准制度》，载王周户、徐文星主编:《现代政府与行政裁量权》，法律出版社2010年版，第240页。

④ 王贵松著:《行政裁量的构造与审查》，中国人民大学出版社2016年版，第111页。

⑤ 郑春燕著:《现代行政中的裁量及其规制》，法律出版社2015年版，第146页。

使为内容的规则，主要是通过规范性文件的形式呈现。① 还有观点认为"这种内部适用效力，又将进一步延伸至行政相对方，因而具有了外部效力"。②

其五，裁量基准的功能。统一的裁量基准，能够让行政法律得到统一的实施，裁量基准既对行政执法人员具有约束作用，又对行政相对人和法院具有说服功能，从而发挥法律的教育功能。

四、行政裁量的司法审查

行政裁量不可诉论曾一度风靡，在行政自由裁量理论中有一个基本定论，即我们之所以并不追求零裁量而只是从其中剔除不必要的裁量，是因为立法机关往往无法完全预见迅猛发展与变幻万千的社会现实。在这一层面上，行政裁量具有初始性、独立性以及个案性的基本特征[3]，而这也正是为什么在早期，英美国家有所谓的"行政裁量不受拘束之原则"或"裁量不审理原则"。[4] 同时，在德日国家亦有行政裁量与不确定法律概念的区分[5]，并进而伴生了对行政裁量采取"软司法审查"的理念。可见，在分权基础上建立的司法审查模型是不可能无视行政自主空间的，这也正是行政裁量不可诉论者最为根本的辩护措辞。而恰巧的是，基于作为行政自制规范的裁量基准自始至终都是由行政主体自我决定的，在本质上，它就是一个形象或具体化的行政裁量。因而，"不可诉论"便是一项不可绕开的阻碍因素。而且，这在比较法的脉络中亦是清晰可见的。譬如，在法国，有类似于裁量基准的指示制度，由于其是不具有

---

① 余凌云：《游走在规范与僵化之间——对金华市行政裁量基准实践的思考》，载《清华法学》2008 年第 3 期。

② 王锡锌：《自由裁量权基准——技术的创新还是误用》，载《法学研究》2008 年第 5 期。

③ 参见余凌云著：《行政自由裁量论》，中国人民公安大学出版社 2009 年版，第 154 页。

④ 刘宗德著：《行政法基本原理》，学林文化事业有限公司 1998 年版，第 132 页。

⑤ 参见杨伟东著：《行政行为司法审查强度研究——行政审判权纵向范围分析》，中国人民大学出版社 2003 年版，第 160~161 页。

强制力的指导标准，因而对这一标准当事人是不能直接提起诉讼的。① 在日本，"关于行政规则的纷争，也不能由法院裁断"。② 同时，在我国台湾地区，法院对行政机关制定的裁量基准，原则上也应予以尊重。③ 因此，法院对裁量基准的司法审查并不是理所当然的，它应当只是在晚近，在人们对行政权不再信任之后才伴生的事实。④

当今时代，对行政裁量的司法审查，已成为现代法治的基本标志。⑤ 随着政府观念的转变，行政机关更加关注法院对其实施的行政行为的认同度，在实施具体行政行为时也会把其行为的司法后果纳入考虑范围内，以适应司法监督。并且司法审查符合自然正义和程序正当的要求，是对立法漏洞的补救和立法能力有限性的补充。因此司法审查是各国普遍选择的方式之一，以此来合理地规制行政机关的恣意裁量。行政裁量原则上必须接受法院的审查，在司法规制中需要考虑的问题是法院如何审查行政裁量。

在德国，哈特穆特·毛雷尔总结出了行政裁量应该是在法律范围内活动，行政机关如果违反了这些法律范围内的约束，那么行政法院有权监督裁量约束的遵守。需要接受监督的裁量瑕疵包括：裁量逾越、裁量怠慢、裁量滥用和违法基本权利或一般行政法原则。⑥ 但是行政瑕疵和行政决定不受行政法院的审查。⑦ 该学者认为，所有的裁量都应当可以接受司法的审查，在此基础上，他对裁量的类型进行了区分。

在日本，室井力教授阐释了行政法学理论和行政裁量的概念。行政裁量有羁束裁量和自由裁量两种类型，羁束裁量是根据法律和经验与个别案件进行比

---

① 参见王名扬著：《法国行政法》，北京大学出版社 2007 年版，第 182~183 页。

② ［日］盐野宏著：《行政法》，杨建顺译，法律出版社 1994 年版，第 72 页。

③ 参见陈敏著：《行政法总论》，台湾新学林出版股份有限公司 2007 年版，第 559 页。

④ 参见周佑勇著：《行政裁量基准研究》，中国人民大学出版社 2015 年版，第 178~179 页。

⑤ 周佑勇：《依法行政与裁量权治理》，载《法学论坛》2011 年第 2 期。

⑥ 王周户、徐文星主编：《现代政府与行政裁量权》，法律出版社 2010 年版，第 4 页。

⑦ ［德］哈特穆特·毛雷尔著：《行政法学总论》，高家伟译，法律出版社 2000 年版，第 129 页。

对，而自由裁量则是和公共利益进行比对。行政厅是否错误地进行了羁束裁量，作为法律问题，要进行实质审查①，即羁束裁量绝对受到司法审查，但是自由裁量只有裁量权逾越和滥用需要受到司法审查。不过另一位日本学者盐野宏认为，对逾越、滥用行政权的界限难以划定，而是提出了逾越、滥用行政权的控制手段：（1）重大事实误认。（2）违反目的。（3）违反平等原则。（4）违反比例原则。② 这四个控制手段是相对清晰的司法审查标准，能够有效地制约行政权的滥用。

在美国，在普通法系的国家中，学者将行政裁量行为划分为合法和不合法两种。"在公法中没有不受约束的自由裁量权。"③ 议会如果授权行政机关，那么法院就要审查是否超越权限，但是在司法实践中，这是比较困难的。美国的判例表明：行政机关的自由裁量行为必须合法适当④，如果裁量行为不适当或者不合法，就可能构成滥用自由裁量权。滥用自由裁量权具体表现为以下几个方面：（1）目的不正当。（2）忽视相关因素。（3）不遵守先例。（4）显失公平的制裁。（5）不合理的迟延。滥用自由裁量权的行为根据美国联邦的行政程序法是需要受到规制的。⑤

在我国，行政法的基本原则主要有合法性原则和合理性原则。前者是"全方位适用的原则"，后者"主要适用于自由裁量领域"。⑥ 在行政诉讼中除了对行政行为进行合法性审查之外，是否进行合理性审查，以及合法性审查与合理性审查之间的关系如何，在理论研究中一直争论不断。有的学者提出人民法院以合法性审查为原则，以合理性审查为例外。如行政机关的行为构成滥用自

---

① ［日］室井力主编：《日本现代行政法》，吴微译，中国政法大学出版社1995年版，第385页。

② ［日］盐野宏：《行政法》，杨建顺译，法律出版社1999年版，第93、99页。

③ ［英］威廉·韦德著：《行政法》，徐炳等译，中国大百科全书出版社1997年版，第57页。

④ 应松年主编：《行政法学新论》，中国方正出版社2004年版，第685页。

⑤ 王名扬著：《美国行政法》，中国法制出版社1995年版，第685页。

⑥ 余凌云著：《行政自由裁量论》，中国人民公安大学出版社2009年版，第73页。

由裁量权或行政处罚显失公正时，法院可以判决撤销或变更。① 有学者认为法院对合法的行政行为是否合理一般不予考虑，除非这种不合理达到了合法性所不能容忍的程度，超越了合法性的限度，法院才可能以滥用职权或者显失公正给予撤销或者变更。所以，合法性审查实际上包含对严重不合理的审查。② 还有学者指出合法性审查本身并没有排除合理性审查，也不应当将合理性审查排除在合法性审查原则之外。因为行政合理性原则是合法性原则在自由裁量权领域的引申和发展，行政合理性原则从属于行政合法性原则，所以违反合理性原则的行为本质上是违法行为。③ 尽管对此理解有所出入，无论是持哪一种观点的学者，几乎没有人认为，在行政裁量权限内，法院不能干预。④。

从法律文本上来看，建立在分权原则基础上的行政诉讼制度则要受到较多的束缚，原则上只在合法性原则上运转。《行政诉讼法》第 6 条规定，"人民法院审理行政案件，对行政行为是否合法进行审查"。只有在例外情况下，才可以援用合理性原则作为审查标准。按照通常的说法，例外情况仅限于《行政诉讼法》第 70 条第 5 项和第 6 项的"滥用职权的""明显不当的"。但是，我国的合理性原则与普通法国家的合理性原则却有着很大的不同，甚至是原则性的不同。我国的合理性原则构成了行政法基本原则之一，而普通法的合理性却只是司法审查的一个标准或技术。尽管普通法的合理性原则较为抽象，但在其长期运用过程中借助法官的判决固定下来，以判例法上遵循先例原则作为制度保障，经过长期的制度积淀，合理性的审查标准更趋于可操作性。然而，我国是非判例法国家，合理性的标准仍不明确，在实际生活中难以操作，而这很可能就是实际判案中对合理性进行审查大多限于明显数值差异的原因。由此看

---

① 持这种观点的学者有姜明安、应松年等。见姜明安主编：《行政法与行政诉讼法》，北京大学出版社 2005 年版，第 457 页。参见应松年主编：《行政诉讼法学》，中国政法大学出版社 1999 年版，第 59~62 页。

② 持这种观点的学者有章剑生、胡建淼等。参见章剑生著：《行政诉讼法基本理论》，中国人事出版社 1998 年版，第 19~20 页。见胡建淼著：《行政法学》，法律出版社 1999 年版，第 77 页。

③ 持这种观点的学者有江必新、蔡伟等。见江必新、梁凤云著：《行政诉讼法理论与实务（上、下卷）》，北京大学出版社 2009 年版，第 38 页。

④ 何海波著：《行政诉讼法》，法律出版社 2011 年版，第 97 页。

来，诉讼意义上的不合理实际上是一种实质性违法，我们可以把合理性与合法性合到一个界面中。

通常来说，在我们认同了合理性原则后，比例原则通常作为其内含之项得以在我国行政法理论上运用，由此合理性原则能够很好地解决行政自由裁量的控制问题。但在行政裁量领域，也有学者提出，比例原则与合理性之间的关系并不完全是重叠、包容的，而更多的是交叉并存的共栖关系。不合理作为合法性审查的一个标准集合体，在行政诉讼上会形成自己的审查结构，这就是"滥用职权"。所以，在我国，不合理就是滥用职权，反之，亦然。如果是像这样理解的话，在合法性审查的框架内，合理性（滥用职权）作为司法审查的一个（若干个）标准仍然有继续保留的价值，它与比例原则一起构成了行政诉讼上的实质性审查体系。① 实际上我国目前在此领域的立法当中已经体现了合比例性思想的某些制度因素。如此来看，引进比例原则，把它作为与不合理相并列的司法审查标准是可行的。在此基础上，应在更加宏观的范围上引进比例原则，也就是在依法行政理念之外，另外构筑比例原则、正当程序、合法预期之保护原则，作为行政法基本原则。这些原则都具有普遍的行政法价值与适用性，但它们各自的理念、内涵与功效是不一样的。依法行政要从法律的层面解决合法行政、合理行政②、"有权利就有救济"、责任政府等问题；比例原则是用来衡量手段与目的之间关系的；正当程序是对公正的程序的要求；合法预期是为了建立政府的诚信体系。而随着比例原则的引入，对行政自由裁量的实质性审查标准体系会发生重构，也就是包括彼此有一定交叉关系的两类标准：一个是不合理（滥用职权）；另一个是比例原则。类标准之下还包括若干亚标准。其中不合理（滥用职权）标准当中又包括不适当目的、不相关考虑、显失公正和对裁量的不适当拘束等亚标准。比例原则，则可以进一步分解成妥当性、必要性和法益相称性。③

① 余凌云著：《行政自由裁量论》，中国人民公安大学出版社2009年版，第78页。
② 此处的合理行政仍是合法性问题，是为实质意义上的合法行政。
③ 参见余凌云著：《行政自由裁量论》，中国人民公安大学出版社2009年版，第73~86。

第二章　行政行为原则

在其一般意义上，行政行为之原则，即行政活动及其过程所必须遵循的基本原理和准则，它或作为行政法律规范之基础而存在，或存在于法律规范之中。因此，它也被称为行政法的原则。与行政行为规则相比较，行政行为原则直接决定了行政行为的内在秉性和价值取向，是确保行政过程融贯性和行政行为协调性的重要保障。根据 2004 年《全面推进依法行政实施纲要》之规定，行政行为应当遵循合法性、合理性、正当程序、高效便民、诚实信用、权责统一六大基本原则。

行政行为合法性原则既有一般性的规范内涵，也包含着法律保留和法律优先两个子原则。法律保留原则是指在国家法律秩序范围内，某些事项必须专属于立法者规范，行政机关不得代为规定；法律优先是指任何行政活动均须符合法律规范之意旨，不得与法律相抵触。在行政执法层面，合法性原则主要包括主体法定、职权法定、依法行使和权责统一四个基本内容。

行政合理性原则作为行政行为原则的基础，主要包括合目的性、合比例性、考虑相关因素和禁止不当联结四个子原则。任何行政措施，都要适应于它所追求的法律所规定的目的，凡是不符合法律目的的行为都是不合理的行为。比例原则又由具有递进关系的适当性原则、必要性原则和狭义比例原则三个子原则构成。考虑不相关因素或者不考虑相关因素都是违反行政合理性原则而违法行政的表现。禁止不当联结旨在防止国家机关滥用职权，行政附款、双方行为和行政立法都可能产生不当联结。行政法上的正当程序原则由公开原则、参与原则和回避原则三个子原则构成。公开原则意指行政机关在行使行政职权时，除涉及国家秘密、个人隐私和商业秘密外，应向行政相对人和社会公开；参与原则是指受行政权力运行结果影响的利害关系人有权参与行政权力的运作过程，就涉及的事实和法律问题阐述自己的主张，充分发表意见；回避原则能够保证实体处理结果和程序进展的公平性。

高效便民原则要求行政机关行使行政职权办理行政事务、作出行政决定的过程中，应当以消耗尽可能少的时间和社会资源达致获取尽可能好的实施效果；便利原则要求行政机关要以服务民众为本，在服务理念和制度设计上要尽可能地提供给公民、法人和其他组织以方便，采取便利行政相对人的方式、形式、程序和行为来实施行政管理。

诚实信用原则一般是指行政机关应当恪守诚信，遵约践诺，包括信息真实原则和信赖保护原则两项子原则。行政机关和行政相对人在行政过程中都应当意思表示真实，禁止虚假陈述，禁止欺诈；行政主体对其所为之行为或承诺，应当守信践诺，不得反复无常，不得随意改变、撤销和变更，造成相对人损害的要给予补偿和赔偿。

权责统一原则囊括行政效能原则和行政责任两大子原则。行政效能原则是指行政机关在履行行政职能时要保证行政的经济性，以较小的投入获得最大的产出。行政责任是指行政机关及其公务人员违法行使或者不当行使职权的，应当依法承担相应责任。

第一节　合法性原则

行政机关应当在职权范围内依法行使行政权力、管理行政事务，并对被违法行政行为侵害的相对人依法进行救济。法治，要求政府依法治理国家，法治的实质是人民高于政府，政府服从人民，这是因为法治的"法"所反映和体现的是人民的意志和利益。合法行政有利于保障行政目的得以实现，确保行政活动建立在理性的法律规则之上而免受个人意志的干预。"法无禁止即可为，法无授权即禁止。"作为一句耳熟能详的法谚，其虽看似前后意思相反，但却用浅显易懂的语言描述了规制行政权力运行与保障公民权利实现之间的本质区别。两者实际并无矛盾，系针对不同主体所提，内在实质相一致。

一、行政合法性原则之意涵

公共行政自始处于法律权限之内——它无法脱离法律为其设定的生成与运行之轨道；而法律层面上的公共行政亦被视为"在具体环境下对法律的适用与执行"，并且"被灌入了法律与裁判的理念"。[①]

在一般意义上，行政过程若与法律相抵触，不仅行为本身可能被撤销或修正，行政行为人还要承担法律责任，受行政行为损害的人也应获得必要的救济。[②] 在行政法领域，要使政府依法行政，必须做到三个基本方面：行政权力来自法律，行政行为服从法律，行政争议依法解决。一个政府只有符合这些条件，以此表明自己是一个"有限政府""守法政府""责任政府"，才能称得上是一个法治政府。[③]

二、行政合法性原则在各国及地区的表述

依法治国，首要在于依法行政，这种思想来自西方的法治主义。之所以如此，一方面是与封建专制斗争的结果，是对人治的否定；另一方面是市场经济发展的内在要求。[④]

在德国，有行政法学者认为，行政合法性原则包括三项内容：（1）法律创制。（2）法律优越。（3）法律保留。[⑤] 在英国，行政合法性原则有四层含

[①]　Rosenbloom, D. H., *Public Administration*: *Understanding Management*, *Politics and Law*, Boston: McGraw-Hill, 1998, p. 33.

[②]　江国华编著：《中国行政法（总论）》，武汉大学出版社 2012 年版，第 11 页。

[③]　应松年主编：《行政法与行政诉讼法》，中国政法大学出版社 2008 年版，第 37 页。

[④]　Cf. Jurgen Schwarze, *European Administrative Law*, Sweet & Maxwell, 1992, p. 207.

[⑤]　参见陈新民著：《行政法学总论》，台湾三民书局 1995 年版，第 54 页。

义：（1）政府的一切活动必须遵守法律。（2）法治原则还要求法律必须符合一定标准。（3）法治原则表示法律的保护平等。（4）法治原则表示法律在政府和公民之间无所偏袒。① 美国依法行政的构成要素，主要表现为基本权利和正当程序。前者指一切组织和个人都必须服从法律，但这种做法必须旨在保护而不是摧残人类固有的基本权利。后者指法律的实施必须通过正当的法律程序进行。② 行政法治在法国具有三个基本要求：（1）必须根据法律。（2）必须符合法律。（3）行政机关必须保证法律实施。③ 在现代日本，行政法治原则包括：（1）法律保留。（2）法律优先。（3）司法审查。④

当然，不同国家由于历史传统、社会发展的不同，对该原则的理解和表述也不尽相同。但其中包含着一个共同的要求，就是行政权的行使必须严格遵循法律的规定，不得滥用权力。在公法领域也相应形成了一个重要格言："无法律，无行政。"尽管随着时代发展、社会变迁，该要求受到挑战，并有松动迹象，但其依然维系着依法行政的核心价值。⑤ 在我国，行政合法性原则主要表现为依法行政原则，合法性原则的具体内容主要包括：行政主体的设立必须合法、行政职权的拥有应当合法、行政职权的行使应当合法、任何违法行政行为的作出将引起该行政主体和行政相对人承担相应的法律责任。

三、行政立法层面的合法性原则

合法性原则既有一般性的规范内涵，也包含着法律保留和法律优先两个子原则。下文就行政立法层面对两个子原则进行阐述。

（一）法律保留

法律保留源自19世纪的"干涉行政"，其最初的意义是指行政机关只有

---

① 王名扬著：《英国行政法》，中国政法大学出版社1987年版，第11页。
② 王名扬著：《美国行政法》，中国法制出版社1995年版，第114~116页。
③ 王名扬著：《法国行政法》，中国政法大学出版社1989年版，第196~198页。
④ ［日］和田英夫著：《现代行政法》，倪健民译，中国广播电视出版社1993年版，第27~28页。
⑤ 参见余凌云著：《行政法讲义》，清华大学出版社2010年版，第69页。

在议会和法律的明确授权下才能对私人的人身和财物进行限制。由于当时的政府奉行消极政府的理念，法律保留中的法律仅仅是指狭义上的法律，即议会制定的法律，加之政府的职能主要是从外部保障自由竞争的经济秩序，所以行政的范围被限定在尽可能少侵害市民社会的最小限度内。①

法律保留原则又称积极的依法行政，近似于英美法系国家的"依法而治"，是指在国家法律秩序范围内，某些事项必须专属于立法者规范，行政机关不得代为规定。② 法律保留原则严格区分国家立法权和行政立法权，是法治在行政立法领域内的当然要求，其根本目的在于保证国家立法的至上性。法律保留范围的事项，行政机关非经授权不得自行创制规则，保障了法律规范位阶的有序性。因此，法律保留的意义就在于明确权利之需，确立授权禁区。③

随着行政权的不断扩张及现代行政的发展，法律保留对行政控制的范围和程度也发生了变化。日益专业化的行政技术以及行政效率的内在要求都使得立法再也无法适应行政管理的需要。法律保留中的"法律"也就不再仅指议会制定的狭义上的法律，而是包括了行政机关的行政立法在内的广义上的法律。法律保留的适用范围也不仅仅停留在侵害行政领域。对于法律保留的适用范围也有着不同的观点，归纳而言有：（1）重要事项说。该说不认为法律保留原则仅仅局限于干预行政，也不认为所有行政行为均需有法律上的依据，而是以"重要事项"作为确认法律保留范围的标准，即凡属于国家的重要事项，尤其是涉及人民基本权利的实现，必须由法律规定。（2）全部保留说。该说认为一切国家行为均源自人民，任何行为不问性质如何（包括给付行政在内），都应当受到法律约束。（3）侵害保留说。该说认为法律保留的适用范围仅限于干预行政，仅在行政权侵害人民自由或财产权时，必须由法律授权。对于其他的行政行为如给付行政则不需要法律的依据。④

---

① 马怀德主编：《行政法学》，中国政法大学出版社2009年版，第48页。

② 陈新民主编：《行政法学总论》，台湾三民书局1997年版，第52页。

③ 周佑勇主编：《行政法学》，武汉大学出版社2009年版，第18页。

④ 李建良、陈爱娥、陈春生、林三钦、林合民、黄启祯著：《行政法入门》，台湾元照出版公司2004年版，第78页。

我国现行宪法和法律规定，某些特定事项的设定权必须归于国家立法机关。《立法法》以宪法为基础，对我国为法律所保留之事项作出了具体的规定。《立法法》第 8 条规定了只能制定法律的事项。《立法法》第 9 条又规定了行政法规的制定权限，即"有关犯罪和刑罚、对公民政治权利的剥夺和限制人身自由的强制措施和处罚、司法制度等事项除外"。上述规定表明，对于关涉犯罪和刑罚、公民政治权利的剥夺和限制人身自由的强制措施和处罚、司法制度等事项系法律绝对保留，其决定权只能归属于最高立法机关采取法律形式予以规定，而不得授权行政机关或其他国家机关以行政法规等其他形式规定。① 剩余部分事项系法律相对保留，即某些事项原属立法机关通过法律予以设定的范围，但在某些情况下可以授权行政机关或其他国家机关行使。② 由此看来，我国法律保留的范围所采用的是重要事项说，法律保留的范围并非全部。

（二）法律优先

法律优先这一概念最早由德国行政法学家奥托·迈耶提出。他认为："法律只能以法律的形式才能废止，而法律却能废止所有与之相冲突的意志表达，或使之根本不起作用。"③ 换言之，任何行政活动均须符合法律规范之意旨，不得与法律相抵触，法律在行政活动中处于最高的位阶，即法律优先于行政，行政负有不偏离法律之义务，故又被称为消极的依法行政。

法律优先在立法方面含有规范位阶排序、维护法律规范统一的意义。此时，法律优先中的"法"应作狭义理解，仅指宪法和法律，这是法律优先原则更为侧重的方面。法律优先，是人民主权这一宪法原则在行政法领域的体现。人民主权原则意味着国家的主权属于人民，反映人民意志的法律应当由人民通过民主程序选举的代表组成的议会或国会依照民主程序制定，政府（行政

---

① 叶必丰著：《行政法与行政诉讼法》，武汉大学出版社 2008 年版，第 69 页。
② 应松年主编：《行政法与行政诉讼法学》，高等教育出版社 2017 年版，第 39 页。
③ ［德］奥托·迈耶著：《德国行政法》，刘飞译，商务印书馆 2002 年版，第 70 页。

系统）作为受人民委托而履行行政职能的机构，其行为必须服从于反映人民意志的法律。由国务院领导的整个行政系统的行政活动，都不得与全国人民代表大会及其常委会制定的法律相抵触。在我国，行政法律规范由宪法、法律、行政法规、地方性法规以及规章等几个层次的规范组成。在此规范体系内，由《宪法》《立法法》等界定的行政法律规范位阶是：宪法的效力最高，法律次之，再者是行政法规和地方性法规，而规章则居于最下位。法律优先的具体要求有三：一是行政立法必须具有明确而具体的法律依据；二是行政立法不得与法律相抵触；三是一旦法律就行政事项作出规定，法律优先，行政法规、规章都必须服从法律。①

随着大量的现实存在的上级指示与行政法规范相矛盾的情况的产生，法律优先的运用面向由立法领域拓展到执法领域，法律的适用应具有绝对的优先性。特别是在我国，许多行政法律规范往往会因各级行政主体层层的操作性解释而致曲解，导致行政法律规范无法得以正确施行。从执法方面来看，法律优先中的法应作广义理解，即行政法律规范。法律优先含有规范行政主体行为的意义，旨在要求行政主体严格依法行政。行政机关应受法律所赋予的职权所限，在法律的权限范围内执法，其行政管理活动必须受法律的约束，而不得逾越法律划定的范围，采取与法律相抵触的行政措施。在某一事项已作出法律规定的情形下，行政机关必须严格遵照执行，而不得采取与法律相抵触的行为，否则即属违法行为，应当承担违法责任。当然，在上级指示与行政法规范相抵触，并且在这种指示没有得到事前或事后纠正的情况下，对行政起支配作用的事实上是上级指示而不是行政法规范。因此，在学说上也有了承认事实上优位的理论。②

四、行政执法层面的合法性原则

执法层面的行政合法性原则是在具体的行政行为中的适用，其具体内容主

---

① 应松年：《依法行政论纲》，载《中国法学》1997 年第 1 期。
② ［日］藤田宙靖：《行政与法》，李贯连等译，载《中外法学》1996 年第 3 期。

要包括：行政主体的设立必须合法（法定主体），行政职权的拥有必须合法（职权法定），行政权力的行使应当合法（依法行使），任何违法行为的作出都应承担相应法律责任（权责统一）。

（一）主体法定

行政主体意指依法取得行政职权，能以自己名义独立进行行政管理活动，作出影响相对人权利、义务的行政行为，并承担由此产生的法律后果的社会组织。① 行政主体拥有权利能力，亦拥有在行政法律关系中享有权力、承担义务的资格，因而能够独立进行法律活动、处分财产、起诉或者被诉。②任何行政主体及其行政人员行使职权均需有组织规范依据。在我国，行政主体的职权来源既可以是来自组织法的直接规定，也可以是基于法律的特别授权。尽管我国《宪法》规定行政机关由立法机关产生，对其负责，但同时地方组织法也规定，地方各级人民政府根据工作需要和精干的原则，设立必要的内设机构，即立法机关把控整体架构，而由行政机关内部再进行细化分工。因此，鉴于行政机关的职权关涉公民的合法利益，内部工作机构的设立必须严格依法进行，行政系统内部组织体系应符合法律规定。

行政主体合法的要件有：作出行政行为的机关、组织必须依法享有管理相应事项的行政主体资格，具体实施行政行为的个体应享有行政执法资格，在自己权限范围内作出行政行为，合议机关作出的行政行为必须经过相应会议通过。③

（二）职权法定

行政权力是以国家强制力为后盾对社会事务进行管理的一种权力，其意在

---

① 叶必丰主编：《行政法学》，武汉大学出版社 2003 年版，第 128 页。
② ［德］哈特穆特·毛雷尔著：《行政法学总论》，高家伟译，法律出版社 2000 年版，第 128 页。
③ 肖北庚、刘丹主编：《行政法与行政诉讼法学》，湖南人民出版社 2008 年版，第 29 页。

维护社会秩序和公共利益、增进社会福祉、保障公民生命、财产和人身自由不受侵犯。就其性质而言，行政权力的来源可基于三种视角进行解读：（1）基于宪法的视角。行政权的第一次配置，即宏观配置来源于宪法，在这个意义上的行政权配置本质上属于制宪权的范畴，行使这种配置权的主体是制宪机关——其终极主体为人民全体，因为只有人民全体才是制宪权的实质主体。（2）基于法律的视角。宪法所完成的行政权力配置在法律的作用下实现了第二次分配，在这个意义上，行政权的配置权本质上属于立法权的范畴，其主体是立法机关。（3）基于行政的视角。国务院及其所属部门是通过行政法规、规章等方式，将行政权力再次分派到具体的行政主体手中，在这个意义上的行政权的配置权属于行政权范畴，行使这种权力的主体是国家最高行政机关及其所属部门。

（三）依法行政

行政职权受制于法，在行政机关取得了法律所授予的职权后，合法性原则进一步要求行政职权的行使必须具有明确的法定依据，受到法的全面、全程和实际的制约，这是对权力行使的要求。"无法律即无行政"，行政权的特性决定了行政权必须在法律所设定的界限，即行政权限内行使。行政主体只有在其法定的权限范围内行使其行政职权才是合法的。同时，行政行为应符合行政法规范的本意，行政主体必须依法行政并将行政管理职能贯彻落实；行政主体行使行政职权不仅应当符合行政法规范的字面含义，而且还应探究其立法意旨，符合行政法规范的立法目的。最后，法律不仅为行政主体设定了权限范围（实体），也为其规定了行使职权的方式和过程（程序）。行政主体行使行政职权不仅要依据法定的权限，还要依据法定的程序，既要遵循实体法的规定，也要遵循程序法的规定。

没有法律的规定，一个行政组织就缺乏存在的法律基础，即合法。① 因

---

① 叶必丰著：《行政法与行政诉讼法》，武汉大学出版社2008年版，第69~70页。

此，"称之为行政的人类活动是行政法规范的结果"。① 依法行政要求法定的行政主体在获得了行政职权后在其权限范围内依法定的程序、方式、形式、期限等进行行政，即行政职权的行使应当合法。对于法定的行政职权，行政主体必须依据法定的实体和程序要求予以行使。无故不行使、拖延行使或不按法定要求行使，都是违反行政合法性原则的行为，应当受到法律的否定性评价。

第二节　合理性原则

合法性与合理性的界分，最早出自龚祥瑞教授的著作，因为"合法性""合理性"的概念契合了传统思维中的"法"与"理"，很快被学界接受，成为一种主导性观点，尤其自罗豪才教授在1989年主编的第二本部颁教材《行政法学》问世之后，基本确定了这种注释学的格调。②

作为与行政合法性原则相并列的一项基本原则，行政合理性原则在行政法学中居于基础地位。尤其是在现代社会，伴随着行政权的扩大，如何控制行政裁量，使其合乎"常理"，便成为了当代行政法研究的一项重要课题。随着社会经济的发展，国家行政事务日益增多且日趋复杂，"行政的作用在于形成社会生活、实现国家目的，国家的任务更是庞杂而繁重，行政往往必须积极介入社会、经济、文化、教育、交通等各种关系人民生活的领域"。③一国法律无论如何完备，都不可能实现对所有可能作出的行政行为的范围、幅度、条件以及方式等作出详尽的规定。在这样的背景下，行政合法性原则自然一如既往地不可或缺，但却并不充分，唯有如此，行政合理性原则才成为必要。

---

① ［德］哈特穆特·毛雷尔著：《行政法学总论》，高家伟译，法律出版社2000年版，第104页。

② 余凌云著：《行政法讲义》，清华大学出版社2010年版，第76页。

③ 翁岳生编：《行政法》，中国法制出版社2002年版，第13页。

一、行政合理性原则之意涵

随着福利国家和给付行政的出现，基于多元社会需求的行政行为和自由裁量权成为时代发展的必然和要求。而这些形形色色的要求又与立法供给不足、法律滞后与僵化形成了内在的张力。在这样的背景下，行政合理性原则便应运而生了。

对于什么是行政合理性原则，学界存在多种观点。翁岳生先生认为，行政合理性原则是指，行政主体的设立、行政职权的拥有和行使等必须正当、客观、适度，行政机关不仅要合法，而且要做到合理。① 罗豪才教授认为，"行政合理性是指行政决定内容要客观、适度、符合理性"。② 胡建淼教授则认为行政合理性原则的基本内容包括正当性、平衡性、情理性。其中，正当性是指行政行为必须兼具主观上的正当动机和客观上的正当目的，平衡性要求行政行为必须平衡各方利益，而情理性要求行政行为必须符合客观规律且合乎情理。③ 作为对行政合法性原则的重要补充，行政合理性原则要求行政主体作出的行政行为不仅要合法，而且要合理——行政法从只要求政府的行政行为做到合法，到同时要求政府的行为做到合理，从单纯的行政合法性原则过渡到确立双重原则，这是人类行政法制进化的一个标志，也是世界各国行政法发展史上的一个重大飞跃。

二、行政合理性原则在各国及地区的表述

在法国和德国，作为行政合理性原则组成部分的比例原则的影响力已经超过了行政裁量权，它要求在所有的行政活动中，政府不应采取任何总成本高于总利益的行为。德国行政法学家奥托·迈耶在其《德国行政法学》一书中提出了"行政权追求公益应有凌越私益的优越性，但行政权力对人民的侵权必须

---

① 罗文燕主编：《行政法与行政诉讼法》，浙江大学出版社2008年版，第43~50页。
② 罗豪才主编：《行政法学》，中国政法大学出版社1999年版，第57页。
③ 胡建淼著：《行政法学》，法律出版社1998年版，第79页。

符合目的性，并采行最小侵害之方法"。德国是确立比例原则最早的国家，而司法实践在深受其影响的西班牙、我国台湾地区适用深度和广度更多。①

在法国，在警察法等特定的行政领域中，比例原则得到了很好的体现与运用。根据法国法律规定，行政机关为了维护公共秩序而采取的警察活动不仅要符合目的性要求，而且还必须在维持公共秩序必要的范围以内，不能超过一定的范围。②

日本行政法受德国影响，对比例原则十分重视。在明治宪法时期即将其作为法治主义的当然要求适用于对警察权的限制，即为维持公共秩序而限制私人的自由和财产的权力性活动。在第二次世界大战后的《和平宪法》中也继承了这一原则。《日本国宪法》第13条规定："国民对于生命、自由及追求幸福之权利，以不违背公共福祉为限，于立法及其他国政上，须受最大之尊重。"高木光教授等视其为比例原则的实定法化。③

在英国，18世纪以前，行政合理性原则即获确立和发展。进入20世纪以后，行政合理性原则得到不断充实和丰富，特别是进入20世纪下半叶以后，英国行政法上出现了三个具有转折性意义的先驱判例，使得行政合理性原则臻于完善。④

在美国，行政合理性原则要求政府作出的行政行为能符合最起码的推理和常识。就合理性标准而言，美国法院已经抛弃从结果上予以认定的机械做法。

三、行政合理性原则的构成要素

在我国，行政合理性原则主要包括合目的性、合比例性、考虑相关因素和禁止不当联结四个子项。

---

① 黄学贤著：《行政法中的比例原则研究》，载《法律科学》2001年第1期。

② 王名扬著：《法国行政法》，中国政法大学出版社1989年版，第472页。

③ ［日］盐野宏著：《行政法总论》，杨建顺译，北京大学出版社2008年版，第54页。

④ 分别是1948年的Wednesbury案件、1978年的Padfield案件、1978年的Anns案件。参见罗明通、林慧瑜著：《英国行政法上合理原则之应有与裁量之控制》，台湾台英国际商务法律事务所1995年版，第83~94页。

（一）合目的性

从行政行为目的的角度上，行政合理性原则则从"目的取向"上来规范行政主体与其所采取的行政行为之间的关系。行政行为的作出要适合于目的的实现，或者说不得与目的相悖离。任何行政措施，都要适应于它所追求的法律所规定的目的。① 任何法律在授予行政机关职权时都有其目的指向。从根本上说，我国法律授予行政机关职权的目的，就是让行政机关在有限权的基础上，更好地维护公共利益和社会秩序，更好地实现"为人民服务"。行政机关行使职权时，必须将此根本目的作为出发点，必须符合法律目的。凡是不符合法律目的的行为都是不合理的行为。

就每一项授权法规范而言，又有其特殊的立法意图或授权目的。② 行政行为的动因应符合其特定的行政目的。行政权力的行使应服务于法律授予该权力的宗旨。具体到各部门，任何行政权力都是立法机关为实现某一公共利益和社会秩序而授予行政机关的。权力授出之时就包含了行使该权力的宗旨。③ 行政权力的行使、行政措施的采取，都是为了达到法定目的。例如，立法机关在制定法律、法规授予公安部门治安管理处罚等职权时，其目的为打击违法行为，维护社会治安秩序，保障公共安全，保护公民、法人和其他组织的合法权益，若行政机关作出行政行为时并非出于此目的，则构成不合理行政行为。

从现有的研究来看，行政行为违反合目的性的情形大致有以下几种：（1）行为对目的而言，显然不能实现目的，或者与目的背道而驰。（2）行为所追求的目的超出了法定目的。（3）对相对人施加的手段，是法律上不可能或事实上不可能。（4）目的达成后，未立即停止行政行为。④

具体到个案中，合目的性则要求行政机关在作出行政决定时，在多种选择中选取一种最恰当的措施。例如，在进行一般公务员（如法官、检察官）选

---

① 马怀德主编：《行政法学》，中国政法大学出版社 2009 年版，第 52 页。
② 方世荣主编：《行政法与行政诉讼法学》，人民法院出版社 2003 年版，第 57 页。
③ 徐学东著：《中国行政法论纲》，法律出版社 2008 年版，第 31 页。
④ 余凌云著：《行政法讲义》，清华大学出版社 2010 年版，第 82 页。

拔时，应以追求高效和优良的行政管理为目的，此时要求超过特定身高作为选拔条件以限制报名资格的做法，不能促使该行政目的的实现，此种情形即属违反合目的性。

（二）合比例性

著名行政法学者弗莱纳（F. Fleiner）提出了一句脍炙人口的名言"不可用大炮打小鸟"来比喻警察权行使的限度。行政权力必须采用最和缓的手段，以侵犯人民权利最小的方法为之。故在行政法学上，比例原则又被称为"最小侵害原则"，其理在此。比例原则是由行政法学所产生，逐步向上发展到成为宪法原则的。①

比例原则作为合理性原则的组成部分，其影响范围已远超行政裁量权，而要求在所有的行政活动中，行政主体不应采取任何总成本高于总获益的行为。我国台湾地区著名的行政法学者陈新民教授认为，"比例原则是拘束行政权力违法最有效的原则，其在行政法学中所扮演的角色，可比拟'诚信原则'在民法居于帝王条款之地位"。② 在德国通说（三阶理论）中，比例原则又有广义和狭义之分，广义的比例原则意指行政权行使应当兼顾行政目的与行政相对人权益，并在两者之间保持某种平衡，使得行政权的分派与调配既为实现行政目的之绝对必要，又对行政相对人权益影响尽可能小。由三个具有递进关系的子原则构成：（1）适当性原则，其含义是所采取的行政措施必须能实现行政目的或至少有助于行政目的的达成，即手段与目的具有正相关性。（2）必要性原则，又称为最少侵害原则，指在立法或行政裁量时，如果存在其他有效且对基本权利侵害较少的措施可供选择时，应选择侵害较少之措施。（3）狭义比例原则，又称均衡性原则，指采取的手段对基本权利造成的侵害与所追求的

---

① 陈新民著：《行政法学总论》，台湾瑞明彩色印刷有限公司 1997 年版，第 59～60 页。

② 陈新民：《行政法学总论》，载《行政法学研究》1998 年第 1 期。

目的之间的比例，必须是"适当""正当""理性"或"均衡"的。① 本小节所称合比例性，系二阶理论比例原则，即"必要性原则"与"狭义比例原则"的结合，即指行政权行使时应在实现社会公共利益目的和对限制相对人利益之间进行衡量，在两者合比例的基础上，选择损害最少的手段来达成行政目的。

　　必要性原则，又称不可替代原则、最少侵害原则或最温和方式原则，指行政机关在面对多种手段皆可达成行政目的时，在可以选择的前提下，应采取"最温和的手段"，即行政权的行使给相对人造成损失最小的手段。这意味着，采取的手段应视为实现公共利益所绝对必要。所以可以认为，必要性原则所指的必要性是指"绝对必要性"，即对目的的实现来说，所采取的手段是绝对必要的。② 以公安机关的职权为例，若某人在网上发布内容为"县公安局贪赃枉法"的帖子（无转载），县公安局知晓后以此为由将其处以行政拘留的行政处罚，此即违反必要性原则，因为在行政拘留之外，有符合惩罚之目的而手段更为轻微的批评教育手段。该原则意在防止行政机关在作出决定时"小题大做"。正如弗莱纳所比喻的"不可用大炮打小鸟"，若换成中国俗语则类似于"杀鸡焉用牛刀"，表明了最严厉的手段唯有在已成为最后手段时，方得行之。③

　　狭义比例原则，又称相称性原则、均衡性原则。它是指行政主体实现的行政目的与侵害需要追求两者之间的均衡。具体来说，为了达成某行政目的而在可供选择的手段中选择了最为必要（侵害最小）的手段，但若此手段所欲达成之目的与所择之手段实施后的结果间不成比例，即对行政相对人权益的限制或侵害超过行政目的（一般出于对公共利益的考量）的价值，则违反了行政合理性原则中的合比例性。这也要求，行政主体在行使某项行政权力前，必须在其对行政相对人所可能造成的损害与达成行政目的所可能取得的利益之间进行权衡。中国俗语可比喻为"杀鸡取卵"，杀鸡的行为与所追求的取卵目的之

---

　　① 谢世宪：《论公法上的比例原则》，载城仲模主编：《行政法之一般法律原则（一）》，台湾三民书局1994年版，第122页。

　　② 周佑勇主编：《行政法学》，武汉大学出版社2009年版，第21页。

　　③ 陈新民著：《德国公法学基础理论》，山东人民出版社2001年版，第370页。

间不成比例，而违反相称性原则。行政成本的考虑，也属于此范畴。行政管理过程中的收益应大于其成本支出。这些收益包括经济收益、社会收益、道德收益、法律收益、政治收益以及国际收益，成本包括直接成本、错误成本以及给社会或公民造成的不良影响等。如果采取措施所需要的投入明显超过收益，即不符合狭义比例原则。①

中国古语《吕氏春秋·义赏》中"竭泽而渔，岂不获得？而明年无鱼"可对此作一个总结。竭泽（挖干池塘）的做法是可达到渔（捉鱼）目的的手段，但它不是达到此目的最为适当、损害最小的手段，此外，挖干池塘的手段与捉鱼的目的之间是不合比例的（明年无鱼）。结合以上两者，可见，合比例性在合目的性的基础上进一步要求行政机关所采取的行政措施对行政相对人利益的限制和侵害程度最小且最为必要，且此追求的行政目的之利益需超过此行为之侵害。所以，无论是并非必要还是不成比例都构成对合比例性的违反，进而违反行政合理性原则。

（三）考虑相关因素

行政管理活动具有复杂性，加之法律条文自身的局限，故在依法行政的基础上需要给行政机关留下自由裁量的空间，每一项行政行为都必经过充分考量过各种相关因素后而依法得以为之。此处的"自由裁量"应作广义理解，"相关因素"理论并不限于适用于行政裁量行为，事实上，在羁束性行政行为中同样也要考虑相关因素。在行政自由裁量空间内，应考虑哪些因素，不考虑哪些因素，大多取决于行政机关及行政人员自身的观念和意志。法律是具有高度抽象性的规范，并在大部分情况下相较于社会现实具有滞后性，而不能要求法律规定行政行为作出时应当考虑的每个因素。为此，考虑相关因素作为合理性原则的子项，要求行政机关及相关行政人员应当在考量相关因素的基础上进行行政行为。从行政实践的角度而言，考虑相关因素也是保证个案判决公平公正的内在要求。

---

① 马怀德主编：《行政法与行政诉讼法》，中国法制出版社 2000 年版，第 80~82 页。

　　由相关因素是否具有明确的法律规定为标准，可将其分为法定的相关因素和酌定的相关因素。法定的相关因素即有法律明文规定的相关因素，如我国《行政处罚法》第 27 条规定，此处的违法行为后果处理、是否受他人胁迫、是否配合行政机关而立功三个相关因素即为法定相关因素。而酌定的相关因素则在法律中没有明文规定，需要行政机关自行斟酌。对于酌定相关因素，可以认为属于法律授权于行政机关权限所及，而取决于行政机关及行政人员自身考量。正如美国波文法官（Bowen C. J.）所言，在特定案件中什么算是相关因素，取决于当时行政权力行使的具体情境。① 由此也可以看出，在行政行为和行政诉讼等活动中对相关因素进行考量时，首先应明确是否有具体的法律规定，再根据具体情境考虑酌定相关因素。

　　作出行政行为时应当合理考虑相关因素，禁止恣意专断，具体要求：其一，行政主体在履行职责过程中，不能凭主观认识、判断，任意武断地作出决定，而应合理考虑相关的各种因素；其二，行政主体在履行行政职责时，对相关因素的考量应综合考虑法律、法规规定的条件及国家政策的要求，还要考虑社会道德、相对人的个人情况以及行政决定所可能产生的负面效果、影响等。一般而言，行政处罚中具有普遍意义的类型化因素有下列几项：（1）行政相对人自身情况，如是否属于未成年人、残疾人等。（2）违法情节轻微与否。（3）是否再犯。（4）违法行为造成的后果情况。（5）是否主动消除或减轻违法后果，并取得被侵害人谅解等。

　　考虑不相关因素或者不考虑相关因素都是违反行政合理性原则而违法行政的表现，从司法审查的意义上去看，有没有考虑不相关因素或者不考虑相关因素，自然也是一个很重要的控制"行政权滥用的审查标准"。② 例如，行政机关作出行政处罚时，应当考虑违法行为的事实、依据、违法情况以及社会危害程度。如果考虑行为人家庭背景、经济状况、职位高低、民族等因素而决定处罚，就会构成不正当的考虑。不相关因素的考虑包括不道德动机、基于外在压

---

　　①　Cf, *Hilary Delany*, op. Cit., pp. 63-64.
　　②　余凌云著：《行政自由裁量论》，中国人民公安大学出版社 2005 年版，第 98 页。

力和成见所作的考虑：（1）不道德的动机。这里是指行政主体及其公务员有偏私，没有出于公心。（2）外部压力。此处的外部压力是多种多样的，它既包括来自国家组织内部的压力、政治派别的压力，也包括来自黑社会性质组织的压力、社会舆论的压力和相对人的压力（如相对人以自杀相威胁等）；既包括暴力，也包括非暴力的威胁；这种压力可能是公开的压力，也可能是非公开的和潜在的压力。但是党组织的压力，上级的指示，正常的监督，不能视为外部压力。在实行多党制的西方国家，行政机关根据执政党的政策实施行政决定，也不被认为是受外部压力的干扰。它们认为，执行执政党的政策不存在偏私问题。① （3）成见，可以是来自公务员与相对人之间事先的私人结怨，也可以是来自公务员与相对人之间的单独接触。为此，原则上禁止这种事先单独接触，即要求公务员事先不得单独、私自与相对人中的某一方接触。在这里，"事先"是指法律事实发生以后、行政决定作出以前，而不是指法律事实发生以前。同时，对"单独""私自"的判断，往往需要借助于具体时间、场所和人员等各因素。②

（四）禁止不当联结

禁止不当联结原则起源于德国。我国台湾地区较早引入了德国的禁止不当联结原则③，并在其"行政程序法"第 94 条和第 137 条分别规定了禁止附款与行政处分间有不当联结以及禁止行政契约的对待给付间有不当联结，将此原则成文法化。

行政法上的不当联结禁止原则，是指行政机关行使公权力、从事行政活动，采取的手段与所追求的目的之间，必须存在合理的联结关系。若行政机关

---

① 王名扬著：《法国行政法》，北京大学出版社 2007 年版，第 60 页。
② 叶必丰著：《行政法与行政诉讼法》，武汉大学出版社 2008 年版，第 78~81 页。
③ 翁岳生著：《法治国家之行政法与司法》，台湾月旦出版社有限公司 1997 年版，第 24 页。

所联结之事项与系争法规意旨相同或类似者，即属于具有合理的关联。① 不当联结禁止原则，旨在防止国家机关滥用职权，导致国家权力自我扩大、突破其界限。由于各个环节都可能出现行政权的不当联结，因此，不当联结禁止原则贯穿了行政行为的全过程。

不当联结的类型可谓种类繁多，其归纳起来不外乎以下几种类型：（1）行政附款的不当联结。行政附款既可以附于授益性行政行为中，也可以附于负担性行政行为中。授益性行政行为的负担附款最常发生不当联结，尤其是行政许可领域，实质上增加了行政许可的条件。此时，行政机关完全可能凭借自己的优势地位，强制相对人履行此附加条件。（2）行政机关双方行为的不当联结。比如，行政契约中的合意需要受到一定程度的限制，行政机关与行政相对人间的互负义务应相当，并具有正当合理的关联，这是基于行政机关的强势地位和出自保护行政相对人的考量。（3）行政立法领域的不当联结。不当联结禁止也可适用于授权低位阶行政机关就具体行政事项进行细化的规范或命令中，被授权机关在针对不特定多数人制定行政法规范、发布行政命令时应考量授权之意旨与法规范、命令的目的之间的相互联结性。（4）纯粹不当联结。不符合以上任意一种，而在无论何种行政行为中都可能存在行政权力的滥用行为。如"株连型"，农村常有"儿子走了，找老子，老子走了，拆房子"的说法，这种"株连"行为明显违反了不当联结禁止原则，"罪责自负，反对株连"作为不当联结禁止原则的应有之义，早已为我国社会主义法治原则所明确。②

在行政法学界和行政法治实践中，对于合理性原则的条件与内涵有不同的认识和理解，其中存在着一定的误区：（1）道德理念误区，指认为合法性原则仅能解决法律有明确规定或法律规定为羁束的行政行为，而由于行政主体在行政权行使过程中很大程度上享有自由裁量权，合理性原则中的合理性及其相

---

① 李建良、陈爱娥、陈春生、林三钦、林合民、黄启祯著：《行政法入门》，台湾元照出版公司 2004 年版，第 85 页。

② 欧爱民、谢雄军：《不当联结之禁止原则及其适用方案》，载《湖南师范大学社会科学学报》2008 年第 5 期。

应条件必须从高于法律规则的行为规则中去寻找，即从人类公认的道德规则中去寻找。这个观点忽视了法律原则是对道德规则的深化，从操作层面上讲欠缺可实施性，有淡化合理性原则作为一项法律原则之嫌。（2）多数认同误区，指若没有法律的明确依据，行为的判定标准就应当是大多数社会成员的认知。这个观点不具有可操作性，在涉及为多数人设定义务时将造成行政管理的困境且易造成多数人的暴政。（3）政策导向误区，指把政策作为判定行政执法活动和行政行为合理与否的标准。政策的灵活性和多变性难以为合理性原则提供确定的合理条件，而且政策的内容偶尔比法律规范更为抽象，难以作为直接参照，还可能产生诸多不同的理解，长此以往，可能淡化合理性原则对行政行为的指导意义。总的来说，行政合理性原则无论如何是行政法作为一个部门法的法律原则，故而，对行政合理性原则的探讨不能离开法的范畴。①

第三节　正当程序原则

行政法发展至今，公权力对公民个体权利甚至基本权利的限制几乎无处不在，行政程序问题已不仅仅满足于作为依法行政的一项基本要求，而是已发展出一套以科学行政、公众参与行政为主要内容的独立价值体系。② 由此，坚持正当程序应为行政法基本原则的应有之义。

何为"正当程序"？我们需要先理解"程序"一词。根据《辞海》解释，"程序"一词意指"规程"和"法式"。③ 在哲学语境下，"程序"通常与"实体""实体正义"等加以区别使用。根据亚里士多德对于正义的阐述，"实体正义"可以被理解为有关在个人或社会组织中公正且平等地分配社会价值的基本原则。当参与某项社会交换或分配的当事人不能自发地接受该项交换或分

---

① 关保英著：《行政法时代精神之解构》，北京大学出版社 2017 年版，第 203~205 页。

② 应松年主编：《当代中国行政法》，人民出版社 2017 年版，第 138~155 页。

③ 《辞海》，上海辞书出版社 1979 年版，第 4014 页。

配的结果时，程序正义的问题便随之产生。① 进而言之，人们不仅对其所获得的特定社会价值分配或交换结果倍加关注，而且在某些情形下亦对该项结果产生的过程深感好奇，即关注所谓的"程序"是否公正、合理的问题。

正当程序原则发轫于英国行政法中古老的"自然正义"理念，这一理念主要包括两大基本意涵：一是任何人不应成为自己案件的法官。② 二是任何人在受到惩罚或其他不利处分之前，应当公正地听取其意见和申辩。③ 此后，"自然正义"被美国法律所继承，并作为"正当程序"条款进入美国宪法第五和第十四修正案以保护人权。④

此后，随着各国行政程序法的制定，正当程序已经成为很多国家行政法的基本原则。行政机关作出影响行政相对人权利的行政行为，必须遵守正当的法律程序，采取包括告知、说明理由、听取意见等方式，通过规范行政行为从而保障行政相对人的合法权益。⑤ 我国目前并未制定一部独立的行政程序法典，但毫无疑问的是，行政机关在作出直接影响行政相对人权利和利益的行为时，应符合正当程序的要求，这一点深刻体现在我国《行政诉讼法》第 70 条中。该条款确立了"违反法定程序"这一行政诉讼中对行政行为的合法性进行司法审查的标准。从某种意义上，"法定程序"的规定为"正当程序"提供了一个合法性基础，从"法定程序"的实践中生长出正当程序的要求。⑥

程序正义是看得见的正义。但从我国行政法治实践层面看，我国历来有"重实体，轻程序"的传统，因而更有必要借鉴发达法治国家的程序原则，将

---

① 杨寅著：《中国行政程序法治化——法理学与法文化的分析》，中国政法大学出版社 2001 年版，第 25～31 页。

② 江国华编著：《中国行政法（总论）》，武汉大学出版社 2012 年版，第 375 页。

③ 王名扬著：《英国行政法》，中国政法大学出版社 1987 年版，第 151～160 页。

④ 美国 1868 年《宪法第十四修正案》第 1 款："未经正当法律程序，不得剥夺任何人的生命、自由或财产。"

⑤ 姜明安主编：《行政法与行政诉讼法》，北京大学出版社、高等教育出版社 2005 年版，第 72 页。

⑥ 何海波：《晨光初现的正当程序原则》，载中国法学会行政法学研究会编：《服务型政府与行政法：中国法学会行政法学研究会 2008 年年会论文集（上册）》，浙江工商大学出版社 2009 年版，第 370～389 页。

"程序正当"上升为行政法的基本原则，以规范行政主体的行政行为，特别是自由裁量行为。由于经济发展和现代社会生活的需要，行政主体自由裁量的范围有急速扩张的趋势。① 与此同时，行政裁量又属于行政机关相对自由行使职权的领域，法律难以从实体上予以明确规定，但出于保护行政相对人权益的需要，行政裁量权必须要受到限制。由此，正当程序的规范作用就显得尤为重要。具体而言，行政法上的正当程序原则由以下三个子原则构成：公开原则、参与原则和回避原则。

一、公开原则

公开原则意指行政机关在行使行政职权时，除涉及国家秘密、个人隐私和商业秘密外，应向行政相对人和社会公开。行政法规等文件以及行政机关作出影响行政相对人权利义务行为的依据应当依法公布，有关行政会议的活动情况应允许新闻媒体依法报道。②

（一）公开原则的法律意义

公开是现代民主政治的要求，也是民主政治的应有之义。③ 其原因就在于公开原则在促进行政机关依法行使职权、接受人民群众监督和保护公民权利等方面具有深刻意义。

其一，保护公民的知情权。（1）现代民主政治的发展要求保障公民的知情权，即"民众有权知道政府在做什么"。④ （2）公民知情权也称信息自由、知的权利、信息权等，指公民有权了解国家事务、社会事务和其他实务，政府负有向公民、社会公开自己活动的义务。⑤ 由此，公开原则是公民行使知情权

---

① 马怀德主编：《行政法学》，中国政法大学出版社 2007 年版，第 57 页。
② 姜明安主编：《行政程序研究》，北京大学出版社 2006 年版，第 10~11 页。
③ 江国华编著：《中国行政法（总论）》，武汉大学出版社 2012 年版，第 385~386 页。
④ 周佑勇著：《行政法基本原则研究》，武汉大学出版社 2005 年版，第 263 页。
⑤ 张庆福、李忠：《宪法与宪法学的回顾与展望》，载张庆福主编：《宪政论丛》，法律出版社 1998 年版，第 32 页。

的前提条件。

其二，监督行政权力的行使，防止行政权力被滥用。（1）"阳光是最好的消毒剂，一切见不得人的事都是在阴暗角落里干出来的。"① 从这个意义上讲，行政相对人可以对公权力的行使进行监督，避免权力被滥用。在行政行为的决定以及执行阶段，除公开会有损于国家、公共利益、个人隐私或商业秘密的情形外，行政机关负有义务将所有与行政行为有关的情况予以公开，以接受来自公众的监督，防止和杜绝"黑箱操作"。② （2）我国自中华人民共和国成立以来，始终重视让人民群众监督政府机关及其工作人员的行为。③ 公开是公民对政府进行有效监督的前提要件。公民只有在充分、确实了解政府活动的基础上才能有效参与国家事务的管理。④

其三，提高行政行为或行政政策的可接受性。（1）公开原则的主旨就在于让民众亲眼见到正义的实现过程，即行政主体将行政权力运行的依据、过程和结果向行政相对人和社会公众公开。英国大法官休厄特曾说："正义不但要被伸张，而且必须以看得见的方式得以伸张。"其含义被美国学者伯尔曼教授概括为"没有公开则无所谓正义"。⑤ （2）与此相对的是，民众对于行政行为或行政政策的可接受性也会提高。我国行政法治实践也告诉我们："信息越公开，越容易实现历史和解；社会越多宽容与和解，越能促进信息的更全面公开。"⑥

其四，提高政府信息的利用效率，促进资源利用并提升经济效益。随着互

---

① 王名扬主编：《美国行政法》（上），中国法制出版社 1995 年版，第 960 页。

② 应松年主编：《行政法与行政诉讼法学》，法律出版社 2009 年版，第 41 页。

③ 1982 年《宪法》第 27 条规定："一切国家机关和国家工作人员必须依靠人民的支持，经常保持同人民的密切联系，倾听人民的意见和建议，接受人民的监督，努力为人民服务。"

④ 周佑勇主编：《行政法基本原则研究》，武汉大学出版社 2005 年版，第 263~264页。

⑤ ［美］哈罗德·J. 伯尔曼著：《法律与宗教》，梁治平译，生活·读书·新知三联书店 1991 年版，第 48 页。

⑥ 周汉华著：《政府监管与行政法》，北京大学出版社 2007 年版，第 336 页。

联网浪潮的推进，人类开始进入数据时代，数据、信息具有极大的经济价值。由此，行政公开在民主政治意义之外还具有一定的经济意义。① 基于政府是社会信息和数据的最大占有者的现实情况，当信息和数据在当下经济发展中具有资源属性并可以通过大数据分析等方式产生相应的经济效益时，对数据的公开意味着政府信息利用效率的提高，相应会促进社会财富的增长。在此意义上，行政公开原则的意义，便呈现出由民主政治价值向信息资源利用最大化的经济价值不断扩展和"外溢"。（具体参考本书典型案例 2-1）

（二）公开原则的内在要求

作为政府行为的一项基本原则，公开原则有其约定俗成之内容，包括行为依据公开、行为过程公开、决定结果公开等。

其一，行政信息、政府文件、办事制度要公开，方便公众知晓、查阅，这是行政机关行使行政权的重要前提和基础。（1）行政公开原则并非绝对意义上的完全公开，公开要依法，公开有限度。这要求法律应当坚持以公开为原则，不公开为例外，即行政公开具有一定的限度，当法律出于对特定主体的利益进行保护的需要而明确规定特定事项免予公开时，行政机关方可依法不予公开。（2）行政机关应依法对行使行政职权中涉及的相关事项、决定和政策等予以公开。

其二，行政行为作出的全过程公开。包括事先公开职权依据，事中公开决定过程和事后公开决定并说明作出决定的理由。（1）事先公开职权，这体现在我国《行政处罚法》中。② （2）事中公开决定过程，我国《行政复议法》对此有明确规定。③ （3）事后公开决定并说明作出决定的理由。要求行政机关

---

① 应松年主编：《行政程序法》，法律出版社 2009 年版，第 78 页。

② 《中华人民共和国行政处罚法》（2017 年修正）第 4 条第 3 款规定："对违法行为给予行政处罚的规定必须公布；未经公布的，不得作为行政处罚的依据。"

③ 《中华人民共和国行政复议法》（2017 年修正）第 23 条第 2 款规定："申请人、第三人可以查阅被申请人提出的书面答复、作出具体行政行为的证据、依据和其他有关材料，除涉及国家秘密、商业秘密或者个人隐私外，行政复议机关不得拒绝。"

在作出行政决定后，应将行政决定本身或实质影响行政相对人权益的结论对行政相对人告知或者向社会公开，同时应以法律文书或口头形式就作出决定的事实依据、法律依据及其他裁量因素等理由予以说明。

其三，行政机关的任何行为都只能以行政案卷作为根据。① （1）行政机关在行使自由裁量权时应当严格遵循案卷排他原则。有足够证据支持并记录在案的情节是量罚考虑的唯一依据，案卷外的其他任何情节不得作为考虑因素。② （2）案卷排他原则是正当程序的落脚点，是实现程序正义的关键所在。是否遵循案卷是检验行政机关诚实程度的根本标准。③ 我国《行政许可法》已对"案卷排他"原则作出了规定。④

二、参与原则

参与原则赋予了行政相对人行政程序参与权，具体是指受行政权力运行结果影响的利害关系人有权参与行政权力的运作过程，就涉及的事实和法律问题阐述自己的主张，充分发表意见，并对行政权力运作结果的形成发挥有效作用。⑤ （具体参考本书典型案例2-2）

（一）参与原则的法律意义

参与原则确保了行政相对人的行政程序参与权，是正当程序原则的重要抓手。其重要意义体现在对公民参政权的认可和尊重，确立了行政相对人的程序主体地位。同时，还能促进行政机关公正行使职权，提高行政相对人对行政权力行使的认同感。

---

① 应松年主编：《比较行政程序法》，中国法治出版社1999年版，第222页。

② 杨临宏著：《行政法学新领域问题研究》，云南大学出版社2006年版，第395~396页。

③ 杨海坤、章志远著：《中国行政法基本理论研究》，北京大学出版社2004年版，第117页。

④ 《中华人民共和国行政许可法》（2019年修订）第48条第2款规定："行政机关应当根据听证笔录，作出行政许可决定。"

⑤ 周佑勇著：《行政法基本原则研究》，武汉大学出版社2005年版，第256页。

其一，公众参与是民主治理的重要指标①，参与原则体现了对公民参政议政民主权利的认可和尊重，确立了行政相对人的程序主体地位。（1）我国《宪法》第2条第3款也有规定。由此可见，公民的参政权包括对国家事务、经济和文化事业的管理以及对社会事务的管理等诸多领域，当然也包括参与行政管理的权利。②（2）鉴于行政法律关系中行政机关与行政相对人的权利义务在实体法中并不对等，行政机关享有更多"职权"，而参与原则能够在一定程度上完善行政程序制度，提升行政相对人在行政法律关系中的独立主体地位。③ 叶必丰教授将行政法上的参与权认定为："相对人基于行政法主体的地位，在行政主体为其设定权利义务时参与意思表示，从而形成、变更和消灭行政法律关系的权利，是一种个人参与权、直接参与权和法律上的参与权。"④

其二，参与原则还能有效地避免行政偏私。（1）在现代社会，行政权是较为强大的国家权力，且享有行政权的行政机关亦具有较大的自由裁量空间。在此情形下，如不对行政权实施有效的监管，必将出现行政权的滥用及行政相对人权益受损。而参与原则使得行政相对人能够进入行政权力行使程序，监督行政机关行使职权，这在一定程度上可以有效遏制行政机关滥用权力。（2）当行政机关作出严重影响行政相对人合法权益的行政行为时，行政相对人可向行政机关申请或由行政机关依法主动举行听证。⑤ 由此，行政机关在行政相对人参与下作出的行政决定更能获得相对人的尊重和自觉履行。

（二）参与原则的内在要求

作为政府行为的基本原则，行政参与属于行政民主之核心要素。在传统上，行政参与往往局限于"行政决定"的参与，即要求政府在作出可能影响其实体性权益的决定时，应当保证相对人有充分的参与权。在其现代意义上，

---

① 俞可平著：《论国家治理现代化》，社会科学文献出版社2015年版，第255页。
② 周佑勇著：《行政法基本原则研究》，武汉大学出版社2005年版，第258页。
③ 应松年主编：《行政程序法》，法律出版社2009年版，第83~84页。
④ 叶必丰著：《行政法的人文精神》，湖北人民出版社1999年版，第212页。
⑤ 姜明安主编：《行政程序研究》，北京大学出版社2006年版，第9页。

行政参与已然突破"行政决定"之局限，广延至整个行政过程。

其一，参与原则要求行政程序设计本身以及依该程序运作的行政过程应当满足可参与性法则。① 行政相对人应获得行政机关作出行政决定的通知，并被告知其所享有的权利。（1）从政府公开、透明的要求来看，行政活动过程应当告知并保障其参与的机会。与公开原则相一致的是，除涉及国家、公共利益、个人隐私、商业秘密的情形外，一般情况下均应该告诉。② "没有实现通知其利益有可能因为政府的决定而受到影响的人，一切其他程序权利便都可能毫无价值。"③（2）对行政相对人进行通知和告知也是保护行政相对人知情权和信赖利益的要求。这在我国最高人民法院发布的关于《行政诉讼法》的相关司法解释中也有所体现。④

其二，行政相对人享有陈述权、申辩权以及申请行政机关启动特定行政程序的权利。（1）其中，申请行政机关启动特定行政程序的权利具体包括听证请求权、回避请求权、卷宗阅览请求权和复议请求权等。⑤（2）与此同时，行政机关应当充分听取行政相对人的意见。我国《行政处罚法》《行政许可法》等均对此予以明确规定。⑥ 是否认真听取相对人的陈述和申辩是区分开放行政和专制行政的重要标准。（3）在现代民主理念之下，充分听取民众的意见已经成为政府行使行政权的重要环节。⑦ 听取意见可以采取听证会、论证会、座

---

① 江国华编著：《中国行政法（总论）》，武汉大学出版社 2012 年版，第 388 页。

② 曹胜亮，刘权主编：《行政法与行政诉讼法》，武汉大学出版社 2015 年版，第 43~44 页。

③ ［美］欧内斯特·盖尔霍思、罗纳德·利文著：《行政法和行政程序概要》，黄列译，中国社会科学出版社 1996 年版，第 133 页。

④ 《最高人民法院关于适用〈中华人民共和国行政诉讼法〉的解释》第 64 条规定："行政机关作出行政行为时，未告知公民、法人或者其他组织起诉期限的，起诉期限从公民、法人或者其他组织知道或者应当知道起诉期限之日起计算，但从知道或者应当知道行政行为内容之日起最长不得超过 1 年。"

⑤ 应松年主编：《行政程序法》，法律出版社 2009 年版，第 89~90 页。

⑥ 参见《中华人民共和国行政处罚法》（2017 年修正）第 32 条和第 41 条；《中华人民共和国行政许可法》第 19、36 条。

⑦ 杨海坤、章志远著：《中国行政法基本理论研究》，北京大学出版社 2004 年版，第 116 页。

谈会、书面收集群众意见等多种形式。

三、回避原则

回避，源于英国行政法上"自然正义"理念中的"自己不做自己的法官"。① 回避原则是指行政机关及其工作人员处理涉及与自己有利害关系的事务或裁决与自己有利害关系的争议时，为保证实体处理结果和程序进展的公平性，依法终止其职务的行使并由他人替代的一种法律制度。②

（一）回避原则的法律意义

回避原则的宗旨在于维护行政决定的中立、公正之价值。正是基于中立、公正之价值，避免因利益关联而衍生出偏私或暗箱猜疑，现代行政和司法一样，均设定了回避之原则。

其一，确保行政机关客观公正行使职权，维护行政机关的公信力和权威，避免偏私。（1）回避原则通过行政相对人对行政执法主体中立性态度的质疑，与执法人员的自我回避，来维护行政权行使的权威性和客观公正性。③ 美国学者戈尔丁认为，回避制度是一种社会的需求，它以一种公平方式运行，给予当事人一种受公平待遇的感觉，有利于当事人对行政机关建立信任感。所以行政主体应当保持中立，公正无私且不怀偏见。④（2）为实现上述目的，国外部分国家还要求不仅行政人员在处理有关事务或裁决有关纠纷时，如涉及其本身或亲属利益要予以回避，而且行政机关还应设置相对独立的机构裁决涉及行政管理的有关争议。⑤

其二，保证行政相对人在参与行政程序中得到行政机关的公正对待，保护

① 应松年主编：《当代中国行政法》，人民出版社2017年版，第152页。
② 章剑生著：《行政程序法基本理论》，法律出版社2003年版，第77页。
③ 应松年著：《行政法与行政诉讼法学》，法律出版社2009年版，第42页。
④ ［美］戈尔丁著：《法律哲学》，齐海滨译，三联书店1987年版，第241页。
⑤ 姜明安主编：《行政法与行政诉讼法》，北京大学出版社、高等教育出版社2005年版，第73页。

行政相对人的合法权益。（1）回避原则源自于人们得到法律公正对待的期待。至今公正"乃是所有法律的精神和灵魂"这一论断仍为西方法学家所认同。[①]（2）行政权的行使不仅应产生合乎公正的结果，行政法律关系中的行政相对人亦应受到公正合理的对待，即行政权行使的结果和过程都应体现公正性。设立回避制度，维护了行政机关及其工作人员的中立性以及行政法律关系主体的平等参与性，可以有效防止行政机关工作人员受到利害关系或偏见的影响。从这个意义上讲，回避原则既能避免行政相对人因此遭受不利后果，也能防止其因此获得不当利益。

其三，促进行政权的行使过程获得行政相对人和社会公众的普遍信任和尊重。（1）行政机关工作人员如与其办理的行政事务或与行政相对人存有某种可能影响行政决定公正作出的特殊关系，或者行政相对人有理由怀疑经手其行政事务的某一行政机关工作人员可能具有此种关系，那么该行政人员将很难得到行政相对人或其他当事人的信任，其所主持或参与的行政事务的处理过程或者行政决定的作出过程也就难以具备相应的公正性和合法性。（2）回避原则的确立，赋予了行政相对人排除不适合行政人员执法的可能性，有助于提升行政相对人和社会公众对于行政机关及其作出的行政决定的信任感和尊重感。

（二）回避原则的内在要求

在规范层面，回避原则有其约定俗成的内容和要素，包括回避事由、回避方式、回避限度等。

其一，回避的事由，即行政机关工作人员应予回避的事实依据。（1）回避原则植根于避免利益牵连或者个人偏见的需要。[②]（2）一般而言，基于避免偏私的要求，回避的事由主要涉及因利害关系或个人偏见而需要回避两种情形。其中的利害关系除利益关系外，还包括一定的"其他关系"，即其他某种

---

① ［美］金勇义主编：《中国与西方的法律观念》，陈国平、韦向阳、李存捧译，辽宁人民出版社1989年版，第79页。

② 李牧主编：《中国行政法学总论》，中国方正出版社2006年版，第66页。

可能影响公正处理行政事务的关系，常见的属于此类关系的如朋友、同乡、同事、师生、邻居关系以及恩惠、仇怨关系等。①（3）不过，需要特别强调的一点是，如果行政机关公务人员与其处理的事务有任何非直接的利害关系都应当要求回避，则可能会影响行政效率。实际上，有些非直接的利害关系并不一定会影响行政机关公务人员处理法律事务结果的公正性，所以，回避事由的确定应尽可能由法律明确规定。

其二，提出回避的方式包括行政人员自行申请回避、当事人申请行政人员回避、行政机关决定特定行政人员回避三种。（1）在上述三种方式中，行政人员自行申请回避和当事人申请行政人员回避两种方式均需经过申请或请求、审查、决定三个程序；行政机关决定特定行政人员回避则不具备申请或请求环节。以上三种提出回避的方式中的回避决定均由行政机关作出。（2）在法律规定层面，我国《公务员法》第十一章专门就公务员的交流与回避问题进行了明确规定。② 上述相关条款的精神和要求与回避原则的要求相契合。我国《行政诉讼法》亦对回避原则作出了明确规定。③

其三，回避原则的适用应当有所限制。（1）回避原则的适用不能排除行政机关本身的管辖权。这是英国行政法上的"自己不能做自己案件法官"的例外情形之一，必须严格要求。④ 在此情形下，如果行政机关的负责人与行政事务或案件的处理结果之间存在着法定回避情形，但无其他机关可以代替其行使职权，那么行政相对人只能接受由该行政机关工作人员处理该行政事务或案

---

① 参照刑事诉讼程序中对回避的要求，行政程序中回避的事由可以包括如下情形：（1）行政人员是所涉行政程序的当事人或当事人的近亲属的。（2）行政人员本人或其近亲属和其处理的行政程序有利害关系的。（3）行政人员接受行政相对人或其他当事人、利益相关方请客送礼的。（4）行政人员与所涉行政程序的行政相对人或其他当事人、利益相关方有其他关系，可能影响其公正处理行政事务、作出行政决定的。参见洪浩：《刑事诉讼法学》，武汉大学出版社 2019 年版，第 83~86 页。
② 《中华人民共和国公务员法》（2018 年修订）第 74~78 条。
③ 《中华人民共和国行政诉讼法》（2017 年修正）第 7 条和第 55 条。
④ 王名扬著：《美国行政法》（上），中国法制出版社 1995 年版，第 462 页。

件。① "自然正义此时不得不让位于必要性，因为否则的话没有办法裁决，而司法或行政机制就会发生故障。"② （2）回避原则作为正当程序原则的子原则，应当仅适用于行政程序进行过程中。这一点就表明，回避原则下，行政相对人所拥有的提出回避申请的权利为一项程序性权利。因此，行政相对人在行政程序结束后即无权再向行政机关提出回避申请。但是，从权利保障角度出发，当事人的权利需要被告知。如果未告知，即属于程序违法，行政相对人可就此提出相应的救济请求。

典型案例 2-1：张某、某区住房和城乡建设局城乡建设行政管理：房屋登记管理（房屋登记）案③

【裁判要点】

行政机关具体行政行为的作出，不仅应具备充分的事实根据，同时还应具有明确的法律依据。

【相关法条】

《中华人民共和国行政诉讼法》第三十二条

【基本案情】

原审被告某区住房和城市建设局（原县住房和城乡建设局）于 2010 年 1 月 19 日作出拆迁区域内房屋所有权证作废的公告，对原审原告张某的房屋所有权证（证号 01041744）部分作废（作废面积 117 平方米）。2010 年 1 月 22 日，原审原告张某与市土地储备中心签订了《城市房屋拆迁补偿安置非租赁房屋产权调换协议书》，对争议的房屋双方达成了补偿协议，房屋随后即被拆除。原审原告张某认为原审被告县住房和城乡建设局具体行政行为违法，应对原审原告 117 平方米房屋予以赔偿并起诉至县人民法院。

---

① 章剑生著：《行政程序法基本理论》，法律出版社 2003 年版，第 143~144 页。

② ［英］威廉·韦德著：《行政法》，徐炳等译，中国大百科全书出版社 1997 年版，第 110 页。

③ 本案裁判文书参见附件 4。

【裁判结果】

县人民法院于 2012 年 5 月 30 日作出〔2012〕大洼行初字第 00013 号行政判决，确认县住房和城乡建设局作出的张某所有的 117 平方米房屋所有权证作废的具体行政行为违法。

【裁判理由】

法院生效裁判认为：行政机关具体行政行为的作出，不仅应具备充分的事实根据，同时还应具有明确的法律依据。原审原告张某和原审被告某区住房和城乡建设局对原审大洼县人民法院于 2012 年 5 月 30 日作出的〔2012〕大洼行初字第 00013 号行政判决书中确认原审被告具体行政行为违法的事实没有异议，即原审被告于 2010 年 1 月 19 日作出的小锅屯及后甜水拆迁区域内房屋所有权证作废的公告中对原审原告张某（证号 01041744、作废面积 117 平方米）的房屋所有权证部分作废的具体行政行为违法。原审原告与市土地储备中心签订拆迁补偿协议，就有房照 198 平方米的房屋及无房照 117 平方米房屋进行了补偿，故对原审原告要求原审被告某区住房和城乡建设局给予经济赔偿510000 元的诉讼请求，本院不予支持。

典型案例 2-2：黄某某、何某某、何某诉某省某市某工商行政管理局行政处罚案①

【裁判要点】

行政机关做出没收较大数额涉案财产的行政处罚决定时，未告知当事人有要求举行听证的权利或者未依法举行听证的，人民法院应当依法认定该行政处罚违反法定程序。

【相关法条】

《中华人民共和国行政处罚法》第四十二条

【基本案情】

原告黄某某、何某某、何某诉称：被告某省某市某工商行政管理局（简称

---

① 本案裁判文书参见附件 5。

某工商行政管理局）行政处罚行为违法，请求人民法院依法撤销成工商金堂处字〔2005〕第02026号《行政处罚决定书》，返还电脑主机33台。

被告某工商行政管理局辩称：原告违法经营行为应当受到行政处罚，对其进行行政处罚的事实清楚、证据确实充分、程序合法、处罚适当；所扣留的电脑主机是32台而非33台。

法院经审理查明：2003年12月20日，G省金堂县图书馆与原告何某某之夫黄某某联办多媒体电子阅览室。经双方协商，由黄某某出资金和场地，每年向金堂县图书馆缴管理费2400元。2004年4月2日，黄某某以其子何某的名义开通了ADSL84992722（期限到2005年6月30日），在金堂县赵镇桔园路一门面房挂牌开业。4月中旬，金堂县文体广电局市场科以整顿网吧为由要求其停办。经金堂县图书馆与黄某某协商，金堂县图书馆于5月中旬退还黄某某2400元管理费，摘除了"金堂县图书馆多媒体电子阅览室"的牌子。2005年6月2日，某工商行政管理局会同金堂县文体广电局、金堂县公安局对原告金堂县赵镇桔园路门面房进行检查时发现，金堂实验中学初一学生叶某、杨某、郑某和数名成年人在上网游戏。原告未能出示《网络文化经营许可证》和营业执照。某工商行政管理局按照《互联网上网服务营业场所管理条例》第二十七条"擅自设立互联网上网服务营业场所，或者擅自从事互联网上网服务经营活动的，由工商行政管理部门或者由工商行政管理部门会同公安机关依法予以取缔，查封其从事违法经营活动的场所，扣押从事违法经营活动的专用工具、设备"的规定，以成工商金堂扣字〔2005〕第02747号《扣留财物通知书》决定扣留原告的32台电脑主机。何某某对该扣押行为及扣押电脑主机数量有异议遂诉至法院，认为实际扣押了其33台电脑主机，并请求撤销该《扣留财物通知书》。2005年10月8日金堂县人民法院作出〔2005〕金堂行初字第13号《行政判决书》，维持了成工商金堂扣字〔2005〕第02747号《扣留财物通知书》，但同时确认某工商行政管理局扣押了何某某33台电脑主机。同年10月12日，某工商行政管理局以原告的行为违反了《互联网上网服务营业场所管理条例》第七条、第二十七条的规定作出了成工商金堂处字〔2005〕第02026号《行政处罚决定书》，决定"没收在何某某商业楼扣留的从事违法经营活动的电脑主机 32 台"。

【裁判结果】

金堂县人民法院于 2006 年 5 月 25 日作出〔2006〕金堂行初字第 3 号行政判决：一、撤销成工商金堂处字〔2005〕第 02026 号《行政处罚决定书》；二、某工商行政管理局在判决生效之日起 30 日内重新作出具体行政行为；三、某工商行政管理局在本判决生效之日起 15 日内履行超期扣留原告黄某某、何某某、何某的电脑主机 33 台所应履行的法定职责。宣判后，某工商行政管理局向成都市中级人民法院提起上诉。成都市中级人民法院于 2006 年 9 月 28 日作出〔2006〕成行终字第 228 号行政判决，撤销一审行政判决第三项，对其他判项予以维持。

【裁判理由】

法院生效裁判认为：《中华人民共和国行政处罚法》第四十二条规定："行政机关作出责令停产停业、吊销许可证或者执照、较大数额罚款等行政处罚决定之前，应当告知当事人有要求举行听证的权利。"虽然该条规定没有明确列举"没收财产"，但是该条中的"等"系不完全列举，应当包括与明文列举的"责令停产停业、吊销许可证或者执照、较大数额罚款"类似的其他对相对人权益产生较大影响的行政处罚。为了保证行政相对人充分行使陈述权和申辩权，保障行政处罚决定的合法性和合理性，对没收较大数额财产的行政处罚，也应当根据行政处罚法第四十二条的规定适用听证程序。关于没收较大数额的财产标准，应比照《四川省行政处罚听证程序暂行规定》第三条"本规定所称较大数额的罚款，是指对非经营活动中的违法行为处以 1000 元以上，对经营活动中的违法行为处以 20000 元以上罚款"中对罚款数额的规定。因此，工商行政管理局没收黄某某等三人 32 台电脑主机的行政处罚决定，应属没收较大数额的财产，对黄某某等三人的利益产生重大影响的行为，某工商行政管理局在作出行政处罚前应当告知被处罚人有要求听证的权利。本案中，某工商行政管理局在作出处罚决定前只按照行政处罚一般程序告知黄某某等三人有陈述、申辩的权利，而没有告知听证权利，违反了法定程序，依法应予撤销。

第四节　高效便民原则

行政权同立法权、司法权的差别之一就在于它对效率有着更高的要求。[1] 效率的基础应是管理活动所带来的社会价值、社会效应。[2] 随着我国市场经济体制的完善，特别是市场机制和社会自治规律逐渐发挥作用，建设服务型政府成为进行有效的政府治理的必然要求。[3] 由此，坚持高效便民应为行政法基本原则的应有之义。何为"高效便民"？其具体含义和渊源可以分别拆解为"高效"和"便利"两部分来看。

在行政法意义上，"高效"包含两层含义：一是指行政效率高，行政机关对于行政相对人的请求作出的反应快；二是指行政机关提供服务或行使行政职权的成本低、效益高。"高效"源自作为经济学核心内容的成本与效益分析，关乎行政资源如何配置方可达到最优效果的问题。行政管理行为要考虑效益因素。行政主体在对社会实施组织管理行为时必须遵循节约社会资源的目标，处理各项事务。[4] 从这一角度来看，"高效"原则便是指，行政法律制度以及管理行为要以较小的经济耗费以获取最大的社会效果。

"便利"则表明我国行政法的价值取向由方便行政机关行使职权向方便公民行使权利的转变。也有学者认为这体现了国家权力的最终归属，即行政权力

---

[1]　江国华编著：《中国行政法（总论）》，武汉大学出版社 2012 年版，第 89 页。

[2]　关保英著：《行政法的价值定位——效率、程序及其和谐》，中国政法大学出版社 1997 年版，第 83 页。

[3]　《中共中央关于全面深化改革若干重大问题的决定》第 4 条："加快转变政府职能：科学的宏观调控，有效的政府治理，是发挥社会主义市场经济体制优势的内在要求。必须切实转变政府职能，深化行政体制改革，创新行政管理方式，增强政府公信力和执行力，建设法治政府和服务型政府。"

[4]　陈伯礼、潘丽霞、徐信贵著：《行政法与行政诉讼法》，武汉大学出版社 2011 年版，第 14~15 页。

行使的终极目的是保障宪法规定的人权的实现。① 由此，"便利"原则涉及公民权利的保障。美国学者认为，人权不受所有机关和所有政治权威的侵犯，即使它们出于为公共谋福利的善良愿望亦如此。②

从我国行政法治实践层面看，我国此前很少对行政权行使的效率价值予以特别关注，由此也引发了行政机关与相对人之间的矛盾和纠纷。在当前服务型政府建设的背景下，忽视行政效率价值必将有损于政府向公民、法人和其他组织提供服务、进行管理的效果。而政府提供公共服务、办理行政事务的便利性也会影响行政权行使的最终效果。由此，行政机关行使行政职权亦应坚持便利原则。"高效"与"便利"相互影响、相互促进，其共同目标都是在节约社会成本的基础上为公民提供优质便捷的服务，二者共同构成了行政法之高效便民原则。高效原则，意在禁止拖延；便利原则，意在禁止负担加重。

一、高效原则

高效原则的核心意涵是禁止拖延，与行政时效制度紧密相连。具体而言，高效原则是指行政法规范的制定和实施过程中，或者行政机关行使行政职权办理行政事务、作出行政决定的过程中，一方面，应当符合法定时限要求，不得任意迟延或者不作为，应尽可能地处理行政相对人所需解决的事项；③ 另一方面，行政机关应以消耗尽可能少的时间和社会资源达致获取尽可能好的实施效果。④

（一）高效原则的法律意义

现代政府，不仅要满足合法性要求，而且也满足效能性要求。对于中国这样一个拥有 14 亿人口的大国而言，高效能治理既是政府合法性的一个基本维

---

① 应松年著：《行政法与行政诉讼法学》，法律出版社 2009 年版，第 44 页。

② ［美］路易斯·亨金等著：《宪政与权利》，郑戈等译，生活·读书·新知三联书店 1996 年版，第 3～12 页。

③ 陈咏梅主编：《行政法与行政诉讼法》，中山大学出版社 2008 年版，第 21 页。

④ 杨海坤、章志远著：《中国行政法基本理论研究》，北京大学出版社 2004 年版，第 117～118 页。

度，也是一项具有独立意义的原则。

其一，高效原则是加快转变政府职能，提高国家治理能力的必然要求。（1）效率是行政的生命。对于现代社会而言，与秩序、正义和自由一样，效率也是一个社会最重要的美德。行政机关为积极、主动、高效地进行行政管理，协调各种利益关系，裁断各种利益冲突①，不仅要依法办事，体现行政法的基本价值，还要从单纯的管理者向服务者转变。② 在行政法理论中确立高效原则，使之具有规范效力，有助于行政机关更有效地实行对社会的管理，提高行政管理效率。（2）不过，高效原则并非要求简单地追求效率，而是要为了更好地保护人们的利益而注重效率。这就要求行政机关提高效率应在法律框架内实现，对于涉及行政相对人重大利益的行政决定，应该将慎重和效率有机结合，不得因为效率而导致行政行为的随意性。③ 此外，当行政效率原则与其他原则产生矛盾时，一切以维护公共制度和行政相对人的合法权利为根本出发点。

其二，高效便民原则符合宪法、法律和中央政策相关规定的要求。（1）我国《宪法》第 27 条明确规定，一切国家机关实行精简的原则。（2）在法律层面，我国《行政许可法》亦明确规定，实施行政许可，应当遵循便民原则，提高办事效率。④《行政许可法》还在具体程序中作了相应规定。⑤（3）在中央政策层面，党的十八届五中全会提出"深化行政管理体制改革，进一步转变政府职能，持续推进简政放权、放管结合、优化服务，提高政府效能，激发市场活力和社会创造力"。⑥

---

① 胡建淼、江利红著：《行政法学》，中国人民大学出版社 2018 年版，第 71 页。

② 杨登峰主编：《行政法与行政诉讼法》，武汉大学出版社 2010 年版，第 34~35 页。

③ 例如行政机关的行政行为如涉及行政相对人的人身、重大财产权益的，应当经过行政听证的一般程序之后才能作出，其他行政行为可以适用行政听证的简易程序。

④ 《中华人民共和国行政许可法》（2019 年修订）第 6 条规定："实施行政许可，应当遵循便民的原则，提高办事效率，提供优质服务。"

⑤ 余凌云主编：《警察许可与行政许可法》，中国人民公安大学出版社 2003 年版，第 26 页。

⑥ 参见《中国共产党第十八届中央委员会第五次全体会议公报》（2015 年 10 月 29 日中国共产党第十八届中央委员会第五次全体会议通过）。

（二）高效原则的内在要求

在某种意义上说，高效原则是中国行政法上最具特色的原则——基于发展正义，高效能治理不仅成为政府合法性的一个核心要素，而且也是一个具有独立价值的政府行为原则。

其一，行政立法要考虑时效性，不能久拖不决，与此同时，行政法律制度应符合高效要求，具体包括以下方面：（1）行政组织法律要体现效益精神，这是行政机关高效行使职权的前提条件。（2）行政程序法要考虑高效要求。行政程序法律制度的建立既要引入民主、公正的价值观，也要符合效率要求。（3）行政救济法律制度亦应符合高效精神。一方面，对于合法权益受到侵害的行政相对人应提供及时、便捷的救济，使当事人迅速从行政纠纷中摆脱出来；另一方面，要及时排除违法，确保行政法律秩序的稳定和安定。①

其二，行政机关作出行政行为应符合法定时效，禁止拖延，即在法定期限内作为或者不作为，否则在法定期限届满后即产生对其不利的法律后果。（1）行政机关须在法定期限内行使相应职权，否则在期限届满后再行使或仍未行使职权即构成行政违法。这一点在我国《行政许可法》中体现得尤为明显。《行政许可法》要求行政机关作出行政许可，能当场作出的应当当场作出；不能当场作出的，应当在二十日内作出；特殊情况需要延长时效的，需要经批准且告知申请人理由。②（3）法定时效制度以法律条文的形式明确规定行政行为须满足相应的时效要求，既对行政机关的工作人员起到了督促作用，而且对于行政机关的行政能力也提出了要求，促使行政机关重新审视或者评估自己的工作流

---

①　马怀德主编：《行政法学》，中国政法大学出版社 2007 年版，第 62 页。

②　《中华人民共和国行政许可法》第 42 条规定："除可以当场作出行政许可决定的外，行政机关应当自受理行政许可申请之日起二十日内作出行政许可决定。二十日内不能作出决定的，经本行政机关负责人批准，可以延长十日，并应当将延长期限的理由告知申请人。但是，法律、法规另有规定的，依照其规定。依照本法第二十六条的规定，行政许可采取统一办理或者联合办理、集中办理的，办理的时间不得超过四十五日；四十五日内不能办结的，经本级人民政府负责人批准，可以延长十五日，并应当将延长期限的理由告知申请人。"

程，提高行政效率。行政权的行使需要保护行政相对人的合法权益，体现其公正性，在此意义上，基于有效地维护社会发展所需要的正常的社会秩序的需要，效率也是必不可少的一个方面。①

其三，行政组织机构必须精干、合理化②，要运用法律形式完善机构设置和实行人员编制制度。（1）行政组织的合理设置是提高行政效率的前提，如果组织不精干，只能造成人力、物力和财力的浪费，根本谈不上行政效率的提高。精简行政组织有助于克服因人设事、机构臃肿、层次繁多、人浮于事等不良现象，克服互相推诿责任、互相争权夺利等弊端，做到机构精干、运转灵活，真正为民服务。③（2）我国进行的机构改革，将机构改革纳入整个政治、经济体制改革的系统工程中，采取以转变职能为中心的做法，以求达到提高行政效率的效果。④ 2019 年 10 月 31 日，《关于坚持和完善中国特色社会主义制度 推进国家治理体系和治理能力现代化若干重大问题的决定》也对此提出了相应要求。⑤ 这体现了现代行政管理不仅要求与法治相联系，依法行政，而且要求尊重科学，按科学办事。

二、便利原则

便利原则是建设服务型政府的基本要求。实施行政行为，应尽量方便公民、法人和其他组织。具体而言，便利原则要求行政机关要以服务民众为本，在服务理念和制度设计上要尽可能地提供给公民、法人和其他组织以方便，采

---

① 应松年主编：《行政程序法》，法律出版社 2009 年版，第 92 页。
② 关保英主编：《市场经济与行政法学新视野论丛》，法律出版社 1996 年版，第 183 页。
③ 熊文钊著：《现代行政法原理》，法律出版社 2000 年版，第 69 页。
④ 肖萍、程样国主编：《行政法与行政诉讼法》，群众出版社 2006 年版，第 34～35 页。
⑤《中共中央关于坚持和完善中国特色社会主义制度 推进国家治理体系和治理能力现代化若干重大问题的决定》提出："优化政府组织结构。推进机构、职能、权限、程序、责任法定化，使政府机构设置更加科学、职能更加优化、权责更加协同。严格机构编制管理，统筹利用行政管理资源，节约行政成本。优化行政区划设置，提高中心城市和城市群综合承载和资源优化配置能力，实行扁平化管理，形成高效率组织体系。"

取便利行政相对人的方式、形式、程序和行为来实施行政管理。① 在此原则下，进行科学的制度设计，节约成本，减少无谓损耗。②

（一）便利原则的法律意义

便利原则是行政民主性的一个基本指标——现代政府的要旨在于"服务"，服务的精髓在于"便利"。所以，不便利，无服务。

其一，便利原则体现了行政法"执法为民"的价值取向，利于克服"官本位"的错误思想。（1）长期以来，我国行政机关都存有"官本位"的思想，这就使得行政机关及其工作人员进行行政执法时首先想到的是方便自己行使职权，从而在一定程度上忽视了公民、法人和其他社会组织合法权益的存在。（2）便利原则就是要求行政机关及其工作人员行使行政职权、实施管理行为时，思想上应当具有便民的观念，培养便民的意识。长此以往，行政机关及其工作人员就会养成便民行政的习惯，形成为民服务的思想，坚持"执法为民"的价值取向，克服"官本位"的错误思想，从而推动我国行政管理制度走向现代化。

其二，便利原则要求禁止负担加重，既"便民"又"利民"，这符合行政法所追求的实质正义的要求。（1）现代法律追求正义的价值，行政法同样要保障公民的基本自由和权益，维护平等，追求正义，确保行政秩序的稳定。③ 正义是"一个能综合、包容和指导、调整其他价值目标的全局性的价值目标"。④ 从这个意义上讲，法的基本价值就是正义价值。行政法的基本原则作为法律价值的载体，其承载的根本价值就是法的正义价值，而便利原则亦应在这一点上有所体现。（2）按照罗尔斯的观点，法的正义包括形式正义、实质正义和程序正义。其中，实质正义，即法律本身的正义，它要求法律本身的实

---

①　关保英、宋龙凌主编：《行政法与行政诉讼法》，中国政法大学出版社 2003 年版，第 111 页。

②　陈咏梅主编：《行政法与行政诉讼法》，中山大学出版社 2008 年版，第 22 页。

③　薛刚凌：《行政法基本原则研究》，载《行政法学研究》1999 年第 1 期。

④　严存生著：《论法与正义》，陕西人民出版社 1997 年版，第 12 页。

体内容的确定必须合乎正义。① 在便利原则的指导下，行政机关行使行政职权不仅应在形式和程序上便利行政相对人，最为关键的一点是，不能实质上加重行政相对人的负担或者对其产生不利影响，这才符合实质正义的要求。

其三，便利原则符合服务型政府建设的要求，有助于丰富和完善我国行政法制体系。（1）政府行使行政职权的直接目的是规范社会生活，维护公民的各项合法权利。在建设服务型政府的背景下，政府在加强事中和事后监管的同时，也应当努力提升服务能力和水平。（2）法律制度需要随着社会发展而与时俱进，我国行政法制体系亦应根据国家治理现代化的要求逐步加以完善。便利原则推动了加快转变政府职能，要求政府在行政执法过程中既要严格依法，还应保障并满足公民参与权、知情权和便利需求的实现。由此，便利原则的提出正是行政法顺应社会发展要求的一种体现，极大地充实、丰富和完善了我国的行政法制体系。②

（二）便利原则的内在要求

在其一般意义上，便利原则有其约定俗成的要求。这种要求抽象为行政伦理上的"善意"——在制度维度上，"善意"意味着"简便、明了、有用"；在相对人层面，"善意"不是一种抽象的存在，而是一种可感知、可兑现的存在；在执法者层面，"善意"意味着良知。

其一，充分考虑行政相对人的合法权益，不得加重行政相对人的负担。（1）充分考虑行政相对人的合法权益要求行政机关及其工作人员行使行政职权时，不能忽略民众以及行政相对人的合法权益，更不能以牺牲行政相对人的方便来换得自己的便利。③（2）"善意"行政要求行政机关及其工作人员不得带有恶意惩罚的故意，以惩罚为目的来实施行政管理，而应以劝诫、教育为目

---

① 周佑勇著：《行政法原论》，北京大学出版社 2018 年版，第 55 页。

② 关保英、宋龙凌主编：《行政法与行政诉讼法》，中国政法大学出版社 2003 年版，第 112 页。

③ 关保英、宋龙凌主编：《行政法与行政诉讼法》，中国政法大学出版社 2003 年版，第 113 页。

的；不应择恶与择重来行政，而应该择善与择轻来行政。（3）不得加重行政相对人的负担要求行政机关要自始至终以方便、便利人民群众为其考虑的中心。在合法的基础之上，一切以人民群众的便利为基础，方便民众和行政相对人积极参与、配合行政，利于他们充分地享有并实现自己的合法权益以及履行自己的义务。

其二，通过繁简分流，整合行政审批流程，向行政相对人提供"一站式服务"。（1）我国《行政许可法》明确规定了行政机关内设的多个机构办理行政许可时的限制性规则。①（2）根据我国行政法治实践，此类"一站式"办公、"一条龙"服务正在得到较为广泛的应用。如2016年7月5日正式启用的乌鲁木齐高新区行政服务中心，入驻了质监、消防安监、民政、工商等25个部门，工商注册登记、国地税务办理等182项业务，可在此集中办理。② 这是切实转变政府职能、增强服务意识的体现。

其三，出于便利公民行使权利的需要，要丰富公民参与行政程序的方式，推行电子政务，精简公民的信息提供义务。（1）公民可通过多种形式参与行政程序。根据《行政许可法》的规定，申请人可以亲自前往行政许可机关办理，也可以通过委托代理人代为办理，还可以通过信函等多种形式办理。③（2）推行电子政务，方便民众参与，提高服务效率。我国《行政许可法》对

---

① 《中华人民共和国行政许可法》（2019年修订）第25条规定："经国务院批准，省、自治区、直辖市人民政府根据精简、统一、效能的原则，可以决定一个行政机关行使有关行政机关的行政许可权。" 第26条规定："行政许可需要行政机关内设的多个机构办理的，该行政机关应当确定一个机构统一受理行政许可申请，统一送达行政许可决定。行政许可依法由地方人民政府两个以上部门分别实施的，本级人民政府可以确定一个部门受理行政许可申请并转告有关部门分别提出意见后统一办理，或者组织有关部门联合办理、集中办理。"

② 吴杨：《便民高效是服务型政府的内核》，载《乌鲁木齐晚报（汉）》2016年7月5日。

③ 《中华人民共和国行政许可法》（2019年修订）第29条第2、3款规定："申请人可以委托代理人提出行政许可申请。但是，依法应当由申请人到行政机关办公场所提出行政许可申请的除外。行政许可申请可以通过信函、电报、电传、传真、电子数据交换和电子邮件等方式提出。"

此作出了明确规定。① 此种形式既有利于申请人方便快捷地提出申请要求，也有助于行政机关办事效率的提高。（3）精简公民的信息提供义务。《广西行政权力运行监督管理办法》明确规定，行政权力运行应遵循便民原则。② 该管理办法第 11 条第 3 款还规定："凡是能通过公民身份证号码、统一信用代码核验查询和共享复用的信息，不得要求申请人重复提供。"

第五节　诚实信用原则

《论语》有云："上好礼，则民莫敢不敬；上好义，则民莫敢不服；上好信，则民莫敢不用情。"又云："民无信不立。"诚实守信、遵约践诺于国于民，至关重要，它是人类社会的基本道德准则，同时也是私法领域的"帝王条款"。对于诚实信用原则应否成为行政法的基本原则，学理上存在肯定说与否定说两种观点。否定说观点以行政法之父奥托·迈耶为代表，其认为"私法规定不得补充公法规定之欠缺"。③ 但随着服务行政、给付行政等现代行政服务类型的兴起，"适用于民法的一般法则也适用于行政关系"④，诚实信用原则作为行政法基本原则已成为学界通识。而诚实信用原则进入公法领域则肇始于德国《联邦行政程序法》，我国台湾地区"行政程序法"第 8 条也规定："行政行为，应以诚实信用之方式为之，并应保护人民正当合理之信赖。"

事实上，我国中央和地方层面都制定了将诚实信用原则确定为行政的基本原则的规范性文件。在中央层面，2004 年国务院制定的《全面推进依法行政

---

① 《中华人民共和国行政许可法》（2019 年修订）第 33 条规定："行政机关应当建立和完善有关制度，推行电子政务，在行政机关的网站上公布行政许可事项，方便申请人采取数据电文等方式提出行政许可申请；应当与其他行政机关共享有关行政许可信息，提高办事效率。"

② 《广西行政权力运行监督管理办法》第 4 条："行政权力运行和监督管理应当遵循依法依规、权责一致、规范运行、高效便民、公开透明和强化监督的原则。"

③ ［德］奥托·迈耶著：《德国行政法》，刘飞译，商务印书馆 2013 年版，第 53 页。

④ ［日］盐野宏著：《行政法》，杨建顺译，法律出版社 1999 年版，第 45 页。

实施纲要》明确指出，"行政管理要做到公开、公平、公正、便民、高效、诚信"。同时也将诚实信用作为依法行政的基本原则之一加以规定。2014 年中共中央《关于全面推进依法治国若干重大问题的决定》再次强调要深入推进依法行政，加快建设法治政府，必须"加快建设职能科学、权责法定、执法严明、公正公开、廉洁高效、守法诚信的法治政府"。在地方层面，一些地方性行政程序立法也将诚实信用原则作为原则之一①，如汕头市、西安市等。

　　我国行政法中的诚实信用原则一般是指行政机关应当恪守诚信，遵约践诺，守信不欺，其与民法上的诚实信用原则既有联系，又有区别。具体而言，其包括信息真实原则和信赖保护原则两项子原则。

一、信息真实原则

　　在控权论及监督制约理论下，诚实信用原则应当仅被理解为是对行政机关行使行政权力的规范与限制，而在平衡论看来，诚实信用原则的适用范围应当有所拓展。相对应地，我们认为，信息真实原则应当有广义、狭义之分。

（一）狭义的信息真实原则

　　行政机关其职权的行使承载着人民的信任、利益与合法性期待。一般而言，行政相对人对于行政机关所为之行为，都推定其为合法有效，是可以信赖和必须予以尊重的，这种信赖和尊重对于推行国家大政方针、政策，落实具体行政规划，减少行政执行过程中的阻力具有重大意义。若无视这种信赖和尊重，将会造成难以挽回的损失。狭义的信息真实原则着眼于对行政机关行使行政权力的规范、监督与控制，其基本内涵是指行政行为的意思表示应当真实、明确、无误，不得含糊其辞，不得模棱两可，更不得恶意制假。其具体要求有

---

　　①　例如《汕头市行政程序规定》第 107 条规定："实施行政指导应当遵循平等、公开、诚实信用、及时灵活、自愿选择等原则。"《西安市行政程序规定》第 94 条规定："行政机关签订和履行行政合同，应当严格遵行诚实信用原则、信赖保护原则。"《江苏省行政程序规定》第 84 条规定："实施行政指导应当遵循平等、公开、诚实信用、及时灵活、自愿选择等原则。"

二：首先，行政机关作出意思表示应当真实、明确，无误。① 从反面来说即不得模糊、不得虚假。和谐稳定是行政权力行使的目标之一，而意思表示的真实往往利于确定行政法律关系的内容，建立稳定的、可期待的行政管理秩序。对此，德国 1997 年《联邦行政程序法》第 37 条、葡萄牙 1996 年《行政程序法典》第 123 条、韩国 1996 年《行政程序法》第 5 条、我国台湾地区 2000 年"行政程序法"第 5 条都对此作出了规定。② 其次，行政机关发布的信息以及应行政相对人申请而公开的各种信息，应当真实、全面和准确，避免片面、误导或者错误。随着信息社会的不断发展，行政机关掌握着越来越多的社会信息，这些信息具有极大的价值，行政相对人完全可能出于生产、生活或者科学研究等合理需要而申请政府公开特定信息，这就要求行政机关在提供相关信息时必须真实。

（二）广义的信息真实原则

诚实信用原则应当适用于行政相对人的公法行为。③ 具体而言：（1）行政相对人所为公法行为时，应做到意思表示真实，禁止虚假陈述，禁止欺诈。在私法领域，诚实信用原则要求当事人从事私法行为应当恪守诚信，善意真诚，追求合理公平的利益分配。同样在公法领域，诚实信用原则也科以行政相对人以义务，要求其不得故意作出虚假陈述以谋取不当利益。（2）行政相对人行使权力、履行义务应怀有善良动机，且应当言而有信，不得出尔反尔。④

---

① 王贵松：《论行政法原则的司法适用——以诚实信用和信赖保护原则为例》，载《行政法学研究》2007 年第 1 期。

② 参见徐国栋：《论诚信原则向公法诸部门的扩张》，载何勤华主编：《公法与私法的互动》，法律出版社 2012 年版，第 215~229 页。

③ 闫尔宝：《行政法诚信原则的内涵分析——以民法诚信原则为参照》，载《行政法学研究》2007 年第 1 期。

④ 参见梁小婷：《论行政法诚实守信原则的适用》，载《法制与社会》2017 年第 17 期。

二、信赖保护原则

信赖保护原则,又称信赖利益保护原则,是诚实信用原则在行政法视域下的体现。诚实信用原则不仅是私法上的"帝王条款",也是公法上的基本原则,"苟无诚信原则,则民主宪政将无法实行,故诚信为一切行政权之准则,亦为其限界"。① 作为"均衡公共利益与个人利益之间关系的准则"②,信赖保护原则大有成为"君临全法域之基本原则"③ 的趋势,其在行政法领域的确立和适用,有利于平衡好行政相对人利益、第三人利益和公共利益三者之间的关系,规范和限制行政自由裁量权的行使,禁止行政恣意,有力推进诚信政府、诚信社会和诚信国家一体化建设。信赖保护原则的基本含义是指行政主体对其所为之行为或承诺,应当守信践诺,不得反复无常,不得随意改变、撤销和变更。

(一) 信赖保护原则的适用要件

通说认为,信赖保护原则的成立与适用应当符合三大要件:信赖基础、信赖行为和信赖殊值保护。

其一,具有信赖基础。即行政机关已作出生效行政行为且该行为已被行政相对人所知悉,其要点有二:一是行政机关既已作出行政行为,该行政行为已成立;二是该行政行为已经生效且已通过法定方式送达至行政相对人。故从反向解释可知,假象行政行为④无信赖保护之适用余地,即无信赖感,则无信赖

---

① 罗传贤著:《行政程序法基础理论》,台湾五南图书出版公司 1993 年版,第 65 页。
② 周佑勇著:《行政法基本原则的反思与重构》,载《中国法学》2003 年第 4 期。
③ 史尚宽著:《民法总论》,台湾正大印书馆 1980 年版,第 300 页。
④ 假象行政行为是指"具有行政行为效力外观但实体上不成立行政行为且可归责于国家的情形"。主要包括三种情况:一是,未有效送达;二是,行政行为意思表示存在瑕疵;三是,行政行为形式错误。参见张冬阳:《假象行政行为的界定和权利救济》,载《行政法学研究》2019 年第 4 期;王琪:《试论假象行政行为及其法律救济》,载《法制与社会》2008 年第 2 期;闫尔宝:《假象行政行为与拟制行政诉讼》,载《人民司法》2001 年第 7 期。

保护。

其二，具备信赖行为。这是指行政相对人主观上基于对行政行为的信赖而在客观上采取了一定的具体行为，此种信赖具有"不可逆转性"。[1] 其要义有三：一是客观上行政相对人已作出一定行为；二是主观上行政相对人因信赖该行政行为而作出行为；三是行政相对人作出的行为是具体的，而非抽象的。这种信赖行为主要表现在行政机关赋予行政相对人一定利益或者资格，或行政相对人据此而作出一定规划且具有一定利益性，如获得建设规划许可资格后从事房屋建设行为。

其三，信赖殊值保护。即值得法律保护的信赖具有正当性，具体是指行政相对人"对国家之行为或法律状态深信不疑，且对信赖基础之成立为善意并无过失"。[2] 故而，对于信赖利益是否值得保护，应当区分违法行政行为和合法行政行为两种情况加以讨论：（1）对于违法行政行为而言，关键是考察行政相对人对于违法行政行为是否具有可归责性和行政相对人是否具有利用该违法性之企图，总而言之，信赖具有瑕疵或违法，则不值得保护，如《中华人民共和国行政许可法》第 69 条第 2 款规定之情形。[3]（2）对于合法行政行为而言，关键在于判断行政相对人对行政行为之改变、撤销是否具有预测性。若有预测性，则不值得保护，若无预测性，则值得保护。如《中华人民共和国行政许可法》第 8 条第 2 款[4]规定的两种情形，行政相对人就缺乏预测性，其信赖利益应予保护。

---

[1]　周佑勇：《行政许可法中的信赖保护原则》，载《江海学刊》2005 年第 1 期。

[2]　城仲模主编：《行政法之一般法律原则》（二），台湾三民书局 1997 年版，第 241 页。

[3]　《中华人民共和国行政许可法》第 69 条第 2 款规定："被许可人以欺骗、贿赂等不正当手段取得行政许可的，应当予以撤销。"

[4]　《中华人民共和国行政许可法》第 8 条第 2 款规定："行政许可所依据的法律、法规、规章修改或者废止，或者准予行政许可所依据的客观情况发生重大变化的，为了公共利益的需要，行政机关可以依法变更或者撤回已经生效的行政许可。由此给公民、法人或者其他组织造成财产损失的，行政机关应当依法给予补偿。"

（二）信赖保护原则的法律效果

就其性质而言，信赖保护原则对于行政行为尤其是授益性行政行为之撤销、改变的限制，与形式意义上的依法行政原则具有一定冲突，而"相互冲突的原则必须相互衡量或平衡，有些原则比另一些原则有较大的分量"。① 所以，在适用信赖保护原则时，必须对公共利益和个人利益进行综合权衡，故信赖保护原则的法律效果可分为存续保护和财产保护两个部分。②

其一，存续保护。对公共利益和个人利益进行综合权衡时，若社会公共利益大于行政相对人个人利益，或违法行政行为应予撤销或改变但改变或撤销将对公共利益造成重大损害的，不论现存法律状况是否合法，为了维护社会稳定和保护公共利益，使该状态继续存续而不予变更。对此，《中华人民共和国行政许可法》第 69 条第 3 款规定："依照前两款的规定撤销行政许可，可能对公共利益造成重大损害的，不予撤销。"此外，《全面推进依法行政实施纲要》也明确规定："非因法定事由并经法定程序，行政机关不得撤销、变更已经生效的行政决定。"

其二，财产保护。撤销、改变行政行为将会对行政相对人的信赖利益造成损害时，应对行政相对人进行补偿，保护其财产权益。对此，《中华人民共和国行政诉讼法》第 8 条第 2 款规定："行政许可所依据的法律、法规、规章修改或者废止，或者准予行政许可所依据的客观情况发生重大变化的，为了公共利益的需要，行政机关可以依法变更或者撤回已经生效的行政许可。由此给公民、法人或者其他组织造成财产损失的，行政机关应当依法给予补偿。"此外，《全面推进依法行政实施纲要》还明确指出："因国家利益、公共利益或者其他法定事由需要撤回或者变更行政决定的，应当依照法定权限和程序进行，并对行政管理相对人因此而受到的财产损失依法予以补偿。"

---

① ［美］迈克尔·D. 贝勒斯著：《法律的原则》，张文显等译，中国大百科全书出版社 1996 年版，第 13 页。

② 《行政法与行政诉讼法学》编写组编：《行政法与行政诉讼法学》，高等教育出版社 2017 年版，第 48 页。

（三）信赖保护原则的具体表现

全面准确地把握信赖保护原则，应当做到如下几个方面：（1）要坚持和尊重行政行为的确定力和公定力。行政行为一经作出并生效，非经法定事由、法定程序，不得随意撤回、撤销、废止或更改。（2）禁止不利于行政相对人和行政相关人的溯及既往。① 法律规范应当具有明确性、稳定性、连续性和可靠性，才能稳定国民预期，维护社会稳定，故而法律规范的溯及既往在一般情况下是应当被禁止的。反向解释而言，即使是特殊情形下允许法律规范溯及既往，也不得限制或者损害行政相对人的权益。（3）授益性行政行为一旦作出，行政机关即使发现其存在错误或者瑕疵，若非因行政相对人恶意或者过失原因导致，亦不能撤销、改变或者撤回，除非不撤销、改变或者撤回将严重损害国家、集体和社会公共利益。② （4）在进行利益衡量前提下，若撤销、废止或者改变该行为而获得的利益大于行政相对人将因此所受之损失的，行政机关可以撤销、废止或者改变该行政行为。（5）遵守行政惯例。③ 行政机关需遵守并履行行政承诺，接受行政惯例的约束。

第六节　权责统一原则

公共权力是"共有属性"与"私有属性"的矛盾统一体。一方面，主权在民作为基本原则已被现代各国宪制确定，"人民是公共权力的合法性来源成为共识"。④ 例如，我国《宪法》第 2 条规定，"中华人民共和国的一切权力属于人民"。另一方面，具体掌握和运用权力的仅仅是少数人，而这些人"要

---

① 杨建顺：《正确理解和适用信赖保护原则》，载《检察日报》2018 年 2 月 7 日。
② 姜明安：《行政法基本原则新探》，载《湖南社会科学》2005 年第 2 期。
③ 杨建顺：《正确理解和适用信赖保护原则》，载《检察日报》2018 年 2 月 7 日。
④ 刘祖云：《权责统一——行政的理论逻辑》，载《行政与法》2003 年第 10 期。

是其权力攫取私利，往往就不惜违反正义"①，而孟德斯鸠也认为，"一切有权力的人都容易滥用权力，这是万古不易的一条经验。有权力的人们使用权力一直到遇有界限的地方才休止"。② 因而，监督、限制和规范公共权力的行使便一直成为了行政法学研究和关注的重心，为行政权力施以行政责任，使得"任何行政主体都是责任主体，任何行政行为都必须处于责任状态"便成为了公共行政的基本控权逻辑。③ 故而，公共权力的矛盾性决定了必须赋予行政机关以相应职权、手段，同时也要对权力行使进行监督，以期实现行政职权与行政责任的相互统一。

一、权责统一原则的主要内容

《全面推进依法行政实施纲要》将权责统一原则作为依法行政的基本要求之一，提出"行政机关依法履行经济、社会和文化事务管理职责，要由法律、法规赋予其相应的执法手段。行政机关违法或者不当行使职权，应当依法承担法律责任，实现权力和责任的统一"。据此，权责统一原则囊括了两大子原则：行政效能原则和行政责任原则。

（一）行政效能原则

行政效能原则是权责统一原则第一性的要求，简而言之，是指行政机关依法履行经济、社会和文化事务管理职责，要由法律、法规赋予其相应的执法手段，以保证行政目的之达成。

其一，行政效能原则的地位。效能、效益或是效率，最基本的内涵就是以最小的投入获得最大的收益。行政效能原则是对行政经济性的要求，其应否成为行政法的基本原则之一，素来具有争议。（1）否定论者认为，将行政效能原则视为行政法的基本原则，忽视和抹杀了行政法的特殊性及其与行政学之间

①　［古希腊］亚里士多德著：《政治学》，商务印书馆 1965 年版，第 316～317 页。
②　［法］孟德斯鸠著：《论法的精神》，商务印书馆 1961 年版，第 154 页。
③　刘祖云：《论权责统一：公共行政的理论逻辑》，载《江南大学学报（人文社会科学版）》2003 年第 3 期。

的学科界限，这将会导致行政效率的低下，不利于行政目标的达成。① （2） 肯定论者认为，行政效能原则成为行政法的基本原则具有宪法基础，是时代要求，利于更新行政法理念，是回应服务行政和给付行政的需要②，并强调 "行政权的配置也必须遵守效率原则"。③ 甚至，更有论者指出，行政效能原则是指 "行政机关在行使其职能时，要力争以尽可能快的时间、尽可能少的人员、尽可能低的经济消耗办尽可能多的事，并使之办得尽可能的好"④，或是 "以尽可能少的消耗去获得尽可能大的收获，或在同样的收益情况下花费尽可能少的代价"。⑤

其二，行政效能原则的意涵。行政效能原则有广义和狭义之分。狭义的行政效能原则是指为了保证行政机关依法履行事务管理职责时能够执行有效，为了达到行政目的，必须由法律法规赋予其相应适当的配套手段和措施，这也称为行政手段有效性原则。而广义的行政效能原则究竟包括哪些内容也具有争议。沈岿教授认为，行政效能原则包括 "制度建构论维度上的规范内涵" 和 "法适用论维度上的规范内涵"，具体而言包括市场或社会自治优先原则、管理或服务制度的效益最大化原则、行政手段有效性原则和行政手段效益最大化原则。⑥ 而朱新力、唐明良教授则认为行政效能原则应当包括三项基本要求，分别是：（1） 成本—效益分析。（2） 行政组织、手段和程序与行政目的和任务相互匹配。（3） 行政行为的可接受性。⑦ 李红雷教授则认为行政效能原则应

---

① 如应松年主编：《行政法学教程》，中国政法大学出版社 1988 年版，第 62~63 页；胡建淼主编：《行政法教程》，杭州大学出版社 1990 年版，第 43~49 页；朱维究：《简论行政法的基本原则》，载《法学研究》1989 年第 1 期。

② 如薛刚凌：《行政法基本原则研究》，载《行政法研究》1999 年第 1 期；章志远：《我国行政法基本原则之重构》，载《太原理工大学学报（社会科学版）》2005 年第 1 期。

③ 江国华著：《中国行政法（总论）》，武汉大学出版社 2017 年版，第 54 页。

④ 姜明安：《行政法的基本原则》，载《中外法学》1989 年第 1 期。

⑤ 李宗兴、张世信、阎仁斌主编：《行政法学概论》，上海社会科学院出版社 1989 年版，第 66~67 页。

⑥ 沈岿：《论行政法上的效能原则》，载《清华法学》2019 年第 4 期。

⑦ 朱新力、唐明良等著：《行政法基础理论改革的基本图谱："合法性" 与 "最佳性" 二维架构的展开路径》，法律出版社 2013 年版，第 42~63 页。

当包括四项基本要求，分别是：（1）完善的行政组织法制体系。（2）合理的程序设置。（3）广泛的新的科技手段以促进效率。（4）建立规制影响分析制度。①

其三，行政效能原则的规范体现。无论赞成与否，行政效能原则在我国制定法和司法适用过程中是广泛存在的，是不可争议的事实，其在我国现行行政法律体系中多有体现，具体而言：（1）行政效能原则的确立具有宪法基础。《中华人民共和国宪法》第 27 条规定："一切国家机关实行精简的原则"。（2）行政效能原则的确立具有行政组织法基础。《中华人民共和国公务员法》第 14 条第 4 项规定，公务员应当履行"忠于职守，勤勉尽责，服从和执行上级依法作出的决定和命令，按照规定的权限和程序履行职责，努力提高工作质量和效率"的义务。此外，我国历次国务院机构改革方案的决定也多有提及"精简、统一、效能的原则。"（3）行政效能原则还体现在国民经济和社会规划、行政管理和监管等领域。比如，《中华人民共和国国民经济和社会发展第十三个五年规划纲要》明确设置了"提高政府监管效能"的章节；《中华人民共和国银行业监督管理法》第 4 条也规定："银行业监督管理机构对银行业实施监督管理，应当遵循依法、公开、公正和效率的原则。"（4）最为关键的是，行政效能原则还体现在国务院颁布的多份关于推进法治政府建设和依法行政的规范性文件中，这些文件的出台，无不强调了行政效能的重要性。如《国务院关于全面推进依法行政的决定》提出，"既要保护公民的合法权益，又要提高行政效率"。《全面推进依法行政实施纲要》要求"必须把坚持依法行政与提高行政效率统一起来"，并把"积极履行法定职责，提高办事效率"作为高效便民原则的重要组成部分。（5）司法实践中已经出现了大量地运用行政效能原则对行政行为合法性、合理性进行审查的诸多案例。

（二）行政责任原则

有权必有责，用权受监督、侵权须赔偿是现代行政法治的基本要求，也是

---

① 李洪雷著：《行政法释义学：行政法学理的更新》，中国人民大学出版社 2014 年版，第 108～109 页。

现代行政法治的核心要义之一，旨在实现和维护行政权力行使的有责状态①，其基本内涵是指行政机关及其公务人员违法行使或者不当行使职权的，应当依法承担相应责任。

其一，行政责任原则的理论依据。行政责任原则在诸多法治发达国家或地区都已确立，例如美国、德国和我国台湾地区②，行政责任原则的风行与其具有深厚的理论基础息息相关。

（1）行政责任原则的确立具有哲学依据。马克思唯物辩证主义坚持同一律并认为，矛盾具有同一性，矛盾的两个方面相互依赖、相互斗争而又统一于一个整体当中。"权利义务是一致的"便是在同一性意义上进行阐发的，其哲学根源来自自由与必然的同一性原理：自由，并不排斥必然，且相反的是，若想要获得并增强自由，就要以必然为前提和条件，必然是包含在自由当中的。③ 也就是说，人民实现和追求自由的过程，便是认识并遵循必然而行为的过程。这种同一性映射在法学领域就体现为权利义务的统一性，具体要求是，没有无义务的权利，也没有无权利的义务，享有一定的权力，就应履行一定的义务。行政机关作为行政权的"执掌者"，享有对经济、社会、文化等领域的管理权力，攸关公民切身利益的实现，必然要求其履行一定义务，以期实现权力、义务和责任三者相互统一。此外，融贯性理论认为，融贯一般是指事物之间无逻辑上的矛盾，且事物体系的构建和观念的融洽。④ 这一要求体现在行政法领域，既要求实现行政权力、义务和责任相互融洽统一，又要求行政机关作出行政行为时要坚持完整性、不间断的原则，禁止行为处理上的"半途而废"，禁止烂尾。

---

① 张新文，张国磊：《行政人员客观责任与主观责任的权衡——兼评特里·L. 库伯的〈行政伦理学：实现行政责任的途径〉》，载《长白学刊》2015 年第 3 期。

② 诚仲模著：《行政法之一般法律原则》（三），台湾三民书局 1997 年版，第 361~364 页。

③ 王梦昕：《马克思主义视域下对自由与必然关系的解读》，载《文化学刊》2019 年第 2 期。

④ 侯学勇：《融贯性的概念分析：与一致性相比较》，载《法律方法》2009 年第 2 期。

（2）行政责任原则的内核与民主政治要求相互吻合。现代民主政治无不认为，人民主权是基本的宪制内核，"一切合法政府必须以个人同意为根据，因此人民大众显然是国家的基础"。① 人民是一切权力的最终拥有者和最终来源，行政权力是一种公共权力，其行使必须体现人民意志和利益，并直接或间接地对人民负责。同样，政府也必须处于人民的控制和监督之下，这是责任政治的必然要求，而责任政治必然要求责任行政。②

（3）行政责任原则的确立符合行政法的内在要求。现代行政法产生于克制专制王权、防止公共权力滥用的宪制背景下，行政法的目标和任务之一就是要将国家的行政活动从无责任状态调整到责任状态，规范、监督行政权的行使，防止行政恣意。③ 其具体实施路径主要有创设行政法律规范，严格行政程序，规范行政主体组建和职能配置，设置行政法律责任等。可见，责任行政正是行政法的核心和基本精神。此外，自己责任原则的基本要求是，除法律另有规定之外，任何人不为他人之行为负责。这要求行政机关自负其责，不允许有超越宪法和法律的特权存在，也不允许将自己的责任"嫁接"给他人。

（4）行政责任原则体现了责任伦理观念的要求，有利于唤醒和增强行政机关及其公务人员的责任意识。伦理的核心就是责任感，正是这种责任感要求行使公共权力的行政主体及其公务人员必须对自己的行为负责。④

其二，行政责任原则的两大层次。韦伯认为，官僚体制的科层结构导致了行政权力的结构性分配和功能性分配，结构性分配解决的是权力纵向安排，而功能性分配解决的是权力的横向分工。⑤ 据此，科层制下的行政体制对行政责任作出了两个层面的设计和规定。其中，第一个层次的责任，是指政府作为一

---

① ［美］梅里亚姆著：《美国政治学说史》，商务印书馆1988年版，第29、41页。

② 宋玉波著：《民主政制比较研究》，法律出版社2001年版，第70页。

③ 参见张坤世：《论行政法上的责任行政原则》，载《广东行政学院学报》2005年第17卷第5期。

④ 蒋庆：《政治儒学中的责任伦理资源》，载刘军宁等主编：《市场社会与公共秩序》，生活·读书·新知三联书店1996年版，第254~255页。

⑤ 束赟：《现代官僚制的经济性和工具性——马克斯·韦伯的现代官僚制理论及启示》，载《行政与法》2014年第6期。

个整体而应负的责任。这一层次的责任在西方政治体制中常以政府责任内阁的形式出现，属于政治性或宪制性的责任。我国《宪法》规定中央人民政府由全国人民代表大会产生并受全国人民代表大会及其常务委员会监督，同时中央政府内部实行总理负责制。而我国地方政府则具有双重责任，地方政府既要向本级人大及其常委会负责，还要向上级政府负责。第二个层次的责任，是指行政机关本身及其公务人员对外行为时应负的责任。这是一种具体化的法律责任。这种责任包括刑事责任、行政责任和民事责任，也可能承担惩罚性责任和补救性责任，其中民事责任还可以分为侵权责任和违约责任等。

其三，行政责任原则的实现路径。原则应当被落实，否则它将形同虚设。总体而言，行政责任原则可从以下几方面加以实现。

（1）建立健全行政责任追究法律制度。与《中华人民共和国民法总则》专设"民事责任"一节的立法体制不同的是，我国并无统一的行政法典或者行政法总则，对行政责任的规定多散见于不同的行政法规范中，缺乏整体性和统一性；另外，在"反司法化"观点的影响下，行政复议作为追究行政责任的"准司法"功能并未得到充分发挥；我国现行国家赔偿存在范围较窄、程序不够完善，举证责任有待补充等问题。故而需要建立健全行政责任追究机制，维护人民权利和利益。

（2）着重培养行政机关公务人员的责任意识。责任意识是对行政公务人员的内在要求，具有法律属性和道德属性。有学者认为，行政机关公务人员应当具备的责任意识包括六个方面：以人为本、正义感、敢于担责、接受监督、法律至上以及官民平等。①

（3）加强问责制度建设。问责包括同体问责和异体问责，同体问责是指系统内部或者行政机关内部对其下级或所属公务人员进行的问责，例如上级人民政府对下级人民政府的问责。异体问责是指对行政系统外的人员对行政机关及其工作人员进行的问责，主要有政党、新闻媒体、社会舆论、公众等。行政

---

① 孙彩红：《责任行政意识：建构责任政府的主观条件》，载《云南行政学院学报》2005 年第 2 期。

问责重在异体问责，离开了异体问责的行政问责制度是缺乏意义和持续性的问责。① 故而，落实行政责任原则，需加强异体问责制度建设。

二、权责统一原则的基本要求

《全面推进依法行政实施纲要》指出，行政机关应当"依法做到执法有保障、有权必有责、用权受监督、违法受追究、侵权须赔偿"。具体而言，权责统一原则的基本要求有以下几点。

（一）执法有保障

与司法权的行使不同，行政权的行使更加突出强制性、主动性、效率性等要求。② 为了提高行政执法效率，保障政策实施，必然要求为行政执法提供全面有效的保障，具体包括：（1）加强和完善行政执法保障的制度和立法供给。在法治原则下，对于行政机关而言，"法无授权即禁止"，行政执法效能的有效提高离不开充足的行政法制和行政立法供给，如完善《中华人民共和国行政强制法》等。（2）加强重视，推进行政执法队伍高水平建设。任何公共政策的推行都离不开人的执行，而行政执法人员的科学素质、道德情操、执行效率等又关系着行政执法的成效，故而应当建设一支高水平的执法队伍。（3）为行政执法提供基本的物质保障。物质保障应当是第一位的，没有稳定、充分的物质保障，也就没有有效的、持续的行政执法。

（二）有权必有责

"行政权力与行政责任是对等的，任何行政主体都是责任主体，任何行政行为都必须处于责任状态"③，这就是权责统一原则的基本逻辑所在。对于法治社会而言，没有无权力的义务，也没有无义务的权力，任何时候权力和义务

---

① 杜钢建：《走向政治问责制》，载《中国经济时报》2003 年 5 月 26 日。
② 万里鹏：《行政权的边界界定及其规制研究》，载《宁夏社会科学》2019 年第 1 期。
③ 刘祖云：《权责统一——行政的理论逻辑》，载《行政与法》2003 年第 10 期。

都是统一的，有权必有责，任何仅仅强调一方的观点都是有误的。但是，这并不意味着，行政机关的权力和义务是完全相等的，这是一种机械的、唯数量化的观点。有权必有责要求，必须"健全权力运行制约和监督体系，有权必有责，用权受监督，失职要问责，违法追究"。①

（三）用权受监督

权力的监督和制约，是政治社会运行的基本原则和要求。"权力有作恶的滥用的自然本性；这一原则由西方人士所信奉，最迟同文字、文明一样古老。"② 不受监督的权力必然导致腐败，这是一条基本规律。故而需要扎牢制度的笼子，将权力关进制度的笼子。切实做到用权受监督，要始终坚持权为民所属，坚定人民是一切国家权力的来源和归宿的信念；也要坚持权为民所授，始终坚持人民当家作主；更要坚持权为民所用，利为民所谋，权力是人民赋予的，必须对人民负责，为人民谋福。③

（四）违法受追究

违法行为是对社会秩序的否定和冲击，相应地，应对其进行法律上的否定评价并使其受到法律追究，这是法治的基本内涵之一，也是各国宪制的基本要义之一。如我国《宪法》第 5 条规定："一切违反宪法和法律的行为，必须予以追究。"

（五）侵权须赔偿

无救济则无权利。对于权利的救济，不仅强调事前救济，还应当包含事后救济，其中承担侵权赔偿责任是权责统一原则的体现。行政机关承担赔偿责任

---

① 张由涛：《有权必有责 用权受监督——习近平总书记关于加强权力监督的重要论述揽要》，载《中国纪检监察》2009 年第 3 期。

② ［美］格尔哈斯·伦斯基著：《权力与特权——社会分层理论》，浙江人民出版社1998 年版，第 8 页。

③ 梁妍慧：《有权必有责 用权受监督》，载《党建》2005 年第 Z1 期。

主要是通过国家赔偿途径加以实现的，而国家赔偿是指行政机关及其公务人员在行使职权过程中，存在法定的侵害行政相对人或行政相关人利益并造成一定损害后果时，应当由国家作为责任主体而承担的一种责任，其应当满足违法行为、损害事实、因果关系三个要件。①

---

①　江国华著：《中国行政法（总论）》，武汉大学出版社 2017 年版，第 395～396 页。

第三章　行政创制行为

　　有别于行政主体履行职权过程中的各类具体行为种类，行政创制行为是行政机关行使行政职权过程中所采取的一系列非具体行政活动的总称，包括制定行政法规和规章、提出法律议案、编制规划和计划、编制预算、制定行政措置和制定其他规范性文件等。行政创制行为作为行政机关行使职权、达成行政目标的行为方式之一，其主要载体通常表现为行政法规、行政规章、行政决策、行政规划以及行政规划性文件等。

　　公共政策属性是行政创制行为的基本属性之一，公共政策制定管理是国家管理行为中的一项重要活动，将公共政策的研究成果以一定的形式固定下来并予以规范化，即为行政创制行为。根据抽象行政行为说的观点，抽象行政行为在我国行政法学上有"行政规范创制行为"的称谓，因此行政创制行为多以抽象行政行为的形式表现出来。

　　行政创制行为主要通过行政法规、行政规章、行政决策、行政规划以及行政规划性文件等形式表现。行政立法包括国务院制定行政法规、国务院部门和直属机构制定部门规章以及省级政府和较大的市、自治州的政府制定地方政府规章的行为；行政规范性文件是指行政主体为实施法律和执行政策，在法定权限内制定的除行政立法以外的决定、命令等普遍性行为规则的总称；行政规划，是指行政主体事前制定出规划蓝图，并进一步制定为实现该综合性目标所必需的各项政策性大纲的活动；行政决策是指国家行政机关及其工作人员为实现一定的目标，根据法定权限，按照法定程序对其职责范围内的公共事务作出决定或确定行动方案的活动与过程。

通过行政创制行为所制定的行政法规、规章等具有普遍约束力和强制执行力，一旦制定不当或者违法，将造成广泛的负面影响。因此，有必要对行政创制行为从源头上和实施过程中进行多主体的立法审查合法性控制。立法审查制度主要是指全国人大各专门委员会基于有关组织或人员的申请而对法律、法规、规章进行审查并作出相应处理的制度，也包括省、自治区的人大常务委员会对较大的市的地方性法规的合法性审查、备案审查并得以对此改变或撤销；政府的规范性文件起草后要进行合法性审查，法院可以受理行政相对人在行政诉讼时附带提起的规范性文件审查；人民代表大会对政府的创制行为诸如行政规划可以从法律监督和工作监督上得到落实；行政决策的合法性和合理性也要受到立法、司法、行政控制。

第一节　行政创制行为的法律属性

法律属性是对行政行为的法律身份进行鉴别、确定其在法律体系中精确定位的重要依据。现代国家的行政管理涉及面广、行政方式种类繁多，形成了有规律的行政行为体系，如行政立法、行政决策、行政规划等，行政法赋予了这些行政行为以适当的法律性质。[①] 行政创制行为是行政机关行使行政职权，在行政管理过程中所进行的一系列行政活动的总称，包括制定行政法规和规章、提出法律议案、编制规划和计划、编制预算、制定行政措置和制定其他规范性文件等。行政创制行为作为行政机关进行行政活动广泛采用的行为方式之一，明确其法律属性是十分必要的，这关系到行政行为体系的完善和健全以及行政创制行为所产生之后续问题的应对，同时对于行政行为理论的不断深入有着重要的意义。

---

① 参见江国华著：《中国行政法（总论）》，武汉大学出版社 2017 年版，第 138 页。

一、公共政策说

公共政策学与自然科学、系统分析、行政学、法学和哲学等学科都有着密切的或一定的联系。从与行政学的关系来看，公共政策活动在相当大的程度上也归属于一种行政行为。公共政策研究与行政研究相并列，同属政治学的组成部分。但行政决策又受政策学的理论、原则和方法的直接指导，行政决策的实践经验又丰富着政策学的内容。从与法学的关系来看，法学以法律为研究对象，法律构成了一类非常重要的公共政策文件。政策与法律在性质、作用和方法等方面，有着相似、相近或相同之处，特别是正确处理政策和法律的矛盾性与统一性，更是有赖于政策学和法学研究的合作。公共政策往往是法律的前导和后补，法律乃是公共政策的升华和规范。但同时两者在内容上及其功能性、规范性、稳定性和适用性等方面，都有着较为明显的区别。①

公共政策是现代社会政治生活中使用得非常广泛的概念之一，公共政策的创始人之一哈罗德·拉斯维尔和亚伯拉罕·卡普兰（A. Kaplan）认为：公共政策是一项含有目标、价值与策略的大型计划。② 公共政策法律化是指把一些经过实践检验的和能够在较长时间内发挥作用的公共政策上升为国家的法律、法规。政策的合法性与政策的法律性存在一定的区别，如前者属于政策制定的范畴，后者属于政策的继续，说明政策已经处于实施阶段，是政策合法性的特殊形式。由此可知，合法的政策并不一定具备法律化的特征。政策法律化应具备以下条件③：一是对全局有重大影响的政策可以上升为法律；二是具有长期稳定性的政策可以上升为法律；三是只有比较成功的政策才能上升为法律。

行政创制行为的公共政策属性是其基本属性之一。马克思说："行政是国

---

① 王曙光、李维新、金菊著：《公共政策学》，经济科学出版社 2008 年版，第 21 页。

② See H. D. Lasswell and Kaplan, *Power and Society*, N Y: McGraw-Hill Book Co., 1963, p. 70.

③ 王曙光、李维新、金菊著：《公共政策学》，经济科学出版社 2008 年版，第 144 页。

家的组织活动。"① 公共政策是社会公共权威在特定条件下，针对特定对象、为达到特定的目标而制定的行动方案或行为准则。

中共中央和国务院发布的文件、党和国家领导人的重要讲话、国家的大型发展计划、中央政府部门和地方政府出台的一些规定和办法以及人民代表大会通过的法律，笼统地讲，都是公共政策的具体表现形式。在本书中，我们将政策定义为社会公共权威在特定情境中，为达到一定目标而制定的行动方案或行动准则。我国台湾学者伍启元先生在《公共政策》一书中提出："公共政策是政府所采取的对公私行动的指引；公共政策是由政府或有决策权者所采取或选择的。"② 伍启元先生认为的公共政策过程如下图所示。

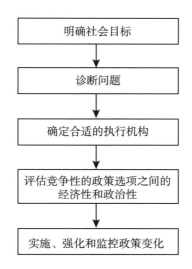

有学者认为，公共政策是一系列谋略、法令、措施、办法、方法、条例等的总称。③ 而有学者把公共政策定义为：政府和其他公共权威在一定历史时期

---

① 《马克思恩格斯全集》（第 1 卷），人民出版社 1965 年版，第 479 页。
② 伍启元著：《公共政策》（上册），台湾"商务印书馆"1985 年版，第 4 页。
③ 陈振明编著：《公共政策学》，中国人民大学出版社 2004 年版，第 4 页。

为达到一定的目标而制定的行动方案和行为依据。① "现代行政学之父" 伍德罗·威尔逊则认为，公共政策是 "政治家即具有立法权者制定的而由行政人员执行的法律和法规"。② 我国台湾学者林水波、张世贤先生根据托马斯·戴依在《理解公共政策》一书中所表达的观点，认为公共政策是指 "政府选择作为或不作为的行为"。这一定义所侧重的是政府表现出的行为或无为，然而，政府行为只是政策的一种表现，毕竟不同于 "政策" 本身，因而这一定义似乎不够确切。不过，它突出了无为的行为这一面，也就是说，政策不仅涉及采取某种行动以及如何行动的决议指示，而且还包括关于不采取或停止某种行动的决定，后者也是一种政府行动指南，因而也是一种政策。

政府制定公共政策是解决公共政策问题的必要手段和第一阶段，也是一个复杂的系统过程。公共政策制定管理是国家管理行为中的一项重要活动，它将公共政策的研究成果以一定的形式固定下来并予以规范化。公共政策是政府制定和执行的政策，而政府在政治治理上被定义为是全体国民委托管理国家公共事务的机构。法与政策的融合体现为这两种不同状态的政策之间的相互转化，"法的政策化" 是指法从规范性法律向措施性法律的转化，而 "政策的法律化" 则是指由立法的政策向法律制度上存在的政策的转化。③

法律形成的原因是某些社会现象或者问题的常态化导致无法解决。与此不同的是，公共政策的形成是因为行政管理的需要，而并无此要求。法律不是万能的，也会存在一定的漏洞，因而不可能对所有的问题都作出明确具体的规定，在这种情况下，对于社会问题的解决应当及时地适用政策，发挥其对法律的替代作用。

中国现行的政治体制是中国共产党领导的议行合一体制，这种体制有两大特征④：一是全国人民代表大会作为最高国家权力机关；二是中国共产党作为中国政府的核心主导着公共政策的制定。公共政策是一个过程，通过这个过程

---

① 许鹿主编：《公共政策导论》，中国劳动社会保障出版社 2011 年版，第 2 页。
② 伍启元著：《公共政策》，商务印书馆（香港）1989 年版，第 4 页。
③ 江利红：《日本行政法政策论考察》，载《法治论丛》2010 年第 4 期。
④ 谢明编著：《公共政策导论》，中国人民大学出版社 2015 年版，第 31 页。

我们作出集体决策，这些集体决策对受影响的各方都具有约束力，而不管他们是否同意最终的决策。一般而论，一项合理的公共政策的逻辑过程包括：政策问题的形成、政策决定以及政策实施三个发展阶段。① 政策决定是指，政策决定者最终作出的、用以确立公共政策行动的法律地位、确定公共政策的活动内容的决定。从狭义政府的意义上说，政策决定包括了政府的法规、法令、命令、敕令、规定、立法和司法解释等多种形式的政府行为。

二、抽象行政行为说

行政行为作为行政法学的基本范畴，在行政法中不仅是一个学术概念，同时也是德国、西班牙等大陆法系国家的专门法律术语。该词是"法国大革命后，学者为说明行政机关在法律之下，与司法并行，类似法院之判决，为处理具体事件逐渐形成的概念"。② 德国行政法学鼻祖奥托·迈耶教授对其作了系统界定——在奥托看来，行政行为意指行政机关运用公权力，对具体行政事务适用法律，作出决定的单方行为。③ 根据对象不同④，行政行为可以分为抽象行政行为和具体行政行为。该概念自 20 世纪 80 年代初在我国正式使用以来⑤，已被学界广泛采用和认同。

抽象行政行为是行政法学中最为特殊的一个概念。法理学和民法学上都不存在抽象行政行为这一概念。对此，有学者认为它是最有价值的一个概念⑥，

---

① 张国庆著：《现代公共政策导论》，北京大学出版社 1997 年版，第 25~27 页。
② 翁岳生著：《行政法与现代法治国家》，台湾大学法学丛书编辑委员会编辑 1990 年版，第 3 页。
③ 参见翁岳生著：《行政法与现代法治国家》，台湾祥新印刷有限公司 1979 年版，第 3 页。
④ "明确"是指相对人是否可以被个别化为具体的组织或者个人；"固定"是指行为终结时相对人的范围已经封闭，不可能扩大或者缩小。参见应松年主编：《行政法与行政诉讼法学》，法律出版社 2005 年版，第 115 页。
⑤ 王珉灿主编：《行政法概要》，法律出版社 1983 年版，第 97 页。
⑥ 参见罗豪才主编、湛中乐副主编：《行政法学》，北京大学出版社 2005 年版，第 95 页。

也有学者认为它是最受人质疑的一个概念。① 抽象行政行为最早是由法国人狄骥提出来的，他明确主张抽象行政行为和具体行政行为的分类，认为抽象行政行为是规则行为，是行政机关创制普遍性行为规则的行为，而具体行政行为是条件行为。② 抽象行政行为在我国行政法学上有"行政规范创制行为"③ 等称谓，指的是行政主体针对处于将来可能发生的法律事实中的不特定的行政相对人单方作出的具有普遍约束力的可反复适用的行政行为。其最基本的性质和功能是就某一事项预先设置人们之间的权利义务模式，为行政法律关系的产生、变更和消灭提供法律前提和可能性。④

　　在行政主体实施行政管理和行政相对人参加行政活动的过程中，都必须遵循相应的行为规则。这些规则和制度或由国家权力机关制定，通过宪法、法律和地方性法规的形式表现出来，或由行政机关自行制定。前者属于行政立法活动，而后者则属于行政行为。

　　《行政诉讼法》第 12 条规定，人民法院不受理行政相对人对"具有普遍约束力的决定、命令"提起的诉讼。《最高人民法院关于执行〈中华人民共和国行政诉讼法〉若干问题的解释》第 3 条也作了更为具体的解释，决定和命令是指行政机关针对不特定对象发布的能反复适用的行政规范性文件。从上述规定和解释可以看出抽象行政行为在行政行为终结时，相对人不能被个别化、固定化，其通常针对某类事件的某类人产生效力，具有反复适用的特点，其通常表现形式为具有普遍约束力的行政规范性文件。抽象行政行为只对将来的行为发生效力⑤，不能作为直接的执行依据，必须有一个具体行政行为作为中

----

① 参见杨解君：《抽象行政行为与具体行政行为的划分质疑》，载《中央政法管理干部学院学报》1995 年第 1 期。

② 参见［法］狄骥著：《宪法论》，钱克新译，商务印书馆 1962 年版，第 236 页；王名扬著：《法国行政法》，中国政法大学出版社 1989 年版，第 134 页。

③ 参见杨解君：《抽象行政行为与具体行政行为质疑》，载《中央政法管理干部学院学报》1995 年第 1 期。

④ 应松年主编：《当代中国行政法》（第三卷），人民出版社 2018 年版，第 790~791 页。

⑤ 参见胡建淼著：《行政法学》，法律出版社 2003 年版，第 197 页。

介，才能够进入执行过程。①

根据不同的标准，可以将抽象行政行为进行不同的分类。其中最常见的分类是以抽象行政行为的规范程度和效力等级为标准，将抽象行政行为分为以下两类：一是行政机关的行政立法行为。该种行为是指行政机关制定、发布新政法规和行政规章的行为。这类抽象行政行为只能由法定的国家行政机关实施；二是行政机关除行政立法以外的其他抽象行政行为。主要是指行政机关针对广泛的、不特定的对象规定行政措施，发布决定和命令的行为。这类抽象行政行为的主体非常广泛，依照我国宪法和法律的规定，我国各级国家行政机关都有权对管理本行政区域内的行政事务发布决定和命令。

行政创制行为是抽象行政行为的动态表现，一般具有以下特点：（1）行政创制行为属于行政行为，不属于立法行为，不同于立法行为，因为行政创制行为的主体是行政机关而不是权力机关。但是这种行为也具有普遍性规范这一法律特征，因而在西方被称为"准立法行为"。（2）行政创制行为属于单方行政行为，不同于双方行为。行政规范行为由行政主体单方作出，无须和相对人取得一致意见。这与行政合同行为相区别。（3）行政创制行为属于抽象行为，不同于具体行为。行政规范行为表现为对行为规划和计划、预算等的规定，而不是依据规则、计划、预算等对特定时间作具体处理。

三、行政创制行为的效力

行政行为的效力是行政法上一个重要的研究对象，是指具备法定构成要件的行政法律行为对社会、行政主体以及行政相对人所发生的法律上的效果。关于行政行为到底具备何种法律效力，大多数学者认为，行政行为的效力包括公定力、确定力、拘束力以及执行力。② 作为行政行为效力内容的公定力、确定力、拘束力以及执行力是相互联系而又彼此独立的，是行政行为效力应该同时

---

① 参见李国光主编：《行政执法与行政审判参考》，法律出版社2000年版，第178页。

② 应松年主编：《当代中国行政法》（第三卷），人民出版社2018年版，第803～804页。

具备的四个方面。只有这样，才能保证行政行为得以实现落实和达成行政管理的任务和目的。

其一，公定力，行政行为一经作出即对任何人都被推定为合法有效。① 行政行为的公定力具有三个明显的特征：（1）公定力是一种被推定的作用力。（2）公定力发生的前提是行政行为的成立。也就是必须存在一个被法律认可的行政行为。（3）公定力是一种对世的效力，其约束的对象不仅包括行政相对人与行政主体，而且包括社会中所有的其他成员。

其二，确定力，一经作出不得任意改变。行政行为具有确定力并不是意味着行政行为绝对不可以变更。基于法定的事由，经过法定的程序，行政行为可以通过行政复议、行政诉讼等途径依法变更、撤销或者废止。而行政行为的形式确定力则是指在法定申请复议和诉讼期限届满之后，不管行政行为的内容如何，行政相对人须得接受该行政行为。这种效力与行政行为的具体内容无关，故被称为形式确定力。

其三，执行力，行政行为具有要求相对人自行履行或者强制相对人履行。这是一种潜在于行政行为内部的法律效力，而不是所采取的行政行为外部的强制措施。②

第二节　行政创制行为的表现形式

行政创制行为归纳起来主要有：制定行政法规、制定行政规章、规定行政措施、发布具有普遍约束力的决定（决议）和命令、编制规划和计划，等等。行政创制行为主要通过行政法规、行政规章、行政决策、行政规划以及行政规划性文件等形式表现。

---

① 与这种有限公定力的主张不同，多数法国行政法学者持完全公定力说。参见叶必丰著：《行政行为的效力研究》，中国人民大学出版社 2002 年版，第 78~80 页。

② 应松年主编：《当代中国行政法》（第三卷），人民出版社 2018 年版，第 803 页。

一、行政立法

行政立法是一个学理概念，而非法律概念，其所指的是行政系统内部的造法行为，是对政府行政系统一种特殊的行政行为的描述。作为一种创制性行政方式，行政立法有其独特的秉性。就其性质而言，行政立法过程属于行政过程的有机成分，并兼具行政性与立法性双重特质。行政立法的目的在于达成行政管理之效果①，是行政机关根据法定权限并按法定程序制定和发布行政法规和规章的活动。② 行政立法在形式上是行政作用，而实际上具有立法作用的性质。③ 行政立法也许仅仅是准立法或从属立法，因为它的条文必须服从立法机关的立法，但这并不能改变行政立法的效用与法律本身相同的事实。④ 中国行政立法兴起的原因在理论上与西方国家行政立法的大量出现存在相似之处。由于长期实行计划经济体制，在这种体制下，政府对社会拥有最广泛的管理领域和最强大的管理权能。

关于什么是行政立法有多种理解。⑤ 学术界主要有四种观点：（1）"立行政之法"⑥，包括一切国家机关制定有关行政管理方面法律规范的行为，认为"凡是制定行政法规范的行为，都属于行政立法"。⑦（2）认为行政立法的主体只有国家权力机关。（3）认为行政机关即行政立法的主体，行政立法等同于抽象行政行为。⑧（4）将立法主体限于特定行政机关，立法范围限于行政法

---

① 参见应松年主编：《行政法与行政诉讼法学》，法律出版社 2005 年版，第 129 页。

② 姜明安主编：《行政法与行政诉讼法》，北京大学出版社、高等教育出版社 2019 年版，第 159 页。

③ ［日］南博方著：《行政法》，杨建顺译，中国人民大学出版社 2010 年版，第 65 页。

④ ［美］伯纳德·施瓦茨著：《行政法》，徐炳译，群众出版社 1986 年版，第 29、31、138 页。

⑤ 参见应松年主编：《行政行为法》，人民出版社 1993 年版，第 40 页。

⑥ 杨海坤主编：《行政法与行政诉讼法》，法律出版社 1992 年版，第 53 页。

⑦ 参见应松年、朱维究编著：《行政法学总论》，工人出版社 1985 年版，第 266 页。

⑧ 应松年主编：《当代中国行政法》（上卷），中国方正出版社 2005 年版，第 545 页。

规和行政规章。一类是行政立法活动；另一类是其他行政规范性文件的活动。①

学术界一般认为，行政立法以行政活动为调整对象，但对立法主体以及立法范围的界定存在分歧。自 20 世纪 80 年代以来，我国行政法学的通说立基于行政立法主体性质以及所制定法律规范的性质视角，将行政立法解释为国家行政机关依法定权限和程序制定、颁布具有法律效力的规范性文件的活动。"行政"在其实质意义上是指对国家事务进行的组织管理活动，行政立法主体必须在法定权限范围内进行立法。行政立法不同于权力机关的立法，是适应现代行政管理的需要而产生的一种准立法活动。② 行政立法主体完全可以裁量行使③，由国家强制力保障其实施。

根据上述分析可知，行政立法可以定义为：国务院制定行政法规、国务院部门和直属机构制定部门规章以及省级政府和较大的市、自治州的政府制定地方政府规章的行为。

（一）行政法规

行政法规是国务院为领导和管理国家各项行政工作，根据宪法和法律，并且按照《行政法规制定程序条例》的规定而制定的政治、经济、教育、科技、文化、外事等各类法规的总称。行政法规的制定主体是国务院，行政法规根据宪法和法律的授权制定、行政法规必须经过法定程序制定、行政法规具有法的效力。行政法规一般以条例、办法、实施细则、规定等形式组成。发布行政法

---

① 关于行政立法的不同概念，参见应松年主编：《行政行为法》，人民出版社 1993 年版，第 40 页；应松年主编：《行政法学新论》，中国方正出版社 1998 年版，第 199 页；朱维究、王成栋主编：《一般行政法原理》，高等教育出版社 2005 年版，第 357 页；张树义著：《行政法与行政诉讼法》，高等教育出版社 2002 年版，第 82 页；刘莘主编：《行政立法研究》，法律出版社 2003 年版，第 6 页；王学辉主编：《行政法学论点要览》，法律出版社 2001 年版，第 200~203 页。

② 马怀德主编：《行政法学》，中国政法大学出版社 2009 年版，第 160 页。

③ 参见［英］边沁著：《政府片论》，沈叔平等译，商务印书馆 1996 年版，第 326~337 页。

规需要国务院总理签署国务院令。行政法规的效力仅次于宪法和法律，高于部门规章和地方性法规。

其一，行政法规的概念。我国的"行政法规"并非像某些名词那样由国外"输入"，而是由我国的行政法理论和法律所独创。"行政法规"一词在国外尚无相应的名词与之含义一致，英文"Administrative Regulations"可以翻译成中文"行政规则""行政条例"，也可以翻译成"行政法规"。但即使将其翻译成行政法规，也与我们所说的"行政法规"存在差异。如：依据英国1946年的《行政法规法》解释——行政法规是指女王或政府大臣根据议会的授权而制定、批准或通过的命令、规则、条例等法律文件。美国的行政法学不盛行"行政法规"一词，比较接近的名词是"Administrative Rules"，中文译为"行政规章"，是指联邦行政机构的一种抽象行为，与"Adjudication"（行政裁决）相对应。

在我国法律中，"行政法规"一词最早出现在1982年《宪法》。1982年《宪法》第89条规定了国务院制定权限。这一规定包含了以下的含义：行政法规是国务院根据宪法和法律所制定的规范性法律文件。尽管如此，学理上的解释还是不统一的。例如：1984年出版的《中国大百科全书（法学卷）》认为行政法规有广义狭义之分：广义的行政法规"包括国家权力机关根据宪法制定的关于国家行政管理的各种法律、法令，也包括国家行政机关根据宪法、法律、法令，在其职权范围内制定的关于国家行政管理的各种法规。狭义的行政法规仅指国家行政机关制定的行政法规"。此外，国务院法制局在《关于国务院所属各部门1955年拟起草法规的情况和问题的报告》（《国务院公报》总第7号）中使用到行政法规一词，其含义是狭义的，专指国家行政机关制定的各种法规，包括国务院、国务院各部、各委员会发布的规范性决议、命令、指示、条例、通则、细则、规定、办法等。这一解释虽然撇开了权力机关制定的行政性法律，但它把行政规章也包括在内了。（具体参考本书典型案例3-1）

根据《立法法》第 65 条规定，行政法规的规制事项可以分为以下三类①：（1）执行法律的规定需要制定行政法规的事项，为提高执行法律效力而制定的相关细则。（2）履行依照宪法规定的国务院行政管理职能的事项，除《立法法》第 8 条规定的事项除外。（3）依全国人大及其常委会授权应当制定法律的事项。

其二，行政法规的制定及其特征。《宪法》第 89 条规定和《立法法》第 65 条第 1 款规定了国务院有制定行政法规的权限。《行政法规制定程序条例》也有更为详细的规定。其规定了制定行政法规的国家机关只有国务院，其他任何具有立法权的行政机关都无权制定行政法规，并且其立法活动下制定的皆不能被称为行政法规。

其三，行政法规的名称。关于行政法规的名称，以前没有严格的规定，被用到的名称颇为繁杂。常见的就有：条例、规则、决定、通告、通知、措施、要求、问题等。行政法规的名称依行政法规的类型不同而有所区别。《行政法规制定程序条例》第 5 条规定："行政法规的名称一般称'条例'，也可以称'规定'、'办法'等。"条例一般是对某一方面的行政工作作比较全面、系统的规定，如《广告管理条例》。只要是"法"，不管是法律还是法规，规章都必须要通过法律文件的形式来表现。作为成文法，一旦离开了特定的表现形式，就不能为人所认知，故其在形式上都必须要有规定的名称，使人一目了然，一看便知其分类和效力。

其四，行政法规的制定程序。行政法规创制程序是指国务院依照宪法和法律制定、修改和废止行政法规所必须遵循的法定步骤、顺序、方式和时限等。② 行政法规制定的过程是十分复杂的，具有多环节性，往往牵一发而动全身，故必须要明确其工作步骤和要求。行政法规的创制一般须遵循立项、起草、审查、决定、公布、变迁等基本程序。③ 其中，《行政法规制定程序条例》

---

① 关保英著：《法治政府概论》，中国法制出版社 2018 年版，第 140 页。
② 江国华编著：《中国行政法（总论）》，武汉大学出版社 2012 年版，第 214 页。
③ 参见冯汝伟：《论行政法规的制定》，载《中国工商管理研究》1998 年第 12 期。

第 2 条规定："行政法规的立项、起草、审查、决定、公布、解释，适用本条例。"

其五，行政法规的效力及其在诉讼中的地位。行政法规从属于国家法律，但它本身又具有法律效力。行政法规不同于地方性法规，后者仅限于某个地方领域有效。行政法规的制定机关是最高国家行政机关——国务院，它有统一领导全国行政管理事务的权力，由它制定的法律规范——行政法规自然具有全国普遍的拘束力。

（二）行政规章

政府规章是指国务院各部委以及各省、自治区、直辖市的人民政府和省、自治区的人民政府所在地的市以及设区市的人民政府根据宪法、法律和行政法规等制定和发布的规范性文件。国务院各部委制定的被称为部门行政规章，其余的被称为地方行政规章。在我国，与立法机关所制定的法律相比较，由行政机关制定的行政规章显得内容更为庞杂。从某种意义上说，现代行政机关的主要任务是制定和执行行政规章。

其一，规章的概念。"规章"一词在很早之前就有使用，但以前常与"制度"连用，称为"规章制度"，但这不是法律上的概念。"规章"作为法律上的一个专用名词，最早出现在 1982 年第五届全国人民代表大会通过的《宪法》《国务院组织法》《地方各级人民代表大会和地方各级人民政府组织法》中。从此，"规章"有了法定的含义。在使用中为了同"规章制度"相区别，人们往往在其之前冠以"行政"两字，构成"行政规章"一词。《立法法》规定："国务院各部、委员会、中国人民银行、审计署和具有行政管理职能的直属机构，可以制定规章。"[1]《规章制定程序条例》[2] 规定："为了规范规章制定程序，保证规章质量，根据《立法法》的有关规定，制定本条例。"[3] 规定

---

[1] 《中华人民共和国立法法》第 80 条。
[2] 2001 年 11 月 16 日国务院令第 322 号公布，根据 2017 年 12 月 22 日《国务院关于修改〈规章制定程序条例〉的决定》修订。
[3] 《规章制定程序条例》第 1 条。

了只有国务院各部委、直属机构、省、自治区、直辖市人民政府、较大的市人民政府是制定行政规章的主体，限定了制定机关的主体范围。所以，只有规定中涉及的行政机关才有权制定行政规章，反之，其他主体制定的规范性文件都不能称之为行政规章。

其二，行政规章的名称。《规章制定程序条例》规定："规章的名称一般称'规定'、'办法'。"① 依照此规定并结合规章在制定过程当中的情况，规章的名称有两类：第一类是"规定""办法"，此类规章规定的行政事态已基本成熟；第二类是"暂行规定""暂行办法"，这类规章规定的行政事态尚未成熟，处于试行阶段。② 名称往往决定了属性，一项法规出台如果使用了错误的名称，则有可能导致其效力的巨大差异，在执行上也会遇到诸多问题。故规章也必须使用其规定的名称，方便发挥其应有的效力。规定一般是对某一方面的行政工作作部分的规定，如《武汉市燃放烟花爆竹安全管理规定》。办法一般是对某一项行政工作作比较具体的规定，如《武汉市房屋安全管理办法》。

其三，规章的制定权限。（1）部门规章的制定权限，部门规章的制定权限主要分为两部分：一部分是法律、行政法规的一般授权，即宪法和组织法以及国务院行政法规确定的各组成部门职权范围内的规章制定权；另一部分是法律、行政法规的特别授权，即专门授权各组成部门制定法律、行政法规的实施细则、实施办法。国务院组成部门依特别授权规定的这类事项，本应是法律或行政法规规定的事项，并不在被授权各组成部门的职权范围内。因此，被授权各组成部门制定的这类规章，通常只限于制定实施细则或实施办法。（2）地方政府规章的制定权限。地方政府规章的制定权限也有两部分：一部分是宪法和地方组织法授予的一般制定权，另一部分是法律、行政法规、地方性法规授予的特别制定权。特别制定权是依照授权法的规定，制定实施细则或实施办法。具体包括：法律、行政法规、地方性法规规定；省级

---

① 《规章制定程序条例》第 7 条。
② 关保英著：《行政法学》，法律出版社 2018 年版，第 372 页。

权力机关授权；为执行法律；属于自身建设的；本行政区域的具体行政管理。此外，根据 2015 年修订的《立法法》第 82 条规定，设区的市、自治州的人民政府制定的地方政府规章，限于城乡建设与管理、环境保护、历史文化保护等方面的事项。

其四，行政规章的制定程序。行政规章的制定程序和行政法规的制定程序从《行政法规制定程序条例》和《规章制定程序条例》的目录上来看都有立项、起草、审查、决定、公布与解释这六大项，但它们本质上有很大的区别。这是由两者调整对象以及自身性质的不同所决定的。行政规章的制定程序也必须依照顺序按部就班，对其中任何一项程序都不得遗漏或者更改。《法治政府建设实施纲要（2015—2020 年）》也对其提出了具体要求。①

二、行政规范性文件

作为一种创制性行政方式，行政规范性文件是指行政主体为实施法律和执行政策，在法定权限内制定的除行政立法以外的决定、命令等普遍性行为规则的总称。② 在现代社会，规范人们行为的不限于法，还包括由行政机关制定的各种规则，这些由行政机关制定的规则，除行政法规和规章以外，还有被称为"红头文件"的规范性文件。对于这些"红头文件"，在我国，无论是学理上还是立法上，虽然使用者如云，但是名称各异，界定也各不相同。在理论上有多种概括或命名③，有的称这类规则为"规范性文件"④，有的则称为"行政

---

① 具体要求参见《法治政府建设实施纲要（2015—2020 年）》第 2 条第 9 项。

② 参见王秀云案（最〔2015〕行监字第 960 号）。转引自姜明安主编：《行政法与行政诉讼法》，北京大学出版社、高等教育出版社 2019 年版，第 172 页。

③ 参见叶必丰、周佑勇著：《行政规范研究》，法律出版社 2002 年版，第 27~33 页；朱芒：《论行政规定的性质》，载《中国法学》2003 年第 1 期。

④ 参见罗豪才编：《行政法学》，中国政法大学出版社 1996 年版，第 177 页；姜明安主编：《行政法与行政诉讼法》，北京大学出版社、高等教育出版社 2019 年版，第 171 页；周佑勇著：《行政法原论》，中国方正出版社 2000 年版，第 195 页；高若敏：《谈行政规章以下行政规范性文件的效力》，载《法学研究》1993 年第 3 期。

规范性文件"①，有的称为"规章以下行政规范性文件"②，还有的称为"其他规范性文件"③，"行政规定"④，等等。⑤ 就其目的而言，其旨在将法律、行政法规、规章所规定的权利义务关系予以具体化、细则化、明确化。⑥

（一）行政规范性文件的制定及特征

从主体上看，有权制定行政规范性文件的主体只能是国家行政机关或被授权组织。根据《中华人民共和国宪法》第 89 条和第 90 条、《中华人民共和国地方各级人民代表大会和地方各级人民政府组织法》第 59 条及第 61 条规定可以看出，有权发布具有普遍约束力的决定和命令的主体非常广泛，从中央人民政府到地方各级人民政府均有权发布决定和命令。

行政规范性文件是行政机关为执行法律、法规、规章，对社会进行行政管理而实施的一种抽象行政行为。行政机关所制定的这类规范性文件最典型的法律特征是其"行政性"（由行政机关制定）、"规范性"（具有普遍约束力）和"过渡性"（是从法律、法规和规章过渡到行政行为的一个中间环节），同时考虑到名称的简洁性和方便性，应使用"行政规范性文件"这一名称。⑦ 这样，也可以使之成为与"行政法规""行政规章"相并列的概念。⑧ 行政规范性文

---

① 参见张淑芳：《规章以下行政规范性文件调整对象》，载《东方法学》2009 年第 6 期。

② 参见应松年主编：《行政法学新论》，中国方正出版社 1998 年版，第 228 页；杨解君、孙学玉著：《依法行政论纲》，中共中央党校出版社 1998 年版，第 87 页；张正钊主编：《行政法与行政诉讼法》，中国人民公安大学出版社 1999 年版，第 119 页；罗豪才主编：《行政法学》，北京大学出版社 1996 年版，第 158 页；湛中乐：《论行政法规、行政规章以下其他规范性文件》，载《中国法学》1992 年第 2 期。

③ 参见朱芒：《论行政规定的性质——从行政规范体系角度的定位》，载《中国法学》2003 年第 1 期；章剑生著：《现代行政法专题》，清华大学出版社 2014 年版，第 283 页。

④ 赵建清主编：《行政文书写作》，中国政法大学出版社 1994 年版，第 2 页。

⑤ 应松年主编：《当代中国行政法》（第三卷），人民出版社 2018 年版，第 906 页。

⑥ 参见周佑勇著：《行政法原论》，中国方正出版社 2005 年版，第 241 页。

⑦ 参见周佑勇著：《行政法原论》，中国方正出版社 2018 年版，第 240 页。

⑧ 参见叶必丰、周佑勇著：《行政规范研究》，法律出版社 2002 年版，第 27 页。

件是行政机关发布的用以对社会进行行政管理、规范公民、法人和其他组织行为的政令。在社会管理功能方面，与具体行政行为一样是行政机关对社会实施管理的手段。其区别在于：前者的功能通过间接实现，而后者通常是直接实现的，前者确定的规则、要求，大多要通过具体行政行为实现，其不仅规范行政相对人的行为，而且也规范行政机关本身的行为。

（二）行政规范性文件的制定程序及名称

规范性文件的制定必须依据一定的程序，唯有如此才能保障其规范性调整的严肃性、权威性和稳定性。但与行政立法程序不同，行政规范性文件的制定程序由《国家行政机关公文处理办法》进行规定，而行政立法因其内容的重要性而在制定程序上适用《立法法》《行政法规制定程序条例》《规章制定程序条例》的相关规定，行政规范性文件的制定程序相对而言比较灵活、简单，在制定的过程当中更加注重效率。

行政规范性文件是有关决定、命令、指示以及行政措施等的总称，在学说中有各种各样的命名。① 根据《国家行政机关公文处理办法》的规定，行政规范性文件的形式主要包括：命令、决定、公告、通告、通知、通报、批复、意见以及会议纪要九种。在《党政机关公文处理工作条例》中规定：行政规范性文件一般使用"决议、决定、命令、公告、通知、意见"等名称的政令。② 行政规范性文件的表现形式为具有普遍约束力的决定、命令、指示和行政措施，其不属于法律和法规，因而它在行政诉讼中没有直接依据上的意义。但是决定和命令作为抽象行政行为的一种形式，自然具有普遍的约束力，同样是行政主体和相对人在国家行政管理中必须遵循的行为规则。

（三）行政规范性文件的类型

基于不同的分类标准，可将行政规范性文件分成不同的类型，从其内容和

---

① 参见叶必丰、周佑勇著：《行政规范研究》，法律出版社 2002 年版，第 27~28 页。
② 2012 年《党政机关公文处理工作条例》对行政规范性文件的名称作出了规定。

法律效果进行划分，行政规范性文件可被分为行政创制性文件、行政解释性文件和行政指导性文件三类。

其一，行政创制性文件，是指行政机关或者被授权组织在不启动行政立法权的前提下，为不特定主体创设新的权利义务的行政规范性文件，是具体包含以下两种：（1）依职权的行政创制性文件，指行政主体为了行政管理的实际需要，根据宪法和有关组织法规定的固有职权而制定的，对不特定相对人创设新的权利义务的行政规范性文件。（2）依授权的行政创制性文件，是指行政主体为了补充法律、行政法规、规章或者变通上级决定、命令的规定，专门授权而制定的为不特定相对人创制新的权利义务的行政规范性文件。

其二，行政解释性文件，指行政主体为了实施法律、法规和规章，对法律、法规和规章进行解释而形成的行政规范性文件。① 如果该行政规范性文件的所有内容都是解释法律、法规和规章的，则该行政规范性文件都是行政解释性文件。如果行政规范性文件的内容部分是解释法律、法规和规章的，部分是为不特定相对人设定权利义务的，部分是倡导或引导相对人行为的，则只有部分是行政解释性文件，其他两部分则分别属于行政创制性文件和行政指导性文件。行政解释性文件包含两种类型：（1）法定行政解释性文件。（2）自主行政解释性文件。

其三，行政指导性文件，是指行政主体为实施行政指导而针对不特定主体事先实施书面行政指导时所形成的行政规范性文件。行政指导可分为口头指导和书面指导两种形式，既可以指向特定的对象也可指向不特定多数主体。但是指向特定对象的指导以及口头指导均不能形成行政规范性文件，仅当行政指导以书面形式指向不特定多数人并予以公布时才能形成。

（四）行政规范性文件的性质

关于行政规范性文件的性质，我国行政法学界存在不同的看法。有些学者

---

① 参见姜明安主编：《行政法与行政诉讼法》，北京大学出版社、高等教育出版社2019年版，第173页。

认为这是行政立法的一种形式①，但通说认为不是立法。行政规范性文件是一种普遍性行为规则，体现了国家强制力，针对不特定的相对人具有约束力、规范力和指引力。其对象为不特定主体，可以约束和限制行政主体以及不特定公众的行为，所针对的是将来要发生的法律事实。行政规范性文件的性质主要体现在三个方面：（1）在构造上，行政规范性文件与法律规范具有相似的构成要素，包括行为模式、法律后果等基本要素，具有某种程度的普遍约束力。②（2）在内容上，行政规范性文件通过规定权利义务而达成调整人们行为之意图，具备某种意义上"法"的属性。（3）在现实意义上，行政规则不属于"法律渊源"的范畴，不能作为司法裁判的依据。根据我国《立法法》之规定，我国正式的"法律渊源"包括宪法等七类；行政规范性文件不属于其列。③

三、行政规划④

我国台湾学者翁岳生提出，"为达成前述任务，政府必须就有限之资源做合理有效之分配运用、拟定规划"。⑤ 正如我国台湾学者所观察的，近现代以来政府日渐趋向所谓的"计划狂热"，现代行政已由"依法律行政"演变为"依计划行政"，因此公法学界亦不得不予以重视，行政计划自此成为公法上的重要命题。⑥ 作为行政手段的一种，行政规划具有极其重要的地位，行政规划当然地成为行政法上的重要研究课题之一。⑦

---

① 陈新民教授认为所谓行政规范性文件是职权立法的另一个翻版，是一种具体的行政立法。参见陈新民著：《中国行政法学原理》，中国政法大学出版社 2002 年版，第 128～129 页。

② 应松年主编：《行政行为法》，人民出版社 1993 年版，第 307～308 页。

③ 朱芒：《论行政规定的性质——从行政规范体系角度的定位》，载《中国法学》2003 年第 1 期。

④ 参见杨建顺著：《日本行政法通论》，中国法制出版社 1998 年版，第 562～574 页。

⑤ 翁岳生编：《行政法》，中国法制出版社 2002 年版，第 798 页。

⑥ 吕理翔：《计划裁量之司法审查》，台北大学 2000 年硕士论文，第 17 页。

⑦ 参见杨建顺：《计划行政的本质特征与政府职能定位》，载《中国人民大学学报》2007 年第 3 期。

行政规划，是指行政主体事前制定出规划蓝图，并进一步制定为实现该综合性目标所必需的各项政策性大纲的活动。① 行政法上的行政计划是具有法律意义的外部行政活动，与行政学上的纯粹是内部规范意义上的行政计划不同。当规划具有规制私人行为那样的外部效果时，需要有法律的根据，也正是因为具有法律依据，行政规划才具有对外部的规制效果。② 在现代国家，规划手段不仅被运用于国家和社会公共事务管理中，而且在经济、社会、产业、文化等各个领域得以广泛展开，行政规划便成为不可避免的现象。③ 在大陆法系国家和地区的行政法中，一般称之为"行政计划"，行政计划是德国、日本和我国台湾地区行政法学者的研究重点，凡行政法教材都要讨论这一问题。日本行政法学者认为，行政计划构成了现代行政的重要特色之一。④ 所谓行政计划，是指为谋求行政计划化⑤，规定应达到的目标及其实现的顺序以及为实现目标所表示的必要手段的行政方针行为的总称。⑥ 我国台湾地区"行政法"也是使用"行政计划"之概念。在我们的语境中，"行政计划"之用语极容易使人联想到当年的计划经济，难以将其与法的属性联系起来进行思考，行政规划因为经常为立法所用，所以用"行政规划"之名称来讨论相关问题显得更容易为人所理解。⑦ 行政规划的出现应追溯到 1990 年施行的《城市规划法》和 1999 年实施的《土地管理法》，以及 2008 年施行的《城乡规划法》。

---

① 参见［日］原田尚彦著：《行政法要论》，日本学阳书房 1986 年版，第 90 页；［日］盐野宏著：《行政法 I》，有斐阁 1997 年版，第 176 页。

② 参见［日］盐野宏著：《行政法总论》，杨建顺译，北京大学出版社 2008 年版，第 143 页。

③ 参见姜明安主编：《行政法与行政诉讼法》，北京大学出版社、高等教育出版社 2019 年版，第 256 页。

④ 参见［日］室井力编著：《行政法 100 讲》，日本学阳书房 1990 年版，第 120 页。

⑤ 参见［日］远藤博也著：《计划行政法》，日本学阳书房 1976 年版；［日］西谷刚著：《计划行政的课题与展望》，日本第一法规出版社 1971 年版；日本行政法学会：《计划行政的理论与实际》，日本劲草书房 1972 年版。

⑥ ［日］室井力主编：《日本现代行政法》，吴微译，中国政法大学出版社 1995 年版，第 53 页。

⑦ 章剑生著：《现代行政法基本理论》，法律出版社 2008 年版，第 236 页。

四、行政决策

决策，即决定方针政策，英译"Policy Decision"，日文"意思决定"。现代汉语中"决策"有决定的策略或办法之意，一般认为"决策"一词最早出现在先秦时代。① "行政决策几乎遍及人们生活的各个方面，是行政活动的重要组成部分。"② 主要体现在管理学领域和行政法学领域。③ 行政决策包括中央政府以及地方政府制定国家或地方经济发展计划、审批工程方案、对有关重大问题发布行政决议或行政指示、签署行政请示报告等。④ 在行政法学领域，有学者认为，"行政决策是指国家行政机关及其工作人员为实现一定的目标，根据法定权限，按照法定程序对其职责范围内的公共事务作出决定或确定行动方案的活动与过程"。⑤ 行政决策是国家行政管理活动的核心环节之一，也是行政主体行使行政权力的首要职能和重要步骤。行政决策权，即国家行政机关依法对重大行政管理事宜作出决策、制订计划、描绘蓝图等一系列权力，亦称政策决定权或计划制定权。⑥ 行政决策将形成针对特定问题所作出的具有重要意义的决定。⑦

《法治政府建设实施纲要（2015—2020 年）》中写明衡量法治政府的标准是"政府职能依法全面履行，依法行政制度体系完备，行政决策科学民主合法，宪法法律严格公正实施，行政权力规范透明运行，人民权益切实有效保障，依法行政能力普遍提高"。⑧ 行政决策在现代行政活动中的客观、普遍存

---

① 杨寅著：《行政决策程序、监督与责任制度》，中国法制出版社 2011 年版，第 3 页。

② 张永桃主编：《行政学》，高等教育出版社 2009 年版，第 155 页。

③ 关保英主编：《法治政府概论》，中国法制出版社 2018 年版，第 155 页。

④ 蒋国宏、宋超著：《公共行政学新编》，东南大学出版社 2012 年版，第 124 页。

⑤ 杨寅著：《行政决策程序、监督与责任制度》，中国法制出版社 2011 年版，第 8 页。

⑥ 张正钊、韩大元编：《比较行政法》，中国人民大学出版社 1998 年版，第 290 页。

⑦ 杨海坤、李兵：《建立健全科学民主行政决策的法律机制》，载《法律与政治》2006 年第 3 期。

⑧ 《法治政府建设实施纲要（2015—2020 年）》第 1 条第 4 款。

在，意味着它已经成为了一个同行政立法、行政规则以及行政许可和行政处罚等一样的常态性行政方式。①

典型案例 3-1：陈某某诉某区住房和城乡建设局不履行房屋登记法定职责案②

【裁判要点】

国家对不动产实行统一登记制度。统一登记的范围、登记机构和登记办法，由法律、行政法规规定。司法部、建设部《关于房产登记管理中加强公证的联合通知》不属于法律、行政法规、地方性法规、规章的范畴，且与《物权法》《继承法》《房屋登记办法》等有关法律法规相抵触，不能成为房屋登记主管部门不履行房屋登记法定职责的依据。

【相关法条】

《中华人民共和国行政诉讼法》第五十二条、第五十三条

【基本案情】

某区××大道××花园 A 组团 23-201 室住房原为曹某某所有。2011 年 5 月 23 日，曹某某亲笔书写遗嘱，将该房产及一间储藏室（8 平方米）以及曹某某名下所有存款金、曹某某住房中的全部用品无条件赠给陈某某。后曹某某于 2011 年 6 月 22 日在医院去世。2011 年 7 月 22 日，原告经某市公证处作出公证，声明接受曹某某的全部遗赠。2011 年 8 月 3 日，原告携带曹某某遗嘱、房产证、公证书等材料前往被告下设的房地产交易中心办理过户手续被拒绝。2011 年 10 月 10 日，原告向被告提出书面申请要求被告依法为其办理房屋所有权转移登记，被告于 2011 年 10 月 27 日书面回复，以"遗嘱未经公证，又无'遗嘱继承公证书'"为由不予办理遗产转移登记。综上，原告认为被告强制公证的做法，与我国现行的《继承法》《物权法》《公证法》等多部法律相抵触。故提起行政诉讼，要求法院确认被告拒为原告办理房屋所有权转移登记的行为违法，责令被告就该涉案房屋为原告办理房屋所有权转移登记。

---

① 江国华、梅杨：《行政决策法学论纲》，载《法学论坛》2018 年第 2 期。
② 本案裁判文书参见附件 6。

【裁判结果】

区人民法院依照《中华人民共和国行政诉讼法》第五十四条第（二）项、第（三）项之规定，于 2013 年 7 月 24 日判决如下：一、撤销被告区住建局于 2011 年 10 月 27 日作出的《关于陈某某办理过户登记申请的回复》。二、责令被告区住建局在本判决书发生法律效力后 30 日内履行对原告陈某某办理该涉案房屋所有权转移登记的法定职责。区住建局不服一审判决，向某市中级人民法院提起上诉，审理过程中，上诉人区住建局同意为被上诉人陈某某办理涉案房屋登记手续并申请撤回上诉，某市中级人民法院于 2013 年 10 月 8 日裁定如下：准予上诉人区住建局撤回上诉。

【裁判理由】

法院生效裁判认为：根据相关法律法规规定，房屋登记，由房屋所在地的房屋登记机构办理。被告区住建局作为房屋登记行政主管部门，负责其辖区内的房屋登记工作。本案中，曹某某书面遗嘱的真实性已进行司法鉴定，司法鉴定中心出具的鉴定结论为：曹某某该书面遗嘱中"曹某某"签名与提供的签名样本是同一人书写。

根据《中华人民共和国行政诉讼法》第五十二条之规定："人民法院审理行政案件，以法律和行政法规、地方性法规为依据。地方性法规适用于本行政区域内发生的行政案件。"及第五十三条之规定："人民法院审理行政案件，参照国务院部、委根据法律和国务院的行政法规、决定、命令制定、发布的规章以及省、自治区、直辖市和省、自治区的人民政府所在地的市和经国务院批准的较大的市的人民政府根据法律和国务院的行政法规制定、发布的规章。"另《中华人民共和国物权法》第十条规定："国家对不动产实行统一登记制度。统一登记的范围、登记机构和登记办法，由法律、行政法规规定。"《中华人民共和国继承法》第十六条第三款之规定："公民可以立遗嘱将个人财产赠给国家、集体或者法定继承人以外的人。"以及第十七条第二款之规定："自书遗嘱由遗嘱人亲笔书写，签名，注明年、月、日。"另《房屋登记办法》第三十二条规定："发生下列情形之一的，当事人应当在有关法律文件生效或者事实发生后申请房屋所有权转移登记……（三）赠与……。"且《房屋登记办法》并无规定，要求遗嘱受益人须持公证机关出具的遗嘱公证书才能办理房屋转移登记。

本案中，《联合通知》是由司法部和建设部联合发布的政府性规范文件，不属于法律、行政法规、地方性法规或规章的范畴，其规范的内容不得与《物权法》《继承法》《房屋登记办法》等法律法规相抵触。行政机关行使行政职能时必须符合法律规定，行使法律赋予的行政权力，其不能在有关法律法规规定之外创设新的权力来限制或剥夺行政相对人的合法权利。行政机构以此为由干涉行政相对人的合法权利，要求其履行非依法赋予的责任义务，法院不予支持。故，被告依据《联合通知》的规定要求原告必须出示遗嘱公证书才能办理房屋转移登记的行为与法律法规相抵触，对该涉案房屋不予办理房屋所有权转移登记的具体行政行为违法。

第三节　行政创制行为的合法性控制

在全面推进依法治国，建设社会主义法治国家的时代背景下，依法行政被视为一项不得违反的基本原则，行政机关只能严格按照法定职权和法定程序，在法治轨道上开展工作，否则就不具有合法性和正当性。①通过行政创制行为所制定的行政法规、规章等具有普遍约束力和强制执行力，一旦制定不当或者违法，将造成广泛的负面影响。因此，应当加强对行政创制行为的合法性控制，防止不当或者违法行为，及时对其进行撤销等，保障公民、组织的合法权益。

一、行政立法审查制度

"一旦行政立法违法或不适当，将造成对公民或组织权益的广泛和严重的

---

① 江国华、梅杨著：《重大行政决策程序法学研究》，中国政法大学出版社 2018 年版，第 128 页。

损害。"① 关于对行政立法监督的途径、方式和程序，《立法法》在宪法和组织法的基础上，对之作了进一步的更具体化的规定。立法审查制度首次出现在《立法法》当中，体现出了人大进行监督的强化及其有效性。立法审查制度主要是指全国人大各专门委员会基于有关组织或人员的申请而对法律、法规、规章进行审查并作出相应处理的制度，也包括省、自治区的人大常务委员会对较大的市的地方性法规的审查。根据《立法法》的规定，立法审查制度包括提出审查的要求或建议、受理要求或建议的机构、审查主体以及决定等内容。具体可以参加《立法法》第 99 条和第 100 条的法律条文。

《立法法》对较大的市的地方性法规的批准规定了更严格的审查制度。省、自治区的人大常委会对报请批准的地方性法规，应当对其合法性进行审查；在审查时发现其同本省、自治区的人民政府的规章相抵触的，应当作出处理决定。②

法学先贤孟德斯鸠说过，"当立法权和行政权集中在同一个人或同一机关之手，自由便不复存在了"。③ 正是因为面对当下政府治理的复杂性需要行政立法，出于权力制约的考虑，司法更应当能对其加以审查，特别是在我国目前尚缺乏违宪审查机制，"宪法司法化"的实行也有着重重限制的情况下，应当由行政诉讼打开一个突破口替代某些宪法诉讼的功能，审查行政立法是否违反上位法。④

基于行政法治原理之要求，行政立法之监督审查机制殊不可或缺。对行政立法的监督，既需要事前的监督，也需要事后的监督。在我国，这种监督审查机制主要由备案审查与合法性审查制度所构成。其中，合法性审查制度往往借助备案制度发挥作用——譬如，地方人大常委会对地方规章的审查目前主要是

---

① 罗豪才主编：《行政法学》，北京大学出版社 2001 年版，第 110 页。

② 杨解君著：《行政法的创制与适用》，清华大学出版社 2009 年版，第 173 页。

③ ［法］孟德斯鸠著：《论法的精神》，张雁生译，商务印书馆 1982 年版，第 156 页。

④ 应松年主编：《当代中国行政法》（第三卷），人民出版社 2018 年版，第 823 页。

通过备案审查程序进行的，在地方政府报送地方规章到同级人大常委会备案时，接受备案的地方人大常委会对该规章进行审查，如果发现其不适当，就可以撤销该规章。同样的，省级政府对较大的市的政府规章的审查，很大程度上也是通过较大的市向省级政府报送规章备案来实施的。①

（一）法规、规章的合法性审查

行政法规和规章都具有普遍的约束力和强制执行力，若有不当或者违法，必严重损害公民或者组织的合法权益，造成广泛的负面影响。故此，行政法规和规章的合法性审查机制当成为一国行政立法体制的有机组成部分，也是一国宪政体制的有机组成部分。② 根据我国《立法法》第 96 条之规定，行政立法的合法性要件包括：权限要件③、内容要件以及程序和形式要件。④

其一，行政法规之审查。根据我国《宪法》和《立法法》之规定，全国人大常委会是行政法规之合法性审查主体，国家机关、社会组织和公民个人可以依法向全国人大常委会提出合法性审查要求。

其二，行政规章之审查。根据我国《宪法》与《立法法》之规定，国务院、地方人民代表大会常务委员会等是行政规章之合法性审查主体，国家机关、社会组织和公民个人可以依法向法定机关提出合法性审查要求。2017 年修改的《行政诉讼法》第 53 条赋予了法院附带审查行政规范性文件的权力，但将行政法规和规章排除在外。

---

① 参见曹立波、朴明珠：《行政规章监督制度研究》，载《社会科学战线》2008 年第 7 期。

② 江国华编著：《中国行政法（总论）》，武汉大学出版社 2012 年版，第 227 页。

③ 行政法上的权限要件是指行政立法有没有超越权限，权限既包括组织法上的权限又包括行为法上的权限。组织法上的权限合法，要求行政机关制定行政法规或规章必须具备主体资格，即必须属于宪法、组织法和《立法法》所规定的行政法规、规章的制定主体。否则，构成超越职权。行为法上的权限合法，是指有关行政立法主体应遵循《立法法》和有关单行法的规定，在自己的权限范围内立法。未经授权，不得制定属于其他国家机关职权范围的行政法规、规章。否则，构成超越职权。

④ 参见叶必丰著：《行政行为原理》，商务印书馆 2014 年版，第 83~85 页。

（二）法规、规章的备案审查

备案审查是指将已经生效的行政立法上报法定机关，使其知晓并在必要时备查的制度。一般而言，行政法规和规章一经公布便具有法律效力。但基于法制统一之要求，我国设置了行政法规和规章的备案制度。就其性质而言，备案制度是一种事后监督机制，它承载着某种程度的合法性控制机能。① 备案审查制度是我国现行立法监督体制当中最常见的监督方式，分为权力机关的备案审查以及行政机关内部的备案审查两种情况。（1）权力机关的备案审查。根据《立法法》第 98 条之规定，行政法规应当在公布后的 30 日内报全国人大常委会备案，地方政府规章应当在公布之后的 30 日内报本级人民代表大会常务委员会备案，较大的市的人民政府制定的规章应当同时报省、自治区的人民代表大会常务委员会备案，全国人民代表大会常务委员会及地方各级人民代表大会常务委员会可以通过备案审查，对报送备案的行政立法进行监督。（2）行政机关内部的备案审查。《法规规章备案条例》第 3 条规定了详细的备案审查规定。

（三）法规、规章之改变或撤销

经过有权机关的审查后，行政法规和规章符合宪法和法律以及其他法规规定的，行政法规和规章就可以直接适用。但根据《立法法》第 96 条之规定，行政法规和规章有：（1）超越权限的。（2）违反上位法规定的。（3）经裁决应当改变或者撤销一方的规定的。（4）规章的规定被认为不适当。（5）违背法定程序的，由有关机关依照法律规定的权限予以改变或者撤销。《立法法》第 97 条也进行了更为详细的权限规定。②

---

① 参见应松年主编：《行政行为法》，人民出版社 1993 年版，第 261 页。
② 参见《宪法》第 67、89 条；《地方组织法》第 8、44 条；《立法法》第 97 条。

二、规范性文件合法性审查与司法附带审查

《法治政府建设实施纲要（2015—2020）》中，为完善依法行政制度体系所采取的措施中就有加强规范性文件的监督管理，所采取的具体措施有"完善规范性文件制定程序，落实合法性审查、集体讨论决定等制度。规范性文件不得设定行政许可、行政处罚、行政强制等事项，不得减损公民、法人和其他组织合法权益或者增加其义务"。①。

（一）合法性审查

政府规范性文件的起草完成之后的审查包括合法性审查和合理性审查。②此处的"合法性"是指作为具体标准的合法性，属于狭义的传统意义上的合法性（即合法律性），与作为基准的合法性相区别，作为基准的合法性对具体标准中的合法性具有统领性，是一个具备实质上法治意义的复合型概念。而作为具体标准中的合法性，是作为合法性基准的一部分，仅仅校验行政规范性文件的"合法律性"，即审查行政规范性文件是否存在"法律冲突"的情形。③作为具体标准的合法性的含义是站在实用主义立场进行分析的，这里的"法"所指代的是能够在行政诉讼法中作为行政规范性文件上位法的实定依据，在行政规范性文件的司法审查过程中作为文件是否合法的对照依据。由此可以得知，合法性在被作为具体的标准进行考量时，是从形式上出发的，只对形式合法性进行判断，而不考虑其他的标准。

---

① 《法治政府建设实施纲要（2015—2020）》第2条第12项。
② 譬如，根据《广西壮族自治区规范性文件制定程序规定》之规定：（1）规范性文件草案提交制定机关审议前，应当经制定机关的法制部门或者法制机构进行合法性审查。（2）法制部门或者法制机构对规范性文件草案进行合法性审查应当提出书面审查意见。（3）审查意见的基本内容有四：①是否超越制定机关的法定职权。②是否与法律、法规、规章和上级规范性文件相抵触。③是否与相关的规范性文件协调、衔接。④其他需要审查的内容。
③ 徐博嘉：《我国行政规范性文件司法审查标准研究》，西南政法大学2017年博士学位论文，第28页。

对行政规范性文件的合法要件，除宪法的原则性规定和有关单行法的特别规定外，《监督法》第 30 条确定了一般性规则。同时，各地方也作了各种各样的规定。根据这些规定，行政规范性文件的合法性审查之要义有三：①（1）权限审查，即审查行政机关是否在宪法、法律授权的范围内制定行政规范性文件，凡超出宪法、法律划定界限之行政规范性文件，应当予以撤销。（2）内容审查，即审查行政规范性文件是否与已有的位阶较高的法律相抵触；它关涉行政规范性文件条文本身的实质合法性，即要求行政规范性文件的条文与宪法、法律保持一致——内容违法是行政规范性文件之可撤销的法定理由之一。（3）程序审查，即审查行政规范性文件的制定过程是否符合法定的程序；它体现出了现代法治国家对行政立法权行使的最高限度要求，"行政立法必然恪守程序法定主义原则，行政立法程序的正当性，来源于程序的法定性"②——违反法定程序是行政规则可撤销之法定理由之一。

（二）司法附带审查

在我国，人民法院拥有违宪审查的权力。人民法院不能直接对行政规范性文件进行司法审查，行政规范性文件司法审查的启动，只能够在行政相对人提起具体的行政诉讼时附带提起，具有被动性。除行政诉讼外，依据《行政诉讼法》第 7 条的规定，为满足行政权内部监督的需要，在我国行政复议制度中，对行政规范性文件同样采用"附带"审查的方式。③

（三）行政规范性文件的撤销

对于行政规范性文件的合法性，除宪法的原则性规定和有关单行法的特别规定外，《各级人民代表大会常务委员会监督法》第 30 条作了统一规定。除此之

---

① 江国华、周海源：《论行政法规之审查基准》，载《南都学坛》2010 年第 5 期。

② 江国华：《行政立法的合法性审查探析》，载《武汉大学学报（哲学社会科学版）》2007 年第 5 期。

③ 徐博嘉：《我国行政规范性文件司法审查标准研究》，西南政法大学 2017 年博士学位论文，第 17 页。

外，各地建立了行政规范性文件的备案审查制度。《湖北省规范性文件备案审查规定》第 13 条规定："规范性文件与法律、法规、规章，上级规范性文件相抵触或者规定不适当的，先由政府法制工作机构提出处理意见，责令规范性文件的制定机关或机构自行撤销、变更或者改正。"根据《行政监察法》的规定，行政监察机关有权对制定违法行政规范的人员进行处理，从而实现间接监控。

三、行政规划之人大监督

行政规划在现代社会中发挥着越来越大的作用，同时，规划的规范和引导功能使得诸多行政手段必须服从于规划的规制，行政规划的制定和实施主体掌握着较大的权力，如果不加监督，就极有可能泛滥无度。"行政计划的盛行，具有破坏依法行政原理，促成行政权强化的危险倾向。"[①] 日本学者室井力认为，"正如人们一般所说的'根据计划的行政'，有可能使法治主义徒具形式"。[②] 因此，建立健全行政规划的监督机制十分必要。

代议机关对行政立法的监督在英美国家普遍存在，特别是在英国，议会对委任立法的控制制度相当完善。[③] 我国人大监督制度是民主革命时期根据地监督制度的继承和发展，"五四宪法"形成了我国人大监督的基本制度，1982 年六届全国人大通过"八二宪法"，扩大了人大常委会的监督职权。[④] 在我国，由于法治进程刚刚起步，全国人大制定的法律以及地方人大制定的法规甚为粗疏[⑤]，法律的实施往往依赖行政立法，加之对抽象行政行为的司法审查制度尚

---

① ［英］威廉·韦德著：《行政法》，楚建译，中国大百科全书出版社 1997 年版，第 5 页。

② ［日］室井力著：《日本现代行政法》，吴微译，中国政法大学出版社 1995 年版，第 55 页。

③ 文正邦主编：《法治政府建构论》，法律出版社 2002 年版，第 667~669 页。

④ 林伯海著：《人民代表大会监督制度的分析与构建》，中国社会科学出版社 2004 年版，第 80 页。

⑤ 在我国，法律的制定一直遵循所谓"宜粗不宜细"的原则，因此人大制定的法律甚至地方性法规都基本上是一种框架立法，缺乏可操作性，法律尤其如此。参见应松年主编：《行政法与行政诉讼法学》，法律出版社 2005 年版，第 153 页。

未确立，完善行政规划程序，"限制恣意、理性选择的保证、作茧自缚效应和反思性整合的功能，乃是我国行政规划制度改革的必由之路"。① 因此，在现行制度下，人民代表大会对抽象行政行为的监督是最主要的形式。②

根据国务院《关于加强国民经济和社会发展规划编制工作的若干意见》之规定，行政规划的拟定程序包括确定目标、拟定草案和论证草案三个基本环节。③ 根据现行法律之规定，行政规划确定程序大致包括公告、听证和裁决三个基本环节。④ 结合《城乡规划法》相关规定，在我国，国家权力机关可通过审查、批准、决定、撤销等方式对行政规划从源头上实施监控。⑤

我国人民代表大会是最高国家权力机关，掌握着国家的根本政治权力，其他国家机关都由它产生，对其负责并受其监督。各级人民代表大会是我国的权力机关，人大及其常委会对行政规划的监督主要体现在以下两个方面。

（一）法律监督

对于行政规划的法律控制，可以有实体控制和程序控制两种方式。权力机关对行政机关的监控首先表现为通过立法为行政机关的执法活动设定权限。在我国，国家权力机关可通过审查、批准、决定、撤销等方式对行政规划从源头上实施监控。⑥ 根据《宪法》《立法法》以及《各级人民代表大会常务委员会监督法》的相关规定，在公布后的 30 日内，行政法规应当向全国人大常委会备案，地方政府规章应当向本级人大常委会备案，较大的市制定的规章应当报

---

① 季卫东著：《法律程序的意义：对中国法制建设的另一种思考》，中国法制出版社2004 年版，第 22 页。

② 郑传坤主编：《行政法学》，法律出版社 2007 年版，第 184 页。

③ 参见许元宪：《浅议我国行政规划的制定程序》，载《延边大学学报（社会科学版）》2009 年第 5 期。

④ 参见王青斌：《论行政规划的程序控制》，载《国家行政学院学报》2009 年第 6期。

⑤ 参见孟鸿志：《行政规划裁量与法律规制模式的选择》，载《法学论坛》2009 年第5 期。

⑥ 参见孟鸿志：《行政规划裁量与法律规制模式的选择》，载《法学论坛》2009 年第5 期。

本级人大常委会和省、自治区的人大常委会备案。所谓不适当包括以下情形：超越法定权限，限制或者剥夺公民、法人和其他组织的合法权利，或者增加公民、法人和其他组织的义务的；同法律法规规定相抵触的；应当予以撤销的其他不适当的情形。因此，对于行政机关制定的有关行政规划的行政立法和规范性文件，各级人大可以行使法律监督权。但是，由于行政规划是根据具体情况架构和作为行政目标发展蓝图的，要想事前用法律条文对规划内容加以实体法上的制约，也只不过是提示抽象的方向性或判断要素等，对行政提示裁量准则而已，所以对规划制定权加以实体法的制约有一定的限度。①

（二）工作监督

工作监督是指人大及常委会对行政规划的制定和实施主体的日常工作的监督，审查行政规划是否符合人民群众的根本利益。人大及其常委会对行政规划的监督方式具体有以下几种。

其一，听取工作报告。我国《宪法》第92条明确规定，国务院对全国人民代表大会负责并报告工作；第110条规定地方政府的接受监督行为。因此，听取政府对于行政规划工作的报告，特别是重大规划的报告是人大及其常委会的一项重要工作内容。听取工作报告分为两种：一是听取关于行政规划的年度报告；二是听取关于重大行政规划的专题报告。

其二，审批国民经济与社会发展规划。全国人大行使审查和批准全国的规划；县级以上人民代表大会行使审查和批准本行政区域内的规划；乡镇人民代表大会行使根据国家规划决定本行政区域内的经济、文化事业和公共事业的建设规划的权力；全国人大常委会行使在全国人大闭会期间，审查和批准规划在执行过程中所必须作的部分调整方案的权力；地方各级人大常委会行使根据本级人民政府的建议，决定本行政区域内规划部分变更的权力。根据《各级人民代表大会常务委员会监督法》规定，国务院和县级以上地方各级政府应当在每年6月至9月，向本级人大常委会报告本年度上一阶段国民经济和社会发展规

---

①　参见杨建顺著：《日本行政法通论》，中国法制出版社1998年版，第564页。

划的执行情况。规划经中期评估需要调整的，人民政府应当将调整方案提请本级人大常委会审查和批准。

其三，询问、质询。询问是指人大及其代表在人大全体会议、代表团会议或专门委员会会议上审议政府工作报告或者议案的过程中，对政府及其领导人就有关行政活动提出疑问、了解情况的行为。询问一般以口头方式提出，要求当场答复，也可以在一定时期内作出答复。询问是人大及其代表行使知情权的体现，其程序比较灵活，因此在地方人大工作中被广泛采用。人大代表对于行政规划行使询问权的情形也为数不少。质询是指人大及代表对政府的某些行政行为提出质问，要求被质问的政府及部门在法定时间内正式作出答复的活动。与询问相比，质询涉及的问题更为重要，往往关系到公共利益。

其四，行政执法监督。对行政执法的监督主要表现为行政执法检查。行政执法检查是由各级全国人大及常委会、人大的专门委员会对于行政机关依法行政情况进行的检查和监督。各级人大常委会每年选择若干重大问题，有计划地对有关法律、法规实施情况组织执法检查。常委会执法检查工作由本级人大有关专门委员会或者常委会有关工作机构具体组织实施。常委会根据年度执法检查计划，按照精干、效能的原则，组织执法检查组。执法检查组的组成人员，从本级人大常委会组成人员以及本级人大有关专门委员会组成人员中确定，并可以邀请本级人大代表参加。执法检查结束后，执法检查组应当及时提出执法检查报告，由委员长会议或者主任会议决定提请常委会审议。执法检查报告包括：对所检查的法律、法规实施情况进行评价，提出执法中存在的问题和改进执法工作的建议；对有关法律、法规提出修改完善的建议。常委会组成人员对执法检查报告的审议意见连同执法检查报告，一并交由本级政府研究处理。行政执法检查是监督行政规划的一种重要形式。

四、行政决策控制及程序规制

"有权力的人们使用权力一直到遇有界限的地方才休止。"① 依法行政要求

---

① ［法］孟德斯鸠著：《论法的精神》（上），张雁深译，商务印书馆1959年版，第184页。

行政机关必须严格按照法定职权和法定程序，在法治轨道上开展工作，否则行政行为就不具有合法性与正当性。① 行政决策作为一种行政创制行为，关系到行政主体的后续行为以及不特定行政相对人的合法权益，行政决策一旦作出，即会产生相应的拘束力并导致相应行政活动的发生，对一定范围内的不特定行政相对人产生影响。因而，基于行政法治的内在考量以及行政决策的本质特征，需要对其加以规范控制。美国行政法学家西蒙断言："无决策，即无行政。"② 基于其在行政管理过程中之地位以及行政法治原理之拘束，行政决策法治化已成为法治国家基本共识。

（一）行政决策控制

我国传统监督制度是一种人治模式③，应当进行"法治化"改造，鉴西方法治文明的经验，改造"非法治"的监督机制，整合形成监督合力。④

其一，立法控制。行政决策的立法控制意指由立法机关通过立法、监督等方式对行政主体之行政决策过程及其结果施以防控与规约之规则与制度之总称。⑤ 密尔说："代议制政体，就是全体人民或一大部分人民通过由他们定期选举出的代表行使最后的控制权。"⑥ 全国人民代表大会是最高国家权力机关，国务院是最高国家权力机关的执行机关，由其产生，向其负责，受其监督。根据《地方政府组织法》规定，各级人民政府是同级国家权力机关的执行机关，由其产生，向其负责，受其监督。据此，作为行政权力之基本运行方式，行政决策应当接受国家权力机关之监控。主要是指权力机关即全国人大及其常委会

---

① 马怀德著：《全面推进依法行政的法律问题研究》，中国法制出版社 2014 年版，第6 页。

② 参见［美］詹姆斯·W. 费斯勒、唐纳德·F. 凯特尔著：《行政过程的政治——公共行政学新论》，陈振明、朱芳芳等校译，中国人民大学出版社 2002 年版，第 250 页。

③ 孙笑侠、冯建鹏：《监督，能否与法治兼容——从法治立场来反思监督制度》，载《中国法学》2005 年第 4 期。

④ 卢剑锋著：《行政决策法治化研究》，光明日报出版社 2011 年版，第 161 页。

⑤ 江国华编著：《中国行政法（总论）》，武汉大学出版社 2012 年版，第 253 页。

⑥ ［英］J. S. 密尔著：《代议制政府》，汪瑄译，商务印书馆 1984 年版，第 68 页。

与地方各级人大及其常委会对行政决策之规约和监控机制。

其二，司法控制。行政决策之司法控制，即行政决策之司法审查，意指司法机关依据有关申请对行政决策行为是否合法、是否符合程序进行审查，并作出依法撤销违法的行政决策的活动及其过程。① 在我国，行政决策之司法控制意指人民法院对行政决策制定程序、行政决策内容以及行政决策实施是否合法进行审查与裁判的机制；在本质上，它是一种程序性规约与合法性防控机制。基于分权与制衡之原理，现代法治发达国家均设有行政之司法审查制度；作为行政权运行的基本方式，行政决策不具有免予司法审查之法定理由，属于司法审查的当然范围。鉴于司法审查之于行政的刚性约束，宪政国家大多重视行政之司法控制机制建构，并视其为规约行政之核心手段，亦当成行政决策规约机制中的核心内容。具体有三：（1）司法权具有被动性，奉行不告不理原则；针对行政决策侵权，公民有权依法提起诉讼，司法机关由此启动司法审查程序。（2）司法权具有中立性，面对行政决策侵权所引发的诉讼，司法机关居中裁判，有助于决策侵权的客观解决。（3）司法权具有最终性，被称为"社会主义的最后一道防线"，其裁判结果之于行政主体具有刚性约束力，有助于行政决策之法治化和相对人权益保障。

其三，行政控制。行政决策之行政控制主要是指行政决策的内部规控机制，即行政系统内部依层次关系而建立的规约体系——据此，上级行政机关按照法定的权限、程序以及方式，对下级行政机关行政决策之合法性实施监督；相对于立法控制与司法控制而言，行政控制更具便捷性、有效性和执行性。行政决策之行政控制的法理主要表现在两个方面：（1）基于分权制衡之原理，行政系统内部各机关之间应恪守职能独立、彼此制约的原则。（2）行政系统内部，上下级行政机关之间是一种领导与被领导关系，基于这种层级领导权，上级行政机关有权撤销下级行政机关不适当的或者违法的决定或决策；下级行政机关对上级行政机关负责，执行上级行政机关的决定和命令，否则将承担相

---

① 参见刘莘主编：《法治政府与行政决策、行政立法》，北京大学出版社2006年版，第260页。

应的行政责任。

（二）行政决策程序规制

一般意义上，程序是指"事情进行的先后次序"① 或"按时间先后或依次安排的工作步骤"。② 程序是与"实体"相对应的一个专门的法律概念，指法律主体按照一定方式和步骤形成实体法律决定的过程，公平地听取意见，在使当事人可以了解的情况下作出决定。③ 行政法治的重要标志就是完善的行政程序制度，行政程序制度是行政法的重要组成部分。④ 行政决策程序是行政主体作出决策必须遵循的步骤、方式和顺序等规范之总称。它决定着行政决策科学、合理、合法的制定，影响着行政决策的功能发挥。一般来说，行政决策程序包括确定目标、拟订方案和方案决定等内容。《法治政府建设与责任落实督察工作规定》⑤ 明确将严格执行重大行政决策法定程序、加强对重大行政决策的合法性审查作为对地方政府履行推进本地区法治政府建设主体职责的主要督察内容之一。

从我国行政管理的实际来看，还存在部分领导干部在行政决策中玩忽职守，凭借经验、习惯办事，不尊重科学、不符合法定程序，不顾客观实际、瞎决策的现象。⑥ 正如美国大法官威廉·道格拉斯所言："坚定地遵守严格的法律程序，是我们赖以实现人人在法律面前平等享有正义的主要保证。"⑦ 鉴于此，司法机关可以依法开展司法审查监督，应有权对行政决策的合法性进行审

---

① 《现代汉语词典》（第 7 版），商务印书馆 2016 年版，第 170 页。

② 《辞海》，上海辞书出版社 1980 年版，第 1752 页。

③ 参见季卫东著：《法治秩序的建构》，中国政法大学出版社 1999 年版，第 12 页。

④ 江必新：《行政程序正当性的司法审查》，载《中国社会科学》2012 年第 7 期。

⑤ 2019 年 4 月，中办、国办印发《法治政府建设与责任落实督察工作规定》。

⑥ 许文惠、张成福等著：《行政决策学》，中国人民大学出版社 1997 年版，第 355 页。

⑦ Cite from Christopher Osakwe, "The Bill of Rights for the Criminal Defendant in American Law", in *Human Rights in Criminal Procedure* (Edited by J. A. Andrews), Martinus Nijhoff Publishers, 1982, pp. 260-264.

查监督；对行政决策所依据的行政规章和地方性规章进行合法性审查；① 对行政决策的合理性、程序性以及内容的公正性进行审查。

行政决策的整个过程，从发现决策问题到确定问题的性质、确定目标，到设计决策方案、进行方案选择和评估，都涉及方法问题。可以说，行政决策的过程就是一个由各种决策方法汇合成的方法集合。传统的行政决策者主要依据以往的政治实践、社会经验进行决策，随着现代科学技术的进步和政策科学的发展，行政决策的科学成分越来越多，人们针对不同的政策问题和决策的各个阶段提出了许多科学的方法。行政决策的分析和制定是一个复杂的系统过程，离开科学的方法支持是非常困难的，也是不现实的。

从中国现实阶段来看，事关全局、关涉范围广、密切关联群众利益的重大行政决策之民主性、公共性及理性不足是问题的根本症结，由是，对重大行政决策进行规制就成了行政决策法治化的核心考量。② 实践中决策失误事件的大量发生，再加上中央政策文件上的密集要求，共同反映出行政决策法治化已经成为了我国行政法治建设的内在需要。③ 为了健全科学、民主、依法决策机制，规范重大行政决策程序，提高决策质量和效率，明确决策责任，根据宪法、地方各级人民代表大会和地方各级人民政府组织法等规定，中华人民共和国国务院于 2019 年 4 月 20 日制定发布了《重大行政决策程序暂行条例》（以下简称《条例》）。④《条例》第 4 条规定："重大行政决策必须坚持和加强党的全面领导，全面贯彻党的路线方针政策和决策部署，发挥党的领导核心作用，把党的领导贯彻到重大行政决策全过程。"作出重大行政决策应当遵循科学决策、民主决策和依法决策的原则，接受本级人民代表大会及其常务委员会的监督。形成行政决策草案要经过决策启动——公众参与——专家论证——风险评估四个环节，行政决策草案行政之后首先须进行合法性审查，然后提交决策层机关讨论决策草案，最后公布行政决策。除此以外，《条例》第四章对行

① 卢剑锋著：《行政决策法制化研究》，光明日报出版社 2011 年版，第 183 页。
② 肖北庚、王伟著：《行政决策法治化研究》，法律出版社 2015 年版，第 51 页。
③ 江国华、梅杨：《行政决策法学论纲》，载《法学论坛》2018 年第 2 期。
④ 参见中华人民共和国国务院令第 713 号。

政决策的执行和调整作出了相关规定，并在最后一章对违反《条例》的法律责任进行了明确。重大行政决策程序①如下图所示。

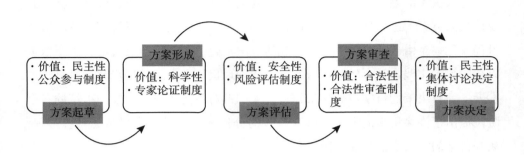

---

①　参见江国华、梅杨：《行政决策法学论纲》，载《法学论坛》2018 年第 2 期。

第四章　行政执法行为

　　法律的生命在于执行。行政执法是处理国家、社会与个人之间关系的纽带，是政府履行职能的核心。当下中国语境下，"行政执法"应当包含三种意涵：其一，行政执法能够明确地表明行政行为是对法律的执行；其二，行政执法是行政行为，不包括政策制定，行政法规、规章以及地方性法规等规范性文件的制定；其三，行政执法是直接针对行政相对人的具体行为，能够作用于相对人的权利、义务，也最容易由此对相对人的利益产生侵害的行为。行政执法的构成要素包括特定的主体、法定的根据、严格的程序和行政执法监督，因而行政执法应该具备外部性、具体性、单方性、强制性等特点。

　　根据行政执法行为对公民、法人和其他组织的权利义务所产生影响的方式的不同，可以将行政执法行为分为对行政相对人权利义务状态进行监督的行政监督检查和对行政相对人权利义务进行直接处置的行政处理决定。前者是行政主体运用检查、调查等具体方法针对特定行政相对人是否遵守法律和履行了行政法上的义务情况的了解；后者是最常见的行政执法行为，典型的行政处理包括行政奖励、行政许可，行政处罚和行政强制执行等。

　　行政执法属于执行性行政过程，需要对其整个实施过程进行全面的评价和约束，才能有效地控制执法权力，保护行政相对人的合法利益。行政执法的过程中要贯彻执行行政执法公示制度、执法全过程记录制度、合法性审核制度三项基本制度，才能提高行政执法的能力和水平，提升行政执法的科学性和有效性，增强行政执法的法治化和规范化，促进法治政府的建设，提升政府公信力，保障公民、法人和其他组织的权益。

行政执法行为的合法性审查是指在行政执法过程中或行政执法结束后，法律规定的国家机关对行政执法行为的实施及其过程是否符合法律的标准进行的判断，以及对不合法行政执法行为的处理。行政执法行为作为最容易对行政相对人造成侵害的行政行为类型，主要通过行政复议审查和司法审查的方式予以救济。复议审查不仅可以对具体的行政执法行为进行审查，也可以对作出执法行为所依据的规范性文件进行附带审查。根据不同类型的行政执法行为，可以对申请强制执行的执法行为进行事前司法审查，对于行政处理决定通过行政诉讼进行事后司法审查。

第一节　行政执法行为的法律属性

一般来讲，法律属性是指对某一事物的法律意义上的评价，表征了其在国家法治体系中的特征和功能。由此，行政执法行为的法律属性指的是行政主体实施"执法"这一特定行为时所产生或具备的法律上的特征。

一、行政执法的意涵

"行政执法"一词，原本并非严格意义上的法学理论术语，在当前我国学界也未对其概念形成统一的认识。但是，在实务界，"行政执法"一词已经越来越多地被使用。在全面加强依法治国的大背景下，行政行为的法治化受到了前所未有的重视，而"执法"这一用语，不仅能够准确地表达出行政机关对法律法规的执行职能，也能够明了地对多种行政行为进行语义上的概括，这对于进一步深化行政机构改革，整合行政职权具有重要的意义。十八届三中全会将深化行政执法体制改革，整合主体，简化层级，同时将完善行政执法程序作为推进法治中国建设的重要措施之一。① 因此，应该对行政执法之意涵进行界定。

在我国，行政执法的概念并不明确，理论和实务界存在这几种不同的见解。第一种观点认为，行政执法就是行政行为，它所对应的就是行政法规范所调整的全部范畴；第二种观点认为，行政执法主要是指针对特定行政相对人的行政行为，其将抽象行政行为排除在外；第三种观点认为，行政执法仅指针对具体行政相对人的具体行政处理行为。

许崇德、皮纯协教授认为，行政执法是行政机关依法对国家事务进行组织和管理的全部活动，"行政执法是就国家行政机关执行宪法和法律的总体而言的。它包括了全部的执行宪法和法律的行为，既包括中央政府的所有活动，也包括地方政府的所有活动，其中有行政决策行为、行政立法行为以及执行法律和实施国家行政管理的行政执行行为"。②

罗豪才、应松年教授认为，行政执法包括抽象行政行为和具体行政行为，但一般情况下仅指具体行政行为。③ "行政执法是行政机关执行法律的行为，是主管行政机关依法采取的具体的直接影响相对一方权利义务的行为；或者对个人、组织的权利义务的行使和履行情况进行监督检查的行为。"④

杨惠基教授认为，行政执法与制定人们行为规则的行政立法相区别，也与解决行政争议的行政司法相区别。"行政执法是指行政机关及其行政执法人员为了实现国家行政管理目的，依照法定职权和法定程序，执行法律法规和规章，直接对特定的行政相对人和特定的行政事务采取措施并影响其权利义务的行为。"行政执法不包括"行政机关制定行政法规和规章等行政立法行为"以及"解决和处理争议和与行政管理密切相关的民事争议的行政司法行为"，

---

① 《中共中央关于全面深化改革若干重大问题的决定》，载《人民日报》2013 年 11月 16 日。

② 许崇德、皮纯协主编：《新中国行政法学研究综述》，法律出版社 1991 年版，第293 页。

③ 应松年主编：《行政法与行政诉讼法学》，法律出版社 2009 年版，第 156 页。

④ 罗豪才、应松年主编：《行政法学》，中国政法大学出版社 1989 年版，第 133 页。

"行政执法是与行政立法、行政司法相对应的"。①

　　姜明安教授则认为，基于社会科学自身的特点和研究目标，人们在研究问题时并不只是在追求"是什么"，而是在一定程度上探求"应该是什么"。由此，往往难以得到唯一且普世的正确答案，人们对某一问题所形成的共识，是在特定的时间、空间，特定的历史条件下的阶段性的产物，并不是永恒的真理。因此，一方面，对于概念的界定，我们不能奢望达成一个适用于任何条件的准确定义；另一方面，在特定的场合下，我们也要保持概念的确定，以确保形式逻辑的有序，否则，思想和学术的交流就无法进行。基于此，姜教授提出应该在三种场合赋予"行政执法"不同的含义。②

　　学界的上述观点分别从不同角度对行政执法进行了概括，是对行政执法含义的广义、较广义和狭义的表述，同时也体现了对行政执法宏观、中观以及微观等不同层面的解读。然而，单纯从理论上探讨何种行政（行为）与行政执法的概念关系略显刻意和空洞，我们也理应从实践的角度去考察"行政执法"这一概念的意涵。

　　在国家层面，2002 年 9 月 17 日中央编办出台的《关于清理整顿行政执法队伍实行综合行政执法试点工作的意见》③ 中的行政执法是指监督检查、行政处罚等职能，而将政策制定与技术检验等行政行为排除在外。市场监管总局 2019 年 2 月发布的关于贯彻落实《关于深化市场监管综合行政执法改革的指导意见》的通知中，将行政执法概括为："市场监管综合执法队伍统一行使行

---

　　①　杨惠基主编：《行政执法概论》上海大学出版社 1998 年版，第 1~3 页。

　　②　姜明安教授认为：其一，为表明现代行政的性质和功能，此时"行政执法"等于"行政"；其二，区别行政的不同内容，制定行政规范的行为为"行政立法"，直接实施法律和行政规范的行为称谓"行政执法"；其三，作为行政行为的一种特定方式，包括许可、审批、征收、给付、确认、裁决、检查、奖励、处罚、强制等。参见姜明安著：《行政执法研究》，北京大学出版社 2004 年版，第 8~9 页。

　　③　文件中表述："要将政策制定职能与监督检查职能相对分开，监督检查职能与技术检验职能相对分开……""将制定政策、审查审批等职能与监督检查、实施处罚等职能相对分开"，参见《关于清理整顿行政执法队伍实行综合行政执法试点工作的意见》，载《中华人民共和国国务院公报》2002 年第 32 号。

政处罚权以及与之相关的行政检查、行政强制权，包括投诉举报的受理和行政处罚案件的立案、调查、处罚等。"①

在地方层面，《广东省行政执法责任制条例》中的行政执法是指行政执法主体依法行使行政职权、履行行政职责的行为。②《上海市城市管理行政执法条例》第 2 条第 2 款规定："前款所称的城市管理行政执法是指市和区城市管理行政执法部门（以下简称城管执法部门）以及乡、镇人民政府依法相对集中行使有关行政管理部门在城市管理领域的全部或部分行政处罚权及相关的行政检查权和行政强制权的行为。"③由此可见，虽然在实践中，不同规范性文件对行政执法的表述不尽相同，但基本上都将政策制定等抽象行政行为排除在外，只是对具体行政行为的进一步划分。

马克思主义唯物辩证法告诉我们，理论和实践的结合才能使知识产生出更大的价值。行政执法用语的提出，就是实践的产物，反映出了我国行政法治发展的需求。具体来说包括以下三点：（1）我国是一个法治国家，法治原则要求政府这一最大的"国家机器"要更加严格地执行法律、法规，做法律的执行者，公民意志的贯彻者，绝不能成为行政长官个人意图的实施工具，必须在法律的框架下运行。（2）经济社会的发展对行政管理提出了更高的要求。自改革开放以来，我国进入了全面改革的时代，从计划经济到市场经济，政府的管理范围和职能都发生了改变。（3）随着公民法治意识的增强，群众不仅关心政府行政行为的最终结果，也对行为主体和行为过程的合法、合理有所期

---

① 参见《关于深化市场监管综合执法改革的指导意见》，载《中华人民共和国国务院公报》2019 年第 19 号。

② 《广东省行政执法责任制条例》第 2 条第 3 款规定："本条例所称行政执法，是指行政执法主体依法行使行政职权、履行行政职责的行为，包括行政处罚、行政许可、行政强制、行政征收、行政征用、行政给付、行政检查等行政行为。"参见广东省人民政府法制办公室网，http：//www.fzb.gd.gov.cn/publicfiles/business/htmlfiles/gdsfzb/zrzzcfg/201508/12860.html，2020 年 2 月 15 日访问。

③ 参见法律法规数据库，http：//search.chinalaw.gov.cn/law/searchTitleDetail?LawID=405460&Query=%E8%A1%8C%E6%94%BF%E6%89%A7%E6%B3%95%E6%9D%A1%E4%BE%8B&IsExact=，2020 年 2 月 15 日访问。

待，这在客观上对与群众直接密切相关的一些具体行政行为的实施提出了更高的要求。因此，我国的行政改革也紧跟时代步伐，作出了相应的调整，如行政体制的改革，而"行政执法"的用语也更贴合这样的背景。

由此，在我国的"行政执法"应当包含以下几种意涵：（1）行政执法能够明确地表明行政行为是对法律的执行，不是行政长官意志的执行，在此意义上，行政行为的实施机关、程序以及监督都要依据法律、从属于法律。（2）行政执法是行政行为，而并非现代意义上行政的代名词，同时，行政执法是行政行为的一部分，而并非全部，其主要是指具体行政行为，而不包括政策制定，行政法规、规章以及地方性法规等规范性文件的制定。（3）行政执法是直接针对行政相对人的具体行为，与行政相对人的关系最为密切，能够作用于相对人的权利、义务，这种作用包括对权利义务的更改，也包括对权利义务状态的监督，同时，也最容易由此对相对人的利益产生侵害。鉴于行政执法的上述意涵，我们可以将行政执法的概念表述为：有执法权的行政主体，依法采取的能够直接影响行政相对人权利义务的具体行政行为，以及对相对人的权利义务履行情况的检查监督行为。

二、行政执法的构成要素

作为一类行政行为，行政执法有系统的组成结构，主要包括以下几个要素。

其一，主体要素。行政执法应该有确定的主体，其必须要有法律赋予的执法权。行政执法权的重要性不言而喻，它是政府代表国家实施经济、社会管理的最主要载体。行政执法的实施不仅对保障国家利益和社会利益举足轻重，对维护行政相对人以及没有与行政机关产生行政关系的普通社会成员的利益也至关重要。因此，行政执法的实施主体必须是特定的，而不能是随意的。在大陆法系国家，行政主体相关制度是行政实体制度的重要组成部分。国家社会利益的分配，中央和地方关系的确立，以及地方、公务自治制度的设立，都是通过行政主体制度予以实现的。英美法系虽然没有明确的"行政主体"概念，但是却在公共管理和社会治理领域有一套完善的实体性制度。20 世纪 80 年代末，行政主体理论传入我国，并且迅速被广大学者所接受，形成了具备我国特色的行政主体理论。① 在我国，行政主体理论的确立，不仅在外观上实现了社会成员对政府权能的信赖，在实质上实现了行政机关实施行政行为的权力和责任的对等，同时也解决了行政诉讼被告资格的问题。② 正是因为行政行为的特殊性，才需要对其实施主体进行相对固化。同样的道理，行政执法行为作为一类"特殊"的行政行为，更加需要特定的主体，否则行政执法将难以运行，也无法受到监督。因此，行政执法的主体必然是特定的，甚至是法定的，其与行政行为主体的关系是包含的。行政执法主体需要通过法律或者政府的行政执法清单制度予以进一步明确和公示。

其二，法治要素。从根本上讲，行政执法是对法的执行，法律一旦离开了执行，便会被束之高阁，成为"高尚且无用的东西"。反过来，行政执法也不可能脱离法律而单独存在，其执法之启动应当来源于法律设定的理由，其执法之过程应该遵守法律规定之形式，其执法之结果应该符合特定法律规则之目的和法整体价值之追求。"依法律行政"原本就是行政法治的原则之一，也是最根本的原则。依法律行政的原则起源于西方，是与"法治国家"概念的提出息息相关的，最初是为了对抗君主专制而采用的分权手段，是以法律途径将行政权力转移到议会。而后，随着在行政领域法律授权现象的出现和法与行政方法论意义上的发展，"依法律行政"原理逐渐发展为依法行政原则，并且被大多数现代法治国家所接受。③ 从依"法律"到依"法"的嬗变，不仅体现了人们对法的认识过程的演进，也表征了行政法治内涵的丰富。依法行政观念的更新，要真正树立起权力、责任和效果统一的新型法治理念，还需要确立起行政法定、均衡和正当等依法行政的具体原则。④ 在当前的法治背景下，法治由

---

① 参见马怀德主编：《行政法学》，中国政法大学出版社 2009 年版，第 64~68 页。

② 行政主体是指享有实施行政活动的权力，能够以自己的名义从事行政活动，并因此而承担实施行政活动所产生的责任的组织。张尚鷟：《走出低谷的中国行政法学》，中国政法大学出版社 1991 年版，第 80 页。

③ 王贵松：《依法律行政原理的移植与嬗变》，载《法学研究》2015 年第 2 期。

④ 参见周佑勇著：《行政法基本原则研究》，武汉大学出版社 2005 年版，第 158 页。

形式主义逐步转向实质主义，行政机关的职能也随着经济社会的需求发生了一定的改变。由此，依法行政原则中的"法"应该是开放的、多元的，其不仅应该包含国家权力机关所创制的法律，也应该包括行政法规、部门规章以及其他政府规范性文件。① 我国《宪法》对依法治国作出了规定。② 1999年，国务院就制定了加强依法行政工作的实施纲要，2004年又制定了《全面推进依法行政实施纲要》。此外，《行政诉讼法》《行政许可法》《行政处罚法》《行政强制法》《国家赔偿法》等规范行政执法的法律也相继产生。可以说，目前我国行政执法基本已经达到有法可依，监督制约机制已经基本健全。

其三，程序要素。从我国法制发展的历程来看，从"重实体轻程序"到实体与程序并重的变迁，似乎是一个不可逆转的潮流。在行政执法领域也是如此，严格的行政执法程序不仅有利于对执法权的控制，也有利于执法结果的公信力。反过来，一旦行政执法失去了程序层面的约束，行政的自由裁量权没有得到必要的限制，行政执法行为的结果往往容易有所偏差，容易产生渎职、越权等现象的发生，同时，缺少了必要的事前程序设置，执法过程的本身也将成为没有缰绳的野马，极易对行政相对人造成损害。可以说，完善的行政程序制度，是行政能力的重要体现，也是现代法治国家行政的重要标志。美国最高法院大法官F. 福兰克弗特认为"自由的历史基本上是奉行程序保障的历史"。③从行政诉讼的角度来说，行政执法程序作为对行政行为司法审查的主要内容，是重要的行政要素。一方面，行政程序可以完整地展现行政执法的过程，有利于法庭查明真相；另一方面，行政程序的合法性原本就是司法审查的对象。当然，行政执法程序不仅要符合合法性的形式要求，也应当能够经受正当性的价值考量。程序的正当，是行政执法主体的法律义务，是规范行政自由裁量权的

---

① 周佑勇：《依法行政的观念、制度与实践创新》，载《法学杂志》2013年第7期。

② 《中华人民共和国宪法》第5条规定："中华人民共和国实行依法治国，建设社会主义法治国家。……一切国家机关和武装力量、各政党和各社会团体、各企业事业组织都必须遵守宪法和法律。一切违反宪法和法律的行为，必须予以追究。任何组织或者个人都不得有超越宪法和法律的特权。"

③ 季卫东著：《法律程序的意义——对中国法制建设的另一种思考》，中国法制出版社2004年版，第11页。

必要措施，在程序法缺席的情况下，可以作为司法审查的弥补手段。①

其四，监督要素。权力一旦失去监督，就会变成破坏的工具。行政执法往往直接体现为执法主体或执法者对特定范围内的特定相对人的暴力行为。行政执法权是以行政强制力保证实施的，其本身就是一把双刃剑，它既能够履行政府职责，保证社会秩序，同时又极其容易损害相对人权益，甚至造成人身财产伤害。因此，必须给行政执法设定出明确的边界，构建完善的监督机制，把权力关进制度的笼子里，用好这把利剑。目前我国已经形成了较为完善的行政执法监督体系，就监督主体而言，包括权力机关，司法机关，行政机关，专门机关的监督②，公民、社会团体、媒体等；就监督方式而言，包括报告监督，司法审查，组织监督，社会监督等。党和国家高度重视依法治国，注重对行政执法的监督。习近平总书记指出："我们要健全权力运行制约和监督体系，有权必有责，用权受监督，失职要问责，违法要追究，保证人民赋予的权力始终用来为人民谋利益。"③ 尽管我国已经具备了较完善的行政执法监督体系，但是由于行政权具有天然的扩张性，无论对它的控制机制多么得完善，其在实施中总是表现出突破束缚的趋势。而行政执法权涉及社会管理的方方面面，不仅范围广，而且影响大，一旦不能得到很好的控制，便会损害人民利益，破坏法治。④

三、行政执法的法律属性

行政执法具有处理性、主权性、针对具体事件、行政机关、产生外部直接法律效果等基本要素。⑤ 具体而言，行政执法应该具备以下几个法律属性。

---

① 江必新：《行政程序正当性的司法审查》，载《中国社会科学》2012 年第 7 期。

② 专门机关的监督主要指党的纪检监察机关的监督和人民检察院的检察监督，十九大提出深化监察体制改革后，国家监察委员会成立，检察机关的相关职能并入监察委。

③ 习近平：《在首都各界纪念现行宪法实施三十周年大会上的讲话》，载《十八大以来重要文献选编（上）》，中央文献出版社 2014 年版，第 92 页。

④ 崔建科：《论行政执法检察监督制度的构建》，载《法学论坛》2014 年第 4 期。

⑤ ［德］哈特穆特·毛雷尔著：《行政法学总论》，高家伟译，法律出版社 2000 年版，第 186 页。

其一，外部性。行政行为分为行政内部行为和外部行政行为，这是以行政行为适用对象的范围为标准的。① 外部行政行为是指行政主体针对一般的公民、法人或其他组织作出的能够影响其权利义务的行为，这类行为一般属于政府的社会管理活动。从前文对行政执法意涵的归纳来看，行政执法的相对人为一般公民而非基于隶属关系的行政机构内部人员，行政执法的内容直接涉及公民的权利义务，因此，行政执法行为应当属于典型的外部行政行为，具有外部性。外国行政法学者也认为行政执法行为具有外部性。② 也正是因为行政执法的这一法律属性，才使得可以对行政执法行为进行诉讼救济。我国现行法律规定只针对外部行政行为可以提起行政诉讼和行政复议，而行政内部行为则属于行政自决的事项。行政内部行为不具有可诉性。③ 而行政执法的外部性属性使其在我国行政行为救济体系中具备了最充分的救济途径和最有效的救济手段。

其二，具体性。行政执法行为是有行政执法权的机构及其工作人员依照法律的规定，就特定的事项所实施的能够直接影响特定相对人的权利义务的行为，也即具体行政行为。与此相对的是抽象行政行为。④ 有学者将制定行政规

---

① 马怀德主编：《行政法学》，中国政法大学出版社 2009 年版，第 104 页。

② 参见：［日］室井力著：《日本现代行政法》，吴微译，中国政法大学出版社 1995年版，第 81 页。

③ 《中华人民共和国行政诉讼法》第 13 条第 3 项规定："人民法院不受理公民、法人或者其他组织对下列事项提起的诉讼：（三）行政机关对行政机关工作人员的奖惩、任免等决定。"2018 年实施的《最高人民法院关于适用〈中华人民共和国行政诉讼法〉的解释》更加明确地将内部行政行为排除在外，其第 1 条规定："公民、法人或者其他组织对行政机关及其工作人员的行政行为不服，依法提起诉讼的，属于人民法院行政诉讼的受案范围。下列行为不属于人民法院行政诉讼的受案范围：……（五）行政机关作出的不产生外部法律效力的行为；（六）行政机关为作出行政行为而实施的准备、论证、研究、层报、咨询等过程性行为；……（八）上级行政机关基于内部层级监督关系对下级行政机关作出的听取报告、执法检查、督促履责等行为；……（十）对公民、法人或者其他组织权利义务不产生实际影响的行为。"同时，《中华人民共和国行政复议法》对行政复议的受理范围进行了规定，同样排除了内部行政行为。

④ 所谓抽象行政行为，是指行政机关在依法行使职权的过程中，针对非特定对象制定的可以反复适用的法规规章及其他具有普遍约束力的规范性文件的行为。参见马怀德主编：《行政法学》，中国政法大学出版社 2009 年版，第 101 页。

范性文件的行为也归为行政执法行为，因为他们认为立法仅指国家最高权力机关所制定的法律，而行政规范文件的制定是行政行为。① 诚然，这种解释在严格的法律渊源理论框架下是严谨的，但是其忽略了行政执法这一概念在我国产生的历史进程和实践含义。我们应该注意到，制定行政规范性文件的行为虽然在国家权力的配置框架下属于行政权的内容，但其也并不当然地属于行政执法。（1）行政法规、部门规章等行政规范性文件已经公布即可反复适用，而行政处罚、行政许可等典型的行政执法行为每实施一次仅产生一次的效果。（2）行政规范性文件属于具有普遍约束性的规范，其对象是不特定的一般公民，在其生效范围内，任何人都是其约束对象，而行政执法行为是针对特定相对人的行为，有明确的作用对象。（3）行政规范性文件的效力是指向未来可能发生的事情，而行政执法行为的效力只能作用于已经发生的事情。（4）这两种行为的救济方式也存在很大差异，我国《行政诉讼法》明确把行政规范性文件排除在行政诉讼之外。② 由此，法规、规章等规范性文件的制定与典型的行政执法行为存在较大的差别，从动态的角度来看，制定行政规范性文件的行为是抽象行政行为，将其表述为行政立法更为妥帖，而具体性也是行政执法行为的又一个显著特征。

其三，单方性。行政权是宪法和法律赋予行政机关管理国家事务，管理经济文化事业，社会事物的重要的国家权力，行政执法亦是行政权实现的最广泛、最严厉的方式，其往往表现为对公民社会活动和生活的主动干预，它由行政执法主体作出，作用于执法对象，而且不以其意志为转移。行政执法行为作为政府进行社会管理的主要方式，其对象往往是违反、潜在违反行政规章制度的公民、社会组织或者是行政许可事项的申请者，执法的内容就是纠正其行为或者审查其资格，在这种情况下，行政执法者只能依法作出处理，而不可能必须征得相对人的同意。与此相比，行政合同行为等双方行政行为必须要求行政

---

① 姜明安著：《行政执法研究》，北京大学出版社 2004 年版，第 9 页。

② 《中华人民共和国行政诉讼法》第 13 条第 2 项规定："人民法院不受理公民、法人或者其他组织对下列事项提起的诉讼：（二）行政法规、规章或者行政机关制定、发布的具有普遍约束力的决定、命令……"

主体之间或行政主体与行政相对人之间经协商一致才能成立。① 需要说明的是，行政执法行为的单方性并不意味着对行政执法相对人参与行政执法行为权力的剥夺。对公民基本权利的保障，是建设法治政府的应有之义，限制、防止执法权的滥用，保障执法相对人的合法权益是重中之重。在行政执法过程中，要尊重相对人的人格尊严，充分听取相对人的意见，在平等原则的基础上实施行政执法行为，要在行政执法的过程中最大限度地维护相对人的合法权益。尊重相对人的意见是依法行政的重要体现，是现代行政法治的基本要求，这并不影响行政执法行为的单方性，恰恰相反，这为执法行为更加公平合理提供了支持。

其四，规范性。规范性是指行政执法的实施必须按照一定的程序，遵守特定的形式。在我国，"重实体、轻程序"的现象长期存在于实务界，对于行政程序的重视程度远远不如对实体的关注。然而，随着法治政府的建设，人们逐渐意识到行政程序对于规范行政行为的重要意义。行政执法作为能够直接影响公民具体权利义务的行政行为方式，其过程必须要受到相当程度的制约，行政执法主体不能够随心所欲地采取任何方式改变相对人的权利义务状态。行政执法行为应该公开进行，并且严格按照法定的步骤、方式、顺序和实现，执法人员也必须遵守有关回避的规定。坚持法律规定的正当程序不仅能够规范行政执法的决策过程，使决策更加理性，而且也能够使行政相对人的意见得到充分的考虑，提高执法的民主化和公众参与程度，同时，在形式上严格的执法过程也给执法结果提供了正当性依据。② 根据《行政诉讼法》和《行政复议法》的相关规定，程序的不合法可能造成行政机关承担行政违法的不利后果。《中华人民共和国行政处罚法》《中华人民共和国行政许可法》中分别都对行政处罚和行政许可规定了明确、详细的操作程序，湖南省人民政府2007年颁布的《行政程序规定》是我国第一部地方性行政程序规定。

---

① 应松年主编：《行政法与行政诉讼法学》，法律出版社2009年版，第117页。
② 参见张德瑞编著：《依法行政操作规范于案例》，法律出版社2009年版，第112~113页。

其五，强制性。行政权是一种公权力，其权力内容是国家公共管理，它作用于国家与公民之间的关系，行政主体和行政活动具有公益性的特点。传统理论认为，公权力是组成社会的个人将自己的一部分自然权利或全部权利舍弃出来，让渡给国家或社会，由此使得国家获得权力来保障公民的自然权利。霍布斯认为人民一旦转让了其权利，就必须绝对服从政府的权力。① 行政权意味着公民个人必须服从于国家或社会的公共利益。行政执法权是国家行政的最广泛、最有力的权力类型，是直接面对给国家或公共利益带来挑战的个人，在实施中不以相对人的意志为转移，其运行必然是以强权来维护，是除法律以外的最高强制力的表现。在行政管理的过程中，难免会发生相对人的置之不理，拒不配合，甚至是暴力抵抗。因此，为了国家公共目的的实现，行政执法采取一定的强制手段是十分必要的。《中华人民共和国行政强制法》第 2 条即作出这样的规定。②

其六，合目的性。公权力的产生是为了更好地保护公民个人的权益，在行政活动中必须要尽最大努力保护公民的合法权益。在行政执法中要坚持比例原则，应在其所追求的目的和为追求该目的所采取的手段给私人的权利与利益所造成的损害之间进行适当的平衡，要做到适当、必要。③ 在建设服务性政府、人性化执法的现代法治政府中，行政执法的方式应该是多元的、弹性的、有层次的。传统的高权性执法将行政主体与行政相对人之间的关系定义为简单的命令与服从的关系，曲解了行政权力之于公民权利的意义。法治思维下的行政执法理念，强调行政相对人的参与，注重对行政相对人合法权利的保障，重视对

---

① 孙丽岩：《行政权下的公民权利之辩》，载《政法论坛》2013 年第 2 期。
② 《中华人民共和国行政强制法》第 2 条规定："本法所称行政强制，包括行政强制措施和行政强制执行。行政强制措施，是指行政机关在行政管理过程中，为制止违法行为、防止证据损毁、避免危害发生、控制危险扩大等情形，依法对公民的人身自由实施暂时性限制，或者对公民、法人或者其他组织的财物实施暂时性控制的行为。行政强制执行，是指行政机关或者行政机关申请人民法院，对不履行行政决定的公民、法人或者其他组织，依法强制履行义务的行为。"
③ 姜明安著：《行政执法研究》，北京大学出版社 2004 年版，第 102～103 页。

行政权力的制约和监督。① 当前，政府权力与公民权利关系的发展已经进入公共管理阶段，其以公民权利为本位，以保障和实现公民权利最大化为根本宗旨。② 在这样的发展背景下，行政权需要保持必要的克制，保持相对的谦抑，行政执法也必须坚持执法为民的基本理念，优化执法方式，提升执法效果。

第二节　行政执法行为的表现形式

行政执法行为是具有特殊法律属性的具体行政行为，参照学理上对行政行为的分类标准，根据行政行为对执法公民、法人和其他组织的权利义务所产生影响的方式的不同，可以将行政执法行为分为对行政相对人权利义务状态进行监督的行政监督检查和对行政相对人权利义务进行直接处置的行政处理。

一、行政监督检查

行政监督检查指行政主体运用检查、调查等具体方法针对特定行政相对人是否遵守法律和履行了行政法上的义务情况的了解。行政监督和行政检查虽然在不同的场合可以分别使用，但是二者的含义大同小异，我国学界曾经就二者的概念进行过争论，但是现在已经基本达成共识，即二者的意义相同。如果非要进行区分的话，那么只能将行政监督视为行政检查的上位概念，行政检查作为行政监督的具体方式③，但是这种分类方法无论是在理论上还是在实践中都没有创造性的意义。因此，不妨将二者统称为行政监督检查。

（一）行政监督检查的意涵

其一，行政检查是指行政主体履行行政管理职能的一种方式，是对从事某

---

① 鲁峰：《法治思维下行政执法方式的嬗变》，载《行政领导》2013 年第 32 期。
② 张弘：《论行政权的谦抑性及行政法的相应对待》，载《政法论丛》2017 年第 3 期。
③ 参见姜明安著：《行政执法研究》，北京大学出版社 2004 年版，第 151 页。

方面活动的相对人实施的察看、了解和掌握其守法情况，督促其履行义务的行为。① 行政检查的作用在于：（1）了解情况。行政主体在进行行政决策实现行政管理时必然要掌握一定的信息，在管理学中，信息的完整程度和时效性对于决策结果起到关键性的作用，因此行政主体必然要通过一定的手段获得真实、有效的信息。（2）收集证据。我国是社会主义法治国家，依法治国是我国的基本方略，建设法治政府是我们在行政领域实现法治文明的必由之路。政府依法行政就要求政府做到实事求是，体现在行政执法层面，就是要求行政执法主体在进行执法活动时要以客观实际为依据，换言之，就是要讲证据。（3）督促履行。前文已经叙述，行政检查是行政处理的前置程序，反过来，一旦在行政检查中发现行政相对人违法或者不履行义务的行为，行政相对人必然要面临不利的处境，比如对其进行行政处罚或者行政强制措施。由此，行政相对人基于对不利后果的畏惧和行政检查的发现机制，就要保持守法或履行义务的状态，这在客观上起到了敦促的作用。

其二，根据行政检查行为的定义及作用，行政检查行为呈现出以下特点：（1）行政检查行为的启动需要有法定的理由，由于行政检查行为的对象是公民的人身、行为和财务等，在检查的过程中必然要对其人身和财产权利进行一定的限制，需要法律对其进行规制。（2）行政检查行为一般而言并非需要行政相对人的申请，而是行政主体依据自身职权积极主动地进行。（3）行政检查行为是行政主体依职权的行政行为，具有单方性，其并不以行政相对人的同意为要件。（4）行政检查行为具有强制性。行政检查在客观上会对行政相对人的基本权利造成一定程度的限制，有时难以获得行政相对人的完全配合，甚至还会出现抵抗的情况，进而难以达成检查目的，因此行政检查行为作为一种单方的行政行为，必须以强制力保证实施。② 《中华人民共和国海关法》第6

---

① 应松年主编：《行政法与行政诉讼法学》，法律出版社2009年版，第261页。
② 杨建明：《论行政检查》，载《江西行政学院学报》2005年第2期。

条规定即作出了这样的规定。①

其三，行政监督检查是行政执法行为的一种表现形式。虽然，行政监督检查并不对行政相对人的实体权利义务进行处分，但是这并不影响行政监督检查的执法性质。（1）行政监督检查是行政执法机构依职权进行的，一方面，实施行政监督检查的机构是有行政执法权的机构，未经批准可以进行行政执法的行政机关，即便是行政主体，也不拥有行政监督检查的权力；另一方面，有行政执法权的执法机构所实施的监督检查行为，是为了对行政相对人履行义务的情况进行调查，其目的是掌握行政相对人权利义务的运行状态，为是否进一步进行行政处理提供证据和依据。（2）行政监督检查行为，使得行政相对人承担起配合检查的义务，包括如实地进行陈述，提供相关的材料、资料等。（3）在一般情况下，行政监督检查是对行政相对人履行义务情况的监督，其就是在督促负有行政义务的相对人正确履行义务，它本身就是对行政相对人实体权利的一种间接影响，尤其是对于设置了行业标准的从业行政相对人，只有持续性地达到标准的要求才是履行了自身义务，而其履行情况，只能通过行政监督检查行为来实现。由此，虽然行政监督检查行为不直接改变行政相对人的实体权利义务，但却是对能够对其权利义务产生间接的影响，在一定的条件下也能够

---

① 《中华人民共和国海关法》第6条规定："海关可以行使下列权力：（一）检查进出境运输工具，查验进出境货物、物品；对违反本法或者其他有关法律、行政法规的，可以扣留。……（四）在海关监管区和海关附近沿海沿边规定地区，检查有走私嫌疑的运输工具和有藏匿走私货物、物品嫌疑的场所，检查走私嫌疑人的身体；对有走私嫌疑的运输工具、货物、物品和走私犯罪嫌疑人，经直属海关关长或者其授权的隶属海关关长批准，可以扣留；对走私犯罪嫌疑人，扣留时间不超过二十四小时，在特殊情况下可以延长至四十八小时。在海关监管区和海关附近沿海沿边规定地区以外，海关在调查走私案件时，对有走私嫌疑的运输工具和除公民住处以外的有藏匿走私货物、物品嫌疑的场所，经直属海关关长或者其授权的隶属海关关长批准，可以进行检查，有关当事人应当到场；当事人未到场的，在有见证人在场的情况下，可以径行检查；对其中有证据证明有走私嫌疑的运输工具、货物、物品，可以扣留。海关附近沿海沿边规定地区的范围，由海关总署和国务院公安部门会同有关省级人民政府确定。……（七）海关为履行职责，可以配备武器。海关工作人员佩带和使用武器的规则，由海关总署会同国务院公安部门制定，报国务院批准。……"

改变相对人实体权利义务的行政执法行为的必不可少的前置程序。

（二）行政监督检查行为的程序①

虽然我国目前没有出台《行政检查法》，但是对于行政检查的程序要求却可散见于各具体行政行为的法律规制，从目前这些有关行政检查的规范性文件中，我们可以看出，行政检查行为需要遵循一定的程序，符合一定的法律要求。

其一，事先通知。通常情况下在进行行政检查前，行政检查主体应依照法定期限、途径及方式告知相对人即将开始的行政事项。如《海关稽查条例》第 10 条规定："海关进行稽查时，应当在实施稽查的 3 日前，书面通知被稽查人。在被稽查人有重大违法嫌疑，其账簿、单证等有关资料以及进出口货物可能被转移、隐匿、毁弃等紧急情况下，经直属海关关长批准，海关可以不经事先通知进行稽查。"但某些特殊情形下的行政检查不适用事先通知程序。

其二，表明身份。一般情况下，表明身份是行政行为开始的标志，其方式有多种，主要包括出示证件、佩戴特定标识、设置特定标识等。如，根据《行政处罚法》第 37 条之规定："行政机关在调查或者进行检查时，执法人员不得少于两人，并应当向当事人或者有关人员出示证件。"根据《公路法》第71、73 条之规定：公路监督检查人员执行公务，应当佩戴标志，持证上岗。用于公路监督检查的专用车辆，应当设置统一的标志和示警灯。此外，部分法律还规定了特殊的身份要求，譬如，根据《税收征收管理法》第 59 条之规定："税务机关派出的人员进行税务检查时，应当出示税务检查证和税务检查通知书……未出示税务检查证和税务检查通知书的，被检查人有权拒绝检查。"也即税务检查人员不仅须为税务部门工作人员，还需要具备一定条件方能进行检查。再如《治安管理处罚法》第 87 条第 1 款规定："检查公民住所应当出示县级以上人民政府公安机关开具的检查证明文件。"

---

① 本节内容摘录自作者其他著作，具体参见江国华著：《中国行政法（总论）》，武汉大学出版社 2017 年版，第 258、159 页。

第三，实施检查。实施检查是行政检查的实行环节，在这个过程中有很多具体的程序规定，主要包括如下内容：（1）检查主体，根据《行政处罚法》《治安管理处罚法》等规定，检查人员一般应为两人以上，且检查女性身体的工作人员应为女性。（2）检查期限，行政检查本身就可能侵害被检查人的权利，应当有一定的期限限制，但我国关于行政检查期限的规定较为模糊，常常被吸收在办案期限内，譬如，《治安管理处罚法》中规定的治安案件期限，自然就包括了该案件的检查期限。然而，在其他案外检查中，本身不存在一定的案件，自然也就无法通过案件的处理期限涵盖检查期限。（3）听取申辩，相对人应有权对行政检查的具体内容进行充分的解释、申辩，这不仅是相对人的基本权利，更对查明事实真相、分清是非曲直具有重要意义。（4）保密义务，对于涉及相对人隐私、商业秘密等的事项进行检查，检查人员应当予以保密。譬如，根据《税收征收管理法》第 59 条之规定："税务机关派出的人员进行税务检查时……并有责任为被检查人保守秘密。"

其四，作出结论。行政检查结果一般以书面形式作出、以检查笔录为主要方式，并告知当事人。在检查过程中一般应当制作检查笔录，并由检查人员、相对人、见证人等签字确认。譬如，根据《行政处罚法》第 37 条之规定：询问或者检查应当制作笔录；根据《行政许可法》第 61 条第 2 款之规定：行政机关依法对被许可人从事行政许可事项的活动进行监督检查时，应当将监督检查的情况和处理结果予以记录，由监督检查人员签字后归档。

其五，事后告知。包括告知检查结论和救济权利。在行政检查结束后，行政检查主体应在法定期限内将检查结果告知相对人，并应及时告知行政相对人相关救济权利，包括对检查结果的申辩权、对检查行为不服的申请行政复议、提起行政诉讼以及请求行政赔偿的权利。

其六，信息公开。在行政检查结束之后，行政检查主体应将调查信息公开。譬如，根据《政府信息公开条例》第 20 条之规定："行政机关应当依照本条例第十九条的规定，主动公开本行政机关的下列政府信息：……（十三）环境保护、公共卫生、安全生产、食品药品、产品质量的监督检查情况。……"其法理即在于公民知情权和监督权之保障——"公民只有知道行政机关的活动，才能对行政进行有效的监督。调查档案如果不公开，公民很难知道行政机关是否认真执行法律，是否故意刁难无辜。秘密行使的调查权力，很可能被滥用侵犯公民的基本权利和自由。"

（三）行监督检查行为的法律效果

行政监督检查行为是行政执法的一种具体表现形式，但是作为一种独立的行政执法行为，其本身并不能直接引起行政相对人权益的改变。

行政监督检查行为不产生任何法律效果。通过行政检查，有可能并未发现行政相对人有任何违法的行为，或者不履行行政法上的义务的行为。行政检查的大多数情况都属于此类，这也是行政管理所希望的状态。在此种情况下，对于特定相对人的特定行政检查行为就已经终结，没有产生后续的行为。对于相对人而言，并没有产生任何的行政法律效果，其权利义务的状态也没有发生任何改变。

行政监督检查行为引起后续行政行为。行政检查不仅是对行政相对人身份、财物状态的监督，也包括对行政相对人行为的了解。在检查的过程中也可能会出现不仅没有发现行政相对人存在违法或者不履行行政义务的行为，而且还有应当给予奖励的情况。在这样的情况下，行政主体必须依照法律的规定，对行政相对人给予相应的奖励。此时，行政检查行为导致了奖励行为的发生，产生了行政法上的惠益效果。此外，从行政检查的消极意义上讲，行政检查行为的直接目的就是为了发现违法行为或者不履行行政法义务的行为，并且予以纠正。针对特定的行政相对人的特定的行政检查行为一旦发现了相对人存在违法或者不履行义务的行为，行政主体就应该依据相关法律法规对其进行相关的处理，而这种处理措施一般是侵益性的。《中华人民共和国行政处罚法》第3条即作出了这样的规定。①

---

① 《中华人民共和国行政处罚法》第3条规定："公民、法人或者其他组织违反行政管理秩序的行为，应当给予行政处罚的，依照本法由法律、法规或者规章规定，并由行政机关依照本法规定的程序实施。"

二、行政处理决定

行政监督检查不能直接改变行政相对人的权利义务，与此相对应，行政处理决定是指行政执法为了实现法定的行政目标，而作出的能够直接改变行政相对人权益的行政执法行为。具体而言，典型的行政处理包括行政奖励、行政许可，行政处罚和行政强制执行。按照行政行为对行政相对人权益影响之正反属性，可以将行政行为分为惠益性行政行为和侵益性行政行为。行政奖励与行政许可同属惠益性行政行为。所谓惠益性行政行为是指行政主体基于特定的行政目的，依职权所作出的能够对行政相对人权益产生增量效果的行政活动及其过程，其中的权益增量效果包括新权益之获得和某些义务之免除。相对于此，行政处罚、行政征收和行政强制执行属于侵益性行政行为，即旨在剥夺、限制相对人权益或对其权益产生其他不利后果的行政方式及其过程。①

（一）行政奖励

行政奖励是指行政主体对行政相对人依照法定条件和程序作出的，目的是提高行政相对人的创造性和主动性，以此来对先进行为进行奖励，对后进行为予以鞭策。② 需要注意的是，作为行政执法的行政奖励是指行政主体对行政相对人的符合奖励条件的行为进行的奖励，是一种外部行为，而非内部行为，行政机关对于其杰出工作人员的表彰和奖励不属于此处讨论的行政奖励。

其一，行政奖励的法律依据。我国没有专门的行政奖励单行法律文本，但是有关行政奖励的法律规范可以散见于各种层次的规范性文件中。（1）在宪法层面，我国《宪法》第 20 条规定："国家发展自然科学和社会科学事业，普及科学和技术知识，奖励科学研究成果和技术发明创造。"这虽然不是对行政奖励的纲领性规定，但是本条中的行为模式确是在科学研究领域的行政奖励行为。此外，第 42 条也规定了对劳动模范和先进工作者的奖励："……国家提

---

① 江国华著：《中国行政法（总论）》，武汉大学出版社 2017 年版，第 193、223 页。
② 姜明安主编：《行政法与行政诉讼法》，北京大学出版社 2011 年版，第 152 页。

倡社会主义劳动竞赛，奖励劳动模范和先进工作者。……"（2）在法律层面，我国目前缺少行政奖励部门法。（3）在行政法规层面，我国有《国家科学技术奖励条例》（2003 年修订）第 30 余个行政法规和多个部门规章，如《节能技术改造财政奖励资金管理办法》《举报、查处侵权盗版行为奖励暂行办法》等。（4）在地方行法规层面，对行政奖励的规定较多，有的省份还出台了专门的规范性文件，譬如，《云南省行政奖励暂行规定》《山东省行政奖励表彰规定》。由此可见，目前有关行政奖励的法律规定呈现出金字塔式的体系形态，即法律、行政法规等高阶层的原则性的立法文件较少，而部门规章、地方性法规等更加具体的规范性文件较多。① 出现这种现象的原因一方面是由行政奖励行为自身所具有的对象广泛性和操作灵活性所决定的，另一方面也暴露了我国在行政奖励方面立法的缺失。制定统一的《行政奖励法》成为了当前行政法学界诸多学者的共同呼吁。

其二，行政奖励的形式。我国目前还没有统一的行政奖励法，行政奖励的对象和方式在实践中表现得比较灵活，主要的形式有以下几种：（1）通报表扬。指实施行政奖励的主体，在一定的范围内，以一定的形式，对奖励对象进行肯定和表扬的行为。行政通报表扬一般情况下应当公开进行，意在使获奖情况在一定的范围内传扬，给获奖者带来精神上的满足。（2）通令嘉奖。与通报表扬相似，通令嘉奖也是在一定的范围内，以一定的形式，对奖励对象进行公开的肯定和表扬的行为。不同的是，实施的主体有所差别，通令嘉奖是指高级别的行政奖励主体所实施的奖励行为。在实践中，一般只有省级以上的行政主体才可以实施通令嘉奖。（3）记功。指行政奖励主体对获奖对象进行公开的肯定，并且将相应的奖励情况计入获奖者的档案的奖励方式。记功可以针对个人，也可以针对组织。记功根据获奖者的先进行为分为不同的级别。② （4）授予荣誉称号，指行政奖励主体对有先进事迹的相对人授予一定意义的光荣称

---

① 　钱宁峰：《论行政奖励法的立法思路》，载《河北法学》2014 年第 8 期。

② 　《中华人民共和国公务员法》第 53 条规定："奖励分为：嘉奖、记三等功、记二等功、记一等功、授予称号。对受奖励的公务员或者公务员集体予以表彰，并对受奖励的个人给予一次性奖金或者其他待遇。"

号，以表彰其在某些领域的杰出贡献或者杰出行为。为了庆祝中华人民共和国成立70周年，作为全面贯彻实施宪法的重要体现，国家以最高规格对英雄模范进行了表彰，授予他们国家勋章和国家荣誉称号，进一步激发了全党全军全国各族人民奋进新时代、共筑中国梦的壮志豪情。① （5）给予奖金或奖品，这是最为常见的一种奖励方式，具体是指行政奖励主体给予受奖人发放奖金或者奖品等物质奖励的行为。对于奖金和奖品的发放形式，没有专门的法律规范予以规定，需要实施行政奖励的主体根据奖励对象的事迹以及当地的经济发展水平等实际情况决定。给予奖金或奖品的奖励方式属于物质奖励的类型。

其三，行政奖励的侵益风险和救济。长期以来，行政奖励被认为是一种授益型的行政行为，这给大家带来了一种其不会造成行政相对人损害的错觉。这只是对行政奖励片面的理解，是政府权力本位的体现，如果从社会或者行政相对人的角度去探究，就会发现行政奖励存在着侵益风险。行政奖励的侵益性风险既可通过行政主体的不作为体现，也可以表现为行政主体的作为。（1）行政相对人认为自己已经具备了法定的获得奖励的条件，但是行政机关未给予其相应的行政奖励，此为行政机关的不作为。（2）行政相对人认为自己已经具备了法定的获得奖励的条件，并主动向行政机关申请了奖励，行政机关明确表示拒绝奖励。（3）行政机关滥用奖励权，对不符合奖励条件的相对人实施了奖励行为。（4）行政机关并未按照法定的奖励程序实施行政奖励行为。② 以作为形式产生奖励侵益，不仅会损害行政相对人的权益，同时，由于行政奖励的资金来源于税收，属于全体纳税人，即人民的财产。我国是社会主义法治国家，政府所履行的是服务人民的职能，对于财政资金的不当处置，侵犯了全体人民的利益，而对相对人的不当奖励也会在客观上扰乱社会秩序。

对于行政奖励的救济方式，既可以申请行政复议也可以进行行政诉讼。如前文所述，行政奖励是行政执法行为的一种表现形式，是具体行政行为，有明

---

① 《人民日报社论：共同谱写新时代人民共和国壮丽凯歌》，载共产党员网，http：//www.12371.cn/2019/09/30/ARTI1569797741599697.shtml，2020年2月20日访问。

② 参见应松年主编：《行政法与行政诉讼法学》，法律出版社2009年版，第219页。

确的法律关系客体①，具有行政诉讼法上的可诉性。我国《行政诉讼法》第13条，以及《最高人民法院关于适用〈中华人民共和国行政诉讼法〉的解释》第2条，只是将行政机关内部对公务员的奖励排除在外，并没有否定外部行政奖励行为的诉讼资格。② 在实践中，行政奖励案件的数量也不在少数。③ 此外，虽然《行政复议法》第6条并未明确列举出行政奖励的复议范围，但是可以认为作为具体行政行为，行政奖励如果侵犯了行政相对人的合法权利，是属于其第11项之规定情形的。④

（二）行政许可

行政许可是指行政主体基于职权，依照法定程序，授予行政相对人从事特定活动之资质，以达成特定行政目的之活动及其过程。⑤《中华人民共和国行政许可法》（以下简称"《行政许可法》"）第2条也对行政许可行为作出了定义："本法所称行政许可，是指行政机关根据公民、法人或者其他组织的申请，经依法审查，准予其从事特定活动的行为。"

其一，行政许可的被动性，即行政许可是行政主体依据行政相对人的申请进行的行政执法行为，属于依申请的行政行为。这意味着行政许可非经行政相对人的申请，便不可启动，它是行政主体的被动行为，而非依职权主动实施的行为。

其二，行政许可的授益性，即行政许可的后果使得申请人获得某种法律上

----

① 参见陈士林：《论行政奖励的立法规制》，载《江苏大学学报（社会科学版）》，2007年第4期。

② 《中华人民共和国行政诉讼法》第13条规定："人民法院不受理公民、法人或者其他组织对下列事项提起的诉讼：……（三）行政机关对行政机关工作人员的奖惩、任免等决定……"《最高人民法院关于适用〈中华人民共和国行政诉讼法〉的解释》第2条："……行政诉讼法第十三条第三项规定的'对行政机关工作人员的奖惩、任免等决定'，是指行政机关作出的涉及行政机关工作人员公务员权利义务的决定。……"

③ 在中国裁判文书网上对行政奖励案由的案件进行检索，共有248篇裁判文书。

④ 《中华人民共和国行政复议法》第6条第11项规定："认为行政机关的其他具体行政行为侵犯其合法权益的。"

⑤ 江国华著：《中国行政法（总论）》，武汉大学出版社2017年版，第223页。

的利益或权益。对行政许可的性质的讨论，学界存在诸多学说，其中主要的学说有：（1）赋权说。赋权说认为行政许可行为是依据行政相对人的申请，对相对人原本不享有的权利的赋予，是对行政相对人权利的一种增益。[①]（2）恢复权利说。持这种观点的学者认为，行政许可是对特定的行政相对人的特定事项的法律禁止的解除，行政许可的前提是法律的普遍禁止。[②] 出于维护公共利益和维持社会秩序的需要，个人的部分自然权利和自由会受到法律的禁止，而行政许可就是对特定的人的自然权利和自由的恢复。（3）折中说。一方面，从行政主体的角度看，因为行政主体的许可行为，使得行政相对人获得了以前不曾享有的资格或者能力；另一方面，从行政相对人的角度说，行政许可是对其权利和自由的一种解禁，使其恢复了应该享有的自由。[③] 然而，如果将行政许可行为细化分类研究，不同类型的行政许可又呈现出不同的法律属性，对涉及自然资源和公共资源的开发利用的行政特许行为，由于其本质上是对国有资产的处理，所以并不属于对行政相对人固有权利的恢复，而是赋权行为。而其他行政许可行为可以看作针对特定人的法律所禁止的行为的恢复。[④] 但是，无论是赋权还是对权利的恢复，从客观上看，都是行政主体依照其法定职权对行政相对人的申请作出的处理，是对行政相对人的权利状态作出的增量的改变，因此应该属于授益性行政行为。

其三，行政许可是要式行政行为。行政相对人获得行政许可的，行政主体一般需要发放许可执照或者其他制式证明文件。《行政许可法》第 38 条规定："申请人的申请符合法定条件、标准的，行政机关应当依法作出准予行政许可的书面决定。行政机关依法作出不予行政许可的书面决定的，应当说明理由，并告知申请人享有依法申请行政复议或者提起行政诉讼的权利。"

其四，行政许可的设立范围和标准。行政许可设立的范围和标准要严格遵

[①]　肖海军：《论营业行政许可的法律属性与合理边界》，载《行政法学研究》2008 年第 4 期。

[②]　马怀德主编：《行政法学》，中国政法大学出版社 2009 年版，第 179 页。

[③]　参见王连昌主编：《行政法学》，中国政法大学出版社 1994 年版，第 169 页。

[④]　江必新：《论行政许可的性质》，载《行政法学研究》2004 年第 2 期。

守法律的规定，这是行政许可法定原则的最直接体现。由于行政许可是对某些行为和行政机关行政权力扩展的禁止，对于行政相对人来说，设立了行政许可的行为就不能任意行之，而必须通过行政许可的手段获得授权。实质上，行政许可就是国家行政权和个人的自由权之间的相互关系。作为社会主义法治国家，对公民的自然权利和自由进行限制必须采用最严格的形式，也即法律的形式。所以，行政许可的设立必须遵循法定原则，其设定需要法律的授权，并且不能超出法律设定的权限以外。

从行政管理的角度来讲，行政许可只是行政管理活动的手段之一，现代法治政府的建设要求在实施行政管理时需要考虑科学性，即选择管理成本最低，对公民的自由和权利限制最小的方式进行。因此，与《行政许可法》第12条的正向列举性规定相对应，该法第13条从反向对不能设立行政许可的事项进行了规定。同时，《行政许可法》对行政许可的设立主体也进行了规定。①

行政许可的设立需要遵循一定的标准，要符合一定的价值，具备相当的科学性。行政许可应有助于解决市场失灵，行政许可的制度功能使其可以充分实现市场信息收集，通过进入管控实现有效的市场准入控制，将不符合市场需求或未达到相应条件的市场主体排除在外。同时，市场的自发性有时会与公共和社会的利益相冲突，在此情况下，行政许可的设定可以限制市场的盲目，实现保护公共利益的目的。②《行政许可法》第11条规定，行政许可的设立，应该符合经济、社会发展的规律，有利于激发社会经济主体的积极性，有利于维护社会公共秩序，促进经济、社会和环境的协调发展。

其五，行政许可的实施。根据《行政许可法》第4条的规定，行政主体要有法定的行政许可权才可以实施行政许可，实施行政许可必须在法律规定的

①　全国人大及其常委会可以通过法律的形式设立行政许可；在没有制定法律的情况下，国务院可以通过制定行政法规或者发布决定的方式设立，省、自治区、直辖市的人民代表大会和常务委员会在没有制定法律、行政法规的情况下可以通过制定地方性法规的方式设立行政许可；省、自治区、直辖市的人民政府可以通过政府规章的形式设立临时性行政许可，但是，《行政许可法》第12条中所列的核准事项和登记事项被排除在外。

②　胡睿超：《行政许可设定范围的合理化分析框架》，载《行政与法》2020年第2期。

范围内，按照法定程序进行。

根据《行政许可法》第22、23、24条之规定，行政许可的实施主体包括：（1）行政机关。行政机关实施行政许可的前提性条件是具有行政许可权，并且要在许可权的范围内实施。（2）授权的社会组织。是指根据法律、行政法规和地方性法规授权的社会组织，同时，这些社会组织应该负有管理公共事务的职能。在我国行政实践中，这些组织一般是行政机关内设机构或者派出机构，也包括一些专业技术组织。（3）受委托机关。有行政许可权的行政机关可以在其职权范围内，将其行政许可职能全部或部分委托给其他行政机关行使。但是，被委托机关只能是行政机关，它们二者是一种内部的委托关系，被委托机关实施的行政许可行为要以委托机关的名义作出，同时，委托机关要对此行政许可行为承担法律责任，被委托机关不能就委托事项转托给其他组织。

除此之外，行政许可权还可以集中实施。在我国从计划经济转向市场经济的时代大背景下，在推进政府职能转变，提升治理能力的改革目标促进下，我国为了解决行政成本过高、资源分散的问题，进一步激发市场主体的活力，解决"办一个企业，盖一百个章"、行政审批"万里长征"等严重阻碍市场准入效力的问题，我国积极推进行政体制和工作模式的改革。各地纷纷建立了行政服务中心，将行政审批部门集中到一个地方办公，让相对人少跑路，解决了行政审批难的"物理问题"，而行政许可权的集中实施就是与之相配套的"化学反应"。①《行政许可法》第25、26条，分别对实体权利的集中行使和程序权利的集中行使作出了规定。②

（三）行政处罚

行政处罚是一种典型的侵益性行政方式，是一种具有惩戒性的行政执法行

---

① 袁雪石：《相对集中行政许可权改革的挑战与发展方向》，载《中国行政管理》2020年第1期。

② 对于实体权利，省、自治区、直辖市的人民政府在经国务院批准后可以决定由一个行政机关行使有关机关的行政许可权；对于程序性权利，行政许可需要在同一个机关和不同内设机构办理，或者需要在同一政府的多个部门之间办理的，行政机关、政府可以指定一个机构或部门统一受理，并和其他相关机构、部门协同办理，统一处理。

为。1996 年,《中华人民共和国行政处罚法》颁布,并于 2009 年和 2007 年两次修订,是规范行政处罚权运行的专门法律。(具体参考本书典型案例 4-1)

其一,行政处罚之意涵。行政处罚是指行政主体基于职权,通过实施法律制裁之手段,积极追求惩戒性行政目的之行政活动及其过程。① 其具有以下特征:(1)行政处罚的主体是特定的。行政处罚是具体行政行为的一种,实施这种行政行为的主体必须是行政主体,而不能是任意的组织。同时,并非所有的行政主体都能够实施行政处罚,只有经法律、法规或者规章明确授权的行政主体才有权实施行政处罚,并且这些法定主体必须在法律、法规、规章授权的范围内实施行政处罚,不能够无权实施,也不能越权实施。(2)行政处罚的外部性。行政处罚是一种外部行政行为,其针对的对象,只能是基于外部行政管理或服务关系的公民、法人或其他组织,换言之,行政处罚的对象只能是行政相对人。这与基于内部管理关系的行政处分不同,行政处分是行政机关对其内部的构成成员作出的制裁。② (3)行政处罚针对的是一般违法行为。行政处罚法律关系的客体是对行政法律规范的违反,而并非违反民法、刑法等其他法律规范。行政处罚并不能处罚犯罪行为,在我国触犯刑法的违法行为只能由司法机关依据《刑法》进行裁决,行政处罚不能代替刑罚。(4)行政处罚的制裁性。行政处罚是一种侵益性行政行为,其通过对违反行政法规范的相对人的人身或财产等权益的限制或剥脱来对其进行制裁,以阻止违法行为的继续发生,恢复行政管理秩序。值得注意的是,行政处罚的制裁性是以预防性为目的。

其二,行政处罚的种类。在实践中,行政违法行为多种多样,比较复杂。我国《行政处罚法》第 8 条规定了行政处罚的类型,分为警告,罚款,没收违法所得、没收非法财物,责令停产停业,暂扣或者吊销许可证、暂扣或者吊销执照,行政拘留以及法律、行政法规规定的其他行政处罚。本条采取了列举与授权的形式对行政处罚的种类进行了规定。一方面,采用列举的形式能够使

---

① 江国华著:《中国行政法(总论)》,武汉大学出版社 2017 年版,第 193 页。
② 应松年主编:《行政法与行政诉讼法学》,法律出版社 2009 年版,第 224 页。

行政处罚的种类明确化，利于对行政处罚的实施和监督，执法机关不能够采用本条规定之外的其他处罚形式，抑制了处罚权的滥用；另一方面，由于行政违法行为的多样性和复杂性，本条又为行政处罚的设定留有一定的空间，既是将没有大量使用的处罚措施囊括其中，又为以后行政处罚的设定留有余地①，使得行政处罚作为一项执法措施具备制度上的灵活性。

除法律对行政处罚的法定分类之外，在学理上依据不同种类的行政处罚对行政相对人的权利义务状态造成的影响的不同，又可以将行政处罚分为申诫罚、财产罚、行为罚以及人身罚。（1）申诫罚是指对行政违法人进行精神上的惩戒，一般是通过对其名誉、信誉等施加不利影响，来达到打击其精神，进而督促其纠正违法行为。在法定分类中，警告是典型的申诫罚。（2）财产罚是指限制或剥夺行政违法人的财产权利的惩罚措施，其内容一般为强制违法人缴纳一定数额的金钱，或者将其特定的物品销毁、拍卖或收归国有。罚款，没收违法所得、没收非法财物属于财产罚的范畴。（3）行为罚是指对违法人从事特定的行为的资格进行限制或者剥夺，以排除其从事某些行为的机会，进而达到惩罚目的的处罚。责令停产停业，暂扣或者吊销许可证、暂扣或者吊销执照都是对违法人从业能力或资格的限制。需要注意的是，撤销公司的登记，并非行政处罚措施，公司登记属于行政许可行为，撤销登记实际上是对行政许可的撤销，不属于行政处罚的范畴。《公司法》和《公司登记管理条例》对撤销公司登记作出了规定，它是公司承担法律责任的一种形式，但不属于行政处罚。②（4）人身罚是指依法对违法者的人身自由进行限制的处罚行为。人身罚是最严厉的行政处罚措施，其只能有法律予以规定，人身罚的表现形式仅限于行政拘留。行政拘留是公安机关依据《治安管理处罚法》予以实施的对违反治安管理法律规范的公民进行限制人身自由的处罚措施。其与刑事拘留不同，后者针对的是具有严重社会危害性的可能触犯刑法的犯罪嫌疑人，需要公安机

---

① 陈鹏：《界定行政处罚行为的功能性考量路径》，载《法学研究》2015 年第 2 期。

② 法律出版社法规中心编：《中华人民共和国行政处罚法配套规定（实用注解版）》，法律出版社 2012 年版，第 12 页。

关报请人民检察院进行决定，并由公安机关执行的司法强制措施。行政拘留的期限一般不超过 15 日。（具体参考本书典型案例 4-2）

其三，行政处罚的设定。行政处罚的设定权由法律明确规定，是处罚法定原则的内在之义，我国《行政处罚法》第 3 条是对处罚法定的文本表述。① 第二章在法律上对行政处罚的设定权构成了一个从法律到行政规章的闭合区间，并且在这一区间内不同程度的行政处罚措施与设定机关构成了阶梯式的层次。② 对于公民权利的限制，必须经公民同意，也即必须以法律的形式进行授权，这是现代法治的基本要求。由于行政处罚措施中存在对公民人身这一最宝贵权利的限制，因此需要最严格的规范形式予以规定，我国《立法法》第 8 条和《行政处罚法》第 9 条对于公民人身的处罚权也作了相应的法律保留③，限制人身自由的行政处罚只能由法律设定。

根据《行政处罚法》第 9～14 条的规定，我国行政处罚的设定权结构如下：（1）法律的设定权。法律享有最广泛的行政处罚设定权，由全国人大及其常委会制定颁布的法律，是我国除宪法以外的最高位阶的规范性文件。法律可以设定包括限制人身自由的各种类型的行政处罚，同时，限制人身自由的处罚只能由法律设定。（2）行政法规设定权。由国务院制定的行政法规可以设定除限制人身自由外的其他行政处罚。国务院是我国最高行政机关，是最高一级的行政主体，因此，国务院享有非常广泛的行政处罚设定权限。同时，行政法规的设定权受到法律的制约，一方面，对于法律已经作出的处罚类型，行政法规不得再针对此类型自行规定；另一方面，对于法律已经作出的行政处罚规

---

① 《中华人民共和国行政处罚法》第 3 条规定："公民、法人或者其他组织违反行政管理秩序的行为，应当给予行政处罚的，依照本法由法律、法规或者规章规定，并由行政机关依照本法规定的程序实施。没有法定依据或者不遵守法定程序的，行政处罚无效。"

② 熊樟林：《行政处罚上的空白要件及其补充规则》，载《法学研究》2012 年第 6 期。

③ 《中华人民共和国立法法》第 8 条规定："下列事项只能制定法律：……（五）对公民政治权利的剥夺、限制人身自由的强制措施和处罚；……"《中华人民共和国行政处罚法》第 9 条规定："法律可以设定各种行政处罚。限制人身自由的行政处罚，只能由法律设定。"

定，行政法规可以在法律规定的范围内作出具体规定。（3）地方性法规的设定权。地方性法规可以设定除限制人身自由和吊销企业营业执照以外的处罚。地方性法规的设定权受到法律和行政法规的制约，对于两者已经规定的处罚行为，如果地方性法规确实需要进行具体细化的，必须在法律和行政法规规定的范围内进行。（4）行政规章的设定权。行政规章包括国务院各部委制定的部门规章和省、自治区、直辖市人民政府和省、自治区人民政府所在地的市人民政府以及经国务院批准的较大的市人民政府制定的地方政府规章。行政规章可以在法律、行政法规、地方性法规已经规定的行政处罚范围内作出具体的规定，对于法律、法规尚未规定的行政违法行为，行政规章可以设定警告和一定数额的罚款，部门规章设定的罚款的限额由国务院规定，地方政府规章由省、自治区、直辖市人民代表大会常务委员会规定。此外，国务院的直属机构经国务院的授权可以依照行政规章的处罚设定权限设定行政处罚。（5）除以上列举外，其他规范性文件，例如政府的红头文件、明电等不得设置行政处罚。

其四，行政处罚的实施及其法律规制。行政处罚不仅是典型的侵益性行政执法行为，也是制裁性的行政行为，其实施过程受到严格的法律约束。应受行政处罚行为的成立要件包括构成要件的该当性、违法性以及有责性三个判定标准，只有相对人的行为同时符合这三个要件时，才能够成立行政处罚。[①] 具体而言，行政处罚的实施主体、实施范围、实施对象以及实施程序都要受到法律严格的制约。

行政处罚的实施机关必须是具有行政处罚权的行政主体，不是所有具有行政管理权的行政机关都具有行政处罚权。从学理上说，具有行政处罚权的行政机关应该是具有社会管理职能，可以进行外部行政活动的行政机关，并且是法律、行政法规所明确规定的。具体而言，我国的行政处罚实施主体包括具有行政处罚权的行政机关、法律法规授权的组织以及行政机关委托的组织。[②] 同

---

① 熊樟林：《行政处罚上的空白要件及其补充规则》，载《法学研究》2012 年第 6 期。

② 江国华著：《中国行政法（总论）》，武汉大学出版社 2017 年版，第 197 页。

时，我国正在进行的执法体制改革确立了相对集中的行政处罚权制度，施行跨部门的城市处罚权的整合和以行业为单位的内部处罚权的整合，由省、自治区、直辖市的人民政府决定由一个行政机关行使有关机关的行政处罚权，整合减少执法实施主体的种类，节约执法资源。①

行政处罚的实施，一般要遵循属地管辖的原则，即由违法发生地的行政机关管辖。同时，也要符合级别管辖的相关要求，即县级以上人民政府的有行政处罚权的行政机关。一旦发生了管辖争议，就适用指定管辖的规定，报请争议双方的共同上一级行政机关决定。行使指定管辖权的行政机关应当作出决定，并制作指定管辖决定书。如果发现违法行为可能构成犯罪的，应该将案件移送由司法机关进行管辖，行政执法人员未将构成犯罪的违法行为移送司法机关的可能会构成我国《刑法》规定的徇私舞弊不移交刑事案件罪，受到刑事追究。②

根据《行政处罚法》第23～29条的规定，行政处罚的适用要遵循一定的规则。（1）行政补救。行政处罚的目的是为了恢复社会的正常管理秩序，而并非为了处罚而处罚，因此行政机关在实施处罚时应当责令违法相对人通过作为或不作为的方式停止违法行为。行政处罚应当坚持教育与处罚相结合的原则，行政违法相对人对违法行为的纠正能够反映行政处罚的效果，也是行政法治状态的重要体现。③（2）禁止重复罚款。根据一事不再罚原则，对违法行为人的同一违法行为，不能进行重复的处罚。然而，对同一行为人的同一行为，可以存在两次以上的行政处罚。同一机关对违法行为的不同形式的处罚，不同行政机关依法对同一违法行为的处罚是法律所允许的。④（3）不予处罚或从轻减轻处罚。对于不满14周岁的未成年违法人，不予实行行政处罚；对于患有

---

① 王敬波：《相对集中行政处罚权改革研究》，载《中国法学》2015年第4期。
② 《中华人民共和国刑法》第402条，徇私舞弊不移交刑事案件罪："行政执法人员徇私舞弊，对依法应当移交司法机关追究刑事责任的不移交，情节严重的，处三年以下有期徒刑或者拘役；造成严重后果的，处三年以上七年以下有期徒刑。"
③ 张淑芳：《行政处罚实施中违法行为的纠正途径》，载《法学》2013年第6期。
④ 法律出版社法规中心编：《中华人民共和国行政处罚法配套规定（实用注解版）》，法律出版社2012年版，第37页。

精神疾病的违法人，其在实施违法行为时不能管控自己行为的，不予处罚。满14 周岁但不满 18 周岁的，在法定的处罚范围内给予较轻或较少的处罚，或者给予较轻的处罚种类；主动消除或减轻违法行为危害后果的、受胁迫的、有立功表现的，应当从轻或减轻行政处罚。（4）处罚时效。从违法行为发生之日起或者持续性违法行为结束之日起 2 年内未被发现的，不再进行行政处罚。

其五，行政处罚之程序。行政处罚之程序分为简易程序和一般程序。此外，在一般程序中还有听证程序，但听证程序并非与简易程序和一般程序并列的另一种行政处罚决定程序，而是一般程序中听取意见的一种正规形式。①（1）简易程序。简易程序是指行政执法机关对于符合法律规定情形的行政违法行为进行当场处罚的程序。根据《行政处罚法》第 33 条规定，适用简易程序需要符合违法事实确凿，并且需要有法律依据；行政处罚的模式为罚款或警告，其中罚款的限额为公民 50 元以下，法人或者其他组织 1000 元以下。简易程序的实施过程包括：出示证件、填写预定格式，编有号码的处罚决定书、当场交付当事人。同时，法律对处罚决定书所包含的内容也进行了列举。行政执法人员在实施了当场处罚之后，必须向所属行政机关备案。（2）一般程序。一般程序是行政处罚最常适用的程序，是针对除符合简易程序情形以外的其他违法行为的处罚程序。一般程序包括立案、调查、审查决定、制定并送达行政处罚决定书等步骤。②《行政处罚法》第 36 ~ 41 条对一般程序的几个步骤的实施作出了全面的规定。（3）听证程序。听证程序是行政机关在作出行政处罚决定之前听取行政相对人的意见，给予其申辩机会，从而查明事实的特殊程序。举行听证是有条件的，即仅限于行政执法机关将要作出责令停产停业、吊销许可证或者执照、较大数额罚款等行政处罚决定之前。听证是行政相对人的辩护权利，是依申请而为的行政行为，但是当行政机关将要作出上述行政处罚时，对当事人可以要求听证负有告知义务。

其六，行政处罚的执行。行政处罚的执行一般采取决定和执行相分离的原

---

① 马怀德主编：《行政法学》，中国政法大学出版社 2009 年版，第 212 页。

② 江国华著：《中国行政法（总论）》，武汉大学出版社 2017 年版，第 199 页。

则，即除当场执行以外，行政处罚的决定主体与行政处罚的执行主体不能为同一主体的方式。决定权和执行权的分离有利于杜绝行政执法人员滥用处罚权，乱罚款的不法行为，是对行政处罚权的控制措施。《行政处罚法》第46条规定，作出罚款的行政机关及执法人员不能自行收缴，当事人应当到指定银行缴纳罚款。对于20元以下的罚款，以及由客观原因造成的不便到指定银行缴纳罚款的，可以当场收缴，但是要在一定时限内上交行政机关，再由行政机关缴至银行。对于当事人不履行处罚决定的，行政机关可以采取加处罚款、拍卖扣押物、划拨冻结存款、强制拘留①、申请人民法院强制执行等强制措施。但是，对于确有经济困难，难以缴纳罚款的当事人，经当事人申请和行政机关批准，可以暂缓或分期缴纳。当前世界经济的飞速发展，行政违法行为也变得更加复杂，对违法行为的调查取证也更加困难。②《行政处罚法》应当回应社会环境变化，由单一向多元发展，明确规制目标，更新调控视角，加强对行政处罚权的控制。③ 行政处罚制度必须面向未来，向着更加专业、更加科学、更加法治的方向发展。

（四）行政强制执行

行政强制执行是指为实现行政决定的内容，根据法律的授权，有关国家机关对不依法履行行政决定的行政相对人依法采取强制手段以使其履行相关义务的行为。行政强制执行是侵益性行政过程，其运用强制的方法对行政相对人的财产或者人身进行处置，兼具侵益性与强制性，在行政法中，如何控制行政强制，保护相对人正当权益是应当被关注的重点。

其一，行政强制执行以行政相对人的履行义务为前提。行政强制执行是行政主体为了实现其行政决定的内容而实施的行政执法行为，但是并非任何情况下行政主体都可以运用直接强制手段来达到行政目的，只有在行政相对人不依

---

① 《中华人民共和国治安管理处罚法》中有多处规定了适用行政拘留的违法行为。

② 参见杨解君、蒋都都：《〈行政处罚法〉面临的挑战与新发展——特别行政领域行政处罚应用的分析》，载《行政法学研究》2017年第3期。

③ 熊樟林：《论〈行政处罚法〉修改的基本立场》，载《当代法学》2019年第1期。

法履行行政决定时才可以采取行政强制执行的措施。（1）已经生效的行政决定的作出对行政相对人而言，具有强制性，迫使其必须履行该项义务。（2）行政相对人不履行此项义务。行政相对人在有能力履行的情况下，拒不履行，往往带有主观的故意性，或者是对行政决定不服，抑或是不愿承担相关责任，而并非因自身经济客观条件而无法履行。（3）行政相对人是在履行期限届满后拒不履行。法律为相对人的履行已经预留了合理的期限，如果超过法定期限仍不履行，行政主体就可以采取措施强制其履行。

其二，行政强制执行的目的在于实现行政决定的内容。与同属侵益性行政行为的行政处罚相比，行政强制执行的目的不是要对行政相对人进行惩戒，而是要实现之前的行政决定的内容。行政处罚是对行政相对人课以新的义务，用以惩戒其违法行为，以达到使其不再违法的目的。行政强制执行则不存在对行政相对人设定新义务，而是对已负担义务的强制履行，以确保前一环节的行政行为的效力得以实现。从逻辑上讲，行政处罚是独立存在的行政执法行为，而行政强制执行以前以行政行为存在为条件，因此，有学者将其成为"二次行为"。①

其三，行政强制执行是一种持续性的执法行为。大多数侵益性行政行为，如行政处罚，都遵循"一事不再罚"的原则，即对一次行政违法行为依照法律规定只进行一次处理，处理完毕意味着行政执法行为的终结。但是行政强制执行却不然，一次强制执行的完毕并不一定意味着执法行为的终结。行政强制执行之目的在于迫使行政相对人履行义务，然而有时义务的履行可能并非一次就可达成，因此，行政强制执行可能出现持续的情况。例如，被执行人现有资产不足以清偿全部罚款，在其有按时到账的固定收入的情况下，就需要对其到账的收入持续地进行执行，直到全部缴清。

其四，行政强制执行的设定权属于法律保留的范畴。行政强制执行不仅会给行政相对人造成侵益性损害，也是强制性地对相对人的人身或财产进行处置的方式，不需要考虑行政相对人的意思，在暴力程度上属于最严厉的执法措施。在法治原则下，这样一种手段只能由法律设定，我国在立法时严格遵循了

---

① 参见涂怀莹著：《行政法原理》，台湾五南图书出版公司 1986 年版，第 573 页。

这一原则。《中华人民共和国行政强制法》第 13 条是对行政强制执行的法律保留条款。① 根据该条，行政强制执行的设置只能由法律进行。

其五，行政强制执行的方式。根据执行手段的不同，我国行政法学界将强制执行手段分为间接强制执行和直接强制执行。间接执行就是通过间接手段来促使行政相对人履行义务，例如代替义务人履行或以罚金、滞纳金等执行罚来促使其履行；直接强制执行就是以直接的手段对行政相对人的人身或财产强制处置，以达到其履行义务的效果。如强制拘留、传唤，强制划拨存款等。行政强制执行作为一种行政执法行为也受到行政比例原则的规制，一般情况下，采用间接执行能够达到目的的，就不采用直接执行。除此之外，《行政强制法》也对行政强制执行的具体方式作出了规定。② （1）加处罚款或者滞纳金。加处罚款或滞纳金属于间接强制执行的方式，在学理上属于执行罚，即对拒不履行行政决定所确定的金钱给付义务的行政相对人加以新的给付义务，以督促其履行的执行方式。在实践中，加处罚款主要针对不缴纳罚款的行政相对人，加处滞纳金主要针对不缴纳税费。（2）划拨存款、汇款。这是通过银行对被执行行政相对人的存款、汇款等财产直接进行划拨的执行方式，属于直接强制执行。采取此种执行方式必须有法律的明确授权。③ （3）拍卖或者依法处理查封、扣押的场所、设施或者财物。这是以拍卖、变卖的方式对行政相对人的财物予以变现的处置，以偿付其负担的金钱给付义务，属于直接强制执行的方式。（4）排除妨碍、恢复原状。这是要求行政相对人排除其对他人社会公共

---

① 《中华人民共和国行政强制法》第 13 条规定："行政强制执行由法律设定。法律没有规定行政机关强制执行的，作出行政决定的行政机关应当申请人民法院强制执行。"

② 《中华人民共和国行政强制法》第 12 条规定："行政强制执行的方式：（一）加处罚款或者滞纳金；（二）划拨存款、汇款；（三）拍卖或者依法处理查封、扣押的场所、设施或者财物；（四）排除妨碍、恢复原状；（五）代履行；（六）其他强制执行方式。"

③ 《中华人民共和国商业银行法》第 29 条："商业银行办理个人储蓄存款业务，应当遵循存款自愿、取款自由、存款有息、为存款人保密的原则。对个人储蓄存款，商业银行有权拒绝任何单位或者个人查询、冻结、扣划，但法律另有规定的除外。"第 30 条："对单位存款，商业银行有权拒绝任何单位或者个人查询，但法律、行政法规另有规定的除外；有权拒绝任何单位或者个人冻结、扣划，但法律另有规定的除外。"

权利实施的阻碍状态，或者采取措施使受损财物恢复到受损以前的状态的执行方式，属于直接强制执行。（5）代履行。代履行是指行政相对人不履行行政决定的义务时，由行政机关或者其他第三人代其履行，而后向其收取费用的执行方式。代履行的方式起源于德国，在行政实践中，其表现出了弱化执行的强制性，同时又节约成本的独特优势。①《行政强制法》第 50～52 条对代履行的程序作出了详细的规定。代履行属于间接强制执行的方式。（6）其他强制执行方式。实践中还存在强制拆除、强制停产、强制消除安全隐患、强制收购等其他强制执行方式。②

其六，行政强制执行的双轨制模式。双轨制模式就是指行政强制执行由行政机关自行执行和法院依申请执行并存的制度模式。根据各自的社会经济情况和法律传统，世界各国采取了不同的行政强制执行模式。德奥等国采取了主要由行政机关强制执行的模式，而英美等国采取的是主要依靠司法强制的模式。行政机关自行执行的模式注重效率，有利于促进执行工作的开展；司法执行的模式注重公平，更加有利于保证行政相对人的合法权益。我国行政法治建设相对起步较晚，行政执法的能力和执法水平都有待进一步提高，在执法过程中，腐败现象和损害当事人合法利益的情况还时有发生。相对于此，我国法院形式执行权的传统由来已久，在长期的执行工作实践中，人民法院锤炼出了一支专业、高效的专职执行法官队伍。我国在借鉴域外经验的基础上，结合我国自身实践情况，实际上确立了申请法院执行为主，行政机关自行执行为辅的中国特色双轨制模式。申请法院执行，将司法审查引入行政强制执行的过程中，实际上是司法权对行政权的制约，有利于保护公民、法人其他组织的权益。③ 由此，我国的双轨制实质上是在保障公平正义的情况下，兼顾效率的制度模式。

---

① 胡建淼，骆思慧：《论行政强制执行中的代履行——基于〈中华人民共和国行政强制法〉》，载《国家行政学院学报》2013 年第 3 期。

② 参见全国人大常委会法制工作委员会行政法室编：《〈中华人民共和国行政强制法〉释义与案例》，中国民主法制出版社 2012 年版，第 69 页。

③ 对行政强制执法的司法审查将在本章第四节详细论述。

目前，我国《行政强制法》规定行政强制执法只能由法律授权，从单行法授权的情况来看，共有 23 部单行法律规定了行政机关的强制执行权，人民政府、公安等 13 个部门有强制执行的权力。① 对于具有行政强制执行权的行政机关，在其作出行政执法决定后，行政相对人未在其规定期限内履行义务的，行政机关可以自行实施强制执行。对行政机关执行实施强制执行的法律规制主要是《行政强制法》。其中，《行政强制法》第四章设专章，即第 32～52 条，详细地规定了行政机关自行强制执行的程序，包含催告、中止和终结执行、执行回转、执行协议等一般程序，以及强制拆除违法建筑、金钱给付义务的执行和代履行等特别执行程序。对于行政机关无权自行强制执行的，行政相对人在法定期限内不复议，不诉讼又不履行行政决定的，行政机关可以在届满后 3 个月内，向人民法院申请强制执行。人民法院在接到申请后应该在法定期限内作出受理决定或不予受理的裁定。人民法院依法对申请执行案件进行审查，并根据审查情况依据《行政强制法》第 57、58 条之规定作出执行的决定或不予执行的裁定，人民法院对行政机关申请的行政强制执行的司法审查将在本章第四节详细论述，此处不再展开。

典型案例 4-1：陈某某诉 M 市 N 区环境保护局环境行政处罚案②

【裁判要点】

企业事业单位和其他生产经营者通过私设暗管等逃避监管的方式排放水污染物的，依法应当予以行政处罚；污染者以其排放的水污染物达标、没有对环境造成损害为由，主张不应受到行政处罚的，人民法院不予支持。

【相关法条】

《中华人民共和国水污染防治法》（2017 年修正）第 39 条、第 83 条（本

---

① 全国人大常委会法制工作委员会行政法室编：《〈中华人民共和国行政强制法〉释义与案例》，中国民主法制出版社 2012 年版，第 99 页。

② 本案判决文书参见附录 7。

案适用的是 2008 年修正的《中华人民共和国水污染防治法》第 22 条第 2 款、第 75 条第 2 款）

【基本案情】

陈某某系个体工商户龙泉驿区大面街道办德龙加工厂业主，自 2011 年 3 月开始加工生产钢化玻璃。2012 年 11 月 2 日，M 市 N 区环境保护局（以下简称 N 区环保局）在德龙加工厂位于 M 市 N 区保和街道办事处天鹅社区一组 B-10 号的厂房检查时，发现该厂涉嫌私自设置暗管偷排污水。N 区环保局经立案调查后，依照相关法定程序，于 2012 年 12 月 11 日作出成华环保罚字〔2012〕1130-01 号行政处罚决定，认定陈某某的行为违反《中华人民共和国水污染防治法》（以下简称水污染防治法）第二十二条第二款规定，遂根据水污染防治法第七十五条第二款规定，作出责令立即拆除暗管，并处罚款 10 万元的处罚决定。陈某某不服，遂诉至法院，请求撤销该处罚决定。

【裁判结果】

2014 年 5 月 21 日，N 区人民法院作出〔2014〕成华行初字第 29 号行政判决书，判决：驳回原告陈某某的诉讼请求。陈某某不服，向 M 市中级人民法院提起上诉。2014 年 8 月 22 日，M 市中级人民法院作出〔2014〕成行终字第 345 号行政判决书，判决：驳回原告陈某某的诉讼请求。2014 年 10 月 21 日，陈某某向 M 市中级人民法院申请对本案进行再审，该院作出〔2014〕成行监字第 131 号裁定书，裁定不予受理陈某某的再审申请。

【裁判理由】

法院生效裁判认为，德龙加工厂工商登记注册地虽然在成都市龙泉驿区，但其生产加工形成环境违法事实的具体地点在 M 市 N 区，根据《中华人民共和国行政处罚法》第二十条、《环境行政处罚办法》第十七条的规定，N 区环保局具有作出被诉处罚决定的行政职权；虽然 M 市 N 区环境监测站于 2012 年 5 月 22 日出具的《检测报告》，认为德龙加工厂排放的废水符合排放污水的相关标准，但德龙加工厂私设暗管排放的仍旧属于污水，违反了水污染防治法第二十二条第二款的规定；德龙加工厂曾因实施"未办理环评手续、环保设施未验收即投入生产"的违法行为受到过行政处罚，本案违法行为系二次违法行为，N 区环保局在水污染防治法第七十五条第二款所规定的幅度内，综合考虑德龙加工厂系二次违法等事实，对德龙加工厂作出罚款 10 万元的行政处罚并无不妥。

（生效裁判审判人员：李某某、喻某某、邱某某）

典型案例 4-2：某某公司诉 J 市 K 区环境保护局环境行政处罚案 ①
【裁判要点】

企业事业单位和其他生产经营者堆放、处理固体废物产生的臭气浓度超过大气污染物排放标准，环境保护主管部门适用处罚较重的《中华人民共和国大气污染防治法》对其进行处罚，企业事业单位和其他生产经营者主张应当适用《中华人民共和国固体废物污染环境防治法》对其进行处罚的，人民法院不予支持。

【相关法条】

1. 《中华人民共和国环境保护法》第 10 条
2. 《中华人民共和国大气污染防治法》第 18 条、第 99 条
3. 《中华人民共和国固体废物污染环境防治法》第 68 条

【基本案情】

原告某某公司不服 J 市 K 区环境保护局（以下简称 K 区环保局）行政处罚提起行政诉讼，诉称：K 区环保局以其厂区堆放污泥的臭气浓度超标适用《中华人民共和国大气污染防治法》（以下简称大气污染防治法）进行处罚不当，应当适用《中华人民共和国固体废物污染环境防治法》（以下简称固体废物污染环境防治法）处罚，请求予以撤销。

法院经审理查明：因群众举报，2016 年 8 月 17 日，被告 K 区环保局执法人员前往某某公司进行检查，并由金山环境监测站工作人员对该公司厂界臭气和废气排放口进行气体采样。同月 26 日，金山环境监测站出具了编号为 XF26-2016 的《测试报告》，该报告中的《监测报告》显示，依据《恶臭污染

① 本案裁判文书参见附件 8。

物排放标准》（GB14554-93）规定，臭气浓度厂界标准值二级为20，经对原告厂界四个监测点位各采集三次样品进行检测，3#监测点位臭气浓度一次性最大值为25。2016年9月5日，被告收到前述《测试报告》，遂于当日进行立案。经调查，被告于2016年11月9日制作了金环保改字〔2016〕第224号《责令改正通知书》及《行政处罚听证告知书》，并向原告进行了送达。应原告要求，被告于2016年11月23日组织了听证。2016年12月2日，被告作出第2020160224号《行政处罚决定书》，认定2016年8月17日，被告执法人员对原告无组织排放恶臭污染物进行检查、监测，在原告厂界采样后，经金山环境监测站检测，3#监测点臭气浓度一次性最大值为25，超出《恶臭污染物排放标准》（GB14554-93）规定的排放限值20，该行为违反了大气污染防治法第十八条的规定，依据大气污染防治法第九十九条第二项的规定，决定对原告罚款25万元。

另查明，2009年11月13日，被告审批通过了原告上报的《多规格环保型淤泥烧结多孔砖技术改造项目环境影响报告表》，2012年12月5日前述技术改造项目通过被告竣工验收。同时，2015年以来，原告被群众投诉数十起，反映该公司排放刺激性臭气等环境问题。2015年9月9日，因原告同年7月20日厂界两采样点臭气浓度最大测定值超标，被告对该公司作出金环保改字〔2015〕第479号《责令改正通知书》，并于同年9月18日作出第2020150479号《行政处罚决定书》，决定对原告罚款35000元。

【裁判结果】

一审法院于2017年3月27日作出〔2017〕沪0116行初3号行政判决：驳回原告鑫晶山公司的诉讼请求。宣判后，当事人服判息诉，均未提起上诉，判决已发生法律效力。

【裁判理由】

法院生效裁判认为，本案核心争议焦点在于被告适用大气污染防治法对原告涉案行为进行处罚是否正确。其中涉及固体废物污染环境防治法第六十八条第一款第七项、第二款及大气污染防治法第九十九条第二项之间的选择适用问题。前者规定，未采取相应防范措施，造成工业固体废物扬散、流失、渗漏或者造成其他环境污染的，处一万元以上十万元以下的罚款；后者规定，超过大气污染物排放标准或者超过重点大气污染物排放总量控制指标排放大气污染物的，由县级以上人民政府环境保护主管部门责令改正或者限制生产、停产整治，并处十万元以上一百万元以下的罚款；情节严重的，报经有批准权的人民政府批准，责令停业、关闭。前者规制的是未采取防范措施造成工业固体废物污染环境的行为，后者规制的是超标排放大气污染物的行为；前者有未采取防范措施的行为并具备一定环境污染后果即可构成，后者排污单位排放大气污染物必须超过排放标准或者重点大气污染物排放总量控制指标才可构成。本案并无证据可证实臭气是否来源于任何工业固体废物，且被告接到群众有关原告排放臭气的投诉后进行执法检查，检查、监测对象是原告排放大气污染物的情况，适用对象方面与大气污染防治法更为匹配；《监测报告》显示臭气浓度超过大气污染物排放标准，行为后果方面适用大气污染防治法第九十九条第二项规定更为准确，故被诉行政处罚决定适用法律并无不当。

（生效裁判审判人员：徐某、许某、崔某某）

第三节　行政执法三项制度

行政执法三项制度是指在行政执法的过程中要贯彻执行行政执法公示制度、执法全过程记录制度、合法性审核制度三项基本制度。在建设法治政府的大背景下，行政法学的研究从行政行为中心主义向行政过程中心主义过渡，从一维的立法层面对行政行为的监督向多维的行政过程法律规制转变。行政过程论认为，应该把行政看作一个动态的过程，即在法律规范的约束之下，行政主体在自己的职权范围内所进行的一系列的行政活动的集合而形成的法律或事实状态，它既包括抽象行政行为，又涵盖具体行政行为，既涉及行政执行，又囊括行政立法与行政司法。① 行政执法属于执行性行政过程，需要对其整个实施过程进行全面的制约，才能有效地控制执法权力，保护公民利益。因此，行政执法三项制度的全面贯彻，能够提高行政执法的能力和水平，提升执法科学性和有效性，增强执法的法治化和规范化，促进法治政府的建设，提升政府公信力，保障公民、法人和其他组织的权益。

2014 年 10 月 23 日，十八届四中全会通过了《中共中央关于全面推进依法治国若干重大问题的决定》，其中要求，"坚持严格规范公正文明执法，完善执法程序，建立执法全过程记录制度"；"严格执行重大执法决定法制审核制度"。同时，要"全面推进政务公开，推行行政执法公示制度"。② 2016 年第 1 号国务院公报印发了《法治政府建设实施纲要（2015—2020 年）》，在严格规范公正文明执法的措施中，将建立执法全过程记录制度和严格执行重大行政执法决定法制审核制度作为完善行政执法程序的具体措施，同时，行政执法公示制度也被列为创新行政执法方式的一项具体制度。③ 2017 年 1 月 19 日，国务院办公厅印发《国务院办公厅关于印发推行行政执法公示制度执法全过程记录制度重大执法决定法制审核制度试点工作方案》（国办发〔2017〕14号），决定在天津市、河北省、安徽省、甘肃省、呼和浩特市以及国土资源部等 32 个地方和部门开展试点。④ 2019 年 1 月 3 日，《国务院办公厅关于全面推行行政执法公示制度执法全过程记录制度重大执法决定法制审核制度的指导意见》（国办发〔2018〕118 号）（以下简称"《意见》"）正式发布，意见系统地对如何落实三项制度进行了具体的细化规定，为三项制度的进一步落实提

① 参见江国华著：《中国行政法（总论）》，武汉大学出版社 2017 年版，第 128～135 页。

② 《中共中央关于全面推进依法治国若干重大问题的决定》，载《人民日报》2014 年 10 月 29 日。

③ 《中共中央 国务院印发〈法治政府建设实施纲要（2015—2020 年）〉》，载中华人民共和国中央人民政府网站，http://www.gov.cn/gongbao/content/2016/content_2979703.htm，2020 年 2 月 8 日访问。

④ 张莉：《行政执法三项制度再出发》，载《中国司法》2019 年第 2 期。

供依据。① 行政执法的三项制度不仅是在学理上对行政公开和行政合法性原则的践行，也是在行政执法实践领域为依法行政提供了必要的制度保障，取得了积极的效果。

一、公示制度

行政执法公示制度是指行政执法机关，要建立统一的执法信息公示平台，及时通过政府网站及政务新媒体、办事大厅公示栏、服务窗口等平台向社会公开行政执法基本信息、结果信息。② 行政执法公示制度是行政公开原则在行政执法领域的具体体现，是落实公民知情权、参与权的基本保障。

（一）行政执法公示制度的特征

其一，公示制度的性质是行政公开。行政公开是现代行政法的一项基本原则，其往往是正当程序原则的重要组成部分。随着民主国家的发展和现代行政的建立，公民的权利意识和参与热情不断增强，行政公开也随之成为了公民的基本要求。行政公开是指行政主体在实施行政行为时应当将行为的依据、过程、结果等涉及的信息，主动或依行政相对人的申请及时地向行政相对人以及社会公开。③ 行政执法公示制度，正是基于这样的理论基础，从维护行政相对人的知情权和参与权的角度，将行政执法过程中产生的政府信息，向行政相对人以及社会公众进行公布。

其二，公示制度具有主动性。行政公开依照启动方式的不同可以分为主动公开和依行政相对人的申请而公开。从《意见》的要求来看，行政执法公示制度要求行政执法机关建立统一的信息公布平台，并及时通过多种途径及时向

---

① 《国务院办公厅关于全面推行行政执法公示制度执法全过程记录制度重大执法决定法制审核制度的指导意见》，载中华人民共和国中央人民政府网站，http://www.gov.cn/zhengce/content/2019-01/03/content_5354528.htm? trs＝1，2020 年 2 月 8 日访问。

② 参见《国务院办公厅关于全面推行行政执法公示制度执法全过程记录制度重大执法决定法制审核制度的指导意见》关于公示制度的规定。

③ 马怀德主编：《行政法学》，中国政法大学出版社 2009 年版，第 57 页。

社会公众公开。显然，行政执法公示制度并没有设置行政相对人对行政执法信息公开的申请程序，其属于行政执法机关依职权主动进行的信息公开。

其三，公示制度的内容有限度。《意见》中关于行政执法公示制度的要求提到，涉及国家秘密、商业秘密、个人隐私等不宜公开的信息，依法确需公开的，要作适当处理后公开。此处有三层含义：（1）并非所有信息都是应该公开的，涉及国家秘密、商业秘密和个人隐私的信息属于不宜公开的信息。（2）上述三类信息不是绝对不公开，而是相对不公开，在有法律依据来证明这三类信息对行政执法的公开价值影响较大，确实需要进行公开时，可以进行有条件的公开。（3）在对上述三类信息公开时要作相应的处理，要隐去涉及国家、商业秘密和个人隐私的相关要素，仅对纯粹的行政执法产生的信息予以公开。应当在保证国家公共利益和商业秩序以及公民基本隐私权利的前提下，尽最大努力实现行政执法公示制度的价值。此外，从行政执法行为的法律属性上讲，其属于行政公开行为，是对政府信息的公开，因此，它应该受到《中华人民共和国政府信息公开条例》的约束，对于该条例中规定的不予公开的情形，行政执法公示制度不能进行突破。

（二）行政执法公示制度的构成

其一，行政执法公示制度的主体。行政公示制度的主体是指在行政执法公示行为中，实施公示行为的动作发出者。《意见》确立了"谁执法，谁公开"的原则，就是将行政公示制度的主体限定为具体的行政执法者。本原则包含如下意味：（1）谁执法谁公开，意味着公示机关为有行政执法权的行政主体，其应当是适格的行政主体，即行政机关、法律法规授权的组织或者行政机关委托的组织。（2）根据依法行政原则，行政主体需要得到法律的明确授权才具有行政执法的权利。当前，我国积极推行的行政执法清单，将具有行政执法权力的行政主体名列，并向社会公布。（3）公示主体具体的执法机关，也就是说，公示主体是与公示所涉及的执法行为关联最为密切的执行机关，这就决定了公示的信息是第一手的信息，避免了多个行政机关互相推诿的现象，保证了信息的准确性。（4）公示主体也意味着责任主体，行政执法行为的实施机关要依法对信息进行公开，并承担相应的责任。

其二，行政执法公示制度的对象。根据政府信息公开的一般理论，信息公开的对象分为两类，即社会公众和特定的行政相对人。社会公众是指一切不特定的公民、法人或社会组织，而特定的行政相对人是指与具体的行政行为有直接关系的公民、法人或社会组织，一般来讲就是具体行政行为的相对人、利害关系人或其他当事人。依申请的信息公开一般来讲由特定的申请者提出，是为了满足申请者的某种需求而进行的公开，因此其对象一般仅限于申请者，也即特定的相对人。行政执法公示制度是行政执法机关依职权主动进行的信息公开，其公开对象为社会大众，也即不特定的公民、法人和社会组织。这并不是说在行政执法过程中，执法相对人不能提出信息公开申请，只是在行政执法公示制度的框架下，执法机关对信息的公示属于主动公示，执法相对人依然可以按照其他法律法规，如《政府信息公开条例》的规定提出信息公开申请。

其三，行政执法公示制度的内容。《意见》对行政执法公示的各要素进行了全面的规定，对事前、事中和事后等执法过程的三个阶段的信息公示作出了规定。

事前公示主要是资格性、流程性信息的公示，目的是增强社会公众对行政执法主体以及过程的了解和信赖，具体而言包括：（1）依据政府信息公开、权责清单制度等监管制度，将清单内容和监管事项公之于众。（2）对行政执法机关的主体资格以及其执法人员的相关资质以及权限范围进行公示。（3）对行政执法程序，执法工作的流程、执法事项及其要求，以及办理时限进行公示。（4）对行政执法发生侵害时的救济途径进行说明。公示目的是为了公众的理解，因此，公示应该采用简明扼要，并且易于群众理解的言辞进行。

事中公示主要是对行政执法过程的规范性要求，具体而言包括：（1）进行执法活动时必须向当事人表明身份，不仅要主动出示身份证件，还要佩戴证件，以保证其执法身份在执法全程都能够得以公示。同时，要按照规定统一着制式执法服装，并按要求佩戴执法徽章。在服务窗口的，要设置工作人员的信息牌，说明权限职责。（2）对执法事项进行公示，要主动对当事人出具执法文书，告知执法的事由和其权利义务等信息。（3）在服务窗口要明示办理材料清单、范本样式，并且要显示办理进度，告知投诉举报方式等信息。

事后公示主要是针对行政执法的监督，具体而言包括：（1）设定执法据定公示时限，一般行政执法决定的公示时限为 20 日，行政许可、行政处罚为 7 日。（2）事后公开的内容为行政执法的实施机关、执法类别、执法对象、最终结论等。（3）及时更新信息公开内容，对有变更的信息要及时更正，如被撤销的行政执法决定或重新作出的决定。（4）建立行政执法统计年报制度。

二、执法过程全记录制度

执法过程全记录制度是指行政执法机关通过文字、音像等记录形式，对行政执法的全部过程进行记录，并全面系统归档保存的制度。①

（一）执法过程全记录制度的功能

其一，保障公众知情权。执法记录一般体现为录音、录像、笔录等能够反映信息的物质载体，记录物本身不具有行政法上的价值，但是其所承载的信息往往体现了行政的过程。根据《政府信息公开条例》第 2 条之规定，执法记录是行政执法机关在执法过程中制作或获取的信息，符合其对政府信息的定义，属于政府信息。② 依照行政公开原则和《政府信息公开条例》，政府信息除涉及国家安全、商业秘密、个人隐私等不易公开的情形外，应该依法公开。行政执法全过程记录是行政执法活动信息的完整呈现，有利于保障公众的知情权。③

其二，管控行政执法过程。行政权的管控，是行政法学界以及行政管理学

---

① 参见《国务院办公厅关于全面推行行政执法公示制度执法全过程记录制度重大执法决定法制审核制度的指导意见》，载中华人民共和国中央人民政府网站，http：//www. gov. cn/zhengce/content/2019-01/03/content_5354528. htm？trs = 1，2020 年 2 月 8 日访问。

② 《中华人民共和国政府信息公开条例》第 2 条："本条例所称政府信息，是指行政机关在履行行政管理职能过程中制作或者获取的，以一定形式记录、保存的信息。"

③ 参见沈福俊：《行政执法全过程记录制度研究》，载《2016 年政府法制研究》2016 年第 6 期。

界永恒的话题。通过立法规范和监管制度的设计，虽然可以对行政执法进行一定程度的管控，但是对于某些行动行性较强的执法类别，静态的事前事后监督并不能起到很好的效果，况且由于行政执法本身的特点，其过程中极容易对当事人造成损害，因此，行政执法活动重在过程管控。行政执法过程全记录是在行政过程论的基础之上，将行政看作行政权的运作过程并且产生了相应的行政效果，其中行政过程是其核心内容。① 行政过程的合法、正当是行政结果具备可接受性的重要影响因素，对行政过程进行全程记录，使行政执法过程全程留痕，有迹可循，在客观上是对行政执法全过程的监督，同时保证执法过程的合理合法也是对执法结果正当性的证成手段。

其三，固定证据。行政执法全程记录的证据作用体现在两个方面：一是执法记录作为行政执法决定的依据。行政决定的作出是以行政事实为基础的，行政执法机关需要对当事人的违法行为事实给予相应的处理。在法治社会，任何公权力的行使在程序上都要有证据的支持，从这一角度上讲，证据就是能够固化的事实证明。行政执法的全过程记录，能够为行政执法的决定提供完整的反映行政违法事实的证据；二是执法记录作为行政诉讼的证据。《行政诉讼法》第 5 条规定人民法院审理行政诉讼要"以事实为依据，以法律为准绳"，同时，第 34 条对行政机关的举证责任作出了规定，行政机关需要提供实施此行政行为的证据和规范性文件依据。证据能够帮助法庭查明事实，根据实施适用相应的法律，行政执法记录是最直接、最全面、关联性最高的反映行政过程事实的客观载体，一般情况下通过对行政记录的质证，就能够还原事实真相，执法记录具有行政诉讼的证据品格。行政执法的全程记录，更加有助于行政机关固定证据，在客观上减小了败诉风险。

（二）行政执法全过程记录制度的内容

其一，记录主体。行政执法记录是行政执法主体依法对执法过程的记录，

---

① 参见江利红：《行政过程论在中国行政法学中的导入及其课题》，载《政治与法律》2014 年第 2 期。

其记录主体为有执法权，并且正在依法进行执法活动的行政主体。其主要包含三层意思：（1）执法记录是行政主体的工作记录，这与其他非行政主体的记录相对。例如，某群众、新闻媒体、某社会组织在执法现场所录制的音像资料，并不属于此处所讲的执法记录。（2）记录主体应该是具有执法权的行政主体，未取得执法权的行政主体不能够制作执法记录。（3）执法记录具有特定性，应当是执法主体在依法进行执法活动的过程中所制作的音像资料，执法主体在其他非工作时间，或者对其他执法案件进行的录制不能成为针对特定案件的执法记录。

其二，根据《意见》规定，执法过程的记录形式主要表现为文字和音像。（1）文字记录。文字是最稳固、最可靠的信息保存、交流载体。行政法中的文字记录，主要涉及各类型的执法文书、相关文件、报告、审批表、送达回证等具有行政信息的书面记录。在实践中，以文字记录形式表现的通常是执法案卷。① 执法案卷是记载执法主体、对象、依据、程序、经过等相关信息的书面材料集合。执法案卷作为行政执法机关执法的主要记录和依据，具有全面、排他、规范等特征，是对行政执法过程真实的反映。行政案卷制度在我国已经持续了很长时间，案卷的文字记录操作技术也比较规范、成熟。当前，我们所面临的是由传统的纸质文字向数字化载体发展的问题。计算机和网络技术的普及，使我们的生活、工作方式都发生了巨大的变化。电子文档、电子签章等线上技术的应用，给行政执法的方式提供了新的途径。例如，某些行政审批事项已经可以实现完全线上办公。所有的申请书、审批表，包括当事人的签字，都是以数据的形式保存在计算机中。载体的转变给文字记录的传统的规制方式提出新的挑战，诸如网络存档、电子文档等信息形式是否纳入文字记录的形式进行规制，未来的行政执法文字记录应该立足新的情况采取新的办法。同时，要进一步规范行政执法各项文字表格的样式，探索建立全国统一适用的制式表格。（2）音像记录。音像记录主要是指运用录音、录像、照相等技术，记录

---

① 沈福俊：《行政执法全过程记录制度研究》，载《2016年政府法制研究》2016年第6期。

事物发生的动态过程或静态画面。音像记录与文字相比，可以对动态的过程进行记录保留。它不仅能够对执法现场进行"还原"，也能够对文字记录信息进行数字化转换。目前在实践中，广泛使用的音像摄录设备是照相机、录像机和执法记录仪。运用音像记录的方式可以轻松地实现对执法活动的记录，并且这种记录难以造假、难以更改，具有便捷性、真实性的突出特征。但是，音像资料的保存具有一定的局限性，并且设备的运转需要定期地维护和更换，资金要求相对较高。因此，应该探寻文字与音像记录形式的结合适用，明确音像记录与文字记录的定位，规范音像记录的保存和期限，引导执法人员科学记录，规范记录。① 音像记录除了对客观事实的记录功能，还应该具备作为证据的潜在标准，在发生行政争议时应当能够转化为与争议事实相关联的具有法律意义上的可采性的证据。由此，音像记录在对事物的动态记录的同时，需要对诸如时间、地点、人物、事由等关键性和关联性因素予以凸显。例如，在执法前对相关记录设备进行时间和 GPS 定位的校准，或者通过摄录具有说明性、指示性的标示（路牌、标志性建筑）来说明信息，抑或通过语音解说等其他方式将关联信息表达清晰。在实践中，往往会出现拍摄画面模糊不清，或者虽然画面清晰但缺少关联信息，无法判断摄录内容与争议问题的联系等情况。这样的影像资料已经不能反映行政执法活动的有效信息，实质上已经不属于"记录"的范畴。

三、合法性审核制度

行政执法的合法性审核主要是指重大行政执法决定法制审核制度。其指行政主体在作出重大行政行为决定前，根据内部审核程序，由其特定机构及其人员依法对拟作出行政行为的合法性、合理性进行审查核实并提出处理意见，为行政机关负责人或者领导集体决定时提供参考的行政执法内部监督制度。②

---

① 翟焰魂、何佳鑫、何荣庄：《关于行政执法音像记录制度的若干思考》，载《中国司法》2019 年第 5 期。

② 杨东升、韦宝平：《重大行政执法决定法制审核制度论纲》，载《湖北社会科学》2017 年第 7 期。

（一）法制审核制度的特点

其一，法制审核是一种内部行政性制度。法制审核一般由行政机关的法制部门进行，审核的全过程都是在行政机关内部进行，并未设计其他机关的干预。同时，行政机关对属于自己职能内的执法决定所作出的审核本质上依然属于行政过程，并未超出行政权的运行范畴。法制审核不同于司法审查，前者的实施主体是行政机关，而后者的主体是司法机关；前者是对行政执法行为的事中监督机制，而后者是对行政行为的事后救济措施。

其二，法制审核是一种监督机制。权力需要制约才能恰当地运行，作为国家最主要的公权力——行政权的运行也必然要受到监督。我国宪法和法律也对行政权力的运行构建了制度层面的监督机制，例如权力机关的监督、司法机关的监督、专门机关的监督、社会公众的监督等外部方式，以及行政复议等内部监督形式。长久以来，我国行政外部监督越发完善，然而内部监督手段依然单一，行政机关的自我监督并不完善。重大行政执法决定法制审核制度正是针对行政执法的自我规控，其实质上是运用行政权去规制行政权的逻辑设计，是行政裁量权的自我调整措施。法制审核不仅可以实现执法决定的事前监督，而且可以以专业的法律知识和相关经验对决定的内容提出质疑和修正意见，可以在掌握全部第一手信息的情况下对执法决定进行审视，可以确保同一执法机关对同一种违法行为适用统一的执法尺度。①

其三，法制审核不具有法律上的可诉性。前文已经说道，法制审核是行政机关内部对其行政决定作出的调整，其既不是行政行为本身，也不是外部行为。根据我国《行政诉讼法》第 12～13 条的规定，非行政主体而为的行为与行政内部行为皆不具有可诉性，法制审核的主体仅为行政机关的内部部门，不具备行政主体的资格，也无法对其行为独立地承担责任。因此，法制审核也不在《行政诉讼法》规定的受案范围之列。

---

① 许若群：《行政执法内部规控研究——兼论重大行政执法决定法制审核制度的设计》，载《云南行政学院学报》2019 年第 3 期。

（二）法制审核制度的内容

根据《意见》的规定以及各地方的落实情况，重大行政执法决定法制审核制度的内容，主要包括审核主体、审核范围、审核内容以及审核程序和结果。

其一，审核主体。重大行政执法决定的审核主体为行政执法机关的法制部门。法制部门是行政机关的组成部门，其职能是依法行政政策的研究、地方立法相关适宜的安排和起草、对政府规章和文件的解释，推进法治政府建设、推进文明执法，监督执法以及法律顾问事务等。① 同时，法制审核需要有专人负责，并且要求审核人员具备相关的法律知识，拥有法律背景，政治素养较高，综合素质过硬。同时，要定期对审核人员进行培训，提高审核人员的工作水平和能力。除此之外，要与法律顾问制度相结合。党的十八届四中全会指出要推行且进一步激活政府法律顾问制度。② 法制审核是一项专业性强，经验性要求高的工作，与法律顾问制度相结合不仅能够更大地发挥出法律顾问的效能，也能够提升法制审核工作的效果。

其二，审核范围。（1）从法制审核制度所限定的行政行为类别来说，其是针对行政主体的执法决定，具体包括行政处罚、行政许可、行政强制、行政征收等。（2）从法制审核事项所要求达到的标准来说，其是针对重大的执法决定。《意见》规定，执法决定涉及重大公共利益和公民、社会组织的重大权益的，执法案件的案情涉及多方法律关系的，案情比较复杂的，需要进行听证程序的，可能造成重大社会影响的以及可能产生社会风险的执法事项，都属于"重大"的执法决定。（3）法制审核要结合执法机关的具体工作，事前制作目

---

① 参照武汉市司法局职能说明。参见武汉市人民政府网站，http：//www.wuhan.gov.cn/hbgovinfo/zwgk_8265/szfxxgkml/zfjg/201910/t20191021_286177.html，2020年3月1日访问。

② 十八届四中全会提出："积极推行政府法律顾问制度，建立政府法制机构人员为主体、吸收专家和律师参加的法律顾问队伍，保证法律顾问在制定重大行政决策、推进依法行政中发挥积极作用。"参见《中共中央关于全面推进依法治国若干重大问题的决定》，载《中国法学》2014年第6期。

录清单,将需要进行法制审核的具体事项明列出来进行公示。并且,上级行政机关要对下级行政机关的目录编织工作进行指导,进一步明确重大事项的标准。

其三,审核内容。法制审核主要是针对执法过程的合法性进行,《意见》的规定主要也是对合法性审核进行的规定,然而有些学者提出法制审查既包括合法性审核,也包括类似于行政诉讼和行政复议中的适当性审查。① 在实践中,有的地方在具体落实法制化审核制度的过程中,也对审核内容进行了扩充,对重大行政执法决定的法制审核不仅包括合法性审核也包括适当性审核,而且明确规定在法制审核通过以后,还要报请有关负责人进行集体讨论方可决定。② 重大行政执法法制审核制度的审核方式,主要为书面审查,即对行政执法过程产生的文本材料、记录、卷宗等进行审查而不直接参与对行政相对人的调查和取证工作。但是,在必要时,可以对当事人或者执法工作人员了解情况。③ 审核主要集中在执法主体和执法人员的资格、执法机关的法定权限以及执法是否越权,案件的事实是否查明,案件证据是否充分、合法,对法律法规的运用是否正确无误,裁量是否恰当,执法程序是否合法、正当,执法文件材料是否规范、齐全以及违法行为是否涉嫌触犯刑法、是否依法应该转送司法机关等方面。

其四,审核程序和结果。法制审核需要遵循一定的程序,主要包括:材料送审、材料补充、材料审核、作出审核意见等步骤。审核部门按照标准对送审材料作出审核之后,就要根据材料所反映的内容,对审核的结果作出处理。一般来讲,对主体、事实、证据、法律、程序等都符合要求的,作出同意的意

---

① 参见杨东升、韦宝平:《重大行政执法决定法制审核制度论纲》,载《湖北社会科学》,2017 年第 7 期。

② 如河北省,参见段晓军、刘学红:《先行先试"三项制度"提升市场监管能力和水平》,载《中国市场监管报》2019 年 3 月 19 日。

③ 《安徽省重大行政执法决定法制审核规定》第 9 条规定:"法制机构审核拟作出的重大行政执法决定,以书面审核为主。必要时,可以向当事人和执法机构的办案人员了解情况。"载黄山市徽州区人民政府网站,http://www.huizhouqu.gov.cn/BranchOpennessContent/show/ 516372.html,2020 年 3 月 5 日访问。

见；针对上述方面材料存在瑕疵的，提出修改意见；对于报送审核材料不符合要求的，作出重新或补充调查、不予作出决定的意见；如果审核发现所作执法决定超出本执法机关法定权限的，或者违法行为涉嫌犯罪的作出移送有权处理机关的意见。

第四节　行政执法行为的合法性审查

行政执法行为的合法性审查是指在行政执法过程中或行政执法结束后，法律规定的国家机关对行政执法行为的实施及其过程是否符合法律的标准进行的判断，以及对不合法行政执法行为的处理。对行政执法行为的合法性审查是必要的，是法治政府建设中不可或缺的部分。我国现阶段的行政执法行为的合法性审查依据审查主体的不同可以分为复议审查和司法审查。

一、合法性审查的必要性

对行政行为的合法性审查是世界各国普遍采用的对行政权力的制约方式，行政权力具有天然的侵略性，必须使其在法治轨道上运行。因此，对行政执法行为的合法性审查是必要的。

其一，行政权的侵略性。行政权是行政主体执行国家法律，管理国家、社会事务的权力，是国家公权力的一种。虽然从公权力的来源说起，公权力是私权让渡的集合，是为了尽可能地保障自由而人为设置的。但是从公权力形成的那一刻起，公权与私权就是一对矛盾。行政权的运行，就是为了实现一定的行政管理目的，架构一定的组织力量，维护一定的社会秩序，这其实就是在对私人的自由进行限制。换言之，行政权的存在价值就是对无限公民权利的限制。因此，对于公民来讲，行政权的实现必然以一定私权的失去为代价，这就是行政权的侵略性表现。行政权的侵略性是其必然属性，行政执法作为行政权的运作形式，不可避免地也会对行政相对人造成侵权。即使是在现代行政给付为主的理念下，也无法杜绝侵权的发生。然而，法治的精神要求有侵权，就要有救济。只有相应的救济机制才能使得行政权的侵略性得以保持在可控的范围之内，才不至于带来行政权的无限扩张。①

其二，建设法治政府的要求。法治政府的核心在于政府行政的过程都在法治轨道上进行，严格做到依法行政。依法行政首先意味着依宪行政，宪法是国家的根本大法，对国家的权力秩序作出安排，是宪法的基本职能。② 我国宪法对国家机构的设置，就是针对国家权力的分化而为的一种权力配置，每个国家机构都有各自的职能，这既是自己权力的边界，也是对其他权力扩张的警示。③ 通过这样一种配置，实际上实现了权力的相互制约和监督。具体到行政权而言，它要受到立法权、国家监察权的监督，当然也会面临着司法权的监督。再者，依法行政还意味着行政应当合法，反过来，对于不合法的行政，应该做到"违法必究"。随着法治政府的建立，行政执法的程序不断完善，执法水平也不断提高，但是个别不合法的执法行为依然存在，执法腐败也不可能完全杜绝。执法本身就是对法律的执行，执法者"执法犯法"更加不能够被公众所容忍。如果违法的执法者没有得到法律的制裁，就会使执法失去正当性，长此以往还会导致执法丧失公信力。因此，行政执法的法治语境必然涵盖对执法的合法性审查。

其三，保障人权的需要。国家的产生和存在首先就是为了保障人的基本权利。政府作为国家权力的行使主体，其目的也通过在行政管理的方式，为公民实现各项权利创造条件，从根本上讲，就是要围绕"人"而行为。我国是社会主义国家，保障人权是我们的基本理念。当前，我国行政体制改革将政府定位为服务性政府，就是把"人"放在了首位，要让政府绕着"人"来转，加大给付性行政过程的实施，限制侵益性行政过程的产生。这体现了现代行政管理以人为本的总体观念，反映了从权力本位向权利本位转变的行政世界观。同

---

① 参见江国华著：《中国行政法（总论）》，武汉大学出版社 2017 年版，第 321 页。

② 江国华：《中国宪法中的权力秩序》，载《东方法学》2010 年第 4 期。

③ 吴永生：《权力制约与权力监督的差异性分析》，载《行政论坛》2019 年第 6 期。

时，也是中国共产党"为人民服务"的基本宗旨在国家行政管理领域的贯彻，是我国政府人民性的集中体现。在中国特色社会主义法治背景下，国家权力的配置和运行必须要经受"人民性"的终极价值考验，从这个角度讲，保障人权既是世界观，又是方法论。由于行政执法行为非常具体且关系最广大的人民群众，司法体制改革以来，"努力让人民群众在每一个司法案件感受到公平正义"和党的十九大对新时代推进全面依法治国提出的 2035 年基本建成法治国家、法治政府、法治社会的新任务，使得对行政执法的合法性审查和法治政府的建设最终统一于对人权的保障。

二、复议审查

行政执法的复议审查就是以行政复议的方式对行政执法行为进行合法性审查的行政活动。行政执法的复议审查是行政系统内部利用行政层级关系和监督职能对违法行政行为进行自主纠正的机制，与司法审查等外部审查方式相比具有程序简便、成本低廉等特点。①

（一）复议审查的性质

行政复议审查是对行政执法行为合法性审查的重要形式。多年来，对于行政复议性质的定位，理论界一直存在争议。但不外乎行政说、司法说及行政司法说三种。② 其中行政说认为行政复议是一种具体行政行为，是行政机关的活动，与其他具体行政行为不存在什么特殊的差别，故行政复议就是具体行政行为，其所体现出的司法性、救济性和监督性并不是其最根本的法律属性，仅是这一具体行政行为所表现出的不同特征;③ 司法说则认为，行政复议具有明显的司法活动的特点，虽然形式上表现为行政行为，但从实质上讲应该属于司法

---

① 参见江国华著：《中国行政法（总论）》，武汉大学出版社 2017 年版，第 323 页。
② 杨小君著：《我国行政复议制度研究》，法律出版社 2002 年版，第 1~2 页。
③ 程雁雷、安扬：《〈行政诉讼法〉新司法解释第 53 条质疑——兼论行政复议的性质》，载罗豪才主编《行政法论丛》（第 5 卷），法律出版社 2002 年版，第 404 页。

行为;① 行政司法则将行政说与司法说的核心内容结合起来，认为行政复议兼具行政和司法的双重属性，因此，行政司法说又称准司法说。②

　　根据上述学说，在行政复议制度定位的问题上，目前理论界仍存在较大偏差，难以在短时间内加以统一。但是无论何种学说，有一点是都认同的，即认为行政复议属于行政权范畴，虽然其体现出了司法过程的特征，但其根本性质仍然在行政的范畴之内，是具有司法程序特征的行政过程。③ 换言之，无论形式如何，其性质上仍然无法摆脱行政机关的一项活动，不可能中立于行政机关之外，不宜作为和行政诉讼一样的司法制度来一律定性。但在办案程序上，参照人民法院的审查及裁判模式，对行政行为进行"司法化"审查，是不存在任何问题的。所以，保持行政复议行政性的前提不变，用类似于司法审查程序的方式方法，完成行政复议的审查过程，无疑是上述几种学说最佳的结合点，也是通过多年的行政复议实践总结出的宝贵经验。而这一说法，恰恰最突出、最典型、最明显地体现在行政复议审查上。行政复议的"司法"特点，最关键是要从行政复议审查环节来体现。鉴此，行政复议审查作为行政复议制度的"子制度"，其性质当然应与行政复议制度保持一致，即行政性。其形式，则是行政复议中最具有"司法化"特征的部分，无论如何严格、如何接近于行政诉讼审查制度，甚至较行政诉讼审查制度更严格，都是合理的存在，都是为了行政复议制度总体负责，是决定行政复议制度走向，推进行政复议功能建设的重中之重。从某种意义上说，行政复议审查可以称为行政制度下的司法化审查制度。这种定位，既没有否认行政复议审查的行政性，也突出了审查过程的独特性。

---

　　① 张尚鷟主编：《走出低谷的中国行政法学——中国行政法学综述与评价》，中国政法大学出版社 1991 年版，第 313~314 页。

　　② 应松年著：《依法行政十讲》，中央文献出版社 2002 年版，第 197 页。另见宋雅芳主编：《行政复议法通论》，法律出版社 1999 年版，第 4 页。

　　③ 杨小君著：《我国行政复议制度研究》，法律出版社 2002 年版，第 7 页。

（二）复议审查主体

郑观应先生曾说过，"徒善不足以为政，徒法不足以自行。故有其人，然后有法有其法，尤贵有人"。① 因此为了确保行政复议审查制度作用的充分发挥，行政复议主体的构成及其理论至关重要。

行政复议的主体有两个层面的含义：一是指履行复议审查的行政机关，比如县级以上地方的人民政府及其派出机关，各级地方政府的工作部门的上一级主管机关，以及国务院各部门。二是指具体负责行政复议工作的部门，即行政复议机关的法制工作机构。具体说来，在政府内部，往往是"法制办"，在其他机关则为"法制处""法制科"等，有的地方并未单设法制部门，而是在办公室内部调剂解决，在行政机构改革以后，国务院法制办与司法部合并，有些地方也采取了这样的方式。根据《中华人民共和国行政复议法》第 3 条之规定，行政复议机关的复议机构依法履行受理、调查、审查、转送、处理行政复议的职能，并且对于行政复议提起的行政诉讼进行应诉。同时，对于行政复议机构的具体办事人员，法律也提出了特定的要求，其应该通过国家统一法律职业资格考试，具备法律职业资格。②

从上述规定可以看出，行政复议主体对行政执法行为的合法性审查是行政机关的一种法定权力。复议机关的地位是"履行行政复议职责"的主体，而"审查"这种较为具体的事情，则由行政复议机构来处理，复议机关则主要是从宏观上加以把握。加之我国行政机关所实行的是行政首长负责制，所以，实

---

① 夏东元编：《郑观应集》，上海人民出版社 1982 年版，第 499 页。

② 《中华人民共和国行政复议法》第 3 条规定："依照本法履行行政复议职责的行政机关是行政复议机关。行政复议机关负责法制工作的机构具体办理行政复议事项，履行下列职责：（一）受理行政复议申请；（二）向有关组织和人员调查取证，查阅文件和资料；（三）审查申请行政复议的具体行政行为是否合法与适当，拟订行政复议决定；（四）处理或者转送对本法第七条所列有关规定的审查申请；（五）对行政机关违反本法规定的行为依照规定的权限和程序提出处理建议；（六）办理因不服行政复议决定提起行政诉讼的应诉事项；（七）法律、法规规定的其他职责。行政机关中初次从事行政复议的人员，应当通过国家统一法律职业资格考试取得法律职业资格。"

质上对具体行政行为进行审查的主体主要是行政复议机构。目前，有的地方还采取了成立行政复议委员会的做法，即审查主体不仅由行政复议机关内部人员参与，还吸收社会上的专家及其他人士共同参与，尝试探索建立一个由行政机关主导，有专业人员和专家等第三方参与的新型复议审理模式。虽然在法律层面上并未有此规定，但在实践层面，行政复议委员会这一组织也属于复议审查的主体。

（三）复议审查的内容

行政复议审查内容是指行政复议主体履行复议审查的权限，具体指行政复议机关可以依法对哪些权利主体提出的哪些事项进行行政复议审查，以及对这些事项审查的程度和强度。行政复议的参与人一般包括申请人、被申请人以及可能涉及的第三人。与诉讼理论相同，行政复议仅针对申请人提出的特定行政行为，对于申请人涉及的其他事项也要遵循"未申请则不审查"的原则，以保证审理的范围不超出申请范围。

根据《行政复议法》的规定，行政执法复议审查的申请人可以是公民、法人或其他组织。[①] 此处有三层含义：（1）行政执法审查复议的申请人必须是行政执法行为的当事人或者是具有利益相关性的第三人。（2）《行政复议法》并未对申请人的权利能力作出限制，但这并不意味着任何人都可以提出复议申请。对于复议审查而言，行政执法行为是复议行为得以实现的前提，而复议申请人应当以具体法律对执法当事人的责任能力要求为限定。（3）行政复议本身就是针对行政行为的合法性审查，是对行政执法行为合法与否的审查和认定，因此只要申请人对执法行为不服，就可以提出复议申请，并不需要实在的行政执法违法行为的发生。

对行政执法的复议审查的对象包括具体行政行为和抽象行政行为，也就是说，复议审查不仅可以对具体的行政执法行为进行审查，也可以对作出执法行

[①] 《中华人民共和国行政复议法》第 6 条："有下列情形之一的，公民、法人或者其他组织可以依照本法申请行政复议……"

为所依据的规范性文件进行审查。根据《行政复议法》第 6 条之规定，可以成为行政复议对象的执法行为包括：（1）行政处罚行为。对执法机关作出的警告、罚款、没收财物、责令停产停业、暂扣或吊销执照、许可证、行政拘留等不服的。（2）行政强制措施。对执法机关限制人身自由或限制财产权利的行为不服的。（3）行政许可。认为行政机关没有依法对符合申请条件的许可证、资格证申请和其他审批、登记事项进行办理的。（4）行政征收。认为执法机关非法征收财物、违法集资、违法摊派费用的行为。

同时，在对具体行政执法行为提出复议申请时，如果申请人认为执法所依据的规范性文件不合法，也可以同时提出对该规范性文件进行合法性审查。值得注意的是，对抽象行政行为进行的审查是一种附带性审查，其只能够在审查据此作出的具体行政行为时对其进行审查，而不能脱离具体行政行为单独对其提出复议审查申请。而且，对审查的规范性文件类型的范围，法律也明确地作出了规定。首先，行政复议只能够对行政规章（包括国务院部委规章和地方政府规章）位阶以下的政府规范性文件进行审查，而不能对法律、行政法规、地方性法规、行政规章等进行审查；其次，行政复议只能针对国务院部门、县级以上各级地方政府及其工作部门、乡镇人民政府的规定进行审查，而不能对其他主体的规范性文件进行审查。

从学理上讲，行政复议是行政执法合法性审查的有效手段，其审查的范围横向延展包含三个层次。一是行为本身，也即前面所述的审查对象。行政复议程序既审查政府及其部门的行政行为，同时也审查具体行政行为相对人及其他利害关系人的行为。二是行为的广泛性。既审查合法性，又审查适当性；在法律审查的同时，也进行事实上的审查。三是行为的深刻性。既要审查当事人提出来要求行政复议机关审查的事实，也要审查其未提出但行政复议机关认为应该审查的事实。事实上，目前在具体审理案件过程中，一般情况下都是对具体行政行为的审查，而对抽象行政行为审查的实践却不尽如人意，对具体行政行为进行审查众所周知，但对抽象行政行为进行审查的情况却寥寥无几，因此，应当在建设法治政府的过程中进一步明确审查范围，在一定意义上而言，审查范围就是对审查内容已作出的原则性的全面概括，只要全面落实审查范围本身内涵，即可充分发挥行政复议手段的重要作用。

从行政诉讼的实践来看，人民法院在审理行政案件时，贯彻的是"不诉不理"的原则，其依据主要是司法机关审理案件的被动性。具体说来主要考虑的问题有以下几个方面：一是法院作为司法机关，面对行政机关的自由裁量行为，能否过多干涉？二是法院对行政行为所涉法律问题的判断，就一定会比行政机关的判断优越吗？三是法院如果以自己的判断代替行政机关既有的判断，则行政权与司法权的关系如何处理？四是法院审查事实问题时，能否接受新的证据，或主动调查证据并查明案情；五是法院作出诸如履行判决、变更判决等涉及行政权领域的裁判形式有多大空间。① 而这些问题在行政复议程序中均可以得到妥善解决。行政复议权是一种行政权，其性质本质上讲还是行政机关内部上级监督下级的行政手段，因此，行政复议权可以轻松地介入被申请人的行政权，并按照行政复议机关的意志对行政机关的行政权和自由裁量权作出自己的判断，并以行政复议决定的形式，强令被申请人服从行政复议机关的行政命令，这一优势是由行政复议的性质所决定，不存在司法权与行政权之间的关系问题。因此，行政复议审查的纵深强度可以严格进行全面审查，不受到行政诉讼的消极影响。

三、司法审查

行政执法行为合法性的司法审查是指司法机关对于行政执法机关的执法行为其过程合法与否进行的审查，并对违法情况予以纠正，对行政相对人因此造成的损失予以救济的活动。司法审查是当今大多数法治国家普遍采取的权力制约方式，对于行政执法的司法审查，其本质上就是司法权对于行政权运行的监督和制约。

其一，审查方式。在我国当前行政法实践中，行政执法行为的司法审查存在两种方式。

---

① 杨伟东著：《行政行为司法审查强度研究》，中国人民大学出版社 2003 年版，第 7 页。

（1）对申请强制执行的执法行为进行审查。对于行政执法机关申请人民法院进行强制执行的具体行政行为，人民法院应当依法在执行前对该行为进行合法性审查。行政执法机关申请人民法院强制执行的行为，不仅涉及行政权力的行使，也涉及法院强制执行权力运用，因此对申请强制执行的司法审查不仅是司法机关对行政机关的监督，也是司法机关对于司法权力运用的审慎和自身合法性保障。不同于行政诉讼，对申请强制执行的执法行为的审查不是通过诉讼的手段，而是对行政执法行为的一种事前审查。《中华人民共和国行政强制法》第57条规定了人民法院应当对行政机关的申请作出审查，行政决定具备法定执行效力的才能够予以执行，第58条进一步规定了对于明显缺乏事实依据、法律法规依据以及明显违法或损害被执行人合法权益的，可以不予裁定执行。

（2）行政诉讼。行政诉讼是行政执法行为合法性司法审查的主要方式。行政诉讼是指法院基于公民、法人或其他组织的请求，对行政机关的行政行为的合法性进行审查并作出裁判的制度。① 行政诉讼作为一种诉讼制度，具有独立性、滞后性、终局性、专业性等诉讼特点，要遵循诸如审判独立，以事实为根据、以法律为准绳，公开审判，两审终审，当事人法律地位平等，辩论，回避等诉讼的一般原则。同时，行政诉讼也因其特殊性而存在独有的原则。例如，被告出庭应诉，当事人选择复议，合法性审查，不因诉讼停止执行，不适用调解，被告举证等原则。② 在不同国家，行政诉讼之目的与功能不尽相同，在英国、美国、德国等国家，行政诉讼在于对行政权力的控制，其主要功能是实现司法机关对行政机关的监督和制约。与此不同，法国行政诉讼目的的重心则在于违法行政行为的制裁，其诉讼成本低廉、诉讼门槛不高，判决的效力不以特定当事人为限，发生了对事的效果。③ 在我国，行政诉讼不仅涉及国家权力的配置运行体系，也是法治原则的重要内容，通过对行政行为的合法性审查

---

① 应松年：《行政法与行政诉讼法学》，法律出版社2009年版，第439页。

② 参见江国华著：《中国行政法（总论）》，武汉大学出版社2017年版，第360~364页。

③ 参见应松年著：《行政法与行政诉讼法学》，法律出版社2009年版，第447页。

来保证政府的行为时刻处于法治的轨道，这样才能够保障最广大人民的利益。

其二，审查权限。审查权限是指行政诉讼所及之范围，一方面，它在纵向上规定了司法审查可以涉及的行政活动的强度和深度；另一方面，在横向上它是指有哪些行政行为可以进行司法审查，也即行政诉讼的受案范围。

从纵向上讲，行政诉讼之权限也就是指法院对行政执法行为合法性审查的深度。我国的行政诉讼对于行政行为的合法性审查不作扩充解释，也即仅限于合法性而不涉及行政行为的合理性判断。行政诉讼的合法性审查，是对诉讼的本质属性的遵从，是由诉讼制度独特的结构特点所决定的。通过行政诉讼方式进行的司法审查，从表面上看是公民、法人和其他组织与行政主体间的行政纠纷的司法解决，但其实质却牵扯审判权对行政权的影响和界限。在大多数情况下，行政行为的合理性判断属于行政自由裁量权运用情况的范畴，行政自由裁量权是行政权的组成部分，行政决定在一定限度内的自由裁量是行政管理工作面对纷繁复杂的社会现实所必需的灵活性调整。因此，在权力配置的角度上，需要其他权力为行政自由裁量权留有空间。法院只需要依靠其专业的法律知识和逻辑，运用诉讼的方式解决好行政执法行为的合法性问题。

依靠对行政诉讼证据的考虑、行政行为法律、法规的适用情况以及行政执法程序的考察，法院依法对行政诉讼案件作出最终处理。具体而言，证据越充分确凿、适用法律法规越准确无误，行政执法的合法性程度就越高。此外，行政程序往往能够体现出行政过程的合法，可以增加公众对行政结果的认可，正当程序原则更是在行政法中处于核心的地位。程序的不正当，往往就会造成越权、滥用职权，对行政相对人造成损害。法治政府的建设，要求行政过程和行政结果都要符合法律的规定。因此，对行政程序的合法性审查也是司法审查的重点内容。法院依据查明的案件情况可以作出驳回原告诉讼请求的判决、全部或部分撤销行政行为的判决、判决被告履行职责或义务、确认行政行为违法和无效或并赔偿的判决、变更明显不当行政处罚的判决等处理结果。对于审判或执行过程中的程序问题进行的裁决，依法适用裁定的形式。

第五章 政府规制行为

一般而言，政府规制是政府为维护市场秩序、依法规范与调控微观经济主体的行为，以达致弥补市场失灵，降低交易费用，提高资源配置的效率，增进社会整体利益，实现社会公平的一种行政行为。政府规制包括规制者、被规制者、规制的依据、规制的目标和规制的方式五个要素。依据政府对微观经济干预政策性质不同，可以将政府规制分为经济规制，社会规制和行政规制三类。政府通过规制立法来确定规制目标，在政府规制的实施中主要有规章制定、信息收集和法律执行、裁决等，达成目标后再解除规制几个过程。

政府规制旨在达成公共利益与私人利益之间的有效平衡，其着眼于缓解个体理性与集体理性之间的冲突，以增进社会福利与社会资本。从外观来看，政府规制是一种复杂的谈判和不断的博弈过程，是集体行动的核心地位和制度高度密集的集中体现。政府规制的具体形式包括提供信息，提供补贴，界定产权或权利，设定标准，价格、费率和数量规制，行政许可以及法律禁止等。

作为对微观经济活动的一种直接干预措施，政府规制是近现代法治的产物，其实施须严格遵循法治的原则和制度。因此，在政府规制行为的实施过程中，对政府规制权的监督也是重要的组成部分。首先要保障政府规制政策的透明化，除了涉及国家机密、个人隐私和商业秘密的以外，必须向行政相对人及社会公开与其职权有关的事项，主要包括事前公开职权依据，事中公开决定过程，事后公开决定的结论；其次要制定和完善公众参与的程序，提高政府规制的可行性、执行力和公众的可接受性；再次要建立司法监督制度，人民法院应加大司法监督的力度，对政府规制机构常发、多发的违法行为，以司法建议的形式反馈给政府规制机构，要求政府规制机构定期整改，促使政府规制机构依法进行政府规制；最后要强化规制机构的内部制衡和内部监督的自我约束机制，完善层级监督和对行政执法人员的监督。

第一节 政府规制理论

一、政府规制的内涵

行政法意义上的"规制"一词属于"舶来品"，该词源于英文"Regulation"或"Regulation Constraint"，我国学术界通常译为"规制"或"管制"。① 这一概念内在蕴含着主体要素——政府，故又称政府规制——"最早的规制概念可追溯到古罗马时代，是指政府官员制定法令允许受规制的工商企业提供基本的产品和服务"。②关于"规制"一词，虽无一个较为统一的定义，但可略窥其外延。维斯卡西等学者认为，"政府的主要资源是强制力，政府规制就是以限制经济主体的决策为目的而运用这种强制力"。③ 史普博认为，"管制是由行政机构制定并执行的直接干预市场机制或间接改变企业和消费者供需政策的一般规则"。④ 综上所述，规制的一般情形有三：一是直接干

---

① 苏晓红著：《我国政府规制体系改革问题研究》，中国社会科学出版社 2017 年版，第 11 页。

② 张红凤：《规制经济学的变迁、学科定位及其整体评价》，载《中国改革论坛》2008 年 2 月 25 日。

③ 陶爱萍、刘志迎：《国外政府规制理论研究综述》，载《经济纵横》2003 年第 6 期。

④ ［美］丹尼尔·F. 史普博著：《管制与市场》，余晖等译，上海人民出版社、上海三联书店 1999 年版，第 45 页。

预市场配置机制的规制；二是通过干预企业决策进而影响市场均衡的规制；三是通过影响消费者决策进而影响市场均衡规制。

在内涵方面，国外学者将规制行为集中描述为"干预""限制"等。譬如日本学者金泽良雄认为，政府规制是在以市场机制为基础的经济体制下，以矫正、改善市场机制内在的问题为目的，政府干预和干涉经济主体活动的行为。而另一日本学者植草益则进一步认为："政府规制属于公的规制，即社会公共机构依照一定的规则对企业的活动进行限制的行为。"①《新帕尔格雷夫经济学大辞典》对规制有两种解释：一是指国家以经济管理的名义进行干预，通过一些反周期的预算或货币干预手段对宏观经济活动进行调节；二是指政府为控制企业价格、销售和生产而采取的各种行为；② 而国内学者主要将规制可分成限制和监督两个维度。王俊豪认为："管制（规制）是具有法律地位的、相对独立的管制者（机构），依照一定的法规对被管制者（主要是企业）所采取的一系列行政管理和监督行为。"③ 夏大慰、史东辉认为，"政府规制政策其实包容了市场经济条件下政府几乎所有的旨在克服市场失败现象的法律制度"。④ 谢地认为："规制包括规制主体对规制客体所进行的一切限制和监督。"⑤ 国内外学者对于"规制"内涵的描述虽有所不同，但其本质上均认可这是政府向市场和市场主体的一种单向的干预或调控的行为。从法治政府的角度来说，也是形成、执行规范和完善相关法理规范的过程。

综合上述，政府规制是政府为克服市场失灵、维护市场秩序，从而依法对市场和市场各主体规范与调控的行为。据此，政府规制应当具备如下五个要

---

① ［日］植草益著：《微观规制经济学》，朱绍文等译，中国发展出版社1992年版，第2页。

② ［日］植草益著：《微观规制经济学》，朱绍文等译，中国发展出版社1992年版，第137页。

③ 参见王俊豪主编：《管制经济学原理》，高等教育出版社2007年版，第4~5页。

④ 夏大慰、史东辉著：《政府规制：理论、经验与中国的改革》，经济科学出版社2003年版，第1页。

⑤ 谢地：《我国政府规制体制改革及政策选择》，载《吉林大学社会科学学报》2003年第3期。

素：（1）规制的主体——规制者。规制者通过立法或其他形式被授予规制权，其是由立法机关设立的、相对独立的行政机构。（2）规制的对象——被规制者。即市场微观经济主体，包括企业法人和个体公民。市场主体是市场失灵的参与者之一，因而其自主独立性应当受到限制与约束。（3）规制的依据——法律、行政法规和政府规章。法律、行政法规以及政府规章以立法的方式规定了企业、其他组织及公民能为及不能为的权利范围，并且具有相当的强制力，鉴于此，当企业、其他组织及公民的行为有违法律规范时，理应受到法律制裁，承担不利后果。（4）规制的目标。政府规制的总体目标为弥补市场失灵，提高资源配置的效率，维护良好的市场经济秩序。（5）规制的方式。规制的方法主要是政府监管机构颁布的规制政策和法律文件，以基于授予的权限实现政府规制的目的。

二、政府规制的类型

政府规制的定义并未统一，导致其具体的类型划分与划分标准也并不相同。对此，代表性的观点有：黑夫兰将规制分为经济性规制、社会性规制和辅助性规制三类。"经济性规制涉及行业行为的市场方面；社会性规制用以纠正不安全和不健康的产品以及生产过程的有害副产品；辅助性规制泛指与执行各类社会福利计划等有关的规制措施。"[1] 植草益把规制分为公的规制和私的规制，而政府规制则属于前者。根据规制的目的和手段的不同，公的规制又可以分为间接规制和直接规制。间接规制是依照反垄断法、商法、民法等以制约不公平竞争为目的的规制，不直接介入经济主体的决策而仅制约那些阻碍市场机制发挥职能的行为决策；直接规制是以防止发生与自然垄断、外部不经济及非价值物品有关的、在经济社会中不期望出现的市场结果为目的，并且这些规制具有依据由政府认可和许可的法律手段直接介入经济主体决策的特点。[2]

---

[1]　苏晓红著：《我国政府规制体系改革问题研究》，中国社会科学出版社 2017 年版，第 16 页。

[2]　苏晓红著：《我国政府规制体系改革问题研究》，中国社会科学出版社 2017 年版，第 16 页。

　　上述学者对于规制的分类实则从主体、方式和作用领域三个维度展开，但均属于一种"片面的深刻"，无法直接代表整体性分类。但反之，其论述的标准可以进行结合：（1）规制或者说政府规制当然属于"公的规制"，植草益的分类方法其实是对其"公共性"的一种强调，是从更为广义的角度来定义规制。这里的公共性可以理解为政府规制的目的在于增进公共利益，其规制行为关涉公共主体。（2）直接规制和间接规制的分类标准尚显模糊，属于一种泛用的分类方法，并未实际结合规制的本身属性，因此需要进一步划分。（3）经济性规制、社会性规制和辅助性规制实际上描述了规制的主体框架，但其具体的分类逻辑不够周延。譬如经济性规制中的"行业行为"的边界较为笼统，且排除了"个体行为"。社会性规制和辅助性规制实际属于限制与支持的规制行为，其能否符合分类名称尚值得商榷。

　　因此，我们认为政府规制应该主要从其作用领域来划分，并下设规制方法这一分类标准。具体而言，依据政府对微观经济干预政策性质不同，将政府规制分为三类：一是经济规制，二是社会规制，三是行政规制。每种分类下均可分成直接规制和间接规制两种。

（一）经济规制

　　按照前文所述，政府规制主要是对市场和市场主体的调节与规范，其分类也离不开这两个方面。要言之，政府规制可具体分为对市场的直接干预和作用于市场主体的间接干预方式，而经济规制则主要是前者的具体体现。所谓经济规制，可理解为政府对企业的某些决策，例如定价、产量、市场的进入和退出等进行限制。① 这些决策最终形成政府的规制政策，并可以转化为相关行政法规体系。

　　对市场的直接干预主要是为弥合由于市场局限性导致的"失灵"等不经济矛盾。从经济性规制的产生和发展历史可以看出，经济性规制主要是面向解决自然垄断问题。据此，从某种程度上可以认为是"垄断问题"引起了经济

---

① 芮明杰主编：《产业经济学》，上海财经大学出版社2016年版，第426页。

规制："为防止发生资源配置的无效率，确保利用者的公平利用，政府机构用法律权限，通过许可和认可等手段，对企业加以规制。"① 因此，经济规制的目标在于抑制垄断、保护消费者、增强竞争，并提高市场效率。

（二）社会规制

社会规制起源于 20 世纪早期的美国，但关于"社会性规制"的概念却出现较晚。1989 年，史普博提出，经济学家和政策制定者称产品质量、工作场所和环境规制的复合物为"社会的"规制。1995 年，伯吉斯认为："社会性规制这个名词代表了如环境保护、工人的安全等的集合。"② 日本学者植草益认为社会规制是："以保护公共利益为目的，对物品和服务的质量制定一定标准，并禁止、限制特定行为的规制。"③ 其目的是以纠正在市场失灵下发生的资源配置低效率和分配的不公正性及维持社会秩序和经济社会稳定。④ 王俊豪等认为，社会性规制的目标主要包括限制负外部性。谢地认为："社会性规制旨在规避人类活动中由于外部性和信息不对称所引起的各种问题。"⑤

因此，我们可以得出一个基本结论：市场运行不仅与其本身的各项因素息息相关，还必然会受到社会环境等因素的影响，存在"负外部性"的危险，即向他人施加不被感知的成本或效益的行为，并造成无法有效补偿的不利影响。⑥ 进而，直接针对市场的规制行为可能无法解决由于外部环境所导致的问题。比如，在既无技术壁垒又无法律壁垒的情况下，取得技术优势的企业为确

---

① ［日］植草益著：《微观规制经济学》，朱绍文等译，中国发展出版社 1992 年版，第 27 页。

② ［美］小贾尔斯·伯吉斯著：《管制与反垄断经济学》，冯金华译，上海财经大学出版社 2003 年版，第 24 页。

③ ［日］植草益著：《微观规制经济学》，朱绍文等译，中国发展出版社 1992 年版，第 22 页。

④ ［日］植草益著：《微观规制经济学》，朱绍文等译，中国发展出版社 1992 年版，第 287 页。

⑤ 谢地主编：《政府规制经济学》，高等教育出版社 2003 年版，第 135 页。

⑥ ［美］保罗·萨缪尔森、［美］威廉·诺德豪斯著：《经济学（上）》，商务印书馆 2017 年版，第 453 页。

立或巩固其垄断地位独占技术或阻碍相关技术研发等行为，形成策略性垄断。因此，政府规制的一个必要方面包括对由于外部环境导致不经济行为进行规范，均衡市场资源分配和市场主体的福利水平。

（三）行政规制

政府规制属于一种行政行为，其本身必然蕴含着行为异化和权力运用不当的可能性：既然市场存在失灵的可能性，那么政府规制亦存在失灵之可能。易言之，政府规制不仅包括对市场的监管，也包括政府自身规制行为的规制，即上级行政机关按照法定的权限、程序以及方式，对下级行政机关行政规制之合法性实施监督。① 任何规制政策的实施都与政策制定者的动机和行为有关，规制者之间的关系和其制约活动的相互作用直接影响着经济规制和社会规制机构的组织效能和政策效能。为了纠正市场失灵，提高市场经济规制和社会规制的预期目标，政府需要综合运用行政手段、经济手段、法律手段加强对规制者的规制。因此，从法治政府的角度而言，行政规制的本质不是限制，而是对规范落实的一种纠偏。

三、政府规制的过程

政府规制的过程实质上是规制者与被规制者，即规制机构、企业和消费者之间相互博弈的过程，其间各种法律价值都可能主导其发展进程与模式，三者之间通过直接或间接的互动关系，基本实现整体上的平衡。从整体过程来看，在具体的规制措施之外，主要包括进入和退出两个部分，其均受到行政法律规范的指导和约束。

（一）政府规制立法

一般而言，政府规制既然是对市场和市场主体的调控，其必然涉及相关法律主体的权利义务关系增益或减损。按照行政法治和法治政府的基本要求，其

---

① 参见江国华著：《中国行政法（总论）》，武汉大学出版社 2017 年版，第 189 页。

产生应当于法有据且遵循一定的法定程序。因此，规制立法当为政府规制活动的逻辑原点，是政府规制的合法性根据和保障。由于政府规制是行政权在经济领域的一种综合运用，包括行政指导、行政强制、行政处罚等多种行政行为方式，当前并无统一的专门性法律规定，而是散落于行政法条文体系之中，故而政府规制立法也必须符合各项行政法授权之规定。鉴于全国人大及省、市、自治区人大皆有立法权，因此规制立法机构既可以是全国性的，又可能是地方性的。

在规制立法过程中，必须明确以下问题：（1）政府规制机构的法律地位。可以根据规制对象的性质与特点建立一个新机构，也可以赋予现有机构职权甚至视具体情况扩大其管制职权管辖范围。（2）规制机构的权力和职责范围。为了充分发挥市场经济的活力，政府规制应当受到明确的限制，必须在其被授权范围框架内行使，不得超越或滥用规制权力。鉴于权力不可避免地具有膨胀性与恣意扩张性，对企业或是消费者往往造成不法侵害，因此，必须对规制机构的职权进行明确界定，避免其越权或缺位。（3）规制政策的总体目标和基本内容。政府规制出于公共利益之需要，那么其立法必须明确该项利益之具体内容，包括实现途径、行为方式、权力监督和权利救济等内容，从而在保持公平公正的基础之上尽可能地保护相对弱势方消费者的权益。

（二）政府规制的实施

法谚有云，法律的权威在于实施，法律的生命力同样在于实施。虽然政府规制本身属于羁束行政行为，但鉴于实践中立法机构所制定的规制政策大多是原则性、综合性的，因而政府规制的实施机构实际享有较大的自由裁量权空间。具体来说，在政府规制的实施中主要有规章制定、信息收集和法律执行、裁决等。

其一，规章的制定。由于立法机关进行的政府规制立法主要侧重于宏观架构，其不可能事无巨细到将实施政府规制过程中每一具体的步骤规则都详细铺展开来，也不太可能自上而下地熟悉每个行业、每个区域的特性，因此，其势必会下放部分法规和规章的制定权于规制机构。一方面，法规和规章是政府规制实施的一种重要途径，也是实现规制目的的一种政策工具。另一方面，法规的制定不是一蹴而就，也不可随意为之，必须严格遵循授权立法的范围限制以及符合行政程序法的程序要求。

其二，信息收集。规制机构必须做好信息收集工作，其原因有四：（1）对被规制者执行规制法规、规章的状况监督需要大量信息，因而规制机构应当时刻紧密关注被规制者的行为是否符合规范。（2）规制机构有义务向公众提供密切关涉到公民切身利益等公共安全领域，同时又需要向立法机构等提供相关的实时信息以对决策进行反馈和调整。（3）规制机构制定规制规则并不是闭门造车，而是要在收集大量信息的基础之上作出最优化的规制规则。（4）规制机构还要接受司法机构的监督，因此必须保持信息资料的收集和整理。综上，信息收集是规制机构实施执行法规的必要条件。

其三，裁决。在对具体案件的裁决过程中，规制机构往往扮演着中立的判断者、冲突的裁决者的角色。对此，《土地管理法》《专利法》《森林法》等均有相关规定，是行政机关化解经济领域矛盾冲突的重要方式。但是，不能忽视的是，裁决结果往往也会产生一些副作用，常常会源于自身运行过程中的固有弊端阻碍市场经济的发展势头。波斯纳认为，监管过程反映了监管的政治化，而不是有效的合法化。① 裁决本身需要规范，必须同时满足程序合法与实质合法，对其中的行政裁量权制定必要的基准。具体而言，可采用"上下互动"的方式形成裁量基准。② 既重视基层执法机构和人员的实践经验，授权参与基准制定工作，同时重视行政相对人的意见需求，使其充分参与基准的修改工作，提出建议。

（三）政府规制的解除

政府规制是行政权对市场的一种特殊干预，当规制的缘由消失时规制行为

---

① 苏晓红著：《我国政府规制体系改革问题研究》，中国社会科学出版社 2017 年版，第 32 页。

② 章志远著：《行政法学总论》，北京大学出版社 2018 年版，第 302 页。

也应当随之终结。规制解除的主要原因有二：一是被规制行业或领域技术经济与需求的变化；二是政府对规制成本利益利弊的权衡与取舍。易言之，政府规制的解除既与市场条件变化有关，也与政府利益成本考量相连。史普博认为，规制过程是"消费者、企业和规制机构互相结盟并讨价还价的过程"。① 政府规制是规制机构与市场主体相博弈的过程。

由于政府规制的启动主要以立法活动为标志，因而政府规制的解除也应当以法律法规体系的修改为条件。具体而言，其情形有二：一是对部分规制条款的修改，其理由包括社会环境的发展变化、主管部门的变更、母法的修改和废止等；二是对法规的废止。这一情形意味着政府规制完成了其使命或是与现实情形出现较多的脱节之处必须停止实施。对于规制中形成的临时措施可上升为特定的法律制度，并形成专门性法律法规。而对于实施遭遇重大问题或出现与制定时不同的社会条件时，对不适应全面深化改革和经济社会发展要求、不符合上位法规定的规制条文，为应通过废止予以纠错和清理。

第二节　政府规制行为的法律属性

政府规制的核心即政府规制行为。政府规制是"经济、政治和法律相互交织的过程"。政府规制关涉到经济学、政治学、法学等众多学科领域，然而经济学对政府规制理论和经验的研究兴趣主要集中在考察对某些特殊产业的价格与进入控制上；政治学则尚未对政府规制进行深入的研究和探讨；而法学关于政府规制的讨论也主要集中于行政管理程序以及对规制机构行为的司法控制上。据此，我们可以得出经济学、法学对于政府规制行为的研究主要着眼于政府规制的具体操作层面，却对政府规制的深层次问题研究较少涉及。② 要想对

---

① ［美］丹尼尔·F.史普博著：《管制与市场》，余晖等译，上海人民出版社、上海三联书店 1999 年版，第 85 页。

② 黄海：《论政府规制体制的本质属性、构成要素及运行机制》，载《当代经济科学》2010 年第 3 期。

深层次问题进行深入探讨与研究，就必须厘清政府规制行为的根本特征，推论出其本质的法律属性。

一、政府规制行为的基本特征

前文所述，我们认为政府规制是行政主体以矫正市场失灵为目的，以宪法和法律为依据，通过制定和执行行政法规或规章以直接干预市场配置和间接改变消费者或市场主体的供需决策的法律行为。据此，可以总结出政府规制行为有如下特征。

其一，政府规制的主体是行政主体，包括行政机关和授权组织。随着经济社会的发展，传统的行政主体和授权组织基于专业不足、人手不够等限制往往应对乏力。此时独立规制机构应运而生，"通过将权力下放给独立的规制机构，现代行政的实践已将传统观念抛出了历史的车轮"。[1]

其二，政府规制的对象是作为行政相对人的微观市场主体。政府规制就是通过对微观市场主体行为的规制均衡或缓解个体理性与集体理性之间的冲突。当然"均衡是否可能，一种均衡是否改进了相关者（或者对那些受这些人影响的人）的状况，都将取决于特定的制度结构"。[2]

其三，政府规制的依据是国家以授权为目的法律和行政法规或规章。这些以授权为主要目的行政法同时也是对行政权和政府规制的一种限制，因为它们规范了政府规制的目的、范围和行政权行使时应遵循的基本准则。[3] 鉴于政府规制本身就是行政权扩张的体现，因此，必须对其进行严格的规范与限制，以防止其不当行为侵害被规制者的合法权益。

其四，政府规制的目标是通过直接控制各类微观经济主体的活动来纠正市

---

[1] ［英］卡罗尔·哈洛等著：《法律与行政》（上卷），杨伟东等译，商务印书馆2004年版，第344页。

[2] ［美］埃利诺·奥斯特罗姆著：《公共事务的治理之道》，余逊达等译，上海三联书店2000年版，第43页。

[3] 董炯著：《国家、公民与行政法——一个国家—社会的角度》，北京大学出版社2001年版，第136页。

场失灵，维护个体利益与公共利益的平衡。①

其五，政府规制是规制者和规制对象的一种互动活动。政府规制通过对程序的尊重，行政活动不再仅仅是规制者执行法律和政策的过程②，也需要尊重被规制对象的意愿，重视其积极性与主动性。

二、政府规制行为的行政行为属性

从法学角度来看，政府规制就是规制机构根据法律法规的授权，为追求经济效益和社会效益的帕累托最优③及维护社会公平和正义，对经济及其外部性领域和一些特定的非经济领域采取的调节、监管和干预等的行政行为。从本质上讲，政府规制实质是政府管理的一项重要法律制度，因此可将政府规制作为建立在行政法一般理论基础上的分支来进行研究。政府规制从法律属性来看属于一种特殊的行政行为。④ 政府规制行为完全符合行政行为的基本特征。⑤

其一，行政行为是行政主体的行为。这里所说的行政主体是指依法享有行政机关资格的各种公务组织。包括各级人民政府及其下属的职能部门和法律、法规授权的组织。而政府规制的规制者无论是行政机关、被授权组织还是独立规制机构，均属于行政主体范围内，符合行政行为的主体要素。

其二，行政行为是行政主体行使行政职权的行为。这是行政行为的权力要素。在这一过程中，行政主体享有行政优益权，具有强制对方服从自己意志（意思表示）的权利能力和行为能力。而政府规制中规制者正是基于被授权的

---

① 宋功德著：《论经济行政法的制度结构——交易费用的视角》，北京大学出版社2003年版，第123页。

② 潘伟杰著：《制度、制度变迁与政府规制研究》，上海三联书店2005年版，第31~32页。

③ 帕累托最优，是一种经济学概念，意指没有任何人受到损害，而至少一个人得到好处的资源分配方式。参见张维迎著：《经济学原理》，西北大学出版社2015年版，第294页

④ 黄新华：《政府规制研究：从经济学到政治学和法学》，载《福建行政学院学报》2013年第5期。

⑤ 马怀德主编：《行政法学》，中国政法大学出版社2009年版，第97~98页。

强势地位对被规制者进行政府干预。

其三，行政行为是直接产生法律效果的行为。这是行政行为的法律要素。法律效果是指行政行为给对方当事人所造成的影响，或者表现为权利义务的增加、减少，或者表现为法律地位和性质的肯定、否定等。政府规制基于弥补市场失灵的宏观角度，势必要采取提供补贴，设定标准，价格、费率和数量规制，行政许可以及法律禁止等措施来整顿市场秩序，维护公共利益与社会公平。在此过程中，被规制对象的权利义务必然会受到影响。

其四，行政行为是行政机关实现行政管理目的的行为。这是行政行为的目的要素。只要以实现公共利益为目的，均应认为具有行政管理的目的。政府规制基于弥补市场失灵，降低交易费用，提高资源配置的效率，从而增进社会整体利益，实现社会公平的最终目的，显然是以实现公共利益为己任。

其五，行政行为是具有法定表现形式的行为。这是行政行为的形式要素。行政行为的表现形式应当与其内容相适应，而提供信息，提供补贴，界定产权或权利，设定标准，价格、费率和数量规制，行政许可以及法律禁止等形式恰是政府为弥补市场失灵进行规制的有效方式。

三、政府规制行为的性质解析

（一）政府规制行为是具体行政行为

一般而言，具体行政行为是行政活动的一种，是行政主体以单方面的意志对特定的人或事所作出的、影响相对人的法律地位、发生行政法上法律后果的行为。[①] 其突出特征在于行政主体针对特定的人或特定的事实施的行为，不能反复适用，不具有普遍的约束力。政府规制行为正是基于自然垄断等原因引起市场失灵时，根据该市场领域引起失灵与混乱的原因，制定具体且有针对性的规制政策与措施。鉴于此时作出的政府规制行为是根据当前的情形作出的，因

[①] 江必新著：《行政诉讼法疑难问题探讨》，北京师范大学出版社 1991 年版，第 103 页。

此只能适用于本次市场失灵问题的解决，并不具有普适性、不能反复适用。此外，政府规制行为是针对本行业领域进行的，是针对特定的人或特定的事所实施的，被规制对象范围明确。故按照作用对象的标准，政府规制行为是一种具体行政行为。

（二）政府规制行为是羁束行政行为

羁束行政行为，是指行政主体只能依据行政法规范严格实施而不能自行选择裁量而作出的行政行为。行政主体在作出羁束行政行为时，必须严格依照法律法规的规定进行，不能将自己的意志参与其间，即法定职责必须为。而政府规制作为国家权力向经济和社会领域不断扩张的产物，也是行政权极大扩张的表征，如果不对其进行严格的限制，不免引发人们对其过度膨胀恣意的担忧。尽管在不同国家这种扩张的过程和情况有所不同，建立的政府规制制度也存在这样或那样的差异，但对政府规制权力行使的规范却受到一致的重视，以防止其被滥用而导致被规制对象的合法权益遭受不法侵害，故政府规制行为的实施在政府规制的过程当中需受到重点的"关照"。① 由此可见，政府规制机构在行使其权力时必须遵守其授权法的规定，政府规制行为的执行必须严格遵守法律法规规定的范围、条件、形式、程度及方法，政府规制机构在行使其权力时，还必须遵守程序性规定，压缩其自由裁量的空间，以避免其因过度自由裁量而对被规制者甚至整个市场可能造成损害。

（三）政府规制行为是依职权的行政行为

依职权的行政行为，指行政机关依据法律赋予的职权，无需相对方请求而主动实施的行政行为，也即主动的行政行为或积极的行政行为。区别于依申请的行政行为，依职权的行政行为只要发生了法定事实，行政主体就必须为之，否则，即构成失职违法。显然，政府规制行为是在市场失灵的背景下，规制者

---

① 丁芝华：《政府规制的基本原理研究：基于法治的视角》，载《南京大学法律评论》2018 年春季卷。

积极主动对企业进行直接规制。但政府规制区别于政府的宏观调控，政府规制不具有宏观调控的一般性，而是个量的差别管理，是一般中的特殊，直接作用于市场主体。从本质上讲政府规制是直接的、个量上的，它借助有关法律、法规和规章直接作用于企业，规范、约束市场主体的行为。①

（四）政府规制行为是行政执法行为

以行政权作用的表现方式和实施行政行为所形成的法律关系为标准，行政行为可以划分为行政立法行为、行政执行行为和行政司法行为。行政执法行为是指行政主体依法实施的直接影响相对方权利义务的行为，或者对个人、组织的权利、义务和履行情况进行监督检查的行为。② 尽管基于行政法学科的视角审视政府规制可以将其界定为一个政策制定——执行的过程，但其所制定的政策并不具有面向不特定的多数人且具有普遍约束力的特征，故此并不是真正意义上的行政立法行为。此外，政府规制行为侧重的"规制"也在于执行与实施，在此过程中，规制者对被规制对象所采取的有效规制措施直接影响到其权利义务。由此，政府规制行为是行政执法行为。

第三节　政府规制行为的表现形式

从具体功能来看，政府规制可以在维护、延续公共利益与保障个体利益之间调试出一种有效的平衡，其着眼点在于缓解个体理性与集体理性之间的冲突，平衡个体利益与公共利益之间的矛盾，为相互依赖的社会提供合作基础。从这一角度来说，政府规制行为实际上表现为一种博弈的过程。因此，我们将

---

① 潘伟杰著：《制度、制度变迁与政府规制研究》，上海三联书店2005年版，第33页。

② 马怀德主编：《行政法学》，中国政法大学出版社2009年版，第109～110页。

借助于博弈论这一分析工具①，探究其如何影响人们的行为②，以实现市场与政府间的合作为导向，进而探讨在不同的博弈战略图式下，个体的战略选择是如何影响公共问题的治理途径和政府规制的创新机制。根据对博弈论的分析总结，在此基础上进一步论述现代社会中不同形式的政府规制，不同的政府规制形式对法治政府建设的意义是什么，从而分析在不同合作形式下，政府规制的形式选择和制度安排。

一、政府规制：一种谈判和博弈的过程

政府规制行为产生于经济领域之规范需要，甚至受后者所倒逼而改革。诚如苏力先生所言，法学不是冥想的事业，而是实践的事业。③ 随着历史的发展和社会的变革，原来的行政法原则和行政规制实践不断受到挑战，其内涵不断地被重新界定，在此过程中，行政法的生命力不断得以更新。④ 故而，一如既往地固守行政的"单方性与强制性"将违背现实需求，政府规制实践更是无法容忍学界在解释行政过程问题上的抱残守缺与似是而非。反之，政府失灵或政府俘获的存在所引发的行政改革，将有力地推动行政结构由传统的封闭型、自治型向回应型转换⑤，在这个意义上，行政法学界已经或正在面临着一种路

---

① 博弈论的贡献不仅在于它产生了一系列在给定的博弈中能够相当准确地预测人类行为的可计算的分析模式，而且还在于它意味着一些具有哲学深度的思想发现，其中最重要的一点就是它突破了斯密的"看不见的手"理论，即博弈论似乎证明了个人自私的行为并不一定能够而且在许多情况下显然不能够在看不见的手的指引下产生最佳的社会共同结果，或者说，个体理性并不能保证集体理性。参阅赵汀阳著：《没有世界观的世界》，中国人民大学出版社 2003 年版，第 199 页。

② ［美］拜尔等著：《法律的博弈分析》，严旭阳译，法律出版社 1999 年版，第 1 页。

③ 苏力著：《制度是如何形成的》，中山大学出版社 1999 年版，第 160 页。

④ 王希著：《原则与妥协：美国宪法的精神与实践》，北京大学出版社 2000 年版，第 7 页。

⑤ ［美］诺内特著：《转变中的法律与社会》，张志铭译，中国政法大学出版社 1994 年版，第 85~87 页。

德维希·维特根斯坦所谓的"连根拔起"式的思维范式和研究范式的转换。①

那么，接下来的问题是这一转换的过程应该如何进行考察和分析。我们认为，政府规制的外在表征方式为一种谈判和博弈的过程。利用博弈论来分析政府规制问题，可以有效揭示规制规则和规范。按照博弈分析方法，政府规制是一种复杂的谈判和不断的博弈过程，最终达到社会福利最大化目标。所以，政府规制的本质就是集体行动②是否以及如何可能的问题。法定的行为模式是一种方式，但不意味着是唯一的方式来设定行政主体与相对方之间的博弈战略以确保个体有激励采取与整个社会利益相一致的行动。③

受规制行为条件的影响，在合作性的集体行动和非合作性的集体行动中，政府规制对公益的实现、维护和延续的方式是存在差异的。在这种情况下，行政行为的革新就变得非常重要了。体现在非合作性的集体行动中就是政府规制充分强调市场制度和行政过程中的利益竞争，个体理性与集体理性之间的冲突。因此政府规制就经常表现为强制、监管，从而在对相对方个体利益产生影响的同时实现、维护和延续着公共利益。当然，无论是合作性的集体行动，还是非合作性的集体行动，行政法及其对政府规制的理论设定都是基于统一的理性人假定这个实证基础的④，只有这样才有可能在行政主体与相对方之间促成真正的公益与私益之间的博弈。⑤ 应该说，博弈论的分析思路为我们合理解释"政府规制失灵"提供了一种新视角，把信息对称问题放到了非常重要的位

---

① ［法］皮埃尔·布迪厄等著：《实践与反思——反思社会学导引》，李猛等译，中央编译出版社 1998 年版，第 1~2 页。

② 所谓集体行动，可以理解为是对集体事务的民主参与和民主管理，程序性和公共性是其重要基础，且一般通说认为其发生在政治领域和社会领域。参见李业兴著：《参与成本、制度背景与集体行动：对奥尔森集体行动理论的反思与拓展》，中山大学出版社 2016 年版，第 46 页。

③ ［美］拜尔等著：《法律的博弈分析》，严旭阳译，法律出版社 1999 年版，第 210 页。

④ 包万超：《阅读英美行政法的学术传统》，载《中外法学》2000 年第 4 期。

⑤ 宋功德著：《行政法的均衡之约》，北京大学出版社 2004 年版，第 255 页。

置。诺斯认为："信息的高昂代价是交易费用的核心。"① 这个论断对于解释政府规制过程所受的信息制约是有说服力的，而这种制约对于防范规制过程中的行政机会主义，保证规制的过程民主与结果公正是有意义的。②

二、规制选择：政府规制的制度安排

现代社会的政府规制不仅仅体现了理性选择的问题，更重要的是政府规制是与人类社会对公共生活以及政治社会的理解联系在一起的。③ 政治理论对政治的理解影响并制约着现代公法理论的建构，进而制约着政府规制的理论拓展以及现代社会的规制选择。政治科学家罗斯坦恩曾经指出，现代政治科学对于政治的起源有两种方式。第一种可以称之为"好的方式""民主的方式"或"以共同体为基础的方式"，这个版本的政治起源观认为，分享着某些共同特征的人们居住或工作在某个共同的区域之内，或依赖于某种共同的资源才得以存活。当他们发现他们不仅仅具有个体利益而且还存在着共同利益时，他们会觉得需要某种法律和制度来调节他们之间在财产和其他权利上的冲突，并需要建立某种组织来实现他们的共同利益，以避免"公地悲剧"。④ 所以，集体决策制度由此产生，并确认调节共同利益之规则，建立起决策的执行制度并按照

---

① ［美］道格拉斯·诺斯著：《制度、制度变迁与经济绩效》，刘守英译，上海三联书店1994年版，第37页。

② ［澳］休·史卓顿等著：《公共物品、公共企业和公共选择——对政府功能的批评与反批评的理论纷争》，费昭晖等译，经济科学出版社2000年版。

③ 黑格尔就曾深刻地指出："如果要先验地给一个民族以一种国家制度，即使其内容多少是合乎理性的，这种想法恰恰忽视了一个因素，这个因素使国家制度成为不仅仅是一个思想上的事物而已。所以每一个民族都有适合于它本身而属于它的国家制度。……没有一种国家制度是单由主体制造出来的。拿破仑所给与西班牙人的国家制度，比他们以前所有的更为合乎理性，但是它毕竟显得对他们格格不入，结果碰了钉子而回头。……一个民族的国家制度必须体现一个民族对自己权利和地位的感情，否则国家制度只能在外部存在着，而没有任何意义和价值。"参阅［德］黑格尔著：《法哲学原理》，范扬等译，商务印书馆1982年版，第291~292页。

④ 公地悲剧，是对所有人开放而得不到有效利用共享资源的一种模型。参见［以］海菲兹著：《博弈论 经济管理互动策略》，刘勇译，上海人民出版社、格致出版社2015年版，第80页。

规则去实现这些利益，建立起司法制度来解释这些规则并裁决个人间的冲突；第二种方式可以称之为"坏的方式""独裁的方式"，这个版本的政治起源观认为，共同居住于某地或共同依赖某种资源的居民在历史上一直受到了某种超乎他们之上，来自某些个人或少数人群体的某种力量的统治。对于这个统治群体和精英阶层而言，为了实现他们的统治意旨，他们必然需要某种为自己创造出合法性的制度。① 无论是"好的方式"还是"坏的方式"，均诞生于公共利益之需要，并形成规制制度。从根本上说，政治活动是某种规则驱使下的集体活动。相对于经济生活而言，政治的独特性就在于：集体行动的核心地位和制度的高度密集。政府规制就是集体行动的核心地位和制度高度密集的集中体现。为约束集体行动，避免零和博弈的结果发生，权威性规则显得尤为必要。在新时代法治建设过程中，法成为政府规制行为抉择的重要载体和根本体现。

三、政府规制的形式

在博弈分析框架下，政府规制的形式受到博弈类型的影响。在合作性博弈中，因为不存在个体利益与公共利益的根本冲突，分配问题是最优合作实现的关键，政府规制对分配正义的协议的干预必须在不违反个体利益的前提下才有可能或被接受。在非合作的囚徒困境中，存在个体利益与公共利益的冲突。当每个理性的相对方都以自身最大化利益为行事准则时，逻辑上导致了公共利益的维护与供给不足的局面。具体说，政府规制的形式或手段有以下几种。②

（一）提供信息

提供信息是政府规制之前提。（1）信息生产本身就是政府规制的一个目标。规制机构有义务向公众提供消费品及产业技术方面的信息，以维护消费安全和推进产业发展。（2）按照一般的行政程序，信息收集是政府规制过程的

---

① 何俊志著：《结构、历史与行为——历史制度主义对政治科学的重构》，复旦大学出版社 2004 年版，第 303 页。

② 潘伟杰著：《制度、制度变迁与政府规制研究》，上海三联书店 2005 年版，第 150~157 页。

一个重要方面，没有信息收集的政府规制就是不健全的规制过程，其合法性和合理性将受到社会质疑。（3）规制机构要规制相对方的行为必须拥有充分的信息，并提供充分的信息以使机会主义没有生存的空间。信息不对称为政府规制提供了合理性。① 同时，通过降低相对方参与博弈的信息费用来提高相对方参与博弈的积极性和有效性。

具体而言，政府规制信息的内容应该包括：（1）公布特定的产权、资源配置格局信息以及来自各方的支持与反对信息，这既有助于确保尚未参与的相对方收集信息时具有针对性，也有助于避免相对方重复收集信息。（2）公布支持或反对某种产权、资源配置格局信息的理由，显示特定政府规制对于有效解决交易费用问题会产生何种影响的必要信息，包括有可能对哪些相对方产生什么样的有利影响，对哪些相对方产生什么样的不利影响，尤其是对处于信息弱势的相对方会产生什么影响。（3）充分利用报刊、广播、电视与网络等公共论坛的信息集散地优势，健全政府与公众之间的信息沟通机制，充分降低政府提供信息的费用。②

（二）提供补贴

按照 WTO《补贴与反补贴措施协定》第 1 条规定，补贴是指由一国政府或任何公共机构提供，使接受者得益的财政资助。随着世界经济贸易的推进，

---

① 陈富良著：《放松规制与强化规制》，上海人民出版社 2001 年版，第 44~45 页。信息的不对称性，主要是信息收集的成本——收益的不对称性会刺激公众对公共选择保持一种冷漠的态度。参见［澳］休·史卓顿等著：《公共物品、公共企业和公共选择——对政府功能的批评与反批评的理论纷争》，费昭辉等译，经济科学出版社 2001 年版，第 7~8 页。

② 宋功德著：《论经济行政法的制度结构——交易费用的视角》，北京大学出版社 2003 年版，第 301 页。现代西方国家为了降低交易费用和提高政府规制的能力建立了政府与公众的信息沟通机制。如美国贸易代表办公室就与产业界建立了直接沟通渠道，形成了上情下达、下情上传的机制。一方面，通过美国贸易内部信息（Inside of US Trade）的刊物，定期向企业界通报其对外谈判的信息与动向。另一方面，产业界可以直接向美国贸易代表办公室反映情况，并要求政府采取规制行动。参阅吕薇著：《知识产权挑战与对策》，知识出版社 2004 年版，第 94 页。

补贴成为当今世界各国政府规制的重要方式。① 联合国《经济、社会、文化权利国际公约》第 1 条规定："所有民族均享有自决权，根据此种权利，自由决定其政治地位及自由从事其经济、社会及文化之发展。"因此，现代主权国家政府有权采取它认为适当的补贴计划。提供补贴应当受到政府汲取财政的能力限制和国际贸易的公平要求的限制。② 但是，如果一国政府旨在通过提供补贴来促进按实际成本不能在国际市场上竞争的商品因接受补贴而降低生产成本、以低于竞争对手的价格在国际市场上出售，这就在事实上扭曲了市场机制，妨碍了国际竞争的公平进行。正因为如此，许多国家都制定了反补贴法，实施反补贴措施，以便通过反补贴税等方式抵消不正当补贴所带来的消极影响。③ 可见，补贴与反补贴都是为了降低国际市场上的交易费用以维护国际市场竞争机制的一种规制手段。

（三）界定产权或权利

政府规制通过提供公共物品以维护和延续公共利益，公共物品不仅指有形物品，也包括无形物品。其中一种重要的无形公共物品，就是对产权的保护。这种对产权的界定和保障，是政府所能提供的一种能为全体社会成员共同享有

---

① 袁曙宏、宋功德著：《WTO 与行政法》，北京大学出版社 2002 年版，第 86 页。例如，在乌拉圭回合谈判中最积极推动反补贴措施协定的美国，实际上一直对农产品实行补贴；欧盟对农产品的补贴已经是欧盟的一项政策——"共同农业政策"。根据 1998 年 9 月底 WTO 秘书处准备的有关统计资料，从 1995 年到 1997 年底，当时的 117 个成员中有 74 个向 WTO 通报了其国内采取的影响国际贸易的补贴措施。参见曹建明、陈治东主编：《国际经济法专论》（第 3 卷），法律出版社 2000 年版，第 407~408 页。

② 财政汲取能力是政府动员吸取全社会资源的能力，是政府能力的核心，是政府实现其他能力的基础。政府只有掌握了财政资源，它才能实现其他的政府能力和政府职能。毫无疑问，规制能力的展现需要政府财政汲取能力的支持。参见王绍光、胡鞍钢著：《中国国家能力报告》，辽宁人民出版社 1993 年版，第 9 页。

③ 袁曙宏、宋功德主编：《WTO 与行政法》，北京大学出版社 2002 年版，第 86 页。一种在美国较为流行的赞成反补贴措施的理论认为：美国企业可以同"公平进口"进行竞争，但无法同外国政府的国库竞争，因为补贴都是拿国库里的钱给予的。参见赵维田著：《世界贸易组织的法律制度》，吉林人民出版社 2000 年版，第 321 页。

的重要的公共物品。所谓"产权",是对各种权利的一种总称,所指的不仅包括过去"所有权"概念所专指的对"物质生产资料"的产权,而且也包括一切依据某种生产要素获取收益的权利。① "没有这种权利的初始界定,就不存在权利转让和重新组合的市场交易。"② 政府若不承担和强化这一职能,使得产权保护制度虚置,依靠制度外力量保护产权,不仅社会成本极高,而且会导致社会正义的丧失。因此,产权界定越清楚,市场上每一行为主体的权、责、利越明确,越能在制度框架内得到保护,人们对社会生活中各种行为主体的行为方式预期越稳定,交易成本就越低。③

(四) 设定标准

政府规制往往需要规制者制定"标准"来衡量市场主体行为的合法性,主要包括产品质量标准和技术生产标准。前者主要应用在食品和药品规制及消费者保护等领域。比如,农业部实施质量标准以确保安全食品供应;药品管理局要求所有药品在销售前被确保是安全和有效的。后者则是对特定产品的生产的程序或过程提出要求,例如职业安全与健康及环保政策就是其具体体现。在设定标准的过程中,为了防止行政主体与相对方之间利益、权利"对立"的激化,政府应该采用由严格的实体规则与程序规则所构建的规制机制,既制约行政主体,以防其在设定标准过程中寻租,又对相对方加以规范,以防其机会主义。行政法既应激励行政主体积极规制,维护、实现以及延续公共利益,又应激励相对方的潜力,积极参与标准设定过程,与行政主体切实合作,从而既实现规制目标,又推进相对方私益的增殖。④ (具体参考本书典型案例5-1)

---

① 贺卫方等编:《市场逻辑与国家观念》,生活・读书・新知三联书店1995年版,第14页。

② [美] 科斯著:《企业、市场与法律》,盛洪等译,上海三联书店1990年版,第83页。

③ 贺卫方等编:《市场逻辑与国家观念》,生活・读书・新知三联书店1995年版,第17页。

④ 宋功德著:《行政法哲学》,法律出版社2000年版,第67~70页。罗豪才、宋功德:《现代行政法学与制约、激励机制》,载《中国法学》2000年第3期。

（五）价格、费率和数量规制

垄断是政府规制产生的重要原因之一，因而规定市场价格、费率和数量等反垄断手段也是政府规制的重要形式之一。中华人民共和国成立以来，中国对自然垄断行业的价格规制一直是实行低价格制度。① 但随着社会经济条件的变化，单一的规制手段不再能够普遍适用于任何情形。在经济性规制中，电信、电力等行业实际上已经可以进行比较充分的竞争，用竞争替代直接管制成为可能。但是，该机制的实施有严格的信息条件：政府必须掌握全部关于企业技术、成本的信息。从现实来看，政府掌握的信息一般是不完善的。因此，为弥补这一矛盾，政府制定的价格必须刺激企业说实话（合作），即在特定的政策管制条件下，企业认为在任何时候说实话比说谎有利。② 通过制定法的形式推动和引导市场主体积极参与和履行其应有的功能，规避寻租和不正当损害公共利益等行为。

（六）行政许可

对于经济领域特定活动，规制者可以建立一种许可制度来控制进入并把确保主体符合标准视为满足特定规制目标的必要条件，以审查市场参与主体之合法性与准入资质。比如，在银行业，规制者要求金融机构符合特定的资本化和储备要求；律师在从事法律业务之前必须取得律师执照，等等。许可制度是现代政府应用最为广泛的规制手段之一，以行政许可的方式规制经济与社会在现

---

① 这种规制是对自然垄断行业制订较低的价格，政府负担巨额的亏损。政府作为这一领域的唯一投资者，由于受财政支出的限制，无力对基础产业进行大规模投资，结果长期内这一产业的供应能力与需求存在很大缺口。如直到 2004 年，填补农村电力缺口的主要措施仍是拉闸限电。如直到 2005 年上半年，全国的电力缺口达 2500 万千瓦。虽然相对比以前，电力供应紧张关系在发生缓解，但是它隐含着自然垄断行业价格规制与供应能力之间的紧张关系。参见陈富良著：《放松规制与强化规制》，上海人民出版社 2001 年版，第 59 页。

② 毛寿龙、李梅著：《有限政府的经济分析》，上海人民出版社 2000 年版，第 246 页。

代社会几乎无所不在，更重要的是行政许可坚持信赖保护原则，从而使政府规制对预期的收集功能得到了基本保障，从而为改善博弈战略从次优转向最优提供了预期。从行政许可在现代国家政府规制体系中的运作来看，行政许可主要针对存在负外部性且损害后果难以有效补救的自然垄断、外部不经济等事项。① 行政许可着眼于以事前规制的途径降低交易费用和改变信息不对称。②

（七）法律禁止

法律禁止是最严重且最强硬的规制手段，它体现的是国家对某一事项或行为的否定性评价。法律禁止是政府规制的基本依据和刚性手段。当然，作为政府规制的手段，法律禁止旨在并且应当被用于保护所有财产权及其相关制度；其次，法律禁止旨在并且应当被用于促进公共利益；最后，法律禁止旨在并且应当被用于促进公共参与，以反对以下两种不同的进路：一种是传统的纯粹依赖公共行政实现公共利益的进路，另一种是强调私有财产权的绝对重要性的普通法进路。③

典型案例 5-1：陈某某与某市市场和质量监督管理委员会某区食品药品监督管理局不予行政处罚决定案④

【裁判要点】

是否给予违法行为人行政处罚，仍应由行政机关根据案件具体情况，在法律、法规、规章规定的处罚幅度范围内，依法行使行政裁量权予以确定。

【相关法条】

《中华人民共和国行政处罚法》第二十七条

---

① 汪永清主编：《中华人民共和国行政许可法释义》，中国法制出版社 2003 年版，第 33 页。

② ［英］卡罗尔·哈洛、理查德·罗林斯著：《法律与行政》（下卷），杨伟东等译，商务印书馆 2004 年版，第 977 页。

③ ［英］马丁·洛克林著：《公法与政治理论》，郑戈译，商务印书馆 2002 年版，第 287 页。

④ 本案裁判文书参见附件 9。

【基本案情】

某地食药监局针对陈某某的举报，对涉案未标明二氧化硫含量的商品进行现场检查并调取涉案商品进销台账等证据材料，认定被举报人构成销售标签不合格食品的行为；但鉴于被举报人违法行为轻微并及时纠正，某地食药监局决定责令被举报人改正违法行为，不予行政处罚。

陈某某上诉称，某地食药监局提供的检验报告与案涉产品不符。一审法院认为（微量二氧化硫）二氧化硫的含量并不会影响食品安全，认定错误。二氧化硫过量食用对人体有害，标注（微量二氧化硫）对消费者已造成误导。陈某某请求：1. 撤销广东省某市盐田区人民法院〔2016〕粤0308行初1240号行政判决或将本发回重审；2. 撤销某地食药监局作出的涉案不予行政处罚决定；3. 判决某地食药监局对陈某某举报工单编号为201508280002的违法举报重新作出处理；4. 判决某地食药监局承担本案一审、二审诉讼费。

被上诉人某地食药监局答辩称：一、本案涉及标签违法行为，被举报人的行为违反了旧食品安全法第42条第一款第九项的规定。鉴于情节轻微并及时纠正，未发生其他危害后果，陈某某也没有提交证据证明涉案产品涉嫌质量问题或者其因涉案产品而造成的危害的后果，所以某地食药监局依据行政处罚法第27条第二款的规定作出不予行政处罚，决定正确。二、本案涉及被举报产品标签没有标明二氧化硫具体含量的问题，不是二氧化硫含量多少的问题。三、某地食药监局作出被诉不予行政处罚决定，目的在于保护不特定消费者的普遍利益，而并非针对陈某某的个人利益，对陈某某的合法权益没有产生实际的影响。陈某某与被举报人之间的争议，可以通过其他途径予以解决。

【裁判结果】

某市人民法院于2017年6月22日作出〔2017〕粤03行终453号行政判决：驳回上诉，维持原判。当事人均未申请再审，该判决已发生法律效力。

【裁判理由】

法院生效裁判认为：本案某地食药监局针对陈某某的举报，经现场检查并调取涉案商品进销台账等证据材料，认定被举报人构成销售标签不合格食品的行为；鉴于被举报人违法行为轻微并及时纠正，某地食药监局决定责令被上举报人改正违法行为，不予行政处罚，事实和法律依据充分，程序合法。关于陈某某上诉时提及的《最高人民法院关于发布第12批指导性案例的通知》（法〔2016〕172号）中的指导案例60号，该案例为盐城市奥康食品有限公司东台分公司诉盐城市东台工商行政管理局工商行政处罚案，其裁判要点为：食品经营者在食品标签、食品说明书上特别强调添加、含有一种或多种有价值、有特性的配料、成分，应标示所强调配料、成分的添加量或含量，未标示的，属于违反《中华人民共和国食品安全法》的行为，工商行政管理部门依法对其实施行政处罚的，人民法院应予支持。该案例的裁判要点在于人民法院应当支持市场监管部门对涉案违法行为实施的行政处罚，但该案例并不意味着所有涉案类型的违法行为，市场监管部门均应当给予行政处罚。是否给予违法行为人行政处罚，仍应由行政机关根据案件具体情况，在法律、法规、规章规定的处罚幅度范围内，依法行使行政裁量权予以确定。本案某地食药监局在认定被举报人销售行为违法的基础上，依据《中华人民共和国行政处罚法》第二十七条关于不予行政处罚的规定，基于本案具体情况，决定对被举报人不予行政处罚，并无明显不当。故陈某某关于撤销某地食药监局对被举报人作出的涉案不予行政处罚决定的理由不能成立。

第四节 政府规制行为的规制

作为对微观经济活动的一种直接干预措施，政府规制是近现代法治的产物，其实施须严格遵循法治的原则。因此，在政府规制行为的实施过程中，对政府规制权力的合法性控制也成为其重要组成部分之一。如果缺乏有效的监督和合法性控制，那么政府规制权力的天然扩张性就会对微观经济活动过度干预，最终侵害公民的基本权利。

对政府规制行为的规制应当做好平衡性考量。一方面，政府规制具有较强的专业性，监督过多会掣肘规制行为，相对政府部门缺乏专业性的过度监督会使政府部门倾向不使用政府规制行为，导致规制职能无法正常履行，最终导致市场失控；另一方面，作为法律的实施者，政府规制机构负责经济和社会的具体管理，需要具有较宽松的权力行使空间和较大的便宜管理权，太多的束缚会使其无法很好地完成政府规制任务。因而，在政府规制权力监督制度的设计和运行上，要做好平衡政府的专业性和监督的有效性。①

对政府行为的合法性控制是行为法治的应有之义。当代行政法包罗万象，政府权力的不断扩张，渗入了社会的诸多领域，因此要完善政府行为的责任体系和救济体系。对于政府来说，违法的行政规制行为需要承担不利后果；对于行政相对人而言，因政府违法的规制行为需要得到救济补偿或者赔偿。对于政府责任的追究，除了有赖于政府内部完善的监督体系，还要依靠司法机关和公众对于政府规制行为的有力监督。

一、保障政府规制政策的透明化

政府规制行为不仅关涉公共利益，也会切实影响到个人权益。因而，公民有权知晓规制措施的内容，知情权是公众参与政府规制的前提。公开原则作为行政法的一个重要原则，能够监督行政权力的行使，提高行政行为和行政政策的可接受性，提高政府信息的利用效率。公开是现代民主政治的要求，也是现代民主的应有之义。"阳光是最好的防腐剂，电光是最好的警察。"② 作为20世纪以来迅速发展起来的一项行政程序法的基本原则，公开原则体现着行政程序法民主公正的价值取向，它要求行政主体在行使职权时，除了涉及国家机密、个人隐私和商业秘密以外，必须向行政相对人及社会公开与其职权有关的事项，主要包括事前公开职权依据，事中公开决定过程，事后公开决定的结论。

因此，为保障政府规制政策的透明化，政府首先要做到将规制行政信息、政府文件、办事制度公开，方便公众知晓、查阅；其次，政府规制行为应当全

---

①　丁芝华：《政府规制的基本原理研究：基于法治的视角》，载《南京大学法律评论》2018年春季卷。

②　[美] 伯纳德·施瓦茨著：《行政法》，群众出版社1983年版，第39页。

过程公开。包括事先公开职权依据，事中公开决定过程和事后公开决定并说明作出决定的理由；最后，行政机关的规制行为只能以行政案卷作为根据，不得考虑规制案卷外的其他因素。据此，构建起多渠道的规制政策演示，通过传统和现代传媒工具向社会公众传递和表达规制行为的落实情况。

二、制定和完善公众参与的程序

从规制过程来看，外部监督仅仅停留在"知情"阶段是难以影响到规制行为的，公众应充分而有序地参与到规制相关的行政决策、执行等行为当中，遵循行政参与原则。[①] 作为行政程序法的基本原则，其要求行政程序设计以及依该程序运作的行政过程应当满足可参与性法则。受行政程序的结果影响的人应当充分而有意义地参与到行政过程中来。

参与原则的重要意义体现在对公民参政权的认可和尊重，确立了行政相对人的程序主体地位。同时，还能促进行政机关公正行使职权，提高行政相对人对行政权力行使的认同感。具体而言，一方面，公众参与是民主治理的重要指标，参与原则体现了对公民参政议政民主权利的认可和尊重，确立了行政相对人的程序主体地位。这是由我国的宪法和行政法规制度共同规定和确定的。这种参与权是一种个人参与权、直接参与权，法律上的参与权。因此，综合来看，公众通过适当的程序参与到规制行为的全过程中，也是实现行政法上的权利义务，制衡行政机关在行政过程中优越地位的有力工具。另一方面，参与原则还能有效地避免行政偏私。规制行为容易产生利益输送和腐败，而且由于规制的特点，使这些消极行为相对隐蔽难以发现，但是对行政相对人和普通民众却会造成极大的不利影响。参与原则使得行政相对人能够进入行政规制权力行使程序，监督行政机关行使规制职权，这在一定程度上可以有效遏制行政机关

----

① 行政参与是维护行政相对人合法权益的重要途径。我国《宪法》第 2 条就明确规定了中华人民共和国的一切权力都属于人民，人民依照法律的规定，通过各种形式和途径，管理国家事务，管理经济和文化事业，管理社会事务。故此，行政参与权是与现代民主政治、法治以及人权发展和国家职能转变的重要内容，也是公民基本权利在行政领域的具体体现。

滥用规制权力。

在政府规制过程中，应当告知并保障行政相对人的参与机会，这是保护行政相对人知情权和信赖利益的基本要求。行政主体在行使行政职权过程中，除有法律法规特别规定外，应当尽可能为行政相对人及利害关系人提供参与行政过程的机会和条件，并重视其对行政决定发表的意见和建议，从而确保行政相对人实现行政程序权益。行政相对人对规制行为侵犯其合法权益时，有陈述、申辩等权利，可以采取听证会、论证会等方式充分听取相对人的意见。因此，确保政府规制过程中的公众参与和明确公众参与的法律效力，使公众对具体政府规制的目标确定、草案拟定和修改等政策制定过程都享有充分、有效的发言权利和机会，能有助于提高政府规制的可行性、执行力和公众的可接受性。

三、建立司法监督制度

概言之，政府规制行为是对行政权的一种运用，规制行为的"失灵"或"异化"本身也可视作行政权的滥用。近代以来，随着行政权的不断扩张，对其合法性监督的趋势也在不断加强。在公民监督之外，国家权力的监督拥有权威性支撑，起到十分关键的作用。从法治规律来看，政府规制行为必须有法的规范支撑，立法和司法机关均可以此作为监督依据。但是，司法的个案监督功能和时效性更强，更有利于救济公民的合法权利。

一般而言，用"司法"监督"行政"最为典型的方式便是司法审查制度。该制度起源于"马伯里诉麦迪逊案"这一判例。① 其启动要件是，当个人认为自己的权益因政府规制机构实施的行政行为而受到侵害时，且穷尽行政救济手段而未能获得救济时，就可以向具有管辖权的法院提出对该行为进行司法审查的申请。传统观点认为，司法审查对于限制政府规制权力起到非常重要的作用。（1）它能矫正和防止玩忽职守、不作为、以权谋私等滥用政府规制权力

---

① 该判例因确立了普通法院对国会立法的违宪审查权而闻名，实际上其还确立了普通法院享有的对行政机构的活动进行司法审查的权力。法院能够对行政机构的活动进行司法审查的原则也构成了该国行政法的基石之一。

的行为。（2）它能促使政府规制机构在授权范围内行使自己的权力，为规制目标和目的的实现提供保障。（3）它能促使政府规制机构遵守普通法中为其设定的要求。但是，司法审查也存在局限性，它只能提供保证政府规制活动的公正性和合理性的最低标准。①

　　具体而言，司法监督主要分为一般监督和个别监督。一般监督是指人民法院对政府规制的某一类型行为进行监督。司法机关对政府规制机构常发、多发的违法行为，以司法建议的形式反馈给政府规制机构，要求政府规制机构定期整改，促使政府规制机构依法进行政府规制；个别监督通过个案的矫正对政府作出的规制行为进行监督。对于侵犯了相对人合法权益的规制行为，相对人可以通过行政诉讼的方式向人民法院提出诉求，经过法院的裁判审理后，对政府违法的规制行为可以通过宣告无效、撤销等进行个别监督。司法具有极高的权威性，对于个案的监督能够对政府的规制行为起到较好的制约。另外，《行政诉讼法》通过肯定式列举和否定式列举规定了行政案件的受案范围，政府规制行为虽然一般为抽象行为之作出，但是在具体实施过程中仍然会演化为对行政相对人产生权利义务影响的具体行政行为，因而可以通过个案监督的方式实现对规制行为的合法性控制。

四、强化规制机构的内部制衡和内部监督的自我约束机制

　　科学有效的监督体系不仅应当包含完善的外部监督机制，也应包括行政系统内有效的自我监督。内部监督具有成本低难度小、成效快的特点。如果能落实好内部制衡监督机制，那么就可以从根源上对规制行为的合法性起到良好的控制作用，避免长时间的外部监督效果不尽如人意的弊端。对于涉及重大利益的规制行为，必须制定完善的程序和制度。为了实现这一目标，政府监管机构需要对监管活动进行自我约束，加强对行政执法活动的监督和控制。

---

　　①　丁芝华：《政府规制的基本原理研究：基于法治的视角》，载《南京大学法律评论》2018 年春季卷。

其一，完善层级监督。通过完善制定行政法规等文件，明确上级机关对下级机关行政规制行为的备案、审批、监督等权力，能够有效地降低下级机关规制行为的恣意和错误，对下级机关渎职与滥用权力的现象起到极大的威慑作用。上级机关由于更熟悉下级机关的工作流程和工作内容，相较于法院和普通公众，能够更专业地审查下级机关的规制行为的合法性和合理性，对于存在合法性问题的规制行为能够及时地进行清理，防止其介入微观经济造成更严重甚至难以挽回的后果。通过备案、审批等事前监督手段可以有效控制规制行为的产生和行使，通过事后对规制行为内容的裁量能够对规制行为的有效使用进行控制。

其二，完善对行政执法人员的监督。行政规制行为在深入到市场中后，需要大量的行政执法人员参与其中。尽管规制主体是政府机构，但是具体制度的贯彻实施离不开独立的执法人员。执法人员素质的高低将直接影响到规制行为实施效果的好坏，因此有必要加强对执法人员的培训指导与监督，提升执法人员的执法水平素质和能力。如学者所言，"当前，我国正在加快建设社会主义法治国家的步伐，而实现政府规制抑或市场监督的法治化是该建设的一个极其重要的组成部分。从法治视角上认识和把握政府规制，是使其走上法治化轨道的前提和基础"。① 对于执法人员的裁量权控制要防止行政的恣意性，德国通过制定规则限制了行政机关对于法律法规的解释②，日本则从程序立法上对自身的裁量权进行了规定或自我约束③，因此我国也可以参照着两种方式对执法上的自由裁量进行合理有效的限制。

其三，完善定期考核制度。规制行为的实施效果需要进行定期的评价和衡量，只有通过评估的规制行为才可以继续在市场上发挥作用，而不合格的规制

---

① 丁芝华：《政府规制的基本原理研究：基于法治的视角》，载《南京大学法律评论》2018 年春季卷。

② ［德］哈特穆特·毛雷尔著：《行政法学总论》，高家伟译，法律出版社 2000 年版，第 124 页。

③ 朱芒：《日本〈行政程序法〉中的裁量基准制度》，载《华东政法学院学报》2006年第 1 期。

行为需要对其进行清理和控制。行政机关内部要建立起规制行为的定期考核机制，使规制行为时刻保持合法有效的状态，以适应和满足不断深化改革的社会主义市场经济需要。

第六章 公共服务行为

西方公共服务理论经历了创立与发展、成熟与改革、反思与创新等阶段,从理论发展的主线来说,主要有公共服务和福利国家理论的建立、新公共行政理论和新公共服务理论等阶段。公共服务本身属于一种公共产品,具备非竞争性和非排他性的基本特征,其内容正外部性,以供给为其实现方式,呈现出政府为供给主体部分,第三部门及企业为重要补充,供给对象具有广泛性的鲜明特征。

公共性是公共服务型为最明显的法律属性。公共性是对公共权力的合理运用,当政府运用服务的"名义"出现了公权力滥用的行为,将造成对私权的严重侵害;公共性的目的在于服务公众,以公共服务为宗旨的政府应是一个能够有效抑制公器私用的政府;公共性的结果在于输出公共产品,公共产品或公共服务是政府公共性得以实现的重要指标。

以政府为主体的供给方式可以区分为政府间接供给的公共服务和政府直接生产公共服务两种情况。政府直接生产公共服务是由政府部门及相关公共机构提供公共服务的过程。在政府间接供给行为中,政府依然处于供给中的核心,负责购买非政府组织生产的物品和服务,主要有市场供给、志愿供给和互助供给三种估计方式。大体来说,有信任模式,目标管理模式和民主模式三种公共服务的具体供给模式。公共服务的外在表现形式包括政府采购、凭单制、合同承包、特许经营和补助等。

近年来,为了缓解公共服务短缺与公共服务需求不断增加的矛盾,我国政府出台了一系列文件,采取了以服务型政府和基本公共服务体系两大模块为核心的公共服务行为，这两条路径统一于基本公共服务均等化这一目标之下，以逐步克服公共服务发展不平衡、不充分为中长期目标。由于公共服务的特殊性，因此有必要加强公共服务市场化、政府购买公共服务、基本公共服务均等化等规范。市场化的边界是非基本公共服务，要素是制度与社会资本，关键是服务责任分配。改进基本公共服务供给，完善公共财政制度，健全约束、激励和监管机制。还要完善公共服务问责机制，加强引导公民参与，疏通公民表达的渠道，完善公共服务合约，强化合约执行。

第一节 公共服务理论

公共服务作为政府的基本职能成为政府组织目标和分工与协作的有机组成部分。[①] 公共服务短缺与不断增加的需求形成强烈的矛盾，行政的功能是向社会成员提供有效的公共服务和合格的公共产品[②]，规范公共服务行为是研究法治政府构建不可或缺的有机组成部分。

在这一背景下，新世纪以来党和国家业已提出诸多公共服务宏观战略目标和建设方针，其中以服务型政府和基本公共服务体系两大模块为核心。一方面，2002 年党的十六大将公共服务纳入我国政府职能范畴当中，满足社会公共需求，为全社会提供优质的公共服务成为我国政府的主要职能之一。2005 年 3 月，温家宝同志在《政府工作报告》中把建设服务型政府提上重要议事日程。2007 年党的十七大报告提出："围绕推进基本公共服务均等化和主体功能区建设，完善公共财政体系。" 2008 年胡锦涛同志在中共中央政治局"建设服务型政府"集体学习会上提出："要在经济发展的基础上，不断扩大公共服务，逐步形成惠及全民、公平公正、水平适度、可持续发展的公共服务体系。"

[①] 参见索柏民、王天崇主编：《组织行为学》，北京理工大学出版社 2017 年版，第 4 页。

[②] 参见章志远著：《行政法学总论》，北京大学出版社 2018 年版，第 8 页。

另一方面，在基本公共服务体系建设上，国家"十二五"规划纲要提出："建立健全基本公共服务体系，明确基本公共服务范围和标准，加快完善公共财政体制，保障基本公共服务支出，强化基本公共服务绩效考核和行政问责。"国务院于 2017 年印发的《"十三五"推进基本公共服务均等化规划》指出，基本公共服务是由政府主导、保障全体公民生存和发展基本需要、与经济社会发展水平相适应的公共服务。

从总体发展路径来看，服务型政府建设是政府刀刃向内的自我革命，其着眼点在于推进政府公共服务行为的规范化、常态化，实现公共服务有法可依、有法必依，约束和监督政府服务行为，提供救济措施。而基本公共服务体系建设则是优化服务内容本身，提高服务的广度与精度的重要方式。从党的十九大和党的十九届四中全会精神出发，其主要供给领域包括幼有所育、学有所教、劳有所得、病有所医、老有所养、住有所居、弱有所扶七个基本维度。在全面建成小康社会和"十三五"规划收官之年的重要时间节点上，上述两条路径统一于基本公共服务均等化这一目标之下，以逐步克服公共服务发展不平衡、不充分为中长期目标，人民群众的美好生活需要为最终愿景。（具体参考本书典型案例 6-1）

一、公共服务的概念界定

一般而言，界定公共服务的概念，应当回溯到"公共服务"这一词语本身及其背后蕴含的根本特征。首先，按照国内的通说，公共服务与公共产品存在一致性特征，研究公共服务的基本内涵，离不开公共产品理论；其次，公共服务区别于其他"私人"服务的重要因素在于其"公共"成分，由此导致了正外部性现象的发生；最后，从服务供给过程来看，其服务受体的范围较广，供给主体具有特殊性，政府是供给的主体，而企业、非营利组织等群体亦发挥重要功能。

（一）公共产品的角度

在一些语境当中，公共服务和公共产品是相通的。譬如认为公共服务又称为公共产品①，或者认为提供公共产品的组织行为就称之为公共服务。② 因此，研究公共服务之概念，可将公共产品的内涵作为切入点。公共产品，理论上也称为公共产品或公共品，是财政理论中的基础性概念。③

20 世纪五六十年代，公共产品的经典概念得以诞生。萨缪尔森在《公共支出的纯理论》中提出了消费的非竞争性。1959 年马斯格雷夫在《公共财政理论》中提出了价格的非排他性。有学者指出，公共产品是将该商品的效用扩展于他人的成本为零且无法排除他人参与共享。④ 但在实际生活中，具有完全非竞争性和非排他性的公共产品非常罕见，因此公共选择学派提出了"准公共产品"的概念。布坎南首先研究了具备有限排他性和局部非竞争性俱乐部产品。⑤ 奥斯特罗姆则对具有非排他性和竞争性的公共资源分为私益物品、收费物品、公共资源物品和公共产品四中类型。⑥

因此，从公共产品的基本特征来看，公共服务亦具备非竞争性和非排他性这两大特征。此外，在公共服务领域，亦存在与"准公共产品"相似的"准公共服务"。根据其性质不同，公共服务可分为纯公共服务与准公共服务。纯公共服务同时具备非排他性和非竞争性双重特征，如国防、国家安全、司法管理等。在学理上，一般将不完全具备非排他性或非竞争性，但具有较大的外部收益性的服务称之为准公共服务，具有开放性，允许并鼓励社会参与。⑦ 此外，从形式上来看，在我国，论述公共服务的文献中，尽管在分析概念时，公共服务与公共产品被认为是一致，但在分析具体问题和实际应用中，有一个习

---

① 周林生著：《社会治理创新概论》，广东人民出版社 2015 年版，第 135 页。

② 北京行政学院公共管理教研部编：《公共服务》，团结出版社 2006 年版，第 56 页。

③ 赫运涛、吕先志著：《基于公共服务的科技资源开放共享机制理论及实证研究》，科学技术文献出版社 2017 年版，第 1 页。

④ 参见 [美] 保罗·萨缪尔森著：《经济学》，淑深主译，人民邮电出版社 2008 年版，第 320~322 页。

⑤ 程丹著：《准公共产品的政府供给研究》，广东经济出版社 2008 年版，第 5 页。

⑥ 参见石涛著：《规制视角下公益类国有企业改革及政府监管改革研究》，上海人民出版社 2018 年版，第 89 页。

⑦ 参见江国华：《PPP 模式中的公共利益保护》，载《政法论丛》2018 年第 6 期。

惯性用法：公共产品一般指基础设施或有形产品，公共服务一般指无形服务。[1]

（二）正外部性的角度

外部性是经济学的重要概念之一，萨缪尔森将其定义为："一种向他人施加不被感知的成本或效益的行为。"[2] 简而言之，外部性是企业或个人向市场之外的其他人所强加的成本或效益。而正外部性则是其基本表征之一，其成因为物品的边际社会收益大于边际个人收益，市场均衡产量与有效产量相比不足。在公共服务领域，由于非竞争性和非排他性的存在，某种公共服务虽然指向特定的目标群体，但其供给过程和成果会产生有益的"外溢效应"，即正外部性。

正外部性理论主要是从公共服务的表现方式来对其进行定义，但其本身亦存在较强的现实和理论意义。根据公共服务受益范围来确定由哪级政府提供，只要能够保证公共服务的成本负担与受益范围一致，公共服务就尽可能由低层级辖区供给。[3] 概言之，正外部性是为了解决公共资源分配问题所引入的理论概念，其目标在于实现公共服务的全方位涵摄和精准供给，避免服务内容和范围的重复导致的资源浪费，实现其"内在化"，即消化外部溢出效应产生的实际效益。按照庇古和科斯的不同理论，其基本途径包括庇古津贴和产权交易。[4] 因此，研究政府行为即是实现内在化的重要方式。

（三）供给的角度

从某种角度来说，公共服务目标价值的实现离不开服务的供给过程，公共

---

① 参见刘玉姿著：《政府购买公共服务立法研究》，厦门大学出版社 2016 年版，第 88~89 页。

② ［美］保罗·萨缪尔森、威廉·诺德豪斯著：《经济学》（上），商务印书馆 2017 年版，第 453 页。

③ 陈振明等著：《公共服务导论》，北京大学出版社 2001 年版，第 28 页。

④ 王冰、杨虎涛：《论正外部性内在化的途径与绩效——庇古和科斯的正外部性内在化理论比较》，载《东南学术》2002 年第 6 期。

服务本质上属于服务供给主体和供给对象之间的互动过程。由于市场失灵、个人自我供给的困境以及政府自身的特性等因素①，还有一种观点认为服务的供给方式决定了产品的"公共性"，公共服务相对于私人服务，其主要区别在于由政府供给，而非市场供给。在某种情况下，处于现实因素考虑，由政府提供公共服务较为"经济"，能够实现较优的效益。这是因为由于公共服务作为一种公共产品，本身具有广泛性、普遍性、多变性、复杂性等具体特征②，本身很难由个人自我供给，而市场则由于内在功能性缺陷和外部条件缺陷引起的市场机制在资源配置的某些领域运作不灵③，也无法承担全部或直接承担服务供给的职责。反之，传统的"大政府"形态则可以弥补上述缺陷。

由此，根据政府的特性，广义上将不宜由市场提供、而由政府向公众提供的各种产品和服务均称为"公共服务"。但实际上，政府供给物品与公共产品既有联系又有区别，如果从政府供给物品角度来定义公共产品，不但陷入循环论证，而且也不利于界定政府和市场的界线，甚至也会引发服务供给"不经济"现象的产生，即政府失灵。因此，单一的政府供给途径日益暴露出较为严重的问题。在这一情况下，随着公共行政理论的发展和政府治理实践的进步，人们逐渐意识到非政府组织和非营利组织④对公共服务供给的重要意义，公共服务的"公共性"不应当完全由供给主体的"公共性"为判别依据，公私合作的服务供给方式不断丰富，多元化的公共服务供给体系逐渐形成。

综上所述，我们认为所谓公共服务，本身属于一种公共产品，具备非竞争性和非排他性的基本特征，其内容正外部性，以供给为其实现方式，呈现出政府为供给主体部分，第三部门及企业为重要补充，供给对象具有广泛性的鲜明特征。

---

①　胡铭著：《我国公共产品供给的多元化与元均等化研究》，武汉出版社 2011 年版，第 95 页。

②　吴爱明主编：《公共管理学》，武汉大学出版社 2012 年版，第 209 页。

③　李冬妮主编：《公共经济学》，华南理工大学出版社 2007 年版，第 21 页。

④　翟秀红著：《第三部门及其法律问题研究》，中国政法大学出版社 2013 年版，第 6 页。

二、公共服务的理论沿革

公共服务概念是在市场经济发展到一定阶段，社会公共需求不断增长，要求政府提供公共产品予以满足的社会背景下产生的。近代以来，随着西方经济社会的发展和西方公共行政改革运动的发展，西方公共服务理论经历了创立与发展、成熟与改革、反思与创新等阶段，从理论发展的主线来说，主要有公共服务和福利国家理论的建立、新公共行政理论和新公共服务理论等阶段。①

（一）公共产品的思想渊源

公共服务是一种抽象的公共产品，其诞生亦迟于公共产品。因此，研究公共服务理论的起源，应追溯至"公共产品"理论的源头。公共产品的思想萌芽一般追溯到"公地悲剧"理论，即一种由于排他性产权缺失或太弱造成竞用性资源被过度使用的悲剧。② 为避免这类"悲剧"的发生，需要研究公共资源凝结的"公共"产品的分配问题。因此，英国资产阶级思想家霍布斯关于国家本质的论述中率先提到了公共产品的概念③，其指出国家的本质就是"一大群人相互订立契约，每人都对它的行为授权，以便使它能按其认为有利于大家的和平与共同防卫的方式运用全体的力量和手段的一个人格"④，在他看来，国家和政府是为个人提供诸如共同防卫类的公共产品，而且政府本身也是一种公共产品。

另一位较早讨论公共产品的思想家是大卫·休谟。虽然休谟没有直接使用"公共产品"一词，但在其分析中已经包含了公共产品消费和生产中所遇到的

---

① 孙德芳、沈山：《国内外公共服务设施配置研究进展》，载《城市问题》2012 年第 9 期。

② 阳晓伟、杨春学：《"公地悲剧"与"反公地悲剧"的比较研究》，载《浙江社会科学》2019 年第 3 期。

③ 参见刘志昌著：《国家治理与公共服务现代化》，浙江人民出版社 2018 年版，第 35~36 页。

④ ［英］霍布斯著：《利维坦》，黎思复等译，商务印书馆 1985 年版，第 132 页。

基本问题。① 正如美国学者戴维·奥斯本和特德·盖布勒指出，"我们怎么解决这些问题呢？通过政府采取集体行动"。② 实际上，经济自由主义的鼻祖亚当·斯密也论述了公共产品的思想，他在《国富论》中指出，政府的职责是保护社会，使之不受侵犯；保护社会上的每个人，使之不受其他人侵犯；建设并维持某些公共事业及设施。③ 至于德国的历史学派则认为提供公共产品是政府的一种天赋权利，且与市场无关。马克思在《哥达纲领批判》中也指出国家应该在国民收入中扣除用于"和生产没有关系的一般管理费用"；用来满足"共同需要"的部分，"如学校、保健设施等"；为丧失劳动能力者等设立的基金。④

（二）公共服务理论的发展

19 世纪后半叶，德国社会政策学派的杰出代表瓦格纳认为，政府还具有增强社会文化和福利的作用，他强调公共支出具有生产性。⑤ 1896 年，瑞典经济学家威克塞尔在《财政理论研究》中将边际成本定价等设计应用于公共事业服务、带有垄断性的寡头产品等，以此开创了"纯公共产品理论"。

19 世纪末，德国新历史学派的代表人物施穆勒、布伦坦诺认为，国家是公务机关，随着社会的进步，其职能应不断扩张。英国改良主义经济学家霍布斯则提出了"最大社会福利的思想"。1912 年，法国公法学者莱昂·狄骥在《公法的变迁：法律与国家》一书中明确提出了"公共服务"范畴，"对一项公共服务可以如下定义：任何因其与社会团结的实现与促进不可分割而必须由政府来加以规范和控制的活动，就是一项公共服务"。他认为，国家权力仅仅

① 参见 ［英］大卫·休谟著：《人性论》（下册），关文运译，商务印书馆 1980 年版，第 578~579 页。

② ［美］戴维·奥斯本、特德·盖布勒著：《改革政府：企业精神如何改革着公营部门》，上海市政协编译组、东方编译所编译，上海译文出版社 1996 年版，第 45 页。

③ 参见 ［英］亚当·斯密著：《国民财富的性质和原因的研究》（下卷），郭大力、王亚南译，商务印书馆 1974 年版，第 254、272、284 页。

④ 《马克思恩格斯全集》（第 19 卷），人民出版社 1963 年版，第 20 页。

⑤ 毛程连主编：《西方财政思想史》，经济科学出版社 2003 年版，第 123 页。

是一种采取行动的权力，采取行动的目的则是进行为了公共利益的公共服务。① 这些思想观点促进了政府公共服务理论的创立。

19 世纪 80 年代，奥、意财政学者和瑞典学者对公共产品问题的研究，逐步形成了斯堪的纳维亚传统的新古典财政学。公共产品理论是新古典经济学理论在公共支出分析中的应用。② 英国自由主义思想家 J. S. 密尔最早提出了福利国家思想。20 世纪 20 年代，英国福利经济学的代表人物 A. C. 庇古提出了"社会资本优先配置理论"，确定了资源最优配置的标准和社会福利最大化的标准，阐述了"收入均等化"的思想。1929 年，在资本主义世界经济大危机的背景下，凯恩斯在《就业、利息和货币通论》中批判了萨伊定理的"供给自动创造需求"的观点和新古典主义据此提出的资本主义经济可以通过自由竞争而自动保持均衡的理论，旗帜鲜明地提出了政府干预论，他在书中明确并首次使用了"公共产品"的概念。③

1954 年，保罗·萨缪尔森在《公共支出的纯理论》中首次明确界定了"公共产品"的特征：任何人消费这种物品不会导致他人对该物品消费的减少。公共产品具有：一是消费上的排他性，即很难把某个人排除在公共产品的消费之外；二是消费上的非竞争性，即任何人消费这种物品不会导致他人对该物品消费的减少。④

1956 年，查尔斯·蒂布特发表《地方支出的纯理论》，他构建了一个地方性公共产品模型，进一步发展了公共产品理论。⑤ 蒂布特模型认为，由各地方政府分别提供地方性公共产品有助于提示消费者对地方性公共产品的需求偏好；不同地方政府分别提供地方性公共产品而形成的政府间竞争。

---

① ［法］莱昂·狄骥著：《公法的变迁：法律与国家》，郑戈、冷静译，辽海出版社、春风文艺出版社 1999 年版，第 14 页。

② 参见杨冠琼著：《基本公共服务均衡化与政府行为优化》，经济管理出版社 2018 年版，第 43~45 页。

③ 陈新民著：《德国公法学基础理论》，山东人民出版社 2001 年版，第 44 页。

④ ［美］保罗·A. 萨缪尔森、威廉·D. 诺德豪斯著：《经济学》（上），高鸿业等译，中国发展出版社 1992 年版，第 79 页。

⑤ 刘学之著：《基本公共服务均等化问题研究》，华夏出版社 2008 年版，第 33 页。

20世纪50年代末，马斯格雷夫出版了被奉为经典著作的《财政学原理：公共经济学研究》，其在书中首次引入公共经济概念。从20世纪50年代末到70年代初，威廉·坦普尔提出的"福利国家"理论得到快速发展，形成了系统的理论观点。他认为，市场经济存在缺陷，福利国家应实现收入均等化和福利社会化。至此，西方公共服务理论以"福利国家"学派为代表而获得迅速发展。①

（三）公共服务理论的转向：新公共管理理论的兴起

20世纪70年代末80年代初的新公共管理运动，使公共服务概念日益凸显。新公共管理的基本取向是将工商管理的理念、方法及技术，引入公共部门中，强调顾客导向以提高公共服务质量。公共服务成为当代公共管理研究的核心内容，成为政府职能的核心。认为公共服务是"为大量公民提供的服务，其中存在显著的市场失灵，使政府有理由参与——不论是生产、融资或监管"。②

萨缪尔森把广义的公共服务职能归结为三个方面：一是政府的稳定职能，主要是保持宏观经济运行的稳定；二是政府的效率职能，主要是提供各种狭义的公共产品和劳务；三是政府的平等职能，主要是实现公共服务均等化。如何解决公共需求的不断增长与政府公共服务提供的数量、质量及方式之间的矛盾成为新公共管理的重点课题。奥斯本和盖布勒提出企业化政府理论，提出再造政府的十项原则③：（1）起催化作用的政府：掌舵而不是划桨。（2）社区拥有的政府：授权而不是服务。（3）竞争性的政府：把竞争机制注入到提供服务中去。（4）有使命感的政府：改变照章办事的组织。（5）讲究效果的政府：按效果而不是按投入拨款。（6）受顾客驱使的政府。（7）有事业心的政府。

---

① 唐铁汉、李军鹏：《公共服务的理论演变与发展过程》，载《新视野》2005年第6期。

② 刘志昌著：《国家治理与公共服务现代化》，浙江人民出版社2018年版，第205页。

③ ［美］戴维·奥斯本、特德·盖布勒著：《改革政府》，上海译文出版社1996年版，第24~25页。

（8）有预见的政府预防而不是治疗。（9）分权的政府。（10）以市场为导向的政府：通过市场力量进行变革。①

新公共管理改变了传统公共模式下的政府与社会之间的关系，重新对政府职能及其与社会的关系进行定位。利用市场和社会力量，推进公共服务社会化。政府服务应以顾客为导向，应增强对社会公众需要的内应力。引入竞争机制，取消公共服务供给的垄断性，提高服务质量。

（四）公共服务理论的反思：新公共服务理论

新公共管理理论在其风靡欧美等西方国家之时也遭到了来自多方面的质疑，尤其是不少学者对作为其思想精髓的企业家政府理论提出了尖锐的批评。例如，福克斯在《作为后现代符号政治的政府再造》一文中就提出新公共管理理论内在地存在着矛盾；沙赫特在《再造政府还是再造我们自己》一书中也对新公共管理理论所倡导的价值观提出了异议。新公共管理理论所倡导的公共企业家精神以及新管理主义很可能会损害诸如公平、正义、代表制和参与等民主和宪政价值。②

登哈特夫妇通过对当今世界各国方兴未艾的"新公共管理"的理性的反思和批判建构出其系统的"新公共服务"理论。新公共服务理论包括以下几个方面的基本观点③：（1）政府的职能是服务，而不是"掌舵"。（2）公共利益是目标而非副产品。（3）在思想上要具有战略性，在行动上要具有民主性。（4）为公民服务，而不是为顾客服务。（5）政府责任多样，兼顾利益多重。（6）重视人，而不只是重视生产率。（7）公民权和公共服务比企业家精神更

① ［美］戴维·奥斯本、特德·盖布勒著：《改革政府》，上海译文出版社 1996 年版，第 24~25 页。

② ［美］戴维·奥斯本、特德·盖布勒著：《改革政府》，上海译文出版社 1996 年版，，第 210~211 页。

③ ［美］珍妮特·登哈特、罗伯特·登哈特著：《新公共服务》，中国人民大学出版社 2004 年版，第 22 页。

重要。①

"新公共服务"理论实际上是在为公民主权理念复位的基础上对具体服务理念的又一次思考。它追求政府职能的回应性、有效性、法制性、责任性，希望以此解决目前实际存在的"政府合法性危机"问题。它提倡公共利益、公民权利、民主程序、公平以及"公民满意"原则，以表达一种对民主价值的全新关注，为公共行政改革指明了正确的方向。

典型案例6-1："十三五"推进基本公共服务均等化规划的主要目标（节选）②

到2020年，基本公共服务体系更加完善，体制机制更加健全，在学有所教、劳有所得、病有所医、老有所养、住有所居等方面持续取得新进展，基本公共服务均等化总体实现。

——均等化水平稳步提高。城乡区域间基本公共服务大体均衡，贫困地区基本公共服务主要领域指标接近全国平均水平，广大群众享有基本公共服务的可及性显著提高。

——标准体系全面建立。国家基本公共服务清单基本建立，标准体系更加明确并实现动态调整，各领域建设类、管理类、服务类标准基本完善并有效实施。

——保障机制巩固健全。基本公共服务供给保障措施更加完善，基层服务基础进一步夯实，人才队伍不断壮大，供给模式创新提效，可持续发展的长效机制基本形成。

——制度规范基本成型。各领域制度规范衔接配套、基本完备，服务提供和享有有规可循、有责可究，基本公共服务依法治理水平明显提升。

---

① 参见李月凤著：《公共服务热点问题研究》，吉林人民出版社2014年版，第165~170页。

② 参见国务院关于印发"十三五"推进基本公共服务均等化规划的通知，载中国政府网，http://www.gov.cn/zhengce/content/2017-03/01/content_5172013.htm#，2019年3月19日访问。

表　　　　　"十三五"时期基本公共服务领域主要发展指标

指　　标	2015 年	2020 年	累　　计
基本公共教育			
九年义务教育巩固率（%）	93	95	—
义务教育基本均衡县（市、区）的比例（%）[1]	44.48	95	—
基本劳动就业创业			
城镇新增就业人数（万人）[2]	—	—	>5000
农民工职业技能培训（万人次）	—	—	4000
基本社会保险			
基本养老保险参保率（%）[3]	82	90	—
基本医疗保险参保率（%）[4]	—	>95	—
基本医疗卫生			
孕产妇死亡率（1/10 万）	20.1	18	—
婴儿死亡率（‰）	8.1	7.5	—
5 岁以下儿童死亡率（‰）	10.7	9.5	—
基本社会服务			
养老床位中护理型床位比例（%）	—	30	—
生活不能自理特困人员集中供养率（%）[5]	31.8	50	—
基本住房保障			
城镇棚户区住房改造（万套）	—	—	2000
建档立卡贫困户、低保户、农村分散供养特困人员、贫困残疾人家庭 4 类重点对象农村危房改造（万户）	—	—	585
基本公共文化体育			
公共图书馆年流通人次（亿）	5.89	8	—
文化馆（站）年服务人次（亿）	5.07	8	—
广播、电视人口综合覆盖率（%）[6]	>98	>99	—
国民综合阅读率（%）[7]	79.6	81.6	—
经常参加体育锻炼人数（亿人）[8]	3.64	4.35	—

续表

指　标	2015 年	2020 年	累　计
残疾人基本公共服务			
困难残疾人生活补贴和重度残疾人护理补贴覆盖率（%）[9]	—	>95	—
残疾人基本康复服务覆盖率（%）[10]	—	80	—

注：1. 指通过省级评估、国家认定程序认定的义务教育均衡发展县（市、区）占全国所有县（市、区）的比例。

2. 指城镇累计新就业人数减去累计自然减员人数。其中城镇累计新就业人数是指报告期内城镇累计新就业的城镇各类单位、私营企业和个体经济组织、社区公益性岗位就业人员和各种灵活形式就业人员的总和；累计自然减员人数是指报告期内因退休、伤亡等自然原因造成的城镇累计减少的就业人员数。

3. 指按照国家有关法律和社会保险政策规定，实际参加基本养老保险的人数与法定应参加基本养老保险的人数之比。

4. 指按照国家有关法律和社会保险政策规定，实际参加基本医疗保险的人数与法定应参加基本医疗保险的人数之比。

5. 指在机构集中供养的生活不能自理特困人员与生活不能自理特困人员总数之比。

6. 指在对象区内能接收到中央、省（区、市）、市（地、州）、县（市、区）广播、电视传输机构以无线、有线、卫星等方式传输的广播、电视节目信号的人口数占对象区总人口数的比重。

7. 指全国每年有阅读行为（包括阅读书报刊物和数字出版物、手机媒体等各类读物）的人数与总人口数的比例。

8. 指每周参加体育锻炼 3 次及以上、每次体育锻炼持续时间 30 分钟及以上、每次体育锻炼的运动强度达到中等及以上的人数。

9. 指困难残疾人享受生活补贴和重度残疾人享受护理补贴的人数达到应享受补贴人数的比例。

10. 指有康复需求的残疾儿童和持证残疾人接受康复评估、手术、药物、功能训练、辅具适配等基本康复服务的比例。

第二节　公共服务行为的法律属性

政府的公共服务行为属于行政行为，但其内涵与外延不能简单等同于传统意义上的某类行政行为①，主要是因为"服务"这一概念本身具备非常丰富的含义，从某种程度上甚至可以说政府的一切行为都当属为相对人服务的行为。即使某些规制行为减损了相对人的部分权益，但若具备充足的正当性和合理性，亦是对行政法律秩序的一种维护，从而间接保护了相对人的总体利益和正当诉求，实现了社会福利的最大化。这里的正当性和合理性，正是政府行为法治的目标指向，也是公共服务行为的法律要旨。

一、公共服务行为内容的"公共性"

满足公众需求的公共服务行为一般由政府和公共部门提供，私营组织对于从事公共产品的提供缺乏内在动力和资金支持。因此，区别于以往政府"统治与管理"的传统职能，为了满足社会的需求，生产出具有非竞争性和非排他性的公共服务产品，政府管理方式和方法更多引入了"服务"的概念。根据行政法理论和社会治理现实，公共服务行为具有公共性、服务性和授益性的基本特征。

（一）公共性：行政权力的合理运用

政府是公共权力的执掌者，公共服务行为自然是其公共权力的彰显和延伸。虽然政府的一切行为都当属于服务相对人利益的行为，但将公共服务独立出来，不仅与公共行政的服务化转向有关，其本身也意味着公共权力深入社会

---

① 一般认为，行政行为的类型大致可分为行政立法、行政计划、行政征收、行政征用、行政许可、行政处罚、行政给付、行政奖励、行政救助、行政裁决、行政强制、行政合同、行政指导等。参见刘惠荣编著：《海洋行政执法理论》，海洋出版社2013年版，第154页。

和公众的私权生活当中。与哈贝马斯所提出的公共性解释不完全相同，公共服务行为当中的公共领域不仅是介于公共权力和私人领域之间的中间地带①，而且使得公权力对私人领域具备更为直接的支持和保障功能。但是，这却意味着更大的风险②，即当政府运用服务的"名义"出现了公权力滥用的行为，将造成对私权的严重侵害。因此，在公共服务行为方面，其合理运用至关重要。

公共服务行为的合理性和正当性主要体现在：政府提供服务与其他私营部门提供服务的不同，政府不能借用公共权力谋取私人利益，否则就破坏了社会公平和正义。正因为这样，我国自古就倡导为政要有"公"的观念。《墨子·尚贤篇》提出："举公义，辟私怨。"《管子·五辅》："故善为政者，田畴垦而国邑实，朝廷闲而官府治，公法行而私曲止。"《韩非子》提出："能去私曲就公法者，民安而国治；能去私行行公法者，则兵强而敌弱。"西方自亚里士多德以来的思想家们也都强调为政者的"公正"品德。③

政府公共服务的本质是使用和分配社会全体的公共资源，而非生产公共资源，通过民主选举或任用程序，政府机器的掌舵者和操桨者得以有权使用公共资源，扮演不必自己出资的"庄家"角色。正因为如此，公共服务政府必须是一个排除私人利益的政府，公共服务不是满足某些个人和某些特殊集团的需求的服务。有的政府部门掌握的公共产品、生产设施不是为人民服务而是在为自己的部门提供服务，这就是属于公器私用，即把满足公共需求的权力以及设施变成为自己谋取利益的工具。政府兴办企业，在竞争性的产业

---

① 参见闫洪芹著：《公共组织理论：结构、规则与行为》，北京航空航天大学出版社2009年版，第3页。

② 譬如对于跨国公司来说，由于东道国的公共服务质量、社会文化差异，以及投资企业自身能力不足可能对企业经营造成不良影响，从而导致投资受损或失败的风险。参见顾丽姝著：《中国对东盟新四国直接投资研究》，云南大学出版社2015年版，第190页。

③ 刘志昌著：《国家治理与公共服务现代化》，浙江人民出版社2018年版，第212页。

中与民争利，用公共权力谋取私人利益都是公器私用、化公为私的例子。①因此，从法治政府的角度来说，坚持和保护公共性必须切实保障公权力有序运行，服务范围和权限不能任意扩大，服务内容须经过充分授权和规范程序才能得以执行。只有将行政权力加以合理运用，才能确保公共服务行为的公共性得到充分展现。

（二）服务性：政府治理能力现代化的目的

近年来，服务型政府建设成为我国深化改革的战略重点，并从属于政府治理体系和治理能力现代化的大格局当中。② 从结构功能主义的角度出发，各项公共服务制度措施构成了政府行为体系的重要部分，其本身是为贯彻"公共性"而存在的。易言之，其服务行为的本质是为了履行政府的基本职能，是由政府的内在使命所决定的。因此，公共服务型的政府必须是无私的政府。政府所拥有的公共权力是服务于公众的，但公共权力又是由拥有私人利益的公务员所掌握的，公共权力的这种二重性是导致公器私用，公共服务背离其"公共性"的原因所在。公共权力在行使过程中，会衍生出种种效应，会因工作关系获得种种好处、优惠、方便、照顾。这些权力的伴生物也属于公器私用。以公共服务为宗旨的政府应是一个能够有效抑制公器私用的政府。③

对于公共服务行政的服务属性阐释，作为对新公共管理运动的超越，近年来西方国家出现的"新公共服务"理论具备较强的启发作用。在新公共服务理念中，政府的基本职能是服务而非掌舵。新公共服务理论认为，公务员的首要作用乃是帮助公民明确阐述并实现他们的共同利益，而不是试图去控制或驾

---

① 参见李月凤著：《公共服务热点问题研究》，吉林人民出版社 2014 年版，第 178 页。

② 薄贵利：《建设服务型政府的战略与路径》，载《国家行政学院学报》2014 年第 5 期。

③ 郭小聪、代凯：《国内近五年基本公共服务均等化研究：综述与评估》，载《中国人民大学学报》2013 年第 1 期。

驭社会。① 该观点超越了新公共管理理论，在本质上把政府所从事和提供的服务，与一般的商业服务区别开来。② 政府的公共服务行为以公众最紧密的需求为导向，公共服务倡导公开透明，注重绩效考核，引入竞争机制，这些都是公共服务行为的应有之义。因此，服务性也是政府参与到公共服务中实现政府治理现代化的目的。

（三）授益性：公共产品的输出

公共服务行为的公共性的结果在于输出公共产品。因此，其还表现出积极的授益性，公共服务是一个满足公共需要，提供公共产品的过程。③ 公共产品或公共服务是政府公共性得以实现的重要指标，这一范畴包容了政府的基本职能。传统的政治理论认为，国家具有阶级统治和社会公共管理双重职能。随着现代民主制度建设的发展，国家的统治职能相对淡化，而社会公共管理职能的范围逐步扩大，社会对于公共服务的需求逐步增强。这就导致政府职能和行政方式发生显著变化，一是原来政府作为社会公共管理的单一主体，现在扩大到更多的非政府组织参与社会公共治理；二是公共管理的方式更加带有柔性化特点，改变以往指挥命令的刚性管制方式，更多地运用行政指导、行政协商、行政调解等柔性管理方式；三是公共管理的价值导向发生转变，从控制转向服务。

基于政府行政职能的转变，政府所提供的公共服务或者公共产品的输出就表现出授益性。授益性行政行为是豁免相对人义务或者授予相对人权益的行为，在公共产品的输出环节，主要表现为向相对人授予权益或利益，相对人可以享受公共产品而使权益得到保障和增长。譬如由政府支持的公共设施建设、

---

① ［美］珍妮·V. 登哈特、罗伯特·B. 登哈特著：《新公共服务》，中国人民大学出版社 2004 年版，第 40~41 页。

② 蔡长昆：《制度环境、制度绩效与公共服务市场化：一个分析框架》，载《管理世界》2016 年第 4 期。

③ 蔺丰奇主编：《地方政府治理问题研究——基于公共治理的视角》，河北科学技术出版社 2015 年版，第 317 页。

公共事业发展、公共活动保障都是向相对人提供了积极的权益，因此公共服务表现出授益性的特征。

二、公共服务行为主体的多元性

聚焦政府的公共服务行为可以发现并非所有的公共服务行为都要由政府独自实施。事实上，公共产品输出并不意味着全部由政府或公共部门来提供服务。"公共性"的实现在当下的社会语境中，很大程度上依赖于政府与社会资本合作。[1] 公共性乃公共服务之本质，提供公共服务系政府的当然职责。政府将社会资本引入公共服务领域，实行公私合作，其出发点和落脚点仍在于公共性以及在此基础上对公共利益的追求。[2] 因此，公共服务的主体具有多元化特征，但其中政府在通常情形下居于中心位置，公共服务在许多情况下以合作行政为基础，其反映出一种公私合作关系。传统行政法强调公权力的优越性，凸显行为方式的单一性，行政任务原则上由行政主体垄断履行。随着市场经济和公共行政改革的推动，现代行政法发生了嬗变，公私部门的平等和合作精神得到张扬。受公私协力的影响，政府不断将行政任务交由私人部门来完成，私人部门通过政府购买服务、特许经营等诸多方式参与公共治理活动，不仅承担大量公共行政职能，还提供各种公共服务，打破了传统公法任务由行政主体垄断的局面，实现了公私部门之间关系的质变，由以往的对峙关系走向如今的合作关系。[3]

（一）政府

政府在公共服务中要起着主导作用，尤其是在基本公共服务的供给上。基本公共服务又分为保障型基本公共服务和发展型基本公共服务。前者诸如教育

---

[1]　余少祥：《论公共利益的行政保护——法律原理与法律方法》，载《环球法律评论》2008 年第 3 期。

[2]　张守文：《PPP 的公共性及其经济法解析》，载《法学》2015 年第 11 期。

[3]　参见邹焕聪：《政府购买公共服务的责任分配与行政实体规制——基于公私协力视角的探究》，载《行政论坛》2017 年第 6 期。

领域的义务教育，保险领域的基本医疗、养老保险，后者与之对应的发展型基本公共服务包括学前教育，高中教育，补充医疗保险等。基本公共服务的供给上，需要政府保障最低的公众需求，对于社会力量参与度高的，也可以通过政府购买公共服务的形式实现。①

政府不再是单一发布命令的指挥者，而是公共服务的管理者。政府应当在法规、政策的制定上起到主导作用，积极引导其他社会力量参与到公共服务的供给中。政府要找准定位，从非必要的公共服务领域退出，及时让市场填补空白，注重培育不同类型的社会组织参与到公共服务的提供中来。政府要积极制定公共服务人才和社会保障标准，细化公共服务的管理规定和评估办法，努力促成多主体、良性互动的公私合作模式。

（二）社会力量

对于保障型基本公共服务，政府承担全面供给责任，政府及公共部门是主要生产主体，社会组织和私人部门可以采取适当的方式来参与生产，但必须以保障公益性的实现为前提。在社会组织发展较为成熟或私人部门参与意愿较强的前提下，保障型公共服务可以考虑适当由政府购买服务的形式来实现。② 对于发展型公共服务，政府承担主要供给责任，政府及公共部门发挥引导示范作用，社会组织是主要生产主体，私人部门在实现社会效益的前提下适当参与生产。发展型公共服务的生产，强调社会效益与经济效益相结合，建议更多考虑采取政府购买服务的形式来实现，同时加强公共资源投入的绩效管理。

对于非基本公共服务，政府承担一定供给责任，社会和市场是主要供给者，政府及公共部门基本上不参与生产行为，私人部门是主要生产主体，社

---

① 杨宜勇、邢伟：《公共服务供给侧改革研究》，载《人民论坛·学术前沿》2016 年第 5 期。

② 黄忠诚：《对政府购买社会组织服务的思考与建议》，载《社团管理研究》2012 年第 5 期。

会组织适度参与生产。非基本公共服务主要实行市场调节，既满足社会成员的高层次服务需求，又能形成适度的社会服务市场，并推动社会领域产业发展。[1]

社会力量的参与模式和实现形式日益丰富多样。社会力量包括社会组织、人民团体、私营企业等多种类型。根据产权主体和运营主体的不同，目前社会力量参与公共服务事业主要有三种模式：一是公建民营；二是民办公助；三是民建民营。[2] 当前三种模式均不同程度地存在。但在政策实践中，三种模式又区分为很多具体的实现形式，围绕政府和社会力量的合作机制，将场所设施建设和运营管理两个主要环节进行分拆，同时将资产转让环节穿插其中，形成了灵活多样的参与形式，如 BOT、TOT、BBO、合同外包、政府采购等。

三、公共服务行为方式的合作性

现代行政法治过程中，演化出了多种公共服务的行为。既有传统的行政审批，也有新型的政府采购、凭单制、合同承包、特许经营、补助等表现形式。公共服务行政审批作为行政许可的一种形式，通过批准行政相对人从事特定的公共服务活动，与行政许可并无二致，主要在本书的行政执法章节中进行详细介绍，故此处主要针对其他的公共服务具体法律行为进行阐释。

（一）政府采购

政府采购也称为公共采购，是指所有的公共部门向私营部门采购公共服务。也就是政府出钱，民间组织生产公共服务。私营企业或非营利性组织通过竞标的方式，与政府签订关于具体服务的合同，按合同生产某项公共服务。在这种情况下，政府是安排者，私营企业和非政府组织是生产者，政府向私营企

---

[1] 杨宜勇、邢伟：《公共服务供给侧改革研究》，载《人民论坛·学术前沿》2016 年第 5 期。

[2] 杨宜勇、邢伟：《公共服务供给侧改革研究》，载《人民论坛·学术前沿》2016 年第 5 期。

业和非政府组织支付费用，私营企业和非政府组织生产公共服务。良好的公共服务是社会基本公平的有力保障，是各种社会矛盾的缓冲区。① 根据国家及财政的本质和基于社会公平公正与可持续发展的要求，公共服务应由政府供给或以政府供给为主。但随着社会的发展，公共服务供给出现方式多样化，主体多元化。各国政府都在改革中极力引进市场及社会的力量，政府采购由此产生。但是政府供给依然是公共服务供给方式中最重要的模式。②

（二）合同承包

合同承包，即政府将公共服务的生产或经营以合同承包的方式委托给私营企业或非营利组织，政府与私营企业或非营利组织签订关于物品和服务的合同。在合同承包的过程中，私营企业或非营利组织是公共服务的生产者，政府则是公共服务的安排者，且政府需付费给私营企业或非营利组织。"在合同承包安排中，政府的理想角色是：公共产品和服务需求的确认者、精明的购买者、对所购物品和服务有经验的检查者和评估者、公平税赋的有效征收者、谨慎的支出者。"③

（三）特许经营

特许经营指的是政府将公共服务以合同的形式特许给非公共部门，在合同有效期限内，非公共部门有偿提供公共服务并自行经营管理和承担商业风险。特许经营主要包含两类，一是排他性的特许经营，即在政府机构的价格管制下，政府将垄断性特权授予某一私营组织，让它在特定领域里提供特定的服

---

① 李一宁：《推进政府购买公共服务的路径选择》，载《中国行政管理》2015 年第 2 期。

② 姜晓萍：《官僚式外包：政府购买公共服务中利益相关者的行动逻辑及其对绩效的影响》，载《行政论坛》2019 年第 7 期。

③ 周萍：《论政府购买行业协会服务的内在机理》，载《中共南京市委党校学报》2010 年第 1 期。

务。二是非排他性特许经营，也称为混合式的特许经营，"是指政府并未将特许经营限制在特定领域中，如出租车行业。在特许经营中，政府成为公共服务的安排者，私营组织成为公共服务的生产者，而消费者需付费给公共服务的生产者"。①

第三节　公共服务行为的表现形式

服务型政府的建设离不开社会力量的参与。保障型的基本公共服务需要由政府承担兜底责任，全力保障，社会组织为辅，私人部门为补充；发展型的基本公共服务需要政府有效保障，社会组织为主，私人部门为辅助和补充。非基本公共服务行为更多交由私营组织承担，政府主要起到监管作用。从上述分类中可以看出公共服务行为包含了大量的服务类型。从政府角度出发，公共服务行为存在不同的供给方式；从政府与社会关系来看，公共服务行为有不同的具体模式，最终可以把公共服务行为在宏观上分为公共设施建设、公共事业发展和公共活动保障三类。

一、公共服务的供给方式

一般而言，公共服务行为主要表现为相对人的服务需求与政府等服务主体的服务供给这一互动关系当中。在这一互动关系当中，政府回应社会需求，其行为主要体现在服务供给行为上。在此前提下，研究公共服务行为的表现形式，应当以公共服务供给行为为主要对象。在多元化供给趋势下，公共服务供给实现了市场化和社会化②，公共服务的供给主体除政府之外，还包含企业和第三部门。政府主导的公共服务供给称为"行政化供给"，而以政府为主体的

---

① 丁元竹等：《完善我国准公共服务管理体制——以出租汽车行业管理为例》，载《城市观察》2010 年第 5 期。

② 赵子建：《公共服务供给方式研究述评》，载《中共天津市委党校学报》2009 年第 1 期。

供给方式又可以区分为政府间接供给的公共服务和政府直接生产公共服务两种情况。

（一）直接供给

政府直接生产公共服务是由政府部门及相关公共机构提供公共服务的过程。其共有两种类型，分别是政府的企业和政府机构生产的公共服务。[①]　政府一般负责纯公共服务的生产，并无偿向社会公众供给，如国防、社会治安、基础科研、基础教育、法律等。而在准公共服务领域中的自然垄断性服务中，公共企业则是政府供给与政府生产相结合的产物。当前，公共服务属于政府的一项基本职能，产生于社会发展需要，也是政府适应环境需求的产物。[②]

一方面，政府机构生产公共服务包括政府服务、政府出售、政府间协议等。[③]　其中，服务生产者的角色都是由政府来同时扮演，政府既是服务的安排者和资金的提供者，也是服务的直接生产者。譬如，通过政府间协议，政府可以雇用或付费给其他政府以提供公共服务，而不同层级的政府间同样也可以通过签订合同来提供某些社会服务。由此，服务责任在不同行政区域间实现重新配置和调整，从而更好地解决地区性问题和日渐突出的成本问题。[④]　也就是说，通过签订合同，一个地区的政府成了服务的生产者，另一个地区的政府成了服务的生产者。这种公共服务供给行为，属于大政府下的服务方式，赋予政府充分的服务职能，并由其统括服务的生产和资源分配过程，大体可以分成资金供给和公共品供给这两个层次[⑤]，并由此延伸出制度供给、政策供给、资源

[①]　党秀云主编：《民族地区公共服务管理导论》，中国民族大学出版社 2012 年版，第 61 页。

[②]　高兴武、谢尚果著：《政府职能的需求与供给分析》，广西民族出版社 2010 年版，第 127~128 页。

[③]　李雪萍：《城市社区公共产品供给机制论析》，载《社会科学研究》2009 年第 3 期。

[④]　普水贵：《近年来政府合作问题研究的回顾与展望》，载《云南行政学院学报》2008 年第 2 期。

[⑤]　江庆勇著：《公共品供给机制研究》，知识产权出版社 2016 年版，第 105 页。

供给、环境供给等维度。①

另一方面，公共企业也可作为公共服务的直接供给者。所谓公共企业，是指以公共投资为资金来源进行生产经营活动，并向公众大规模出售物品和服务的特殊的法人机构。在我国，其外延涵盖官办企业、全民所有制企业、集体所有制企业等②，主要表现为国有企业。在公共服务领域，之所以将其作为服务供给者，是因为其可以作为政府部门供给的重要补充，在某些情形下供给效率和服务质量较优。托马斯·玻切丁、维纳·鲍莫瑞纳和弗里德里希·施耐德在《比较公私企业的生产效率：来自五国的证据》中指出，从总体上看，私有企业的成本低于相应的公共企业，但是这种比较要么忽略了私人生产所造成的公共成本，要么没有把较高的公共成本与公共企业的额外产品与目标联系起来，因而总体来说，这些比较并没有证明"向更多的市场和较少的政府"方向转移是有道理的。③ 因此，公共企业是政府治理公共事务的工具，是依靠公共权力来生产公共服务的途径，公共企业由于自身使命的特殊性，应从完成公共任务的角度综合考虑其效率和效益。④

（二）间接供给

政府间接供给，是指政府通过采购和补助的方式鼓励和支持非政府部门生产公共服务，政府本身并不作为生产公共服务的主体。政府间接供给公共服务，意味着公共服务的生产和供给的分离。正如哈维·S. 罗森指出，由公共部门来提供产品并不意味着应由公共部门来生产这些产品。⑤ 但是，在政府间接供给行为中，政府依然是供给中的核心，负责购买非政府组织生产的物品和

---

① 娄成武、董鹏：《中国政府改革的逻辑理路——从简政放权到供给侧改革》，载《贵州社会科学》2016 年第 7 期。

② 参见余斌编著：《公共经济学》，武汉大学出版社 2017 年版，第 120 页。

③ 黄新华编著：《公共部门经济学》，厦门大学出版社 2010 年版，第 174 页。

④ 彭和平、竹立家等编评：《国外公共行政理论精选》，中共中央党校出版社 1997 年版，第 89 页。

⑤ ［美］哈维·S. 罗森著：《财政学》，中国人民大学出版社 2000 年版，第 59 页。

服务。

其一，市场供给。公共服务的市场供给有别于公共企业的供给方式，以私人企业为主体，以营利为目的，通过市场经营方式供给公共服务。市场是公共服务资源配置的主要方式，由此决定了私人企业和政府在不同服务供给当中的角色和定位，二者具有比较优势，产生了互补的前提。① 当某种公共服务难以由一种供给主体来提供时，便产生了公私合作的需要。在此情形下，由于私人企业的直接参与，公共服务由单一的政府供给转为政府—市场的混合供给，亦属于市场供给的一种特殊方式。由于公共服务的公共性需要，其本身难以完全由私人企业直接提供，因此 PPP 模式由此诞生，并成为服务供给的常态。所谓 PPP，可称为公私伙伴关系、公私合作伙伴模式等。② 由于政府在市场供给中的特殊作用，PPP 模式通常表现为"政府购买公共服务"。按照责任的分配差异，PPP 模式可分成 O&M、DBFT、TOT、BTO、BOT 等。③

其二，志愿供给。公共服务的志愿供给，是由非营利组织作为供给主体的一种服务方式。由于其本身不以营利为目的，因提供公共服务的行为具有"志愿性"。相较于政府直接供给和市场供给，其在资金来源、渠道以及资金的持续性方面就要大打折扣，这决定了它的实力在一般情况下相当有限。所以，非营利组织供给准公共物品一般应限于资金需求量不大、外部性较小，比较容易达成一致意见的情形。④ 在这一方式中，由于非营利组织在一定程度上承担了政府的部分职能，且供给能力相对薄弱，因而政府为其提供资源支持具备合理性。⑤

其三，互助供给。互助供给一般由互助组织以自我安排、自我供应、自我生产的方式提供公共服务，能够真实体现组织成员偏好，通常只供组织成员消

---

① 沈志荣、沈荣华：《公共服务市场化：政府与市场关系再思考》，载《中国行政管理》2016 年第 3 期。

② 王增忠主编：《公私合作制（PPP）的理论与实践》，同济大学出版社 2015 年版，第 1 页。

③ 丁伯康著：《PPP 模式运用与典型案例分析》，经济日报出版社 2017 年版，第 18 页。

④ 周自强著：《准公共物品供给理论分析》，南开大学出版社 2011 年版，第 141 页。

⑤ 李军鹏著：《公共管理学》，首都经济贸易大学出版社 2017 年版，第 354 页。

费，一般分为建构型和自生型两种。① 其中，前者主要以行业协会、商会等为代表，后者则是基于血缘、地缘等因素形成的共同体。互助供给虽然在范围上相对集中，但同样符合公共性要求。譬如行业协会具有为创业型企业提供公共物品，补充政府公共服务职能、协调劳资关系等作用。②

二、公共服务的适用模式

公共服务行为种类繁多，涉及的社会利益也重大且复杂。对于如何处理好政府公共服务适用的模式，关系到公共服务行为提供的有效性。适合的模式能够平衡多方的利益，减少资源和人力的消耗，使公共产品的生产普惠到更多的人，使更多人享受到政府法治带来的改革成果。大体来说，有三种公共服务供给方式，分别是信任模式、控制模式和民主模式。

（一）信任模式

信任模式是指民众相信特定的部门和人员，并对其所提供的公共服务品质有着充分的信心。其逻辑思路在于，政府设定服务的标准，并提供公共服务预算资金，公共服务供给方按照自己的意愿对这些预算进行支配。③ 在信任模式下，一些专业组织和政府部门通过正式或非正式契约组成公共服务供给网络，基于彼此间的信任，网络内部能够达成有效合作，实现公共服务的高效、回应、公平和品质等目标。这一模式主要体现在政府间接供给当中，公共服务主要由政府之外的主体进行供给，政府起到设定目标和监控的作用。该模式下服务供给者的权限相对较高，充分反映出多元治理下服务供给多元化和供给主体平等化的趋向。

该模式的优势在于公共服务提供者对资金使用和服务生产享有的充分的自

---

① 参见陈广胜著：《走向善治——中国地方政府的模式创新》，浙江大学出版社 2007 年版，第 218 页。

② 李研著：《原始型创新经济治理机制研究》，上海三联书店 2017 年版，第 65 页。

③ 沈亚平著：《服务型政府及其建设路经研究》，天津人民出版社 2017 年版，第 282 页。

主权，因而具有更高的积极性和较高的工作热情。而政府组织也因此得以脱离繁琐的公共服务生产和提供工作，民众也因此能够享有更高质的服务。当然信任模式也同样存在着问题。首先，公共服务供给方高尚的利他主义精神不总是意味着高效率，尤其是在无统筹的情况下；其次，就公共服务供给方与政府的关系而言，具有利他主义的公共服务供给方与政府的观点并非完全一致；最后，利他主义精神与自利倾向之间的较量是长期的，这就产生了对公共服务供给方的监督问题。

（二）控制模式

控制模式也被称为命令模式或目标管理模式，所有人和组织都是管理等级的一个部分，在其上级的指示下提供公共服务。其在公共服务实践中又表现出若干种形式，其中最为著名的一种形式被称为"目标管理法"，即让组织的管理者和员工亲自参加目标的制定，在工作中实行"自我控制"并努力完成工作目标的一种管理制度或方法。① 这种方法给公共服务供给方设定各种各样的目标，并将这些目标进行量化处理。量化的目标是对公共服务供给方及其工作人员进行绩效评估的标准，若目标达成则进行奖励，目标未能达成则进行惩罚。奖励的形式可能是给予公共服务供给方更大的自主权和更多的财政补贴，给予公共服务具体提供者薪资和晋升奖励。惩罚的方式与之相反，大体是加大对其具体工作的干预，减少财政补贴，甚至剥夺其提供公共服务的权利。

目标管理模式在某些领域是行之有效的。在目标细致且明确、奖惩措施执行有力的前提下，目标管理模式的成效是毋庸置疑的。但目标管理模式也存在问题：（1）公共服务的实际供给方可能会虚构数据，以达到骗取奖励的目的。（2）目标管理模式可能在一定程度上阻碍持续创新，在能够完成目标的前提下，公共服务供给方往往失去了继续前进的动力，墨守其基本工作方式。（3）目标也可能会被异化或者产生异化的结果，公共服务成本包括维持自身存在和运作所消耗的社会资源，实现某一公共目标的机会成本，以及权力异化和寻租

---

① 马淑文、古家军主编：《管理学》，浙江工商大学出版社 2016 年版，第 124 页。

带来的额外成本。① （4）目标达成的影响因素很多，有许多因素超出了管理控制的范围，因而对未达目标进行的惩罚可能会稍显武断，有失公平。

（三）民主模式

民主模式是一种自下而上管理的公共服务供给模式，是指民众有权向公共服务提供方及其上级就公共服务的提供数量、品质和方式等方面提出申诉，迫使其进行变革。申诉的主体可以是个人也可以是集体，申诉的方式包括各种类型的行动和抗议。民主模式的优势在于，该模式能够将用户的需求纳入公共服务体系之中，同时也能够为公共服务提供方提供更多的用户需求信息，从而使其改革有的放矢。民主模式是一种政府与民众双向互动的模式，能够促进彼此了解，建立互信关系，增强政府公信力。

民主模式的有效实施同样存在着诸多限制条件：（1）民众的发言权并不平等，尤其在阶层逐步分化的今天，富有阶层对公共服务的发言权要明显优于贫困阶层，这将导致公共服务更加符合富有者的偏好。（2）民主模式的效率可能是低下的。一方面，民主模式要求取得部分集体一致性，这种一致性的取得本身就需要反复的博弈；另一方面，即使能够取得集体一致性，集体申诉与实际改革实现之间也需要一个较长的过程。（3）民主化是一个长期的过程，在这一过程中，许多民众会选择放弃公共服务，而采用家族资源或自有资金购买更高品质的公共服务。

三、公共服务的行为方式

狭义的公共服务排除了政府管理社会、监管市场的职能，因为这些只能间接或者结果上满足公众的需求，公共服务行为要能直接满足公众的需求才是本章节研究的对象。一般认为，公共服务根据其内容和形式分为基础、经济、社会、安全四种类别。但是该种分类使基础公共服务无法与其他三者明确地区分开来，经济、社会、安全中的公共服务都可能涉及部分基础公共服

---

① 参见宋光周编著：《行政管理学》，东华大学出版社 2015 年版，第 88 页。

务的内容，难以厘清四者之间的界限。在这个意义上，服务行为方式可以主要分为公共设施建设，公共事业发展和公共活动保障。其中，这三种关系到人生存与发展的基本需求被统称为基本公共服务，在这三类中涵盖了经济、社会和安全公共服务。

（一）公共设施建设

公共设施建设是政府提供的公共服务的重要类型。公共设施建设包括基础性、经济性、社会性的公共服务，其是指在基础设施方面进行完善、改造的社会工程。① 公共设施建设不仅能够满足民众最基础的生活需求，还可以改善提高民众的生活质量。公共设施建设主要分为市政公共设施建设和公共生活服务设施建设。前者在物理空间上沟通了各群体的联系，主要包括城市交通、商业商圈、市容绿化等，后者则在人文关怀上增进了各群体的福利，主要包括文化教育、医疗卫生、科学技术的主要经营场所等。政府的公共设施建设能够保障城市和农村的正常运转，提高本地区民众的生活质量，是一切企业、单位和居民生产经营工作和生活的共同的物质基础，既是物质生产的重要条件也是劳动力再生产的重要条件。② 政府在公共设施建设中，通过审定和监管市政公用产品和服务价格，保障市政公用企业通过合法经营获得合理回报，以法律的形式明确投资者、经营者和管理者的权力、义务和责任，通过规定的程序公开向社会招标选择投资者和经营者等手段辅助实施公共服务行为。

（二）公共事业发展

公共事业是指负责维持公共服务基础设施的事业，其具有整体性、非营利性、规模性、垄断性、公益性等特点。基础设施建设的过程中和完成后都需要持续的投入公共事业才能维持运转下去。一般公共事业由政府垄断，但是随着

---

① 罗震东、韦江绿、张京祥：《城乡基本公共服务设施均等化发展的界定、特征与途径》，载《现代城市研究》2011 年第 7 期。

② 《国务院常务会议：80 个基础设施项目将向社会资本开放》，载《城市规划腾讯》2014 年第 9 期。

市场化改革，也出现了越来越多民营组织提供的公共事业。一般所说公用事业包括水电煤供应、垃圾处理、交流通信等。从中国的现实和未来的改革趋势看，诸如城市交通、医疗卫生、文化教育等部门以不同的所有制形式、组织形态发挥着自身的作用。但是，其明显的趋势是国家垄断的减弱，营利目的淡化，社会化程度增强，管理的自律性显著。政府或国家主导，社会力量积极参与公共事业发展的形式的最本质的特征在于社会、公众整体利益，既与居民日常生活息息相关，又与国家经济发展命脉密切相连，不可或缺，具有不可替代的特殊职能。

（三）公共活动保障

公共安全管理，是指国家行政机关为了维护社会的公共安全各秩序，保障公民的合法权益，以及社会各项活动的正常进行而作出的各种行政活动的总和。广义的公共安全服务泛指整个国家机器所提供的一切行政、司法甚至立法职能，这些都直接或间接地为社会的正常运转提供安全保障，但是行政法层面的公共安全保障特指政府为了社会运转所要提供的生产安全、消费安全、社会安全等公共安全性服务。公共活动保障是保护公共设施建设成果，保证公共事业稳定发展的看门人。公共活动保障的实施主体有警察、消防、国安等，各主体在自己的职权范围内行使公共安全职能。根据总体国家安全观的认识①，公共安全还应当包含信息安全，公共卫生安全，网络安全等。②

第四节 公共服务事业的发展方向

在我国改革开放四十余年的进程中，公共服务事业始终是执政党高度关注

---

① 《中央国家安全委员会第一次会议召开 习近平发表重要讲话》，载中国政府网，http://www.gov.cn/xinwen/2014-04/15/content_2659641.htm，2020 年 5 月 1 日访问。

② 于志刚：《网络安全对公共安全、国家安全的嵌入态势和应对策略》，载《法学论坛》2014 年第 6 期。

的重要问题，也是保障民生、促进社会公平的重要途径。改革开放以来，伴随着计划经济向社会主义市场经济的转型，乃至社会主义市场经济的不断发展，我国公共服务事业的发展脉络与趋势总体上体现为：（1）公共服务主体由政府包揽向多元主体共同参与的格局转变，供给方式和提供手段逐步改善，公共服务市场化进程加快。（2）政府为追求更好的服务质量，正不断创新多元化的服务方式，其中尤以政府购买公共服务最为常见。（3）基本公共服务政策不断优化，供给模式由明显失衡向城乡、区域逐步均衡发展，基本公共服务逐步实现均等化。① 进入中国特色社会主义社会主义新时代以后，公共服务市场化、政府购买公共服务、基本公共服务均等化这三大发展方向更加明晰，不断指引着公共服务事业向更高的平台攀登。

一、公共服务市场化

顾名思义，公共性是公共服务的基本属性之一，其决定了提供公共服务天然包含于政府的职能范围，这在作为社会性质为社会主义的我国表现得尤为突出，因为我国几乎所有重要的公共服务都是由政府来提供的。这种由政府主要甚至唯一的公共服务提供者的体制在计划经济时代发挥了重要作用，但这种作用却随着时代发展尤其是市场经济的不断深入而逐渐被削弱，有时甚至成为一种副作用。"政府与市场谁都不必在公共服务中'孤军奋战'，协同是理性、理智的选择。公共服务市场化既符合市场利益追逐需要，也能兑现政府公共服务职能。"② 综观发达国家的制度发展，公共服务市场化依然成为公共服务的主要发展方向之一，这种趋势在我国也逐渐成为主流。

（一）公共服务市场化的内涵

关于公共服务市场化的概念界定，一直是一个见仁见智的问题。在皮埃尔

---

① 参见孙晓莉、宋雄伟、雷强：《改革开放 40 年来我国基本公共服务发展研究》，载《理论探索》2018 年第 5 期。

② 沈志荣、沈荣华：《公共服务市场化：政府与市场关系再思考》，载《中国行政管理》2016 年第 3 期。

看来，公共服务市场化的核心内涵有三：（1）利用市场机制配置公共资源，并利用市场标准评估公共服务生产者与供给者的效率。（2）强调私营部门管理方式的引入，以结果为本。（3）个体能在不同的服务提供者之间进行选择。① 而句华则从市场化改革的目标来定义公共服务的市场化，他认为，公共服务作为一种公共产品，实现其市场化必然意味着调整政府和市场在公共服务提供中的主体角色，意味着削弱政府作为主要甚至唯一提供者的地位，从而推动政府角色与职能转变。由于市场在此种情形下将深度介入公共服务过程，因此政府在决策过程中便不得不充分考虑市场这一主体因素，进而实现决策权下放。这种决策权下放在实践中可以有多种表现形式，例如行政授权、行政委托、特许经营，等等。这些都将促进竞争、成本、顾客、收益等内含于市场运作的价值取向在政府决策中的显现与实现。②

从另一个角度，公共服务市场化一词本身就表征着某种趋势，对此种趋势的具体阐释几乎可以等同于公共服务市场化的内涵揭示。一般而言，公共服务市场化内含的两种发展趋势是在公共服务领域引入市场竞争机制和私营部门的管理方式。就前者而言，政府通过行政授权、行政委托等方式实现权力下放，与之有关的公共服务将通过招投标等市场竞争机制来选定提供主体；就后者而言，政府将从直接的公共服务提供者转变为间接的管理者，公共服务的具体管理事宜将交由私企业，而政府主要通过制定和执行政策法规来实现自身的比较优势。

（二）公共服务市场化的特征

其一，政府决策，市场执行。在公共服务领域，政府应当将自身定位为服务者而非掌舵者。"公务员越来越重要的作用就在于帮助公民表达和实现他们

---

① 参见李月凤著：《公共服务热点问题研究》，吉林人民出版社2014年版，第128页。

② 参见句华：《公共服务市场化的内涵和动因》，载《社会科学战线》2003年第3期。

的共同利益，而非试图在新的方向上控制或驾驭社会。"① 政府应当抛弃"掌控社会"的权力欲，转而寻求自身职能转变，寻求自身与市场的协同治理，换言之，对于公共服务的相关事务，政府是重要的参与者，但不是决定者，政府应当设定合理的规则和议程，吸纳社会主体参与到决策过程中，通过官方与民间的协同合作，得出互利共赢的行动方案。在这个过程中，方案的拍板即最终决定权在政府，而其后方案的执行则交给市场，并由政府在此过程中进行监督与管理。

其二，以市场竞争打破政府垄断。竞争机制的引入有利于程序的公开和结果的公正与最优，公共服务市场化既然要求吸纳市场主体作为参与者与执行者，就必然要求同时构建一套科学合理的竞争机制来调和各方利益，为社会公众提供多元化、最优质的公共服务。这种竞争机制的存在同时意味着计划经济时代政府垄断地位的打破，以往由政府垄断公共服务的单一格局也将被市场化的多元格局所取代。

其三，市场检验，还利于民。公共服务的市场化实际上综合运用了看得见的手与看不见的手的双重力量，政府管理、市场执行的机制安排将有利于各个市场主体在既定规则的允许范围内展开最激烈的竞争。尽管竞争的结果必然导致参与竞争的市场主体的优胜劣汰，但最终受益者却是作为顾客和消费者的公民，因为公民在公共服务市场化的情况下拥有较多的选择权，有权和有机会选择最优产品和最优服务，这将倒逼所有服务提供者竞相提供更优质的产品，最终推动整个行业的质量提升，还利于民。

（三）公共服务市场化中的政府角色

任何事物均存在其两面性，公共服务市场化同样存在利弊得失。在正面意义上，公共服务市场化有利于节约公共服务成本，提升公共服务质量，增强公共服务灵活性，各主体共同承担治理责任，凸显政府现代化治理能力等。但受

---

① ［美］罗伯特·B. 丹哈特、珍妮特·V. 丹哈特：《新公共服务：服务而非掌舵》，刘俊生译，载《中国行政管理》2002 年第 10 期。

制于市场本身固有的缺陷，公共服务市场化同样存在许多隐忧，譬如责任缺失、道德失范，政府管制失灵引发新的垄断，滋生腐败，等等。面对公共服务市场化的风险，作为服务者与监管者，政府最重要的任务就是明确自身定位，履行好自身不可推卸的责任。

其一，转变传统观念，明确自身定位。在传统公共行政理念下，政府主导一切的观点占据主流，这种权力垄断局面并不适用于公共服务市场化。"政府的任务是服务和增进公共利益。"① 市场的特点是运作精巧、成本低廉、效益最佳。政府服务于市场的前提是界定二者的权能边界，寻找二者的动态平衡，构筑政府与市场的协同关系。要正确认识这个协同关系，需要理清政府干预市场的前提、政府与市场的优势互补、政府与市场的平衡基点。② 作为公共事务的代表，政府一般被认为是合适的公共产品和公共服务的提供者或安排者。长期以来，政府作为公共利益的代表，其存在的目的和职能之一就在于为广大公众提供优质的公共服务，应该说，提供公共服务成为中外现代政府的基本职能之一。③ 推进公共服务市场化的首要任务，就是摒除公权力至上、公权力决定一切的过时观点，转而大力转变政府职能，果断进行权力分割，让市场主体也能顺利入驻公共服务领域。在此观念转变过程中，最应强调的是合作共治观念，即政府应摒弃政府与市场二元对立的观念，建立相应的参与、对话机制，使民间声音、民众意愿、民间力量贯穿于公共服务决策始终。

其二，明确政府的基本责任。公共服务虽然趋向市场化，但无论市场化的程度如何，其始终是政府履职的一大内容，要求政府既不能大包大揽，过度干预市场自由，又不能撂挑子甩包袱，放任市场运行。政府移交的是服务项目，

---

① ［美］詹姆斯·安德森著：《公共决策》，唐亮译，华夏出版社1990年版，第222页。

② 沈志荣、沈荣华：《公共服务市场化：政府与市场关系再思考》，载《中国行政管理》2016年第3期。

③ 邹焕聪：《政府购买公共服务的责任分配与行政实体规制——基于公私协力视角的探究》，载《行政论坛》2017年第6期。

而不是服务责任。① 总体而言，在公共服务市场化进程中，政府的基本责任主要体现在财政责任、提供公共资源的责任以及政府管制责任三方面。②（1）政府财政责任。财政责任即财政投入的责任，虽然与政府垄断公共服务提供相比，公共服务市场化大大减轻了政府的财政负担，但减轻并不代表消除，政府依旧负有投入足额财政的责任，而不能借"市场化"之名逃避责任履行，否则，公共服务可能因为市场主体的投入不足而陷入难以为继的困境。（2）政府提供公共资源的责任。公共服务依托于各种公共资源才能得以实现，这里的公共资源主要包括公共设施、公共物品、公共信息资源、公共人力资源、公共自然资源，等等。为了确保足够的公共资源供给，政府必须确立公共服务的公民导向机制，即先了解公民、社会需要什么，政府应当如何有效满足公民所需，进而对症下药，精准服务。于此，配套的机制应当包括：顺畅的民意传递机制、多样的公众参与渠道、透明的公众参与程序以及公正的公众参与结果；政府也应建立一种更为公平、有效、高质的公共服务供给机制，增强重点领域公共服务的供给能力，并不断推进公共服务的技术创新；应在行政系统内部构建公共服务绩效评价机制与问责机制，督促政府及其工作人员尽心履职。（3）政府管制责任。虽然公共服务市场化强调政府放权于市场，但这种放权不是完全放权，而是适度放权。公共服务的有效供给离不开看得见的手与看不见的手的双重作用，健康的市场化离不开政府的优良管理与监督、高效的腐败防范与惩戒，因此，在公共服务市场化进程中，政府依旧负担着极为重要的管制责任。按照事物的推进流程，这种管制责任主要分为"管进""管中"和"管出"三方面：一是"管进"，即通过招投标等方式，对有意成为公共服务供给者的市场主体进行资格审查，判断其是否有能力、有责任、有信誉提供公共服务；二是"管中"，即指在主体进入公共服务领域之后，由政府对其提供服务的价格、质量等方面进行监管，确保其提供的公共服务在数量和质量上符合要

---

① 沈志荣、沈荣华：《公共服务市场化：政府与市场关系再思考》，载《中国行政管理》2016 年第 3 期。

② 参见李月凤著：《公共服务热点问题研究》，吉林人民出版社 2014 年版，第 148~150 页。

求；三是"管出"，即政府要牢牢掌握并依法运用淘汰不合格企业的权力，一是在企业怠于履行义务时，积极督促企业按规定履行义务，二是在事态严重到企业不再具备相应资质时，果断淘汰落后企业，并引入新的合作伙伴。

其三，把握社会真实需求。政府直接或间接提供的公共服务与社会的真实需求之间应当实现"凹凸对应"，即现实中缺口越大的公共服务，政府越应着力于增强供给。政府应做的不是"有求必应"，而是尽量做到"有需必满"。换言之，资源是有限的，财力是有限的，政府在公共服务市场化进程中固然应当切实履行职责，但也需要"量力而行"，既不忽视真实需求，也不纵容过度需求、无理需求和虚假需求。只有把握民众的真实心声、社会的真实需求，在遵循基本办事原则的前提下灵活应对，才能确保政府的举措得民心、接地气。

二、政府购买公共服务

作为公共事务的代表，政府一般被认为是合适的公共产品和公共服务的提供者或安排者。然而，随着公共服务市场化和社会化的不断发展，为追求更好的服务质量，多元化的服务方式也在不断创新。由政府向其他主体购买公共服务，成为公私合作供给的重要方式。

（一）基本意涵

其一，政府购买公共服务的含义。一般认为，其是指"政府将原来直接提供的公共服务事项，通过直接资助或公开招标的方式，交给合格的社会组织来完成，根据最终结果确定中标人，政府根据中标人提供的公共服务的数量和质量支付服务费用的一系列活动"。[1] 需要注意的是，政府购买公共服务不仅是指具体的购买过程，还包括有关购买政策、购买程序、购买管理等制度体系建设。在这个系统工程中，虽然公共服务由社会力量（承购者）直接提供给公民，但是这种服务仍然是依靠财政资金来提供的，政府在服务的提供中占主导

---

[1]　李月凤著：《公共服务热点问题研究》，吉林人民出版社2014年版，第174页。

地位。①

其二，政府购买公共服务的基本要素。在政府购买公共服务的相关法律关系中，区别于一般的交换式购买，合同标的并非一般商品，而是承载着公共利益的公共服务。同时，政府购买公共服务至少涉及三方主体，即作为购买主体的政府、作为承购主体的公共服务生产者，以及作为需求方的利益群体。其中：（1）公共服务的购买主体即政府。此处所指的政府是指依法承担政府行政管理职能，经费由财政预算全额保障的行政机关、事业单位和群团组织，具体而言，各级行政机关由于使用国家行政编制、经费由财政承担而成为最主要的公共服务购买主体；参照公务员法管理、具有行政管理职能的事业单位由于其经费由财政全额保障且依法享有一些行政管理职能，而有资格购买公共服务；纳入行政编制管理且经费由财政负担的社团组织，如妇联、工会、团委等，也可以根据自身需要，通过购买方式提供公共服务。（2）公共服务的承购方：有能力承接公共服务的具体供应工作的所有社会主体。从现实来看，主要包括非财政全额保障的事业单位、社会组织、企业和个人。（3）公共服务的使用方。由于公共服务的范围很广，因此公共服务的最终需求者同时兼使用者也相应包括了许多种类，但基本可分为两类：一类是购买方与使用方同一，如直接为政府提供决策咨询的公共服务；一类是购买方与使用方不同一，如政府为某社区居民购买公共服务。

（二）基本方式

从各国实践来看，政府购买公共服务主要有合同外包、公私合作、政府补助、凭单制等方式。②

其一，合同外包。合同外包简单来说就是在政府付费的情况下引入市场机制。合同外包实现了购买者与承购者的分离，并通过契约方式明确了双方的权

---

① 参见陈昌盛、蔡跃洲编著：《中国政府公共服务：体制变迁与地区合评估》，中国社会科学出版社 2007 年版，第 12 页。

② 李军鹏：《政府购买公共服务的学理因由、典型模式与推进策略》，载《改革》2013 年第 12 期。

利义务，其既能为不同市场主体提供进入公共服务市场的机会，又能帮助政府购买到最优质公共服务，从而减少投资风险，减轻财政压力。合同外包的大体步骤是：由政府根据已制定的公共服务购买计划以及本级财政承受能力，通过招投标等方式择优选择最合适的承购方；而后，双方签订服务合同，明确各自的权利义务；最后，双方再根据合同开展行动，其中，承购方应利用自身的技术和人力资源优势，保质保量地提供公共服务，而作为购买方的政府则按约支付相应费用。若要细分，则合同外包又可分为竞争性购买与非竞争性购买。[①]竞争性购买以"最低价格"或者"最优价值"为中标原则，双方都是独立的决策主体，此种类型有利于降低采购成本，实现公共服务的最高性价比。非竞争性购买又可细分为协商模式与合作模式，前者是指政府主动邀请一定量的民间机构撰写服务计划书，之后再根据服务计划书选择合适的机构进行协商谈判，共同确定服务方案；后者是指政府部门和民间机构建立合作关系，共同研究合同内容和服务方式。

其二，公私合作。公私合作是指政府与企业、社会力量联合生产公共服务的模式。公私合作是一种特殊形式的合同外包，其特殊性在于政府在项目的初级阶段不必出资，而是以招标、特许经营等方式将某项公共服务让与私营企业建设或提供。此种方式主要适用于投入成本高但公益性强的公共服务项目，例如大型公有公共设施建设、城市电力系统等基建工程。[②] 在这种模式下，公共服务的生产能力将不再受限于政府的有限社会资源，而是充分利用了私营企业在资金、技术方面的优势，这对于进一步满足社会需求而言是大有裨益的。

其三，政府补助。政府补助是指政府为了实现一定的政策目标或者促进某项公共事业的发展，通过税收优惠、低息贷款等形式对私营企业、社会组织等生产者予以补助。政府补助的领域非常广泛，种类丰富，例如农产品补贴、住房补贴、医疗设施补贴、文化补助等。按照具体方式的不同，政府补助可以进

[①] 参见李月凤著：《公共服务热点问题研究》，吉林人民出版社 2014 年版，第 32~45 页。

[②] 参见北京市领导科学学会编：《公共服务：政府工作的新趋势》，团结出版社 2006 年版，第 86 页。

一步划分为直接资助制和项目申请制。前者是指政府通过物资资助、直接拨款等方式将资金下拨给公共服务的生产者，这种形式的运用往往是由于某种公共服务受到政府大力提倡但真正规范的购买机制尚未建立起来，所以以直接资助作为过渡形式；后者是指政府通过招标方式确定合适的公共服务生产者，或者由生产者主动向政府提出公共服务项目的立项申请，经过批准后，政府对该项目予以资金支持。

其四，凭单制。凭单又称消费服务券或代用券。凭单是政府根据其与具备资质的机构达成的协议，发给居民的公共服务消费凭证，消费者可以通过该凭证，在市场上自由选择符合补贴条件的公共服务或物品。凭单制广泛存在于教育、医疗、住房、娱乐等各个领域，其实际上是政府通过消费者间接购买了公共服务，有利于强化消费者的消费主体作用，同时也能促进服务机构间的良性竞争，进而降低服务成本，提升服务品质。

（三）责任分配

如前所述，政府提供公共服务存在两种方式，第一种是传统行政管理时代的直接提供，即政府既直接生产公共服务又向社会提供公共服务，这种方式下的政府既是"裁判员"又是"运动员"，既"掌舵"又"划桨"，公共服务的生产者与提供者的身份存在同一。第二种方式是政府购买公共服务，即政府通过市场方式实现了生产者与提供者身份的分离，政府从"包揽一切"转战到监督管理等幕后工作。

从行政法治理论分析，政府购买公共服务的实质是一种公私合作关系。政府不断将行政任务交由私人部门来完成，私人部门通过政府购买服务、特许经营等诸多方式参与公共治理活动，不仅承担大量公共行政职能，还提供各种公共服务，打破了传统公法任务由行政主体垄断的局面，实现了公、私部门之间关系的质变，由以往的对峙关系走向如今的合作关系。然而，在政府购买公共服务等公私协力模式中，政府与社会力量的角色和义务并不局限于合作关系，他们之间还存在意义更为深远的责任分配关系。实际上，所谓责任分配，严格地说是指公私主体之间的角色义务的分配，或者说职权职责的配置。因此，责任分配是政府和社会之间为达成共同目的的分工合作，而并不导致政府得从任务履行之中抽身。①

在政府购买公共服务活动中，政府作为主导者、引导者、合同管理者与监督者，在公共服务供给中处于主体地位和主导地位，要承担起公共服务购买的规划责任、支出责任，政府要负责制定科学的购买政策、购买规则与实施标准，严格执行服务采购的法律法规。"政府是引导者，要培育公共服务购买的承接主体，为社会组织和企业参与公共服务供给创造良好的发展环境。政府是合同管理者，要建立政府发包方和公共服务承接方之间的合同契约关系，政府和社会组织要在平等基础上遵守契约，任何一方不得随意变更合同；要在招标或协商的基础上确定服务供应标准、资金来源、服务质量的条款和条件，并建立绩效评价标准。政府是公共服务供给的监督者，政府要监督社会组织与企业提供公共服务的价格与质量，对公共服务的结果进行监督和评估。"②

三、基本公共服务均等化

基本公共服务均等化在当前经济社会发展背景下具有迫切的必要性。其有利于缩小贫富差距，减少社会冲突、矛盾，维护社会和谐稳定。进入中国特色社会主义新时代，"社会的主要矛盾是人民日益增长的美好生活需要与不平衡不充分的发展之间的矛盾"，而基本公共服务密切影响着人民的生活，尤其是医疗、教育、住房等方面。随着物质生活水平的提升，人民对服务的需求层次也在不断增加，只有实现基本公共服务均等化，才能满足不同地域和阶层的社会民众的物质需求和精神需求，从而有效增强社会民众整体的生活幸福度。③

---

① 参见邹焕聪：《政府购买公共服务的责任分配与行政实体规制——基于公私协力视角的探究》，载《行政论坛》2017 年第 6 期。

② 李军鹏：《政府购买公共服务的学理因由、典型模式与推进策略》，载《改革》2013 年第 12 期。

③ 参见麦伟杰：《基本公共服务均等化的基本思想和推进过程》，载《现代管理科学》2019 年第 4 期。

（一）概念及其特征

从语义分析的角度，基本公共服务均等化包含"基本公共服务"与"均等化"这两个子概念。因此，解析基本公共服务均等化的概念应从这两个维度着手。

其一，"基本公共服务"之内涵。基本公共服务是指"建立在一定社会共识基础上，根据一国经济社会发展阶段和总体水平，全体公民不论其种族、收入和地位差距如何，都应公平、普遍享有的服务，其规定的是一定阶段上基本公共服务应覆盖的最小范围和边界"。① 虽然学界对于基本公共服务的领域存在不同划分，例如有学者将其划分为基本民生性服务、公共事业性服务、公益基础性服务和公共安全性服务四大块②，也有学者则划分为底线生存服务、公众发展服务、基本环境服务和基本安全服务四个领域③，但无论采用哪种划分方法，核心要义都在于：基本公共服务是公共服务范围中最基础、最核心和最应该优先保证的部分。

其二，"均等化"之内涵。对于"均等化"的内涵和标准。学者见仁见智，例如有学者持保底说，认为"均等化"强调的是一种"合理的差距"，即将公共服务差距控制在可以接受的范围之内并逐步缩小差距，同时，均等化是从最低标准的角度来界定的，即人人都享有不低于他人或社会最低标准的公共服务。④ 有学者持机会均等说，主张均等化的本质在于通过某一个层面的结果

---

① 陈昌盛、蔡跃洲：《中国政府公共服务：基本价值取向与综合绩效评估》，载《财政研究》2007 年第 6 期。

② 常修泽：《中国现阶段基本公共服务均等化研究》，载《中共天津市委党校学报》2007 年第 2 期。

③ 陈海威、田侃：《我国基本公共服务均等化问题探讨》，载《中州学刊》2007 年第 3 期。

④ 唐钧：《"公共服务均等化"保障 6 种基本权利》，载《时事报告》2006 年第 6 期；贾康：《公共服务均等化应积极推进，但不能急于求成》，载《审计与理财》2007 年第 8 期；项继权：《基本公共服务均等化：政策目标与制度保障》，载《华中师范大学学报》2008 年第 1 期。

平等来达到机会均等，公民不因性别、年龄、民族、地域、户籍而受到不同的待遇。如通过结果平等，使不同地域的人民的消费风险处于同等水平，从而为各地居民的消费水平趋向均等化提供同样的条件和机会。人民对于政府提供的公共服务拥有接收或拒绝的选择权。[1]此外，还存在结果均等说[2]，机会均等，结果相等说[3]，三要素说[4]，四要素均等说[5]，等等。总之，关于基本公共服务"均等化"的定义很难有统一定论。对此，本书认为以下观点相对而言更可取：基本公共服务均等化是指"政府为了回应社会的基本公共需求，保护公民基本的生存权与基础性的发展权，以公平正义为价值理念，运用手中所掌握的公共资源，为社会公众提供基本的、在不同阶段具有不同标准的、最终大致均等的公共服务"。[6] 另外，我们需要明确的是，"均等化"并不是简单的"平均化"，而是在承认地区、城乡、人群存在差别的前提下，保障所有公民都享有一定标准之上的基本公共服务，其实质是"底线均等"。[7]

（二）基本公共服务均等化的测算指标

基本公共服务均等化的测算指标关系到评估基本公共服务质量高低。关于

---

[1] 参见刘尚希：《基本公共服务均等化：现实要求和政策路径》，载《浙江经济》2007 年第 13 期。

[2] 参见王莹：《基本公共服务均等化的理念透视》，载《中国市场》2008 年第 3 期。

[3] 参见常修泽：《逐步实现基本公共服务均等化》，载《人民日报》2007 年 1 月 31 日。

[4] 参见陈海威、田侃：《我国基本公共服务均等化问题探讨》，载《中州学刊》2007 年第 3 期。薛元、李春芳：《关于我国实现基本公共服务均等化的对策建议》，载《中国经贸导刊》2007 年第 17 期。刘学之著：《基本公共服务均等化问题研究》，华夏出版社 2008 年版，第 37~41 页。

[5] 丁元竹：《促进我国基本公共服务均等化的基本对策》，载《中国经贸导刊》2008 年第 5 期。

[6] 李月凤著：《公共服务热点问题研究》，吉林人民出版社 2014 年版，第 230 页。

[7] 郭小聪、代凯：《国内近五年基本公共服务均等化研究：综述与评估》，载《中国人民大学学报》2013 年第 1 期。

基本公共服务均等化的测算指标，大致可以分为以下两种。①

其一，单一指标法。关于单一指标法，不同的学者有不同的具体使用方法，譬如，有学者将单项财政支出在财政支出中的占比作为衡量公共服务水平的标准，借此测算出不同地域的公共服务水平，进而将这些数据进行对比，以便衡量我国不同时期地区间的基本公共服务非均等化的特征；② 有学者以单项服务的产出为指标衡量公共服务水平，原则上选择人均数量作为替代指标，并利用不同地区公共服务水平的比值对中国不同地区间的非均等化特征及其时空演变进行定量分析；③ 有学者直接以最低工资标准、低保金额、救济金额等政策变量衡量公共服务水平。④

其二，指标体系法。科学合理的指标体系是推进基本公共服务均等化的前提和基础，也是重要的绩效考核标准。已有研究涉及教育、医疗、就业、社保等多个基本公共服务领域，涵盖了省际⑤、城乡之间⑥和县级政府⑦等多个层面。此外，在具体的指标设计上，倾向于主客观指标综合测评而非传统的单纯考核客观指标。有学者从基本公共服务均等化的设施与条件的均等化测评、基本公共服务满意度与公平度的主观测评和基本公共服务财政能力与投入均衡性测评三个层面设计基本公共服务均等化的具体指标，从而构建了一个更具综合

---

① 许光建、许坤、卢倩倩：《我国基本公共服务均等化研究：起源、进展与述评》，载《扬州大学学报》2019年第3期。

② 黄雪琴、黄田园：《基本公共服务均等化下的财政转移支付制度研究——以江苏省为例》，载《南京社会科学》2008年第5期。

③ 杨荫凯、刘利等：《我国区域发展不平衡的基本现状与缓解对策》，载《中国经贸导刊》2010年第13期。

④ 李雪萍、刘志昌：《基本公共服务均等化的区域对比与城乡比较——以社会保障为例》，载《华中师范大学学报》2008年第3期。

⑤ 安体富、任强：《我国公共服务均等化水平指标体系的构建——基于地区差别视角的量化分析》，载《财贸经济》2008年第6期；王新民、南锐：《基本公共服务均等化水平评价体系构建及应用——基于我国31个省域的实证研究》，载《软科学》2017年第7期。

⑥ 刘成奎、王朝才：《城乡基本公共服务均等化指标体系研究》，载《财政研究》2011年第8期。

⑦ 江易华：《县级政府基本公共服务绩效分析——一种理论模型对老河口市的实证检测》，载《华中师范大学学报（人文社会科学版）》2009年第5期。

性指标设计特征的指标体系。①

（三）实现基本公共服务均等化的可行路径

其一，改进基本公共服务供给。服务供给质量是实现基本公共服务均等化的首要前提。为切实保障基本公共服务质量，应当从供给标准、供给方式、供给平台等方面寻求提升空间。其中：（1）在供给标准方面，应当努力实现基本公共服务在数量、质量、方便可及性方面的地域均衡。需求层级理论认为，基本公共服务作为有关人的生存发展权利的重要物质保障，不应当因地域差异而区别对待。因此必须设置最低标准，确保均衡普惠。另外，各地政府应当因地制宜，确保所提供的基本公共服务能够涵摄到服务对象，让效益落到实处。（2）在供给方式方面。基本公共服务虽然排除了政府购买公共服务这一途径，但其本身依然存在优化的空间。譬如，对于承担一部分服务职能的事业单位，应着力推动分类改革，推动改革与公共服务精准对接。按照《关于分类推进事业单位改革的指导意见》和配套文件精神，将承担行政职能的事业单位，逐步转为行政机构或将其行政职能划归行政机构；将从事生产经营活动的，逐步改制为企业；对面向社会提供公益服务的，强化公益属性，改革管理体制和运行机制。（3）在供给平台方面。供给平台是基本公共服务生产主体、提供主体和使用主体实现信息互通、沟通协调的专业平台，平台的完善有利于实现服务资源的有序分配和精准供给。如今，随着信息科技的发展，大数据和互联网+成为基本公共服务供给平台的主要技术支撑。

其二，完善基本公共服务财政体制。"十二五"规划以来，我国大幅度增加了对基本公共服务领域的财政投入，这足以表明国家对人民福祉的重视。不过，在肯定财政投入力度的同时，也不能忽视财政制度方面的不完善。具体来说，现有的基本公共服务财政体制应当从以下几方面进行完善：（1）科学划分各级政府的事权与财权。（2）针对基层政府责大权小的问题，

---

① 项继权、袁方成：《我国基本公共服务均等化的财政投入与需求分析》，载《公共行政评论》2008年第3期。

应进一步明确规定基层政府在实现基本公共服务均等化方面的权利与职责并适当放权。（3）进一步完善基本公共服务均等化的省以下财政转移支付制度，包括试行纵向转移与横向转移相结合的模式。同时，严控转移支付规模，阶段性逐步取消税收返还和体制补助，提升财政转移支付制度的法治化、科学化。①

其三，健全约束、激励和监管机制。在坚持普惠、均等和可持续原则下，从解决与广大群众密切相关的最实际利益问题着手，建立约束、激励及监管机制，增强政府责任意识，促进基本公共服务均等化进程。（1）应当完善约束机制。基本公共服务均等化是关系人民生活幸福感的重要方面，为了保障工作成效，应当通过约束机制来倒逼地方政府认真履职，促进本地区基本公共服务的均等化。最可行的方式就是将此项工作与地方官员的政绩考核相挂钩。在实务中，工作重点应当在农村地区，要不断强化基层政府的责任意识和服务意识，提升农村地区基本公共服务均等化的供给规模和水平，增强人民群众的获得感。（2）应当完善激励机制。约束机制让地方政府有压力，激励机制则能帮助地方政府将压力转化为工作动力。当然，此处所指激励机制主要是针对市场主体。一方面，要通过特许经营、授权委托、竞争性评审等方式，鼓励民营资本进入基本公共服务领域，实现供给主体和供给方式的多元化；另一方面，工作方式要与时俱进，把握时代脉搏，将大数据、"互联网+"等前沿科技充分应用到基本公共服务均等化工作之中，让人民群众切切实实地感受到便利。（3）应当完善监管机制。监管机制的完善主要应当从监管流程、监管模式方面加大努力。就前者而言，要努力实现过程透明，通过调查、追踪、反馈、监督、考评等机制来实现基本公共服务均等化的资金使用过程和达成效果；就后者而言，应当努力创造多方监管的条件，积极引入社会力量以降低监管成本，弥补单纯由审计机关和司法机关定期监督的不足。

---

① 参见安体富、任强：《公共服务均等化：理论、问题与对策》，载《财贸经济》2007年第8期；胡均民、艾洪山：《匹配"事权"与"财权"：基本公共服务均等化的核心路径》，载《中国行政管理》2009年第11期；孙德超：《推进基本公共服务均等化的基本原则——事权与财权财力相匹配》，载《教学与研究》2012年第3期。

第五节 公共服务的合法性控制

如前文所述，公共服务市场化、政府购买公共服务、基本公共服务均等化是公共服务事业的主要发展方向，此种发展趋势的重要实现方式就是公私合作，即以一种政府和社会资本合作的方式为社会公众提供公共服务，其主要特征在于公私合作、利益共享、风险共担。其间的一项重要工作，就是如何正确处理私主体与公主体、私益与公益之间的关系。换言之，公共服务行为的合法性控制在很大程度上表现为如何保护公共服务行为所内含的公共利益，原因在于：公共性乃公共服务之本质，提供公共服务系政府的当然职责。政府将社会资本引入公共服务领域，实行公私合作，其出发点和落脚点仍在于公共性以及在此基础上对公共利益的追求。但"逐利"乃资本的天性，在公私合作过程中，社会资本的参与尽管在客观上改善了公共服务的供给方式，但主观上仍在于追求自身利益的最大化；其最终目标还是实现自身利益的增长，公私合作只是其实现自身利益增长的方式。因此，在公共服务的公私合作行为中，公益保护与私利最优便具有天然的紧张关系，在实践过程中，公共利益与私人利益之冲突不可避免——在这种冲突中，公共利益的损害具有高度盖然性。虽然开展公共服务公私合作的主要目的在于为社会公众提供更好的公共服务，但是实践过程中出现的损害公共利益的情形完全与制度设计者的初衷相背离。为防止公共利益在这种冲突中遭遇直接或变相的损害，有必要在公共服务的公私合作中恰当地嵌入公共利益的特别保护机制，从而实现公共服务行为的合法性控制。

一、公共服务的立法控制

从本质上看，现代公共服务的法律制度体系是一种介于传统公法与私法之间的"社会法"。一般而言，教育、医疗、安全等具体领域的公共服务法律可以统称为公共服务行为制度，这一类法律制度旨在纠正公共服务供给可能存在的市场失灵、区域不均衡、信息不充分等问题，以便科学高效且公平公正地向公民提供公共服务。公共服务行为合法性控制的相关法律主要可以分为以下四类。

(一) 克服市场失灵

面对自然垄断、信息不充分、集体非理性等公共服务市场失灵表现，政府需要出台相关法律来予以纠正。譬如，出台环境法律法规，对涉及水陆空的排污行为进行合法性控制；出台反不正当竞争、反垄断法律法规，对通信、公共交通等具有垄断性质的公共服务予以法律控制；构建信息披露救济制度，对食药安全领域中存在的消费者知情权难以保障的问题予以解决，等等。

(二) 推动区域均衡

公共服务的普遍性与特殊性一直是较为突出的矛盾，如何实现二者的均衡与统一是实践中的重要课题。在许多国家，财政分权是推动区域竞争、提高经济效益、确保公共服务更好满足个体需求的重要方式，然而这种方式也容易造成区域不平等。为了遏制这种不利现象的扩张，中央政府需要同时制定地方各级政府的作业标准，要求所有公共服务采取一致标准，并制定配套的管理责任机制，以尽量避免因地方财源差异而导致公共服务品质不同。

(三) 促进公益再分配

这类法律旨在通过对机会、收入、财富等公共利益的平等分配来为公民提供优质的社会服务，主要涉及教育、卫生、住房等方面的福利，譬如社会救助法、社会保障法、公共住房法等。促进社会公益再分配彰显了我国的国家性质，重视社会保障和基本人权能够突出社会主义的优越性与制度优越性，能够缓和社会矛盾，营造和谐积极的社会氛围，从而形成良性循环，提升公共服务的整体质量。

(四) 减少社会排斥

一些公共服务法律不仅试图对资源进行再分配，还致力于消除或减少服务供给过程中的社会排斥，使公共服务惠及妇女儿童、老年人、残疾人等弱势群体。在这方面，尽管"法律不能就某人是聋子或需要轮椅而提供补偿，但它却可以加剧或减少身为聋子或瘸子的社会后果，要求使用手势语言或修建轮椅坡道的规制保证，就使得某种差别不会被转换成体系性的弱势地位"。

二、公共服务行为之行政监管

政府在直接或间接提供公共服务的过程中有义务保障公共利益，但是，当公共利益受到损害时，最直接的受影响者不是政府和与之合作的社会组织，而是社会公众。因此，就有必要完善公共服务的监管机制，进而确保公共服务行为的合法性，最终实现维护公共利益的效果。而在众多监管方式下，行政监管无疑是实现公共服务行为合法性控制的最重要手段和最主要方式。以 PPP 模式为例，《传统基础设施领域实施政府和社会资本合作项目工作导则》第 23 条明确规定，应当建立社会监督机制，鼓励公众对 PPP 项目实施情况进行监督，切实维护公共利益。《基础设施和公用事业特许经营管理办法》第 44 条也规定社会公众可以通过投诉和提出意见建议两种方式对特许经营活动进行监督。法律虽规定了社会公众的监督权，但并未为社会公众提供任何的救济途径，显然无法满足社会公众维护自身利益、保护公共利益的要求。此外，虽然《基础设施和公用事业特许经营管理办法》第 53 条规定对特许经营者违反法律、行政法规和国家强制性标准，严重危害公共利益，或者造成重大质量、安全事故或者突发环境事件的，可以采取责令限期改正、行政处罚、终止特许经营协议、追究刑事责任等措施，但由于具体的程序并不明确，社会公众也难以在此过程中发挥作用，因此，能否达到维护公共利益的目的也尚有疑问。

由于公私合作是当前为社会公众提供公共服务的主要模式，因此，公私合作模式中行政监管的类型可以作为一个分析样板。在我国公共服务的公私合作过程中，政府监管主体众多。从横向来看，发改委、财政、工商、物价、卫生、计量和环保等行政部门拥有各自的监管权力，涉及多个监管机关；从纵向来看，每级政府都有相应的监督权。在众多监管主体中，财政部和发改委是最主要的监管主体，形成了发改委与财政部共同监管的局面。具体而言，旨在实现公共服务行为合法性控制的行政监管方式主要可以分为以下几种类型。

（一）准入性监管

我国公私合作项目的采购主要采用竞争性与单一来源相结合的采购方式，其中在特许经营领域则只能采用竞争性采购方式。① 在这一阶段，政府对公私合作项目的监管主体主要包括项目实施机构以及各级人民政府的财政部门。项目实施机构主要负责组织评审专家成立评审小组，对社会资本进行资格预审以及项目评审，最终确定中标的社会资本。项目实施机构通过对社会资本的准入性监管，选取最为合适的项目承接主体，并与社会资本进行确认谈判，以保障公共利益的实现。当然，仅仅依靠项目实施机构的监管并不能确保公共服务行为完全合法，实际上，也存在项目实施机构与社会资本合谋谋取不正当利益的情况，因此，在政府采购也就是项目实施机构遴选社会资本的过程中，需要第三方对其进行监管。例如财政部发布的《政府和社会资本合作项目政府采购管理办法》第23条明确规定，各级政府的财政部门有权对社会资本的选择进行全方位的监管，以维护公共利益。

（二）过程性监管

在政府与社会资本合作共同提供公共服务的合作过程中，政府在项目执行期间发挥的作用将退居其次，转由社会资本主要负责项目的实施。社会资本以营利为目的，极有可能通过不合法的公共服务行为损害公共利益。因此，在项目推进阶段，政府的监管显得尤为重要。我国的规范性文件也为公私合作项目

---

① 例如：根据《政府采购法》第26条的规定，政府采购采用以下方式：公开招标、邀请招标、竞争性谈判、单一来源采购、询价以及国务院政府采购监督管理部门认定的其他采购方式。财政部颁布的《政府和社会资本合作项目财政管理暂行办法》第11条则进一步规定："项目实施机构应当优先采用公开招标、竞争性谈判、竞争性磋商等竞争性方式采购社会资本方，鼓励社会资本积极参与、充分竞争。根据项目需求必须采用单一来源采购方式的，应当严格符合法定条件和程序。"而在特许经营领域，六部委联合发布的《基础设施和公用事业特许经营管理办法》第3条规定，基础设施和公用事业领域的特许经营必须采用"竞争方式"依法授权于私人部门。

中的政府监管作出了规定。① 总的来说，我国对公共服务领域内公私合作项目的监管采用了多种方式进行：（1）政府参股。即政府指定相关机构参股项目公司，以便作为项目公司股东主动参与到公私合作项目的建设、运营、管理过程中，加强对项目的监管和合作。这可以防止政府不履行监管职责，也可以让政府更加地了解项目公司的运营，从而与社会资本更好地合作。（2）通过合作协议进行监管。在公私合作提供公共服务的项目中，政府和社会资本需要合意制定项目协议，对合作中的众多事项进行规定，包括双方的权利、义务、责任、风险分担、价格调整等。政府可以通过合同内容协商与执行，对项目的开展进行监管。（3）对项目执行进行行政监管。在我国的公私合作项目执行过程中，对项目的行政监管是依托于现有的行政执法体系，规范性文件没有规定特定的机构行使监管公私合作项目的权力，对于公私合作项目的监管也没有相适应的措施。

（三）矫正性监管

社会资本从公私合作项目中退出，主要包括三种途径：一是社会资本可以在项目运营期内通过股权转让等方式部分或全部退出项目；二是政府通过临时接管项目，甚至提前终止项目，使社会资本提前退出项目；三是政府与社会资本合作期满后，社会资本将项目移交给项目实施机构，社会资本从项目中退出。对于第一种情况，财政部《政府和社会资本合作项目财政管理暂行办法》第32条明确规定，"项目建设完成进入稳定运营期后，社会资本方可以通过结构性融资实现部分或全部退出"，但并未规定政府在这一过程中的监管权力。在实务中，针对这一问题，政府在与社会资本签订项目合同时通常会事先约

---

① 例如，财政部颁布的《政府和社会资本合作模式操作指南（试行）》第23条规定："社会资本可依法设立项目公司。政府可指定相关机构依法参股项目公司。项目实施机构和财政部门（政府和社会资本合作中心）应监督社会资本按照采购文件和项目合同约定，按时足额出资设立项目公司。"第30条规定："政府相关职能部门应根据国家相关法律法规对项目履行行政监管职责，重点关注公共产品和服务质量、价格和收费机制、安全生产、环境保护和劳动者权益等。"

定，要求股权转让应当经过项目实施机构的书面同意，若社会资本未经项目实施机构同意而擅自转让股权的，项目实施机构有权要求社会资本支付一定数额的违约金甚至提前终止项目合同。对于第二种情形，政府临时接管并提前终止项目合同本身就是政府对项目进行监管的一种方式。提前终止后的项目移交与合同期届满后的项目移交只是存在原因上的差别，政府在此过程中的监管权并无二致。在项目移交的过程中，为了确定项目是否达到移交标准，项目实施机构有权对项目进行资产评估和性能测试，若未通过测试，项目实施机构可以要求社会资本进行恢复性修理、更新重置或提取移交维修保函。

三、公共服务行为合法性控制之现实困境

虽然我国已经初步建立起公共服务行为的合法性控制制度，但这项制度的立法规范实际上极为零散，基本上是通过其他相关法律法规予以规制的，并没有专门立法，毋论系统的合法性控制体系。具体来说，当前的公共服务行为合法性控制面临以下几种困境。

（一）立法缺陷

其一，我国尚缺一部高位阶的公共服务行为立法，公共服务行为的合法性控制缺少足够的立法支撑。就当前的立法现状而言，公共服务行为合法性控制的规范依据主要是各部门的规范性文件。此外，无论是横向还是纵向层面，法律对各监管部门的职责界定都非常抽象，含糊性和不确定性是整个监管过程的典型特征。这种宏观与专业监管部门并存的监管体系容易导致监管权力的分散，相互之间缺乏协调机制，在保护公共利益方面由于缺乏沟通而导致政策难以统一，监管过度与监管不到位同时并存，尤其是在监管部门依法行政意识淡漠的情况下，容易使监管部门竞相向企业寻租或相互扯皮。

其二，我国公共服务行为的实务与现有立法中的公共利益保护条款存在冲突。例如，在价格方面，我国《价格法》第18条规定，"重要的公用事业价格和公益性服务价格"实行政府指导价或者政府定价。公共服务项目多属于重要的公用事业或者公益性服务，理应属于政府指导价或者政府定价的范围，以

维护公共利益。但实践中的通常做法却是采用政府与社会资本、项目公司三方协商定价的方式，这种定价方式与《价格法》不符，存在冲突。由于我国现有的政策、法律和法规对价格构成缺乏明确规定，在价格构成要素及监管方面存在很大随意性，在现实生活中，不乏随意涨价、社会资本投资回报过高等问题，不利于公共利益的保护。例如，首都机场高速公路项目中社会资本获得超额利润。

（二）合作观念淡薄

政府大力发展公共服务领域的公私合作，其目的在于弥补公共资金的不足，提升公共服务，但不可否认的是，各级政府在实践中却或多或少地加入了对本机关的私益考虑。这种公共利益保护观念的淡漠也使得地方政府的部分公共服务行为脱离了合法性控制。

其一，公私合作沦为政府变相借债的工具。根据现有法律法规，地方政府非因法定事由、非经法定程序，是不得随意举借外债的。① 然而，很多地方进入还债高峰期，政府面临很大的偿还债务的压力，其中部分地方政府希望通过公私合作融资解决部分资金问题，减轻还债压力。除了上述现象，在公共服务政府采购过程中还出现了金融机构频繁中标的情况。部分地方政府将公私合作作为举借外债、缓解偿债压力的工具，进而出现严重的资金导向倾向，影响合作社会资本的选择；重融资，轻管理，公私合作项目可能产生众多政府管理漏洞，进而损害社会公众的利益。由于政府急于借债，准备不足，同时又缺乏必要的专业知识和经验，不重视专家的意见，对各种可能面临的风险评估不足，缺乏充分论证，许多合同的安排严重失衡、不合理，将过多的风险和财务负担转嫁给消费者，使消费者福利下降，引起公众反感。

其二，政府与社会资本合作成为政府部门利益争夺的领域，导致部分行为

---

① 2014 年 9 月，国务院发布《国务院关于加强地方性债务管理的意见》（国发〔2014〕43 号）对地方政府的债务进行了严格控制，不仅在规模上实行限额管理，还对地方政府的举债程序和资金用途进行了限定，致力于控制和化解地方性政府债务风险。此意见发布之后，地方政府不能随意举借外债。

不合法，侵害了公共利益。自 2013 年 12 月以来，各部委纷纷发布规范性文件，争夺其在公共服务领域中的立法和决策主导权。① 这些部门由于缺乏充分的沟通协调，很可能导致其发布的规范性文件中的公共利益保护条款存在冲突，导致公私合作的执行者在适用时无所适从，从而不利于公共利益的保护。

（三）政府角色错位

公共服务采行公私合作模式有其特殊使命和目的。政府只有正确认识公私合作的使命与目的及其自身在公私合作中的角色定位，才能承担起自身的职责，为社会公众提供优质的公共服务。然而，现阶段的政府却未能正确认识自身角色定位，在某种意义上甚至成为利益的桥梁、工具。（1）政府未能正确认识其为公私合作的合作者。政府作为合作者与社会资本共同提供公共服务，其地位与社会资本是平等的，应当按照合同的约定履行义务，但是实践中，政府却缺乏契约精神。例如，当政府换届后，新任的政府官员需要继续履行合同义务，向项目公司支付约定的回报，后任官员出于政绩的考虑可能改变前面的发展战略，不愿意履行合约。（2）政府未能正确认识其监管者身份。政府是公私合作项目的监管者，实践中发生了多起政府怠于监管的事件。由于政府角色的错位，导致其不能充分履行监管职责，非但不能保护公共利益，反而可能会成为公共利益的破坏者，其危害比社会资本片面追求私人利益最大化更甚。

四、公共服务行为合法性控制之完善路径

虽然我国已基本建立了公共服务行为合法性控制的主要框架，但立法的缺失以及政府观念与角色的错位致使现有的公共利益保护机制不能起到维护公共

---

① 例如，财政部在 2014 年发布了《关于推广运用政府和社会资本合作模式有关问题的通知》以及《政府和社会资本合作模式操作指南（试行）》后，发改委相继发布了《国家发展和改革委员会关于开展政府和社会资本合作的指导意见》以及《政府和社会资本合作项目通用合同指南》。除此之外，建设部、交通运输部等部门也发布了各自领域内的公私合作规范性文件。

利益的作用，也出现了非常多的侵害公共利益的事件。为了保护公共利益，不使公私合作模式偏离初衷，应当进一步完善公私合作立法中的公益保护机制，明确政府在监管过程中的公益保护责任，强化公私合作中行为的合法性控制，并建立专门的公益保护机制。

（一）增加公共服务行为合法性控制的立法供给

其一，确立公共服务行为合法性控制的立法模式。根据世界主要国家的立法实践，公私合作立法模式主要有三类：一是由立法机关或行政机关制定公私合作统一法；二是国家不制定公私合作统一法，而是通过地方政府条例、专项政府规章等形式制定具体的公私合作项目单项立法；三是直接以现行的法律加以规范，不再针对公私合作单独立法。结合我国现状，宜采用统一立法和单项立法相结合的立法模式，其理由有三：（1）我国目前的法律环境必然要求对公私合作进行专门立法，通过成熟法律形式对公私合作进行有效塑造。（2）由于我国现阶段的法律体系尚不完备，一部国家性的法律可以显示国家发展公私合作的决心，并给予投资者充分的法律保障，有助于树立投资者的信心。（3）国家层面的统一立法往往是宏观的、抽象的，无法做到面面俱到，因此单项立法及地方规章是对统一立法很好的补充。单项立法在国家统一立法的基础上针对某一具体项目进行专门的调整使其最大限度地与当地情况相符，地方规章赋予地方政府一定的自主权，有利于发挥地方政府的积极性。统一立法为单项立法解决宏观层面的问题，但单项立法的效力层次太低，无法超越全国法，而统一立法可以解决这一问题。

其二，制定专项公私合作法律。我国众多学者呼吁应当为我国公私合作领域制定一部《政府和社会资本合作法》，邢会强教授就认为"应由全国人大常委会制定专门的公私合作立法——《政府和企业合作法》"。一部高层级的、专门的、综合性的公私合作立法能够明确政府方与社会资本方以及其他参与方的权利义务，保障和规范政府监管权力的运用，保障社会资本方的利益和公共利益。有鉴于此，我国应当由全国人大常委会制定《政府和社会资本合作法》。法律的内容至少应包括：公私合作的宗旨、原则；确定主导公私合作政府部门，明确主导部门与其他部门权力和职责，划清各部门权责之间的界限；规定公私合作适用范围，将应当由政府直接生产的公共服务排除在公私合作领域之外；规定社会资本的市场准入条件以及市场准入程序；明确政府与社会资本之间的关系以及各自权利与义务；明确政府对公私合作的监管；确立公私合作中争议的救济；确保社会公众对公私合作的监督权利等。

其三，清理现有的公私合作法规。在《政府和社会资本合作法》的基础上，建议政府组织力量对现存的有关公私合作的法律法规进行全面的清理，修正冲突的法律法规，扫除不利于公私合作发展的制度障碍。地方政府和各部委可以根据出台的《政府和社会资本合作法》，制定其所辖区域或行业的公私合作法规。立法的选择应遵从本地区的经济环境和法律状况，体现透明、具有可预见性、前瞻性合理的法律框架。例如对于公私合作项目的招标可以保有一定的灵活性，允许投标人提出创造性的意见建议。

其四，完善现有立法中的公益条款。一方面，在现有的公私合作立法中明确公共利益为公私合作项目第一性利益的地位，将追求公共利益列为公私合作的基本宗旨，其他具体条款不得与基本宗旨相违背。另一方面将公共利益的保护予以落实，完善公共利益的具体条款：（1）在公私合作项目中，为了更好地维护"公共利益"，应注重从协议自身出发进行制度构建，完善协议的制定、修改以及剩余控制权的立法配置这一公私合作项目公共利益的事先保护。（2）在立法上完善政府拥有的行政优益权，如政府对协议的单方解除权、对价格的控制权以及对项目质量的监督权等公共利益事后或者外部的保护措施。

（二）明确公私合作中政府监管的公益保护责任

其一，确立监管机构。纵观世界各国，公私合作政府监管机构的设置主要有三种模式：一是政府框架下的独立监管机构模式；二是独立于政府的独立监管机构模式；三是非独立监管模式。政府框架下的独立监管模式中监管机构是政府的职能部门，但与其他政府职能部门相独立，英国即为此模式。独立于政府的独立监管模式中监管机构不仅独立于政府职能部门，还独立于政府，美国是此种模式的代表。非独立监管模式中政府承担公私合作的监管，此种模式的代表是日本。综合考量我国的立法现状和法律实践，我国应该采取政府框架下的独立监管机构模式，其理由有三：（1）此模式与我国的政治体制相适应。在我国，政府是国家权力的执行机关，其具有监管社会事务的权力。（2）政府框架下的独立监管机构具备监管的专业性。政府长期承担监管社会事务的职责，对监管具备经验，具有专业性。（3）政府框架下的独立监管机构具备相对的独立性。在公私合作项目中，政府本身就是参与方，如果公私合作项目仍然由政府来进行监管，就相当于政府既是游戏的参与者，又是游戏的监管者，有"自己当自己的法官"的嫌疑。因此，我国可以在政府中设立独立于其他职能部门的监管机构，监管机构下设各个行业的独立办公室。

其二，完善监管机制。根据我国法律的规定，政府主要对公私合作的市场准入、公共产品和服务质量、价格和收费机制、安全生产、环境保护和劳动者权益等方面进行监管。但是现有的法律仅仅规定政府享有监管权，而这些监管权究竟该如何行使，要么规定得过于原则，可操作性低，要么干脆没有规定，这些均会影响监管职能的实现。因此，应当完善和细化监管机制，使之具有可操作性。以公共服务的价格监管为例，由于公私合作涉及多个行业、各个地区，建立统一的定价标准来确定价格实属不能，因此，可以考虑通过法律法规规定定价原则，价格影响因素，定价机制、价格调整机制以及价格上限机制等，具体定价方法可以交由政府和社会资本协商确定，在公私合作项目合同中加以固定，给予合同双方充分的自由裁量权。同时，在项目审批时应当注重对定价方法和定价结果合理性的审查，不合理者督促改进或者予以驳回。另外，公共服务的价格应当加以公开，明确价格中含有的各种税费，监管机构根据项目的成本状况、科技进步、提高生产效率的潜力等因素监管价格，并定期进行调整。

其三，完善公私合作中公共利益保护的争端解决机制。根据我国《行政诉讼法》，公私合作项目争议适用行政诉讼制度。在行政诉讼中，政府只能当被告，当社会资本侵害公共利益时，政府无法通过诉讼的方式寻求救济，维护公共利益。因此，应当完善公私合作中的公共利益保护的争端解决机制。公私合作合同一方面反映了政府和社会资本之间对于公共服务的买卖合同关系，另一方面反映了社会资本作为公共服务的生产者和经营者与政府作为公共服务市场的监管者之间的管理与被管理关系，兼具公法和私法双重属性，双方当事人应同时受到公法和私法原则约束，所以，不能简单地将公私合作合同争议划为单一行政救济的范畴或者单一民事救济的范畴。因此，有学者就认为应当根据争议发生的不同阶段、争议的的具体内容对争议进行分类处理，分别提供明确的、可期的、符合程序公正理念的最终救济手段。鉴于此，可以考虑将争端解决机制选择权交由缔约双方当事人，构建协商、调解、仲裁和诉讼等多元一体的公私合作争端解决机制。在此种模式下，若采用诉讼机制，应将其争端解决划归民事法庭管辖，若案件的具体争议涉及行政争议，可以考虑由民事法庭的法官和行政法庭的法官组成合议庭进行审理。

（三）强化公私合作中公共利益保护发展理念

其一，明确政府角色定位。政府在公私合作中承担着多重角色，这些角色定位赋予政府不同的权力与职责，政府只有明确自身的角色导向，才能正确行使自身的权力，承担自身的职责。首先，要明确政府合作者的角色。政府是公私合作的合作者，这要求政府明确自身与社会资本的平等地位，在与社会资本合作中不利用自身优势地位，造成欺压社会资本的情况，如此才能建立社会资本对公私合作的信心。此外，合作还要求政府应当具有契约精神。契约精神要求政府遵守公私合作项目合同的约定，除法律规定的优益权外，不能随意解除合同或者违约，否则应当承担相应的责任。其次，要明确政府监管者的角色。政府是公私合作的监管者，政府需承担起监管职能，不能玩忽职守，这要求政府需按照法律法规的规定对公私合作进行监管，不能徇私谋利。

其二，严格规范政府举债。公私合作模式将政府和社会资本结合起来，使得政府履行提供公共服务职责的同时能够充分利用社会资本提供资金，从而降低自身的财政压力，进而有利于控制和防范地方债务风险，这是公私合作本身所具有的功能。但是此种功能不能过度利用。如果政府借助于公私合作项目，仅仅是为了缓解财政压力，掩盖其举借债务的真实目的，这将会严重影响其作为提供公共服务的合作者和监管者角色的权力行使，怠于履行其职责，从而无法保证公共服务的质量，不利于公共利益的保护。政府以公私合作之虚，行举借外债之实，还会影响我国严格控制地方债务、防范政府债务风险的实施成效，给社会、经济带来巨大风险。因此，要防范政府通过公私合作项目举借外债。首先，要在公私合作项目审批过程中加以防范。通过公私合作项目审批机制来识别真实的公私合作项目和政府举债，在立项源头上扼杀政府举债的行为；其次，要规范公私合作项目的资金用途，做到公私合作项目的款项只能用于公私合作项目的实施；最后，要对政府人员的观念加以矫正，使其认识到公私合作项目的重要性与实施目的。

其三，防范部门利益争夺。应当明确的是，政府职能部门为部门利益，争夺公私合作的立法权和决策权并不是只带来弊端，而没有任何益处。在公私合作规制的早期，政府职能部门以自身的部门利益为动力，积极地参与公私合作的规制，可以为公私合作提供规范依据，解决早期公私合作无法可依的状况，并为后来公私合作的规制提供教训与经验。但是，部门利益争夺局面下的公私合作规制所带来的弊端也不容忽视，这种规制会使得不同部门从自身利益角度出发所制定的规范性文件带有强烈的利益导向，使得规范性文件在合理性与协调性上存在问题。所以，此种部门利益争夺的状态仍然需要加以防范。防范部门利益争夺的首要措施是制定一部能够规范全局的《政府和社会资本合作法》，确立公私合作的监管机构。上述措施实施之后，公私合作的立法权和决策权均已尘埃落定，争夺立法权和决策权的行为再无必要，部门利益争夺当然可以停止。

（四）在公私合作中构建专门的公益保护机制

其一，将检察公益诉讼机制引入公私合作领域。根据 2017 年 6 月 27 日全国人大常委会通过并实行的《中华人民共和国行政诉讼法》、2015 年 12 月 16 日最高人民检察院通过的《人民检察院提起公益诉讼试点工作实施办法》（以下简称"《实施办法》"），检察机关可提起行政公益诉讼的案件范围限定在生态环境和资源保护、国有资产保护、国有土地使用权出让领域造成国家和社会公共利益受到侵害的案件。鉴于公私合作与公共利益息息相关，不妨结合现有的规定内容来看，公私合作领域公益诉讼制度可以主要从发现线索并调查核实、诉前程序和提起诉讼三个实施路径进行公益保护。在发现线索并调查核实方面，鉴于公私合作领域公共利益重大，除原有的途径外，可以考虑向有关政府机构专门派驻检察室予以法律监督，及时发现案件线索，进而将公共利益损失控制在最小状态。在诉前程序方面，检察机关若发现行政机关侵害公共利益或怠于行使监管职责，可在诉前程序中直接要求行政机关纠正违法行为或者要求怠于履行职责的行政机关依法履行职责。如果行政机关拒不纠正违法行为或者不履行法定职责，且公益仍处于受侵害状态，检察机关可以提起行政公益诉讼。维护公共利益是未来公私合作公益诉讼的出发点和落脚点。探索建立检察机关在公私合作领域提起公益诉讼制度有助于弥补公私合作领域中公益诉讼主体的缺位，促进行政机关在公私合作领域中依法履行职责、保护国家利益和社会公共利益。将检察机关提起行政公益诉讼制度引入公私合作领域，旨在督促行政机关依法解决公私合作领域中侵害公益的突出问题，检察机关和行政机关目标一致，在公私合作领域中提起行政公益诉讼是督促之诉、协同之诉，要在监督中体现支持，把监督融入支持之中。

其二，完善公私合作中公共利益保护的公众监督机制。我国现阶段的公众监督机制主要存在的问题是社会公众对政府和社会资本合作监督的方式和渠道缺失，由此，为了保障社会公众的监督权，维护社会公众的利益，建议应当完善公私合作听证制度、建立第三方监督机构和建立公众评价机制。具体为：（1）完善公私合作听证制度。在公私合作中，公众监督是缓解政府合作者和监管者的角色冲突的重要制度，但在实践中由于公众参与机制匮乏等原因导致公众监督无法落到实处。由此，有必要在公私合作项目运行的各阶段探索引入听证制度。在项目准备阶段，可以考虑在可行性评估以及物有所值评价中引入听证制度，让社会公众对公私合作项目立项进行监督；在项目执行阶段，涉及对合同内容的重大利益调整，也可引入听证机制；在项目是否提前终止、延期终止等项目移交关键问题上，也可引入听证机制。构建听证机制，充分发挥公众监督的作用，提升社会公众在公私合作中的话语权，并不意味着政府监管权的弱化，而是通过积极引导各方参与公私合作，化解政府双重角色的冲突。（2）设立第三方监督机构。在公私合作中，第三方监督机构通常是相对于政府和社会资本而言的，是指独立于政府以及社会资本以外的以公民、新闻媒体、社会舆论等为主体的组织。我国可在公私合作中建立第三方监督机构。第三方监督机构可以由地方政府本行政区域内的公民、新闻媒体、社会组织中的人员组成，对于人员的遴选可以采取自荐、随机抽选等方式，在组成人员中，专业人士应当占据一定的比例。第三方监督机构设立少数人组成的委员会。委员会成员可以有固定的任期，定时更换，其他人员并不限制固定任期。第三方监督机构并不常设，在需要处理公众监督事务时，由第三方监督机构的委员会召集。第三方监督机构主要负责对公私合作及其运行提出自己的建议，或者通过各种渠道收集社会公众的意见，并将这些意见反馈给相关部门。（3）建立公众评价机制。社会公众是公共服务的消费者，只有他们才能切身体会公共服务的质量，由此，社会公众掌握了对公私合作提供的公共服务品质的科学评价话语权。通过了解社会公众对公共服务品质的评价，可以知晓公私合作项目运行是否达到目的。因此，可以考虑在公私合作中建立公众评价机制。公众评价机制在政府的绩效考核中早有运用，1998 年，沈阳市进行了"市民评议政府"的尝试，此后，全国有近 20 个城市开展了类似"公民评议政府"活动，即以公众为主体对政府绩效进行评价，并将结果作为考核各部门及其领导干部政绩的重要依据。

其三，建立监察衔接机制。2018 年 3 月，随着宪法的修改和《中华人民共和国监察法》的颁布，我国已全面建立了统一的监察制度。就此前分散的国家法治监督体系而言，新组建的国家监察委员会可以整合反腐败资源力量，形成集中统一、权威高效的反腐败体制，有利于形成严密的法治监督体系，实现全面推进依法治国的目标。就原有的公私合作领域而言，在我国，由于政府采购实践尤其是公私合作项目始于工程建设领域内的招标投标，除财政行政部门作为公私合作项目的核心监管主体外，历史形成的其他部门也对公私合作项目进行监管。国家发展与改革委员会负责指导和协调全国工程建设招标投标监管工作，并对国家重大建设项目过程总的工程招标投标进行监督检查；住房与城乡建设行政主管理部门则负责对各类房屋建筑及附属设施的建造、管道设备的安装工程和市政工程的招标投标等方面的执法与监督；商务部负责对进口机电设备采购项目招投标行为的执法与监督；水利、交通、信息产业等行政主管部门则对相应管理领域和产业项目的招标投标行为进行执法监督。审计机关负责对政府采购监管部门、政府采购人和代理机构的有关政府采购活动进行审计监督；监察机关则负责对政府采购活动中的国家机关和国家机关任命的人员实施监察。公私合作监管领域可以借助此次监察体制改革的契机，对于公私合作项目监管力量予以整合，进而改变公私合作监管领域"九龙治水"的尴尬局面。一方面，积极适应监察体制改革，由监察机关统一负责对政府采购活动中的国家机关和国家机关任命的人员实施监察，依法监察公私合作领域中公职人员行使公权力的情况，调查职务违法和职务犯罪，开展公私合作领域廉政建设和反腐败工作。另一方面，进一步落实《政府采购法实施条例》确立的财政部门在公私合作项目中业务监管的主导地位，要求各个不同行政机关发现公私合作项目存在不当行为时将相应情况向相应的财政部门报告，并将政府采购行政责任追究权赋予政府财政部门。

在其现实性上，随着公共需求的增长和多元化以及公共服务理论的深入发展，公私合作已然成为政府提供公共服务的一种新方式——这种新方式改变了公共服务的供给模式，但并未改变公共服务和公共产品的公共利益本位及其基本价值取向。在这个意义上，不管公私合作项目以何种方式何种面貌出场，其核心价值仍是以公共利益为原点。有鉴于此，在公私合作发展和运行的过程中，有必要从理念、立法、监管、监督等方面作深入研究并形成切实可行的规范和制度——在理念层面，政府应当强化公共利益保护观念，明确自身的角色定位；在立法层面，采用统一立法和单项立法相结合的立法模式，制定《政府和社会资本合作法》，并清理现有的公私合作法律法规；在政府监管层面，采用政府框架下的独立监管模式，设立公私合作监管机构和咨询机构，并完善现有的项目审批程序和价格监管机制；在争端解决机制层面，应当明确公私合作合同的独立合同性质，构建多元的争端解决机制；在监督层面，可以考虑将检察机关的公益诉讼职能向公私合作领域延伸；通过设立第三方监督机构、引入听证制度、建立公众评价机制等途径充分发挥公众监督的作用。此外，还可以考虑将公私合作项目纳入监察机关专项监督事项范围，从而形成一套完整有效的监督体系。

第七章　政府间的合作

区域经济一体化带来了一系列跨区域、跨领域的公共性问题，这些问题必须依靠地方政府之间的合作才能解决。作为政府间关系的一种，府际合作是指互不隶属的地方政府为实现一定的行政目的而以各种形式开展协作配合的过程。除了经济学、行政学的理论基础外，法学中的地方政府法律地位平等、法治社会对利益的尊重等原理也为府际合作提供了理论支撑。

府际合作的实质是地方政府以合作为导向而实施行政行为，因而具有法律属性，应当受到法律的调整。府际合作涉及的法律问题有二：一是府际合作的法律关系问题，二是府际合作的权限设定问题。府际合作法治化的意义在于，法治能够为府际合作提供逻辑前提、提供秩序保障、提升治理水平。然而，我国目前的府际合作法治化水平仍然较低，存在现行立法规范不明确、府际合作机制不完善等问题。虽然从地方政府平等的法律地位和地方政府的法定职权来看，府际合作有其合宪性、合法性，但建立健全府际合作的法律法规体系仍有必要，应当从宪法层面的原则规定和法律层面的规则建构两方面作出努力。

府际合作之表现形式有三：其一，行政协助，即行政主体由于自行行使职权有困难而向无隶属关系的行政主体提出协助请求，由后者进行协助并承担相应法律责任的行政行为。我国的行政协助相关立法比较分散，其在实践中也存在诸多问题。其二，政府协议，即互无隶属关系的地方政府为实现共同的行政目标而在平等协商的基础上达成的具有对等性的协议。我国现行法并未给政府协议提供直接的规范依据，其在实践中也面临一定的困境。其三，联合行政，即互不隶属的政府及其职能部门为了实现共同的行政目标而进行行政行为上或行政机构上的联合的一种合作形式。行政行为意义上的联合行政以联合发文、联合执法为代表，综合行政执法是行政机构意义上的联合行政之典型。

由于具有维护自身利益的倾向，地方政府在府际合作过程中必然会产生纠纷。府际合作纠纷具有涉及主体多元、涉及领域广泛、源于利益冲突、属于法律争议等特征。在实践中，府际合作纠纷表现为边界纠纷、政府协议纠纷和其他利益纠纷。关于府际合作纠纷的解决，现行法已经提供了一定的制度资源，包括权力机关解决模式、行政机关解决模式、司法机关解决模式三种。不过，由于权力、行政机关解决模式缺乏操作规则，司法机关解决模式启动被动且偏向个案，现有制度的纠纷解决效果欠佳。对此，应当从明确纠纷解决的提请主体、设立纠纷解决的审查机构、细化纠纷解决的审理规定等方面着手，建立专门性的府际合作纠纷解决机制。

第一节　府际合作的基本理论

自改革开放以来，市场化与地方分权改革使我国各地方彼此之间的经济联系日益紧密，珠三角、长三角、京津冀等重要经济区域相继形成，区域经济一体化已然成为了我国未来发展的大趋势。与此同时，区域经济一体化也带来了一系列新的挑战，在实践中出现了大量的跨行政区划的公共性问题，例如区域发展、环境保护、自然资源保护、流域治理、基础设施建设、流行病防治等。由于具有跨行政区划的特性，这些区域性公共问题必须依靠地方政府之间的合作。在我国现行的法律体系之下，各级地方政府应当在各自的法定职权范围内行使行政权力，但是现行法对地方政府间的合作的关注却非常有限。实际上，地方各级政府的职责分工并不能排除它们在执行职务时彼此之间的合作。[1] 为

---

① 王名扬著：《王名扬全集（1）：英国行政法、比较行政法》，北京大学出版社2016年版，第74页。

了推动区域经济一体化的发展，应当给予地方政府间的合作高度的重视，并将其纳入法治化的轨道，为其提供必要的理论指导和制度支持。（具体参考本书典型案例 7-1 和 7-2）

一、府际关系与府际合作

（一）府际关系中的府际合作

府际关系又称"政府间关系"，这一概念起源于 20 世纪 30 年代的美国，当时的经济危机引发了一系列跨越州际的乃至全国性的社会问题，而这些问题仅靠单一的地方政府无法独立解决。在此背景下，美国学者首次提出了"政府间关系"这一概念。其后，美国关于政府间关系的研究逐渐兴起，视角不断开阔，内容不断丰富。到了 20 世纪 80 年代，美国学者开始区分政府间的纵向关系与横向关系。近十年来，美国对于政府间关系的研究日益系统化，并且逐渐增强了对政府间的横向关系尤其是府际合作关系的关注。[1]

在我国，最早关注府际关系的是行政学领域的研究。相关学者对"府际关系"的定义存在最狭义、狭义、广义、最广义之分：最狭义的府际关系仅指各级政府之间的关系，不包括各级政府职能部门之间的关系；[2] 狭义的府际关系涵盖各级政府及其职能部门之间的关系；[3] 广义的府际关系除了狭义说所指的府际关系之外，还包括各级政府及其职能部门与公民、法人和社会组织的关系；[4] 最广义的府际关系则甚至包括主权国家政府之间的关系。[5] 受到行政学研究的影响，行政法学领域也开始对府际关系有所聚焦，并着重关注府际关系

---

[1] 参见石佑启著：《区域经济一体化中府际合作的法律问题研究》，经济科学出版社 2018 年版，第 12 页。

[2] 参见林尚立著：《国内政府间关系》，浙江人民出版社 1998 年版，第 68 页。

[3] 参见谢庆奎：《中国政府的府际关系研究》，载《北京大学学报（哲学社会科学版）》2000 年第 1 期。

[4] 参见赵永茂、孙同文、江大树等著：《府际关系》，台湾元照出版公司 2001 年版，第 6 页。

[5] 参见杨宏山著：《府际关系论》，中国社会科学出版社 2005 年版，第 2 页。

的法治化与规范化，例如较早开始关注府际关系的薛刚凌教授认为，府际关系既包括有隶属关系的上下级政府之间的垂直关系，也包括不具有隶属关系的地方政府之间的水平关系，而这些关系都具有进行法律调整的必要性。①

根据主体地位的不同，府际关系有纵向与横向之分：纵向府际关系是指互相具有隶属关系的政府之间的关系，横向府际关系是指互不具有隶属关系的政府之间的关系。② 根据府际关系内容的不同，横向府际关系可以进一步区分为横向府际竞争关系与横向府际合作关系，前者是基于各地方政府出于发展地方经济的需要而展开的竞争所产生的关系，而后者则是基于各地方政府为了实现特定的行政目标而开展的合作所产生的关系。③ 横向府际合作关系正是本章所要探讨的内容。

（二）府际合作的基本意涵

就其定义而言，府际合作是指互不隶属的地方各级政府为实现一定的行政目的而在行使行政权力的过程中以各种形式所开展的协作配合，其要义有三：其一，地方各级政府是相对于中央政府而言的；其二，府际合作既包含地方政府之间的合作，也包含政府职能部门之间的合作；其三，府际合作一般指向互不具有隶属关系的地方政府之间的横向关系，因为"合作"侧重于主体之间的协调性、平等性，而纵向府际关系，也即互相具有隶属关系的地方政府之间，更多地强调主体之间的层级性和服从性，一般不存在"合作"之说。

就其特征而言，府际合作之特点有四：其一，主体地位平等性。参与府际合作的各地方政府的地位是平等的，因为它们互相之间并不存在隶属关系。其二，合作领域扩张性，现阶段我国地方政府之间的府际合作主要以区域经济一体化为导向，以区域经济发展为中心，合作领域涵盖能源开放、资源利用、资金支持、人才引进、市场互通等方面并有扩张之趋势。其三，合作方式灵活

---

① 薛刚凌：《论府际关系的法律调整》，载《中国法学》2005 年第 5 期。
② 参见林尚立著：《国内政府间关系》，浙江人民出版社 1998 年版，第 19 页。
③ 薛刚凌：《论府际关系的法律调整》，载《中国法学》2005 年第 5 期。

性。一般而言，府际合作的发生是各级地方政府意思自治的结果，所以府际合作往往非常注重协商和交流。其四，政府政策推动性。我国现行法律体系对府际合作的关注非常有限，涉及府际合作的制度性规定比较零散且薄弱，因而在实践中大量的府际合作都是依靠地方政府的政策所推动的，具有不稳定的特点。

就其形式而言，根据府际合作的实践样态，可以将其归结为三种形式：其一，行政协助。所谓行政协助，是指行政主体请求与其没有隶属关系的另一行政主体协助其行使行政职权，以实现其行政目的的一种行政行为。例如，现行《行政许可法》第64条中所规定的违法行为发生地的行政机关将被许可人的违法事实、处理结果抄告给作出行政许可决定的行政机关的行为就属于一种行政协助。① 行政协助这种府际合作方式最为灵活，被协助主体和协助主体都有很大的自主性，且两者地位不同，前者处于主要地位，后者只是起到辅助作用。其二，政府协议。所谓政府协议，是指不同的行政主体为实现共同的行政管理目标或为促进区域经济的共同发展而就某些共同事项达成的具有对等性的协议。例如，长三角、珠三角、环渤海等区域的地方政府为实现区域经济一体化而签订的各种"合作协议"就属于政府协议。这种府际合作的方式相对比较灵活多样，各合作主体通过签订政府协议来约束缔约各方为合作而采取的行政行为，以引导双方实现共同的行政目标。其三，联合行政。联合行政是一种合作各方联系最为紧密的府际合作形式，在这种协作方式下，合作各方以共同的名义作出，共同承担责任，各方居于同等地位。② 在实践中，各级地方政府及其职能部门联合发文、联合执法等就属于联合行政。在这三种府际合作的形式当中，参与合作的各主体的联系紧密程度是不同的，具体而言，在行政协助当中各主体联系最为松散，在政府协议当中次之，在联合行政当中各主体联系

① 《行政许可法》（2019年修正）第64条规定："被许可人在作出行政许可决定的行政机关管辖区域外违法从事行政许可事项活动的，违法行为发生地的行政机关应当依法将被许可人的违法事实、处理结果抄告作出行政许可决定的行政机关。"

② 吕成：《合作规制的行政法研究——以水污染规制为中心的分析》，载《学术界》2012年第2期。

最为密切。

二、府际合作的理论基础

目前，学界对于府际合作的研究以经济学和行政学的角度为主，因而府际合作较为成熟的理论基础也主要集中在这两个领域。相比之下，法学领域对府际合作的关注比较有限，尚未形成系统的理论支撑，但是也存在相关的法治原理。

（一）经济学上的理论基础

在经济学上，府际合作的理论基础有二：其一，区域经济理论。在区域经济理论看来，区域经济一体化的本质是各种生产要素在该区域内实现合理配置，进而达到资源利用效率最大化的过程。我国的区域经济发展具有政府主导的特征：一方面，由于经历过计划经济体制，我国政府干预经济发展的能力较强；另一方面，我国社会组织的力量比较薄弱，市场经济的发育也不成熟。在此背景下，构建一个强有力的区域府际合作机制，是在现行体制下实现我国区域经济一体化发展的理性选择。[1]其二，政府利益理论。政府利益理论将政府设定为一个"理性经济人"，作为"理性经济人"的地方政府是具有自利性的，无论是处于竞争关系还是合作关系当中，地方政府的行为最终都受利益所驱动，而地方各级政府的行为有着双重动机：一是"利他"，即为社会服务；二是"利己"，即维护单位利益、部门利益和个人利益。[2] 地方政府之间竞争与合作的最终目标是实现两方或多方的利益，而利益的实现以合作为前提，实现利益的分配又必须通过竞争来平衡，因此地方政府之间的关系实际上是以合

---

[1]　陈剩勇、马斌：《区域间政府合作：区域经济一体化的路径选择》，载《政治学研究》2004 年第 1 期。

[2]　谢庆奎：《中国政府的府际关系研究》，载《北京大学学报（哲学社会科学版）》2000 年第 1 期。

作为目标，以竞争为工具的。①

（二）行政学上的理论基础

在行政学上，府际合作的理论基础有二：其一，公共治理理论。该理论认为，公共行政是实现和增加公共利益的过程，政府部门和非政府部门等公共管理主体共同协作配合，共同分享公共权力，共同管理公共事务。② 从公共治理理论的角度来看，政府并不是公共管理的唯一主体，私营部门和第三部门等非政府组织在公共事务管理中也起着重要作用。由此，多元化的公共管理主体及其相互依存的权力和伙伴关系，以及它们之间的协商、谈判和交易机制，将不可避免地促进公共管理朝着自治和自治的网络化方向发展，塑造一种以尊重、协调、合作、共赢为基础的多元化制度性合作治理。③ 其二，复合行政理论。所谓"复合行政"，是指"为实现跨行政区公共服务，跨行政区划、跨行政层级的不同政府之间，吸纳非政府组织参与的合作机制"。④ 其要义有三：（1）多中心，包括地方政府之间、地方政府与非政府组织之间的合作。（2）交叠与嵌套，即同级政府之间、跨行政区不同层级政府之间、政府与非政府之间的多层次合作。（3）自主治理，即充分发挥地方自主性。⑤ 按照复合行政理论，区域经济一体化与行政区划之间的矛盾的解决，不仅关系到行政区域的调整，而且要满足区域经济一体化的要求，并且完善多中心治理机制，加强府际合作

---

① 参见祝小宁、刘畅：《地方政府间竞合的利益关系分析》，载《中国行政管理》2005 年第 6 期。

② 参见王乐夫、蔡立辉主编：《公共管理学》，中国人民大学出版社 2008 年版，第71 页。

③ 参见朱最新：《区域合作视野下府际合作治理的法理界说》，载《学术研究》2012 年第 9 期。

④ 王健、鲍静、刘小康、王佃利：《"复合行政"的提出：解决当代中国区域经济体化与行政中突的新思路》，载《中国行政管理》2004 年第 3 期。

⑤ 参见雷洋：《治理视阈下当代中国地方政府合作研究》，中共中央党校 2017 年博士学位论文，第 23 页。

无疑是复合行政理论的具体体现。①

（三）法学的理论基础

法学领域对府际合作的研究比较有限，尚未形成专门的、系统的理论学说，但也存在相关法治原理可作为府际合作的理论支撑。

其一，地方政府法律地位平等。我国互不具有隶属关系的各级地方政府之间在法律地位上是平等的，这是它们能够进行合作的基础。根据我国《宪法》和《地方各级人民代表大会和地方各级人民政府组织法》（以下简称《地方组织法》）的规定，法律授权地方各级政府对本辖区内的经济社会等方面的事务进行管理，行使行政职能。同时，根据我国《立法法》的规定，省级地方权力机关有权制定地方性法规，地方行政机关有权制定地方政府规章，而相同级别的地方性法规、规章的效力是同等的。以上规定都表明，我国的各级地方政府在管理辖区内事务的职权上地位是平等的。

其二，法治社会对利益的尊重。地方政府之间之所以能够进行合作，还存在另一个重要的法治基础，即法治社会对利益的承认与尊重。自改革开放以来，随着分税制的实施和市场经济体制的确立，地方政府作为一个相对独立的地区利益主体的角色日益凸显。独立的财权和事权使地方政府独立利益主体的地位得到巩固，法治社会对利益的尊重使得地方政府追求利益最大化的目标有了法律的保障。② 法律在尊重地方政府发展权的同时，更是努力地为地方政府通过区域合作的方式发展经济创造了条件。③

---

① 参见雷洋：《治理视阈下当代中国地方政府合作研究》，中共中央党校 2017 年博士学位论文，第 23 页。

② 参见刘雄智：《地方政府横向合作关系的行政法思考》，中国政法大学 2007 年硕士学位论文，第 21 页。

③ 参见朱永辉：《我国地方政府合作的法制化研究》，安徽大学 2010 年硕士学位论文，第 19 页。

典型案例 7-1：长江三角洲区域一体化发展规划纲要（节选）①

推动形成区域协调发展新格局

发挥上海龙头带动作用，苏浙皖各扬所长，加强跨区域协调互动，提升都市圈一体化水平，推动城乡融合发展，构建区域联动协作、城乡融合发展、优势充分发挥的协调发展新格局。

提升上海服务功能。面向全球、面向未来，提升上海城市能级和核心竞争力，引领长三角一体化发展。围绕国际经济、金融、贸易、航运和科技创新"五个中心"建设，着力提升上海大都市综合经济实力、金融资源配置功能、贸易枢纽功能、航运高端服务功能和科技创新策源能力，有序疏解一般制造等非大都市核心功能。形成有影响力的上海服务、上海制造、上海购物、上海文化"四大品牌"，推动上海品牌和管理模式全面输出，为长三角高质量发展和参与国际竞争提供服务。

发挥苏浙皖比较优势。强化分工合作、错位发展，提升区域发展整体水平和效率。发挥江苏制造业发达、科教资源丰富、开放程度高等优势，推进沿沪宁产业创新带发展，加快苏南自主创新示范区、南京江北新区建设，打造具有全球影响力的科技产业创新中心和具有国际竞争力的先进制造业基地。发挥浙江数字经济领先、生态环境优美、民营经济发达等特色优势，大力推进大湾区大花园大通道大都市区建设，整合提升一批集聚发展平台，打造全国数字经济创新高地、对外开放重要枢纽和绿色发展新标杆。发挥安徽创新活跃强劲、制造特色鲜明、生态资源良好、内陆腹地广阔等优势，推进皖江城市带联动发展，加快合芜蚌自主创新示范区建设，打造具有重要影响力的科技创新策源地、新兴产业聚集地和绿色发展样板区。

加强区域合作联动。推动长三角中心区一体化发展，带动长三角其他地区

---

① 参见《中共中央 国务院印发〈长江三角洲区域一体化发展规划纲要〉》，载中国政府网，http://www.gov.cn/zhengce/2019-12/01/content_5457442.htm？tdsourcetag＝s_pcqq_aiomsg，2019 年 12 月 30 日访问。

加快发展，引领长江经济带开放发展。加强长三角中心区城市间的合作联动，建立城市间重大事项重大项目共商共建机制。引导长三角市场联动发展，推动跨地域跨行业商品市场互联互通、资源共享，统筹规划商品流通基础设施布局，推动内外贸融合发展，畅通长三角市场网络。加强长三角中心区与苏北、浙西南、皖北等地区的深层合作，加强徐州、衢州、安庆、阜阳等区域重点城市建设，辐射带动周边地区协同发展。探索共建合作园区等合作模式，共同拓展发展空间。依托交通大通道，以市场化、法治化方式加强合作，持续有序推进G60科创走廊建设，打造科技和制度创新双轮驱动、产业和城市一体化发展的先行先试走廊。深化长三角与长江中上游区域的合作交流，加强沿江港口、高铁和高速公路联动建设，推动长江上下游区域一体化发展。

典型案例7-2：粤港澳大湾区发展规划纲要（节选）

优化提升中心城市。以香港、澳门、广州、深圳四大中心城市作为区域发展的核心引擎，继续发挥比较优势做优做强，增强对周边区域发展的辐射带动作用。

——香港。巩固和提升国际金融、航运、贸易中心和国际航空枢纽地位，强化全球离岸人民币业务枢纽地位、国际资产管理中心及风险管理中心功能，推动金融、商贸、物流、专业服务等向高端高增值方向发展，大力发展创新及科技事业，培育新兴产业，建设亚太区国际法律及争议解决服务中心，打造更具竞争力的国际大都会。

——澳门。建设世界旅游休闲中心、中国与葡语国家商贸合作服务平台，促进经济适度多元发展，打造以中华文化为主流、多元文化共存的交流合作基地。

——广州。充分发挥国家中心城市和综合性门户城市引领作用，全面增强国际商贸中心、综合交通枢纽功能，培育提升科技教育文化中心功能，着力建设国际大都市。

——深圳。发挥作为经济特区、全国性经济中心城市和国家创新型城市的引领作用，加快建成现代化国际化城市，努力成为具有世界影响力的创新创意之都。

建设重要节点城市。支持珠海、佛山、惠州、东莞、中山、江门、肇庆等城市充分发挥自身优势，深化改革创新，增强城市综合实力，形成特色鲜明、功能互补、具有竞争力的重要节点城市。增强发展的协调性，强化与中心城市的互动合作，带动周边特色城镇发展，共同提升城市群发展质量。

发展特色城镇。充分发挥珠三角九市特色城镇数量多、体量大的优势，培育一批具有特色优势的魅力城镇，完善市政基础设施和公共服务设施，发展特色产业，传承传统文化，形成优化区域发展格局的重要支撑。建设智慧小镇，开展智能技术应用试验，推动体制机制创新，探索未来城市发展模式。加快推进特大镇行政管理体制改革，在降低行政成本和提升行政效率的基础上不断拓展特大镇功能。

促进城乡融合发展。建立健全城乡融合发展体制机制和政策体系，推动珠三角九市城乡一体化发展，全面提高城镇化发展质量和水平，建设具有岭南特色的宜居城乡。加强分类指导，合理划定功能分区，优化空间布局，促进城乡集约发展。提高城乡基础设施一体化水平，因地制宜推进城市更新，改造城中村、合并小型村，加强配套设施建设，改善城乡人居环境。

第二节　府际合作的法律调整

府际合作的实质，是地方各级政府及其职能部门以合作为导向，以达成共同的行政目标为目的而实施各种行政行为。为了规范与控制行政权力的运行，切实保障行政相对人的合法权益，必须对府际合作中的行政行为进行法律调整。

一、府际合作的法律属性

（一）府际合作的法律问题

从法治的视角来看，府际合作至少涉及两方面的法律问题：其一，府际合作的法律关系问题。按照府际关系理论，府际合作关系是指互不具有隶属关系的地方政府之间的横向关系，是一种政治关系、行政关系。实际上，在法学意义上，府际合作关系还应该被认定为是一种法律关系。我国传统行政法更多关注行政权的下游问题，而对行政权的上游问题有所忽略，从而导致公共行政中的许多重大问题如府际关系游离于行政法的调控之外，府际关系应该运用法律机制进行调整。① 我国《宪法》第5条明确规定我国实行依法治国，这要求一切权力的运行都必须被纳入法治的轨道，府际合作作为一种行政权力运行的方式，自然也不例外。所以，府际合作关系不能仅仅被理解为是一种政治关系、行政关系，也应当被认定为一种合作双方具有权利义务的法律关系。其二，府际合作的权限设定问题。法律如何给地方政府设定合作的权限，使得府际合作更加能够适应区域经济发展的需要，更加符合法治化的要求，而不是仅仅依靠政治力量的推动，是府际合作未来发展中不可忽略的法律问题。在自由资本主义时期，政府职能表现为消极行政，而在现代社会，随着福利国家的兴起，政府职能则表现为积极行政。由于区域经济发展的失衡，地方政府间必须积极能动地通过通力合作来解决跨区域、公共性的问题，因此，作为市场经济发展的必然要求，府际合作需要法律对政府职能进行扩张，使得其本身可以成为地方政府的一项职权。

（二）府际合作的法治需求

基于其自身的法律属性，有必要对府际合作予以法治化。府际合作法治化的意义主要体现为以下三个方面：其一，法治为府际合作提供逻辑前提。如果缺乏对于政府间利益关系的制度性安排，地方政府间的关系很容易会陷入"公地悲剧"之中。② 府际合作法治化的目的是建立相应的府际合作制度，通过提供一系列的规则来界定地方政府的选择空间并调整地方政府之间的相互关系，

---

① 参见薛刚凌：《行政法发展模式之检讨与重构》，载《公民与法》2006年第3期；薛刚凌：《论府际关系的法律调整》，载《中国法学》2005年第5期。

② 参见祝小宁、刘畅：《地方政府间竞合的利益关系分析》，载《中国行政管理》2005年第6期。

从而可以减少政府间合作的不确定性并且增加更大程度的合作。① 其二，法治为府际合作提供秩序保障。府际合作应当建立在合作各方平等、自愿的基础之上。依法治国首先要建立政府运行规则，府际关系要建立在法律规则之上，府际冲突也要采用法律手段解决。由于各级地方政府具有不同的利益考虑，地方政府之间的合作也夹杂着竞争与对抗，因此合作的基本要求需要立法设定，法律应是府际合作的基本保障。② 其三，法治为府际合作提升治理水平。府际合作治理必须是基于法治的公正、有效和权威的治理，并且是一种重视使用法治思想和法治方法的治理。法治的权威性、可预测性、可操作性、可救济性具有府际合作治理中的其他方式所没有的优势。③ 用法定程序与正当程序规范区域经济一体化中重大行政决策行为，是我国推进区域治理体系和治理能力现代化的必然选择。④

然而，我国目前的府际合作法治化水平仍然较低，其不足主要体现在两大方面：其一，现行立法规范不明确。根据我国《宪法》，地方政府的地位是平等的，均有权管辖"本行政区内"的公共行政事务，负有推动"本地方"经济建设事业的责任。宪法规定了地方政府行使权力的范围以"本行政区"为限，但是对于府际合作并未进行规定。《地方组织法》在《宪法》的基础上对地方政府的法定职权进行了明确，但与《宪法》一样，并未涉及对区域府际合作的规定。其二，府际合作机制不完善。目前，我国的府际合作主要依靠的是政策与行政手段，合作机制尚不完善。政府官员特别是"一把手"对合作的态度很大程度上决定着合作的程度和范围，这就给府际合作带来了很多不确定的因素。此外，目前府际合作的组织机构多为临时性、兼职性或从属性的机

---

① 参见石佑启著：《区域经济一体化中府际合作的法律问题研究》，经济科学出版社2018年版，第58页。

② 参见薛刚凌著：《行政法治道路探寻》，中国法制出版社2006年版，第358页。

③ 匡涛涛、易昌良：《我国区域治理存在的问题及对策研究》，载《新视野》2015年第4期。

④ 参见石佑启著：《区域经济一体化中府际合作的法律问题研究》，经济科学出版社2018年版，第59页。

构，这些机构的权力来源、合法性及如何保障这些机构对府际合作的推动等问题是府际合作实践中面临的实际难题。①

二、府际合作的法治基础

经济与社会的发展尤其是区域经济一体化的发展，带来了府际合作的客观需求。然而，我国现行法律体系对于府际合作的关注较少，立法并未对府际合作进行明确的规定，府际合作所能直接依据的立法规范非常有限，只能通过梳理并解读相关的立法规范，间接得出府际合作的法治基础。

(一) 府际合作的规范梳理

就宪法之规定而言，现行《宪法》对地方各级政府法律地位与法定职权的规定，主要见于第 2 条、第 105 条、第 107~109 条、第 115 条、第 117~119 条等。通过梳理这些规定，可以得出两点结论：其一，现行《宪法》的规定确认了地方各级政府作为地方权力机关的执行机关的法律地位；其二，现行宪法对地各级方政府行使权力的范围以"本行政区域内"为原则，并未涉及对府际合作的明确规定，府际合作在宪法层面缺乏明确具体的依据。②

就组织法之规定而言，现行《地方组织法》有关地方政府法律地位与法定职权的规定，主要见于第 54~55 条、第 59~61 条、第 64 条、第 66~68 条等。分析这些规定可知：其一，《地方组织法》在宪法的基础上对地方各级政府的法定职权进行了进一步明确，地方各级政府享有对本地方公共行政事务的管理权，享有对下级人民政府工作的领导权，享有政府工作部门的设置权及其工作的领导权，享有行政命令、决定的制定权，部分地方政府还享有行政规章的制定权；其二，《地方组织法》同样未涉及对府际合作的规定，有关府际合

---

① 参见石佑启著：《区域经济一体化中府际合作的法律问题研究》，经济科学出版社2018 年版，第 59 页。

② 陈咏梅：《论法治视野下府际合作的立法规范》，载《暨南学报（哲学社会科学版）》2015 年第 2 期。

作的具体条款基本空白，未能回应府际合作的实际需要。①

就立法法之规定而言，现行《立法法》对地方政府规章的制定权进行了规定，主要见第 73 条、第 78～80 条、第 82～84 条、第 86～88 条等。从相关规定来看，可以得出以下结论：其一，《立法法》对特定地方政府就本行政区域内的行政管理事项制定行政规章的权力进行了确认；其二，地方政府规章的制定主体为《立法法》所规定的人民政府，涉及的事项为"本行政区域"的行政管理事项，适用范围为"本行政区域"，同样也没有涉及府际合作。②

（二）　府际合作的规范解读

《宪法》《地方组织法》《立法法》是调整和规范地方各级政府法律地位及法定权限的基础性的法律规范，地方各级政府的法定权限必须基于前述宪法和法律的明确规定。由此，前述宪法与法律等对地方各级政府权限范围"本行政区域内"的规定便带来了府际合作是否存在宪法与法律依据的问题。实际上，通过解读其对地方各级政府的职权与职责的有关规定，可以得出府际合作具有合宪性、合法性的结论。

其一，地方政府平等的法律地位为府际合作提供了法治基础。根据我国宪法与法律之规定，地方政府的法律地位是平等的，具体体现在以下三个方面：（1）我国各级地方都设有一套完整的地方国家机关，其中地方权力机关由地方选民选举产生，这意味着地方事务可以由当地居民自行决定，而并不完全依赖于国家。③（2）在我国不同地方的同级地方性法规、同级地方政府规章效力是等同的，不存在效力高低的问题。（3）根据《宪法》和《地方组织法》的规定，各地方政府的职权都是相同的，地方有同样的相对独立的事权和财权，这些都是互不具有隶属关系的地方各级政府之间在法律上地位平等的表现。府

---

① 陈咏梅：《论法治视野下府际合作的立法规范》，载《暨南学报（哲学社会科学版）》2015 年第 2 期。

② 陈咏梅：《论法治视野下府际合作的立法规范》，载《暨南学报（哲学社会科学版）》2015 年第 2 期。

③ 参见薛刚凌著：《行政法治道路探寻》，中国法制出版社 2006 年版，第 358 页。

际合作是在合作各方平等自愿的基础上进行的，前述法律规定为地方政府协作提供了法治基础。此外，自改革开放以来，中央逐渐向地方分权，地方政府在此基础上有独立的财权、事权和立法权，可以独立自主地根据其区域情况发展经济。地方政府对经济的干预能力较强，宪法也尊重和保障地方政府的发展权，国家为地方政府的发展提供政策空间上的支持，鼓励地区资金的良性竞争，形成改革新局面，加快发展区域经济。

其二，地方政府的法定职权包含了府际合作的重要内容。从《宪法》《地方组织法》《立法法》等来看，地方政府的职权应当包含府际合作的内容，具体理由有三：（1）现行《宪法》和《地方组织法》明确规定了地方政府对地方事务享有行政管理权，作为实现地方管理的必要构成，府际合作应当包含在地方各级政府的法定职权之中，地方政府彼此之间的沟通和交流是地方事务的组成部分。（2）为实现对地方事务的管理职能，宪法及相关法律规定地方政府依法享有行政命令、决定的制定与发布权，部分地方政府依法享有地方政府规章的制定权与发布权，这些行政权力为府际合作提供了合法性的基础。（3）《宪法》所确认的地方政府保障公民权利的法定职责要求地方政府打破地方本位主义与地方保护主义，克服行政区经济与行政区行政的弊端，推进并深化府际合作。[1]

三、府际合作的法治进路

尽管从现行宪法与相关法律法规的规定能够推论出府际合作的法治基础，但当下府际合作缺乏宪法与相关法律法规的明确规定已经成为不争的事实。[2]所以，有必要解决府际合作中缺乏明确法律依据的实现困境，建立健全府际合作的法律法规体系，为地方政府进行府际合作提供有效的法制保障。建立府际

---

[1]　陈咏梅：《论法治视野下府际合作的立法规范》，载《暨南学报（哲学社会科学版）》2015 年第 2 期。

[2]　陈咏梅：《论法治视野下府际合作的立法规范》，载《暨南学报（哲学社会科学版）》2015 年第 2 期。

合作法律体系，可以从宪法层面的原则规定与法律层面的规则建构两个方面入手。①

（一） 宪法层面的原则规定

宪法是我国的根本大法，具有最高的法律地位和最高的法律效力。宪法对地方政府职权的规定是其他相关立法的依据，其他相关立法不得与宪法的规定相抵触。因此，府际合作首先应当由宪法进行原则性的规定，再由其他立法在宪法规定的基础上作进一步规范。结合我国的实际情况，可以考虑以宪法具体条文的形式对府际合作进行明确的规定，使其具备明确的宪法依据，具体而言，可以采取宪法修正案的形式，对横向地方政府间的府际关系、地方政府府际合作的权力及其限制、府际合作协议的缔结权及其效力等进行原则性、纲领性的规定，以作为具体立法的依据，再由地方组织立法等相关法律法规作进一步规定。

（二） 法律层面的规则建构

在宪法的原则性规定的基础之上，还应当在法律层面对府际合作的相关规定进行细化和明确。法律层面的规则建构，主要可以从两大方面切入：一是修改《地方组织法》，二是制定府际合作专门法律。

其一，组织法上的规则建构。现行《地方组织法》采取的是地方政府组织法和地方人民代表大会组织法合二为一的模式，且条文比较简单，规定过于抽象，对横向的府际关系及区域府际合作更是未作明确规定，这显然已经无法满足经济社会发展的客观需要，亟待修正。地方人民代表大会与地方政府在机构性质、法律地位、法定职权、履责方式等方面均有不同，因此不宜将两部组织立法合二为一，另外制定专门的地方政府组织法是更为妥当的方式。专门的地方政府组织法应当对府际关系尤其是府际合作进行明确规定，具体有三：

---

① 参见石佑启著：《区域经济一体化中府际合作的法律问题研究》，经济科学出版社2018年版，第76～77页。

（1）以专门的条款对地方政府间的横向府际关系进行规定。（2）明确规定府际合作协议的缔结权及其权限范围、权力限制。（3）应当就地方政府与香港、澳门特别行政区府际协定、府际合作协议的缔结权进行特别规定。①《地方组织法》的规定是区域府际合作直接的、具体的法律依据，以专门的条款对区域府际合作进行明确规定，有利于府际合作的制度化和规范化。

其二，制定府际关系专门法。在实践中，府际合作主要是通过合作自行协调的形式进行的，合作的法律形式、法律性质都缺乏法律的具体规制，而这些具体问题不是仅靠地方组织法的规定就可以解决的，还需要更加细致而专门的规定。为了规范府际关系，有效地实施区域政策，必须制定一部专门的调整府际关系的法律，即《地方政府间关系法》。该法应当以促进地方政府间的协调合作为重点，应当对地方政府间合作的内容和程序、合作协议的缔结和履行等作出相应的规定，为地方政府间的合作提供一个细致而有效的框架。②另外，可以制定针对某些治理跨区域公共事务，公共危机管理事件的应急合作等专门的与之相配套的法规体系，使地方政府合作的每个环节都有可供遵循的法律依据。

第三节　府际合作的表现形式

在实践中，府际合作有三种表现形式：一是行政协助，二是政府协议，三是联合行政。此三种府际合作的形式是按照参与合作的各地方政府在合作过程中的联系紧密程度来进行区分的：在行政协助当中，由于合作主体只存在请求协助与被请求协助的关系，故各主体之间的联系最为松散；在政府协议当中，由于有约束合作各方具体行为的政府协议的存在，故各主体之间的联系较为紧

---

① 参见石佑启著：《区域经济一体化中府际合作的法律问题研究》，经济科学出版社2018年版，第76页。

② 参见石佑启著：《区域经济一体化中府际合作的法律问题研究》，经济科学出版社2018年版，第77页。

密；在联合行政中，因为合作的各方是以共同的名义作出行政行为并且共同承担责任的，所以各主体之间的联系最为紧密。

一、行政协助

（一）行政协助的基本意涵

就其定义而言，我国行政法学界对行政协助的界定主要从以下四个视角切入：其一，行政管理的视角。在此视角下，行政协助是指行政主体彼此之间协调配合，以共同完成行政职责的方法。① 其二，行政组织的视角。从行政组织的视角对行政协助的研究，一般使用"公务协助"的概念，将其定义为在无隶属关系的行政主体之间所发生的公务协助关系，强调行政主体间无隶属关系。② 其三，行政职权的视角。在此视角下，行政协助被称为"职务协助"，是"对某一事务无管辖权的行政主体，基于有管辖权的行主体的请求，政依法运用职权予以协助的行为"③，强调提供协助的行政主体无相应管辖权。其四，行政程序的视角。行政程序视角的研究一般采用"行政协助"的概念，将其定义为在行政职权行使的过程中，行政主体由于无法或难以自行执行职务，面向无隶属关系的行政主体提出协助请求，由后者帮助前者行使职权的行为，强调协助的具体过程。④ 综合来看，行政协助应当界定为：行政主体在行使行政职权的过程中，由于法律或事实上的原因，无法或难以自行行使职权，而向无

---

① 参见张尚鷟主编：《走出低谷的中国行政法学——中国行政法学综述与评价》，中国政法大学出版社1991年版，第117页；朱新力：《行政协助探析》，载《政府法制》1997年第5期。

② 参见周佑勇著：《行政法原论》，中国方正出版社2002年版，第132页；杨解君著：《行政法学》，中国方正出版社2002年版，第145页。

③ 叶必丰著：《行政法学》，武汉大学出版社1996年版，第96页。类似观点参见胡建淼著：《行政法学》，法律出版社1999年版，第257页。

④ 参见王麟：《行政协助论纲——兼评〈中华人民共和国行政程序法（试拟稿）〉的相关规定》，载《法商研究》2006年第1期；黄学贤、周春华：《行政协助概念评析与重塑》，载《法治论丛》2007年第3期。

隶属关系的行政主体提出协助请求，由被请求主体对请求主体行使职权进行帮助，并承担相应法律责任的行政行为。

就其特征而言，行政协助是一种行政行为，因而其具备行政行为所具有的一般共性，除此之外，行政协助也具有自身的特性。具体而言，行政协助的特征表现在以下四个方面：其一，法定性。依法行政是行政法的一项基本原则，行政协助作为一种行政行为，自然应受其约束而具有法定性。行政协助的法定性要义有三：（1）协助情形的法定性。（2）协助行为的法定性。（3）协助程序的法定性。其二，公务性。行政协助发生在行政主体之间，是行政主体在公务活动当中遇到特定情形时方可进行的行为，并且，行政协助行为必须与被请求主体的职务相关。与之相对的，没有行政职权的主体，如公民、法人及其他组织所提供的帮助行为，尽管也可能是为了公共利益、出于公务目的而进行，但却并不具有公务性。其三，临时性。行政协助是临时性的，被请求主体实施的协助行为与请求主体履行其职能和权力的期限相同。在完成行政管理任务之后，行政协助行为也随之消失。其四，辅助性。行政协助的辅助性体现在协助行为的被动性与补充性上：（1）行政协助行为虽然是以被请求主体自己的名义作出的，但本质上该行为以请求主体的协助申请为基础，故行政协助行为的启动具有被动性。（2）行政协助行为对原行政行为起到了补充作用，辅助请求主体进行公共事务的管理。

就其类型而言，目前行政法学界对行政协助尚无系统的类型化研究。综合既有研究对传统的行政行为分类标准和方法，结合行政协助本身的特征，行政协助可以分为以下几类：其一，法定行政协助与意定行政协助。前者是指法律、法规、规章等明确规定了行政协助的条件、范围、程序、主体等要素的行政协助；后者则是指行政主体根据自身的需要，在没有法律、法规、规制等的相关规定下请求其他行政主体进行协助的活动。意定行政协助往往成本高、效率低、争议多，通过完善相关规范使其转化为法定行政协助是我国行政协助制度发展的必然趋势。前者是指法律、法规、规章等明确规定行政主体作出行政协助行为时必须满足一定的程序和形式要件；后者则是指法律、法规、规章等没有明确规定行政协助行为的程序和形式，请求主体可以自行决定采取何种方式请求协助，被请求主体也可以自行决定是否以及以何种方式提供协助。由于我国缺乏关于行政协助的明确具体的法律规范，不要式行政协助广泛存在于实践当中，这增加了行政主体在作出行政协助行为过程中的随意性，不利于行政协助的法制化、规范化。其三，内部行政协助与外部行政协助。前者是指发生在同一行政系统内部的互不隶属的行政主体之间的行政协助；后者则是指发生在不同行政系统内部的互不隶属的行政主体之间的行政协助。其四，横向行政协助与斜向行政协助。前者是指同在一个行政系统内部的属于平行关系的行政主体之间的协助，而后者则是指除纵向及横向关系之外的行政主体之间的协助。

（二）行政协助的规范现状

我国尚未制定统一的行政协助相关法律法规，有关行政协助的规定散见于为数不多的一些单行法律、法规、规章之中。具体而言，在法律层面，相关规定见于《矿产资源法》（2009 年修正）第 11 条①、《税收征收管理法》（2015 年修正）第 5 条、《体育法》（2016 年修正）第 49 条②、《海关法》（2017 年修正）第 7 条③、《文物保护法》（2017 年修正）第 32 条、《行政许可法》（2019 年修正）第 64 条④、《消防法》（2019 年修正）第 45 条⑤，等等。在行

① 该条规定："……省、自治区、直辖市人民政府地质矿产主管部门主管本行政区域内矿产资源勘查、开采的监督管理工作。省、自治区、直辖市人民政府有关主管部门协助同级地质矿产主管部门进行矿产资源勘查、开采的监督管理工作。"

② 该条第 1 款规定："利用竞技体育从事赌博活动的，由体育行政部门协助公安机关责令停止违法活动，并由公安机关依照治安管理处罚法的有关规定给予处罚。"

③ 该条规定："各地方、各部门应当支持海关依法行使职权，不得非法干预海关的执法活动。"

④ 该条规定："被许可人在作出行政许可决定的行政机关管辖区域外违法从事行政许可事项活动的，违法行为发生地的行政机关应当依法将被许可人的违法事实、处理结果抄告作出行政许可决定的行政机关。"

⑤ 该条规定："消防救援机构统一组织和指挥火灾现场扑救，应当优先保障遇险人员的生命安全。火灾现场总指挥根据扑救火灾的需要，有权决定下列事项：……（六）调动供水、供电、供气、通信、医疗救护、交通运输、环境保护等有关单位协助灭火救援。"

政法规层面，有《国内交通卫生检疫条例》（1999 年实施）第 10 条①、《突发公共卫生事件应急条例》（2011 年修正）第 44 条②等规定。在地方性法规层面，有《山西省盐业管理条例》（2010 年修正）第 5 条③等规定。在地方政府规章层面，湖南省 2008 年出台的《湖南省行政程序规定》第 17 条④对行政协助进行了比较全面的规定，其列举了行政协助的几种适用情形，规定了被请求主体的协助义务以及不能提供协助时需说明理由，还规定了协助争议的解决以及协助相应的法律责任等。

通过前述对现行规范的梳理可以发现，我国既有的行政协助相关立法覆盖的领域有税收、海关、自然资源、文物保护、体育、消防、卫生等，在位阶上也见诸法律、法规、规章等层级，具有涉及领域广泛、立法形式多样的特点，这为我国建立健全行政协助制度构筑了一定的基础。

（三）行政协助的实践现状

尽管现有的行政协助相关立法存在不完善之处，但其在实践中仍发挥着一定的积极作用，现有立法为某些领域的行政协助活动提供了依据，并为行政主体之间的合作指明了方向。同时，随着经济和社会的飞速发展，行政实践也需

---

① 该条规定："……必要时，由当地县级以上人民政府组织公安部门予以协助。"

② 该条规定："在突发事件中需要接受隔离治疗、医学观察措施的病人、疑似病人和传染病病人密切接触者在卫生行政主管部门或者有关机构采取医学措施时应当予以配合；拒绝配合的，由公安机关依法协助强制执行。"

③ 该条第 2 款规定："国土资源、卫生、工商行政管理、质量技术监督、公安、交通、物价、铁路等部门，应当按照各自的职责，协助、配合同级盐业行政主管部门做好盐业管理工作。"

④ 该条规定："有下列情形之一的，行政机关应当请求相关行政机关协助：（一）独自行使职权不能实现行政目的的；（二）不能自行调查执行公务需要的事实资料的；（三）执行公务所必需的文书、资料、信息为其他行政机关所掌握，自行收集难以获得的；（四）其他必须请求行政协助的情形。被请求协助的行政机关应当及时履行协助义务，不得推诿或者拒绝协助。不能提供行政协助的，应当以书面形式及时告知请求机关并说明理由。因行政协助发生争议的，由请求机关与协助机关的共同上一级行政机关决定。实施行政协助的，由协助机关承担责任；根据行政协助做出的行政行为，由请求机关承担责任。"

要行政主体之间频繁开展协助，这种情况尤其体现在缺乏行政协助相关立法的领域之中。当前，我国面临着政府职能的转变，其目标是建立有限政府、法治政府、责任政府，这种趋势更加要求各类行政主体相互协助配合。①

由于我国行政组织法的理论和立法相对滞后，行政主体的权力分配在实践中显得相当混乱。管辖权模糊不清的状态势必影响行政管理事项的完成进度，难以提高行政主体共同管理公共事务的协作能力。现行法对于行政协助缺乏统一规定，单行立法又比较零散与笼统，导致行政协助在实际运行过程中暴露了许多问题。具体有四：其一，协助无法落实。我国行政组织法对行政主体及其职责有明确的规定，但是行政主体本身机构庞杂，再加之有关立法不到位，其行政管辖权难免会出现交叉重叠或空白地带，从而导致行政管辖权运行不畅。由于行政主体数量众多，同时又缺乏对法定协助义务的统一规定，导致各行政主体仅从本部门、本行业、本地区的狭隘利益出发，对其他行政主体采取不合作、不协助的消极对策，导致行政协助制度空有其名。② 其二，有效监督缺位。行政权力的行使必须受到相应监督机制的监督和制约。对行政机关的监督包括立法、司法和社会监督。立法监督一般仅限于宏观上的有全局影响的重大行政行为；司法监督是指司法机关通过行使司法权对行政权的运行进行监督；社会监督则是指社会各主体对行政权的行使进行监督。具体到行政协助，由于我国目前的相关立法滞后，公众和执法人员对于行政协助的认识都比较弱，因而上述方法均无法有效对其进行监督。其三，被替代率较高。在实践中，由于立法的缺位和制度规定的不规范，行政协助常常被政府协议、联合执法所取替。政府协议主要以联席会议的形式制定，决策的方向和特定的分工都在会议上进行，存在法律依据缺失、程序不规范、监督不到位等问题。同时，联合执法也经常在执法实践中代替行政协助。联合执法依赖上级部门的主动性，但与有相关经验的特定部门相比，上级部门解决问题的经验不足，因而并不利于高

① 刘江鹏、卿茜：《论我国行政协助制度构建》，载《云南大学学报（法学版）》2014 年第 2 期。

② 郑悦琛著：《行政协助制度研究》，中国政法大学 2007 年硕士学位论文，第 13 页。

效解决问题，会导致效率低下、资源浪费的问题。其四，缺乏软硬件条件。除了缺乏法律保障外，缺乏行政协助实施的软硬件条件也是明显限制我国行政协助制度发展的一个因素。缺乏硬件条件主要是指缺乏行政协助的实际可用的方式，例如缺乏信息共享的设施和手段。而缺乏软件条件主要体现在参与行政协助的人员的素质不高，难以做到熟悉其他领域的法律、法规以及相关的专业知识，这也会对协助工作的开展造成不利影响。①

二、政府协议

经济与社会的发展推动了区域经济一体化，它要求区域内各行政区划根据各自的优势进行分工协作，以提高经济区域的整体实力，并逐渐发展为密不可分的一体化经济。② 区域经济一体化的发展对区域政府之间合作的促进表现在两个方面：其一，区域经济一体化是市场经济发展的产物，它要求突破行政区域的局限，加强区域政府间的合作；另一方面，在区域经济一体化的过程中，往往会出现一系列跨区域性公共事务，例如资源利用、生态环境、基础建设、产业结构，等等，这类事务无法仅靠某一个地方政府解决，而是需要多个地方政府的通力合作，协同处理。③

区域经济一体化要求不同地方政府之间进行长期的合作，而行政协助作为一种具有临时性、辅助性的府际合作方式，并不能适应区域经济一体化的这一要求，因而地方各级政府必须采取一种联系更为紧密，更加常态化的协作方式。在实践中，区域间政府为达到促进经济发展的共同目标，积极探索和尝试了各种协商合作的方式。但由于未能明确合作内容、合作缺乏可操作性、缺乏责任约束机制等原因，前述各种方式往往流于形式，未能发挥应有功效。相比之下，政府协议是当前地方政府探索出来的一种比较有效的合作方式。

---

① 刘江鹏、卿茜：《论我国行政协助制度构建》，载《云南大学学报（法学版）》2014 年第 2 期。

② 王春业：《论政府协议法制化——经济区立法协作的新尝试》，载《公法研究》2011 年第 1 期。

③ 胡艳：《区域政府间合作协议研究》，苏州大学 2013 年硕士学位论文，第 13 页。

（一）政府协议的基本意涵

就其定义而言，"政府协议"这一概念尚未见诸立法规范，是一个学术概念而非法律概念，学界的类似表述还有行政协定、合作协议、行政协议等，并且在阐述具体含义时也存在一定的差别。有学者将之称为"行政协定"，是"行政主体之间为有效地行使国家行政权力，明确各自的职责权限而相互意思表示一致达成的双方行政行为"。[1] 有学者采用"合作协议"这一概念，认为其"为促进本地经济的繁荣与发展，各地方政府在其职权范围内，进行合作所形成的各种协议"。[2] 有的学者则用"行政协议"一词，将其界定为"两个或两个以上的行政主体或行政机关为了实现行政管理的效果，而互相意思表示一致而达成协议的双方行政行为"。[3]也有学者指出，"行政协议"的称呼容易与行政主体和行政相对人之间签订的行政合同相混淆，故认为应采用"政府协议"一词。[4] 综合来看，前述最后一种观点最为妥当，理由有二：其一，在现行《行政诉讼法》及其司法解释中，"行政协议"一般特定地指向政府特许经营协议、土地房屋征收补偿协议等行政合同，为避免语义重叠与混乱，宜采取"政府协议"的称呼。其二，"政府协议"比较能够反映地方政府间协商合作的属性。故此，本书采用"政府协议"一词，并将其定义为：互不具有隶属关系的地方政府为实现共同的行政管理目标或为促进区域经济的共同发展而在平等协商的基础上就某些共同事项达成的具有对等性的协议。

就其特征而言，政府协议的特点主要体现在以下几个方面：其一，主体的特定性，政府协议的主体是互不隶属的行政主体，这是政府协议的形式特征，也是它区别于行政主体和行政相对人签订的行政合同的特征；其二，过程的合

---

[1]　杨临宏：《行政协定刍议》，载《行政法学研究》1998年第1期。

[2]　朱颖俐：《珠三角区域政府间经济合作协议性质的法理分析》，载《韶关学院学报》2007年第2期。

[3]　何渊：《论行政协议》，载《行政法学研究》2006年第3期。

[4]　王春业：《论政府协议法制化——经济区立法协作的新尝试》，载《公法研究》2011年第1期。

意性，政府协议的缔结必须是协议各方在协商一致的基础上达成共识，其本质是一种合同行为，需要意思表示达成一致；其三，目的的行政性，目前行政法学界对于政府协议的实质标准，一般都表述为"为实现行政管理目标"或"为实现公共利益目的"，因此，政府协议之目的具有行政性的特征；其四，载体要式性，政府协议应当通过书面等要式形式表现出来。这也是政府协议与民事合同的重要区别，后者可以通过口头等非要式形式表现，但行政行为必须以要式形式出现，故政府协议具有载体要式性。[1]

就其类型而言，根据协议内容的不同，实践中的政府协议可以被划分为两种类型：其一，行政事务协议。行政事务协议是指互不隶属的行政主体之间针对某项具体行政事务达成的协议，它可以在同一地区的不同级别（互不隶属）或者同一级别的不同行政主体之间订立，也可以在不同地区的行政主体之间签订。行政事务协议又可以进一步细分为以下两种类型：（1）行政事务管辖协议，即行政主体之间用于明确行政事务管辖权的协议。（2）行政执法协作协议，即在行政执法的过程当中行政主体之间为了完成某种共同的或者不可分割的行政事务而达成的协议。[2] 其二，区域合作协议。区域合作协议是指不同地区的行政主体之间通过共同协商而达成的协议。区域合作协议在类型上可以作如下细分：（1）优势互补型合作协议，即缔约各方在某一方面各自具有优势，为了达到各自行政权行使的均衡而建立合作关系，通过合作来弥补各自的劣势。（2）物质援助型合作协议，即发达地区与欠发达地区的政府之间签订的由前者对后者进行援助的协议。（3）协调统一型合作协议，即各地方政府为了能够更有效开展区域合作而在某些领域实施统一的执法标准、依据等所达成的协议。[3]

---

[1]　黄学贤、廖振权：《行政协议探究》，载《云南大学学报（法学版）》2009年第1期。

[2]　王菁：《区域政府合作协议研究》，苏州大学2015年博士学位论文，第33页。

[3]　王春业：《论政府协议法制化——经济区立法协作的新尝试》，载《公法研究》2011年第1期。

（二）政府协议的规范现状

就宪法的有关规定而言，我国《宪法》并未对地方政府缔结政府协议进行明确规定。现行《宪法》第107条规定的地方各级人民政府的权限并没有涉及政府协议的缔约权。① 同时，《宪法》采取了"本行政区域内"的表述，而政府协议往往具有跨域性，其所约定的权利义务不仅及于本区域内，还及于本区域之外，因而与宪法上的地方各级政府只能在本行政区域内行使相关职能的规定存在冲突。由此可见，宪法并未对政府协议给予正面的支持。②

就组织法和程序法的有关规定而言，在行政组织法层面，《国务院组织法》《地方组织法》都没有对政府协议进行规范，前者只涉及国务院的相关规定，并未提及地方政府的相关权限，而后者第55条规定："地方各级人民政府必须依法行使行政职权"，同时第59条③详细列举了县级以上的地方各级人民政府的职权范围，但并未提到有关缔结政府协议的职权。在行政程序法层面，

---

① 《宪法》（2018年修正）第107条规定："县级以上地方各级人民政府依照法律规定的权限，管理本行政区域内的经济、教育、科学、文化、卫生、体育事业、城乡建设事业和财政、民政、公安、民族事务、司法行政、监察、计划生育等行政工作，发布决定和命令，任免、培训、考核和奖惩行政工作人员。"

② 王菁：《区域政府合作协议研究》，苏州大学2015年博士学位论文，第33页。

③ 该条规定："县级以上的地方各级人民政府行使下列职权：（一）执行本级人民代表大会及其常务委员会的决议，以及上级国家行政机关的决定和命令，规定行政措施，发布决定和命令；（二）领导所属各工作部门和下级人民政府的工作；（三）改变或者撤销所属各工作部门的不适当的命令、指示和下级人民政府的不适当的决定、命令；（四）依照法律的规定任免、培训、考核和奖惩国家行政机关工作人员；（五）执行国民经济和社会发展计划、预算，管理本行政区域内的经济、教育、科学、文化、卫生、体育事业、环境和资源保护、城乡建设事业和财政、民政、公安、民族事务、司法行政、监察、计划生育等行政工作；（六）保护社会主义的全民所有的财产和劳动群众集体所有的财产，保护公民私人所有的合法财产，维护社会秩序，保障公民的人身权利、民主权利和其他权利；（七）保护各种经济组织的合法权益；（八）保障少数民族的权利和尊重少数民族的风俗习惯，帮助本行政区域内各少数民族聚居的地方依照宪法和法律实行区域自治，帮助各少数民族发展政治、经济和文化的建设事业；（九）保障宪法和法律赋予妇女的男女平等、同工同酬和婚姻自由等各项权利；（十）办理上级国家行政机关交办的其他事项。"

不少国家和地区将政府协议规定在法律当中，如我国台湾地区"行政程序法"（1999 年）第 135 条规定："公法上法律关系得以契约设定、变更或消灭之。但依其性质或法规规定不得缔约者，不在此限。"① 然而，大陆并没有统一的行政程序法，自然也无法对政府协议进行统一的程序法上的规制。

就其他法律及行政法规的有关规定而言，现行法对政府协议仍存在一些规定，散见于其他法律、行政法规和地方政府规章之中。例如，在法律层面有《中华人民共和国水法》（2016 年修正）第 56 条②、《海洋环境保护法》（2017 年修正）第 9 条③等规定，在行政法规层面有《行政区域边界争议处理条例》（1989 年修正）第 3 条④、第 12 条⑤、第 13 条⑥等规定。这些法律法规所规定的主要是地方政府可以通过协商来解决跨区域的争议，但是在协商之后是否需要订立协议，或者能否采取其他形式，则并没有相关的规定。

就地方性法规、地方政府规章的有关规定而言，《湖南省行政程序规定》（2018 年修正）第 15 条对区域合作进行了规定，《江苏省行政程序规定》

---

① 应松年主编：《外国行政程序法汇编》，中国法制出版社 2004 年版，第 816 页。

② 该条规定："不同行政区域之间发生水事纠纷的，应当协商处理；协商不成的，由上一级人民政府裁决，有关各方必须遵照执行。在水事纠纷解决前，未经各方达成协议或者共同的上一级人民政府批准，在行政区域交界线两侧一定范围内，任何一方不得修建排水、阻水、取水和截（蓄）水工程，不得单方面改变水的现状。"

③ 该条规定："跨区域的海洋环境保护工作，由有关沿海地方人民政府协商解决，或者由上级人民政府协调解决。"

④ 该条规定："处理因行政区域界线不明确而发生的边界争议，应当按照有利于各族人民的团结，有利于国家的统一管理，有利于保护、开发和利用自然资源的原则，由争议双方人民政府从实际情况出发，兼顾当地双方群众的生产和生活，实事求是，互谅互让地协商解决，经争议双方协商未达成协议的，由争议双方的上级人民政府决定。必要时，可以按照行政区划管理的权限，通过变更行政区域的方法解决。"

⑤ 该条规定："省、自治区、直辖市境内的边界争议，由争议双方人民政府协商解决。"

⑥ 该条规定："经双方人民政府协商解决的边界争议，由双方人民政府的代表在边界协议和所附边界线地形图上签字。"

（2015 年实施）第 14 条也作出了与之内容相同的规定。① 这两个条款仅笼统
地规定了该省地方政府有权缔结政府协议，而对政府协议的权利义务、协议纠
纷的解决机制等内容并没有作出规定。并且，《湖南省行政程序规定》和《江
苏省行政程序规定》只是地方政府规章，效力层级较低，对于目前大量存在的
各级人民政府之间的合作协议难以起到规范的作用，助力推动政府协议法治化
的作用非常有限。②

（三）政府协议的实践现状

就其实践状况而言，尽管政府协议并没有明确的规范依据，但其作为一种
比较有效的政府间协商方式仍然广泛存在于实践当中，尤其是与区域合作相关
的政府协议。通过分析既有的公开的政府协议，可以从以下三个方面对政府协
议的实践情况进行概括：其一，在缔结主体方面，目前实践中有省级政府之间
签订的政府协议，也有省级政府职能部门之间签订的政府协议，还有省级政府
职能部门与市级政府职能部门之间签订的。其二，在缔结程序方面，我国区域
合作的主要机制和平台是联席会议，大量的政府协议是联席会议上沟通、协商
后达成的结果。实践中，政府协议通常首先由省级政府签署或批准总体上的政
府协议，然后再由相关职能部门或市级政府根据具体合作领域和事项进行具体
落实。其三，在协议内容方面，在实践中既有宏观上对区域合作进行总体规划
的政府协议，也有微观上针对某个特定领域的政府协议，这些协议的内容包括

---

① 《湖南省行政程序规定》（2018 年修正）第 15 条规定："各级人民政府之间为促进
经济社会发展，有效实施行政管理，可以按照合法、平等、互利的原则开展跨行政区域的
合作。区域合作可以采取签订合作协议、建立行政首长联席会议制度、成立专项工作小组、
推进区域经济一体化等方式进行。上级人民政府应当加强对下级人民政府之间区域合作的
组织、指导、协调和监督。"《江苏省行政程序规定》第 14 条规定："地方各级人民政府之
间为促进经济社会发展，有效实施行政管理，可以按照合法、平等、互利的原则开展跨行
政区域的合作。区域合作可以采取签订合作协议、建立行政首长联席会议制度、成立专项
工作小组等方式进行。上级人民政府应当加强对下级人民政府之间区域合作的组织、指导、
协调和监督。"

② 黄学贤、廖振权：《行政协议探究》，载《云南大学学报（法学版）》2009 年第 1
期。

合作目的条款、合作原则条款、权利义务条款、履行方式条款，等等。①

就其实践问题而言，由于缺乏统一的行政组织法、行政程序法的规定，既有的单行立法又规定得比较笼统，在实践中政府协议还存在诸多问题。具体有四：其一，缔结主体混乱。在实践中，签订政府协议的主体主要是地方各级政府及其职能部门，其中又以省（直辖市）政府及其职能部门为主，越来越多的市级政府及其职能部门也参与到政府协议当中。除了地方各级政府及其职能部门，还存在众多其他的缔约主体，例如党组织、行政机构、行业协会、群众性自治组织，等等。② 其二，协议内容抽象。由于现行法未对政府协议的具体内容进行明确规定，实践中的政府协议的内容往往过于抽象，缺乏可操作性，具体表现在三个方面：（1）原则性条款过多。（2）权利义务规定模糊。（3）具体履行规则缺失。其三，法律效力不明。政府协议的法律效力原本应当由法律法规明文规定，同时在协议内容中也应有所明确，以确保政府协议的顺利实施，保障缔约各方的合法权益。但现实情况是，一方面，如前所述，现行立法并未对政府协议的法律效力作明确规定，另一方面，实践中的政府协议也基本未有涉及协议本身的效力问题。其四，忽视纠纷解决。实践中的政府协议几乎没有明确约定纠纷解决机制的条款。尽管有些政府协议设置了协调机构，但并未明确赋予其解决协议中争端的职能，以及用于实现争端解决的方法、渠道和程序。③

三、联合行政

（一）联合行政的基本意涵

联合行政是指互不隶属的政府及其职能部门为了实现共同的行政目标而进

---

① 参见胡艳：《区域政府间合作协议研究》，苏州大学 2013 年硕士学位论文，第 28 页。

② 参见何渊著：《区域行政协议研究》，法律出版社 2009 年版，第 40 页。

③ 参见张晔：《区域合作行政协议法律研究》，内蒙古大学 2012 年硕士学位论文，第 23~25 页。

行行政行为上或行政机构上的联合以协同合作的一种府际合作形式。联合行政作为一种在实践中普遍存在的合作形式，并未受到行政实体法或行政程序法研究的重视，但是在行政救济法领域却以"共同行政行为"的形式占据了一席之地。需要说明的是，早期学者将联合行政等同于共同行政行为①，但两者意涵并不完全相同，区别有二：其一，"联合行政"更多地是一个行政实体法或行政程序法上的概念，而"共同行政行为"则更多见于行政救济法领域；其二，早期的"联合行政"表现为多个行政主体作出"共同行政行为"，例如联合发文、联合执法等，但随着实践的发展，"联合行政"已经不再局限于行政行为的联合，而是出现了行政机构的联合，例如相对集中行政处罚权改革、综合行政执法体制改革，等等。不过，尽管"共同行政行为"不完全等同于"联合行政"，但理解前者的概念对于把握后者的概念亦有所帮助。

1999 年出台的《行政诉讼法》第 25 条第 3 款规定："两个以上行政机关作出同一行政行为的，共同作出行政行为的行政机关是共同被告。"由此，行政法学领域对行政行为便产生了一种新的分类形式，即"共同行政行为"与"单一行政行为"。而对于应当如何理解共同行政行为所应具备的"共同性"，学界仍然存在争议，主要有"形式说"与"实质说"两种观点。② "形式说"侧重以外在形式要素作为判断行政行为"共同性"的标准，其主张"判断一个具体行政行为是否是共同行政行为，关键看作出具体行政行为的行政机关是不是两个或两个以上，是不是以共同名义并共同签署的"③，根据这种理解，"关于共同行政行为的认定，实践中一般以共同名义为标准"。④ 这种观点认为，共同行政行为只要求具备主体上的复数性、对象上的同一性和载体上的共同性等形式要件即可，而管理事项、行为内容、适用依据等实质要件则可以是

---

① 参见陈小毛：《联合行政及其诉讼》，载《人民法院报（理论专版）》2000 年 12 月 18 日。

② 华燕：《共同行政行为的质疑》，载《华中科技大学学报（人文社会科学版）》2002 年第 4 期。

③ 马怀德主编：《中国行政诉讼法》，中国政法大学出版社 1999 年版，第 75 页。

④ 方世荣主编：《行政法与行政诉讼法》，中国政法大学出版社 1999 年版，第 370 页。

独立的、互异的。相比之下，"实质说"偏向于通过实质要素来判断行政行为的"共同性"，强调共同行政行为必须是"两个以上行政主体针对同一事件作出的同一行为"①，这里的"同一事件"与"同一行为"便是实质意义上的构成要件。②

就前述两种观点而言，前者更为妥当，理由有二：其一，从现行法规定来看，立法者采取的是"形式说"的立场。尽管现行《行政诉讼法》第 26 条第 4 款并没有明确共同行政行为的判断标准，相关司法解释也没有予以具体说明，但现行《行政复议法》却对其有所明确，该法第 15 条第 4 项规定："对两个或者两个以上行政机关以共同的名义作出的具体行政行为不服的，向其共同上一级行政机关申请行政复议"，此处"共同的名义"便说明了立法者认可了"形式说"的观点，从体系解释的角度而言，"形式说"应当成为共同行政行为的判断标准。其二，相较"实质说"而言，在"形式说"的判断标准下，共同行政行为的范围更宽，这意味着现行《行政诉讼法》第 26 条第 4 款的适用空间更大，从而也就更加能够规范行政主体的共同行政行为，保障相对人的合法权益。

如前所述，共同行政行为相当于联合行政中行政行为的联合，因此，"形式说"的判断标准也适用于行政行为意义上的联合行政。换言之，只要符合"行政主体上的复数性""行为对象上的同一性"和"行为载体上的共同性"等形式意义上的要件的行政行为，就可以被认定为是行政行为意义上的联合行政。不过，需要注意的是，除了行政行为意义上的联合行政，实践中还存在行政机构意义上的联合行政。

（二）行政行为意义上的联合行政

行政行为意义上的联合行政是指不同的行政主体为了实现共同的行政目

---

① 胡建淼著：《行政法学》，法律出版社 1998 年版，第 281 页。
② 华燕：《共同行政行为的质疑》，载《华中科技大学学报（人文社会科学版）》2002 年第 4 期。

标，而以共同的名义实施行政行为，并共同承担法律责任的一种联合行政模式。行政行为有抽象与具体之分，相应地，行政行为意义上的联合行政也有抽象与具体之别，前者在实践中主要表现为行政主体联合发文，后者则以行政主体联合执法为表现形式。

其一，行政机关联合发文。广义上的联合发文，是指"由多个拥有立法权或相当于立法权的权力，如规章制定权、司法解释发布权等的主体为解决跨领域相同或类似的事项而联合发布规范性文件的做法"①，其中最为普遍的行政机关联合发文，也即各政府及其部门之间联合发文，就属于抽象意义上的联合行政。有学者通过对 200 篇政府及部门间联合发文进行实证分析，从形式层面和内容层面揭示了行政机关联合发文的概况。② 在形式层面上，行政机关联合发文特点有三：（1）在发文主体分布上，联合发文主体以政府部门为主。（2）在发文部门数量上，两个部门联合发文数量最多，随着联合发文部门数量的增加，联合发文数量呈现减少的趋势。（3）在发文主体层级上，以中央层级的联合发文数为最多，随着政府层级降低，联合发文数减少。在内容层面上，行政机关联合发文特点有三：（1）按照发文名称不同，可以将联合发文分类为"告知性联合发文""建议性联合发文"以及"规范性联合发文"。（2）按照发文对象不同，可以将联合发文划分为"体制内联合发文"与"职责性联合发文"。（3）发文部门数量及联系紧密程度，可以将联合发文划分为"高度联合""中度联合"及"低度联合"。

其二，行政机关联合执法。行政机关联合执法是指"行政机关之间或行政机关与其他主体采取联合行动，对某些行政事务进行综合性整治的执法活动"。③ 行政机关联合执法是行政执法活动的一种特殊形式，只不过在执法活

---

① 王春业、任佳佳：《论多主体联合发文现象》，载《广西社会科学》2012 年第 1 期。

② 参见杨杰、杨龙：《中国政府及部门间联合发文的初步分析——基于 200 篇联合发文》，载《天津行政学院学报》2015 年第 5 期。

③ 吴鹏：《行政联合执法应纳入法治的轨道》，载《云南大学学报（法学版）》2008 年第 6 期。

动的统一性、时间性、机关数量等方面与一般行政执法存在差异。作为一种特殊的行政执法方式，行政机关联合执法在规范层面上存在着诸多法律问题，诸如执法主体不合法、执法权限无依据、执法过程易越权、内部权责不明确，等等。① 针对这些问题，1996 年的《行政处罚法》第 16 条②最早对相对集中行政处罚权进行了规定。其后，国务院发布了《关于贯彻实施〈中华人民共和国行政处罚法〉的通知》（国发〔1996〕13 号），在全国开展了相对集中行政处罚权的试点工作。2002 年，国务院下发了《关于进一步推进相对集中行政处罚权工作的决定》（国发〔2002〕17 号），正式授权各省、自治区、直辖市政府开展相对集中行政处罚权的工作。在相对集中行政处罚权的经验基础上，我国行政执法体制迈向了综合行政执法这种更为完善的联合行政模式。2002 年 9 月，国务院办公厅转发中央编办《关于清理整顿行政执法队伍　实行综合行政执法试点工作的意见》（国办发〔2002〕56 号），首次明确提出了"综合行政执法"的概念，并要求做好综合行政执法试点与相对集中行政处罚权有关工作的衔接。2003 年，中央编办、国务院法制办发布《关于推进相对集中行政处罚权和综合行政执法试点工作有关问题的通知》（中央编办发〔2003〕4 号），明确提出"综合行政执法则是在相对集中行政处罚权基础上对执法工作的改革"。2014 年，中共十八届四中全会通过的《中共中央关于全面推进依法治国若干重大问题的决定》以党的决议的形式对综合行政执法提出了具体要求。2015 年，中央编办发布了《关于开展综合行政执法体制改革试点工作的意见》（中央编办发〔2015〕15 号），对全国范围内的综合执法试点作出了安排。自此，我国综合行政执法体制改革稳步开展。

---

①　马良全、李毅：《我国行政联合执法的困境及改进》，载《行政与法》2010 年第 12 期。

②　该条规定："国务院或者经国务院授权的省、自治区、直辖市人民政府可以决定一个行政机关行使有关行政机关的行政处罚权，但限制人身自由的行政处罚权只能由公安机关行使。"

（三）行政机构意义上的联合行政

从联合行政执法体制发展到综合行政执法体制的过程，实际上也是行政行为意义上的联合行政发展到行政机构意义上的联合行政的过程。综合行政执法已经不再局限于各联合的行政机关以共同的名义作出具体行政行为，而是将各联合的行政机关的职能适当分离出来，组建新的综合行政执法机构来处理各机关共同的行政管理事务。因此，综合行政执法可以理解为行政机构意义上的联合行政。

就其基本意涵而言，学界对于"综合行政执法"的概念存在争议。有学者认为："综合执法机构是由相关的职能部门派出一定人员组成的，它综合行使几个相关部门的各项或一定的行政处罚权，作出处罚决定是以共同机关的名义来进行的。"① 也有学者提出："行政综合执法是指在行政执法的过程中，当行政事态所归属的行政主体不明或需要调整的管理关系具有职能交叉的状况时，由相关机关转让一定职权，并形成一个新的有机的执法主体，对事态进行处理或对社会关系进行调整的执法活动。"② 还有学者指出："行政综合执法是指由依法成立或依法授权的一个行政机关综合行使由两个或两个以上相关的行政机关所具有的行政职权，并能以一个整体执法主体的名义承担法律责任的一种行政执法制度。"③ 纵观三者，观点一其实是指"联合执法"，观点二更多指向"委托执法"，只有观点三比较能够反映综合行政执法的性质。故此，综合行政执法的定义应当是：一个行政主体依法以自己的名义综合行使两个或两个以上行政主体拥有的行政职权，并由该行政主体自身承担相应法律责任的一种行政执法模式。

就其立法现状而言，我国综合行政执法相关立法在中央和地方有不同的表现。在中央层面，我国综合行政执法体制改革最初源于1996年《行政处罚

---

① 杨解君：《关于行政处罚主体条件的探讨》，载《河北法学》1996年第1期。

② 关保英著：《执法与处罚的行政权重构》，法律出版社2004年版，第4页。

③ 王春业：《对"行政综合执法"概念的再辨析》，载《盐城师范学院学报（人文社会科学版）》2007年第3期。

法》第 16 条的规定，其后只有《关于推进相对集中行政处罚权和综合行政执法试点工作有关问题的通知》等规范性文件对其进行规定。在相当长的一段时间里，除《行政处罚法》外再无其他法律、法规、规章对综合行政执法进行规定，直到 2017 年住房和城乡建设部第 32 次部常务会议审议通过并实施了《城市管理执法办法》，才结束了城市管理综合执法缺乏全国性规范依据的局面。在地方层面，为了弥补中央层面立法的不足，各地也结合本地情况出台了一些地方性法规、地方政府规章或规范性文件，例如广东省政府 1998 年出台了《关于设立广州市城市管理综合行政执法队伍的公告》，北京市政府 2008 年出台了《北京市实施城市管理相对集中处罚权的办法》，昆明市政府 2009 年出台了《昆明市城市管理综合行政执法规定》，等等。这些文件的出台，在一定程度上缓解了各地综合行政执法依据不足的问题。

就其实践现状而言，我国综合行政执法体制主要存在以下实践问题：其一，相关立法不健全。目前，全国尚未制定有关综合行政执法的法律法规，仅有《城市管理执法办法》这一部门规章，而综合行政执法权的具体内容、运作方式等都没有全国性法律法规作规定。其二，各地体制差异大。目前，全国的城市管理综合行政执法机构设置存在垂直领导、市区双重领导、区街双重领导三种类型，大部分城市采取后两种模式。如此多样的机构体系的设置带来了诸多的弊病，诸如执法活动缺乏统一规划领导、执法队伍缺乏足够的专业性、执法组织的执法独立性难以保障，等等。① 其三，权限配置不合理。城市管理综合执法机关和其他机关之间的执法权限配置不合理，具体表现在执法职责划转不规范、综合行政执法机关执法事项过多、管理职能与执法职能划分发生错位三个方面。②

---

① 参见徐婧：《综合行政执法体制研究》，中国社会科学院研究院 2012 年硕士学位论文，第 24 页。
② 参见张步峰、熊文钊：《城市管理综合行政执法的现状、问题及对策》，载《中国行政管理》2014 年第 7 期。

第四节　府际合作的纠纷解决

地方政府作为"理性经济人"，具有追逐自我利益最大化的特性，因而地方政府之间的关系，无论是竞争关系还是合作关系，实际上更多的还是一种利益博弈关系。在府际合作的过程中，合作各方都享有特定的权利，也应当履行特定的义务，但是即便各方的权利义务已经得到了合理的划分，基于合作各方追求自我利益之需要，各方不可避免地会产生争端。当合作争端出现时，合作各方出于保护地方利益的考虑，会倾向于选择忽视区域整体的发展而追求自我利益的最大化，从而导致权利方的利益无法保障，义务方的责任也无法追究，府际合作的争端将难以得到有效解决。因此，建立科学而合理的府际合作纠纷解决机制，有利于化解府际合作过程中产生的纠纷，对于府际合作的高效有序进行十分必要。关于府际合作纠纷的解决，现行法律框架已经有相关的规定可作为制度支持，但其专门性、实效性还比较有限，故有必要在既有制度的基础上，结合府际合作的自身特性，衔接各项既有制度，将其进行法治化，最终形成府际合作纠纷解决机制。

一、府际合作纠纷的特殊性

（一）府际合作纠纷的界定

府际合作纠纷，是指在开展府际合作的过程中，各地方政府为了自身利益而损害了府际合作的互利性所产生的纠纷。[1] 其要义有三：其一，府际合作纠纷发生在府际合作过程中，是就府际合作本身产生的争端，各级地方政府在府际合作之外发生的纠纷并不属于府际合作纠纷；其二，府际合作纠纷是参与合

---

[1]　王丹：《府际合作治理纠纷仲裁解决机制研究》，广东外语外贸大学 2016 年硕士学位论文，第 26 页。

作的以追求自身利益最大化为目标的地方政府之间产生的纠纷；其三，府际合作纠纷破坏了府际合作的互利性，府际合作的目标在于实现互利共赢，一旦这种互利性被破坏，府际合作纠纷就会发生。①

需要注意的是，府际合作纠纷并不等同于地方政府冲突。地方政府冲突的实质是争取地方利益的活动，争取地方利益的活动可能表现为地方政府之间的竞争，也可能表现为地方政府之间的合作。在地方政府之间的竞争关系以及合作关系当中，都可能发生地方政府冲突。在正常的府际合作关系中，由于合作各方主体所追求的利益可能存在冲突，从而导致地方政府冲突的产生。当府际合作发生纠纷时，这种原本已经存在的冲突就更为明显地表现出来。②

（二）府际合作纠纷的特征

就其特征而言，府际合作纠纷的特点主要体现在四个方面：其一，府际合作纠纷涉及主体多元，府际合作纠纷既包括同级地方政府之间的纠纷，也包括不同级别但互不具有隶属关系的地方政府之间的纠纷；其二，府际合作纠纷涉及领域广泛，府际合作具有跨区域、跨领域的特征，这决定了府际合作纠纷注定会发生在诸多领域当中，同时府际合作纠纷的产生本身也源自于政府职能的交叉，这必然影响各合作主体行使其行政职权；其三，府际合作纠纷源于利益冲突，无论是由于府际合作要解决的公共性问题本身具有跨区域之特征，还是府际合作的事项涉及多个不同的政府职能部门，府际合作纠纷的根本原因都在于不同地方政府及其职能部门之间所代表的利益不同，彼此之间存在利益博弈；其四，府际合作纠纷属于法律争议，在府际合作中政府的行为不仅有内部行为，也有行政行为，而行政行为必须得到明确的法律、法规或规章的授权并

---

① 参见王丹：《府际合作治理纠纷仲裁解决机制研究》，广东外语外贸大学 2016 年硕士学位论文，第 26 页。

② 参见石佑启著：《区域经济一体化中府际合作的法律问题研究》，经济科学出版社 2018 年版，第 396~399 页。

接受其规制，所以府际合作纠纷的本质是一种法律争议。①

（三）府际合作纠纷的类型

就其类型而言，根据不同的划分标准，府际合作纠纷可以进行多种分类。按照合作主体的不同，府际合作纠纷可以分为同级地方政府之间的纠纷，以及不同级地方政府的纠纷。按照合作方式的不同，府际合作纠纷可以分为行政协助方面的纠纷、政府协议方面的纠纷、联合行政方面的纠纷。按照合作内容的不同，府际合作纠纷可以分为边界纠纷、政府协议纠纷、其他利益纠纷。② 前两种分类方式在前文中已有所涉及，在此主要就第三种分类方式进行讨论：其一，边界纠纷。边界纠纷是指不同地方政府之间对行政区域界线的实地位置或者资源权属与使用范围认定不一致而产生的争议，此类纠纷不必然发生在府际合作当中，但涉及资源开发与环境保护的府际合作往往会就边界问题产生争议，从而导致边界纠纷。其二，政府协议纠纷。如果缔结政府协议的各方未能切实履行其义务，就会导致纠纷的产生，其具体表现有三：（1）因不履行导致的纠纷。（2）因迟延履行导致的纠纷。（3）因瑕疵履行导致的纠纷。③ 其三，其他利益纠纷。府际关系的内涵首先应该是利益关系，然后才是权力关系、财政关系、公共行政关系，前者决定后三者，后三者是前者的表现。④ 在府际合作的过程中，如果各地方政府之间、地方局部利益与整体利益之间不能良好地保持平衡，那么就很有可能因为每个合作主体自身利益的需要而产生纠纷。

---

① 参见石佑启著：《区域经济一体化中府际合作的法律问题研究》，经济科学出版社2018年版，第399页。
② 参见王丹：《府际合作治理纠纷仲裁解决机制研究》，广东外语外贸大学2016年硕士学位论文，第26页。
③ 参见王丹：《府际合作治理纠纷仲裁解决机制研究》，广东外语外贸大学2016年硕士学位论文，第26页。
④ 谢庆奎：《中国政府的府际关系研究》，载《北京大学学报（哲学社会科学版）》2000年第1期。

二、府际合作纠纷解决的既有制度

府际合作纠纷解决机制的完善，应该以充分利用既有制度资源为前提。通过梳理宪法及相关法律法规，可以发现在我国现行法律框架内，已经存在一些可以援引用于解决府际合作纠纷的规定。对此，有学者将之概括为三种模式，分别是权力机关解决模式、行政机关解决模式以及司法机关解决模式。[①]

（一）权力机关解决模式

权力机关解决府际合作纠纷的途径有二：其一，权力机关行使撤销权。现行《宪法》第 67 条第 7 项规定，全国人民代表大会常务委员会有权撤销国务院制定的同宪法、法律相抵触的行政法规、决定和命令。现行《地方组织法》第 8 条第 11 项、第 44 条第 8 项规定，县级以上的地方各级人民代表大会及其常务委员会有权撤销本级人民政府不适当的决定和命令。这意味着在我国现行法律框架下，县级以上的权力机关有权撤销本级人民政府不适当的决定、命令或者决议、立法。当府际合作纠纷发生时，通过权力机关撤销本级政府的影响府际合作的不适当的决定、命令或决议，能够对解决府际合作纠纷有所帮助。其二，权力机关行使裁决权。根据《立法法》第 94～95 条之规定，全国人大常委会有权在法律新的一般规定与旧的特别规定不一致时进行裁决，以及对地方性法规与部门规章之间的冲突进行裁决，而地方人大常委会有权在地方性法规新的一般规定与旧的特别规定不一致时进行裁决。权力机关的裁决权，也可以作为解决府际合作纠纷的一种方式。需要注意的是，权力机关行使撤销权，被撤销的对象不仅包括行政法规、地方性法规、规章，也包括权力机关、行政机关制定的规范性文件；权力机关行使裁决权的适用对象，则限于包括法律、行政法规、地方性法规和规章所规定的法律规范。[②]

[①] 参见杨治坤著：《府际合作纠纷解决的制度检视与完善路径》，载《江海学刊》2017 年第 4 期。

[②] 参见杨治坤著：《府际合作纠纷解决的制度检视与完善路径》，载《江海学刊》2017 年第 4 期。

（二）行政机关解决模式

行政机关解决府际合作纠纷的途径有三：其一，上级政府行使改变权或撤销权。根据《宪法》第 89、108 条和《地方组织法》第 59 条规定，上级政府有权改变或撤销所属工作部门、下级政府不适当的决定、命令、指示；国务院有权改变或撤销不适当的部门规章，还有权在部门规章与地方性法规对同一事项规定不一致时决定是否适用地方性法规。"改变"与"撤销"不适当的决定、指示、命令、部门规章，或者"决定"适用地方性法规，可以作为解决府际合作纠纷的一种方式。其二，政府自行或由议事协调机构解决。《地方各级人民政府机构设置和编制管理条例》第 10 条规定了地方政府职责划分异议的解决办法。同时，各级人民政府还可以设置议事协调机构或指定现有机构协调解决职权交叉事项。尽管政府设置的议事协调机构主要是为协调同级政府所辖职能部门之间的行政事务，但是按照同一标准进行行政执法或提供服务，以促进跨行政区公共事务治理的标准化、无差别化，可以预防和减少府际合作纠纷。其三，政府协议自身的协商解决机制。我国现行法律体系并未对政府协议的制定主体、制定程序、协议内容、协议效力、协议的履行、违约责任及其实施机制等有所规定，从而导致实践中的政府协议仅仅是合作各方政府之间的联合宣言。不过，政府协议自身所具有的平等协商的特性，还是能起到一定的自我救济作用的。①

（三）司法机关解决模式

司法机关解决府际合作纠纷的途径有四：其一，对规章的"参照"适用。现行《行政诉讼法》第 63 条第 3 款规定，人民法院审理行政案件"参照"规章，这意味着人民法院可以对规章的合法性进行判断，进而决定是否适用。由此，从法律逻辑上推断，如果是基于规章的规定引起行政权能纠纷，进而引发

---

① 参见石佑启著：《区域经济一体化中府际合作的法律问题研究》，经济科学出版社 2018 年版，第 408 页。

府际合作纠纷，则人民法院可以对该规章的合法性进行甄别后决定是否适用该规章。① 其二，对规范性文件的附带审查。现行《行政诉讼法》第53条第1款规定人民法院可以对规范性文件进行附带审查。据此，司法机关可以间接地解决行政行为背后的行政权能争议，从而有助于解决府际合作纠纷。其三，行政诉讼第三人制度。《行政诉讼法》第29条第1款规定了行政诉讼第三人制度。当行政相对人提起行政诉讼，作为第三人参加诉讼的另外行政机关与被诉行政机关之间存在行政权能纠纷的，完全可以通过行政诉讼机制解决行政权能纠纷。② 其四，行政诉讼判决制度。《行政诉讼法》第70、72条规定了人民法院可以作出撤销判决、履行判决，这意味着人民法院通过对行政机关法定职责权限进行认定，要么排除该行政机关有该项行政权能，要么确认该行政机关有该项行政权能，从而确定行政权能归属，客观上也能附带解决行政权能纠纷问题，从而解决由此引发的府际合作纠纷。③

三、府际合作纠纷解决的机制完善

如前所述，我国现行法律体系中具有不少可援用于解决府际合作纠纷的既有制度，包括权力机关对抽象行政权能争议的解决，行政机关基于纵向的单方处理和基于横向的协商解决，还有司法机关附带性解决行政权能争议等。然而，尽管既有制度资源如此丰富，府际合作纠纷仍然在实践中频繁发生。因此，有必要充分利用既有制度，并在此基础上建立健全科学有效的府际合作纠纷解决机制。

(一) 既有机制存在的问题

就既有的府际合作纠纷解决机制而言，其主要存在以下三个方面的问题：

---

① 参见张显伟：《府际权限争议权力机关解决及机制建构》，载《学术探索》2013年第4期。

② 张显伟：《府际权限争议权力机关解决及机制建构》，载《学术探索》2013年第4期。

③ 杨治坤：《府际合作纠纷解决的制度检视与完善路径》，载《江海学刊》2017年第4期。

其一，权力、行政机关解决模式缺乏操作规则，具体有四：（1）在启动程序上，这两种解决模式的启动都具有必然性，缺乏对府际合作纠纷解决的申请主体、申请条件、受理机构等的细化规定，导致实践中府际合作纠纷解决机制的启动具有很大的随意性。（2）在处理程序上，在这两种解决模式中，权力机关或者上级政府在处理纠纷的过程中有自身的权威，由于缺乏相应的程序性权利规定，很可能导致权力机关或上级政府的单方意志取代纠纷处理过程中本应具备的协商、妥协精神，导致纠纷处理结果不公正。（3）在监督保障上，这两种解决模式处理纠纷的方式、过程、结果往往被认为是对行政权能的重新调配，属于行政系统的内部事务，不向社会公开，所以公众无法监督。（4）在责任追究上，行政权能纠纷本身即意味着职责不清，追责有难度，同时纠纷解决程序又不完善，导致难以对参与解决府际合作纠纷的主体违反程序进行追责。①

其二，司法机关解决模式启动被动且偏向个案。我国行政诉讼制度并不是为了解决行政机关之间的权能纠纷而设计的，其目的在于解决行政机关与行政相对人之间的纠纷，行政机关之间的权能纠纷解决依附于行政机关与行政相对人之间纠纷的解决。② 所以，对于行政机关之间的权能纠纷，只有同时牵涉侵犯行政相对人合法权益并由行政相对人启动司法救济程序时，其纠纷才可能被司法机关附带性解决。启动程序的被动性导致行政权能纠纷通过司法途径解决具有一种必然性。③ 此外，基于司法和行政的权力分工以及司法个案解决的特性，即便司法机关能够附带性地解决行政权能纠纷，其所产生的法律效果也仅仅局限于个案，而不能对后来基于同一行政权能纠纷导致的案件产生约束力。

其三，缺乏对府际合作纠纷解决的专门性规定。长期以来，我国对于行政

①　参见叶必丰、何渊、李煜兴、徐健等著：《行政协议：区域政府间合作机制研究》，法律出版社 2010 年版，第 232 页。
②　杨治坤：《府际合作纠纷解决的制度检视与完善路径》，载《江海学刊》2017 年第 4 期。
③　参见石佑启著：《区域经济一体化中府际合作的法律问题研究》，经济科学出版社 2018 年版，第 414 页。

权限冲突都不够重视，在实践中只见不断增设协调机构和领导小组来解决部门之争，专门法律制度却始终不见出台。① 我国法律规范偏重于对纵向的地方政府及其职能部门进行授权，而对于地方政府及其职能部门的横向关系仅在个别条款中有所涉及。无论是权力机关解决模式、行政机关解决模式还是司法机关解决模式，既有制度对于解决府际合作纠纷的主体、程序、结果的监督执行等都缺乏专门而全面的规定，由此便导致府际合作纠纷解决实践的非规范化。②

（二）纠纷解决机制的完善

在既有的权力机关、行政机关和司法机关三种解决模式中，司法机关附带性解决已具有相对比较完备的运作制度，且其不可避免地具有被动性、个案性之特征，故而府际合作纠纷解决机制的完善应着力于权力机关和行政机关解决模式，具体应从以下几个方面着手。

其一，明确纠纷解决的提请主体。从规范冲突解决的视角来看，发生规范冲突的规范制定主体都应该有权提请有权机关处理，但是从纠纷产生的逻辑顺序上考虑，府际合作纠纷中直接利害关系主体会更有动力寻求纠纷的解决。因此，可以采取以下两方面的措施：（1）发生府际合作纠纷的各地方政府，因其与行政权限争议有直接利害关系，均有权提请纠纷解决。（2）特定的地方团体为维护团体利益也享有提请解决纠纷的权利。③

其二，设立纠纷解决的审查机构。宪法和组织法将解决规范冲突的权力赋予了权力机关和上级政府，但从权力机关和人民政府的组织架构、工作机制、会议规则、成员结构等层面看，这并不足以及时、有效地解决规范冲突。因此，有必要在各级人民代表大会常委会、各级人民政府中设置一个办事机构，

---

① 金国坤：《部门间权限冲突的法制化解决之道》，载《甘肃行政学院学报》2008年第4期。

② 杨治坤：《府际合作纠纷解决的制度检视与完善路径》，载《江海学刊》2017年第4期。

③ 石佑启著：《区域经济一体化中府际合作的法律问题研究》，经济科学出版社2018年版，第422页。

专门负责府际合作纠纷的具体处理。①

其三，细化纠纷解决的审理规定。在明确府际合作纠纷解决的审查机构的基础上，还需要对审理纠纷的具体规则进行规定，主要有以下四个方面：（1）期限规定，包括申请、受理、解决的期限。（2）材料提交，提请主体必须在法定期限内向处理主体书面提出处理申请并附上相关材料。（3）案件受理，处理主体符合条件的案件予以受理并告知相对方提供相应材料。（4）案件审理，府际合作纠纷案件应当公开审理，并就其合法性、合宪性及区域一体化政策作出裁决。②

---

① 参见张显伟：《府际权限争议权力机关解决及机制建构》，载《学术探索》2013年第4期。

② 石佑启著：《区域经济一体化中府际合作的法律问题研究》，经济科学出版社2018年版，第422页。

第八章 协 同 治 理

　　政府与社会的合作，可以弥补政府机制和市场机制引发的缺陷，合理的配置社会资源，从而达到良好的社会治理效果。协同治理或者说公私合作一般是指以协同为手段，社会治理为目的行政机关利用私人部门的资金、技术和管理经验等优势来实现行政任务。

　　协同治理行为作为社会治理的重要方法，其背后主要有治理学基本理论、公共选择理论、合作国家理论、协同学理论、马克思主义统一战线理论以及社会资本理论等多学科理论作为其理论基础。协同治理模式作为特殊的治理模式，主要包括行动者系统的开放性原则、行动策略组合的多样性原则、文化制度结构的适应性原则、网络化组织的创新性原则以及协同机制的有效性原则等。

　　社会治理协同机制，就是政府在社会治理中发挥主导作用，通过建立健全各种制度化的沟通渠道和参与平台，推动落实各项相应的制度建设和政策措施，从而充分发挥社会力量在社会治理中的作用机制。社会治理协同机制是一个复杂系统，构成要素包括社会治理协同主体、社会治理协同客体、社会治理协同手段、社会治理协同动力、社会治理协同目标等要素等。社会治理协同机制应该包括政府主导机制、责任分担机制、合作动力机制、运行保障机制、平等协商机制、集体行动机制、利益平衡机制、信息共享机制、监督评估机制等。协同治理的行为模式主要包括行政协议、行政指导、政府招投标等。

　　协同目标中的"共识"表示协同各方在对问题进行充分讨论、发表意见的基础上就问题、纠纷的性质及解决方案取得一致的认识。协同治理实践机制包括方法协商机制、纠纷解决机制、问题解决机制。对于协同治理得到争端解决，可以签订新型协议，构建多元争端解决机制，下移争端解决机制选择权等方式来需求解决路径。担保理论为协同治理提供责任分配的理论基础，要发展与公私协同治理模式相符的新型行政诉讼种类来实现协同高效的整体规制，还应当建立社会治理协同机制的效果评价与监督体系。

随着我国的法治政府建设逐步完善，我国政府的运转逻辑也从公共管理逐步向公共治理上转变，以期达到一种善治的目标。善治有赖于良法之保障，这既是法治原则的基本意涵，更是对法治精神的根本诠释。公共利益作为一种全社会普遍的价值追求，也早已不是政府单方面可以达成的效果。政府与社会的协同治理正是回应了公共利益最大化的诉求。其可以弥补政府机制和市场机制引发的缺陷，合理地配置社会资源，从而达到良好的社会效果。著名学者俞可平先生较早地将"治理"和"善治"概念引入国内，并对善治的基本特征进行概括："善治就是使公共利益最大化的社会管理过程，其本质特征是政府与公民对公共生活的合作管理，是政治国家与市民社会的一种新颖关系，是两者的最佳状态。"[1]协同治理能够达到善治的目的，使社会福利得到延续和增长，形成良好的循环。

第一节　协同治理的概念、法理与原则

假若以协同治理理论生成的养分来源为依据探究其理论渊源，则可溯及古希腊政治学以来直至当代政治学、管理学、社会学和自然科学等诸多理论成果。但依协同治理理论的内核看，马克思主义合作思想、协同学理论、多元主

---

[1]　俞可平：《全球治理引论》，载《马克思主义与现实》2002年第1期。

义民主理论和政策网络理论当是其最为重要的理论渊源。而在公私合作过程中行政机关利用私人部门的资金、技术和管理经验等优势来实现行政任务，对提高管理效率和减轻财政负担，改变行政机构不断扩充人员增加、财政不堪重负、行政效率低下的现状具有重要意义。公私合作完成行政任务制度的出现备受各国政府青睐，正日益成为各国政府实现其经济目标及提升公共服务水平的核心理念和措施。①

一、协同治理的概念

协同治理作为一种治理模式，开展对协同治理的研究主要涉及两个核心概念的界定，一是作为目的的社会治理，二是作为手段的协同，厘清这两个核心概念是研究的基础和前提。

（一）协同的基本意涵

我国自古以来就有着丰富的协同思想，如《汉书·律历志上》："咸得其实，靡不协同。"② 《后汉书·桓帝纪》："内外协同，漏刻之闲，桀逆枭夷。"③ 宋庄季裕《鸡肋编》卷中："誓书之外，各无所求，必务协同，庶存悠久。"④ 以上我国古代文献的记载对"协同"作了较为详细诠释。在我国古代思想中，"协同"的内涵具有如下特点：（1）关系的团结性或者叫作关系的和谐性。（2）运转的合作性，即强调主体参与的多元性。（3）状态的运动性。即协同是动态而非静态的过程。

西方的协同思想散见在西方各种经典文献中，其内涵也比较注重过程与目的的和谐性。进入近代，西方在协同理论研究方面取得突破性进展，德国物理学家赫尔曼·哈肯提出了协同学的思想。哈肯的协同学思想是在其从事物理学

---

① 任何制度的产生和发展都有赖于一套完整健全的理论支撑，协同治理正是以治理理论、公共选择理论、合作国家理论等理论为基础理论体系作支撑的。

② 参见班固的《汉书》。

③ 参见范晔的《后汉书》。

④ 参见庄绰的《鸡肋篇》。

研究的过程中发现的，同时，他在发现协同学思想的过程中也特别强调了其对社会科学的适用性。哈肯在其著作《协同学：大自然构成的奥秘》一书中通过对不同案例的分析，阐述了他的协同学思想。① 通过对哈肯著作的梳理，哈肯所界定的协同有以下几个特点：（1）协同是一种新的研究范式。它打破了以往社会科学、自然科学固有的研究范式，它注重研究既有结果出现的规律性特征。（2）协同的内在机理注重关注自然、社会现象的量变状态。协同关注量变瞬间的关系状态，从这一视角研究各种构成要素在量变中的功能与作用。（3）协同强调整体视角。它注重把整体的状态、关系作为研究的基本前提与维度，从宏观向微观过渡。（4）协同在强调微观构成要素功能性的前提下，更为强调整体大于个体的结果性特征。通过对协同学的认识与了解，协同应具有整体性、互动性、功能性、逻辑性、结果的整体大于部分性五个特征。

目前，学界对社会治理协同的研究基本仍处于起步阶段，对其内涵的研究也还处于探讨阶段，一般认为它是指"政府与各类社会组织之间分工、协作的治理模式，有利于改变单位制解体后民众的'原子化'状态，增强公民的组织性，协调和整合多元化的利益和社会矛盾"。② 社会治理协同，就是在社会治理中通过各类社会治理主体的组织、协调、合作、互动，有效整合社会资源，积极建立政府治理力量与社会治理力量互动的社会治理网络。这一治理网络应该具有以下特点：（1）协同主体的多中心性。社会治理协同的展开依赖于主体之间的协同、合作，但是，协同、合作开展的关键在于主体之间互动关系的确定。今天我国社会治理中的协同机制关系应该是多中心性③的。（2）协同关系的团结性。社会治理协同决不能因强调统一而消除对立，因为每一个个体都具有自身的功能，没有了对立也就很难谈到统一，因此，社会治理协同主

① 哈肯著：《协同学：大自然构成的奥秘》，上海译文出版社 2005 年版。

② 王卫：《宪政视野中的社会协同——基于我国城市基层治理问题研究》，载《深圳大学学报（人文社会科学版）》2010 年第 2 期。

③ 多中心性与多元性并不相同，多元性在强调主体数量不唯一的同时，还强调治理主体结构中的一元中心性，即在众多治理主体中必有一个主体是中心主体，发挥主导作用；而多中心性则是在肯定多元主体的同时，更为强调多中心，即在众多治理主体中应有一个以上的中心主体，而且这一中心主体不固定。

体间关系的定位应明确在团结这一维度。团结就允许有分歧，有斗争，就允许在机制中保留各主体的个性，但团结更强调合作、协调、有序，只有这样社会治理协同才能在对立统一的过程中实现结果的最优。（3）协同结果的扩大性。协同的目标能否实现是协同是否有效的最终检验标准。协同机制的最大特点在于其结果的1+1〉2，即协同治理的结果远好于治理主体单一作用的发挥和简单合作治理的结果。这是因为在协同理论指导下，社会治理协同机制的运行是在其自身内部系统运转、调整、协作下展开的，是内部各主体间信息交流、能量转换、资源共享、各司其职的结果。①

（二）社会治理之基本意涵

"社会"一词在我国古代出现较少，查阅古代典籍，我们发现"社会"一词分开出现的频率较高，如《孝经·纬》中说："社，土地之主也。土地阔不可尽敬，故封土为社，以报功也。"② 即说"社"是祭祀土地神的地方。《日知录》中有："社之名起于古之国社、里社，故古人以乡为社。"③ 这里的"社"主要指乡村基层组织。"会"在我国古代主要指集会、庙会等，有时也指民间组织团体。④ 显然，我国传统意义上的社会与现代社会学研究中的社会以及现实中的实际社会形态有着巨大的区别。

目前学界所定义的"社会"概念，来源于西方社会学的思想，自社会学作为一个学科出现以来，西方学者从不同的角度、视域以及历史发展的现实背景出发对于什么是社会给出了诸多定义。"协同治理"在学术界还没有获得准确的概念定位，比较多的研究人员侧重于"治理""协同政府"等意义的挖掘，关注其多元的价值而忽略了"协同"的本意。"协同"本意旨在对合作主义意识形态的追寻，在现代化的进程和多元治理主体并存的局面下，政府的垄断权威无法应对更加繁杂的社会治理事务，因而就产生了政府与社会的协同治

① 李小妹：《论协同治理中的新型公共管理者》，载《领导科学》2019 年第 2 期。
② 参见孔子及其弟子所作《孝经·纬》。
③ 参见顾炎武的《日知录》。
④ 王思斌主编：《社会学教程》，北京大学出版社 2003 年版，第 78 页。

理意识。就协同治理的问题意识而言，当代中国社会呈现出国家行政权力对公共事务的强渗透的现象，社会的碎片化与溃败趋势日益明显。① 对国家权力和社会权利的张力予以重构性的审视，加强政府与社会的合作，是协同治理的核心问题。

国内学者对社会的界定比较有代表性的论述如下：我国著名社会学家费孝通认为"社会是一群按照共同的行为模式经营集体生活的个人，我们不妨称之为群体。在普通日常用语里就成为社会"。② 丁元竹认为"社会是由居住在同一社区或不同社区，来自同一文化或不同文化、同一制度或不同制度、同一组织或不同组织的个体成员组成的群体，他们以共同的利益和共同的价值为基础，通过社会组织、政府机构来处理社会事务、提供社会公共服务"。③ 李君如认为"社会是与自然界相区别的包括经济、政治、文化诸要素在内的物质世界"。向春玲认为"社会是包括政治、经济、文化和社会生活的有机系统"。④ 除上述学者对社会的界定之外，还有很多学者从各自的角度对社会进行了界定，如有学者认为"社会是与个人和国家相区别的社区、社团、社会事业等"。还有学者认为"社会就是指社会生活子系统"。也有学者认为"社会一般不包括经济领域"。国内学者对社会内涵的不同理解源于不同学者思考与分析视角的差异。这些差异具体体现在以下几个方面：（1）对社会定义的外延的认识存在不同。有些定义将社会的外延范围延展到了所有现实存在的系统，包括政治领域、经济领域、思想领域，等等，这些定义的优长在于可以更为全面地概括社会所研究的对象，但要注意的是，我们在运用这些定义的过程中要避免研究范围过大所可能导致的泛化问题。与之相反，有些定义则将外延限定在社会生活领域，这样的界定比较简单，针对性较强，但是可能会对社会学相关领域的拓展研究带来一些影响。（2）对社会定义研究的逻辑起点不同，有

---

① 杨华锋著：《协同治理——社会治理现代化的历史进路》，经济科学出版社 2017 年版，第 74 页。

② 费孝通著：《神兽之间》，北京大学社会学所资料室 1991 年版，第 103 页。

③ 丁元竹：《中国社会管理的理论建构》，载《学术月刊》2008 年第 2 期。

④ 邓伟志著：《创新社会管理体制》，上海社会科学院出版社 2008 年版，第 93 页。

些国内学者对社会内涵的界定是以政府、市场、社会三维分析框架为逻辑起点的；而有一些学者是以政府——社会二分法为研究的逻辑起点的，我们可以注意到无论三维分析框架还是二分法分析框架都比较注重研究的逻辑独立性。（3）从学科视角出发研究社会。如政治学学者习惯将社会的界定与政府、市场相分离，认为社会就是政治学角度的市民社会①，还有学者以学科划分为原则认为社会就是除经济活动以外的行为，等等。

纵观国内外学者对"社会"所给出的概念，结合目前中国社会治理创新的实际，社会应该是指处于特定区域和时期、享有共同文化并以物质生产活动为基础，按照一定的行为规范相互联系而结成的有机总体。

关于社会治理，西方的社会治理从主体功能的角度大致经历了政府主导、政府让位、政府回归、新公共管理、合作治理几个阶段。在西方的封建社会时期，西方社会治理的主体是政府，政府承担了绝大部分社会治理的职能，这种情况一直持续到亚当·斯密"守夜人"思想的出现。② 在"守夜人"思想的影响下，19 世纪 20 年代以前的西方各国，社会治理的主体虽然是政府，但是政府却在从各个领域让位，特别是经济领域。到第一次世界经济危机之后，在凯恩斯主义的影响下，西方社会的社会治理重新回归到了以政府为主导的阶段，而且，此时的政府所承担的职能在不断扩大③。进入 20 世纪六七十年代，鉴于经济危机的影响，西方开始了新公共管理运动，以英国为代表的新公共管理国家开始将政府的社会治理职能逐步收缩，并通过引入企业管理模式、公共服务外包模式等来减少政府对社会治理的干预。以新公共管理运动为开端，多元主体的思想开始在社会治理领域受到关注并被付诸实践中。④ 进入 20 世纪 90 年代，相关学者对"政府失灵""市场失灵"的关注日益提高，政府失败理

---

① 邓正来著：《国家与市民社会——一种社会理论的研究路径》，中央编译出版社 2002 年版，第 83 页。

② 郑杭生：《社会建设和社会管理研究与中国社会学使命》，载《社会学研究》2011 年第 4 期。

③ ［英］罗茨：《新治理：没有政府的管理》，载《政治研究》1996 年第 154 期。

④ ［英］格里·斯托克：《作为理论的治理：五个论点》，载《国际社会科学（中文版）》1992 年第 2 期。

论让人们进一步认清了政府在社会治理中的局限性，治理理论从此出现，并广泛受到世界各国的关注。同时，治理理论作为一种新的管理理论开始进入各国社会治理的实际操作之中。

在中国现时语境下，所谓社会治理应该是以政府为核心的多元社会主体为促进社会系统协调运转，通过平等合作的伙伴型关系，对社会系统的组成部分、社会生活的不同领域以及社会发展的各个环节进行组织、协调、指导、规范、监督和纠正社会失灵的过程。社会治理的基本任务包括协调社会关系、规范社会行为、解决社会问题、化解社会矛盾、促进社会公正、应对社会风险、维持社会和谐等方面。社会治理突出的特点表现为：（1）强调合法权力来源的多样性。虽然政府是社会治理合法的权力来源。但在目前的情况下，政府俨然已不能是社会治理合法权力的唯一来源。社会组织、人民团体、企事业单位、社区组织等也应该成为社会治理的合法权力来源。社会治理的主体是多元的，任何一个单一社会治理主体都不能垄断社会治理的整个过程。① （2）强调发挥多元主体的作用。当前，社会结构深刻变动、社会事务日趋复杂。很多社会事务都具有高度的综合性和复杂性，涉及方方面面，牵连到不同群体的利益，这就要求多元主体的共同参与。多元主体作用的发挥不仅体现在对社会治理结果的评价和反馈，也应该体现在社会政策的制定和实施。② （3）强调在多元行为主体之间形成密切的、平等的网络关系。在多元参与的基础上，社会治理更加强调多元主体在社会治理过程中的平等地位。社会治理的过程从一定意义上说是多元主体在平等的基础上合作共治的过程，它把有效的治理看作各社会治理主体之间的合作过程。③ （4）强调运用市场的、法律的、文化的、习俗的等多种管理方法进行治理，而不再是主要依靠政府的权力发号施令。社会治

---

① 李辉：《善治视野下的协同治理研究》，载《科学与管理》2010 年第 6 期。

② 也就是说，在社会治理过程中，政府之外的其他社会治理主体不仅是社会治理结果的接受者，也应该是社会治理过程的参与者、发起者。这种多元社会治理主体通过自主表达、协商对话并达成共识的方式能够形成切实符合社会整体利益的社会政策，从而达成社会整体利益最大化的效果。

③ 在现代社会，原先由政府承担的职能正在越来越多地由政府和各种社会组织、私人部门、基层自治组织、人民团体组成的治理网络来承担。

理者要通过运用新的方法和技术来更好地对社会公共事务进行治理。政府应更多地采取引导的方式、更少地采用管制的方式，其他社会治理主体应多地承担社会治理的责任，市场力量在社会治理中应该发挥更加重要的作用。

二、协同治理的法理

任何制度的产生与完善，既要吸收实践的经验又要拥有完整且有效的理论支持，失去了理论支持的制度就如"空中楼阁""无本之木"，在其合理性与正当性上都会有所缺失，在面对实践挑战时失去其解释力与效力。协同治理行为作为社会治理的重要方法，其背后主要由治理学基本理论、公共选择理论、合作国家理论、协同学理论、马克思主义统一战线理论以及社会资本理论等多学科理论作为其理论基础。

（一）治理理论

现代意义的"治理"概念是世界银行在 1989 年发表的报告中面对非洲国家公共治理的危机而提出的，后成为指导公共行政改革的一种理论基础。[①] 1995 年，全球治理委员会发表的题为《我们的全球伙伴关系》的研究报告中，对治理作出了如下界定："治理是各种公共的或私人的个人和机构管理其共同事务的诸多方式的总和。"[②] 日本学者星野昭吉认为，"治理是个人与权力机关、社会与私人之间管理共同事务多种方式的总和"。[③] 治理理论就是在对政府与市场、政府与社会、政府与公民这三对基本关系的反思过程中产生的。传统政府统治的权力运行方向总是自上而下的，它运用政府的政治权威，通过发号施令、制定政策和实施政策，对社会公共事务实行单一向度的管理。治理强调政府与公民之间在管理过程中的交流与合作，政府不再是这一活动的唯一主

[①]　张康之主编：《公共行政学》，经济科学出版社 2002 年版，第 345 页。

[②]　《我们的全球伙伴关系》，牛津大学出版社 1995 年版，第 23 页。转引自俞可平主编：《治理与善治》，社会科学文献出版社 2000 年版，第 4 页。

[③]　［日］星野昭吉著：《全球政治学——全球化过程中的变动、冲突、治理与和平》，刘小林、张胜军译，新华出版社 2000 年版，第 279 页。

体，社会公共事务的管理还应包括政府体制外的社会公共机构和行为者。它们在特定领域与政府合作，分担政府的行政管理责任。各种公共的或私人的机构只要其行使的权力得到公众的许可，就都可能成为在各个不同层面上的权力中心。它所寻求和实现的目标——"善治"，也就是达到公共利益最大化，其实质就是"政府与公民对公共生活的合作管理，是政治国家与公民社会的一种新颖关系"。①

从治理的角度看，治理的主体可以是公共机构，也可以是私人机构，还可以是公共机构和私人机构的合作。② 在公共行政的很多方面，就不再单纯由政府来完成，而可以通过政府与市场合作的"治理"方式来进行管理。"治理是政治国家与公民社会的合作，政府与非政府的合作，公共机构和私人机构的合作，强制与自愿的合作。"③ 治理理论强调，各种非政府机构包括私人部门和自愿团体在社会和政府治理中应该积极参与并承担相应的责任，国家与社会组织间是相互依赖关系，而且要实现合作与互动，从而突破了国家与社会二元对立的传统思维。政府和社会、政府与市场的责任界限相当模糊，政府正在把原先由它独立承担的责任移交给私营部门和第三部门，而且在多元化的治理主体之间存在着权力依赖关系与合作伙伴关系，私人部门和公民自愿性团体正在承担越来越多的原先由国家承担的责任。

（二）公共选择理论

公共选择理论是对传统市场理论和凯恩斯政府干预主义批判的过程中逐渐发展起来的。所谓公共选择，就是指非市场的集体选择，实际上就是政府选择，即通过集体行动和政治过程来决定公共物品的需求、供给和产量，是对资源配置的非市场选择。④ 公共需求是当社会或者众多个人作为一个整体时所产

---

① 徐勇著：《乡村治理与中国政治》，中国社会科学出版社 2003 年版，第 362 页。

② 蔡全胜：《治理：公共管理的新图式》，载《东南学术》2002 年第 5 期，第 25 页。

③ 马建川、翟校义著：《公共行政原理》，河南人民出版社 2002 年版，第 83 页。

④ 张恒：《公共选择理论的政府失灵说及其对我国政府改革的启示》，载《广西社会科学》2001 年第 4 期。

生的需求。① 它是社会公众在长期的生产和生活中形成的共同的个人需求，但其不是个人需求的简单相加。② 在现代社会，公共需求主要包括以下六个方面：（1）维护社会公共秩序与安全秩序的公共需要，如国防、公安、外交等。（2）维护经济秩序和市场交易秩序的公共需要，如市场监管、知识产权保护、公正司法等。（3）为全体社会成员提供公共设施与公共管理的公共需要，如公众医疗保健、义务教育、公共交通、公共图书馆等。（4）建立社会保障与救济体系，扶助社会弱势群体的公共需求，如公共组织的扶贫、社会保险等。（5）管理公共资源与公共财政的公共需求，如同有资产管理，保护环境、自然资源、人文资源等。（6）在生活水平进入发达状态后，公众对人权、自由等公民权利的公共需要。③

用布坎南的话说，"公共选择是政治上的观点，它从经济学家的工具和方法大量应用于集体或市场决策而产生"，"它是观察政治制度的不同方法"。④ 以公共选择理论一个著名的假设，即以经济人假设为出发点。"经济人"假设认为，人是关心个人利益的，是理性的，并且是效用最大化的追逐者⑤，在市场领域中如此，在公共领域更是如此。⑥ 公共选择理论认为，政府不是神的创造物，它并没有无所不在和正确无误的天赋，它本身是经济人。在他们看来，官僚和其他的人一样，不是受到公共利益的激励，而被认为是受到其利己利益的激励。他们呼吁政府退出某些活动领域，尽可能地使许多活动返回到私营部门，"最好的"结果是市场作用的最大化，政府的作用则相应减少。

公共选择理论认为政府存在普遍的失败，并提出了自己独特的解决问题的

① 刘京焕著：《公共需求研究》，中国财政经济出版社 2000 年版，第 12 页。
② 江国华：《PPP 模式中的公共利益保护》，载《政法论丛》2018 年第 6 期。
③ 王高玲主编：《公共事业管理专业导论》，东南大学出版社 2014 年版，第 19 页。
④ ［美］布坎南著：《自由、市场和国家》，北京经济学院出版社 1988 年版，第 18 页。
⑤ ［美］丹尼斯·缪勒著：《公共选择理论》，杨春学译，中国社会科学出版社 1999 年版，第 3 页。
⑥ ［德］哈贝马斯著：《公共领域及其结构转型》，上海学林出版社 1999 年版，第 9 页。

方式，即更多地关注政府与社会的关系，主张用市场力量改造政府的功能，提高政府效率，以克服政府失败。它认为没有任何逻辑理由证明公共服务必须由政府官僚机构来提供。公共选择理论主张将竞争机制引入政府公共服务领域，打破政府独家提供公共服务的垄断地位，将政府的一些职能释放给市场和社会，建立公私之间的竞争，通过外部的政府与市场关系的重组来改革政府。

（三）合作国家理论

合作国家理念是国家与社会从二元对抗走向合作国家任务演变与国家角色变迁的必然结果。20 世纪 70 年代以来，各国政府针对"政府失灵"现象，开始"解除管制"和推行"民营化"策略。"解除管制"和"民营化"，对行政法而言，其实仍具有持续一贯的政治任务，国家虽然可以从自己的给付责任中解放出来，但取而代之承担的可能是监督责任，同时也有可能是保证责任或是组织化责任。[1]

德国学者 Ernst Hasso Ritter 最早提出了"合作国家"的概念[2]，国家理念也从昔日的给付国家变迁到合作国家。"合作国家"理念支配下，国家诚挚地要求社会"参与"，透过合作可以激发出社会中私人部门的潜能，利用私人部门的资金、技术、管理经验等优势。合作国家中国家在给付的同时，对部分国家的任务的履行经由私人接手，国家仅监督和担保责任。

（四）协同学理论

协同学，即"协同合作之学"。[3] 正如上文笔者所介绍的，协同学理论发端于 20 世纪 70 年代的西方，著名物理学家哈肯教授在物理实验的过程中发现

---

[1]　程明修著：《行政法之行为与法律关系理论》，台湾新学林出版股份有限公司 2005 年版，第 245 页。

[2]　张桐锐：《合作国家》，载《当代功法新论（中）翁岳生教授七秩诞辰祝寿文集》，台湾元照出版公司 2002 年版，第 566 页。

[3]　孙中一著：《耗散结构论·协同论·突变论》，中国经济出版社 1989 年版，第 201 页。

了协同现象，并阐发为协同学。阅读哈肯教授的著作《协同学——大自然构成的奥秘》一书，可以很好地理解哈肯教授的理论思想①。但是，由于其所研究的对象是以自然科学为主，因此，在阐释协同学的过程中他习惯于按照案例分析的逻辑框架展开理论介绍，这就导致了在其著作中对理论的阐述显得较为分散，不利于系统全面地展现弊端。所以，本书在介绍协同学理论的过程中更多地参考了国内相关自然科学、经济学等相关领域学者对协同学研究的成果。协同学理论认为那些与外界有着充分物质与能量交换的开放系统，它们从无序到有序的演化都遵循着共同的规律，即在一定条件下，由于构成系统的大量子系统之间相互协同的作用，在临界点上质变，使系统从无规则混乱状态形成一个新的宏观有序的状态。根据刘光容对协同学研究的成果，协同学的核心内容有以下几个方面：协同学的理论核心是自组织理论，这种自组织随"协同作用"而进行。"协同作用"是协同学与协同理论的基本概念，实际上就是系统内部各要素或各子系统相互作用和有机整合的过程。在此过程中强调系统内部各个要素之间的差异与协同，强调差异与协同的辩证统一必须达到的整体效应等。②

协同学和自组织理论的观点主要有：（1）自组织理论中所指的"系统"具有相当的普遍性，包括非生物界和生物界、微观的和宏观的，它涵盖不同领域和不同学科中的各类系统，强调系统的开放性。（2）系统从无序到有序或形成新的结构和功能，主要通过系统内部的因素自发组织建立起来的。（3）协同理论中的"自组织"就是系统自身具有能使系统从不平衡状态恢复到平衡状态的能力，这种自组织能力赋予一个系统从无序到有序的转变机制和驱动力。（4）各种自组织系统的形成都是由于子系统之间的合作形成序参量，在序参量的作用和支配下形成一定的自组织结构和功能。（5）控制参量的改变是系统自组织形成的重要途径。协同学中的自组织理论对于当今社会治理中的

---

① ［德］哈肯著：《协同学——自然成功的奥秘》，戴鸣钟译，上海科学普及出版社1988 年版。

② 白列湖：《协同论与管理协同理论》，载《甘肃社会科学》2007 年第 5 期。

群众自我管理和社会组织的主动参与具有极大的理论启示作用。协同学理论为社会治理协同机制的构建提供了重要的理论基础。

（五）社会资本理论

法国近代著名社会学家皮埃尔·布尔迪厄为社会资本理论的出现作出了开创性的贡献。布尔迪厄从场域的研究维度出发，对社会关系作了新的阐释和理解，进而构建了社会资本的相关理论。所谓场域是指，以各种社会关系连接起来的、表现形式多样的社会场合或社会领域，虽然场域中有社会行动者、团体机构、制度和规则等因素存在，但是场域的本质是这些社会构成要素之间的关系，即社会关系网络。用布尔迪厄自己的话说："一个场域可以被定义为在各种位置之间存在的客观关系的一个网络，或一个构型。"①

研究社会资本的另一位美国著名社会学家詹姆斯·科尔曼对社会资本理论的丰富与发展也作出了重大的贡献。科尔曼认为："使用社会资本这一概念的意义在于，可以通过分析社会结构，识别其特征""社会资本把人们的注意力引向社会结构的功能，即行动者以此种结构为资源，可以实现其自身利益。"②

社会资本理论从一个新的视角跳出了人们习惯以利益作为出发点研究社会的习惯，从关系的角度入手来分析社会群体之间、个体之间关系的重要性。社会资本理论强调社会群体、个体之间可以通过各种形式的关系进行信息、资源等的交流与互换，同时利用这些关系的内在流动过程实现自我的需要。③

三、协同治理的原则

治理理论与实践的发展已经在形成一系列普遍性的治理原则，但就协同治

---

① ［法］皮埃尔·布尔迪厄、［美］华康德著：《实践与反思——反思社会学导论》，李猛译，中央文献出版社 1998 年版，第 23 页。

② 卜长莉著：《社会资本与省会和谐》，社会科学文献出版社 2008 年版，第 71 页。

③ 刘卫平：《社会协同治理：现实困境与路径选择——基于社会资本理论视角》，载《湘潭大学学报（哲学社会科学版）》2013 年第 4 期。

理模式而言，协同治理模式作为社会治理创新体系中的一种话语尝试，以其多元性为代表的诸多属性还是决定了协同治理理应具有一些其他治理模式所不具有的特殊性原则，主要表现为行动者系统的开放性原则、行动策略组合的多样性原则、文化制度结构的适应性原则、网络化组织的创新性原则以及协同机制的有效性原则等。

（一）行动者系统的开放性原则

人类社会的开放性既具有客观普遍性，又具有内在必然性。① 行动者构成体系的开放性是指治理系统与行政生态发生交换关系的属性，即治理系统从行政生态中输入物质、能量与信息的属性，并向行政生态输出物质、能量与信息的属性。这种开放性的存在是协同治理的基石，也是协同治理与其他治理策略相较而言的最为关键的优势。② 其要义有五：（1）可以遏制权力系统的封闭性与集中性趋势，继而避免政府主导型治理模式下行政国家现象的出现。（2）可以打破公共治理领域中的"权力+资本"的病灶。通过最大化的行动者博弈，避免权力与资本单方面、武断与盲目的"发展"行为。（3）可以为社区价值的挖掘与应用，尤其是传统社区地方性知识的发展提供宽松的空间。（4）可以推动多元主体的参与、网络组织的成长以及积极公民精神的培育。民主参与和协商共治正逐渐成为现实治理的主导理念，而如何在制度框架中保障这种民主治理发展的趋势，如何在政府权力与社会力量之间寻得均衡化的条件，需要充分的开放性的存在。（5）可以提升治理结构的有机性，并提升治理系统的专业性。当然这种专业性并不是一种技术专业化的导向，而是多样性视野下的专业性。

（二）行动策略组合的多样性原则

社会行动者策略的差别，与行动者"所感知到的内部政治的、运行的障碍

---

① 曾广容：《系统开放性原理》，载《系统辩证学学报》2005 年第 3 期。
② 杨华锋：《社会协同治理创新之行政生态观》，载《领导科学》2013 年第 20 期。

以及政府间系统外部固有的环境有关"。① 因此，在开放性的基础上所形成的主体构成的多元性必然导致行动策略组合的多样性。极端复杂与多样化是当今世界的特点，其中权力分散而不集中；任务趋同而不是细分或者分化；社会普遍要求更多的自由和个性化而不是一体化。② 这种多样性的存在必然能够有效提升这种灵活性，从而提高政府反应的速度，使得不同的社会行动者提议参与公共物品的提供，也就是说，在政府主导公共产品市场的前提下，利用外部合作关系而实现公共服务的供给，必然可以在最短的时间内完成任务，并且其资源的使用是最为节约的。同时行动策略组合的多样性可以为制度环境的改善提供必要的方略。

（三）文化制度结构的适应性原则

就制度结构而言，在开放性与多样性的前提下，其主要可以分为两个层次：一方面，制度内部结构的适应性，也就是说在正式制度与非正式制度二者互动关系的基础上，如何形成具体而有效的制度规范体系。另一方面，制度体系外在效用的适应性。在农业社会与工业社会时代，治理模式分别呈现为人治与法治的追求。而在后工业化进程过程中，权制与法制的追求往往陷入治理无效与低效的窠臼之中，而在合作主义的诱导之下，协同治理中的各个子系统与构成要素之间的互动逻辑，往往可以在开放性与多样性的基础上发展出具有道德与伦理价值考虑方面的制度体系。

（四）网络化组织的创新性原则

创新是一种创造性的活动、一种学习、一种系统性的行为，也是一种风险

---

① ［美］罗伯特.阿格拉诺夫、迈克尔.麦圭尔著：《协作性公共管理地方政府新战略》，李玲玲等译，北京大学出版社 2007 年版，第 28 页。

② ［美］罗伯特.阿格拉诺夫、迈克尔.麦圭尔著：《协作性公共管理地方政府新战略》，李玲玲等译，北京大学出版社 2007 年版，第 22 页。

行为。① 而协同治理框架所规划之网络组织，具有良好的创新性。网络也可以通过借用非营利组织的创新精神和创造力帮助政府在解决主要社会问题时扩大自己的影响力。② 网络运行机制如果建立得正确，还能产生出另一种创新机遇。民主治理应该不断地产生出更高质量的公民服务，而创新的主要源泉就是来自对公民需要的反应。创新在一个尤其像政府官僚制这样的层级组织中所遇到的阻力往往会比在网络内部所遇到的阻力更大，因为大量内部的平行约束机制会限制产生好想法所必备的互动环境，而纵向的障碍又会阻止产生出的想法从"冒泡"到决策的整个过程。③ 在协同实践过程中，官僚组织与政府行为将面临着越来越多的挑战，而具有合作倾向与信任结构的网络化组织具有典型的适应性，这种适应性能够在其面对日益严峻的治理危机之时，表现出充分的创新性，以推动协同治理有效性的实现。

（五）社会协同机制的有效性原则

在很大程度上，治理的有效性实际上是由跨越组织的政府运作决定的。正是由于复杂性与日俱增，非政府的参与者成为地方公共物品与服务提供系统的必要组成部分。多个参与者在政府行动的许多领域进行协作，建立长期的联盟关系而且努力促成制度，以从事政府不能独自完成的工作。与其他合作的形式一样，体制是非正式的、无等级的，也没有一个单独的权威来指导其运作。有效的治理并不禁止这些特征，相反，这些特征有助于治理能力的提高。政府必须将它们的能力与不同的非政府参与者相融合以变得有效，而且通过把合作伙伴用非政府和政府的适当的资源连接起来，政府能力才得以产生和维持。

---

① 俞可平：《创新：社会进步的动力源》，载李惠斌主编：《全球化与公民社会》，广西师范大学出版社 2003 年版，第 257~258 页。

② Stephen Goldsmith, *Putting Faith in Neighborhoods: Making Cities Work through Gass Roots Citizenship*, Noblesville, Ind: Hudson Institute, 2002, p. 178.

③ ［美］斯蒂芬·戈德史密斯、威廉·D. 埃格斯著：《网络化治理公共部门的新形态》，孙迎春译，北京大学出版社 2008 年版，第 27 页。

第二节　协同治理机制

"机制"一词最早源于希腊文。机制的产生和存在是以客观存在的事物或者事物的各个组成部分为基础的。与此同时，从联系的角度来看，构成机制存在基础的事物以及事物的各个组成部分之间必然有着这样或那样的关系。另外一个维度就是机制是通过一定的运作方式、运作途径使构成它的事物以及事物的各个组成部分之间联系起来形成一定的关系，并协调这种关系使之运转起来并发挥作用的一种存在。

机制的构建需要两个要素的共同存在，这两个主体分别是体制和制度。体制就是指一个组织的职能与其组织内岗位权责的调整与配置的状态。相较于体制而言，制度的内涵则相当宽泛，它既包括国家法律、法规、规章，又包含一般组织内部的规则、规范。机制正是在与之相关的体制和制度建立之后，在实践的运行中才出现的。

所谓的社会治理协同机制，就是在政府治理能力较高而社会发育程度较低的现实情形下，政府在社会治理中发挥主导作用，但出于有效治理需要，政府同时保护并尊重其他社会组织的主体地位以及社会自身的运作机制和规律，并通过建立健全各种制度化的沟通渠道和参与平台，推动落实各项相应的制度建设和政策措施，直至将其纳入已有法律体系，从而充分发挥社会力量在社会治理中的作用的机制。社会治理协同机制是一个复杂系统，包括社会治理协同主体、社会治理协同客体①、社会治理协同手段②、社会治理协同动力③、社会

---

① 社会治理协同客体是指社会治理协同活动所指向的对象，即公共事务。社会治理协同客体可以是宏观性的公共事务，也可以是微观性的公共事务；可以是覆盖多领域的公共事务，也可以是某一领域的公共事务。

② 社会治理协同手段是指社会治理协同过程中所采取的方式和方法。社会治理协同手段通常包括相应的体制建设和制度安排，依靠体制上的组织职能定位与组织内岗位权责的调整和配置来确定社会治理协同主体的责任与任务，依靠制度上的相应规定来为社会治理协同的开展和进行提供保障。

③ 社会治理协同动力是社会治理协同主体之间开展合作共治的促进力量。

治理协同目标①等要素。

一、协同治理之主体

社会治理协同主体是参与社会治理协同的各个行为主体，可能是党组织、政府、社会组织、企业、人民团体、基层自治组织其中的几个或是全部。社会治理协同不同主体承担社会治理协同过程中的相应责任和任务，开展彼此之间的合作共治，达到社会治理协同的目标。社会治理协同机制是处理调整不同社会主体在合作共治中关系的机制。通过参考国外的经验并结合中国的实际，当前中国的社会治理协同机制的主体主要应该包括党组织、政府、社会组织、人民团体、基层自治组织和企业。

（一）党组织

中国共产党是中国社会治理协同的领导者。中国的社会治理实践不同于其他国家，中国的社会治理是与执政党紧密相联的，而出现这种情况的原因是基于中国共产党在我国的特殊地位，即中国共产党集执政党和统一战线的领导党于一体。中国共产党之所以在我国拥有特殊的地位，一方面是由于我国的社会主义政党制度，另一方面则是基于我国的政治运作模式。中国共产党之所以能在社会治理中扮演重要角色，是由中国共产党集"领导党"与执政党于一体的政治制度的自身优势所决定的。在社会主义制度框架下，将国家政权中的执政与社会发展中的领导相统一具有重要的意义。② 应该明确的是，在社会治理协同过程中既要坚持党的领导，也要注意党参与社会治理协同的方式与途径，在社会治理协同活动中，党并不需要直接指挥与干预，而是要在日趋多元的社会发展中，扮演顶层设计者的角色，即在社会治理中，党的领导作用更多地体现在方针政策的制定和宏观领导层面，要完善党内法规制度建设。

---

① 社会治理协同目标是指社会治理协同主体在社会治理协同框架内所要达到的共同目的。

② 第一，它有利于保持政治稳定；第二，它有利于避免利益纷争。中国共产党在社会治理协同中的地位决定着党在社会治理协同机制中作用的发挥。

（二）政府

在社会治理协同模式下，体现的是作为协同主体的政府和其他社会主体之间以平等协作为原则的平等关系。政府不再是单纯发布命令的指挥者，而是由一群人构成的公共组织，这个公共组织必须使用它所拥有的权力来服务于社会公众。公共服务是现代政府存在的依据和基础。[1] 政府的权力已经变成履行其公共服务职能的一种工具，其主要目的在于服务并回应公众的需求。这是政府履行社会治理职能时首先要明确的，政府应该按照合法的原则在法规、制度、政策的制定和实施等方面担负起维护社会公平正义的责任，使公平和正义成为社会治理协同的价值追求。在社会治理协同的过程中，政府应该发挥好主导作用。政府有义务积极做好对其他协同主体的引导、管理、支持工作。政府是一个对所有社会成员具有普遍性约束力的组织，拥有着其他社会组织所不具备的强制力。所以，在社会治理协同的过程中，扶持、帮助各类协同主体提高治理社会公共事务的能力并加强对各类协同主体的监管是政府的责任。具体有四：（1）转移职能。一方面，政府应该主动退出一些社会治理领域，让其他社会主体有机会充分发挥治理作用。政府职能转移的关键是从制度层面建立政府向社会转移职能的目录和步骤。另一方面，要充分发挥其他协同主体的社会治理职能。其他协同主体既是自下而上地反映公众诉求的渠道，又是政府自上而下联系公众的纽带。（2）政府对社会组织要加大政策支持力度，根据各类社会组织的不同类型，制定不同类型的扶持政策。（3）政府要加快制定社会治理专业人才的社会保障政策。（4）政府要通过加强引导、扶持、管理和监督，通过细化强化标准、资质审查和绩效评估等方式，为各类社会主体的发展提供良好的外部环境，让各类社会主体各自发挥相应的作用，形成各类主体多元参与、良性互动、紧密协同的社会治理新格局。

---

[1]　新公共管理理论认为："政府的权力如今不再是一项权利，而是一项采取行动的义务。政府无权合法地要求服从，除非政府以履行某些职责作为回报，并且政府只能在他们履行这些职责的范围内要求公民服从。"

（三）社会组织

社会组织是社会治理协同的主要主体。由于各国文化传统和语言习惯存在差异，社会组织在不同的国家和地区有不同的称谓。如：非政府组织、社会组织、民间组织、第三部门或独立部门、志愿者组织、慈善组织、免税组织，等等，各种称呼在内涵上区别甚微。国内各种习惯性表述中，民间组织使用较为广泛。[1]

社会组织作为社会力量的集中体现，可以有效地促进现代社会的建设。同时，社会组织具有非营利性、非政府性、独立性、志愿性、公益性等特征，以志愿精神、利他主义、互助精神为内在驱动力，这决定了社会组织具有较强的资源动员能力、资源整合能力和资源利用能力，能够把分散的政府、企业和社会资源集中起来，提高资源配置和使用效率。因此，在社会领域，基于自发组织、多元选择、互惠受益、社会自治的原则来发展社会组织，逐步形成政府与社会组织之间优势互补、良性互动、有效协同的关系，可以有效缓解政府社会治理的压力。正如马凯指出："发挥各类社会组织的作用，整合社会管理资源，积极推动建立政府调控机制同社会协同机制互联、政府行政功能同社会自治功能互补、政府管理力量与社会调解力量互动的社会协同管理网络。"[2]　社会组织可以通过"弱者"的联合，为社会成员的权益诉求，利益主张提供组织化载体，以弥补政府机制和市场机制的缺陷。

社会组织是扩大公民参与、实现公民权利的有效途径，为我国基层民主建设提供了重要组织化载体，在社会治理协同机制中社会组织具有明显的功能优

---

[1]　党的十六届六中全会通过的《关于构建社会主义和谐社会若干问题的重大决议》提出了"社会组织"的概念，党的十七大政治报告明确提出了"重视社会组织建设和管理"的思想和要求，正式统一了"社会组织"的称谓。党的十八大提出的是加快形成政社分开、权责明确、依法自治的现代社会组织体制。

[2]　马凯：《充分认识加强和创新社会管理重要性紧迫性》，载《求是》2010年第20期。

势①：（1）社会组织覆盖范围广泛。社会组织覆盖社会生活的各个领域，代表着社会中不同阶层、不同层次、不同团体的利益，社会组织成员来源广泛，覆盖社会生活领域的方方面面，社会组织具有全面地反映社会各层次、各方面信息，这使得社会组织可以通过参与公共政策的制定，反映民众诉求，为民众利益表达提供有效途径。（2）社会组织制度设计较为合理。社会组织具有非政府性和非营利性、公益性、志愿性等特征，是社会成员自发组织、自愿参与的自治组织。在制度设计上区别于政府的垄断性权力控制，它是一种自下而上建立的，成员间平等自治的组织化载体，开展活动以需求为导向，而非指令性导向，开展活动更加灵活，快捷。社会组织与其他社会主体在协同治理过程中既可以充分地分工协作，还可以在其他主体之间承担起协调、沟通的角色。②（3）社会组织宗旨明确。社会组织成立的宗旨在于志愿精神、利他主义、互助精神、自治精神。社会组织成员以不同的方式向整个社会贡献自身的财富、时间、精力、技术、热情。在公共产品日益多样化的今天，社会组织有效弥补了政府有限的财政无法满足公共服务全面覆盖的困境，成为社会自助、互助的重要载体。

（四）人民团体

人民团体也是社会治理协同的主要主体之一。人民团体在本质上应属于社会组织，但由于我国的特殊国情，工会、共青团、妇联、青联、侨联、台联、民族联等人民团体又与一般的社会组织有很大不同，在社会治理协同中发挥着一般社会组织难以替代的主体作用。人民团体是指工会、共青团、妇联、青联、侨联、台联、民族联等组织，在我国政治、经济、文化和社会生活中，人

---

① 张丙宣：《支持型社会组织：社会协同与地方治理》，载《浙江社会科学》2012 年第 10 期。

② 杨清华：《协同治理与公民参与的逻辑同构与实现理路》，载《北京工业大学学报（社会科学版）》2011 年第 2 期。

民团体一直发挥着独特而重要的作用。①

党的十八大指出，"强化人民团体在社会管理和服务中的职责，充分发挥群众参与社会管理的基础作用"。《关于加强人民政协工作的意见》中也要求，"参加政协的各界别、各团体要在协调关系、化解矛盾、汇聚力量、服务大局中发挥积极作用"。这为人民团体参与社会治理、维护社会稳定拓展了新平台，也提出了新要求。在中国共产党领导下，人民团体一直是党"最值得依靠、最值得信赖、最为得力的助手"，代表相关群众利益的群众组织。在其发展过程中，人民团体形成了比较完善的组织网络和工作机制，具有广泛的群众基础。人民团体作为党和政府与各界群众联系的桥梁纽带，有完善的、弹性的、遍布全国的组织网络体系，群众化的、灵活的工作方式，长期群众工作的丰富经验，尤其是所代表的社会群体对其身份的认同感，使其在协调关系、化解矛盾、维护稳定、促进和谐方面有着党组织和政府行政系统所不可替代的优势，在社会治理中发挥着不可替代的作用。

（五）基层自治组织

基层自治组织是社会治理协同的基础主体。长期以来，基层自治组织创新了多元主体参与的基层社会治理体制。基层自治组织来源于群众，扎根于群众，体现了人民群众当家作主，具有"草根性"的特点，例如村民委员会、人民调解委员会、居民委员会等自治组织。因其服务和管理的内容和方式更贴近群众，群众也更乐于接受，基层自治组织具有较强的生命力。基层组织与社会组织协同治理，与基层党组织联动起来，把村居社区、企业单位、新老市民等各层次、各领域、各方面的社会力量动员整合起来，实现了多元角色的民主参与、互动和融合，加强了"社会协同、公众参与"，使社会治理结构由"封闭型"向"开放式"转变，为向"小政府、大社会"转变创造了条件。②

---

① 《社会协同 公众参与——民间社团参与社区防灾减灾经验分享》，载《中国减灾》2012 年第 19 期。

② 郭彦军：《论"社会协同"管理视角下的社团组织》，载《中共山西省委党校学报》2013 年第 4 期。

可见，在新的社会治理协同机制中，社会组织是非常重要的主体角色。一方面，社会组织通过努力提升其自身的创新能力与资源整合能力，不断提高其在社会治理和社会公共服务中的专业化服务水平和工作效率，提高了其在社会治理协同中的工作质量与效率；另一方面，社会组织通过与公众、政府和其他不同背景的社会主体之间的交流与合作，切实反映民意，倾听公众诉求，并将民情民意及时传达给政府，弥补了政府在社会治理中的缺陷与不足，尽可能地满足公众多样化的需求，协调了社会各方利益，化解了社会矛盾，充分发挥了其在社会治理协同中的价值与作用。①

基层自治组织为群众直接参与管理公共事务和公益事业提供了新渠道，最大限度地把广大群众追求平安和谐的强烈愿望，转化为各尽所能、身体力行的具体实践，最终在联系群众、化解矛盾、维护治安、促进稳定等方面为政府带来了良好的社会效应。②"基层是社会协同管理的基础。要通过加强基层基础建设，在基层构建一个横向到边、纵向到底的社会治理体系，切实把社会问题和社会矛盾解决在基层。"③

（六）企业

企业是社会治理协同机制中的重要主体。企业作为在经济社会活动中扮演着主要角色的经济组织，对社会治理起着非常重要的作用。在计划经济时代，企业不仅承担着发展经济的主要任务，还承担着职工生活保障的重要职能。大多数国有企业开办学校、医院、保障职工住房，形成了大企业小社会的模式。20世纪末21世纪初，随着改革的不断深入，为了卸包袱、减负担，企业的社会保障职能逐步分离了出来，企业中的学校、医院等都被推向了社会，企业中

---

① 李志军：《社会协同视角下村级治理的理念及路径选择——基于广东省云浮市的实证研究》，载《南方农村》2013年第4期。

② 罗大蒙：《国家支持—社会协同—村委主导：民主合作体制的建构——我国村庄治理模式的选择》，载《晋阳学刊》2013年第4期。

③ 马凯：《充分认识加强和创新社会管理重要性紧迫性》，载《求是》2010年第20期。

的退休人员也实行了社会化管理，一方面使企业真正成为了市场竞争主体，另一方面企业社会责任意识，社会保障职能渐渐淡出。

在当前加强社会治理的大背景下，作为政府部门应不断创新社会治理手段，积极引导企业充分发挥社会治理协同作用，让在社会治理协同中发挥积极作用的企业得到应有的回报，激励企业更多地参与社会治理协同，为构建和谐社会履行应尽职责。[①] 企业在社会治理协同中肩负着重要的责任。在多元化社会治理的新格局下，作为社会治理主体成员之一，企业的发展壮大需要安全、稳定的社会环境，企业也应有强烈的责任意识，积极参与社会治理，保持参与社会治理的主动性和责任感，不推诿责任，不盲目追求利益而丧失基本的社会道德，应始终坚持以人为本，服务社会。

企业在社会治理协同中的责任可以分为对内和对外两个方面。对内包括：为企业员工提供应有的薪酬和福利待遇，保障企业员工基本生活；重视培训，定期组织员工岗位技能培训，不断提升员工业务素质，这既是员工的需要，也是企业发展的需要；加强安全生产管理，提供安全的生产生活环境，保障员工生产安全；加强对困难员工的帮扶救助，减轻社会负担；妥善处理企业内部可能出现的不稳定因素，定期对企业员工进行心理疏导，缓解员工心理压力，将可能出现的矛盾化解在企业内部。对外包括：守法经营，提供安全合格的产品和服务，这是企业生存最基本的要求；提供就业岗位，为百姓创造就业机会，减轻社会就业压力；重视保护环境，尤其是高污染、高能耗行业，要采取措施节能减排，发展循环经济，做到达标排放；热情参与公益、慈善事业，反哺社会，回馈公众；加强与周边街道、社区的协调，积极配合政府的社会治理活动。企业应当切实地承担起应有的职能，自觉地发挥社会治理协同中的角色作用，为建设和谐社会作出应有的贡献。

二、协同治理机制之内容

社会治理协同主体以社会治理协同客体为协同活动对象，运用社会治理协

---

① 曹丽萍：《中国特色的企业社会责任培育机制之基本模式和特征分析——以政府、企业、社会协同互动为视角》，载《沈阳工程学院学报（社会科学版）》2013年第2期。

同手段，进而朝着实现社会治理协同目标而努力。社会治理协同客体是社会治理协同主体存在和社会治理协同手段产生的依据，是社会治理协同目标的基本载体。社会治理协同手段是由社会治理协同主体来运用的，其直接或间接作用的对象是社会治理协同客体，是达成社会治理协同目标的有效保障。社会治理协同动力是推动社会治理协同主体运用社会治理协同手段的诱导性因素，对实现社会治理协同目标具有助推作用。社会治理协同目标是其他一切社会治理协同机制要素存在的依据和共同作用的结果。① 具体来说，社会治理协同机制应该包括以下九个方面内容：政府主导机制、责任分担机制、合作动力机制、运行保障机制、平等协商机制、集体行动机制、利益平衡机制、信息共享机制、监督评估机制。

（一）政府主导机制

在多元化的社会中，政府只是社会治理多元主体中的一员。但是与其他社会治理主体相比较，政府拥有行使公共权力、分配社会资源的权力，对组织安排社会多元主体的协同共治负有主要责任。尤其是在社会治理协同机制下，往往需要将具有不同运作规则的管理方式协调在一起。这时，政府能够站在全局角度上进行战略统筹安排，发挥统揽全局、协调各方的作用。

其一，政府要明确自己的社会治理职能，实现治理理念的彻底转变。社会整体利益的最大化是多元社会主体协同的最高目标，政府发挥主导作用的主要任务是充当支持者、组织者、倡导者的角色。各个协同主体地位是平等的，政府无权强制性命令其他社会治理协同主体服从自己。

其二，政策输出也是政府在社会治理协同中主导作用的具体体现，政府要提供良好的政策法律环境和制度安排，通过这种环境和制度安排来促进保障多元社会主体的协同。②

---

① 康忠诚等：《论社会管理中社会协同机制的构建》，载《西南农业大学学报》2012年第 2 期。

② 政府可以制定社会公共政策的方式调整整个社会利益格局。倡导政府向社会分权和权力自上而下的转移，将部分原来由政府掌握的社会治理职能转移给社会，其他非政府公共权力组织的协同主体地位应该得到确认。

其三，多元主体社会治理协同的实现，需要政府以主导者的角色积极主动地去促成。面对新形势下各种各样的社会矛盾和社会问题，政府要从客观的角度进行研究和分析，确定这些问题和矛盾的种类和性质，根据这些种类和性质找到可以发挥作用的社会主体力量，将这些社会主体召集起来，甄选适于解决这些问题的合作对象，与这些协同主体共同研究处理这类社会公共事务的有效途径。

其四，政府主导机制的实际运行一定要与社会治理协同行动中的具体执行行为区别开来。在社会治理协同过程中，社会治理的决策机构积极发挥主导作用，而其他的具体执行机构的职责是在其负责的社会治理特定领域内与相关的社会治理协同主体建立良好的协同伙伴关系，共同解决面临的社会公共问题，使社会治理协同关系中的平等与均衡状态得到维护。

（二）责任分担机制

社会治理协同强调社会治理的责任共担。政府在其中扮演的是监管者、规制者的角色，这就要求政府避免承担无限责任。因此，应建立各协同主体合理分担的有限责任机制，即各协同主体履行政府的部分职能并同时承担相应责任。

具体来说，支持型社会组织承担政府外包的项目，直接参与到具体服务项目的决策和项目实施的整个过程，负责具体项目中企业和社会组织的选择、管理、评估以及淘汰，负责培育公益性社会组织等一系列工作。社会组织和志愿者负责提供必要的社会公益服务、尽自己所能推广和发展社会公益事业，并直接对作为项目委托方的支持性组织负责。企业负责提供低成本的私人物品的供给，对社区居民和支持型组织负责。各协同主体各司其职，进而实现跨部门之间的协同治理，实现责任的社会化，从而提高全社会的责任意识和社会的自治能力。政府要明确各个协同主体的主要职责范围，才能有效促成各主体之间的良性互动。

社会治理协同责任分担机制的构建有助于促进各类社会组织的自身发展，特别是群众自治组织的发育和完善。建立健全各协同主体之间的常态化沟通、联系、协作机制，旨在保持社会系统目标的同一性，确保社会系统目标的各项指令和诉求的畅通无阻，从而实现政府与其他社会治理协同主体和社会个体之间的良性互动，保障各项社会治理事务有序、高效推进。

（三）合作动力机制

有时候，社会治理多元主体之间合作意愿、合作动力不足，是社会治理协同机制构建的一大阻滞。造成这一问题的原因是多方面的。一方面虽然社会转型所带来的社会阶层结构分化，提高了社会主体的自主性、促进社会的多元化发展，但是面对处于起始阶段的现代社会，政府职能的转变、政府公共权力向社会的转移都经受着巨大的压力和阻力；另一方面，由于历史原因形成的顺从型政治文化和群体观念长期以来对于我国社会公众的影响甚深，社会公众的参与意识和参与能力严重不足，这直接导致了社会各个主体的协同行为很难实现。因此，增加社会各个主体协作的动力、建立社会治理协同主体之间的合作动力机制已经成为当下的必然选择。①

其一，对于政府在治理协同过程中合作行为的激励，目的是促使政府主动采取措施促进多元协同主体的合作，其中的关键在于政府自身社会治理理念的彻底转变，在于政府对经济社会发展现状和社会发育的成熟程度的正确把握。对于具体行政职能部门的激励，主要通过采取绩效考核、行政奖励与行政惩罚等手段，促使它们自觉参与并主动维护多元主体的协同行为。绩效考核可以促使它们通过合作的形式来寻求增强对社会公共事务的回应性，肯定性奖励和阻止性手段的运用则可以诱使其遵守合作的规则。②

其二，对企业合作行为的激励，旨在促使企业增强社会责任感，承担更多的社会责任。政府通过法律、相关政策法规的不断完善规范企业行为、健全市

---

① 这一合作动力机制应该包两方面内容，一是激励，二是竞争。激励机制需要为包括政府在内的各个社会治理协同主体提供一些诱导性因素，激励他们的合作愿望，使其产生合作行为，通过诱导性因素对社会治理中的行为进行鼓励或者抑制。

② 陈华著：《吸纳与合作——非政府组织与中国社会管理》，社会科学文献出版社2011年版，第52页。

场运行环境，提升企业自身的竞争力。通过一定的政策优惠吸引企业参与到公共服务中来，把部分公共服务外包给有能力、有条件的企业。

其三，对社会组织和个体公民行为的激励，旨在培育社会的开放性和包容性。打破原有社会治理的封闭性，为社会成员参与社会治理开辟畅通的参与渠道。通过对社会成员价值观念的引导和合作文化的宣传，增强全社会对社会多元主体协同治理的社会预期与信任。①

（四）运行保障机制

为了保障社会治理协同主体的有序发展，政府应该建立合理的运行保障机制，使其能够获得维持自身发展的资金支持。从国外发达国家的情况来看，支持型组织的收入主要来自服务收费、基金会赞助、企业和个人的捐款几个方面，其中服务收费占相当大的比重。与之相比，我国支持型组织的服务收费比例较低，这直接导致其发展的缓慢。政府应该更多地将公益性项目委托给支持型社会组织，政府支付服务费用，支持型社会组织负责承办和管理工作；政府应该加大对于公益性项目的投入资金，把它们与社区建设、社区服务有机结合在一起；政府应该鼓励和引导民间资金参与城市混合物品的供给。为了解决公益服务类社会组织人力资源匮乏的问题，政府应该允许公益服务类社会组织将一定比例的服务收费用于提高从业者的薪酬待遇、优化社工的激励机制，为社会治理培养、储备优秀人才，提高社会组织的社会治理能力。

（五）平等协商机制

社会治理多元主体能够有效协同的关键是他们的地位必须是平等的。没有平等的关系就无所谓协同和合作。目前情况下，我们需要建立能体现这种平等关系又能维持这种平等关系的完善的平等协商机制。平等协商机制主要用于社

---

① 竞争机制需要具有两类竞争关系：一是几大社会治理协同主体在协同过程中，在协同方案的选择、权力与稀缺资源的分配等方面展开的竞争；二是各社会治理协同主体内部在协同过程中，各主体成员之间为争取参与的机会而展开的竞争。

会治理协同关系的确立和各个协同主体治理社会公共事务的具体过程中。

　　针对特定社会领域的具体事务，政府和其他社会治理协同主体中与这一具体事务有关的各个主体在经过公开竞争选择确定参与协同的主体后，由政府主导各种社会力量广泛参与，各个经过竞争被选定的社会治理协同主体带着自身的诉求和资源通过会议等形式围绕这一社会公共事务相互交换意见，讨论确定这一社会公共事物的性质和解决的方法，明确各个社会治理协同主体在相互协同配合的条件下总目标与各个分目标之间的关系、各社会治理协同主体的职责、具体的协同的形式、协同运行的规则等，最终各个社会治理协同主体就协同行动方案达成一致意见，并根据自愿的原则达成合作。① 各级政府的行政职能部门拥有其他社会治理协同主体不具备的优势资源。他们有责任对其他社会治理协同主体进行指导和帮助。但是，政府必须避免在社会治理协同过程中对其他协同主体的行为进行强制性干预。

（六）集体行动机制

　　社会治理协同合作就是要求各个协同主体共同处理社会事务，在这个过程中，针对要解决的社会公共问题采取集体行动，这就需要在各个协同主体之间建立高效的集体行动机制。建立集体行动机制的目的是实现拥有各自不同目标和利益诉求的协同主体在行动上能够相互合作、协调，从而降低解决社会公共事务中的内部成本。作为协同关系最直接的体现，协同主体间的集体行动机制必须以主体间的平等协商和信息共享为前提。处理某一具体社会公共社会事务时，经过协同主体间平等协商后的集体行动是对最终决策的执行。在集体行动机制的运行过程中最重要的步骤就是对集体行动流程的设计。

　　首先针对特定的社会公共问题，根据各社会治理协同主体拥有的资源和能力不同，采用现代管理技术进行分析研究，确定每一步具体的实施步骤。② 其

---

　　① ［德］哈贝马斯著：《公共领域及其结构转型》，上海学林出版社 1999 年版，第 136 页。

　　② 根据情况确定核心行动主体，其他协同主体负责支持和协助，在集体行动中核心行动主体和其他非核心行动主体要明确各自的职责，相互之间及时就有关问题进行沟通。

次，根据平等协商作出的既定的行动方案进行具体行动，按照事先约定在固定的时间内通过一定方式密切配合，并且在集体行动过程中查找流程设计的不足和漏洞。最后，对集体行动所取得的结果进行反馈。分析集体行动是否达到了预期的效果、产生了良好的社会效益。集体行动流程设计是否合理直接决定了社会治理协同各主体之间关系是否稳定和谐，决定了合作行为能否持续持久。

（七）利益平衡机制

增进社会共同利益是社会治理协同的最终目的，但是社会治理主体的多元性决定了社会治理主体利益的多样性，这就导致其与社会整体利益之间有相同的一面也有相悖的一面。社会资源的稀缺性导致不同社会治理主体在追求自身利益时不可避免地存在冲突，社会主体参与社会治理的目的就在于，希望通过合作的方式实现自身的利益追求。这就需要政府建立有效的利益平衡机制来防止一些群体独占社会利益，保证社会治理协同目标的顺利实现。利益平衡机制要实现两个平衡：一是实现社会整体利益与协同主体自身利益的平衡，二是实现各个协同主体之间的利益平衡。

利益平衡最理想的状态是各协同主体通过合作实现了社会整体利益，在此过程中自身利益也同时得到满足。而现实情况往往是这两者存在必然的差异甚至是冲突，协同主体对自身利益的追求往往比实现社会整体利益要渴望得多，这时就可能出现以合作之名而求私利之实。通过相关法律的宣传工作，使社会成员学会运用法律的武器保护自身的正当利益；公益性志愿者组织的成员基于奉献精神的组织行为，为了使他人得到更好的保障和发展机会，愿意付出自己的时间、精力和金钱，这种无私的人文关怀对于整个社会具有积极的激励作用。培育和推动这类组织的发展，能够带领更多的人为社会整体利益的实现作出努力。

（八）信息共享机制

信息共享机制的构建，一方面要提高政府信息公开的自觉性。2008 年实施的《中华人民共和国政府信息公开条例》从制度上推动了政府信息公开，要求政府信息以公开为原则、不公开为例外，从根本上转变了以往的工作思路和工作方式，但是在实际的操作当中，依然存在以国家机密等诸多理由为借口推搪信息公开的现象。可见，在信息公开的问题上，外部规制是一个必要的条件，但最终的实现还是要依靠政府的自觉。政府只有真正意识到社会对于信息共享的期待，通过信息共享的方式与其他社会治理主体建立合作关系、达成合作共识。

另一方面，政府要积极构建社会治理信息互动平台。社会治理协同主体作用的发挥，离不开政府的制度支持和保障；同样地，社会治理信息共享也离不开政府制度化渠道和参与平台的构建。当然这仅仅依靠政府是无法实现的，需要全社会的共同努力。①

建立信息共享机制的根本目的在于，最大限度地实现社会治理各主体间的信息共享，为实现它们在社会治理中的协同一致、快速联动提供有力的保障。公共事务的相关信息在信息平台上共享，方便各协同主体之间的沟通和交流，频繁的互动不仅有利于共同利益需求的达成，同时有利于各主体对信息进行系统的分析，快速提供决策依据，更好、更有效率地完成社会公共事务的管理。

（九）监督评估机制

监督评估机制中，监督包括内部监督和外部监督。内部监督一方面依靠政府，运用法律法规、政策等手段，对整个协同网络的行为的总体性监督；另一方面协同规则赋予了社会治理协同网络各成员之间相互监督约束的权力，在具体的行动当中彼此监督，可以达到合作的预期效果，也可以避免各成员自身的合理利益不受侵害。外部监督可以成立专门的监督队伍，同时接受来自公众的

---

① 政府通过社会治理综合信息平台、社会公众诉求信息管理平台、公共危机应急联动管理平台的建立，为社会公众的参与提供一个方式和渠道，社会公众及时地提供各种意见和反馈，在此基础上政府充分借鉴、广泛吸纳各种信息，作出有效的回应，对于社会问题的发展变化进行持续的关注，从而形成一种动态的信息互动更新机制。社会治理主体的具体行动，决定了社会治理目标能否最终达成，畅通的信息沟通与交流则决定了各社会治理主体之间的思想和行为能否达成一致和默契。

监督，在一定程度上实现社会治理信息的公开透明，保障各社会治理协同主体合情、合理、合法地进行社会公共事务的共同治理。①

三、协同治理之行为模式

在其一般意义上，行为模式是人们有动机、有目标、有特点的日常活动结构、内容以及有规律的行为系列。政府在协同治理中的行为模式是一种定型化的行为方式，比如行政协议、行政指导等即具有典型意义。

（一）行政协议

以行政协议为代表的柔性行政方式在现代行政领域中的广泛应用，标志着行政的支配与服从特性渐次消退，服务与合作理念逐渐兴起——因应社会经济的发展、公民需求的日益更新和多元化，以及故此所带来的行政事务涉猎疆域不断拓展之情势需要，现代法治国家日益惯于运用行政协议之方式达成行政目标，由此所引发的行政理念与方式之变革，对现代行政势必产生深远影响。②

其一，行政协议之意涵。行政协议，亦称契约，是规制商品经济社会中普遍经济关系的一种重要法律制度。作为一项重要的法律制度，协议长期以来主要是在私法领域运行。但随着社会的不断演进，协议影响的范围逐渐扩大，它"不仅是市场交换的产物而为市场经济所必需，而且作为一种制度、观念、方式，如今它也在行政运行秩序中得以建立、吸收并被广泛应用"。③契约理念一旦为行政所吸收，即成为推动行政理念与行政方式变革之酵素。作为一种新的行政方式的行政协议，在各国行政领域勃然兴起。但对于何为"行政协议"，各国却存在不同解读。

---

① 当前，监督评估机制建立的难点在于缺乏一套科学的评估体系，能够真实反映出绩效水平。因此，应该组织专业化的绩效评估队伍开展评估活动，在广泛调研与科学研究的基础上建立一系列社会指标体系。鉴于社会治理活动中存在一些无法量化的内容，建议采用明确的描述性语言反映绩效，可以在大型的社会治理项目运行中设立第三方的独立评估机制。

② 江国华著：《中国行政法（总论）》，武汉大学出版社2017年版，第239页。

③ 杨解君：《论契约在行政法中的引入》，载《中国法学》2002年第2期。

在国外，由于存在较为成熟的实践经验，各国对行政协议的界定大多以制定法或实务经验为基础。比如：（1）法国以行政为本位的行政协议。在法国，存在一套完整的与私法协议的法律体系或制度区分的行政协议法体系或制度。① 据此，行政机关经常和当事人协商，依双方意思表示的一致而在行政机关和当事人之间，创设、变更或者消灭某种权利义务，这种行政方式即为行政协议行为。② （2）德国以协议为本位的行政协议。在德国，根据《联邦行政程序法》第 54 条第 1 款之规定，行政协议意指设立、变更和终止公法上的法律关系的协议。③ （3）日本以公法关系为本位的行政协议，在日本，学术界从狭义和广义两种角度界定行政协议。其中，狭义上的行政协议，意指以公法关系的设定、变更或废止为目的的公法契约；广义上的行政协议囊括行政主体所缔结的所有契约。④

在我国，尽管学术界倾向于从公共管理的目的角度解释行政协议，并普遍认为行政协议与行政契约同义。⑤ 但在其具体内涵方面，仍存在某些分歧。具体有三：（1）合意说。该说认为，行政协议（Administrative Contract）是以行政主体为一方当事人的发生、变更或消灭行政法律关系的合意。⑥ （3）协议说。该说认为，行政协议即行政契约，意指行政主体以实施行政管理为目的，与行政相对人就有关事项经协商而达成的协议。⑦ （3）意思表示说。该说认

---

① 参见杨解君编：《法国行政合同》，复旦大学出版社 2009 年版，第 4 页。

② 王名扬著：《法国行政法》，北京大学出版社 2007 年版，第 144~145 页。

③ ［德］哈特穆特·毛雷尔著：《行政法学总论》，高家伟译，法律出版社 2000 年版，第 348 页。

④ ［日］南博方著：《行政法》，杨建顺译，中国人民大学出版社 2009 年版，第 79 页。

⑤ 早在 20 世纪 90 年代，我国行政法学者就引入了行政协议这一概念，并因一些行政法学者在《中华人民共和国协议法》制定过程中力主制定专章规定行政协议，而引起一定的学术争议。参见张宁：《由民法学者的质疑而引起的对行政协议的再思考》，载《河北法学》2004 年第 6 期。

⑥ 应松年主编：《行政法与行政诉讼法》，法律出版社 2009 年版，第 305 页。

⑦ 姜明安主编：《行政法与行政诉讼法》，北京大学出版社、高等教育出版社 2011 年版，第 318 页。

为，行政协议意指行政主体为了行使行政职能，实现某一行政管理目的，依据法律和政策与公民、法人或其他组织通过协商的方式，在意思表示一致的基础上所达成的协议。①

其二，行政协议之要素。综合国内外关于行政协议的解说，行政协议可以解释为行政主体通过与相对人签订契约的方式行使职权、达成行政目标之行政方式及其结果。它是静态与动态的统一体。从静态层面来看，行政协议作为行政方式的一种，是以行政主体为当事人，基于公共目的，依法设立、变更或终止行政法上权利、义务的协议；而在动态层面，行政协议则是行政机关以行政协议为基础，通过行政协议各方当事人履行协议所定权利义务而实现特定公共目的的综合过程。作为静态与动态统一之统一体，行政协议主要涵盖以下要素。

一是主体要素。作为一种行政方式，行政协议的一方必须是行政主体；另一方可以是相对人，也可以是行政主体。在其发轫之际，所谓行政协议即为行政主体与行政相对人之间订立的契约。但随着行政协议自身理论和制度的逐步成熟，行政主体之间订立的行政合间已然成为常态。此外，在一些行政协议制度相对成熟的国家，甚至存在某些特定的私法人之间订立的协议亦为行政协议的现象。以法国为例，其就存在三种特定情形下的私法人可以与其他私法人订立行政协议：（1）与公法人关系密切的私法人。（2）根据法律规定承担某项公共服务管理职能的私法人。（3）靠公共财政支持的私法人。当然，以上私法人与其他私法人所订立的协议，要构成行政协议，需要具备特定的要件，协议必须是以公法人的名义或为某一公法人与另一私法人订立的某项协议。譬如法国某些较小的市镇，如果其没有能力订立公平规范的公共采购协议，即可请求某私法人与另私法人签订协议，这种协议即属于行政协议。②

---

①　方世荣、石佑启主编：《行政法与行政诉讼法》，北京大学出版社 2005 年版，第 292 页。

②　以我国区域一体化进程中的行政协议为例，在相关区域建设过程中，各种各级、非统计的行政机关就区域合作等问题就订立了数百份行政协议，且已发挥相当的作用。参见何渊著：《中国特色的区域法治协调机制研究》，格致出版社、上海人民出版社 2010 年版，第 32 页。

二是目的要素。作为一种行政方式，行政协议的签订和履行必须以公共利益最优为旨归。其要义有二：（1）与其他行政方式相比较，只有在更有利于实现公共利益的条件下，才是必要的。（2）达成行政协议的方式本身不拘一格，行政主体在采用行政协议的方式履行行政职权的过程中，应当选择最佳合约缔结方式，以达成公共利益最优。①

三是内容要素。协议当事人之间基于行政协议所形成的行政法上的权利义务，构成了行政协议的基本内容。鉴于行政协议自身的特殊性，行政主体被赋予了行政相对人所不具有的优益权②，行政协议当事人之间的权利义务关系因此呈现出不对等、不均衡格局，故此决定了行政相对人意思表示受到行政主体意志制约和限制的事实；在这个意义上说，行政相对人在行政协议过程中所拥有的自主权，仅仅是一种相对的自主权；这种自主权的相对性，意味着作为行政协议一方当事人的行政相对人，并没有民事契约关系中"讨价还价"的完整权利，其可参与之协商范围仅限于行政协议之签订、履行、中止等相关事宜。

其三，行政协议之缔结程序。作为一种互益性行政方式，行政协议之缔结意指行政主体通过协议、拍卖或者招标、投标等途径，以与相对人签订要式行政协议之方式行使职权、达成行政目标之活动及其过程。鉴于行政协议自身的特殊性，绝大多数国家都允许作为协议一方当事人的行政主体在行政协议过程中拥有主导权，譬如单方修改协议的权力，撤销协议的权力等。③ 为防止行政协议主导权或者优益权的滥用，"实现政府协议中公共利益与私人利益的平衡，公法协议制度应在对整个协议程序过程作十分相近规定的情况下进行运作"。④

---

① 参见应松年主编：《行政法与行政诉讼法》，法律出版社 2009 年版，第 315 页。

② 优益权必须以公益最优化为必要条件，并不得与法律法规相抵触。譬如《德国行政程序法》第 54 条规定："公法范畴的法律关系可以通过协议设立、变更或撤销（公法协议），但以法规为相反规定为限。行政机关尤其可以与拟作出行政行为的相对人，以签订公法协议代替行政行为的作出。"

③ 参见杨解君编：《法国行政合同》，复旦大学出版社 2009 年版，第 36、40 页。

④ ［美］Damial Mitel：《建构政府协议制度：以美国模式为例》，杨伟东、刘秀华译，载《行政法学研究》2000 年第 4 期。

行政协议有必要借助科学、合理的行政程序予以规制。[1]

一是协商。协商是行政协议的核心和灵魂。"协商的实质就是自由合意，是保证行政复的这种行政法上的行为方式从本质上符合契约根本属性的重要制度与措施。"[2] 就其形式而言，对等行政协议之中，协商的形式多种多样，较为典型的是美国的谈判制度。在不对等行政协议之中，协商发挥着行政机关与行政相对人沟通的作用，从而就双方都可以接受的政协议条款交换意见。就其内容而言，协商程序大致包括五点：（1）协商程序的前置序，即确定符合订立行政协议条件的行政相对人，行政机关根据行政相对人的申请确定行政协议的行政相对人。（2）如果符合行政协议条件的行政相对人为两人以上的，可以通过招标、拍卖等竞争性方式确定具体行政协议的行政相对人。（3）如果行政协议的内容涉及第三人利益的，应当取得第三人的书面意见，作为行政协议内容的一部分。（4）协商程序应当以书面形式制作笔录，由双方代表签字存档，作为今后行政协议在行时解释条款的依据之一[3]。（5）为了确保协商的充分、正当、有效，诸如告知制度信息公开制度以及招标、拍卖等适当的行政协议缔结程序制度不可或缺。

二是听证。听证意指在行政协议订立过程中，行政机关应当听取有关人员的意见。其目的在于加强行政机关和行政相对人的沟通，减少因行政协议订立、履行而发生的行政争议，从而提高行政效益。一般而言，行政协议过程中的听证制度，不采用正式听证制度，而是采用非正式制度。采用一定形式的听

---

[1] 当然，科学、合理的行政程序之所以能够有效地规制行政协议，在于行政程序作为行政决定的规范流程，能够提供各方交易的理想空间，促进意见疏通，扩大选择范围，调和彼此的利益。此外，行收程序也能够消除比如行政主体与行政相对人之间由于地位不平等所造成的可能隔阂，使得处于弱势的一方能够自由地表达意见，实现合意的自由，回归行政协议作为一种契约的根本特性。最后，行政程序也能够通过课加行政机关程序上的义务和赋予行政相对人程序上的权利，使得行政机关主导性权利的行使趋于理性，从而保证由此作出的行政抉择是最有效益的。余凌云著：《行政法讲义》，清华大学出版社2010年版，第265页。

[2] 参见余凌云著：《行政契约论》，中国人民大学出版社2000年版，第145页。

[3] 参见姜明安主编：《行政法与行政诉讼法》，北京大学出版社、高等教育出版社2011年版，第324页。

证，为相关人员提供表达意见的机会，即可满足此处听证的要求。应当听取意见的人员主要包括：（1）符合行政协议相对人的条件，但没有被确定为行政协议相对人的组织或个人，行政机关应当听取其异议意见，并作出必要的理由说明。（2）行政协议内容涉及第三人的合法权益的，行政机关应当听取第三人就行政协议订立的意见。①

三是说明理由。一般情形下，说明理由是行政机关在存在多名符合资格的竞争者中间进行利益分配时，对最终决定所作的依据解释，或者作为听证的替代方式对主导性权利行使的理由进行书面的阐述。② 要求行政机关承担这种义务，能够使行政机关在作出决定时更加审慎，同时也便于对决定的正确性进行适合的审查和判断。③ 对于行政协议而言，说明理由制度的存在能够发挥重要的作用：（1）提高行政协议运行的透明度，对行政协议当事人的权利保障有所助益。（2）促进行政协议当事人之间的沟通协调及合意，大大减少了因行政协议当事人对行政协议具体内容误解而可能产生的问题和纠纷。（3）有效地防止行政恣意，由于法律上强制性地规定了行政机关应当提供作出行政决定的事实和理由，这使得行政机关在作出行政决定时必须考虑所作出行政决定的合法性和合理性。

四是信息公开。信息公开的价值在于增加程序参加人参与程序活动的目的性和针对性，使得在协议活动的整个过程中出现的错误容易被发现和及时纠正。就行政相对人和广泛的社会公众而言，信息公开也是其知情权实现的客观要求。④ 对于行政协议而言，"如果其相关过程经常处于暗箱操作"的状态，难免会造成腐败滋生和权力滥用之嫌疑。为此，在行政协议的缔结以及执行过程中，除公开会损及公共利益的情况外，行政机关有义务将所有与协议有关的

① 参见应松年主编：《行政程序立法研究》，中国法制出版社 2001 年版，第 518 页。
② 行政机关只需将"重要的"理由向行政相对人说明即可。"至于如何判断理由是否重要的问题，由于理由说明具有保护功能，故此，即必须从相对人之立场来回答。"城仲模主编：《行政法之一般法律原则（二）》，台湾三民书局 1999 年版，第 558 页。
③ 参见余凌云著：《行政契约论》，中国人民大学出版社 2000 年版，第 149 页。
④ 许传玺、成协中：《以公共体征为核心的行政程序建构》，载《国家检察官学院学报》2013 年第 3 期。

情况予以公开，包括对拟将缔结的行政协议的基本情况、参加竞争的条件、资格的审查及甄选的结构等。

（二）行政指导

行政指导是国家行政机关在职权范围内，为实现所期待的行政状态，以建议、劝诫等非强制措施要求有关当事人作为或不作为的活动。作为现代行政管理的重要手段之一，行政指导可以分为以助成、促进对方为目的的助成指导和以限制对方的行为为目的的限制指导。行政指导的特点在于，只要取得相对人的同意即可形成所期望的行政秩序，而无须使用权力手段。行政指导可以消除相对人的抵触，确保行政得以顺利、切实地进行。国民也期望得到行政指导以趋利避害。但是行政指导一般没有法律依据，它虽不存在权力的强制作用，但由于行政机关的地位，有可能使相对人违心接受行政指导，因此潜存着极大的危险性。如何控制行政指导，是立法、学术界及判例要解决的重大课题。[①]

其一，行政指导之意涵。在其一般意义上，行政指导是行政主体采用指示、劝告、希望、建议、告诫、提供知识或信息、行政资助，行政奖励等措施行使职权，以引导相对人自愿协力达成行政目标的一种行政方式。其要义有三：（1）行政指导是一种行政方式，是行政主体行使职权、履行职责，达成行政目标的一种形式。（2）行政指导是以指示、劝告、希望、建议、告诫、提供知识或信息、行政资助、行政奖励等柔性措施为基本载体。（3）行政指导具有诱导性和非强制性——其达成目标的过程本质上系行政相对人接受指导并自愿协作的过程。[②] 对此，学界有共识，也有分歧。其中，基本共识有五点：（1）行政指导是在相关方职权、职责范围内的行为。（2）行政指导的作出具有一定的行政目的。（3）行政指导不具有强制性。（4）行政指导目的的实现需要相对人的同意或者协力，行政相对人可选择服从或者不服从指导。（5）对行政指导的方式有较为一致的观点，即将行政建议、行政劝告、告诫、

---

① 邹瑜、顾明主编：《法学大辞典》中国政法大学出版社1991年版，第319页。
② 江国华著：《中国行政法（总论）》，武汉大学出版社2017年版，第245页。

提供信息、行政调解、行政资助、行政奖励、行政指导性计划、提供咨询意见等视为行政指导的表现形式，统一纳入行政指导的范围。① 主要分歧有三：（1）作出行政指导的主体是仅限于行政机关，还是扩大到包括行政机关在内的行政主体。② （2）行政指导是否包含抽象类行为。（3）行政指导是否仅限于主动性行为，或者说是否存在回应相对人申请的行政指导。

其二，基本秉性。相对于其他行政方式而言，行政指导具有如下基本秉性：（1）行政性，即行政指导是由包括行政机关以及被授权的组织在内的行政主体作出的，因而其主体上具有行政性；行政指导一般是以实现一定的行政目的而作出的，因而目的上也具有行政性。另外，行政指导的作出应当是依据一定的行政程序的，具有程序上的行政性。（2）非强制性，即行政指导是行政主体以说服、教育、示范、劝说、建议、协商、政策诱导、提供知识、技术帮助等非强制性措施履行职责、达成行政目标的方式。③ （3）互益性，即行政指导对于行政主体与相对人而言都有其各自之利益诉求，此即所谓的各取所需，合作共赢。具体有二：一是对于行政主体而言，通过行政指导旨在达成一定的行政目的；二是对于相对人而言，接受行政指导往往也有利益之考量，唯有其认定能够惠益的前提下，才有可能自愿地接受行政指导。（4）不可诉性，即行政相对人对于行政主体作出的行政指导行为不服，不能向人民法院提起行政诉讼——这是由行政指导的本质决定的，根据我国《行政诉讼法》以及《最高人民法院关于执行〈中华人民共和国行政诉讼法〉若干问题的解释》第1条之规定，公民、法人或其他组织对不具有强制力的行政指导行为不服的，不能提起行政诉讼。

---

① 莫于川著：《行政指导论纲》，重庆大学出版社 1999 年版，第 140~147 页。

② 关于行政指导的作出主体，我们认为，由于在我国被授权的组织在其被授权的职权范围内是与行政机关的法律地位相通的，可以被称为一种特别的准行政机关，因而，我们认为，在对行政指导进行界定时，应把其主体扩大到包括被授权组织在内的行政主体。

③ 其要义有三：一是当行政相对人面对这些行政指导措施时，可以接受，也可以不接受，不存在强制履行义务的问题；二是行政主体不能像对待行政相对人不履行行政处罚等行政强制性行为所确定的义务那样，采取强制执行措施；三是原则上，行政指导在行政主体与行政相对人之间不产生任何法律意义上的权利和义务，不具有法律效力。

其三，行政指导之程序。行政指导不仅要满足目标合理，更要注意过程合理，而合乎理性的行政程序无疑是法治伸出的无形之手，驾驭着行政指导实现从过程到目标的理性统一。行政指导程序是行政主体实施行政指导行为时所应遵循的一定步骤、方式、时限和顺序等所构成的一个连续的过程。此处关于行政指导程序概念的界定是狭义的概念，仅指包括决策程序和实施程序的事前程序和事中程序，而不包括事后的责任追究程序和救济程序以及监督程序。但本书关于行政指导程序的探究采用的是广义的，包括报事前程序、事中程序、事后程序。①

事前程序主要包括：（1）专家论证与咨询程序。行政机关通过聘请利益立场中立的法律专家、行政专家以及相关领域的专家参与行政指导决策程序的分析论证，提供决策咨询意见。一方面可以保证行政指导决策的合法性、科学性与合理性；另一方面还可以借助民众对权威专家的信赖，增强行政相对人对行政指导的自愿接受度。（2）行政指导决策信息公开程序。行政主体在进行行政指导时，应当向相对人说明行政指导的内容、理由、目的和需要注意的事项，或负责人通过政府网站、报纸、广播、电视等媒体或政府信息公告栏，制作行政指导信息小册子和设立相关电脑查询和资料检索点以及政府信息咨询电话等形式向行政相对人和其他与行政指导有关的人员及社会公开。（3）听证程序。行政主体可以通过听证的形式获得有关方面的意见和建议，这是提高行政指导决策科学性、民主性的重要途径，也是建设透明政府与法治政府的必然要求。听证程序的控制体现在以下几个方面：一是参加听证的主体。一方面直接接受行政指导的相对人是参加听证的当然主体；另一方面，与该行政指导行为有关的其他公开组织等也应参与听证，并提出自己的意见与异议。二是听证的时间。听证应当在行政指导实施之前举行，这样可以使得行政指导决策的制定有个较高、较好的起点，保证其合理性、科学性。三是举行听证的方式。一般来说，应当采取正式听证会的方式，但并不排除在特定的情况下采取非正式听证的方式。

事中程序主要包括：（1）"示范—推广—宣传"程序。行政机关通过试点

①　董国权：《区域经济一体化中区域行政指导规范的制定程序论》，载《河北法学》2020 年第 1 期。

所获得的有效的、权威的信息、资源、知识为行政相对人提供免费的信息咨询、专业培训，提供政策的扶持与帮助等方式推广这种具体典范，向行政相对人讲解，使其相信并自愿照着去做，以榜样的力量来扩大某种事物推行的范围或起作用的范围，以便以较小的成本获得较大的利益，有利于政府职能的实现与权威的增强。（2）异议程序。在行政指导过程中要保障行政相对人表明异议和表达意见的权利。针对相对人提出的异议，必须给予充分的重视，并加以仔细研究，及时给予充分合理的答复，必要时向专家进行咨询论证，以便作出适当的调整，使行政指导做到有的放矢；不得在相对人异议之后，对已实施的行政指导漠然及不予答复，若是如此，行政相对人可以就此行政不作为行为提起行政复议；应当在行政指导内容发生变化和调整后，加强同相对人之间的沟通。（3）程序中止程序。在行政程序立法中，一般均明文禁止强迫和变相强迫相对人接受指导。在行政停止制度上，应当借鉴已有的立法，明确规定：行政相对人接受行政指导后由于主客观方面情况发生重大变更，继续该行政指导已无意义，行政相对人提出合理理由并明确表示不愿再继续接受该行政指导，行政机关应立即停止行政指导行为，并且不得据此对行政相对人采取不利措施。如《湖南省行政程序规定》第 100 条规定，当事人有权决定是否接受、听从、配合行政指导。行政机关在实施行政指导的过程中，不得采取或变相采取强制措施迫使当事人接受行政指导，并不得因当事人的拒绝接受、听从、配合、执行行政指导而对其采取不利措施。

事后程序主要是指行政指导的救济程序，包括：（1）行政复议。从我国现行行政诉讼立法精神来看，行政指导本身就是行政机关在没有明确法律对某一行为作出明确规定的情况下，根据法律原则和法治精神，通过制定政策对相对人进行指导，在某种程度上受自由裁量的影响很大。因此相关有权机关应当通过司法解释的方式对《行政复议法》第 6 条第 11 项中的"其他具体行政行为"的范围作出明确解释，将行政指导从法律层面划入复议范围。（2）行政赔偿和行政补偿。行政指导是国家行政机关作出的具体行政行为，在行使指导行为的过程中，不论是行政机关的行为合法还是违法，给相对人造成的损害都无法得到救济。因为我国《国家赔偿法》在规定国家赔偿事项范围时，并没有将行政指导列入其中，致使行政相对人的权利一旦受到损害将无法得到行政赔偿或是补偿。因此，应通过一定的立法方式将行政指导明确划入国家赔偿的范围，以避免这种可能带来的损害。（3）苦情处理。在许多国家行政法制体系中，苦情制度有不同的表现，也都能纳入行政救济的范畴。设立这一制度，是对与那些在行政赔偿、行政复议，甚至是行政诉讼等救济途径都被采用之后，仍无法获得权益保障的一种有力补充。（4）行政信访。信访制度是对公民、法人或者其他组织进行权利救济的一种有效补充方式，如果能够得到合理的运用，可以在很大程度上节约各种成本、提高行政效率、维护社会稳定。完善信访制度通过立法的方式明确其法律地位，确保在发生行政指导纠纷时，相对人可以运用合法信访的方式维护自身权益。（5）司法审查。从世界范围内的许多国家行政法律制度看，很少有国家真正为行政指导设计完善配套的行政复议和诉讼制度。但在实际操作中，行政机关的不当指导给相对方权益造成损害的事例屡见不鲜，所以，行政诉讼法和司法解释没有明确指出行政指导具有可诉性是不合适的，至少以下几种情形应当明确地划入诉讼范围：一是被异化的行政指导，即行政机关为了让相对人不得不接受指导，采取一系列具有强制性的手段和方式，用行政指导的名义作出指导，损害相对人合法权益；二是违法的行政指导，即行政指导在内容上与法律法规相违背、超越职权范围，甚至是滥用权力以达到谋取私利的目的，还包括行政指导的不作为；三是违反信赖保护原则的行政指导，即相对人在通常情况下，由于对行政主体权威性、专业性、公益性的信任，一般都会积极响应行政指导。

（三）政府招投标

《中华人民共和国招标投标法》明确规定招标分为公开招标和邀请招标两种方式。① 公开招标又称无限竞争性竞争招标，是指招标人以招标公告的方式邀请不特定的法人或者其他组织投标。凡国有资金投资或国有资金投资占控股或者占主导地位的建设项目必须公开招标。邀请招标又称有限竞争性招标，是

---

① 参见《招投标法》第1条。

指招标人以投标邀请书的方式邀请特定的法人或其他组织投标。非国有资金投资或非国有资金投资占控股或占主导地位且关系社会公共利益、公众安全的建设项目可以邀请招标，但招标人要求公开招标的可以公开招标。

其一，招标程序。（1）制订招标方案。招标方案是指招标人通过分析和掌握招标项目的技术、经济、管理的特征，以及招标项目的功能、规模、质量、价格、进度、服务等需求目标，依据有关法律法规、技术标准，结合市场竞争状况，针对一次招标组织实施工作的总体策划，招标方案包括合理确定招标组织形式、依法确定项目招标内容范围和选择招标方式等，是科学、规范、有效地组织实施招标采购工作的必要基础和主要依据。（2）组织资格预审。资格预审是招标人根据招标方案，编制发布资格预审公告，向不特定的潜在投标人发出资格预审文件，潜在投标人据此编制提交资格预审申请文件，招标人或者由其依法组建的资格审查委员会按照资格预审文件确定的资格审查方法、资格审查因素和标准，对申请人资格能力进行评审，确定通过资格预审的申请人。（3）编制发售招标文件。招标人应结合招标项目需求的技术经济特点和招标方案确定要素、市场竞争状况，根据有关法律法规、标准文本编制招标文件。依法必须进行招标项目的招标文件，应当使用国家发展改革部门会同有关行政监督部门制定的标准文本。招标文件应按照投标邀请书或招标公告规定的时间、地点发售。

其二，投标程序，即投标预备会。投标预备会是招标人为了澄清、解答潜在投标人在阅读招标文件或现场踏勘后提出的疑问，按照招标文件规定时间组织的投标答疑会。所有的澄清、解答均应当以书面方式发给所有获取招标文件的潜在投标人，并属于招标文件的组成部分。招标人同时可以利用投标预备会对招标文件中有关重点、难点等内容主动作出说明。①

---

① 另外还需要编制提交投标文件。潜在投标人在阅读招标文件中产生疑问和异议的，可以按照招标文件规定的时间以书面提出澄清要求，招标人应当及时书面答复澄清。潜在投标人应依据招标文件要求的格式和内容，编制、签署、装订、密封、标识投标文件，按照规定的时间、地点、方式提交投标文件，并根据招标文件的要求提交投标保证金。投标截止时间之前，投标人可以撤回、补充或者修改已提交的投标文件。

其三，开标程序。招标人或其招标代理机构应按招标文件规定的时间、地点组织开标，邀请所有投标人代表参加，并通知监督部门，如实记录开标情况。投标人少于3个的，招标人不得开标。依法必须进行招标的项目，招标人应分析失败原因并采取相应措施，按照有关法律法规要求重新招标。重新招标后投标人仍不足3个的，按国家有关规定需要履行审批、核准手续的依法必须进行招标的项目，报项目审批、核准部门审批，核准后可以不再进行招标。

其四，评标程序。组建评标委员会。招标人一般应当在开标前依法组建评标委员会。依法必须进行招标项目的评标专家从依法组建的评标专家库内相关专业的专家名单中以随机抽取方式确定；技术复杂、专业性强或者国家有特殊要求，采取随机抽取方式确定的专家难以保证胜任评标工作的招标项目，可以由招标人直接确定。评标由招标人依法组建的评标委员会负责。

其五，中标公示。依法必须进行招标项目的招标人应当自收到评标报告之日起3日内在指定的招标公告发布媒体公示中标候选人，公示期不得少于3日。中标候选人的经营、财务状况发生较大变化或者存在违法行为，招标人认为可能影响其履约能力的，应当在发出中标通知书前由原评标委员会按照招标文件规定的标准和方法审查确认。招标人按照评标委员会提交的评标报告和推荐的中标候选人以及公示结果，根据法律法规和招标文件规定的定标原则确定中标人。招标人确定中标人后，向中标人发出中标通知书，同时将中标结果通知所有未中标的投标人。依法必须招标的项目，招标人在确定中标人的15日内应该将项目招标投标情况书面报告提交招标投标有关行政监督部门。

第三节　风险管控与争端解决

一、协同治理之共识形成与分歧管控

协同目标中的"共识"表示协同各方在对问题进行充分讨论、发表意见的基础上就问题、纠纷的性质及解决方案取得一致的认识。"执行"表示各协同方需要采取进一步的措施，将解决方案予以落实。如果目标中既包含"共识"也包含"执行"，那么在执行过程中还需要政府与非政府的互动，有时甚至需要成立新的组织或机构对执行情况予以监督。政策有了一个更为全面和深入的认识和理解，各协同方之间的联系和合作意愿也得到加强。公共协商平台运行的最终效果如何，平台的开放程度、协商的公开程度将是两个非常关键的因素。

（一）公共协商平台

公共协商平台指的是政府为解决某一社会问题或在出台一项公共政策之前，为社会组织、企业、公民等利益相关方提供一个公开发表意见的平台，使得各方能够进行理性的讨论，充分发表各自的意见，并最终对问题、政策的性质及解决方案形成比较统一的认识，或者为政府的行为提供建设性意见。①

公共协商平台运行的最终效果如何，平台的开放程度、协商的公开程度将是两个非常关键的因素。一般情况下，这种公共协商平台是以具体问题或项目为基础的临时安排，待问题解决或政策出台后，平台就变成了政府和其他利益相关方就其他问题或政策进行协商的舞台。不过，有些时候，根据问题或政策的实际情况，这种公共协商平台可能会演变成持续存在的委员会。

（二）偏好整合与分歧管控

偏好是群体决策中一个十分重要的概念，它表示群体中不同的成员各自对决策结果的期望，并反映出不同的群体成员具有不同的利益焦点。群体决策过程中成员通过各种方式最终形成统一结果的过程叫作偏好整合（Combining

---

① 在公共协商平台中，非公协同各方将自己的偏好予以充分的揭示，对政府施加一定的影响，但并没有最终的决策权。通过协同各方在公开基础上的充分协商，公众将普遍对问题、政策有了一个更为全面和深入的认识和理解，各协同方之间的联系和合作意愿也得到加强。

Preference）。

协同治理各方基于各自偏好，很可能采取不同的行动。未达成行动一致，就必须进行沟通和协商，实现偏好整合，达成基本共识。当不同利益相关方在某个具体的政策问题或社会问题上持有不同意见，且为此在很长一段时间内不断发生利益冲突时，各方可能会意识到，这种僵局维持的时间越长，各方的损失就越大，为此，就有必要建立某种形式的分歧管控机制。与传统对立式的机制相比，协同治理可以将更大范围的利益相关者纳入其中，可以让问题的方方面面得到比较充分的讨论。① 与公共协商平台相比，分歧管控机制中的非公协同各方具有比较高的决策权。

共识达成的过程中应注意五点：（1）既要协同团体明确协同工作规则，又要各成员明确各自关于行为、议题设定、决策等问题的基本规则。（2）过程中应强调互相理解，避免一味的讨价还价。（3）给予各参与方平等参与的机会，尊重各方表达意见的权利，使他们的不同意见都可以得到表达。（4）各参与方应有平等的信息知情权。（5）各参与方应了解在各方利益诉求没有得到充分表达而且各方没有尽最大可能满足这些诉求之前，解决纠纷的方案是难以得到各方认可的。

明确协同参与方之后，共识达成的过程一般包括四个阶段：（1）组织阶段：各参与方代表一起参与协同工作规则的制定，同时明确协同目标。（2）信息分享阶段：各参与方交换各种信息，包括技术的、各方的顾虑和利益诉求、达成共识的工具等。（3）沟通阶段：在充分交换各种信息之后，协同各方进行真诚的沟通和互动，以便更好地了解其他参与方的意见。（4）纠纷解决阶段：这一阶段的关键是最大限度地发挥各方的创造力，力争寻找到解决方案，能够比较好地满足各方的利益诉求。

（三）　问题解决机制

问题解决机制指的是为了解决某一个共同面对的社会问题，协同各方在对

---

① 由于达成共识之前各方的意见得到了充分的讨论，协同各方对最终协议的认可度会更高。

问题的性质和解决方案达成一致意见的基础上，按照共同商定的行为规则通力合作，将解决方案予以落实。在开始之前，协同各方应该就目标和过程进行比较明确的界定。在随后的协同过程中，协同各方可以随时将进展与既定目标和运行规则进行比较，从而避免协同行为偏离了方向。

与公共协商平台相比，问题解决机制主要有两点不同：（1）协同各方在对问题的界定和解决方案的形成上都具有一定的决策权。（2）协同各方不仅要形成一致意见，而且需要将解决方案具体落实。与纠纷解决机制的情况不同，问题解决机制中非公协同各方之间并不存在明显的利益冲突。①

二、协同治理之风险控制

（一）协同治理的责任分配机制

在协同治理模式中，政府与社会力量的角色和义务并不局限于合作关系，他们之间还存在意义更为深远的责任分配关系。责任分配显示出国家与私人间对于公益有实现的共同责任，并将私人纳入，强调国家和私人各自责任分配后的角色和责任，进一步通过责任阶层的区分，来显示国家不同责任下之任务、功能、行为方式以及标准。② 此外，与政府独占公益不同，责任分配是实现公共利益职责的分配，是对政府与社会分别对公益实现的责任。但是，责任在国家与私人间进行分配之后，国家应当对各自分担的公益部分进行整合，特别是担保私人执行公共任务时的公益取向。与此同时，国家虽然可从自己的给付责任中解放，但是代之而承担的通常是监督的责任，同时还有可能是保证的责任

----

① 在过程方面，问题解决机制中协同各方共识达成的过程，与纠纷解决机制中的过程有很多相似之处，只是因为各方的利益诉求并没有那么大的冲突，所以共识更容易能够达成。

② 许登科：《德国担保国家理论为基础之公私协力法制》，台湾大学 2008 年博士学位论文，第 28 页。

或组织化的责任。① 实际上，所谓责任分配，严格地说是指公私主体之间的角色义务的分配，或者说职权职责的配置。

虽然政府是公共服务的提供者，但这并不意味着政府必须亲自生产这些公共服务。从历史上看，主要存在两种提供公共服务的方式：一是政府既直接生产公共服务又向社会公众提供公共服务。二是政府不生产公共服务而改由社会力量生产公共服务，政府通过市场方式向承接主体购买公共服务，再由后者向公众供给服务。从行政法治理论分析，政府购买公共服务的实质是一种公私协同关系。传统行政法以行政行为为中心展开其理论框架，强调公权力的不平等性，凸显行为方式的单一性，行政任务原则上由行政主体垄断履行。在这种公私协力的背景下，政府不断将行政任务交由私人部门来完成，私人部门通过政府购买服务、特许经营等诸多方式参与公共治理活动，不仅承担大量的公共行政职能，还提供各种公共服务，打破了传统公法任务由行政主体垄断的局面，实现了公、私部门之间关系的质变，由以往的对峙关系走向如今的协同关系。

担保责任的关键从公私协力的视野分析，政府对购买公共服务的担保责任深刻地体现了担保国家理论，即以国家负担保责任，以责任分配为前提的理论模型。就责任分配而言，政府在购买公共服务中承担公共服务提供的担保责任，而社会力量则承担公共服务生产的履行责任；而对于责任阶层，根据德国学者的说法，它系指除了以责任分配作为担保国家之运作脚本之外，还以不同责任类型来诠释国家之角色、任务与功能，从而构成一个整体关联之责任结构。实际上，国家不再局限于履行责任而有各种责任形态，比如，建议责任、组织责任以及担保责任。② 由于责任阶层是以不同国家责任来表现不同国家任务的密度和方式，并就国家与私人的不同任务领域进行任务分配，所以责任阶层对于约束外包中的公共权力，铸造公私协力责任之网具有特别意义。与担保

---

① 程明修：《经济行政法中"公私协力"行为形式的发展》，载《月旦法学杂志》2000年第6期。

② 张桐锐著：《合作国家》，台湾元照出版公司2002年版，第579页。

国家理论相适应的行政不再是干预行政或给付行政，而是"担保行政"。担保行政的准确定位应该是具体化的国家担保责任。

（二）公私法糅合的救济机制

社会协同规制的救济是一种协同型救济，它在主体、途径、方式多方面展开。从解决主体上看，不仅包括传统国家或政府机关实施的救济，而且扩展到社会组织依法进行的救济；从救济途径上看，不仅包括行政复议、行政诉讼、行政赔偿等，还应将自我调解、民事仲裁等多种途径包括在内；从救济方式上看，不仅包括法律法规规定的责令履行责任、赔偿、补偿等正式机制，还包括自我协商、谈判、谴责、公布等非正式机制。①整合基于公私协同治理行为性质的公私法救济途径。虽然公私协同治理都要通过行为来表现出来，但是公私协同治理行为严格来说并不等同于公私协同治理。公私协同治理系指公、私部门之间为了合作完成公共任务而平等地进行协商、谈判、合作所形成的所有正式与非正式的行为总称。由于公私协同治理行为实际上是一种集合的概念，从性质上说，它包括了公法行为、行政私法行为、私法行为以及性质难以定位的行为，尽管数量上后两者远比不上前两者。公私协同治理行为符合法律性质不仅革新了传统的公法、私法二元区分的理论，而且给传统的单一救济制度带来了严重的挑战。为此，根据担保国家理论，结合公私协同治理行为性质，需要整合公私法救济途径。

其一，公法或私法性质的公私协同治理行为。一元化公法救济或一元化私法救济与一般行为一样，公私协同治理行为发生争议后，其权利救济的路径不外乎私法救济和公法救济。作为与传统行政行为存在种种差异的另类行为，公私协同治理行为到底是遵循一元化救济，即在私法救济和公法救济两者间选择其一，还是实行二元化救济，即既适用私法救济，又可能实行公法救济呢？对

----

① 社会协同规制的救济还是一种高效型救济，即指权利救济及时高效、成本低廉。社会协同规制争议发生后，一般首先通过自我协商调解、内部化解来解决冲突，由于自我救济程序简单、当事人自愿接受，所以它是各方乐意采行的方案，即使自我协调失败而导致行政救济或司法程序介入，其结果也更容易及时得到履行。

于公私协同治理行为的救济，首先要看能否具体区分行为的法律性质，即在同一的公私协同治理行为中，根据不同的法律关系可以提起不同的诉讼，比如就特许经营而言，由于特许经营契约系公私法双重性质的行为，所以要实行由性质主导的私法、公法二元化救济，而对于特许经营者与公众之间的私法争议则只能进行民事诉讼救济。对于公权力委托而言，无论是公权力委托人与公权力受托人之间，还是与公众之间的争议，由于它们均以公法属性为行为特征，所以相对人对之如有争执，自应循公法救济途径谋求解决。

其二，双重性质的公私协同治理行为。"私法救济优先、公法救济担保"的二元化救济对于双重性质的公私协同治理行为，其法律救济从理论上说可能存在一元化救济或二元化救济的理论争议。前者是指对于该类公私协同治理行为发生争议，要么进行私法救济，要么进行公法救济；后者则指对于该类公私协同治理行为发生争议，既可能进行私法救济，又可能进行公法救济：（1）对于作为双重性质的公私协同治理行为，要在坚持统一法律事实的前提下，具体考察行为目的行政性和手段私法性之间关系和比重，并由占主导地位的性质决定该争议的诉讼路径——如果其目的行政性占主导地位，应该将由此引起的纠纷纳入行政诉讼；反之，如果手段私法性占主导地位，应该将由此引发的纠纷纳入民事诉讼。① 但是，问题在于目的行政性与手段私法性之间往往无法判断何者占主导地位，所以绝大部分行为均被推定为公权力行为。在此，根据担保国家理论的新思路，要对公私协同治理行为实行私法救济优先、公法救济担保型的二元化救济，即在公私法都能救济的情形下尽量首先通过民事救济解决，如果民事诉讼等私法救济无效，则由公法救济制度对当事人承担担保救济。（2）对于公私协同治理中的争议，行政诉讼调解尤其要注意：在调解主体上，行政诉讼调解不仅包括人民法院，而且囊括与当事人有特定关系或者与案件有一定联系的企业事业单位、社会团体或者其他组织，以及具有专门知识、特定社会经验、与当事人有特定关系并有利于促成调解的个人；在调解范

---

① 王太高、邹焕聪：《论给付行政中行政私法行为的法律约束》，载《南京大学法律评论》2008 年春秋合卷。

围上，行政诉讼调解虽然除禁止情形外的案件均可调解，但是切勿以调解逃避司法审查；在调解程序上，行政诉讼调解要建立一套的程序规则，特别是遵循合法、自愿以及有限调解的原则；在结案方式上，行政诉讼调解应由双方当事人达成调解协议。

其三，无法定性的协同治理行为。公法救济在公私协同治理蓬勃发展的当今，公私协同治理所涉及之行为类型，已非传统的行政行为或行政处分所能涵括。在公私协同治理行为中，不仅包括行政行为，而且涵盖了行政私法行为、私法行为甚至性质不明的行为，并且这些行为可能同时存在于同一公私协同治理之中。公法私法双重性质的契约与私法性质的契约的救济途径是不同的。无论公私协同治理行为的性质多么复杂，总可以归类到公法、私法或者行政私法之列，但有些行为的性质判断却非易事，需要运用新的理论来定位和救济。这里值得注意是以下两类争议：（1）无法定性或者性质不明的公私协同治理行为。对于社会合作管制行为这种新的另类的公私协同治理行为，虽然可以另定公法行为的判断标准，但是目前似乎很难一概将之定为公法行为。对此，有学者指出，由于公私协同治理行为适用范围广泛，类型众多，难以进行完整的定义，更不易区分在何种情况下，应将公私协同治理行为所缔结之契约定位为行政契约，并应不分公私协同治理行为是否涉及公法、民法、政府采购法，甚至公司法等领域，一律在行政程序法中予以必要的规范。其具体方式是脱离在既有的行政契约法制下，架构公私协同治理合作契约的治理模式，甚至在行政程序法中另定一节予以规范。① 此种行政契约之改革模式，与法国公共建设契约的理念颇有相似之处。法国行政契约法制范围广阔、运作灵活，素为学界讨论的热点话题。将公私协同治理行为向行政契约方向靠近，似乎成为一种新的研究方向。②（2）国家与公众之间并无直接的行为或契约相链接而产生的争议。

---

① 吴志光：《ETC 裁判与行政契约——兼论德国行政契约法制之变革方向》，载《月旦法学》2006 年第 135 期。

② 参见董保城：《台湾行政组织变革之发展与法制面之挑战》，载台湾行政法学会主编：《国家赔偿与征收补偿／公共任务与行政组织》，台湾元照出版公司 2007 年版，第 234 页。

对于这类争议，国家在其中不负履行责任，与公众也不直接发生法律关系，但是，正如担保责任理论所揭示的那样，国家应该负担保责任。以基础民生需求而言，若所谓生存照顾任务属于宪法上社会国原则所支配并课予国家担保义务者，则无论国家是否自己提供该生存照顾行为，均仍负有宪法上终局的需求满足义务，人民仍得享有宪法相关保障。此外，国家与给付满足对象间存有担保其需求获得满足的关系，亦应属为公法关系。①

其四，发展与公私协同治理模式相符的新型行政诉讼种类。我国目前尚未实现真正意义上的行政诉讼类型化，诉讼类型数量过少、划分粗糙以及不承认法官通过个案实践的创造即是非类型化的集中表现；这个格局的形成既是我国行政诉讼整体上的强制性制度变迁模式的必然结果，同时也与传统的行政行为形式论的局限性、以撤销诉讼为中心的立法结构的限制和粗放式学术研究的负面效应息息相关。② 但是：（1）随着行政任务的急剧变化以及国家与社会关系的合作趋势更趋明显，国家为了实现公共任务，不仅采用传统的手段，而且大量使用民营化、公私协同治理等新型手段以及其他无法形式化的多种手段。行政任务的繁重预示着行政权运用的空间日趋扩大，行政审判权的范围将进一步拓宽、行政诉讼的类型也进一步细致化。而公私协同治理新型活动方式的兴起预示着司法救济的具体方法也需要随之作出调整，有必要在立法上针对不同表现形式的争议设置相应的救济方法，从而编织出一张严密的司法救济之网。（2）实现公私责任分配，构建与公私协同治理相适应的行政公益诉讼。与公私协同治理的基本精神紧密契合的诉讼类型首先应该是行政公益诉讼。按照担保国家理论，行政公益诉讼实际上是在行政诉讼类型上对公共部门与私人部门进行了适当的责任分配，集中表现在提起诉讼的原告资格上不再限于与之具有直接法律关系的主体，而是其主体范围不仅可以是作为公共部门的检察机关、行政机关等，更可以是广大的社会公众——公民、法人或其他社会组织。虽然

---

① 蔡宗珍：《从给付国家到担保国家——以国家对电信基础需求之责任为中心》，载《台湾法学杂志》2009 年第 122 期。

② 参见章志远著：《行政诉讼类型构造研究》，法律出版社 2007 年版，第 15 页。

依据被诉对象或客体的不同，公益诉讼可划分为民事公益诉讼和行政公益诉讼，但两者的区分仅具形式上的意义，因为在现有的诉讼制度框架内对民事公益诉讼已经提供了相关的救济渠道，而且民事公益诉讼论者主张行政程序前置的观点实际上还不如实行行政公益诉讼那样经济以及符合我国行政诉讼法的基本精神。

（三）社会治理协同机制的效果评价与监督体系

其一，效果评价体系，评价就是对效果的检验。社会治理协同机制的评价就是对社会治理协同形成机制和社会治理协同实现机制的各个环节进行的检验。经过社会治理协同实现机制，社会治理协同已经从"理想"变成了"现实"，社会治理系统从"无序"走向了"有序"，在一定程度上实现了社会系统的整体功能。但这种结果是否就是社会治理协同所追求的目标，还必须通过对社会治理协同的评价，把社会治理协同实现的结果与社会治理协同的目标相比较而得出评价结论。① 做好社会治理协同机制的评价必须要明确以下三个方面的问题：首先，社会治理协同机制的评价主体。社会治理需要动员和发挥社会上方方面面的力量，因此，社会治理协同机制的评价主体应该也是多元化的。② 其次，社会治理协同机制的评价客体。社会治理协同的整体机制是评价的客体，其中包含着社会治理协同主体的组合、社会治理协同运行的过程、社会治理协同的结果。最后，社会治理协同机制的评价标准。鉴于目前社会治理协同刚刚实现开拓性局面的现实，对于社会治理协同机制的评价主要还是从定性的标准去进行评价的。

其二，效果监督体系。监督是管理行为的最后一环，是任何系统和组织有序高效运转的保障性因素，是对系统和组织中的无序现象和破坏行为的制约性力量。监督也是社会治理协同过程中不可分割的一个环节。监督对保证社会治

---

① 江国华：《PPP 模式中的公共利益保护》，载《政法论丛》2018 年第 6 期。
② 郑杭生：《社会建设和社会管理研究与中国社会学使命》，载《社会学研究》2011年第 4 期。

理协同机制的顺畅运转具有重要的作用。① 实现对社会治理协同机制的有效和合理监督，主要应该从以下三个方面入手：首先，充分发挥社会治理协同主体的自我监督作用。参与社会治理协同的各个主体具有较强的主动性和积极性，特别是社会组织、基层自治组织和广大的社会公众，通过教育和宣传的形式加强社会治理协同主体的自律性和自我监督是未来实现社会治理协同机制有效监督的重要基础。其次，发动全社会对社会治理协同机制进行有效监督。进一步发展社会主义民主政治，引导广大社会公众参与到社会治理协同机制监督工作当中来，使得这项工作具有真正的普遍性。与此同时，对于社会公众的监督意见要通过电视、报纸、广播、互联网的多重形式进行公开和反馈，以让这项工作更具发展的潜力。最后，引导非政府组织参与到社会治理协同机制监督工作中来。党和政府要高度重视非政府组织在社会公共生活中的重要地位和作用，通过政策引导、资金扶持、技术援助、人力支持等多种形式发展和繁荣有利于监督社会治理协同机制的非政府组织的繁荣和发展，使其为实现社会治理协同的良好局面贡献自己的力量。

三、协同治理之争端解决

协同治理项目协议是一种特殊的协议形式，它包含公私法双重元素，其争端既涉及民商事利益，亦关乎重大公共利益。简单地适用民事争端解决机制抑或行政争端解决机制，均无法恰当地解决项目协议之争端。故此，有必要构设专门针对项目协议争端的多元化解决机制。②

（一）构建新型协议

政府和社会资本合作的本质是政府资源与市场资源的优势互补，秉承合作

---

① 社会治理协同过程中的监督主要存在于社会治理协同的两大过程，即社会治理协同形成过程和社会治理协同实现过程。社会治理协同的监督与社会治理协同的评价是一脉相承的。

② 江国华：《政府和社会资本合作项目协议性质及争端解决机制》，载《法商研究》2018 年第 2 期。

共赢、公平公正和风险共担之理念，充分发挥政府部门与社会资本各自的优势。① "双阶理论"或民行框架都是以此为基础，通过厘定政府在项目协议缔结和履行不同阶段之行为属性，再确定项目协议争端的解决方式。政府职责的综合性决定了政府角色的交叉叠加，从而在政府和社会资本合作模式中形成"管理中有合作，合作中有管理"的角色模式。相应地，政府行为就难免出现"行政之中有民事，民事之中有行政"的公私法性质混合的"混沌"现象。② 此时，倘若两个争讼结果存在冲突，则很可能会产生无法解决的矛盾。③ 为此，有必要跳出"双阶理论"和民行二分之窠臼，树立新型协议观，将项目协议从行政协议与民商事协议的概念体系中独立出来，形成一种新的协议类型，并将其争端解决机制的选择权交由缔约双方当事人。

（二）构建多元争端解决机制

由于政府与私人部门之间是一种长期的合作伙伴关系，并非一次性的商业交易，如果诉诸法院，难免会产生一系列的负面效应。因此，在构建项目协议争端多元解决机制时，应当大力发展"替代性纠纷解决机制"，同时应坚持司法救济最终原则④，将司法诉讼机制作为解决争端的最后一道防线。西方国家在解决政府协议争端方面的制度运作也表明，通过司法外途径消除因契约缔结或履行而产生的争议，往往是比较成功的。⑤

第一，协商机制。协商是一种经济、快速的争端解决方式，应设定为项目协议争端解决的基础性机制。协商前置，即政府和私人机构在争议发生后的一

---

① 参见陈辉编著：《PPP 模式手册：政府与社会资本合作理论方法与实践操作》，知识产权出版社 2015 年版，第 3 页。
② 参见江国华：《政府转型与行政法学的回应型变迁》，载《中国社会科学》2016 年第 6 期。
③ 参见程明修：《公私协力法律关系之双阶争讼困境》，载《行政法学研究》2015 年第 1 期。
④ 参见朱锡贤、孙彪：《完善我国行政契约司法救济制度之构想》，载《人民司法》2001 年第 7 期。
⑤ 参见余凌云：《论行政契约的救济制度》，载《法学研究》1998 年第 2 期。

段时间内必须进行协商，否则不能进入后续的法律程序；选择协商，即当事人在争议发生时可以选择协商，也可以选择不协商；协商委员会由政府方和项目公司的代表组成，双方一旦发生争议应当首先提交协商委员会协商解决。

第二，专家裁决。在政府和社会资本合作项目实施过程中，若遇到专业问题，经双方协商一致，可以提交专家组进行裁决。在今后的立法工作中，不妨考虑增加专家裁决机制，明确专家组的组成方式、职权、裁决程序、双方当事人在裁决过程中的权利义务等规定。

第三，调解机制。调解被誉为东方经验，在我国具有广泛的适用空间。国家发展和改革委员会发布的《政府和社会资本合作项目通用协议指南》明确规定调解可以作为一种争端解决机制，并可在项目协议中约定调解委员会的组成、职权、议事原则、调解程序、费用的承担主体等内容。鉴于项目协议争端的特殊性，可以考虑构建第三方专家调解和第三方专业机构调解的双重机制。

第四，仲裁机制。在民商事领域，仲裁是运用最为广泛的争端解决机制，以其极强的专业性和高效性，以及仲裁裁决的强制效力，成为最受欢迎的替代性争议解决机制。在政府和社会资本合作项目中，常有外商投资或者国内社会资本对外投资的情况，其中的法律关系具有一定的特殊性。当外国投资者与我国政府之间产生争端时，其争端解决方式并不限于一般的救济途径。依据国际投资法理论，政府与外国投资者之间的投资争端可供选择的解决方式包括谈判与磋商、斡旋与调停、调解、外交保护等政治手段和东道国当地救济、外国法院诉讼及国际仲裁等法律手段。[①]

第五，诉讼机制。诉讼机制应设定为项目协议争端解决的最后防线。根据前文所述，项目协议争端解决诉讼机制的构建当以"独立协议说"为基础，着重考虑如下几点：一是项目协议是不同于一般行政协议和民事协议的第三类协议；二是作为独立类型之协议，其争端解决划归民事法庭管辖，根据民事诉

---

① 参见乔慧娟著：《私人与国家间投资争端仲裁的法律适用问题研究》，法律出版社2014年版，第5页。

讼程序裁决；三是根据案件需要或当事人意愿，可以适用调解等民商事裁判规则；四是若案件的具体争端涉及行政争议，可以考虑由民事法庭的法官和行政法庭的法官组成合议庭进行审理。

（三）下移争端解决机制选择权

协议作为一种自律性的规范形成工具，其内容尽可能由协议当事人自由形成，而法律则仅为其提供框架性规范。[1] 就该制度来说，可以考虑如下几点。

其一，以事先约定为原则。协议相当于当事人之间的法律，对当事人具有直接明确的约束力。[2]民商事协议中一般包括"争端解决条款"，双方当事人在协议签订之时，可以明确并详细地约定争端解决机制。

其二，以事后约定为例外。基于不完全契约理论[3]，项目协议具有天然的"不完全性"[4]，而且项目协议的周期一般较长，有的甚至达半个世纪，期间诸多变数，殊难预测。因此，应当允许"事后约定"争端解决机制。

其三，无约定即从法定。在实践中，如果出现既没有事先约定，也没有事后约定的情形，可依法定机制，即诉讼机制解决项目协议争端。

当今世界，各国公共服务均已迈入公私合作协同治理时代，政府职能呈现社会化，政府角色呈现多元化，政府行为呈现私法化。[5] 因应公私合作协同治

---

① 参见李霞：《公私合作协议：法律性质与权责配置——以基础设施与公用事业领域为中心》，载《华东政法大学学报》2015年第3期。

② 参见喻文光：《PPP规制中的立法问题研究——基于法政策学的视角》，载《当代法学》2016年第2期。

③ "不完全契约理论"是在"完全契约理论"的基础上发展起来的，其与"完全契约理论"的根本区别在于：后者假设当事人具有完全理性，可以在事前规定未来各种情况发生时当事人的权利和责任，因此完全契约的重心主要是事后的监督问题；而在不完全契约中，当事人仅具有有限理性，无法在事前对当事人之间的权利和责任作出完美规定，只能通过事后的再谈判来解决纠纷和争议，因此不完全契约的关键主要在于对事前的权利和责任进行制度设计或者安排。

④ 参见胡改蓉：《PPP模式中公私利益的冲突与协调》，载《法学》2015年第11期。

⑤ 参见江国华：《政府转型与行政法学的回应型变迁》，载《中国社会科学》2016年第6期。

理时代的挑战，不仅行政法律制度应当适时调整，相关的民商事制度，如仲裁制度，也应当作出合乎情势的调适。

中国社会治理协同机制建设的基本思路应该是，强化协同理念、加强组织领导、加强社会建设、强化制度建设、选择协同方式、制定具体方法、落实运行保障、实施效果评价和监督等几个方面。社会发展的方向决定了社会治理发展的方向。社会主体的多元化和社会事务的复杂化将是社会发展的一个重要方向，而社会治理协同就是对这种多元化和复杂化挑战的回应。多元主体的社会治理协同成为必然的发展趋势，要使这种协同能够顺利进行，必须建设一个高效的社会治理协同机制。

第九章　行政内部行为

特别权力关系理论起源于德国，并依次传入日本及我国台湾地区。我国诸多行政法律制度也深受德国、日本等大陆法系国家的影响，特别权力关系相关制度也不例外。我国法律中特别权力关系在公务员法、教育法、监狱法中都有立法体现，传统的特别权力关系已经难以与现代民主法治思维融洽共处。通过特别权力关系理论对行政内部进行批判与重塑，有必要界定我国行政内部行为的法律属性，对于这些不同表现形式的内部行为要进行诉讼、复议、申诉等不同的救济途径。

行政内部行为与外部行为主要以作用对象、隶属关系和事务管理等标准为区分依据。就我国目前的情形来说，特别权力关系或内部行政关系的形式，主要存在于行政职务关系，学校与学生之间的关系，国家与社会团体、特许企业之间的关系，团体与团体成员之间的关系以及监狱管理关系中的监狱管理机关与服刑人员之间的关系。对于国家行政机关与公务员之间的"内部行政关系"的性质，国内外学界认为国家公职关系、特殊劳动关系，内部行政法律关系，兼具内、外法律关系的性质、公法上的行政合同关系。

根据工作内容的不同，行政内部行为包括工作性质的行为和人事性质的行为。行政内部行为的表现形式多样，主要包括指示、命令、批复、批示、工作计划安排，对工作人员的奖惩、任免、考核、调动、工资福利待遇的调整等。虽然法律规定了行政内部行为主要依托行政申诉进行救济，排除了行政诉讼和行政复议的可能性，但是学界基于"行政内部行为"外部化理论认为其具有可诉性、可复议性。另外，行政检察制度具有主动性、主导性、弱对抗性、威慑性和公共利益导向性等优点，具备法理上的基础和域外先进国家的经验，可以弥补上述救济途径中事后救济和被动救济的不足，达到监督行政活动的效果。

第一节　特别权力关系理论

特别权力关系理论是大陆法系行政法学上的一个特有概念，与一般权力关系相对应。[1] 按照通行理解，特别权力关系是指为实现公法上之特定目的，基于特定原因，行政主体在一定范围内对相对方概括地享有支配权力，而相对方须服从的一种特殊的行政关系。[2] 其要义有五：（1）当事人地位不对等。（2）义务不确定，即隶属于特别权利的相对人，其义务不确定，与机关之间是概括的权力服从关系。（3）依据特别规则处理，即机关享有特别权力，可以制定特别规则拘束相对人，且无需法律授权。（4）惩戒性，即对于违反义务的公务员，特别权力机关有权加以惩罚。（5）不具争讼性，即有关特别权力关系事项，既不得提起民事诉讼，也不得提起行政诉讼作为救济手段。比如，政府机关与公务员之间的关系、军人的勤务关系、学校与学生之间的关系以及监狱与服刑犯之间的关系等，均属于典型的特别权力关系。

特别权力关系理论起源于德国，起初适用于中世纪时期德意志领主与其家臣之间的广泛支配关系，创设之目的在于为描述官吏与国家间的关系提供正当的法理基础，后来由于其符合了当时日本和我国台湾地区强调官员伦理性之需求，而为日本和我国台湾地区广泛吸收并得到进一步的发展。[3] 传统特别权力关系理论的创设是为了达成某种公法上的目的，解释其内部规则的正当性，该

---

[1]　涂怀莹著：《行政法学原理》，台湾五南图书出版公司1987年版，第140页。

[2]　吴万得：《德日两国特别权力关系理论之探讨》，载《政法论坛》2001年第5期。

[3]　许育典著：《法治国与教育行政》，台湾高等教育文化事业有限公司2002年版，第131页。

理论较大程度上排除了法律保留原则和司法救济。"二战"后在倡导法治国精神①以及人权保障的背景下，许多国家和地区均对传统的特别权力关系理论作了很大的调整和修正，使其呈现出一系列新的发展趋势。

一、特别权力关系理论之起源

就其渊源而言，特别权力关系理论起源于德国。19世纪后半叶德国著名公法学家波尔·拉贝率先提出了"特别权力关系"的概念。他认为，国家是一个封闭的主体，在这个"封闭系统"中，"国家方拥有权力与相对方自由加入是构成特别权力关系的基本要素和特征"。国家作为一个封闭的主体，其内部不存在法律关系——以国家与公务员之关系为例，主体封闭说认为，国家作为主体，其对公务员下达的命令，目的在于维持国家这个主体的正常运行，其作用范围以主体为限，国家对公务员下达的命令、规范不具有对外的法律效力，故排除法律保留和司法审查的作用。在《德意志帝国之国法》一书中，波尔·拉贝指出公民对国家所发生的勤务义务有三种情形：（1）基于私法上雇佣、委任或承担契约而发生的勤务义务。（2）基于权力关系，非由当事人自由意思决定而发生的勤务义务。（3）前述第一与第二种情形的混合而产生的勤务义务，此即一方面因当事人的自由意愿而成立，另一方面则为权力关系的情形。② 由此，奠定了特别权力关系最初也是最基本的理论基础。③

承袭波尔·拉贝"特别权力关系"概念，奥托·迈耶（Otto Mayer）对特别权力关系理论进行了系统的阐述，形成了相对完备的"特别权力关系理论"。奥托·迈耶认为，在国家与人民之间可以成立一种特别权力关系，这种

---

① 姬亚平主编：《外国行政法新论》，北京中国政法大学出版社2003年版，第112~114页。

② 转引自吴万德：《德日两国特别权力关系理论之探讨》，载《政法论坛》2001年第5期。

③ 黄学贤：《特别权力关系理论研究与实践发展——兼谈特别权力关系理论在我国的未来方位》，载《苏州大学学报（哲学社会科学版）》2019年第3期。

特别权力关系是为达成公行政之特定目的，而对加入特定关系的人所附加的更为特别的义务，使其处于更为从属的地位。这种特别权力关系由于赋予行政主体特别之权力，所以排除法律保留原则和依法行政原则的适用，并且特别权力关系内部的权力行为不属于行政处分，不得提起行政争讼。①

由于契合当时日本国之统治需要，自明治维新之后，发轫于德国的特别权力关系理论逐渐成为日本行政法学的构成部分。根据《明治宪法》，在一般权力关系下，行政机关欲限制服从者之自由或权利，必须求诸法律上之依据。但在特别权力关系下，则不需有法律上之依据——基于特别权力关系理论，公务员与国家之关系被认为是基于当事人的同意而形成，依照"同意不构成侵害"之原则，国家对其权利与自由之限制既非侵害，自不必有法律根据之必要。②比如，美浓部达吉曾说："权力关系之成立，除由当事人自身任意承诺之情形外，主要依法律之规定而形成。惟权力关系既经成立，在权力之范围内，权力者有概括的命令之权，而其内容不须法律明文之依据。宪法上即使已保障臣民之自由，惟在权力范围内，无法律之依据亦得予以限制。"③

二、传统特别权力关系理论

传统的特别权力关系是基于特别的原因，在特定范围内行政主体对相对方享有概括命令之权力，而相对方具有高度服从义务之行政关系④，如政府与公务人员、军队与军人、监狱与在押人员、公立学校与师生等类似主体之间的关系。特别权力关系不同于一般权力关系，在于强调强势一方主体的"特别权

---

① 翁岳生著：《行政法与现代法治国家》，台湾大学法学院出版社1989年版，第135页。

② 吴万得：《德日两国特别权力关系理论之探讨》，载《政法论坛（中国政法大学学报）》2001年第5期。

③ ［日］美浓部达吉：《论特别权力关系之批判》，罗明通译，载《宪政思潮》1983年第61期。

④ ［日］美浓部达吉：《论特别权力关系之批判》，罗明通译，载《宪政思潮》1983年第61期。

力"与相对一方的"特别义务"。① 在其实证意义上，传统的特别权力关系理论在德国、日本以及我国台湾地区的表现最具典型意义。

在德国，19 世纪的国家法和行政法理论构成了特别权力关系的理论基础。公务员和国家的关系被看作国家内部的利益关系，不受法律调控，该理论的目的在于维持君主及高级官吏阶层的特权和官僚主义的行政权的优越性。由于特别权力关系理论与当时德国历史的要求十分契合，其在德国行政法学界大行其道长达数十年，在纳粹时期特别权力关系的适用范围更是进一步扩大。

在日本，学界认为公务员与国家之关系是基于当事人的同意，于是国家对公务员的自由之限制由于公务员本人的同意而取得合理性，不再需要法律根据。日本学者美浓部达吉指出，权力关系之成立，除由当事人自身任意承诺之情形外，主要依法律之规定而形成，权力关系既已成立，在权力之范围内，权力者有概括的命令之权，而其内容不需法律明文之依据。② 日本学者还扩大了特别权力关系之适用范围。战前日本在特别权力关系的特征的认知上与德国高度一致。具体来说：（1）当事人的不平等性。国家或公共团体相较于相对人处于优越地位，可以发出命令，而相对人基于其附属地位只能服从。（2）义务的不确定性。由于在特别权力关系中，国家或公共团体对个人自由的限制不需要法律之根据，故这种限制的内容处于不确定状态，国家或公共团体拥有概括的命令权，而相对人出于服从而负担的义务也因此具有不确定性。（3）支配方可制定特别规则。如前所述，国家或公共团体拥有概括的命令权，而行使这种概括的命令权的方式之一特别规则。（4）支配方可进行惩戒。正如法律规范通过让违反其规范的当事人承担相应的法律责任那样，要使支配方所发出的命令、所制定的规则有实际效果，得到相对人的遵守，也需要相应的责任。（5）特别权力关系的不可诉性。

在我国台湾地区，学界一般认为："特别权力关系指基于特别之法律上原

---

① 李红军：《特别权力关系理论之探讨》，载《太原师范学院学报（社会科学版）》2010 年第 4 期。

② ［日］美浓部达吉：《论特别权力关系之批判》，罗明通译，载《宪政思潮》1983年第 61 期。

因，为达成公法上之特定目的，于必要范围之内，一方取得概括地支配他方之权能，他方对之负有服从义务，以此为内容之关系。"其中最具典型意义的特别权力关系包括：（1）公法上的勤务关系，具体包括行政机关与公务员之间的关系，即行政职务关系，这是狭义上的公勤关系；其他国家机关与其公务人员的关系，包括国家司法机关、国家立法机关及其他国家机关与其所属的公务人员间的关系；社会行政主体与其工作人员的关系以及军职关系。（2）公共营造物的利用关系。[①]（3）公法上的特别监督关系。（4）其他关系，比如社团与团员间的关系。[②]

概而论之，传统的特别权力关系理论之"特别"之处有三：（1）当事人地位不平等。即在特别权力关系中，隶属于特别权力的相对人较一般权力相对人处于更为附属的地位，需承担事先无法知晓的随附义务。与此配套的是，特别权力人拥有概括的命令权力（包含组织自身的规则制定权），因此其可以基于特定原因，限制相对人的权利或者对其科以新的义务。（2）特别权力关系排除法律保留原则的适用，即拒绝现代意义"法治原则"的干涉。特别权力人在无法律明确的规定或授权之下可以行政命令或内部规则径自规定相对人的权利义务，具体表现为特别权力人具有纪律惩戒权、制定规则权等，并且这些权利和义务不必以相对人同意为前提。（3）以代替性纠纷解决方式为原则，有限适用司法审查。该理论认为，特别权力人对相对人权利的限制不同于一般权力关系中的行政处分，纠纷解决首先应求助于申诉等代替性纠纷解决方式，而后才能寻求司法救济，相对人负有一定的忍受义务以保持该行政领域内行政的效率与完整。因此，对于基于特别权力关系发布的指令、所受的惩戒处分、所发生的争执，较大程度上被排除在司法救济之外。[③]

[①]　所谓公共营造物，包括如下几个要素：（1）公共营造物为人与物的结合体。（2）公共营造物是为达成一定行政目的而设置的人与物的结合体。（3）公共营造物是行政主体所设立的。

[②]　参见陈新民著：《中国行政法学原理》，中国政法大学出版社2002年版，第63页。

[③]　吴小龙、王族臻：《特别权力关系理论与我国的"引进"》，载《法学》2005年第4期。

三、现代特别权力关系理论

传统特别权力关系理论着重强调行政权的权威，虽然这对于实现行政目的具有重要意义，但是随着民主、法治、人权等观念在世界范围内的传播，该理论的弊端也逐渐显现，主要表现为其不实行法律保留原则、忽视基本权利保障、排斥司法救济等①。因而"二战"结束后，传统特别权力关系理论在德国、日本以及我国台湾地区经历了不同程度的修正和发展。

德国于"二战"结束后制定的《德意志联邦共和国基本法》对法治与人权给予大力保护。例如，《基本法》第 19 条规定："一、根据基本法，某一基本权利可以受法律限制或依法予以限制，就此而言，这种法律必须普遍适用而不仅适用于个别情况。……四、任何人的权利如遭到公共机关的侵犯，可向法院提起诉讼。如管辖范围没有明确规定，可向普通法院提出诉讼。"这些规定表明：（1）根据《基本法》，对公民权利的任何形式的限制都必须有法律上的明文规定。（2）《基本法》同时给予了公民诉权——其基本权利受到不法侵害时，不论该侵害是否来自于公权力机关，均有权提起诉讼。在这个意义上，德国《基本法》完成了对传统特别权力关系理论的修正——其法治国原则和基本权利条款的效力范围实现了向特别权力关系领域的覆盖。基于此，乌勒教授在 1956 年提出了修正的特别权力关系理论——基于对传统的特别权力关系理论的检讨，他认为应当将"特别权力关系"中的"基础关系"（Grundverhaltnis）与"管理关系"（Betriebsverhaltnis）区别开来，其中，"基础关系"即直接关系到"特别权力关系"产生、变更和消灭的事项，如公务员资格的取得、学生被开除等，应当可以适用法律保留和司法救济；而"管理关系"，即行政主体为实现特别权力关系的目的所采取的管理措施，如公务员的工资，学生的住宿、奖学金等，则可以不适用法律保留和司法救济。在乌勒

---

① 徐小庆：《论"特别权力关系理论"视角下执政党组织与党员关系》，载《政治学研究》2015 年第 6 期。

之后，Christian Starck 和 Thomas Oppermann 等学者，阐发了"重要性理论"（Wesentlichkeitstheorie）。① 这种理论主张，在"特别权力关系"中，无论是"基础关系"还是"管理关系"，只要涉及"重要性"事项，即涉及当事人基本权利的，就应当适用法律保留与司法救济；相反，对于"非重要性"事项，就不适用法律保留与司法救济。在 1972 年德国联邦宪法法院的一个判决中，法院认为，在监狱服刑的囚犯同样享有宪法所规定的基本权利，因此对其通信自由的限制也应当由法律或者根据法律进行，而不能仅仅以监狱内部的管理规则作为这种限制的依据。这显然是对"重要性理论"的承认。其后的法院判决进一步扩大了"重要性理论"的应用范围，特别是扩大到学校和行政组织领域。②

"二战"之后的日本，学界也对传统特别权力关系理论进行反思。比如：（1）和田英夫认为：究其目的而言，肇始于 19 世纪德国的"特别权力关系"理论意在维持绝对主义的君主及高级官吏阶层的特权以及官僚主义的行政权的优越性。在日本旧宪法下的天皇制官僚国家体制中，这种理论是完全具有适应性的，但在日本新宪法体制中，德国的四种"特别权力关系"情景均已突破。故应当从全新的角度重新审视这一理论。他主张对"特别权力关系"进行重构。他认为，可以将"特别权力关系"划分为"特殊的公法权力关系"与"特殊的社会机能的法律关系"，其中，"特殊的公法权力关系"，比如国家与特许企业之间的关系，应当适用司法审查；"特殊的社会机能的法律关系"，比如律师协会与律师之间的关系，则因袭"传统特别权力关系理论"，阻却适用司法审查。③（2）南博方认为：特别权力关系"这一观念没有继续存在的意义了"。但作为与一般公法关系不同的"特别公法关系"应当是存在的。在

---

① 张慰：《"重要性理论"之梳理与批判——基于德国公法学理论的检视》，载《行政法学研究》2011 年第 2 期。

② 胡建淼：《"特别权力关系"理论与中国的行政立法——以〈行政诉讼法〉、〈国家公务员法〉为例》，载《中国法学》2005 年第 5 期。

③ 参见［日］和田英夫著：《现代行政法》，倪建民、潘世圣译，中国广播电视出版社 1993 年版，第 63~65 页。

"特别公法关系"中，当事人基本权利受到一定的限制是必要的，关键是掌握"程度"。① （3）室井力教授认为："特别权力关系"理论乃 19 世纪末德意志立宪君主国的理论产物，现在必须持强烈的批判态度。（4）至今，日本学界存在着两种批判学说：一是"一般性及形式性的否定说"，该说主张，基于日本国宪法，所有公权力都需要有法律依据并适用司法救济，"特别权力关系"不得例外；二是"个别及实质性的否定说"，该说主张，对那些被称为"特别权力关系"中的每个具体关系，应当作个体研判，并将公法权力关系与普通的契约关系区别对待。②

20 世纪 70 年代之后，我国台湾地区的行政法学界对"特别权力关系"理论也由接受转向检讨。比如，林纪东先生率先质疑特别权力关系所限制的范围；翁岳生教授力主顺应时代潮流对"特别权力关系"理论进行全面反思，主张将其纳入法的调整范围之内。其后，学界普遍认为，人民申请诉愿和诉讼的权利只有通过法律才能限制，以"特别权力关系"加以限制是不妥当的；"大法官解释"也顺势而为，突破"特别权力关系"所设之藩篱，1984 年的"第 187 号解释"，首次将公务员申请退休金纳入诉愿与诉讼轨道。随后的第 201、243、266、298、312、323、338 号解释分别对公务员公法上的财产权、身份决定等行为作了同样的处理；"大法官解释"第 350、382 号，则确立了教育主管部门不得依据行政命令统一规定大学生的共同必修课目，并将学校对学生的身份方面的处分（如退学）推进法律救济轨道。③

基于上述关于传统特别权力关系理论之检讨、反思和修正而形成的现代特别权力关系理论，大体上可以概括为如下基本趋向：（1）特别权力关系的适用范围逐渐缩小。特别权力关系在当代主要存在于国家与其公务人员、军人之

---

① 参见 ［日］ 南博方著：《日本行政法》，杨建顺、周作彩译，中国人民大学出版社 1988 年版，第 74 页。

② 参见 ［日］ 室井力主编：《日本现代行政法》，吴微译，中国政法大学出版社 1995 年版，第 40~41 页。

③ 胡建淼：《"特别权力关系"理论与中国的行政立法——以〈行政诉讼法〉、〈国家公务员法〉为例》，载《中国法学》2005 年第 5 期。

间，学生与学校之间以及监狱与囚犯之间，即勤务关系、在学关系及在监关系。而类似于邮政、博物馆、图书馆、医院等公共营造物与其使用者之间的关系已经成为普通的行政或民事法律关系。① （2）特别权力关系对基本权利的处分应当尊重宪法，并具备法律根据。现代以来，民主和人权保护等观念和法律原则不断深化，对于特别权力关系相对人基于其公民身份享有宪法所赋予的基本权利的限制，需要遵循法律保留原则已经成为主流认识。当今社会仍然存在的特别权力关系领域应受到现代法治原则的干预，宪法不应放弃规定公民基本权利的权力，而放任行政主体自由裁量。（3）特别权力关系所涉内容接受司法审查的范围日益扩大。行政领域接受司法审查是现代行政法治的潮流趋势，资产阶级革命胜利后，法治原则作为一项重要的宪法原则得以确立，推进行政法治也成为建设法治国家的重要保障。在特别权力关系领域，相对人涉及宪法基本权利或其特定的身份地位受损的情况应当享有寻求司法救济的权利。尽管各国的实践并未形成主流模式，但有限的司法审查介入已经发展成为人们的共识。②

第二节　行政内部行为的基本意涵

在其一般意义上，行政内部行为意指基于行政隶属关系，发生于行政组织内部，并仅作用于行政组织内部事务的行为总称。如行政首长对工作的指挥，对机关内部的组织和管理以及对下级公务员发布的命令和指示等。在这个意义上，行政内部行为是一个与行政内部关系不可分割的概念——行政内部行为存在于内部行政关系中，内部行政关系的存续必然伴随着行政内部行为的实施。

---

①　林雅：《行政法上特别权力关系理论之历史沿革》，载《河南师范大学学报（哲学社会科学版）》2005 年第 4 期。

②　吴万德：《德日两国特别权力关系理论之探讨》，载《政法论坛》2001 年第 5 期。沈寿文：《关于特别权力关系理论的争鸣》，载《云南大学学报（法学版）》2004 年第 6 期。

一、行政内部关系

所谓内部行政关系，即以组织法上的权限分配为基础所形成的行政职务关系之总称。比如，上下级行政机关之间的关系，平行行政机关之间的关系，行政机关与所属机构、派出机构之间的关系，行政机关与国家公务员之间的关系等，即属于典型的内部行政关系。就其性质而言，内部行政关系属于特别权力关系之范畴。

一般认为，作为一种特别权力关系，行政内部关系尽管有别于"行政外部关系"，但仍具有公法属性。以行政机关与公务员之间关系为例，其公法关系属性之根据有三：（1）公法基础。我国规定行政机关与公务员关系的法律主要是《中华人民共和国公务员法》《国家公务员暂行条例》《国家行政机关工作人员贪污贿赂行政处分暂行规定》以及其他法律法规，它们在性质上属于行政法，也就是属于公法的范畴。（2）公法契约。行政机关与公务员之间公法关系的建立，等于签订了一份具有公法性质的"契约"，双方都享有一定的公法权利和承担一定的公法义务。这是一种"格式条款"，其内容是由国家法律规定，双方都不得改变。就其性质而言，这种公法契约本质上属于"劳动契约制范畴"——在某种意义上，公务员与国家行政机关的关系也是一种特殊的劳动关系。担任公职、执行公务也是一种"劳动"：国家公务员通过此种劳动，从其所任职的国家行政机关处领取工资报酬、享受各种保险、福利待遇，使其本人和家人能获得维系生活的物质条件。[1]（3）公共职能。行政公法关系的建立是使行政机关通过公务员能够行使行政职权，有效地发挥进行社会公共管理的职能。正如有学者所指出的那样，国家行政机关与公务员的关系是一种"国家公职关系"，即国家公务员因担任国家公职、执行国家公务而与国家（直接相对主体为行政机关）发生的法律关系。国家公职关系自公民被任用为国家公务员，担任国家公职，执行国家公务员职能时发生，依一定的法律事实如退休、

---

① ［日］盐野宏著：《行政法》，杨建顺译，法律出版社1994年版，第700页。

辞职、辞退、死亡或开除而消灭。① （4）公法救济。国家行政机关与公务员之间发生的纠纷，需要适用相关公务员法律、法规予以调整的，要提供公法的行政和司法救济途径。在某种意义上，行政机关与公务员之间的关系具有公法上的行政合同关系之意味，双方权利义务的改变和救济，均需依照法律、法规、规章或其他规范性文件的规定进行。②

二、行政内部行为的概念

一般而言，行政内部行为的概念有广义与狭义之分。其中，广义的行政内部行为是指行政机关代表国家对隶属于自身的组织、人员和财物等施以管理的各种活动的总称；狭义的行政内部行为仅指行政机关内部的人事管理行为，如行政机关对所属工作人员的任命、奖励、转任、处分等行为。③

在我国学术界，大多学者将"行政内部行为"描述为"内部行政行为"。其经典表述为：内部行政行为是一种与外部行政行为相对应的行政行为，是一种不具有可诉性的行政行为。但鉴于"行政行为"是一个法律概念，有其明确的内涵与外延，行政内部行为不具备行政行为的要件和特征，因而，不属于"行政行为"之范畴，故此，"内部行政行为"之描述有欠妥当。比如，张树义教授就认为，只有内部行为，没有所谓的"行政内部行为"，内部行为不具有行政行为的属性。④

就其外延而言，根据《行政诉讼法》第 12 条和《行政诉讼法解释》第 4 条之规定，行政内部行为大致可以分为两类：一是工作性质的，如上级公务员对下级公务员发布的命令、批示和对下级的报告的审批、批复，内部的会议

---

① 姜明安主编：《行政法与行政诉讼法》，北京大学出版社、高等教育出版社 1999 年版，第 121～127 页。

② 马怀德主编：《行政诉讼原理》，法律出版社 2009 年版，第 183 页。

③ 陈小华：《行政内部行为的可诉性研究》，载《行政与法》2001 年第 4 期。

④ 张树义著：《冲突与选择——行政诉讼的理论与实践》，时事出版社 1992 年版，第 117 页。

等；二是人事性质的，即行政机关对内部行政人员的奖惩、任免、考核等。[1]

三、行政内部行为的性质

在其理论层面，行政内部行为的性质具有内部性、不可诉性和不可复议性等基本属性。

其一，内部性。"内部性"是行政内部行为最为根本的性质，其要义有三：（1）不涉权性。行政内部行为只关乎行政系统内部的组织和工作安排，如内部职权划分、业务处理方式、人员配备管理、分层负责划分，以及机关的设置等事项相关的行为或措施。[2]（2）模糊、间接性。行政机关作出行政行为是将抽象的法律规范作用于具体的对象和事务，获得一个确定的法律效果的过程。而行政内部行为尚未形成具体的指向，且未获得一个确定的决定，则仍然处于意思表示的酝酿与形成阶段，尚未成熟，不足以对行政相对人的权利义务产生直接影响。（3）相对人不知悉。行政内部行为通常不为相对人所知悉，即便行政机关将此内部行为对外送达，也只构成行政意向而非行政决定的送达。行政意向只是行政机关在行政管理过程中为了有效处理一些行政事态形成的能够影响行政相对人权利义务的主观意向。这些意向可能会形成某种文书，但这种文书还不是法律意义上的行政决定，送达行政意向只具有证明符合法定程序要求的意义。[3] 在逻辑上，与"内部性"相对应的是"外部性"；行政内部行为之"内部性"相对应的是行政外部行为的"外部性"——行政内部行为通常被认为是一个与外部行政行为相对应的概念，二者在行政管理与行政执法活动中的差异是客观的，而非人们主观附加的：（1）内部性体现在行政内部行为范围、效力等综合方面。例如，行政内部行为"是指行政机关为履行对国家和社会的管理而对自身内部行政行为事务进行组织、领导、管理和调节的

---

[1] 黄韶鹏：《内部行政行为的可诉性——析建明食品公司诉泗洪县政府检疫行政命令纠纷案》，载北大法律信息网，http://article. chinalawinfo. com/article/user/article_ display_ spid. asp? ArticleID=36849，2019 年 3 月 12 日访问

[2] 李建良著：《行政法基本十讲》，台湾元照出版公司 2011 年版，第 17~18 页。

[3] 田瑶：《论行政行为的送达》，载《政法论坛》2011 年第 5 期。

行政行为。行政内部行为反映了国家的自身管理，受内部行政规范的调整，只产生内部的行政法律效果，并不针对外部特定的公民、法人或者组织，也不影响其权利义务"。① （2）内部性主要体现在行政法律关系的主体方面，即行政内部行为是存在于行政机关之间或者行政机关与其工作人员之间的行为；而不发生于行政机关与公民、法人或其他组织之间的"外部"主体。如行政内部行为"是指行政机关作用于内部，作用于行政机关之间或者与其有隶属关系的行政工作人员的行政行为"。② （3）内部性体现在作用对象，行政内部行为皆以行政机关及其工作人员为作用对象。③ 也有学者曾对此观点作出了一些修正，认为内部性主要体现在行为对象所处的法律地位，即行政内部行为针对的是行政机关及其工作人员，且该机关与人员处于执行公务的法律地位。④ （4）内部性体现在所管理事务上——行政机关所管理的事务都具有内部性质，而与内部行政相对应的即为行政内部行为，具备了如下特征："一是内部事务涉及的主体仅限于行政区机关及行政机关工作人员，不包括作为公共管理对象的普通公民、法人或者组织。二是从事务所涉及的领域来看，内部事务主要限于行政机关对本系统内部各机关之间权力的分配及人员的管理，其范围远不如外部事务广泛，外部事务的处理体现了国家行政权力对社会的控制。三是从事务处理的法律后果来看，外部事务的处理一般会影响行政管理相对人一方的权益，或者赋予、剥夺其权利，或者增加、免除其义务，法律后果具有社会属性；而内部事务的结果一般不会影响外部行政相对人一方的权益，其影响力所及的范围仅仅限于行政组织系统内部。"⑤ （5）内部性体现在行政行为与有关行政主体的权利义务关系。内部行政行为以职权、职务上的权利义务为对象而实施行政行为，形成内部行政法律关系。

---

①　罗豪才主编：《行政法学》，北京大学出版社 2001 年版，第 80 页。

②　罗豪才、应松年主编：《行政诉讼法学》，中国政法大学出版社 1990 年版，第 115 页。

③　应松年主编：《行政法与行政诉讼法词典》，中国政法大学出版社 1992 年版，第 92 页。

④　应松年主编：《行政行为法》，人民出版社 1992 年版，第 6 页。

⑤　闫尔宝：《论内部行政行为的几个问题》，载《行政法研究》1994 年第 4 期。

其二，不可诉性。在学理上，基于特别权力关系理论，内部行为原则上排斥司法审查，不具有可诉性。在理论上，行政内部行为可分为上下级行政机关之间的工作关系和行政机关的内部人事管理关系两种基本类型。其中，（1）内部人事管理关系属于法定不可诉。根据《行政诉讼法》第 12 条第（3）项之规定，当公民、法人或者其他组织就"行政机关对行政机关工作人员的奖惩、任免等决定"，即《最高人民法院关于执行〈中华人民共和国行政诉讼法〉若干问题的解释》第 4 条所规定的"行政机关作出的涉及该行政机关公务员权利义务的决定"，向法院提起行政诉讼时，法院不予受理，只能向该行政机关或者其上一级行政机关或者人事机关提出申诉，寻求行政救济。其理由在于行政机关对其公务员权利义务的决定，包括奖励、记功、表彰、警告、记过、记大过、降级、撤职、停职检查、开除等决定，以及工资、福利、待遇及职称评定、住房分配等行为，数量多，涉及面广，此类争议大多涉及行政政策问题、行政内部纪律和制度问题，基于权限分工之原则，不宜由法院管辖，否则有干扰行政机关自主工作之虞；况且，有关法律法规对此类争议已规定了相应的救济手段和途径，若再纳入行政诉讼受案范围，既不经济，也无必要。（2）基于上下级行政机关之间的工作关系所形成的指示、命令、决定、批复等行政内部行为属于例定不可诉——尽管《行政诉讼法》及其《最高人民法院关于执行〈中华人民共和国行政诉讼法〉若干问题的解释》对于该类行政内部行为是否可诉并未作出明确规定，但在实践中，我国法院对于行政内部行为基本上采行"不可诉为原则，可诉为例外"。比如，最高法院就"牛纪州再审案"的终身裁定"裁判要旨"指出：从《中华人民共和国行政诉讼法》第 12 条关于行政诉讼受案范围的列举规定看，可诉的行政行为通常应当是具有外部性特征，即该行为系针对公民、法人或其他组织作出，或对公民、法人或其他组织的权利义务有直接影响。据此，行政机关对存在行政隶属关系的组织和个人就内部事项所作的行为，或虽针对外部事项但属于启动行政行为或行政行为过程中的内部程序，均不属于行政行为，不在行政诉讼受案范围之内。仅有的例外情况是，上述内部行为在某些特定条件下无须借助行政行为即可直接作用于公民、法人或其他组织并对其权利义务产生影响。此时，内部行为的实质效果等同于行政行为，从《中华人民共和国行政诉讼法》保护公民、法人或其他组织合法权益的立法目的出发，应纳入行政诉讼受案范围（〔2016〕最高法行申 4375 号）——这种例外，通常被称为"内部行为的外化"。在其现实意义上，作为可诉性例外，行政内部行为外化主要是由实务界所创设，它包括外化、公权力行使、外部效果三要素。

其三，不可复议性。在学理上，与其不可诉性一样，行政内部行为是否具有可复议性，也是一个有争议的命题。有学者认为，将行政内部行为纳入行政复议具有妥当性和合理性，但由于行政内部行为的外延宽泛，不能一概而论，对于部分根据行政行为理论归于未成熟且没有产生外部效力的行为，因其不构成独立的行政行为而不应纳入复议范围。[①] 也有学者认为，"二战"之后整个世界政治思潮的主要动向在于最大限度地保护大多数人的基本权利，对军人、公务员、公立学校学生和收押人员的基本权利不予保障的观点已经落伍[②]，因此，对行政内部行为中的人事行为不应再以特别权力关系而将其排除在行政复议的受案范围之外。

但是，迄今为止，尽管行政复议法受案范围的扩大已成为必然趋势[③]，但将行政内部行为整体纳入行政复议受案范围人仍不具有现实性。其理由与行政内部行为之不可诉性类似：一则行政内部行为数量众多，涉及行政过程之各阶段，不适合纳入行政复议受案范围；二则法律专门规定了行政内部行为的救济途径，无须重复设置救济机制。

因此，我国《行政复议法》《公务员法》等认为行政内部行为不可复议为原则，可复议为例外。比如，《行政复议法》第 8 条规定：不服行政机关作出的行政处分或者其他人事处理决定的，依照有关法律、行政法规的规定提出申

---

① 金成波：《内部行政行为纳入行政复议的妥当性考量》，载《法治研究》2013 年第 11 期。

② 杜祥平：《论行政法上的特别权力关系理论》，载《四川行政学院学报》2009 年第 1 期。

③ 参见江必新、李江编著：《行政复议法评释——兼与行政复议条例之比较》，中国人民公安大学出版社 1999 年版，第 37~38 页。

诉;《公务员法》第 95 条规定:"公务员对涉及本人的下列人事处理不服的,可以自知道该人事处理之日起三十日内向原处理机关申请复核;对复核结果不服的,可以自接到复核决定之日起十五日内,按照规定向同级公务员主管部门或者作出该人事处理的机关的上一级机关提出申诉;也可以不经复核,自知道该人事处理之日起三十日内直接提出申诉:(一)处分;(二)辞退或者取消录用;(三)降职;(四)定期考核定为不称职;(五)免职;(六)申请辞职、提前退休未予批准;(七)不按照规定确定或者扣减工资、福利、保险待遇;(八)法律、法规规定可以申诉的其他情形。对省级以下机关作出的申诉处理决定不服的,可以向作出处理决定的上一级机关提出再申诉。受理公务员申诉的机关应当组成公务员申诉公正委员会,负责受理和审理公务员的申诉案件。公务员对监察机关作出的涉及本人的处理决定不服向监察机关申请复审、复核的,按照有关规定办理。"这就意味着,根据现有的法律规定,行政内部行为一般不具有可复议性,但若内部行为实现外化,并对相对人的人身财产权利产生现实的影响,则应当纳入行政复议受案范围。

四、行政内部行为之外化

在其现实意义上,作为不可诉和不可复议性例外,行政内部行为外化主要是由实务界所创设,它包括外化、公权力行使、外部效果三要素。但在实践中,就如何认定内部行为外化存在两种观点:(1)行政机关作出的行为虽具有内部性,但其效力反射到外部的人,从而对外部相对人的权益产生了实际影响。这种情况下,行政内部行为实际上已经变质为外部行政行为。其外化的途径包括"通过公权力"与"通过非公权力"两种方式。在这个层面,行政内部欲纳入受案范围,需满足"通过公权力"外化,并对外部相对人产生实际的、最终的行政效力的条件。① (2)行政内部行为外化只是将某些行为表面伪装成内部行为,但其本质还是外部行为的一种揭露。它并非是因为外部相对内

---

① 章剑生著:《现代行政法基本理论》,法律出版社 2008 年版,第 124 页。

部行为的知晓而发生质变，从内部行为变成外部行为。①

行政内部行为外化主要出现于行政组织内部的工作关系之中。如行政机关内部的决议、安排、部署等；上下级机关之间职权互动形成的请示、答复、通令等；还有级别相同的行政机关互相配合、鼎力互助而作出的咨询意见、决策方案等。实践中在作出一个完整的行政行为的过程中，都不可避免地存在行政内部行为。并非所有内部行政行为都会实现外部化，外部化要求是内部行政行为本身存在的要件。

行政内部行为外化的典型样态②主要包括但不限于以下几种：（1）会议纪要。会议纪要是我国机关公文文种之一，是行政机关在行政管理过程中形成的具有法定效力的规范格式的文书，用于记载行政机关有关会议情况和议定事项，是行政机关公务活动的重要载体和工具。实践中的会议纪要却并未遵循规范意义上的内部性界限，无论是其形成过程、实质内容还是形式上的公开性，都呈现出外部化的现象，导致会议纪要的性质显得模糊不清。（2）下级机关的初审。法律在对行政决定的作出程序进行设计时，可能有纵向的分工与分权，要求下级机关提出初步审查意见，由上级机关作出最终决定。具体有二：一是由下级政府或主管部门审查，上级政府或主管部门作出决定；二是政府部门审查，本级政府决定。（3）上级机关的批复、指示或批准。由于行政系统上下级机关之间存在着领导和监督关系，下级机关在作出重大决定，或是在有关问题上存有疑虑时，经常会向上级机关请示和征询意见，上级机关亦回应下级机关请示事项而作出相应批复。另外，上级机关对某一事项作出决定，也可能对下级机关下达内部指示，要求其办理执行。此外，有些法律明确规定了下级机关作出行政决定须经上级机关批准。在上述三种情形中，虽然行为的直接作用对象限于行政系统内部，但却可能会存在上级机关作出的批复、指示或批准具有外化的问题。由此，行政内部行为变具有了行政行为之属性，因此，也

---

① 孔祥俊著：《行政行为的可诉性、原告资格与司法审查》，人民法院出版社 2005 年版，第 82 页。

② 刘飞、谭宗达：《内部行为的外部化及其判断标准》，载《行政法学研究》2018 年第 2 期。

具有了可诉性和可复议性。

第三节　行政内部行为的表现形式

行政内部行为是基于行政隶属关系以行政机关内部国家公务员为作用对象，发生于组织内部，只影响行政组织内部事务，效果只及于行政机关内部的措施。其既包括机关对机关的行为，也包括机关对个人的行为，既包括事实行为、准法律行为，也包括法律行为。既包括对行政组织机构的设立、变更及撤销行为，对行政区划、行政机关之间权限等相关争议的处理行为，也包括对工作人员监督、管理、处分行为等。总的来说，行政内部行为包括对隶属于自身的组织、人员和财物工作上的管理、人事上的管理等行为。同时，随着社会的发展，司法实践中出现了形式上是内部行政行为，但实际上突破了行政组织内部，影响到外部当事人合法权益的外化的行政内部行为。据此，根据通说，我国行政内部行为主要包括工作性质的内部行为和认识性质的内部行为。

一、工作性质的行政内部行为

工作性质的行政内部行为包括上级机关对下级行政机关的批复、指示、命令，还有同级机关之间往来的公函、通知、建议、意见等。[①] 工作性质的行政内部行为一般发生在具有隶属关系或职务关系的行政主体及其工作人员之间，如上级对下级的命令、指示和通知行为，特定职务关系下的行为、监察机关的监察行为、审计机关的审计监督行为，一般职务关系下的委托执行公务行为、公务咨询行为等。

其一，指示。"指示"指的是对某件事情作出指定的表示，比较婉转，可

---

① 刘阳：《内部行政行为外化问题研究》，载中国法院网，https：//www. chinacourt. org/article/detail/2016/08/id/2071201. shtml，2020 年 4 月 28 日访问。

以是口头上的指示，也可以是书面上的指示。在行政法领域，指示为上级行政机关对下级行政机关作出，或由行政首长对所属机构工作人员作出。其内容多样化，并没有具体的内容限定，可以是布置工作，阐明工作重点，说明工作步骤及内容，传达要求，具体分工，等等。其要义主要有四：（1）行政指示应当是行政机关（主体）实施的行为。具体来说，可以由能够代表行政机关意志的具体人员作出，但反之，如果是并非由行政机关实施，而是由其他主体，诸如社会团体或个人等实施，则该行为不能称之为行政法上的指示。（2）行政指示应当是行政机关行使职权的行为。如果某一行为并非属于行使职权的行为，其不成为指示，而只是某种不具有行政法上意义的事实行为。最简单的举例，如某领导指示某职员去为其倒茶，因该"指示"不属于行使职权之范畴，故不属于本书所指的指示。需要注意的是，虽然指示的形式灵活多样而不限于书面形式，内容也不作具体限制，但该种自由主要是为了行政机关更好地行使职权，发挥其主观能动性的考虑，如果将这种不作限制理解为任何内容的行为只要由行政主体对其所属成员作出就属于指示，将是有失偏颇的。（3）行政指示应当是为行政机关内部活动进行管理的行为。该行为可以是为了行政机关的各种内部活动而为管理。同样是行使职权，若其不是为了行政机关内部活动进行管理，而是为了限制私权，进行社会事务管理等目的，其将从根本上无法被归结为指示，因为指示乃行政内部行为之子分类，若某一行为不属于为行政机关内部活动进行管理，其便从根本上不属于行政内部行为，从而也不可能是指示。

其二，命令。此处的"命令"，意指行政机关为管理其内部活动事务而进行的某种行为形式的统称。此处作为行政内部行为的"命令"需要与行政命令进行区分。行政命令是行政主体对行政相对人课以特定义务的行为。它是行政决定的一种，具有公法性、单方性、外部性、具体性等一般特征；同时，行政命令在行为启动上具有依职权性，在行为表达上具有意思性，在内容设置上具有负担性，在权利义务影响上具有非处分性，在目的实现上依赖相对人配合履行而具有间接性，在内容达成上具有强制性。应当说，行政命令是一类内涵清晰、外延明确的行政行为。①

其三，批准。批准乃上级对下级，或行政首长对其所属工作人员的具体工作行为而作出的，其常出现在下级行政机关或相关工作人员对自己行使职权的行为不太确定时，通过请示上级的方式得到确信。而上级行政机关、行政首长则通过批准这一行政内部行为形式对这种请示进行回复。其形式同样不具有太多限制，可以是以批准为题头的回函，也可以是在相应文件上的批准盖章等。

其四，批复。批复相较于批准而言，相同点在于都是上级行政机关对下级行政机关，或行政首长对其所属工作人员作出的行为，不同点在于其复杂性。批准的复杂性很低，通常具体行为模式已经确立下来，批准只是"允许"与"不允许"之界分，而批复则不一样，批复绝不仅仅是"允许"与"不允许"这样简单的表意。通常来讲，批复内容需要有具体论证和行动安排，其针对下级行政机关或相关工作人员的请示，作出相对详尽的类型化指引，帮助请示者明晰工作内容、行动方式、行动目的、行动原则等。

其五，批示。《现代汉语词典》将"批示"解释为两种含义：作为动词，批示是指上级对下级的公文文书作出书面意见；作为名词，批示是指批示的文字。②"行政批示"是指行政机关负责人在法定职权范围内，针对某个事件、某个案件或者某个需要解决的问题实施的、能对事情结果产生重大影响的书面处理行为。"书面"是行政批示与行政指示的显著区别，批示对内容无特别要求，但在形式上要求书面，指示则口头或书面均可。

其六，工作计划安排。所谓工作计划安排，就是其字面意思。需要注意的是，其作出主体具有特殊性。此处的工作计划安排同样要求是上级行政机关对下级行政机关作出的，或是行政首长对其所管辖工作人员作出的安排——这是当然要求，因为任何一个行政机关工作人员对自己的日常生活、需要完成的工作所作出的计划安排，显然不能被纳入行政内部行为之范畴。

---

① 参见胡建淼主编：《行政法学》，法律出版社 2010 年版，第 206 页。

② 中国社会科学院语言研究所词典编辑室编：《现代汉语词典》，商务印书馆 2002 年版，第 962 页。

二、人事性质的行政内部行为

除前述工作性质的行政内部行为外，我国当前还有人事性质的行政内部行为。人事性质的行政内部行为是指在行政机关的行政内部行为中基于行政机关与其工作人员的身份关系而产生的各种人事管理性质的行为。一般包括对工作人员的奖惩、任免、考核、调动、工资福利待遇的调整等，通常发生在机关对人员的行为中，如本机关对所属工作人员的管理处分行为，特定机关对其主管的企业领导人的监督处理行为等。

其一，奖惩。奖惩制度是公务员制度的核心内容之一，包括奖励制度与惩戒制度。（1）公务员的奖励是指对工作表现突出，有显著成绩，或者有其他突出事迹的公务员、公务员集体给予的奖励。[1] 为激励公务员忠于职守，勤政廉政，提高工作效能，充分调动公务员的积极性，规范公务员奖励工作，中共中央组织部和国家人事部根据《公务员法》于 2008 年制定了《公务员奖励规定（试行）》，对奖励的原则、奖励条件、奖励类型、奖励权限、奖励程序、奖励实施、奖励的监督等进行了规定。[2]（2）公务员的惩戒是指对具有违法违纪行为的公务员予以处分的制度。[3] 根据《公务员法》第 59 条规定，应予处分的违法违纪行为主要包括：（1）散布有损宪法权威、中国共产党和国家声誉的言论，组织或者参加旨在反对宪法、中国共产党领导和国家的集会、游行、示威等活动。（2）组织或者参加非法组织，组织或者参加罢工。（3）挑拨、破坏民族关系，参加民族分裂活动或者组织、利用宗教活动破坏民族团结和社会稳定。（4）不担当，不作为，玩忽职守，贻误工作。（5）拒绝执行上级依法作出的决定和命令。（6）对批评、申诉、控告、检举进行压制或者打击报复。（7）弄虚作假，误导、欺骗领导和公众。（8）贪污贿赂，利用职务

---

[1]　董丽君：《公务员奖励制度法治化之研究》，载《湖南大学学报（社会科学版）》2008 年第 3 期。

[2]　江国华编著：《中国行政法（总论）》，武汉大学出版社 2012 年版，第 163 页。

[3]　郑传坤、陈太红：《我国公务员惩戒制度的问题与对策》，载《郑州大学学报（哲学社会科学版）》2004 年第 6 期。

之便为自己或者他人谋取私利。（9）违反财经纪律，浪费国家资财。（10）滥用职权，侵害公民、法人或者其他组织的合法权益。（11）泄露国家秘密或者工作秘密。（12）在对外交往中损害国家荣誉和利益。（13）参与或者支持色情、吸毒、赌博、迷信等活动。（14）违反职业道德、社会公德和家庭美德。（15）违反有关规定参与禁止的网络传播行为或者网络活动。（16）违反有关规定从事或者参与营利性活动，在企业或者其他营利性组织中兼任职务。（17）旷工或者因公外出、请假期满无正当理由逾期不归。（18）违纪违法的其他行为。根据《公务员法》第62条规定，对公务员的处分分为：警告、记过、记大过、降级、撤职、开除。

其三，任免。根据《公务员法》第40、41、42条规定，公务员领导职务实行选任制、委任制和聘任制，公务员职级实行委任制和聘任制。领导成员职务按照国家规定实行任期制。选任制公务员在选举结果生效时即任当选职务；任期届满不再连任或者任期内辞职、被罢免、被撤职的，其所任职务即终止。委任制公务员试用期满后考核合格，职务、职级发生变化，以及其他情形需要任免职务、职级的，应当按照管理权限和规定的程序任免。

其三，考核。考核制度即由有权机关对公务员的德、能、勤、绩、廉，以及工作实绩作全面的考察以认定公务员的工作态度和能力的制度。[1]　根据《公务员法》第6条规定，公务员的考核分为平时考核、专项考核和定期考核等方式。定期考核以平时考核、专项考核为基础：（1）非领导成员公务员的定期考核采取年度考核的方式。先由个人按照职位职责和有关要求进行总结，主管领导在听取群众意见后，提出考核等次建议，由本机关负责人或者授权的考核委员会确定考核等次。（2）领导成员的考核由主管机关按照有关规定办理。定期考核的结果分为优秀、称职、基本称职和不称职四个等次。定期考核的结果应当以书面形式通知公务员本人，作为调整公务员职位、职务、职级、级别、工资以及公务员奖励、培训、辞退的依据。

---

① 　江国华编著：《中国行政法（总论）》，武汉大学出版社2012年版，第162页。

其四，调动。行政机关内部工作人员的调动一般包括调任、转任、挂职锻炼以及职务的升降。调任是指将国有企业事业单位、人民团体和群众团体中从事公务的人员调入机关担任领导职务或者副研究员以上及其他相当职务层次的非领导职务。转任是指对省部级正职以下的领导成员实行跨地区、跨部门平级调动以及担任机关内设机构领导职务和工作性质特殊的非领导职务的公务员在本机关内进行平级调动。挂职锻炼则是基于培养锻炼公务员的需要，选派公务员到下级机关或者上级机关、其他地区机关以及国有企业事业单位任职。① 此外职务的升降也可能会导致职位的调动。根据《公务员法》的规定，公务员的职务晋升应当尊重相应的条件与程序。

其五，工资福利待遇的调整。公务员实行国家统一规定的工资制度，其工资水平应当与国民经济发展相协调，与社会进步相适应。公务员工资包括基本工资、津贴、补贴和奖金，并按照国家规定享受福利待遇与保险待遇。任何机关不得违反国家规定自行更改公务员工资、福利、保险政策，擅自提高或者降低公务员的工资、福利、保险待遇。任何机关不得扣减或者拖欠公务员的工资。同时《公务员法》第64、65条规定，公务员在受处分期间不得晋升职务、职级和级别，其中受记过、记大过、降级、撤职处分的，不得晋升工资档次。公务员受开除以外的处分，在受处分期间有悔改表现，并且没有再发生违纪违法行为的，处分期满后自动解除。解除处分后，晋升工资档次、级别和职务、职级不再受原处分的影响。

如果说前六种工作性质的行政内部行为，在内容上都具有极大的灵活性和主观能动性，那么人事性质的行政内部行为，如"对工作人员的奖惩、任免、考核、调动、工资福利待遇的调整"则具有一定的羁束性，这是因为《公务员法》对该种行政内部行为作了相对详尽的规定。《公务员法》第五章规定了对公务员的考核，第六章规定了公务员职务、职级任免，第七章规定了职务、

---

① 周佑勇著：《行政法原论》，中国方正出版社2005年版，第167页。

职级升降等，甚至规定了具体程序——如《公务员法》第46条。① 《公务员法》第八章则对公务员的奖励进行了规定，在原则上，实行定期奖励与及时奖励相结合、精神奖励与物质奖励相结合、以精神奖励为主的原则，并规定了奖励的具体情形。②

三、外部化的行政内部行为

"外部化"一词与内部相对，与"外化"同义，对于"外化"一词，有学者在阐述行政行为的成立要件时，把"外化"当作行政行为的成立要件之一，他认为所谓的行政行为外化是指行政行为对外部已产生法律上的影响，表现为已经通知相对人或者虽然没有通知相对人但已经对相对人发生实际作用。③ 章剑生教授认为，行政内部行为外部化是指虽然行政机关作出的行政行为具有初始的内部性，但是当它的效力反射到外部行政相对人身上时，便对外部相对人的权益产生了实际影响。这种情况下，行政内部行为实际上已经质变为外部行政行为。④ 也就是说，这里的"外部化"改变了行政内部行为的性质与效力，其效力突破行政内部行为的约束，对外部相对人产生了实际影响，已经由行政内部行为转化为外部行政行为。还有人认为，行政内部行为的外部化是指行政内部行为在作出之时，其意思表示仅限于行政机关内部，只是由于在实施过程中其意思表示产生的法律影响超出行政机关内部，对外部相对人产生实际影响。⑤ 这里的"外部化"强调行政行为的效力突破行政机关内部向外部产生影

---

① 《公务员法》第46条规定："公务员晋升领导职务，按照下列程序办理：（一）动议；（二）民主推荐；（三）确定考察对象，组织考察；（四）按照管理权限讨论决定；（五）履行任职手续。"

② 《公务员法》第52条规定："公务员或公务员集体有下列情形之一的，给予奖励：（一）忠于职守，积极工作，勇于担当，工作实绩显著的；（二）遵纪守法……（九）在对外交往中为国家争得荣誉和利益的；（十）有其他突出功绩的。"

③ 胡建淼主编：《行政法学》，法律出版社2015年版，第42页。

④ 章剑生著：《现代行政法学基本理论》，法律出版社2008年版，第124页。

⑤ 石磊：《指导案例22号〈巍永高、陈守志诉来安县人民政府收回土地使用权批复案〉的理解与参照：内部行政行为外部化具有可诉性》，载《中国法律评论》2014年第1期。

响，与章剑生教授的观点类似。

在我国传统行政诉讼法的一般观念中，认为内部行政行为的内容涉及的是行政系统内部的行政管理，而不会涉及行政组织外部的私人利益。但在司法实践中已经出现了很多形式上是内部行政行为，但实际上突破了行政组织内部，影响到外部当事人合法权益的外化型行政内部行为。现实生活中许多行政内部行为对相对人产生了"实际影响"，也即行政内部行为的效力在一定程度上产生了外化效果，这就是所谓的外部化的行政内部行为。据此，外部化的行政内部行为一般具有以下特征。

其一，外部化的行政内部行为是基于行政机关职权作出的。行政行为的作出离不开行政职权的行使，行政内部行为的效力不会自发地表露于外，其移转的动力也来自行政职权的行使，也即行政相对人通过合法途径知晓该行政内部行为，区别于实践中有些相对人通过不正当的途径或其他非公权力方式获取行政内部行为的相关信息的行为，这种情况不属于外部化的情况。同时，如果一个行政内部行为始终存在于行政系统内部，也就不存在外部化的可能性。

其二，对特定的行政相对人产生了实际的法律效果。产生实际的法律效果，设立、变更、消灭一定的法律关系，对行政相对人的权利义务要产生实质性的影响，否则行政内部行为并没有完成外部化。

其三，行政内部行为的外化应当在独立意义上使用，区别于成立意义上的外化。"外部化"有两层含义：一是成立要件意义上的外部化，指外部化是行政行为的构成要件之一，如果缺乏这一要件，行政行为将不能成立。二是独立意义上的外部化，这是指一个已经成立的行政内部行为在外部化后，对外部产生实际影响，此时行政内部行为的效力便由内及外，延伸至行政机关外部，如果缺乏这一要件，行政内部行为的效力仍被封闭于行政内部行为，效力仅局限于内部，其性质与效力没有发生变化。外部化的行政内部行为，其效果外化往往仅是结果意义上的，行政机关在作出行政行为时往往缺乏从一开始就使该指示行为具有对外部相对人产生实际影响的动机。①

第四节 行政内部行为的合法性控制

如前所述，行政内部行为是行政主体基于隶属关系对其系统内部的组织、人员和财务所作出的一种内部管理行为，它包括上级机关基于层级隶属关系对下级的命令、指示所作出的任免、考核、调动等。② 为维持行政机关的主观能动性，避免司法之过度干预使得行政权的行使失去效率，行政内部行为一般被排除在司法审查范围之外。与一些国家不同，中国法律几乎总是把行政权力授予行政机关，而不是行政首长或者公务员，行政机关的主体性质容易遮蔽内部程序的运作。③ 但这并不意味着行政内部行为应该成为难以被监督的"黑箱"，这是因为，在整个行政过程中，存在内外部的交织和转化。例如，行政执法人员执法资格的取得是个内部程序，向当事人出示证件、表明身份则是一个外部程序。再如，相对人提出行政人员回避请求是一个外部问题，行政人员事先主动提出回避以及行政机关负责人决定是否回避就属于内部程序。又如，有些法律规定行政执法人员对场所、物品、人身进行检查应当出具检查通知书这是一个外部程序，而在它背后则有一个谁来签发通知书的内部程序问题。这使得行政内部行为的合法性控制获得了不亚于对外部行政行为进行控制的重要性。

行政内部行为的合法性控制包括行政控制、人大控制、纪检监察控制与行政内部行为外部化的司法控制。行政控制包括权限控制、程序控制和行政机关控制以及政务公开制度、行政问责制度等制度监督，人大控制与纪检监察控制则依赖于全国人民代表大会、纪律检查委员会以及监察机关的监督与把控，司法控制则主要集中于对外部化的行政内部行为的可诉性研究。

---

① 金陵行政法案例研究中心编：《法律在个案中的发展与演进——江苏行政法典型案例评析》，武汉大学出版社 2018 年版，第 107 页。

② 江国华编著：《中国行政法（总论）》，武汉大学出版社 2012 年版，第 190 页。

③ 何海波主编：《行政诉讼法》，法律出版社 2016 年版，第 385 页。

一、行政监督

行政监督主要包括权限控制、程序性控制、上级行政机关的监督以及专门行政机关的监督。此外，对于行政内部行为的合法性控制还有赖于制度监督，如我国政务公开制度、行政问责制度等。

（一）权限控制

权限控制是指行政机关的行政行为必须在其权限范围内作出。第三节已述，行政内部行为的表现形式主要包括指示、命令、批准、批复、批示、工作计划安排，对工作人员的奖惩、任免、考核、调动、工资福利待遇的调整等。而所谓权限控制，自然就是指在行政机关内部，何种主体有权以何种方式在何种程度上作出上述行为，而其行为又具有怎样的效力，要承担怎样的责任。从行政内部行为的表现形式不难看出，大多数行政内部行为都具有极强的自由裁量性，同时，这种自由裁量性也是行政权高效灵活运行的保障。但其内容的自由裁量，不代表其本身也应该是自由的、灵活的，相反，该种权限的赋予需要严格依照法律法规和规章的规定。

近现代所谓的"法"即公意的表现，所以法治的内在价值和基本精神主要有两层含义：第一是权与法，法律要支配权力；第二是法律对权力的支配，即权利对权力的支配。① 因此，既然法治即法的统治，且法治的主要内容就是对权力的支配，那么由法律对政府职权和职责加以明确规定当属法治的应有之义，权责法定也理所应当是法治政府建设的根本遵循。

十八大、十八届三中全会对于政府职能转变和全面深化改革提出了新的要求，权力清单制度成为政府自身改革的重点，这不仅针对对外产生效果的行政行为，权力清单制度也进一步明确了行政机关内部行为的权责范围。习近平总书记在党的十八大四中全会上再次强调要依法制定权力清单，推进机构职能、权限、程序、责任法定化，行政机关不得法外设权。十八大以来，随着权力清

---

① 周叶中著：《宪政中国研究（上）》，武汉大学出版社 2006 年版，第 7 页。

单制度要求的提出，全国各地就已经在大力推进权力清单制度建设，逐步晒出清单，晒出权力运行图。① 如 2012 年武汉市就开启了市级行政机关和政务服务事项的清理工作，并编制了权力清单、程序清单和责任清单三联单，同时建立权力清单动态调整机制，根据政府职能的转变、法律法规的调整和经济社会的发展，对行政权力事项进行动态调整和更新维护。总的来说，目前权力清单制度已在各级政府生根发芽并逐渐成熟起来，权责法定的政府是当前各级政府监督控制行政行为的重要手段，也是各个政府奋斗努力的方向。

但是，有些行政内部行为，诸如批准，应该受到严格控制，不代表所有的行政内部行为在权限上都要被框牢，像工作计划安排这样的行政内部行为，按照惯例，由领导安排下属的工作，同时下属也有一定的自由自行安排具体工作计划，此乃领导艺术之体现，不同领导有不同的风格，同时，该种行为几乎不会影响到行政相对人的合法权益，故为保障行政系统整体的灵活性，法律法规或规章不应对该种行政内部行为有所限制，相反，应给予其充分自由。

（二）行政机关内部的决定程序控制

所谓程序性控制，因本章强调的是行政内部行为之合法性控制，故程序性控制的着眼点仅在于行政机关内部的决定程序，包括行政机关内部机构的审查、负责人批准和负责人集体讨论。行政机关内部的决定程序，主要包括行政机关内部机构的审查、行政机关负责人的批准和集体讨论，以及政务公开制度。

其一，行政机关内部机构的审查。就目前来看，行政机关内部的承办、审核主要体现为行政惯例，法律鲜有规定。行政机关内部法制机构的审查是一个特例——《国务院关于加强市县政府依法行政的决定》明确指出，"建立重大行政决策的合法性审查制度。市县政府及其部门作出重大行政决策前要交由法制机构或者组织有关专家进行合法性审查，未经合法性审查或者经审查不合法

---

① 黄松如：《探索建立"三联单"运行机制 全面推行权力清单制度》，载《中国机构改革与管理》2014 年第 9 期。

的，不得做出决策"。此外，其后不久出台的《国务院关于加强法治政府建设的意见》也强调了这一点，不过该文件现已失效，故不再引述具体内容。可以看出，行政机关内部机构审查的效力值得关注，目前的规定仅强调其程序上的必经性，即未经合法审查或审查不合法，不得作出决策，但可以看出，其审查意见并非行政机关的最终决定，基于其不可诉性，当事人也无从寻求司法救济，同时，审查意见对行政机关负责人的最终决定也缺乏约束力，行政机关负责人如何对待审查意见完全取决于其独立判断。审查意见作为法制机构给出的专业意见，其效力该不该仅止于此，其有无权力对虽然合法但却不恰当的内容提出修改意见，该意见又应在多大程度上得到尊重？这都是值得讨论的问题。

其二，行政机关负责人的批准。在中国的行政体制中，行政机关负责人通常指该行政机关的首长，以及分管相应工作的副职领导人；行政机关主要负责人，即行政机关的首长。行政决定由行政机关负责人或者主要负责人审批，意味着由其最后决定并承担直接责任。这有助于行政决定的中立、审慎，防止个别行政人员的偏见、恣意。[1] 它是行政首长负责制的体现之一。机关负责人的批准行为作为内部行为、过程性行为，通过行政内部自制以规范行政内部秩序更为合理。故在合法性控制上，应明确行政机关负责人不作为、慢作为、乱作为责任，严肃追责，倒逼机关负责人守法自律。[2] 有学者指出，要推动普遍的批示存档和完善的定期公开制度，有助于将批示从操作层面上纳入国家治理体系的框架之中。[3] 此外，笔者认为，应当按照《公务员法》中关于考核的规定，依批示正确与否，效果好坏设立一套评估制度，使得批示行为在能够作为贯穿整个行政权内部运行的行为的同时，通过与考核结果挂钩，也受到强有力的规制。

其三，行政机关负责人集体讨论。在民主集中制下，行政机关的重大决策

---

① 何海波：《内部行政程序的法律规制》，载《交大法学》2012 年第 1 期。

② 王学辉、林金咏：《行政机关负责人批准行为研究——以现行法律规范文本为对象的分析》，载《四川师范大学学报》2018 年第 9 期。

③ 孟庆国、陈思丞：《中国政治运行中的批示：定义、性质与制度约束》，载《政治学研究》2016 年第 5 期。

应当经过集体讨论决定。中国多部法律文件对此作了明确规定，其中最经常被引用的是《行政处罚法》第 38 条第 2 款："对情节复杂或者重大违法行为给予较重的行政处罚，行政机关的负责人应当集体讨论决定。"行政机关领导人集体讨论决定是民主集中制的体现。它一方面是为了集思广益，另一方面也有助于内部公开和监督，防止独断专横。通常情况下，行政机关领导人应当开会讨论，并作出决定。但是，决定的作出通常不是由与会人员投票表决。行政机关首长在听取讨论意见后，可以根据自己的判断作出决定，这是他的职责，也是他的权力。法律所要求的仅仅是集体讨论。与行政机关负责人批准相同，集体讨论作为行政内部行为，其一方面制约着行政主体，另一方面自身也需要受到制约，否则也难免独断专行，因此，同样应建立起集体讨论内容的存档与公示制度，并将其与公务员考核挂钩。

其四，政务公开。梁治平先生曾说过，探求法律的价值意义就是在寻找法律最真实的生命。[①] 的确，当我们直面法律时面对的只是无数的命令、规则的汇集，因此如果不去分析他们所蕴含的发自人类内心的追求，那么这些命令、规则就仅仅只是一堆事实，而不可能充溢着生命和活力。[②] 法治也是如此，它也有自己的价值追求。[③] 在人治、德治的模式下，并不缺乏法律的存在，但这些法律却始终与法治无缘，这与法律及其运行机制缺乏法治应有的价值追求存在很大关联。法治的价值涉及众多方面，如秩序、自由、民主以及人权等，但不得不说公正才是人类千年一直追求的东西。秩序、自由、民主、人权等，如若缺乏公正性，亦将失去其存在的意义。而公开则是保证公正得以实现的重要手段，当然也是法治的重要价值追求。

当前，各级政府积极推进行政事务与行政行为的公开公正，为实现建成公开公正的法治政府的目标，各级政府积极采取相关措施。一方面我国信息公开制度等公开措施发展得如火如荼且日渐成熟，人民群众对于政府信息等的知情

①　梁治平著：《法辨》，贵州人民出版社 1992 年版，第 196 页。
②　周叶中：《宪政中国研究（上）》，武汉大学出版社 2006 年版，第 4 页。
③　王人博、程燎原著：《法治论》，山东人民出版社 1989 年版，第 138~144 页。

权得到了很大的保障，这对于人民权利的保障起到了实质性的作用。另一方面，政府高度重视信访人群，政府人员主动积极的下访，深入基层，近年来上访事件也逐渐减少，这体现了人民群众对于政府行为公正性的认可，也标志着我国法治建设更进一步。同时，各级政府积极开拓群众参与公共事务的渠道，积极开展网上政务查询服务，使公民能够无障碍地对社会公共事务进行监督与管理。

但我国现行立法、行政和司法尚未完全解决行政机关内部行为的信息公开问题。① 在信息化时代，加强内部行为的公开化有利于各部门之间的工作与合作，同时在保障受内部行为影响的相对人的权利方面也刻不容缓。除了借鉴前述行政行为的公开措施外，当前一方面，部分地区已经开始重视行政内部各部门之间对彼此工作的了解，进一步强化内部公开力度，深化内部监督工作。② 另一方面，各地开始制定相应的法规规章对行政内部行为的公开作出具体规定。如安福乡为进一步加强乡政府机关内部政务管理，建立健全行政权力监督机制，根据《湖南省关于进一步推行政务公开的实施意见》，特制定《安福乡机关内部政务公开制度》，其中规定内部公开的内容包括：（1）干部的调配、任用及奖惩。（2）财务经费开支情况。（3）较大基建维修工程的招、投标和预、决算情况。（4）大宗物品采购情况。（5）固定资产处置情况。（6）重大管理事项的决策。（7）工资、福利、社会保障政策规定。（8）领导班子廉政勤政情况。（9）其他应在内部公开的事项。公开的形式有：（1）设立内部事务公开栏。（2）召开全体干部职工大会通报。（3）召开班子成员会通报。（4）系统内部网站。

（三）行政机关监督

建立法治国家，实现依法治国，关键在于政府必须依法行政，构建一个法

---

① 朱应平：《行政机关内部准备性行为的信息公开问题探析》，载《法商研究》2010年第3期。

② 陈瑜：《强化内部公开 深化内部监督》，载《法制日报》2018年1月18日。

治的行政主体。因此为保障行政内部行为的合法性，必须对于行政内部行为进行监督把控，具体包括上级行政机关的监督，其他专门行政机关的监督以及社会民众的监督。

其一，上级行政机关的监督。上级监督包括依职权的监督——上级行政机关在重大事项上的批准权，以及依申请的监督——公务员依照《公务员法》有关规定，向作出该人事处理的机关的上一级机关提出申诉，上一级机关通过对申诉的处理对下级机关的人事处理行为进行监督。（1）上级机关的批准。行政机关作出重大决定前，往往会事先请示、征询上级机关，要事先取得后者的同意或者支持。通常情况下，这属于纯粹的内部程序，法律不作规定，法院也不予审查。但是，一些法律法规规定，行政机关作出行政行为前应当经过上级行政机关批准。《公共文化体育设施条例》第3条规定，因城乡建设确需拆除公共文化体育设施或者改变其功能、用途的，有关地方人民政府在作出决定前，应当征得上一级人民政府文化行政主管部门、体育行政主管部门同意，并报上一级人民政府批准。一些规章也作了类似的规定。对于《外国人入境出境管理法》第27条关于"对非法入境、非法居留的外国人，县级以上公安机关可以拘留审查、监视居住或者遣送出境"的规定，《公安机关办理行政案件程序》第192条补充规定，对外国人的拘留审查、监视居住或者遣送出境由县级以上公安机关决定。但县级公安机关在作出决定前，应当报上一级公安机关批准。以上是从法律文本层面分析的结果，如果从行政惯例层面看，则需上级批准的行政行为更为普遍。上级监督本身起到了控制下级行政机关的作用，但与此同时，也有学者指出：大量存在的需上级指示行政行为以及基于下级服从上级原则和不服从上级指示的纪律处分制度、执法过错责任追究制度，逐渐使依法行政演变为依令（指示）行政。① 可以看出，这种监督本身也应该受到监督，基于行政内部行为之内部性，由行政机关内部自行制约乃是最可行之措施，具体方法仍然是将上级之批准与具体负责人的考核相挂钩，倒逼其在批准时做到合法合理。（2）国家公务员申诉。国家公务员对国家行政机关作出的

---

① 叶必丰：《需上级指示行政行为的责任》，载《法商研究》2008年第5期。

涉及本人权益的人事处理决定不服，可以依法向原处理机关、政府人事部门或者行政监察部门提出重新处理意见和要求。《行政监察法》第38条规定，"国家行政机关公务员和国家行政机关任命的其他人员对主管行政机关作出的处分决定不服的，可以自收到处分决定之日起三十日内向监察机关提出申诉，监察机关应当自收到申诉之日起三十日内作出复查决定……"行政申诉制度在《公务员法》中也有体现。《公务员法》第十五章专门规定了"申诉与控告"。具体来说，《公务员法》第95条规定："公务员对涉及本人的下列人事处理不服的，可以自知道该人事处理之日起三十日内向原处理机关申请复核；对复核结果不服的，可以自接到复核决定之日起十五日内，按照规定向同级公务员主管部门或者作出该人事处理的机关的上一级机关提出申诉；也可以不经复核，自知道该人事处理之日起三十日内直接提出申诉。"与《行政监察法》中对申诉后所得结果仍不服可以申请复审相类似，在行使《公务员法》所给予的申诉权时，若对所得结果不服，可以向作出处理决定的上一级机关提出再申诉。为保护公务员的权益，《公务员法》同时规定"公务员不因申请复核、提出申诉而被加重处理"。

其二，其他专门行政机关的监督，主要是审计监督。在我国，审计监督是对行政机关最为重要的专门监督，虽然这种监督模式是行政机关自己对自己的监督，"自己做自己的法官"，但从审计监督我们可以看到，自己监督自己起到了很大的作用。从行政内部行为暴露的问题来看，审计监督应当着重从以下几个方面进行：（1）强化对行政机关财权的监督。① 在我国，从税收的立法到征收以及使用，政府有着极大的权力，而政府是由具体的有着欲望的人组成的，人的欲望是无限的，难以抵挡以权谋私的诱惑。审计暴露出来的大量的"小财政部""小金库"就是最好的证明。（2）进一步深化审计监督。审计监督是促进全面深化改革、促进权力规范运行、促进反复倡廉等工作的重要措施。宪法赋予了政府内部设立审计机关的权力，这属于宪法对于省、直辖市政府的特别授权条款。根据《宪法》第109条规定，省、直辖市政府有权设立

---

① 吉龙华、李治：《浅论内部行政行为的监督》，载《行政与法》2007年第1期。

审计机关，并通过审计机关在本辖区内，依法行使审计监督权。审计监督是行政监督的一个重要组成部分，在促进社会健康发展、稳定国家经济制度、强化党风廉政建设方面具有非常重要的作用。① 2016 年歙县县委出台审计审查出问题整改情况向县人大常委会报告制度，为人大进一步推进审计监督、规范预算管理提供了制度保障。

其三，行政问责制。无责任则无救济，无救济则无权利，这是与法治建设的道路背道而驰的。行政问责制是一整套对公共权力进行监督和制约，并进行责任追究的制度安排。② （1）行政问责的主体应当限于行政机关内部。③ 自 2003 年全面推行行政问责制以来，被问责的官员一般都是由于重大责任事故而被问责、免职或辞职，而问责主体一般是上级党委和政府，很少由人大、司法机关及社会公众提出，也即当前我国行政问责主体主要是党政领导部门，属于党政系统内的通体问责。（2）行政问责对象是行政机关及其行政工作人员。既然行政问责是为了规范和约束行政权力，以防行政权懈怠和越轨，那么，行政问责的问责对象就应该是行政权力的执掌者，即行政机关及其工作人员。（3）问责范围。行政问责制主要目的在于监督制约行政机关及其工作人员的行为，因此只要是属于被授权范围内的行为，都应当接受授权者的质询和承担责任。④ 这当然也包括行政内部行为在内。（4）问责程序。行政问责涉及问责对象的切身利益，因此，作为一项行政法律制度，为了确保该制度的公正性，必须严格按照法定程序运作。行政问责一般包括启动程序、调查程序、处理程序和救济程序等几个阶段。（5）问责结果。对于行政主体确实存在不当履行职责行为的，经过问责程序，行政主体就要承担相应的责任。责任形式一般包

---

① 关满义：《浅议审计问责制在审计监督中的应用》，载《中国市场》2017 年第 13 期。

② 金锋著：《多维视角下地方政府执行力研究》，西南交通大学出版社 2013 年版，第 65 页。

③ 金锋著：《多维视角下地方政府执行力研究》，西南交通大学出版社 2013 年版，第 68 页。

④ 转引自金锋著：《多维视角下地方政府执行力研究》，西南交通大学出版社 2013 年版，第 69 页。

括：公开道歉、公开谴责、责令书面作出检查、通报批评、引咎辞职、撤职、免职、给予行政处分以及触犯刑法而应当承担的刑事责任。

如行政决策责任终身职责就是行政问责制的重要体现。行政决策责任终身追究既是思想上的洪堤，也是一项严格彻底的监督机制，没有责任的追究，就会使权力失去界限，导致权力滥用，没有责任的终身追究就会导致职责的扭曲，责任无从承担。① 在十八届四中全会的基础上，《法治政府建设实施纲要（2015—2020 年）实施纲要》进一步明确"健全并严格实施重大决策终身责任追究制度及责任倒查机制，对决策严重失误或者依法应该及时作出决策但久拖不决造成重大损失、恶劣影响的，严格追究行政首长、负有责任的其他领导人员和相关责任人员的党纪政纪和法律责任"。重大决策终身责任追究制度与责任倒查机制是落实党的十九大"深化监督执纪问题"重要精神的关键环节。② 据此，要坚持有错必纠、有责必问，不论事发时责任人在岗在任还是已经升迁、转掉或者离退休，都要一查到底，严格追究。全国各地积极完善责任追究配套制度，建立重大决策责任倒查机制，以确定责任原因与相应责任人。

二、人大监督与纪检监察监督

监督权是宪法赋予人大的一项重要职权，是党和国家监督体系的重要部分，人大监督是代表人民对政府内部工作进行监督，最能够反映人民的呼声和要求。纪检监察机关作为党内监督和国家检查专责机关，也要严格对政府内部行为进行监督，不断推进纪检监察的发展。

（一）人大监督

人民代表大会制度设计的一个重要原则就是任何国家机关及其工作人员的权力都要受到制约与监督。③ 人大监督不仅仅是宪法法律的要求，更是制约我

---

① 王仰文：《重大行政决策终身追责的法治路径》，载《人民法治》2014 年第 4 期。

② 陈科霖、谷志军：《重大决策责任倒查机制：给予特殊预防理念的研究》，载《新视野》2018 年第 1 期。

③ 潘国红：《提升人大监督刚性力量》，载《人大研究》2020 年第 3 期。

国政府职权行为、维护人民群众利益的有力保护。一般而言，人大主要从人事与财政两个方面进行监督。

其一，人事监督。一切行政权都需要由一定的人员来行使，所以对行政权的监督和控制需要通过对行政内部人员的控制来实行，如果能够对人员进行监督，也就能对行政权的行使加以控制。同时，我国实行首长问责制，这种权力高度集中于"一把手"的权力配置体制极容易造成权力的滥用。这更需要人大进一步进行监督与管控。从人民代表大会制度的发展来看，监督权的行使是人大工作的一个薄弱环节，"有权不敢使""有权不去用""监督不力，监督成效不高"是各级人大及其常委会工作中存在的主要问题。① 而通过对人事任免权的把握来监督政府的工作，监督政府内部行为是非常有效的方式。根据我国《宪法》第 62 条规定，全国人民代表大会行使以下职权：根据中华人民共和国主席的提名，决定国务院总理的人选；根据国务院总理的提名，决定国务院副总理、国务委员、各部部长、各委员会主任、审计长、秘书长的人选。第 63 条规定，全国人民代表大会有权罢免下列人员：国务院总理、副总理、国务委员、各部部长、各委员会主任、审计长、秘书长。

其二，财政监督。财政权是立法机关固有的职能，而且"议会通过时下手段对行政权进行监督的重要性，几乎与其他监督手段的总和的重要性相当"。② 由于政府机关本身不能创造物质财富，它的一切开支都需要从创造物质财富的公民个人或企业处征收得到。③ 根据民主的要求，政府的一切开支都需要得到纳税人的同意，而立法机关是人民的代表，所以财政权理应是作为全民代表的立法机关的职权。我国《宪法》第 62 条规定，全国人民代表大会行使以下职权：审查和批准国民经济和社会发展计划和计划执行情况的报告；审查和批准国家的预算和预算执行情况的报告。这体现了全国人大在财政监督方面对行政内部行为形成有效、总体性的监督框架。

---

① 严中卿：《人大监督制度研究》，中国民主法制出版社 2017 年版，第 128~131 页。

② William F. Fox，*Jr*：*Understanding Administrative Law*，Matthew Bender & Company Incorported，1994，p. 41.

③ 王学辉、宋玉波著：《行政权研究》，中国检察出版社 2002 年版，第 361 页。

(二) 纪检监察监督

纪检是中国共产党中央和地方各级纪律检查委员会、中央纪委和地方各级纪委的派出机构及其派出纪检员、各基层党组织分工纪检工作的纪检委员的统称。监察则是监察机关和监察机关派出的监察机构或监察人员的统称。纪检监察监督则是指中国共产党纪律检察机关与中华人民共和国监察机关对监督对象所实施的监督。

党的纪律检查机关是实施党内监督，保证党的路线、方针、政策的贯彻执行，维护和执行党的纪律，协助党委加强党风建设的专门机关。[1] 中国共产党作为我国的执政党，政府作为我国的行政机关，其中政府中存在着大量的党员、党组织，致使政府与党之间有着千丝万缕无法完全分割开来的联系，政府与党在人员组成方面都存在很大的重合。因而，无论是规范党的行为，还是规范政府的行为，无论是监督外部行政行为，还是监督内部行政行为，党的纪律检查机关的监督都是重要的途径与手段。

《监察法》第 11 条规定："监察委员会依照本法和有关法律规定履行监督、调查、处置职责：（一）对公职人员开展廉政教育，对其依法履职、秉公用权、廉洁从政从业以及道德操守情况进行监督检查；（二）对涉嫌贪污贿赂、滥用职权、玩忽职守、权力寻租、利益输送、徇私舞弊以及浪费国家资财等职务违法和职务犯罪进行调查；（三）对违法的公职人员依法作出政务处分决定；对履行职责不力、失职失责的领导人员进行问责；对涉嫌职务犯罪的，将调查结果移送人民检察院依法审查、提起公诉；向监察对象所在单位提出监察建议。"第 15 条规定："监察机关对下列公职人员和有关人员进行监察：（一）中国共产党机关、人民代表大会及其常务委员会机关、人民政府、监察委员会、人民法院、人民检察院、中国人民政治协商会议各级委员会机关、民主党派机关和工商业联合会机关的公务员，以及参照《中华人民共和国公务员法》管理的人员；（二）法律、法规授权或者受国家机关依法委托管理公共事

---

[1] 高委著：《纪检监察监督问题研究》，中国方正出版社 2008 年版，第 4 页。

务的组织中从事公务的人员；（三）国有企业管理人员；（四）公办的教育、科研、文化、医疗卫生、体育等单位中从事管理的人员；（五）基层群众性自治组织中从事管理的人员；（六）其他依法履行公职的人员。"可见对于行政内部行为的监督而言，监察机关的监督是十分重要、不可忽视的路径。

当前许多地方积极发展检查机关与监察机关，促进纪检监察机关对行政内部人员的监督与把控，使其在法律规定的范围内行为。如中共嘉禾县纪律检查委员会和嘉禾县监察局合署办公，一套班子、两块牌子，内设办公室、组织部、党风廉政监督室、信访室、第一纪检监察室、第二纪检监察室、第三纪检监察室、第四纪检监察室等。

三、司法控制：行政内部行为外部化的司法审查

司法控制是指通过司法审查的方式来控制外部化的行政内部行为的合法性。一般情况下，单纯的行政内部行为其效力往往局限于行政主体之间，不会产生外化的效果，因此行政内部行为原则上不具有可诉性。[1] 根据《行政诉讼法》第 12 条规定，人民法院不受理因行政机关对行政机关工作人员的奖惩、任免等决定不服提起的诉讼。据此，学术界认为这是对"行政诉讼法规定的内部行政行为所作的界定"[2]，并认为"这是内部行政行为不属于行政诉讼受案范围的法律依据"。[3] 但当前，工作性质的行政内部行为外部化现象在行政实践中已不罕见，外部化的行政内部行为对相对人产生了实质性的影响，这使得在实践中外部化的工作性质的行政内部行为具有了可诉的必要性。同时，随着理论和司法案件中裁判观点的逐渐转变，行政内部行为在符合一定外部化标准

---

[1] 金陵行政法案例研究中心编：《法律在个案中的发展与演进——江苏行政法典型案例评析》，武汉大学出版社 2018 年版，第 110 页。

[2] 甘文著：《行政诉讼法司法解释之评论》，中国法制出版社 2000 年版。转引自陈敏、吕群：《论内部人事行政行为的可诉性》，载《信阳农业高等专科学校学报》2002 年第 1 期。

[3] 张步洪、王万华编著：《行政诉讼法律解释与判例述评》，中国法制出版社 2000 年版。转引自陈敏、吕群：《论内部人事行政行为的可诉性》，载《信阳农业高等专科学校学报》2002 年第 1 期。

之下能够具有可诉性成为共识。

（一）行政内部行为外部化的司法审查之必要性

其一，行政内部行为存在外化的可能性。在实践中，一个行政行为的最终作出，通常要经过一系列的内部程序。整个行政系统存在着一个纵横交错的运行机制，为了保障行政决策的高效性与正当性，下级机关的审查建议、上级机关下达的批复以及集体决策过程中的会议纪要和备案等都发挥着不可替代的作用。这也决定着在多层次、多阶段的行政行为程序中，行政内部行为也可能存在外化的可能性，对特定的个人产生实质性的影响，并通过合法的途径被相对人知悉。行政相对人的合法权益存在受到行政内部行为侵犯的可能性。

其二，行政相对人的合法权益应当得到保障。最终对外作出的行政行为，在送达或直接据以执行之前通常会经过相关的内部程序，当相对人或其他利益相关者发现自己的权利因该行政行为受到减损或因该行政行为导致自己的义务不当附加，那么此时对于内部行政行为是否能够纳入司法考量的判定，会直接影响到行政相对人及其他利益相关者的权利救济能否实现。比如，在实践中曾经出现过下级机关将对内的批复直接作为行政行为的执行依据，在这种情况下，如果认为批复属于行政机关的内部行为，相对人及其他利益相关者只能待行政机关作出最终决定后，对该最终决定不服时，才能提起行政诉讼。因此，当内部行政行为因出现程序瑕疵或其他事由导致其突破外部化边界，造成外部化时，为践行法治理念，保障相对人合法权益应将该行为纳入受案范围，承认其可诉性。

其三，新行政诉讼法在受案范围有了新的突破，为将行政内部行为纳入行政诉讼受案范围留下了空间。① 首先，将"具体行政行为"修改为"行政行为"，这从总体上扩大了行政诉讼受案范围。其次，新的《行政诉讼法》增加了"解决行政争议"的目的，更加强调其"解决争议"的功能，这也必然鼓

---

① 金陵行政法案例研究中心编：《法律在个案中的发展与演进——江苏行政法典型案例评析》，武汉大学出版社 2018 年版，第 110 页。

励法院在司法实践中站在实用主义的立场应对实践中的新情况。

（二）行政内部行为外部化的可诉性现状

2000 年最高人民法院作出〔1998〕行终字第 10 号行政裁判对行政内部行为外部化进行了一定的阐述，认为"某某市教育委员会重教函〔1999〕21 号报告从形式上看属于行政机关内部公文，但在抄送赖某某本人后，即已具有具体行政行为的性质"。2013 年 11 月 8 日，最高人民法院发布了指导案例 22 号《魏某某、陈某某诉某县人民政府收回土地使用权批复案》，裁判指出"某县人民政府的批复属于内部行政行为，不向相对人送达，对相对人的权利义务尚未产生实际影响，一般不属于行政诉讼的受案范围。但本案中，某县人民政府作出批复后，某县国土资源行政主管部门没有制作并送达对外发生效力的法律文书，即直接交某县土地储备中心根据该批复实施拆迁补偿安置行为，对原土地使用权人的权利义务产生了实际影响；原土地使用权人也通过申请政府信息公开知道了该批复的内容"。[①] 2017 年，最高人民法院印发《关于进一步保护和规范当事人依法行使行政诉权的若干意见》的通知，其中第 12 条规定，如果层级监督行为和内部指示行为设定或者实质影响当事人的权利义务，人民法院应当予以立案。

可见，通过合法途径使相对人知悉相关行政内部行为并对相对人产生实际影响的行政内部行为是具有可诉性的。但不容忽视的是，在司法实践中对于行政内部行为外部化，各个法院的理解与处理方式并不一致，尚未达成统一做法与意见。

（三）外部化的行政内部行为可诉性的标准

当前，在司法实践中对于行政内部行政行为的可诉性处理并不一致，因而

---

①　《魏永高、陈守志诉来安县人民政府收回土地使用权批复案》，载中国法院网，https：//www.chinacourt.org/app/appcontent/2013/11/id/1150468.shtml，2020 年 5 月 31 日访问。

在行政相对人起诉行政内部行为纠纷频发的今天，有必要对行政内部行为可诉性的标准进行进一步的分析。《最高人民法院关于执行〈中华人民共和国行政诉讼法〉若干问题的解释》第 1 条第 6 项规定，"对公民、法人或者其他组织权利义务不产生实际影响的行为"不属行政诉讼受案范围。内部行政行为是否可诉应将是否对公民、法人或其他组织产生实际影响作为重要的区分标准。① 具体而言，应包含两个条件：一是内部行政行为依职权"外化"；二是对公民、法人或其他组织的权利义务产生实际影响。行政内部行为外化而具备相应的可诉性时应当具备以下要素。

其一，外部化的行政内部行为是基于行政机关职权作出的。从该类行政行为的作出来看，产生外化效果的行政内部行为必须是基于行政机关的职权作出的。不仅新政机关内部之间的行政行为是基于法律法规规定的职权作出的，而且产生外化效果的行政内部行为也必须是通过行政机关合法的职权行为被相对人所获悉。② 行政内部行为送达相对人那里的方式可以多种多样，可以是政府信息公开、行政机关谈话、送达复印件等多种形式，但相对人必须是通过合法途径知悉，即行政内部行为外化应是依职权的外化，任何通过窃取、私下打探、偷听等不正当途径获取内部行为的信息都不应当被认定为行政内部行为的外化。③ 主要有两点缘由，一是为了防范作出行政内部行为的程序被干扰。行政机关在依法履行自己的职权时必然涉及许多行政内部行为的作出，当相对人通过不正当途径获知这些行政内部行为并误认为会对自己的权益产生影响时必然通过一定的手段、方式进行干扰。这会扰乱行政机关作出行政内部行为的程序，使得本无意对外产生影响的行政内部行为被干扰。二是有利于保障行政机关的积极性。倘若认可这样的外化方式，不仅不尊重内部机关的意思表示，还

---

① 康燕：《内部行政行为"外化"后是否可诉》，载《江苏法制报》2015 年 4 月 3 日。

② 金陵行政法案例研究中心编：《法律在个案中的发展与演进——江苏行政法典型案例评析》，武汉大学出版社 2018 年版，第 108 页。

③ 王琳、许灿英：《工作性质内部行为的外化和可诉性探析》，载《上海商业》2019 年第 4 期。

会极大打击行政积极性，内部机关可能会为避免被诉而尽量不作出批复、批准等文件。

其二，对特定的行政相对人产生了实际的法律效果。从产生法律效果的因素考虑，行政内部行为对特定的相对人产生了实际的法律效果，对其合法权益产生了实际的影响。如果产生了实际影响，不给行政管理相对人主张异议的权利，将直接导致相对人承担不利后果，这是有违公平正义理念的。具体而言有两个方面的要求：（1）具有具体的指向对象。行政内部行为的主体之间一般具有领导与被领导的隶属关系以及其他隶属关系，或者存在一种监督与被监督的法定监督关系，行政内部行为通常只涉及行政机关的内部事务，其关系到行政机关的正常运转，而不影响相对人的权利和义务。但是外化的行政内部行为对相对人产生了实际的法律效果，对当事人的权利义务产生了实际影响，这就要求外部化的行政内部行为必须具有具体的指向对象，表现出对具体对象产生影响。（2）具有具体的权利义务内容。在司法实践中，新增义务或删减权利都是法院认定实际影响的具体基准。因此在认定行政内部行为的外部化时，行政内部行为的内容必须是删减了相对人的权利或者增加了相对人的义务，也即均具有权利义务的指向性，并且重点强调行为内容权利义务的指向性。这就要求行政内部行为的权利义务指向明确、具体。

第十章　行政司法行为

　　行政司法行为是现代国家行政行为的重要组成部分，一般指行政主体作为争议双方之外的第三者，按照准司法程序审理特定的行政争议或民事争议案件并作出裁决的活动。作为一种特定的纠纷解决机制，行政司法在世界上许多国家和地区的经济社会生活中扮演着越来越重要的角色，是近现代实行市场经济模式的国家进行宏观调控、间接干预而采用的重要手段。

　　行政司法的主体是法律法规授权的特定行政机关，客体是出现在行政执法过程，或与行政管理相关的特定行政争议。行政司法的程序往往可以体现司法程序的某些形式或原则，但其并非传统意义上的行政程序，亦非司法程序。总体来看，行政司法具有解决纠纷的直接功能，以及权力救济、权力制约、成本负担的间接功能。行政司法既应遵循准司法程序，也应当坚持简便、公平、合法、回避等符合行政效率的基本原则。根据行政司法行为所解决争议的法律性质和审理裁决方式，可将其分为解决行政争议的行政复议行为、行政裁决行为、行政调解行为以及解决民事纠纷的行政仲裁行为。

　　行政复议行为是行政复议机关适用准司法程序处理特定行政争议的活动，依据《行政复议法》的相关规定，行政复议的范围主要包括行政处罚、行政强制措施、行政许可及相关行为、行政确权行为、侵犯合法的经营自主权的具体行政行为、变更或者废止农业承包合同的具体行政行为、违法要求履行义务行为、拒绝许可或许可不作为、行政不作为、行政救助不作为以及其他侵犯合法权益的具体行政行为。《行政复议法》将行政法规和规章、行政机关的行政处分及其他人事处理决定、行政机关对民事纠纷作出的调解或其他处理的事项排除在行政复议范围外。从监督救济等方面考察，在行政系统内部，具备职权的机关可以对行政复议行为进行指导和监督；在行政系统外部，行政相对人对行政复议决定不服，通常可向人民法院提起行政诉讼。

行政裁决行为是指行政机关按照法律授权，对平等主体的当事人之间发生的、与行政事务密切相关的、特定的民事纠纷进行审查并作出裁决的行政行为。根据有关法律法规，我国的行政裁决行为主要包含权属纠纷裁决、损害赔偿纠纷的裁决和侵权纠纷的裁决三种。当事人若对行政机关作出的行政裁决不服，可以通过申请行政复议或提起行政诉讼的途径保障自身权益。

行政调解行为是指由行政主体出面，以国家法律法规和政策为依据，以自愿为原则，以平等主体之间的民事争议为对象，促使双方当事人平等协商、互让互谅达成协议，消除纠纷的一种具体行政行为。行政调解行为的对象包括各类民事纠纷以及部分涉及行政领域的争议纠纷。在实践层面，行政调解存在异化为行政命令、行政调解不作为、调解程序和调解协议内容违法等问题，宜建立相关的回访和考核制度加以规范。

行政仲裁行为是指特设的行政仲裁组织应申请人申请，依照特定的仲裁程序，以第三方公证人的身份对当事人之间的民事争议作出裁断的行为。主要包括劳动争议行政仲裁、农村土地承包合同行政仲裁和建设纠纷行政仲裁。此外，环境纠纷行政仲裁、著作权合同的仲裁、产品质量纠纷的仲裁、房产纠纷的仲裁、计量纠纷的仲裁、海事仲裁也属于行政仲裁的范畴。对行政仲裁的司法监督主要包括不服审查、撤销诉讼、执行审查等。

第一节　行政司法理论

一、行政司法的概念

从语义学的角度分析，"行政司法"是一个组合词语，其所强调的是行政效率与个案公正之间的平衡与协调。行政司法一般对应英国学者习惯使用的 Administrative Justice① 一词，而美国学者更习惯使用 Administrative Adjudication② 描述该行为。在我国，行政司法曾长期被理解为：行政法院审理行政案件，解决行政争议的活动。该描述类型与普通法院的民事司法、刑事司法相对应。由于此意义的行政司法现已特称行政诉讼，我国行政法学界已基本上不予采用。目前，关于"行政司法"含义的理解，国内外概不统一。归纳来看主要存在以下三种观点：（1）行政司法，即"对行政法的实施状况进行监督和对在实施中产生的行政案件进行审判或仲裁的活动的总称"。它包括行政机关的裁决活动，人民法院的审理活动，以及权力机关的监督活动。③ 这一观点把行政法制监督与行政司法相混淆，把国家权力机关也列为行政司法主体，显然失之过宽。（2）行政司法，即国家机关解决行政争议、行政纠纷的活动。它包括行政机关对行政纠纷的处理和人民法院对行政案件的审理。④ 这一观点存在两点不足之处：一是它否认了人民政府处理民事纠纷的职能；二是它将由人民法院主持的行政诉讼同由行政机关主持的行政司法相混同。（3）行政司法，即行政机关的司法活动，它既包括对行政争议的处理，也包括对民事争议的调处，即行政司法是指"法律、法规授权的特定的行政机关按照准司法程序审理特定

---

① 程超凡主编：《英汉-汉英双向法律词典》，法律出版社 2006 年版，第 385 页。

② 美国联邦行政程序法上的"行政裁决"是一个涵盖广泛的概念，可以指行政决定（相当于我们的行政处理），也可以指行政裁决（相当于我们的行政裁决、行政复议决定）。

③ 魏海波、史宇航主编：《行政管理学简明辞典》，江苏人民出版社 1986 年版，第 126 页。

④ 朱维究：《行政司法刍议》，载《中国法制报》1986 年 11 月 5 日。

具体案件、裁决或处理特定争议的活动"。①

基于上述认知，行政司法可以解释为是现代国家为履行行政管理职权而作出行政行为的重要组成部分，是指行政主体作为争议双方之外的第三者，按照准司法程序审理特定的行政争议或民事争议案件并作出裁决的活动。② 根据其解决问题的法律性质和所采用的手段，其可分为：解决行政争议的行政复议行为、行政裁决行为、行政调解行为以及解决民事纠纷的行政仲裁行为。

其一，行政司法的主体是"法律、法规授权的特定行政机关"。一般行政机关在没有法律、法规的特别授权的情况下不能实施行政司法行为。在被授权的行政机关中，往往设有专门的裁判机构，这类机构的主要职能在于行政裁判，且一定程度上独立于主管行政机关。我国目前最典型、最具有代表性的专门的行政裁判机关是商标评审委员会和专利复审委员会。③ 它们既受理特定行政争议案件，也受理特定民事性质的争议案件。

其二，"行政司法"当中的"行政"虽然是指此种司法行为的主体是行政机关，但是，人们在这里把"司法"置于"行政"之后，与"行政"构成一体，则体现出司法客体（即审理裁决对象）的特殊性。④ 一般而言，行政司法的客体包括发生在行政执法过程中的或者与行政管理相关的特定具体案件或特定行政争议。所谓"特定具体案件"和"特定争议"，是指法律、法规规定由行政机关审理和裁决的具体案件和争议。⑤ 例如，商标评审机构只受理和裁决商标争议案件，专利复审机构只受理和裁决专利争议案件。⑥ 它们均不受理和

---

① 应松年主编：《行政法与行政诉讼法学》，高等教育出版社 2018 年版，第 206 页。
② 张兆成著：《行政法律行为论纲》，人民出版社 2013 年版，第 192 页。
③ 姜明安著：《行政法》，北京大学出版社 2017 年版，第 321 页。
④ 应松年主编：《行政法与行政诉讼法学》，高等教育出版社 2018 年版，第 207 页。
⑤ 张尚鷟主编：《现代实用行政法律词典》，北京出版社 1996 年版，第 270 页。
⑥ 根据中央编办复字〔2003〕156 号《关于国家知识产权局专利局部分内设机构调整的批复》，国家知识产权局专利复审委员会的主要职能包括：一、对不服国家知识产权局驳回专利申请及集成电路布图设计登记申请决定提出的复审请求进行审查；二、对宣告专利权无效的请求及集成电路布图设计专有权撤销案件进行审理；三、负责专利复审委员会作为行政诉讼被告的应诉工作；四、参与专利、集成电路布图设计确权和侵权技术判定的研究工作；五、接受人民法院和管理专利的部门委托，对专利确权和专利侵权案件的处理提供咨询意见。

裁决一般行政、民事争议案件，从这个意义上来说，行政执法争议是行政司法行为的主要裁决对象。广义的行政司法的客体主要包括三类案件：（1）部分民事性质的案件。虽然这些案件中的争议发生在平等的私权利主体之间，但由于它们或与行政管理有关，或需要专门的知识和经验进行审理，如土地、森林、矿产资源所有权与使用权争议、专利商标权属争议等，故国家法律法规规定由特定行政机关处理和解决这些争议案件。① （2）行政案件。在此类案件当中，双方当事人处于不平等地位，即存在行政机关与公民、法人或其他组织的地位之别。在行政机关行使行政管理职权的活动过程中，可能出现因行政相对人不服行政决定、行政行为而发生争议的情况②，由于这些争议案件涉及行政管理的政策和有关行政的规则和标准等，同时为了适应行政机关内部监督的需要，这些案件大多交由熟知行政政策、具有行政经验的行政机关先行审理、裁决。在启动机制方面，当事人可以选择请求行政机关审理、裁决或向法院提起诉讼。（3）行政机关以准司法程序实施裁决的某些行政行为案件。现代法治原则要求行政机关按照准司法程序而不是传统的行政执法程序实施某些涉及相对人重要权益的行政行为，如行政处罚中的吊销许可证等。例如，行政机关对公民、法人或其他组织作出行政处罚，过去仅由行政机关单方决定即可，现在则要经过开庭审理、当事人当庭陈述、对质、辩论等听证程序，由行使调查处理职能机构或工作人员以外的第三方（仍属于行政系统内部）作出裁决。③

其三，行政司法的程序是准司法程序。所谓"准司法程序"，是指此种程序具有司法程序的某些形式，并体现司法程序的某些原则，如裁判者中立原则、不单方接触原则、回避原则、合议原则、公开原则等，但其并非完全的行政程序，亦非完全的司法程序。④ 准司法程序是相对于司法程序而言的，司法程序是由司法机关实施的，不仅包括行政诉讼，还包括民事诉讼和刑事诉讼。

---

① 肖蔚云、姜明安主编：《北京大学法学百科全书：宪法学、行政法学》，北京大学出版社 1999 年版，第 601 页。

② 王清云、迟玉收主编：《行政法律行为》，群众出版社 1992 年版，第 338 页。

③ 参见《行政处罚法》第 32 条。

④ 应松年主编：《行政法与行政诉讼法学》，高等教育出版社 2018 年版，第 206 页。

而准司法程序一般由行政机关实施，主要强调由争议双方以外的第三方——行政机关，对特定的行政争议或民事争议案件进行审理和裁决，比如行政调解、行政裁决、行政仲裁、行政复议这些都属于准司法程序。

二、行政司法的功能

一般认为，行政司法具有纠纷解决的直接功能，以及权力救济、权力制约、成本负担的间接功能。比如，英国的行政裁判所具有的最基本的功能就是解决行政争议；[①] 美国行政法官则发挥着裁决纠纷、内部审查、监督政府活动等功能；[②] 我国台湾地区的诉愿制度被赋予了解决公法争议、保障人民权益、维持法规正确适用以及塑造行政措施的合法化四项基本功能。[③]

其一，纠纷解决功能。纠纷解决是争议双方当事人的共同要求，也是任何争议处理方式共同的价值追求，行政司法最基本的功能即对纠纷进行裁决。现代行政司法有效地调处了公共政策与法律原则之间的冲突，在传统认识中除较为主流的司法救济、私力救济等之外，行政司法为公私争议的解决提供了一种较为迅速、经济，也更为便捷的公正裁判方式。

其二，权利救济功能。权利救济、保障公民权利是行政司法的核心功能，也是在争议解决功能基础之上衍生出的最主要的功能价值，其所满足的是权利主体最基本的需求。行政司法在权利救济方面具备以下特征：（1）救济的范围不断扩大。例如法国行政法院的受案范围经历不断扩大最终确立了行政赔偿制度。[④]（2）救济的体系更加完整。第二次世界大战以后，英美法系的司法审查制度由零散的法律责任追究方式转变为由一系列"连贯性的

---

① 王建新著：《英国行政裁判所制度研究》，中国法制出版社 2015 年版，第 41～58 页。

② 张千帆、赵娟、黄建军著：《比较行政法——体系、制度与过程》，法律出版社 2008 年版，第 394～403 页。

③ 吴庚著：《行政争讼法论》，台湾三民书局 1999 年版，第 289 页。

④ 王名扬著：《王名扬全集：法国行政法》，北京大学出版社 2016 年版，第 25～26 页。

原则"所组成的司法审查。①（3）救济的效率不断提高。基于行政行为的特性，采用行政司法途径解决纠纷比传统的司法途径所需的时间成本更小，社会效果更好。

其三，权力制约功能。权力制约是现代法治国家对公权力主体的基本要求。制约行政权力是行政司法制度的政治功能，如果说传统的行政司法制度是对司法管辖权的限制和排除，那么现代行政司法制度作为内部监督的方式之一，无疑是对行政权自身的制约途径。此外，行政司法还有一项行政诉讼制度所没有的功能，即审查行政行为是否适当（合理性审查）。②

其四，成本负担功能。成本负担功能，是指社会为了维持权利救济机制正常运行所必须付出的成本或代价。③ 当然，"首先有必要区别考虑纠纷解决的代价问题时经常被混同的两种代价，即社会为了维持制度本身所必须付出的代价和直接参加解决过程的当事者与第三者不得不承受的代价"。④ 无疑，与司法程序相较，行政司法的上述成本都是更为经济的，基于此可以发现，帮助法院等司法机关减轻成本负担也是行政司法制度的一项重要功能。

三、行政司法的原则

行政司法原则是行政组织在行政司法活动中所必须遵循的基本行为准则和指导思想，这些原则贯穿于整个行政司法的过程当中。鉴于行政司法行为兼具行政与司法的双重属性，其所应当遵循的基本原则必然是行政与司法双重要求的交汇融合。这些基本原则包括以下几点。

其一，简便原则。行政司法行为的本质属性是行政机关进行的行政管理活

---

① 袁曙宏、韩春晖：《社会转型时期法治发展规律研究》，载《法学研究》2006 年第 4 期。

② 参见《行政复议法》第 28 条。

③ 韩春晖著：《现代公法救济机制的整合》，北京大学出版社 2009 年版，第 55～56 页。

④ ［日］棚濑孝雄著：《纠纷的解决与审判制度》，王亚新译，中国政法大学出版社 2004 年版，第 34 页。

动，而非司法审判活动。该原则要求行政司法程序在合法前提下，尽量做到迅速、灵活、简明，力求避免程序繁琐；行政司法有关活动应考虑当事人的便利。① 尽管行政司法也需要经由必要的程序，但是与一般司法行为相比较而言显得简便许多，行政机关或者专门的行政司法机关在受理相关案件之后，一般情况下，只需要经过调查取证并经过双方当事人的辩论两个环节便可作出决断。

其二，公平原则。法律面前人人平等。在"民告官"的行政争议中，虽然双方当事人在行政法律关系中处于不平等的地位，但是在诉讼中的法律地位却是平等的。行政司法处理以行政机关为被告的案件，坚持公平原则就更具有特殊的意义。② 在行政司法过程中不能偏袒任何一方，更不能有偏袒本行政机关或下级行政机关的行为，对任何一方的合法权益都应予以支持、保护，对任何一方的违法行为都应予以纠正、制裁。

其三，合法原则。"以事实为依据，以法律为准绳"是司法活动的基本准则，亦是准司法活动的原则之一。行政机关处理各种争议必须严格依法办事，不论在实体上还是程序上都要根据国家法律和行政法规的规定进行裁决。

其四，回避原则。行政司法行为具备司法之性质，故而应当遵循司法程序当中的回避原则。回避原则指的是倘若行政机关或行政司法机关当中负责主持处理争议的工作人员是当事人的近亲属，或者与所处理的争议存在利害关系，或者与本案当中的当事人存在其他关系等可能会影响到案件的公正审理时，应当自行回避；当事人亦有权采取口头申请或者是书面申请的形式向负责案件处理的机关申请有关人员回避（即申请回避）。除此之外，在确定审理主体时，行政机关应保证处理争议的机构、人员与作出争议所涉行政行为决定的机构、人员分开，以此回避利害关系。

---

① 张焕光、胡建淼著：《行政法学原理》，劳动人事出版社 1989 年版，第 434 页。
② 罗豪才主编：《中国行政法讲义》，人民法院出版社 1992 年版，第 164 页。

第二节　行政司法行为的法律属性

一、行政司法行为法律属性的学说

行政司法行为的法律属性，历来存在三种学说之争。一些学者以"机构性质"为标准，按照"什么机构行使什么权力"的逻辑，将行政司法行为界定为"行政行为"；一些学者采取"实体权力性质"标准，将行政司法行为界定为"司法行为"；① 还有一些学者以"程序特征"标准，将行政司法行为界定为"准司法行为"。由此形成关于行政司法行为法律属性的三种学说，即行政说、司法说及准司法说。

其一，行政说。行政说认为："行政司法行为是一种行政行为，而且是一种具体行政行为。"② "行政司法行为是具有司法性质的行政行为。"③ 行政说主张行政司法行为是一种典型的行政法律行为，是行政过程中典型的适用法律的行为，只是特别之处在于，其更强调坚持程序司法化的原则④，由行政机关依照法律所赋予的权利，遵循准司法程序对相关的争议、纠纷进行审理和裁断，从而对案件当事人之间的权利义务产生影响，使之具备相应的法律效力。

其二，司法说。"司法一词的原始含义是指用法律裁决纠纷。"⑤ "司法是指用法律处理纠纷。"⑥ 主张行政司法行为不是行政行为而是司法行为的观点认为，判断一个公权力行为是不是司法行为必须唯实地从机关组成与运作方式

---

① 杨小军著：《我国行政复议制度研究》，法律出版社 2002 年版，第 1~3 页。
② 胡建淼主编：《行政法教程》，法律出版社 1996 年版，第 350 页。
③ 林广华：《行政司法刍议》，载《法学论坛》1995 年第 3 期。
④ 文正邦：《论行政司法行为》，载《政法论丛》1997 年第 1 期。
⑤ 皮纯协、胡建淼主编：《中外行政诉讼词典》，东方出版社 1989 年版，第 19 页。
⑥ 应松年、袁曙宏主编：《走向法治政府：依法行政理论研究与实证调查》，法律出版社 2001 年版，第 271 页。

上考察它是否符合司法权的特征。"历史地看，司法权的本质是一种裁判权力。"① 行政司法活动具体表现为对有关的争议进行调解、裁决和仲裁，具备司法的基本属性。

其三，准司法说。准司法说，也称行政司法说。20 世纪 80 年代初，我国著名法律学者龚祥瑞教授在研究英美行政法产生过程中，总结了英国行政裁判所和美国的行政裁判机构的权力特性，首先阐发了"行政司法"这个重要的法律概念。准司法说认为，行政司法行为无论是行政司法机关的主体性质，还是裁决结果的法律效力，抑或各方主体之间的关系上，都表现出其行政性的特征。不宁唯是，司法性也是行政司法行为的典型特征——行政司法行为往往是依申请发生。

二、行政司法行为法律属性的分析

行政司法行为虽然属于行政权的范畴，但其在程序制度上另有其自身的特征，这些特征使之又不同于行政权范畴下的其他行政行为，如不同于行政许可行为、行政处罚行为等。人们发现这些程序制度上的特征，不像传统意义上的行政行为，反而更接近于法院的司法程序，所以又把行政司法行为的程序界定为具有司法特征的程序。因此，行政司法行为的法律属性是行政的，但却是具有司法程序特征的行政活动，这才是对于行政司法行为法律属性的完整概括与表达。

其一，行政性：基于行为实施主体的划分标准。要对行政司法行为的法律属性作出界定，应当首先回到行政与司法的划分标准上。按照通说，我国的行政与司法的划分标准，主要采取形式标准。如，"行政是政府依法管理国家的活动，行政活动不同于立法活动和司法活动，它是为了治理国家而国家行政机关进行的广泛的组织活动"。② 而司法权力则是"国家行使的审判和监督法律

---

① 程春明著：《司法权及其配置理论语境、中英法式样及国际趋势》，中国法制出版社 2009 年版，第 4 页。
② 朱新力、唐明良、李春燕、杜仪方著：《行政法学》，中国社会科学出版社 2014 年版，第 2 页。

实施的权力"。司法机关是"国家行使司法权的机关"。① 从此形式标准来看，就是要判断主体行使的是行政权还是司法权，主体是行政机关还是司法机关。若以此为标准来评价关于行政司法行为法律属性的三种标准，应当说将行政司法行为界定为"行政行为"是比较合理的。因为，我国的行政司法行为的实施主体是法律、法规授权的特定行政机关，而且，实施行政司法行为的权力应属于行政权的范畴，不属于司法权的范畴。所以权力的种类与行使权力的主体都是行政性质的而不是司法性质的。

其二，司法性：基于行为实质逻辑的判断。应松年教授提道："如何使公民、法人和其他组织的权利得到有效救济？一是通过司法权对行政权的监督，即实施行政诉讼。但是，诉讼因为程序繁琐、费用高、效率低等不能完全适应现代行政追求效率的基本需要。于是又产生了另一条救济途径：通过行政机关采用较为快捷的行政司法程序依法裁决行政争议。由此可见，行政司法行为既是公民、法人、其他组织寻求法律救济的途径；同时，又是人民群众对行政权实施法律监督的有效途径。"② 由此出发，行政司法行为之司法属性更为明显。

其三，具备司法性质的行政行为：两类标准的协调一致。但大多数学者还是认为行政司法行为具有行政性质；就行政司法行为的性质与程序来看，又具有明显的司法性。③ 由上可见，将行政性和司法性概括为行政司法行为的两大特征，是基于不同的逻辑标准划分而来的结果，行政司法行为既不是单纯的行政行为，也不是完全意义上的司法行为，而是兼具二者特征的准司法行为。

从以上分析可以看出，学界关于行政司法行为的法律属性是行政行为、司法行为或准司法行为的争论，其实在根本上不存在分歧，而是"你"中有"我"，"我"中也有"你"的关系。那么，在权力、机关、程序等这些因素上，究竟谁应当成为一事物区别于他事物的根本属性呢？我们认为应当是权

---

① 参见《法学辞典》，上海辞书出版社 1985 年版，第 241～242 页、第 333 页。

② 应松年主编：《依法行政读本》，人民出版社 2001 年版，第 305 页。

③ 杨海坤主编：《跨入 21 世纪的中国行政法学》，中国人事出版社 2005 年版，第 53 页。

力性质，即是什么性质的国家权力的作用。行政司法行为显然是国家行政权力的作用，因此行政司法行为的根本属性就应当是行政性质。而且，人们在界定行政司法行为的性质时，实际上也是站在权力性质与权力层面上的，因为，无论是行政说、司法说，抑或是准司法说，都是体现在行政与非行政的区别上。而行政与非行政的区别则本质上是国家权力性质的区别。因此，笔者认为应当肯定行政司法行为的法律属性是行政行为，是国家行政权力作用的过程。

三、行政司法行为与相关行为的区别

行政司法行为与一般行政行为、普通司法行为的区别反映了行政司法行为的内在特征，也揭示了行政司法行为的法律属性是行政管理行为（具有特殊性的具体行政行为），具有可诉性，而不同于不可诉的司法行为。

其一，行政司法行为与一般行政行为的分殊。行政行为以行政权作用的表现方式和实施行政行为所形成的法律关系为标准，可以划分为行政立法行为、行政执法行为与行政司法行为。[1] 行政司法行为不同于行政机关实施的一般行政行为，二者有着重要区别：（1）一般行政行为属于行政机关行使行政权力、履行行政管理职能所为的行政行为，在该行政法律关系当中，行政机关与行政相对人之间是管理与被管理或者服务与被服务的关系。然而，与之相区别的是在行政司法行为所处的法律关系当中存在三方主体，其中行政机关担任的是独立公正的纠纷决断者角色，具备居中裁判者的身份。在以准司法程序实施的行政行为中，由于行政机关内部职能分离，故而这种三方关系得以实现。（2）一般行政行为实施的前提是非争议性的法律事实，是行政机关进行日常行政管理工作的需要，而行政司法行为实施的前提是存在法律上的争议，是为了解决与行政管理活动密切相关的纠纷。（3）一般行政行为所适用的程序为一般行政程序，具备灵活性强、效率高等特点。而行政司法行为适用的是具有一定司法因素的准司法程序，以公正、严格为其特色。可见，行政司法是行政机关行

---

[1]　罗豪才、湛中乐主编：《行政法学》，北京大学出版社2016年版，第130页。

使区别于一般行政执法权力的裁判权力，故其又称行政裁判。①

其二，行政司法行为与普通司法行为的分殊。行政司法行为并不同于法院的普通司法行为，二者有以下区别：（1）行政司法行为与普通司法行为的主体不一致，前者的主体是行政机关及专门的行政司法机关；而后者的主体是法院等司法审判机关。（2）行政司法行为的司法权并不完整，或者说并不完全，这一方面表现为其客体是法律规定的特别种类的案件和争议，另一方面则表现为其作出的裁决通常不具有最终性，当事人不服还可向法院依法提起诉讼。②而普通司法行为是法院行使完全司法权（审判权）的行为，不仅其客体包括一般的民事、刑事和行政争议，管辖范围广，而且实行两审终审，一般情况下具备终局性的法律效力。（3）行政司法行为适用的程序虽较一般行政执法程序严格、公正，但因其毕竟是行政机关的职权程序，为便于行政管理和争议的及时解决，该程序相对于普通司法程序则显得灵活、简便。（4）普通司法有统一的组织体系，全国各级人民法院组成统一的司法系统；而行政司法是分散的。③ 行政司法不存在也不可能存在统一的体系。行政领域发生的争议案件通常都涉及不同的专业技术、知识、规则等，分别由不同的行政机关处理方能得心应手、及时结案。如果由一个统一的机关来处理各种各样的争议案件，即会因为其不懂各种相应的专门技术、知识、规则，或不了解相应管理领域的情况而难以准确、及时地作出裁决，使案件久拖不决，从而失去行政司法的优势。如果这样，行政司法也就失去了独立存在的价值。而正是因为行政司法的不完全性，故其亦称"准司法"。

第三节　行政司法行为的表现形式

行政司法行为是指行政机关依法对特定的争议或案件进行审理、裁判的，

① 肖蔚云、姜明安主编：《北京大学法学百科全书：宪法学、行政法学》，北京大学出版社1999年版，第601页。
② 应松年主编：《行政法与行政诉讼法学》，高等教育出版社2018年版，第208页。
③ 姜明安著：《行政法》，北京大学出版社2017年版，第302页。

具有法律效力的行为。① 在我国，行政司法行为主要是指行政复议行为、行政裁决行为、行政调解行为以及行政仲裁行为。

一、行政复议行为

行政复议行为是一种典型的行政司法行为，并且是目前世界各国普遍存在的一种重要的行政救济机制。在我国，国务院于 1990 年 11 月 9 日专门就行政复议制定了《行政复议条例》，这标志着行政复议在我国作为一项自成体系、独立完备的行政法律制度正式得以建立。1999 年 4 月 29 日，第九届全国人民代表大会常务委员会第九次会议通过了《行政复议法》，自 1999 年 10 月 1 日起正式施行。② 相对于《行政复议条例》，《行政复议法》从整个体系结构到各个具体内容都有了较大的改进和提高，进一步健全和完善了行政复议制度，标志着我国行政复议工作进入一个新的发展阶段，在我国民主法治历程中具有里程碑式意义。2007 年 5 月 23 日，国务院制定了《行政复议法实施条例》，对《行政复议法》作了进一步细化。

（一）行政复议行为的概念与法律特征

行政复议作为政府系统内部自行解决行政争议的一项重要法律制度，在当今世界各国广泛存在，只是名称及具体内容各有不同：在法国被称为"行政救济"，在英国被称为"行政裁判"，在美国被称为"行政上诉"，在日本被称为"行政审查"，在韩国被称为"行政诉愿"等。③ 在我国，"行政复议"一词是行政法学界对这种由行政机关解决行政争议的法律制度所作的抽象概括。④ 行政复议行为是行政复议机关适用准司法程序处理特定行政争议的活动，其具有

---

① 王清云著：《行政法律行为》，群众出版社 1992 年版，第 338 页。

② 2017 年 9 月 1 日第十二届全国人民代表大会常务委员会第二十九次会议第二次修正。此次修正仅在第 3 条中增加 1 款作为第 2 款："行政机关中初次从事行政复议的人员，应当通过国家统一法律职业资格考试取得法律职业资格。"

③ 应松年、刘莘主编：《行政复议法讲话》，中国方正出版社 1999 年版，第 1 页。

④ 毕可志著：《论行政救济》，北京大学出版社 2005 年版，第 185 页。

如下几个特点。

其一，行政复议行为的主体是法定的行政复议机关，即依法享有法定复议权的国家行政机关。① （1）它必须是国家行政机关，具有独立的行政主体资格。其他任何机关都不能称为"复议机关"，且没有独立主体资格的行政机构也不能成为"复议机关"。（2）作为复议机关的行政机关必须享有法定复议权。这种复议权主要是指《行政复议法》所规定的相应的管辖权。不具有法定管辖权的行政机关不能受理相应的复议案件。

其二，行政复议行为的内容是解决行政争议，行政争议是引起行政复议行为发生的前提和基础。行政争议指的是行政机关以及经法律法规授权的组织在行使职权的过程当中与另一方发生的争议，存在广义和狭义的区别。狭义的行政争议指的是行政机关在履行行政管理职能的过程当中，因行政职权的行使而与行政相对人所产生的争议。广义的行政争议包含了狭义的行政争议，并具备比其更为广泛的意义，指的是行政主体以及其他主体之间所产生的与行政管理活动相关联的争议而不仅仅涉及行政相对人。与行政复议形成直接关联的是狭义的行政争议，针对广义的行政争议不能够直接提起行政复议申请。

其三，行政复议行为的程序是准司法程序。行政复议行为的内容是解决争议；作为其主体的复议机关实质上是争议双方的中间裁决人；其程序的启动必须依相对人的申请，否则复议机关不能主动实施复议行为，也就是说，它采用了类似于普通司法程序中的"不告不理"原则，在启动机制上类似普通民事诉讼的被动启动机制。所有这些都表明，行政复议行为不同于一般行政执法行为，而类似于普通司法行为。

其四，行政复议行为的性质是一种行政救济机制。② 也就是说，它通过纠正违法或不当的具体行政行为，为相对人提供一种为保障其合法权益免受违法

---

① 周佑勇著：《行政法原论》，北京大学出版社 2018 年版，第 358 页。

② 方军著：《行政复议法律制度实施问题解答》，中国物价出版社 2001 年版，第 1 页。

或不当行为侵犯的救济机制。① 当然，通过行政复议，也可以对合法的具体行政行为予以维持，从而起到维护行政主体依法行使职权的作用，即救济的客体不仅限于相对人合法权利，还包括良性稳定的行政管理秩序。

（二）行政复议行为的原则

行政复议行为的原则，是指贯穿于行政复议行为的全过程，对行政复议活动具有普遍性的指导意义，参加行政复议的各方都必须遵循的法定的基本准则。根据《行政复议法》第 4 条之规定，行政复议机关履行行政复议职责的基本原则主要包括以下几点。

其一，合法原则。行政复议行为的合法原则，简单地说，就是指复议机关行使复议权必须合法。也就是说，行政复议机关作为依法设立的国家行政机关，在法律赋予其行政复议权后，即具备相应的主体资格，其活动的依据必须是国家的法律法规，具体而言，就是作为行政复议活动程序法依据的《行政复议法》及相关配套法规，以及作为行政复议活动实体法的规定行政机关职权、职责的各项规范性文件。② 行政复议行为应遵循合法原则主要体现在以下几个方面：（1）主体合法，复议机关必须具有法定的行政复议权限，由专职行政复议人员进行复议审查。（2）复议行为合法，复议机关必须在查明案件事实的基础上，适用法律、法规或规章作出复议决定。（3）程序合法，行政复议机关审理复议案件必须严格按照《行政复议法》和其他法律法规所规定的复议程序进行。

其二，公正原则。公正在法律制度当中存在两种基本形式——实体公正与程序公正。所谓实体公正，是指在对实体上的权利义务进行确定时要使每个人应得的利益得到保障。所谓程序公正，是指参与程序的各方主体在程序中受到

---

① 胡建淼、吴欢：《中国行政诉讼法制百年变迁》，载《法制与社会发展》2014 年第 1 期。

② 应松年主编：《当代中国行政法》，人民出版社 2018 年版，第 3003 页。

平等对待。公正在行政复议中作为对行政复议机关履行复议职责的基本原则也同样包括这两个方面，它既要求行政复议机关在行政复议过程中通过对复议案件的审理作出公平合理的复议决定，也要求行政复议机关在行政复议程序中应平等对待复议申请人和被申请人，给予双方平等的参与机会，对各方的主张、意见予以同等的尊重和关注，不偏不倚。

其三，公开原则。公开是指行政复议行为的过程、结果应当向复议当事人公布，使其了解。① 行政复议过程的公开内容包括复议过程中的复议申请书，答复书，相关的证据、依据、材料；行政复议决定的公开内容包括复议决定以及决定所依据的事实、理由与法律依据等。

其四，及时原则。及时原则也称效率原则，是指在保障公正的前提下，行政复议机关要在法定的期限内迅速、有效地解决行政争议，提高工作效率。② 及时原则主要包含以下几个方面的内容：（1）对于争议的复议申请要及时受理。（2）审理应当尽快进行。（3）行政复议决定的作出要及时。（4）及时处理不履行职责的行为。

其五，便民原则。便民原则是指在行政复议活动中，要尽量方便公民、法人或者其他组织，切实为其行使行政复议权利提供必要的条件和便利，使其不因行政复议活动而增加过大的负担，最大限度地节省他们所耗的时间、精力和费用。为此，《行政复议法》规定了书面审理的方式，尽可能少让申请人跑路；复议申请可以口头提出，由申请人选择；申请人可以向行政行为发生地县级人民法院提出复议申请的，接到复议申请的县级人民政府不能一推了之，而应当负责转送等具体制度，以期最大限度地便利申请人。

其六，司法最终原则。行政复议旨在于传统私法救济之外为争议解决提供可行方案，该制度不能超越我国当前的司法与行政权力架构，也并未排除私法救济作为公力救济最终手段的作用，根据《行政复议法》之规定，当事人只

---

①　胡建淼、江利红著：《行政法学》，中国人民大学出版社 2018 年版，第 319 页。

②　石佑启、杨勇萍编：《行政复议法新论》，北京大学出版社 2007 年版，第 66 页。

有在法定期限内向人民法院提起诉讼，法院才可以作出终局决定。①

（三）行政复议行为的范围

行政复议行为的范围亦称行政复议的受案范围，是指行政机关受理行政复议案件的范围，即公民、法人或者其他组织对哪些行政行为不服或者遇有哪些行政争议，可以依法向行政机关提出予以解决的要求。② 从立法的角度对行政复议的模式进行界定，大致可以分成概括式、列举式以及复合式三种。概括式，即以一个语义不明确的法律概念笼统地规定可以提起行政复议的案件的范围，如以利害关系、合法权利或者合法权益等为细节规定行政复议的范围，《行政复议法》第2条的规定即采取了概括式；列举式则是以简单枚举的方式逐一列明可申请行政复议的案件的类型，《行政复议法》第6条的规定即属此类；复合式则是兼采二者，但是有所侧重，《行政复议法》第6、7、8条的规定就是采用概括式和列举式相结合的方式来规定行政复议范围的。③ 通过以上三种方式的规定，我国行政诉讼的受案范围得以明确。

其一，具体行政行为的复议范围。《行政复议法》第6条详细列举了公民、法人和其他组织可以申请行政复议的具体行政行为的种类：（1）行政处罚。《行政复议法》第6条第1款规定："对行政机关作出的警告、罚款、没收违法所得、没收非法财物、责令停产停业、暂扣或者吊销许可证、暂扣或者吊销执照、行政拘留等行政处罚决定不服的。"该项规定所列举的行政处罚类型正好与《行政处罚法》第8条列举的行政处罚的种类相衔接，故对所有的行政处罚类型都可以提出行政复议申请。（2）行政强制措施。《行政复议法》

---

① 《行政复议法》第5条规定："公民、法人或者其他组织对行政复议决定不服的，可以依照行政诉讼法的规定向人民法院提起行政诉讼，但是法律规定行政复议决定为最终裁决的除外。"

② 莫于川主编：《行政法与行政诉讼法》，中国人民大学出版社2012年版，第289页。

③ 应松年、刘莘主编：《中华人民共和国行政复议法讲话》，中国方正出版社1999年版，第55页。

第 6 条第 2 款规定："对行政机关作出的限制人身自由或者查封、扣押、冻结财产等行政强制措施决定不服的。" 限制人身自由的行政强制措施包括强制、约束、收容、强制遣送、强制戒毒、强制隔离、强制治疗、强制带离现场等行为，而针对财产的行政强制措施包括查封、扣押、冻结、划拨、扣缴、强制收购、强制检查等。从该项规定来看，对所有的行政强制措施都可以申请行政复议。① （3）行政许可及相关行为。《行政复议法》第 6 条第 3 款规定："对行政机关作出的有关许可证、执照、资质证、资格证等证书变更、中止、撤销的决定不服的。" 许可证和执照是指行政机关根据相对人的申请颁发的允许其从事某种活动的书面证明，资质证一般是指企业或其他组织能够从事某种活动的能力证明，资格证书是公民具备某种能力的书面证明，这些证书都属于行政许可的表现形式。② 由于《行政复议法》制定时还尚未制定《行政许可法》，所以该项规定并没有与《行政许可法》的相关规定相衔接，但可以认为该项规定就是"变更、中止、撤销"行政许可的行为。③ （4）行政确权行为。《行政复议法》第 6 条第 4 款规定，"对行政机关作出的关于确认土地、矿藏、水流、森林、山岭、草原、荒地、滩涂、海域等自然资源的所有权或者使用权的决定不服的"。对于国家所有或集体所有的这些自然资源，相对人可以依法取得使用权，但需要经过行政机关的确认并核发证书。例如：《土地管理法》第 11 条规定："农民集体所有的土地，由县级人民政府登记造册，核发证书，确认所有权。" 这是由行政机关对相对人所享有的权利进行确认的行政确权行为，属于行政确认的一种类型。相对人对这些行政确权行为不服时，可以申请行政复议。（5）侵犯合法的经营自主权的具体行政行为。《行政复议法》第 6 条第 5 款规定，"认为行政机关侵犯合法的经营自主权的"。经营自主权是指企业等

---

① 胡建淼：《"行政强制措施"与"行政强制执行"的分界》，载《中国法学》2012 年第 2 期。

② 李洪雷：《〈行政许可法〉的实施：困境与出路》，载《法学杂志》2014 年第 5 期。

③ Colin Scott、石肖雪：《作为规制与治理工具的行政许可》，载《法学研究》2014 年第 2 期。

从事经营的主体在不违反国家法律的基础上所拥有的调配、使用自己的人力、物力、财力，自行组织生产经营，对所经营财产的占有、使用、收益和处分的权利。基于企业所属的性质以及经营主体的差别，经营自主权所体现出来的内容也存在差别，然而其最为关键的就是企业具备独立性，拥有能够自主地决定其相关经营事项的权利。经营自主权是企业等经营主体依法享有的权利，任何单位和个人都不得对其经营自主权非法干涉，因此，当行政机关违法侵犯时，经营者可以申请行政复议。（6）变更或者废止农业承包合同的具体行政行为。《行政复议法》第6条第6款规定，"认为行政机关变更或者废止农业承包合同，侵犯其合法权益的"。《农业法》第5条第2款规定，"国家长期稳定农村以家庭承包经营为基础、统分结合的双层经营体制"。农业承包合同涉及农民的经营自主权与财产权，因此，对于行政机关变更或者废止农业承包合同的行为，相对人可以申请行政复议。（7）违法要求履行义务行为。《行政复议法》第6条第7款规定，"认为行政机关违法集资、征收财物、摊派费用或者违法要求履行其他义务的"。其中，"征收财物"包括行政征税、行政收费与公益征收；"摊派费用"是指行政机关将特定支出的费用按照比例进行分配，并由众人分担的行为；"违法要求履行其他义务"是指行政机关违法要求相对人承担上述三种行为之外的其他财产或劳务负担。① 这些行为的共同特点是行政机关以强制方式要求相对人履行特定义务，对此，相对人可以申请行政复议。②（8）拒绝许可或许可不作为。《行政复议法》第6条第8款规定，"认为符合法定条件，申请行政机关颁发许可证、执照、资质证、资格证等证书，或者申请行政机关审批、登记有关事项，行政机关没有依法办理的"。该项规定中涉及的行为实际上是有关许可的行为，"行政机关没有依法办理"可分为两种情况：一是拒绝许可，即行政机关在相对人提出申请后明确答复不予办理；二是许可不作为，即行政机关在相对人提出申请后的一定期限内不作出答复，既未

---

① 胡建淼、江利红著：《行政法学》，中国人民大学出版社2018年版，第321页。
② 王春业：《行政复议受案范围负面清单模式之建构》，载《法商研究》2017年第4期。

许可，也未拒绝，超过法定期间后即构成许可不作为。这两种情况都造成了相对人不能获得许可，因此，相对人可以申请行政复议。（9）行政不作为。《行政复议法》第 6 条第 9 款规定，"申请行政机关履行保护人身权利、财产权利、受教育权利的法定职责，行政机关没有依法履行的"。行政机关对公民的人身权利、财产权利和受教育权利负有保护的义务，当相对人申请行政机关保护而行政机关没有依法履行法定职责时，构成行政不作为。行政不作为是指行政主体负有积极实施行政行为的职责和义务，应当履行而未履行或拖延履行其法定职责的状态。① 对此，相对人可以申请行政复议。② （10）行政救助不作为。《行政复议法》第 6 条第 10 款规定，"申请行政机关依法发放抚恤金、社会保险金或者最低生活保障费，行政机关没有依法发放的"。其中的"抚恤金"是指公民因公或因病致残或死亡时，由本人或其家属依法领取的生活费用；"社会保险金"是指公民在失业、年老、疾病、生育、工伤等情况发生时，向社会保障机构申请发放的社会救济金；"最低生活保障费"是指向城镇居民发放的维持其基本生活需要的社会救济金。这些行为同属于行政救助行为，行政救助又被称为行政物质帮助，是指负有法定救助职责的行政主体在公民因年老、疾病或丧失劳动能力等情况或其他紧急事项危及其基本生存时，依法对其提供相应救助的行为。③ 当负有救助义务的行政机关不作为时，相对人可以申请行政复议。④ （11）其他情形。作为兜底条款，《行政复议法》第 6 条第 11 款规定，"认为行政机关的其他具体行政行为侵犯其合法权益的"皆可申请行政复议，前列事项行为几乎涉及了所有的具体行政行为，但其实并不全面，而且，随着行政实践的发展，将会不断出现新型的行政行为形式，为了充分、全面地保障相对人的合法权益，该项兜底性规定是必要的。同时，在立法技术上，该项兜底性规定与《国家赔偿法》第 2 条的概括式规定相对应，前面列举的十项具

---

① 胡建淼、江利红著：《行政法学》，中国人民大学出版社 2018 年版，第 322 页。

② 黄学贤：《形式作为而实质不作为行政行为探讨——行政不作为的新视角》，载《中国法学》2009 年第 5 期。

③ 胡建淼、江利红著：《行政法学》，中国人民大学出版社 2018 年版，第 322 页。

④ 章志远：《司法判决中的行政不作为》，载《法学研究》2010 年第 5 期。

体行政行为形式加上"其他具体行政行为"的兜底性规定，正好等于《国家赔偿法》第 2 条所规定的"具体行政行为"，在立法上实现前后呼应，充分发挥了概括式立法与列举式立法各自的优点。

其二，抽象行政行为的复议范围。《行政复议法》在行政复议范围上的重要发展，是将部分抽象行政行为纳入行政复议范围之中。一直以来，无论是行政诉讼还是行政复议，均把审查范围限于具体行政行为，这意味着抽象行政行为无法进入行政诉讼和行政复议的范围。然而，现实中，大量的具体行政行为是依据抽象行政行为作出，抽象行政行为的合法性直接影响具体行政行为合法性的判定。同时，不少抽象行政行为确实存在着问题，但却游离在行政复议和行政诉讼这些监督和审查机制之外。① 《行政复议法》基于现实需要，在对抽象行政行为的审查监督方面迈出了一步，将部分抽象行政行为纳入行政复议之中，详见《行政复议法》第 7 条规定。②

其三，行政复议行为的排除事项。《行政复议法》将某些事项排除在行政复议范围外，主要有以下三个方面：（1）行政法规和规章。在行政案件当中，倘若有争议的当事人认为行政机关据以作出行政行为的行政法规或者是行政规章违反了法律的相关规定，对于行政法规可以根据《立法法》等相关法律的规定、对于行政规章可以根据行政法规的相关规定对有关机关提出审查意见或者处理请求，由相应的国家机关按照规定作出处理，而不能够采用向行政机关申请行政复议的方式。（2）行政机关的行政处分或者其他人事处理决定。这里的"行政处分"是指国家行政机关对其工作人员违反行政法义务的行为依法给予的惩戒。③ 根据我国《公务员法》的规定，行政处分包括警告、记过、

---

① 莫于川主编：《行政法与行政诉讼法》，中国人民大学出版社 2012 年版，第 291 页。

② 《行政复议法》第 7 条规定：公民、法人或者其他组织认为行政机关的具体行政行为所依据的下列规定不合法，在对具体行政行为申请行政复议时，可以一并向行政复议机关提出对该规定的审查申请：（一）国务院部门的规定；（二）县级以上地方各级人民政府及其工作部门的规定；（三）乡、镇人民政府的规定。前款所列规定不含国务院部、委员会规章和地方人民政府规章。规章的审查依照法律、行政法规办理。

③ 石佑启、杨勇萍编：《行政复议法新论》，北京大学出版社 2007 年版，第 89 页。

记大过、降级、撤职、开除6种形式。其他人事处理决定是指除行政处分外，公务员的管理机关对公务员的违纪行为或尚未构成犯罪的一般违法行为进行的精神处罚、物质处罚和职务处罚等方面的处理决定，包括辞职或者取消录用、降职、免职、对申请辞职或提前退休的批准或不批准、确定或者扣减工资福利或保险待遇等①——从特别权利关系理论的角度来看，行政机关作出行政处分决定或者其他人事处理决定之行为属于行政机关的内部行政行为，在这些内部法律关系当中体现出了特别的权力性，区别于与外部行政行为当中所体现的权力性，因而将其称为"特别权力关系"。倘若在此之间出现了争议，将采用行政机关内部的解决方式进行化解。对此，《公务员法》第95条规定了复核、申诉、控告等行政内部的救济方式②，与外部行政法律关系当中的争议解决方式相区别。（3）行政机关对民事纠纷作出的调解或其他处理。《行政复议法》第8条规定："不服行政机关对民事纠纷作出的调解或者其他处理，依法申请仲裁或者向人民法院提起诉讼。"在有关民事纠纷的行政调解中，行政机关仅作为居中的调停人对民事纠纷的各方进行说服教育，促使其达成和解协议。因此，行政调解行为并非严格意义上的行政行为，当事人对调解协议不服的，可以向法院提起诉讼或者向仲裁机构申请仲裁，不能向行政复议机关申请行政复议。

---

① 胡建淼、江利红著：《行政法学》，中国人民大学出版社2018年版，第324页。
② 《公务员法》第90条规定：公务员对涉及本人的下列人事处理不服的，可以自知道该人事处理之日起三十日内向原处理机关申请复核；对复核结果不服的，可以自接到复核决定之日起十五日内，按照规定向同级公务员主管部门或者作出该人事处理的机关的上一级机关提出申诉；也可以不经复核，自知道该人事处理之日起三十日内直接提出申诉：（一）处分；（二）辞退或者取消录用；（三）降职；（四）定期考核定为不称职；（五）免职；（六）申请辞职、提前退休未予批准；（七）不按照规定确定或者扣减工资、福利、保险待遇；（八）法律、法规规定可以申诉的其他情形。对省级以下机关作出的申诉处理决定不服的，可以向作出处理决定的上一级机关提出再申诉。受理公务员申诉的机关应当组成公务员申诉公正委员会，负责受理和审理公务员的申诉案件。公务员对监察机关作出的涉及本人的处理决定不服向监察机关申请复审、复核的，按照有关规定办理。

（四）行政复议行为的管辖

行政复议管辖是指复议机关受理复议申请的权限分工。根据《行政复议法》的规定，行政复议管辖可分为如下五大类。①

其一，一般管辖。即通常情况下，复议申请人对于行政机关所作出的具体行政行为不服而申请行政复议所适用的管辖规定，被称为一般管辖。

其二，特殊管辖。行政复议的特殊管辖，即指除一般管辖之外的特殊行政案件适用的复议管辖问题。

其三，移送管辖。移送管辖指的是行政复议机关在已经受理行政复议案件之后，经过审查发现该案件不属于自己的管辖范围，没有管辖权时，将所涉案件移送至对该案件具有管辖权的行政复议机关的管辖制度。

其四，转送管辖。转送管辖指的是接到特殊管辖案件行政复议申请的人民政府，在收到行政复议申请后七日内将不属于其管辖范围的案件转送至有管辖权的行政复议机关并告知行政复议申请人。转送管辖有效避免了因为特殊管辖的复杂性而对行政案件当事人申请行政复议造成影响。

其五，指定管辖。指定管辖指的是上级行政主管部门或者本级人民政府对于某一行政复议案件指定由某一行政机关进行管辖。这种管辖方式通常发生在某两个或多个行政机关因为管辖权产生争议且协商无法达成一致时，由其共同的上一级行政机关对该行政复议案件进行管辖指定。

（五）行政复议参加人

行政复议参加人，是指与所争议的具体行政行为有利害关系而参加到行政复议活动中的当事人，或者具有与当事人相似地位的人，包括申请人、被申请人、第三人，在行政复议活动中协助行政复议工作的证人、鉴定人、翻译人员等不是行政复议参加人。②

---

① 参见《行政复议法》第 12~15 条之规定。
② 周佑勇著：《行政法原论》，北京大学出版社 2018 年版，第 369 页。

其一，行政复议申请人。行政复议申请人指的是认为行政机关所作出的具体行政行为侵犯了其合法权益，而以自己的名义向有管辖权的行政复议机关提出行政复议申请，请求对相应的具体行政行为的合法性和合理性进行审查并作出行政复议决定的行政相对人。

其二，行政复议被申请人。所谓行政复议被申请人是指因申请人指控其具体行政行为侵犯申请人合法权益，被行政复议机关通知参加行政复议的行政主体。① 行政复议被申请人应当同时具备以下条件：（1）必须是依法享有行政管理权的行政主体，被申请人可以是行政机关，也可以是法律、法规或规章授权的组织。（2）必须是具体行政行为的实施者，对不作为行为提出复议申请的，应当是法定行政管理职权的实际承担者。行政复议被申请人应当按照行政复议法关于行政复议管辖的规定予以确定。原则上，有管辖权的复议机关的下一级行政机关，即作出具体行政行为的行政主体就是行政复议被申请人。

其三，行政复议第三人。行政复议第三人是指与被申请复议审查的具体行政行为有法律上的利害关系，自己申请或应复议机关的通知而参加到行政复议活动中的公民、法人或其他组织。② 行政复议第三人具有以下特征：（1）必须是行政复议申请人和被申请人以外的公民、法人或其他组织。（2）必须与被申请行政复议的具体行政行为有法律上的利害关系。（3）第三人应当以自己的名义，为维护自己的合法权益而参加复议活动。（4）必须是在行政复议案件立案之后，复议决定作出之前参加复议活动，第三人可以自行申请参加复议，也可以应复议机关通知参加复议。

其四，行政复议代理人。行政复议代理人是指接受申请人、第三人的委托，代为参加行政复议活动的人。③ 行政复议代理人的特点是：（1）行政复议中只有申请人和第三人能够委托代理人。被申请人不得委托行政机关法制机构以外的人员参加行政复议活动，因为，参加行政复议活动是行政机关法制机构

① 关保英著：《行政法学》，法律出版社 2018 年版，第 655 页。
② 周佑勇著：《行政法原论》，北京大学出版社 2018 年版，第 370 页。
③ 应松年主编：《当代中国行政法》，人民出版社 2018 年版，第 3031 页。

的法定职责。（2）代理人以被代理人的名义，为维护被代理人的利益而参加复议。（3）代理人必须在代理权限内实施代理行为，代理行为的法律后果由被代理人承担。（4）同一行政复议活动中，代理人不得同时代理相互对立的几方当事人。

二、行政裁决行为

（一）行政裁决行为的概念与法律特征

行政裁决行为是指行政机关按照法律授权，对于平等主体当事人之间发生的、与行政事务密切相关的、特定的民事纠纷进行审查，并作出裁决的行政行为。[①] 行政裁决行为是一种行政司法行为，它包括权属纠纷裁决、损害赔偿纠纷裁决和侵权纠纷裁决三种。它既是一种解决民事纠纷的途径，又是一种行政作用的方式。行政裁决行为主要具有以下法律特征。

其一，行政裁决行为的主体是法律授权的特定的行政机关。其特定性表现在：第一，与传统的民事纠纷解决仲裁机构以及民事诉讼的受诉人民法院相区别，作出行政裁决的主体是经过法律法规授权的国家行政机关。只有特定的国家行政机关才能够运用国家行政权充当行政裁决的主体，行使裁决权的主体是对与民事纠纷有关的行政事项具有管理职权的行政机关；第二，此类行政机关只有经法律明确授权后，才拥有对该类民事纠纷的行政裁决权。如《专利法》《商标法》《著作权法》《土地管理法》《治安管理处罚条例》等都规定了对相关权属争议或侵权争议，授权有关行政机关通过裁决予以解决。但是这些法律大多没有规定专门的行政裁决机构。从理论上讲，这些单行法律中有关行政裁决的规定，构成了我国行政裁决制度的主体部分。

其二，行政裁决行为的对象是特定的民事纠纷。我国《民事诉讼法》第3

---

① 叶必丰主编：《行政法与行政诉讼法》，中国人民大学出版社 2015 年版，第 155 页。

条规定了适用该法的对象①、第 6 条规定了民事案件的审判权由人民法院行使。② 可见，平等主体之间因人身关系和财产关系而发生的纠纷，一般是由人民法院予以受理。只有在特定的情形之下才由行政机关进行裁决。从行政裁决的适用范围进行分析，行政裁决是经过法律法规授权的特定的行政机关对特定的主体之间发生的与行政管理活动密切相关的特定纠纷进行裁断。因为行政机关往往具有很强的专业性，对于纠纷所涉及的事实情况和法律依据都比较熟悉，故而被法律授权裁决纠纷。《中华人民共和国民事诉讼法》第 124 条第 3 款规定："依照法律规定，应当由其他机关处理的争议，告知原告向有关机关申请解决。"这条规定为我国行政机关解决民事纠纷提供了法律依据。但大部分民事纠纷均不属于行政裁决的受案范围，只有某些特定的民事纠纷才能够依照法律的规定采用行政裁决的手段加以解决。这些特定的民事纠纷都发生于平等主体之间，必须同行政管理活动具有紧密联系，主要集中在自然资源权属争议、知识产权侵权纠纷和补偿争议、政府采购活动争议等方面，传统的民事纠纷如合同纠纷等不包括于行政裁决的受理范围之中。

其三，行政裁决行为是特定行政主体依法履职的活动，具有法律权威性。③ 与传统的民事纠纷解决仲裁机构、民事诉讼的受诉人民法院相区别，作出行政裁决的主体是经过法律法规授权的国家行政机关。只有特定的国家行政机关才能够运用国家行政权充当行政裁决的主体，通过对行政裁决的概念进行分析可知，行政裁决从本质上而言是一种行政行为，与立法机关的立法行为和司法机关的司法性行为不同，行政裁决具备相应的行政属性。在现代社会里，行政裁判权已经成为国家行政权的一个重要组成部分，因此，行政裁判权的行使也是国家行政权的一种行使方式，行政裁决活动具有行政权行使的特征。

---

① 《民事诉讼法》第 3 条规定：人民法院受理公民之间、法人之间、其他组织之间以及他们相互之间因财产关系和人身关系提起的民事诉讼，适用本法的规定。

② 《民事诉讼法》第 6 条规定：民事案件的审判权由人民法院行使。人民法院依照法律规定对民事案件独立进行审判，不受行政机关、社会团体和个人的干涉。

③ 莫于川主编：《行政法与行政诉讼法》，中国人民大学出版社 2012 年版，第 181 页。

其四，行政裁决行为是一种依申请的特殊具体行政行为。行政裁决程序往往因当事人的申请而开始。争议双方当事人在争议发生后，可在法定期限内向法定裁决机构申请裁决。申请裁决通常要递交申请书，并载明法定事项。这种特定行政机关的裁决行为在理论上与具体行政行为的相关规定类似，不同于抽象行政行为，属于具体行政行为当中的一种。其符合具体行政行为的构成要件，即行政机关必须具有法定的行政裁决权，对特定的民事纠纷实际运用裁决权，并设定、变更或者消灭当事人的权利或者义务，最后以书面的形式表现出来。① 当然，并非所有的具体行政行为都能够适用行政裁决的方式进行解决。

（二）行政裁决行为的功能

行政裁决行为的作用表现在以下几个方面：（1）行政裁决行为可以解决当事人之间的特定民事纠纷、保护当事人的合法权益。② （2）行政裁决行为能够为人民法院减负，以便法院将更多精力投入到更重要案件的定纷止争中。（3）行政裁决行为提高了社会运行效率。行政裁决程序简便，费用低廉，也有利于减轻当事人的诉累，有利于行政管理有效地进行。

（三）行政裁决行为的种类

在我国，行政裁决是在党的十一届三中全会以后才发展起来的。③ 目前，规定行政裁决的法律并不鲜见，如《土地管理法》《森林法》《环境保护法》《专利法》《商标法》《食品卫生法》《计量法》等，涉及的领域主要有：资源行政管理、卫生医疗行政管理、工商行政管理、标准计量管理和知识产权管理等领域。可见，行政裁决作为一项解决社会纠纷的法律制度，随着我国市场经济的建立与发展也正在逐步建立与完善。根据有关法律、法规的规定，我国的

---

① 叶必丰主编：《行政法与行政诉讼法》，中国人民大学出版社 2015 年版，第 158 页。

② 王小红著：《行政裁决制度研究》，知识产权出版社 2010 年版，第 95 页。

③ 莫于川主编：《行政法与行政诉讼法》，中国人民大学出版社 2012 年版，第 182 页。

行政裁决行为主要有以下几种类型。

其一，权属纠纷裁决。这里是指行政主体对平等主体之间，因涉及与行政管理相关的某一财物的所有权、使用权的归属而发生的争议所作出的确定性裁决。① 如《森林法》第 17 条规定："单位之间发生的林木、林地所有权和使用权争议，由县级以上人民政府依法处理；个人之间、个人与单位之间发生的林木所有权和林地使用权争议，由当地县级或者乡级人民政府依法处理；当事人对人民政府的处理决定不服的，可以在接到通知之日起一个月内，向人民法院起诉。"

其二，损害赔偿纠纷的裁决。此种行政裁决所指的经过法律授权的行政机关或者其相关部门依照法律的规定对平等民事主体之间所发生的相关损害赔偿争议所作出的裁决。如《环境保护法》第 41 条规定："造成环境污染危害的，有责任排除危害，并对直接受到损害的单位或者个人赔偿损失。赔偿责任和赔偿金额的纠纷，可以根据当事人的请求，由环境保护行政主管部门或者其他依照本法规定行使环境监督管理权的部门处理；当事人对处理决定不服的，可以向人民法院起诉。当事人也可以直接向人民法院起诉。" 在行政管理过程中发生的这类民事损害赔偿纠纷数量较大，通过行政裁决，可以确认赔偿责任和赔偿金额，使当事人受损害的合法权益及时得到恢复或赔偿。

其三，侵权纠纷的裁决。这是指当事人的权利受到他人侵犯后，行政主体应当事人之申请而对是否存在侵权行为、应否承担侵权责任以及承担多少赔偿金额等问题所作出的裁决。② 如对他人商标权、专利权的侵犯引起的纠纷，依法由工商、专利管理部门进行裁决；版权管理机关对侵犯他人著作权纠纷作出裁决；知识产权管理机关对专利、商标侵权纠纷作出裁决等。这些纠纷涉及的权利，通常具有排他性，是法律特别规定的专有权。

---

① 如《土地管理法》第 16 条第 1、2 款规定：土地所有权和使用权争议，由当事人协商解决；协商不成的，由人民政府处理。单位之间的争议，由县级以上人民政府处理；个人之间、个人与单位之间的争议，由乡级人民政府或者县级以上人民政府处理。

② 刘连泰主编：《行政法与行政诉讼法》，厦门大学出版社 2011 年版，第 153 页。

（四）行政裁决行为的程序

一般而言，行政裁决行为主要有以下程序。①

其一，申请。行政裁决活动依申请而启动，指的是民事争议的一方或双方当事人在争议发生之后，依照法律的相关规定向有管辖权且具备行政裁决权的行政机关提出要求解决纠纷的请求。行政裁决申请一般应具备以下条件：（1）申请人必须是民事权益发生争议的当事人或其法定代理人。（2）行政裁决申请必须向与民事争议有关的行政主体提出。（3）所提起的行政裁决申请应当符合法律规定的形式要求，如按照法律的规定提交申请书以及其他相关的文书。（4）当事人应当在法定的期限内提交行政裁决申请。

其二，受理。行政机关收到当事人的申请书之后，应当对申请书进行初步审查，如果符合上述条件，行政机关应当受理；不符合条件的，行政机关应及时通知当事人并说明理由。

其三，通知答辩。主持行政裁决的行政机关受理当事人提交的行政裁决申请，在对相关民事争议立案后，应当通知民事争议的申请人及对方当事人，并要求另一方当事人在法定的期限内提交进行裁决所需的有关材料等相关情况。行政裁决机关应当听取当事人的陈述和申辩，给予当事人展示纠纷事实和相关证据的机会。

其四，审查。行政裁决机关收到答辩书后，对争议的事实、证据材料进行审查，在双方当事人进行举证、质证的过程当中，也许可能出现无法举证或者仅凭当事人的力量难以进行举证的情况。此时，行政机关可以根据进行行政裁决的需要，依照当事人的申请或者是主动进行相关的补充调查或鉴定。除此之外，行政裁决机关将所有的事实、证据材料进行综合分析研究，如果尚有疑问或经当事人请求，可举行公开听证，由当事人双方当面陈述案情，相互辩论、举证、质证，以查明案情。

---

① 齐树洁、启明：《完善我国行政裁决制度的思考》，载《河南财经政法大学学报》2015 年第 6 期。

其五，裁决。行政机关通过审查，认为事实清楚、证据确凿的应及时裁决。同时须告知当事人能否起诉以及起诉期限和管辖法院。

其六，执行。行政裁决是一项具体行政行为，因此，该决定一经作出就发生法律效力，行政机关、案件当事人、其他人员都应当受该决定的约束。行政裁决执行可以分为两种情况，一是由当事人自觉履行；二是行政裁决的强制执行。《行政强制法》第 13 条也有规定。① 据此，行政裁决强制执行又可以分为两种情况：一是行政机关具有强制执行权的，由行政机关依法自行强制执行；二是行政机关无强制执行权的，在当事人既不履行又不复议和诉讼的情况下，行政机关或者另一方当事人有权依法向人民法院申请强制执行。

三、行政调解行为

"调解是在第三方协助下进行的、当事人自主协商性的纠纷解决活动。"② 目前我国的调解机制既包括正式的调解机制，也包括非正式的调节机制。无论是正式调解还是非正式调解，其本质功能都在于通过第三方居中促成纠纷当事人之间形成合意，进而解决纠纷。在众多的调解机制中，行政调解行为作为一种独特的调解机制而在纠纷解决中发挥着重要作用。行政调解行为也是一种行政司法行为。

（一）行政调解行为的概念和法律特征

所谓行政调解行为，是指"由行政主体出面支持的，以国家法律、法规和政策为依据，以自愿为原则，以平等主体之间的民事争议为对象，促使双方当事人平等协商、互让互谅、达成协议、消除纠纷的一种具体行政行为"。③ 作为一种由国家行政机关采用说服教育的方式从而对社会公众的生产生活进行监

---

① 《行政强制法》第 13 条规定："行政强制执行由法律设定。法律没有规定行政机关强制执行的，作出行政决定的行政机关应当申请人民法院强制执行。"

② 范愉著：《非诉讼纠纷解决机制研究》，中国人民大学出版社 2000 年版，第 177 页。

③ 湛中乐等著：《行政调解、和解制度研究》，法律出版社 2009 年版，第 35 页。

督与管理的手段，行政调解已然成为新时期的行政指导方式之一，具备普遍适用性以及广阔的发展前景。

行政调解主要有以下鲜明的制度特征：（1）行政调解行为的职权性与专业性。行政调解行为是行政主体所主持的解纷息诉的活动，是行政主体行使职权的一种方式。①（2）行政调解行为的非强制性与纠纷当事人的自治性。（3）行政调解机关的居中性。行政调解应当与司法调解一样具有公正性和中立性。（4）行政调解依据的非严格规范性。

（二）行政调解行为的功能

作为在我国由来已久的一种典型的"东方经验"，行政调解行为是一种独具特色的行政管理方式，随着现代市场经济的建立与发展，随着行政法治的不断深入，更赋予其新的生机与活力，使其在更广泛、更深刻的意义上发挥着不可低估的作用。（1）灵活解决纠纷的功能。"行政调解行为首要的最基本的功能就在于解决民事纠纷"。②（2）强制性行政的替代功能。行政调解行为作为一种不具有强制性的纠纷解决机制，具有强制性行政的替代功能。这一替代机制在我国《治安管理处罚法》中已经有所体现。③（3）对民事利益关系的调整与引导功能。（4）法规范的创制与发展功能，即在不违背法律精神原则的前提下，充分保证当事人意思自治对自身权利加以自由处分，该模式不仅在实质上完成了灵活性立法与执法的过程，也为之后法律随时代发展变迁提供参考。

---

① 许玉镇、李洪明：《在调解中寻求平衡——试论当代中国的行政调解》，载《行政与法》2003 年第 1 期。

② 应松年主编：《当代中国行政法》，人民出版社 2018 年版，第 3325 页。

③ 《治安管理处罚法》第 9 条规定："对于因民间纠纷引起的打架斗殴或者损毁他人财物等违反治安管理行为，情节较轻的，公安机关可以调解处理。经公安机关调解，当事人达成协议的，不予处罚。经调解未达成协议或者达成协议后不履行的，公安机关应当依照本法的规定对违反治安管理行为人给予处罚，并告知当事人可以就民事争议依法向人民法院提起民事诉讼。"

（三）行政调解行为的种类

行政调解行为的种类包括各类民事纠纷和部分行政性质的争议、纠纷。

其一，民事纠纷。行政调解行为在行政管理过程中广泛存在，且被明文规定于各种领域的行政法律规范当中。行政调解的纠纷主要是与这些行政管理密切关联的民事纠纷，主要包括家庭纠纷和邻里纠纷，治安案件所引发的纠纷，合同纠纷，交通事故纠纷，医疗纠纷，消费纠纷，产品质量纠纷，商标权和专利权纠纷，土地、森林、草原等自然资源所有权和使用权纠纷，农村土地承包经营纠纷等。

其二，行政纠纷。由于传统的行政法理念，行政法原则上不允许调解结案，因而行政调解行为的范围中并不包含行政纠纷，然而随着社会发展和行政实践的需要，行政纠纷解决过程中的调解却实际存在。在私法领域中发展起来的替代性纠纷解决技术适用于行政过程的某些情况下可以使纠纷得到更有效、成本更小的、更趋于合意的解决，促进富有创造性和对现实更具有回应性的行政。① 2007 年 5 月，国务院颁布了《行政复议法实施条例》，其中第 50 条②规定了行政复议机关对于某些行政案件的调解权，顺应了现代行政纠纷解决机制的发展趋势，符合民情。

（四）行政调解行为的程序

从部分法律规定和法律实践上来看，行政调解行为一般包括以下程序。

---

① 王锡锌：《规则、合意与治理——行政过程中 ADR 适用的可能性与妥协性研究》，载《法商研究》2003 年第 5 期。

② 《行政复议法实施条例》第 50 条规定："有下列情形之一的，行政复议机关可以按照自愿、合法的原则进行调解：（一）公民、法人或者其他组织对行政机关行使法律、法规规定的自由裁量权作出的具体行政行为不服申请行政复议的；（二）当事人之间的行政赔偿或者行政补偿纠纷。当事人经调解达成协议的，行政复议机关应当制作行政复议调解书。调解书应当载明行政复议请求、事实、理由和调解结果，并加盖行政复议机关印章。行政复议调解书经双方当事人签字，即具有法律效力。调解未达成协议或者调解书生效前一方反悔的，行政复议机关应当及时作出行政复议决定。"

其一，启动。当事人选择以行政调解方式解决民事纠纷的，应由一方或双方向行政调解机关提出申请，请求行政机关进行调解。① 申请行政调解一般采用书面形式，根据具体的情况，也可以灵活地采取口头或其他形式。② 申请主要应该包括以下的内容：申请人的基本情况；争议的事实及有关的证据；具体的请求、理由等。行政机关在进行行政管理过程中发现与行政管理活动有关的民事纠纷，也可以主动进行调解，若当事人明确表示无须调解的，调解活动应该及时终止。

其二，受理。有关的行政机关在接到当事人行政调解的申请后，应当进行审查，若争议的各方当事人都同意以行政调解的方式解决行政争议的，行政机关应当受理；若有一方当事人不同意进行调解或者有当事人已就该争议向人民法院起诉的，行政机关应当告知申请调解的当事人不予受理。③ 如果经审查后认为不能适用调解程序的，接受行政调解申请书的行政机关应当作出不予调解的决定，并告知申请人作出该决定的法律依据。

其三，处理。行政机关受理调解申请后，应当及时、认真地审查有关的材料，组织当事人进行协商、调解。调解时，主持调解的人员应当认真听取当事人的意见，查证核实有关证据，进行必要的说服劝解，做好调解笔录，在符合法律、法规的前提下，促使当事人在平等协商的基础上达成调解协议；如果有当事人不再愿意进行调解的，行政机关应当停止调解；若调解协议达成后，当事人应当签署协议书。④ 行政调解协议经过审判人员审核，后由双方当事人签名或者捺印，并自签名或捺印之日起发生法律效力，倘若纠纷的当事人申请人民法院制作调解书的，人民法院应当制作调解书，调解书自双方当事人签收之日起发生效力，与判决书具备同等的法律效力并具备强制执行力。

---

① 赵银翠著：《行政过程中的民事纠纷解决机制研究》，法律出版社 2012 年版，第 117 页。
② 王伟民主编：《行政调解概论》，安徽人民出版社 2016 年版，第 30 页。
③ 姜明安、余凌云主编：《行政法》，科学出版社 2010 年版，第 405 页。
④ 莫于川主编：《行政法与行政诉讼法》，中国人民大学出版社 2012 年版，第 192 页。

其四，行政调解与行政裁决、行政诉讼的衔接。虽然采用行政调解的方式解决纠纷能够更加便捷高效，同时有利于社会矛盾的彻底解决，然而在实践当中，为了避免相关的争议出现久调不决的情况，对于争议当事人不自愿进行调解、拒绝调解或者是经调解难以达成一致的，不应适用调解程序或应终止调解，倘若其符合行政裁决的条件，则应当及时作出行政裁决决定，否则应当告知争议的当事人在法定的期限内提起行政诉讼。同时，为了实现行政调解在市场经济当中的作用及功能，应当赋予其同其他类型行政司法行为同样的法律效力，经行政机关主持调解所达成的行政调解协议对纠纷的双方当事人具备法律效力。倘如一方当事人不履行行政调解协议的内容，另一方可以申请人民法院强制执行。

四、行政仲裁行为

目前我国的仲裁制度可以分为两类：一类是民间仲裁；另一类是行政仲裁。前者是根据《仲裁法》（1994 年 8 月 31 日颁布）设立的民间仲裁委员会对合同纠纷和其他财产权益纠纷进行仲裁的制度；后者是指由行政机关或专门设立的行政仲裁机构根据法律授权对民事纠纷进行仲裁的制度，在国外，一般称之为"特种仲裁制度"。我国《仲裁法》的颁布并不意味着将一切争议和纠纷划归民间仲裁，在实践当中，存在着如对劳动争议以及农业承包合同纠纷等的仲裁，这些纠纷不属于《仲裁法》所规定的受案范围，不属于平等主体的当事人之间所产生的纠纷，不适宜采用民间仲裁的方式。

（一）行政仲裁行为的概念与法律特征

行政仲裁行为是指特设的行政仲裁组织应申请人申请，依照特定的仲裁程序，以第三方公证人的身份对当事人之间的民事争议作出裁断的行为。① 行政仲裁具有以下特征。

----

① 黄德林、夏云娇主编：《行政法与行政诉讼法学》，武汉大学出版社 2007 年版，第 296 页。

其一，行政仲裁行为的主体是法律明确授权的行政机关。"只有经法律明确授权后，行政机关才拥有对特定民事纠纷的行政仲裁权。"① 在我国，授予行政机关行政仲裁权的是分散的单行法律、法规或规章，而非宪法和组织法。行政仲裁行为的主体是由设在行政机关中的专门处理劳动、人事争议或农村土地承包经营纠纷的机构，具体是指劳动人事争议仲裁委员会和农村土地承包仲裁委员会。

其二，行政仲裁行为的对象是特定的民事争议。行政仲裁行为的对象不是行政争议，而是特定的民事争议，现阶段主要是指劳动争议、人事争议和农村土地承包经营纠纷。

其三，行政仲裁行为具有行政司法性。行政机关在仲裁过程中，是以行政机关的身份进行裁决的，从主体形式上来讲具有行政性。行政机关在仲裁过程中，又是以第三人的身份对民事纠纷进行居间裁决的，处理争议案件实行的是仲裁庭制度，在程序方面具有司法性。因此，行政仲裁行为具有行政司法性。

其四，行政仲裁活动体现的是第三者居间，对作为行政仲裁对象的平等民事主体之间的民事纠纷予以调停裁断。② 行政仲裁的主持者与任何一方当事人均不存在行政隶属关系。这一点与行政复议不同，行政复议的内容是行政主体与行政相对人之间的行政纠纷，复议机关往往与被申请人之间存在行政隶属关系。

（二）行政仲裁行为的种类

目前，在我国，根据现有法律、法规规定的内容以及实际情形，行政仲裁行为按不同领域，大致可以划分为以下几种。

其一，劳动争议行政仲裁。劳动争议类行政仲裁是根据《中华人民共和国劳动争议调解仲裁法》而存在的一类仲裁类型。该法第 17 条规定："劳动争议仲裁委员会按照统筹规划、合理布局和适应实际需要的原则设立。省、自治

---

① 刘莘著：《中国行政法》，中国法制出版社 2016 年版，第 261 页。
② 王景斌、蔡敏峰主编：《行政法原理》，北京大学出版社 2016 年版，第 265 页。

区人民政府可以决定在市、县设立；直辖市人民政府可以决定在区、县设立。直辖市、设区的市也可以设立一个或者若干个劳动争议仲裁委员会。劳动争议仲裁委员会不按行政区划层层设立。"

其二，农村土地承包合同行政仲裁。农村土地承包合同行政仲裁是指根据《中华人民共和国农村土地承包经营纠纷调解仲裁法》而存在的一类仲裁类型。该法第 4 条规定："当事人和解、调解不成或者不愿和解、调解的，可以向农村土地承包仲裁委员会申请仲裁，也可以直接向人民法院起诉。"

其三，建设纠纷行政仲裁。建设纠纷类行政仲裁是根据《中华人民共和国仲裁法》《国务院办公厅关于贯彻实施〈中华人民共和国仲裁法〉需要明确的几个问题的通知》（国办发〔1996〕22 号）以及建设部就全国建设系统进一步推行仲裁法律制度提出的相关意见而设立的一种仲裁类型。

此外，还有环境纠纷行政仲裁、著作权合同的仲裁、产品质量纠纷的仲裁、房产纠纷的仲裁、计量纠纷的仲裁、海事仲裁等。

（三）行政仲裁行为的功能

随着市场经济的发展，行政法治不断深入，行政仲裁行为作为一种独具特色的行政行为，对于现代行政管理，相对于其他行政法律制度有着不可替代的作用。一般而言，行政仲裁具有以下功能。

其一，行政仲裁行为有助于建立多元化的纠纷解决机制。行政仲裁在行政调解、行政裁决、行政复议以及行政诉讼之外，为处于矛盾之中的当事人提供了一个有效的解决纠纷的途径，它能使大量的民事纠纷或行政争议通过司法审判之外的渠道，得到及时、合法、合理的解决，减轻了法院司法审判任务繁重的压力。① 相对于其他纠纷解决机制来讲，行政仲裁相对柔和、简便、灵活，效果也不错。

其二，行政仲裁行为有助于改善行政管理。在诉讼形成之前，运用行政仲裁的手段对矛盾进行处理，可以彰显行政权的调控职能，有效减少相对人的交

---

① 王景斌、蔡敏峰主编：《行政法原理》，北京大学出版社 2016 年版，第 268 页。

易成本。此外，行政仲裁机关在对民事案件进行处理的过程中，可以而且应当从行政管理机关获得相应的技术性、专业性知识。另外，行政仲裁机关在对个案进行仲裁的过程中，通过不断的个案审查，可以发现现行行政法规范和行政政策存在的不足，通过相应的制度机制，向有关行政机关提出政策建议，完善法规政策，改善行政管理，预防纠纷产生。①

其三，行政仲裁行为有助于维护社会稳定。行政仲裁行为是由专门的行政仲裁机关作出，其运用专业的技术手段，就事实真相及法律责任作出裁判，使双方当事人明白事理，消除双方矛盾，这必将对稳定社会秩序产生积极的影响。② 且行政仲裁的方式，避免了行政诉讼这样高度专业性、对抗性的矛盾解决方式，对于恢复双方当事人的正常合作关系大有益处。

（四）行政仲裁行为的程序

行政仲裁行为应当根据事实，遵循合法、公正、及时、着重调解的原则，依法保护当事人的合法权益。根据《劳动争议调解仲裁法》和《农村土地承包纠纷调解仲裁法》的相关规定，行政仲裁大致应遵守以下程序。

其一，申请。行政仲裁行为实行"不告不理"原则。无论是法律规定的必须先行提起行政仲裁后才能提起诉讼的纠纷，还是可以由当事人在行政仲裁或诉讼中自由选择的纠纷，当事人一旦决定提出行政仲裁，都应先向仲裁机构提交申请书。③ 当事人申请是行政仲裁机构受理的前提。④ 仲裁申请人在提交

---

① 赵银翠著：《行政过程中的民事纠纷解决机制研究》，法律出版社 2012 年版，第 161 页。

② 莫于川主编：《行政法与行政诉讼法》，中国人民大学出版社 2012 年版，第 186 页。

③ 王景斌、蔡敏峰主编：《行政法原理》，北京大学出版社 2016 年版，第 268 页。

④ 根据《劳动争议调解仲裁法》第 28 条，仲裁申请书一般包括以下内容：（1）申请人姓名、地址，或申请单位名称、地址，以及法定代表人的姓名、职务。（2）被申请人姓名、地址，或被诉单位名称、地址，以及法定代表人的姓名、职务。（3）申请的理由和要求。（4）证据、证人姓名和住址。（5）如果当事人有代理人，必须有授权委托书，并且明确代理事项和代理权限。

仲裁申请书之际，须按被诉的人数提交副本。申请仲裁有一定的期限。例如，我国《劳动争议调解仲裁法》第 27 条规定："劳动争议申请仲裁的时效期间为一年。仲裁时效期间从当事人知道或者应当知道其权利被侵害之日起计算。"

其二，受理。行政仲裁机关在收到当事人的仲裁申请后，应作初步审查，在法律规定的一定期限内，对申请人作出受理或不予受理的答复。① 审查的具体内容包括：（1）申请事项是否属于行政仲裁的范围。法律应对行政仲裁机关的管辖范围作出明确规定。如果当事人提出的申请不在该仲裁机关的管辖范围之内，应告知当事人向有管辖权的仲裁机关提出申请。②（2）申请人是否为纠纷的当事人。只有纠纷的当事人才有资格提起仲裁申请，纠纷局外人不具备提起仲裁申请的法定条件。（3）申请是否在法定的期限内提出。有些法律规定了当事人提请仲裁的期限，超过了法定期限，仲裁机关便不再受理。（4）是否符合某专门行政仲裁有关受理条件的特别规定。例如，在劳动争议仲裁中，如果是一方当事人提起了司法诉讼，并经人民法院受理的案件，则行政仲裁机构不予受理。③（5）对法律规定要求写明的内容，在申请书中是否完备。如果不完备，行政仲裁机关可要求申请人在期限内补正。申请人拒绝补正的，行政仲裁机关可以拒绝受理。

其三，调查取证。在此阶段，要求仲裁员通过调查弄清楚纠纷发生的时间、地点、原因、经过和争执焦点。④ 为了保证整个调查取证过程的公正进

---

① 刘莘著：《中国行政法》，中国法制出版社 2016 年版，第 263 页。

② 参见《劳动争议调解仲裁法》第 29 条。

③ 王景斌、蔡敏峰主编：《行政法原理》，北京大学出版社 2016 年版，第 269 页。

④ 在调查过程中，行政仲裁机关可以向有关单位查阅与案件有关的档案、资料和原始凭证，也可以到现场进行勘察或对物证进行技术鉴定。仲裁机关在进行现场勘察或技术鉴定时，应当通知当事人及有关人员到场，必要时可邀请有关单位派人协助。勘察笔录和技术鉴定书应当写明时间、地点、勘察鉴定结论，由参加勘察、鉴定的人员签字或者盖章。仲裁机关如果需要，可以委托有关单位进行技术鉴定。仲裁机关对委托作出的技术鉴定结论，应慎重判定是否采纳，不予采纳的应说明理由。若纠纷事实涉及异地，仲裁机关还可以委托外地仲裁机关进行调查。参见莫于川主编：《行政法与行政诉讼法》，中国人民大学出版社 2012 年版，第 187 页；王景斌、蔡敏峰主编：《行政法原理》，北京大学出版社 2016 年版，第 269 页。

行，确保调查取证结果的准确性，通常情况下应当由两名或者两名以上的仲裁工作人员共同进行调查活动。

其四，保全措施。保全措施一般限于产品质量纠纷仲裁、农村联产承包合同仲裁等与财产关系密切的合同纠纷仲裁。① 其目的是避免因为当事人的原因或者其他客观原因而造成财产损失，而由仲裁机关依照一方当事人的申请对另一方当事人的财产或者纠纷标的物采取保全措施。

其五，调解。先行调解是行政仲裁行为的原则之一，行政仲裁机关处理任何仲裁案件，在仲裁前都必须先行调解。② 只有当当事人拒绝调解或者属于不适用调解的情形时才进入仲裁。

其六，开庭仲裁。行政仲裁机关在行政仲裁过程中若经先行调解无效，便应即时进行仲裁。行政仲裁机关进行行政仲裁，大多数通过开庭方式，只有个别的采取不开庭的方式。在有的种类的行政仲裁中，行政仲裁机关还规定在征询当事人的最后意见后，可以再次进行调解，调解不成时再仲裁裁决。对仲裁评议中的不同意见，应当如实记录。

其七，制作行政仲裁裁决书。行政仲裁裁决书由仲裁机关制作，应写明下列事项：（1）申请人、被申请人或者代理人的基本情况。（2）申请仲裁的时间、理由、纠纷内容和具体请求。（3）据以仲裁的事实、理由和适用的法律。

---

① 行政仲裁机关在受理当事人提交的仲裁申请后，需要经过一定的调查取证、调解等，才能作出仲裁。在这段时间内，可能因当事人一方的行为，如出卖、拆毁房屋，挥霍、转移财产等，或者其他客观原因，如不宜长期保存的物品发生变质腐烂等，造成较严重的财产损失。

② 行政仲裁行为的先行调解若能达成行政调解协议，应当制作调解书。调解书应由双方当事人签字，仲裁人员署名，加盖行政仲裁机关的印章。调解书自送达当事人之日起发生法律效力，要求双方必须自动履行。在行政仲裁程序中达成调解协议书，依据我国法律、法规的规定，一旦生效：（1）一方或双方当事人不得反悔。但是，调解未达成协议，或者调解书送达前一方或双方当事人反悔的，可以转入仲裁程序。（参见《劳动争议调解仲裁法》第42条）（2）当事人不得就同一事实和理由，再向行政仲裁机关申请仲裁，也不得向人民法院起诉。（3）一方当事人如逾期不按调解书所规定的内容去履行义务，另一方当事人可以向有管辖权的人民法院或者法律、法规规定的行政机关申请强制执行。（参见《劳动争议调解仲裁法》第51条）

（4）仲裁裁决的结果。（5）仲裁费用的负担。（6）不服裁决的起诉期限，如果法律规定为终局裁决，当事人不得向法院起诉的，则可不写此项。（7）注明裁决日期，由仲裁人员署名，加盖仲裁机关的印章。① 行政仲裁裁决书集中体现了仲裁庭对行政仲裁权的行使，属于对当事人的权利义务进行确定的法律文书。

其八，行政仲裁裁决书的法律效力。行政仲裁裁决书发生法律效力的情况分为三种：（1）行政仲裁裁决书送达当事人后，即发生完全的法律效力。双方当事人应当自觉履行仲裁裁决书当中所规定的义务，即使对仲裁裁决的内容不服，也不能够基于同一纠纷向仲裁机构再次申请仲裁，也不得基于同一纠纷向法院起诉。（2）行政仲裁裁决书送达当事人后，须经复议程序或超过申请复议期限方发生完全的法律效力。例如，原《技术合同法实施条例》规定，当事人一方或双方对仲裁裁决不服的，可以请求上级或者原仲裁机关复议一次，复议的仲裁决定是终局的。当事人一方在规定的期限内不履行仲裁裁决的，另一方可以申请法院强制执行。② （3）行政仲裁裁决书送达当事人后，超过向法院提起诉讼的期限，才发生完全的法律效力。在各国的实践中，行政仲裁裁决一般具有终局法律效力，即不得重新申请仲裁或向法院起诉。

第四节 行政司法行为的合法性控制

行政司法行为兼具行政与司法双重属性，既具有行政行为的行政管理职能，同时也具有司法行为的裁决纠纷的职能。③ 具备双重职能的行政司法行为与一般的具体行政行为相比较，在行为性质、行政机关法律地位等方面都存在较大差异。在行政司法行为的实施过程中，行政司法机关对公民、法人和其他

---

① 参见《劳动争议调解仲裁法》第46条。
② 王景斌、蔡敏峰主编：《行政法原理》，北京大学出版社2016年版，第272页。
③ 文正邦：《论行政司法行为》，载《政法论丛》1997年第1期。

组织之间的纠纷进行处理，如何保证其公正、准确地行使行政司法权，不产生权力滥用，避免对公民、法人或其他组织的合法权益造成二次伤害，就需要在具体的行政司法行为实施过程中对其进行有效的合法性控制。

一、行政复议行为的合法性控制

行政复议可以对公民、法人或其他组织受侵害的合法权益进行救济，同样，在行政复议过程中，也有可能会产生新的侵害公民、法人或其他组织合法权益的行为，因此，对行政复议行为的合法性控制也是行政复议制度不可或缺的重要部分。对行政复议行为进行合法性控制可以从内部和外部两个途径展开。在行政系统内部，上级机关或有监管职责的机构需对行政复议行为进行指导和监督；在行政系统外部，行政相对人不服行政复议决定，可以提起行政诉讼。另外，行政复议机关不严格履行复议职责应当承担法律责任。[1]

（一）对行政复议行为的指导和监督

对行政复议行为的指导监督主要应当按照法律明确规定的要求展开。现行行政复议法及其实施条例对于行政复议行为的指导监督，规定了多种途径和方式。

其一，对行政复议申请及受理工作的指导监督。最早在 1999 年的《行政复议法》中就有规定。"行政复议机关无正当理由不予受理的，上级行政机关应当责令其受理；必要时，上级行政机关也可以直接受理"。[2] 在行政复议工作实践中，不少地方和部门提出，应当对责令受理的具体程序和具体处理方式加以明确，否则这一条文难以发生实际效力，可能流于虚置。在制定《行政复议法实施条例》时，根据各方意见，对这一条进行了相应的调整。《行政复议法实施条例》第 31 条规定："上级行政机关认为行政复议机关不予受理行政复议申请的理由不成立的，可以先行督促其受理。" 相较于《行政复议法》，

---

[1] 张越：《行政复议法学》，中国法制出版社 2007 年版，第 530 页。
[2] 参见《行政复议法》第 20 条。

其作出了更进一步的细化规定。

其二，对行政复议决定的指导监督。行政复议制度的一个重要规则就是行政复议"下管一级"。当事人对行政复议决定不服的，不能再向上级行政复议机关寻求进一步的救济，而只能通过司法途径寻求最终的裁判结果。然而，《行政复议法实施条例》规定："下级行政复议机关应当及时将重大行政复议决定报上级行政复议机关备案。"① 仍然体现了上级行政复议机关对行政复议决定的监督内容。这种对重大行政复议决定以备案方式进行的监督，有别于二审或者再审类型的监督。首先，这种监督并不以纠正为首要目的，而是在承认下级行政机关作出的行政复议决定的法律效力的前提下，为了"及时掌握行政争议相对集中的领域、倾向性问题和突发事件苗头"② 而展开的监督。其次，这种监督并没有严格的期限规定。如果是为了纠错，法律应当对期限作出规定，避免久拖不决。对于在备案中发现确实存在错误的行政复议决定如何处理，法律没有作明确规定。此时，应当特别引起注意的是，倘若上级行政复议机关在备案的过程当中发现了行政复议机关作出的复议决定存在违法或者是不当的情形时，一般情况下应当交由作出该行政复议决定的行政机关自行处理而非直接对行政复议决定作出改变或者是撤销该复议决定。

其三，行政复议工作检查。根据《行政复议法实施条例》第 56 条③，县级以上地方各级人民政府可以采取定期检查、抽查等多种方式，通过听汇报、座谈、问卷、测试、查看书面材料等不同形式，重点对下级行政机关和本级政府工作部门的行政复议工作的内容进行检查，具体包括以下几个方面：（1）行政复议渠道是否畅通。（2）行政复议工作是否体现了"以人为本、复议为民"的宗旨。（3）办案质量是否过硬。（4）办案效率是否符合要求。（5）行

---

① 参见《行政复议法实施条例》第 59 条。

② 郜风涛主编：《行政复议法实施条例解释与应用》，人民出版社 2007 年版，第 200 页。

③ 《行政复议法实施条例》第 56 条规定，"县级以上地方各级人民政府应当按照职责权限，通过定期组织检查、抽查等方式，对所属工作部门和下级人民政府行政复议工作进行检查，并及时向有关方面反馈检查结果。"

政复议机构的设置是否与工作任务相适应。① 行政复议机关应当及时将检查结果向下级人民政府及本级政府工作部门进行通报，对于检查中发现的问题，要立即提出并督促有关机关及时纠正，对依法应当追究有关人员行政责任的，应当及时提出处理建议，并将有关材料转送有关机关予以处理。

（二）行政复议行为的法律责任

行政复议行为的法律责任，是指行政复议法律关系主体对其在行政复议活动中违反行政法律规范有关规定的情形依法承担法律上的不利后果。② 它是行政复议法律制度不可或缺的组成部分，通过追究违法行为人的法律责任来保证行政复议活动的顺利进行。行政复议法律责任制度对保证行政复议活动的正常进行，监督行政机关依法行使职权与履行职责，保证法律、法规的正确实施等，均具有十分重要的意义。《行政复议法》规定的行政复议法律责任主体有三类，分别是行政复议机关、行政复议机关工作人员和被申请人。

其一，行政复议机关的法律责任。行政复议机关的法律责任，主要是针对无正当理由不予受理依法提出的行政复议申请或者不按照规定转送行政复议申请的，或者在法定期限内不作出行政复议决定的三种情况。该责任主要是一种行政责任，相关机关需承担由此产生的批评、处理等消极后果。

其二，行政复议机关工作人员的法律责任。主要包括在行政复议活动中，徇私舞弊或者有其他渎职、失职行为，与行政复议机关的法律责任不同，行政复议机关工作人员的责任形式不再限于行政责任，构成犯罪的，要承担刑事责任。③ 实际上，对于行政复议机关工作人员承担责任的情形，《行政复议法》也没有直接作出规定，也需要根据刑法等其他有关法律进行判断。因此，行政复议机关如果触犯刑法等有关法律，也可能需要承担刑事责任。

其三，行政复议被申请人的法律责任。当行政机关成为行政复议被申请人

---

① 曾祥明、李东方主编：《行政复议法及其实施条例解读与应用》，中国工商出版社2007年版，第362页。

② 石佑启、杨勇萍编：《行政复议法新论》，北京大学出版社2007年版，第229页。

③ 参见《行政复议法》第35条。

时，如果该机关存在不履行或者无正当理由拖延履行行政复议决定的行为，那么就需要承担相应的行政复议法律责任。① 与行政复议机关的法律责任类似，被申请人承担的法律责任一般为行政责任，承担法律责任的方式也是由直接负责的主管人员和其他直接责任人员接受相应的处罚。《行政复议法实施条例》将行政复议的法律责任进行了扩充。扩充内容主要有三方面：（1）新增加了行政复议机构的法律责任。（2）对被申请人新增加了承担法律责任的情形，即"未按照行政复议决定的要求重新作出具体行政行为，或者违反规定重新作出行政行为"。（3）将法律责任从行政复议受理、审理与决定环节，扩大到了调查取证、查阅、复制、调取有关文件和资料环节。② 通过对行政复议行为相关法律责任的扩充使得行政复议的整个过程得以更加规范化、更具合理性。

二、行政裁决行为的合法性控制

对于行政裁决行为的合法性控制，更多方面应当体现出对行政权的监督和对当事人的权益保障。③ 程序合法是实体合法的保障。我国目前关于行政裁决行为具体程序的规定，多散见于授予行政机关行政裁决权的单行法律、法规的个别条文中，规定也十分原则，对行政裁决行为的程序作出专门规定的法律文件非常少，对行政裁决行为进行合法性控制，应当对行政裁决行为的程序进行规范。此外，我国现阶段，当事人若对行政机关作出的行政裁决不服，可以通过提起行政复议或行政诉讼的途径来保障自身权益。因此，行政复议和行政诉讼也是我国现阶段对于行政裁决行为进行合法性控制的两大重要途径。

其一，行政裁决的复议审查。对行政裁决不服是否可以申请行政复议，学界存在着争议。有观点认为不得申请行政复议，理由是：《行政复议法》第6条规定的可以申请复议的十项具体行政行为中，并没有明确规定行政裁决可以申请复议，而该法第8条第2款规定："不服行政机关对民事纠纷作出法人调

---

① 参见《行政复议法》第36条。
② 郜风涛主编：《行政复议法教程》，中国法制出版社2011年版，第336页。
③ 王璞：《我国行政裁决及其救济制度研究》，中央民族大学2010年硕士学位论文，第28页。

解或其他处理，依法申请仲裁或向人民法院提起诉讼。"行政裁决属于该条款中行政机关对民事纠纷作出的"其他处理"①，应当依法申请仲裁或向人民法院提起行政诉讼。但也有观点认为，行政裁决行为是具体行政行为，因此可以申请行政复议。而第 8 条第 2 款规定的"调解"与裁决具有本质上的不同，即调解以双方当事人自愿为前提，并非具体行政行为，而裁决是行政机关单方面强制作出的行政行为，因此，该条款中的"其他处理"不包括行政裁决。② 但总的来看，相对人针对行政裁决提起行政复议有据可循。

其二，行政裁决的司法审查。1989 年制定的《行政诉讼法》并没有明确规定行政裁决属于行政诉讼的受案范围，但也没有将行政裁决排除于行政诉讼的受案范围之外。从各相关单行法的规定来看，当事人对行政裁决不服，在许多情况下可以提起诉讼寻求司法救济。③ 例如：《专利法》第 60 条明确规定对于有关专利侵权的行政裁决不服时可以提起行政诉讼；2014 年 11 月修正的《行政诉讼法》第 61 条、《最高人民法院关于适用〈中华人民共和国行政诉讼法〉的解释》第 140 条第 2 款对人民法院审理行政机关对民事争议所作裁决的案件时一并审理相关民事争议进行了规定。④ 可见《行政诉讼法》及其司法解释不仅明确了对行政裁决可以提起行政诉讼，而且针对在行政诉讼中只解决行政裁决的合法性问题并不能最终解决纠纷的所谓"案结事不了"的问题，专门设置了行政附带民事诉讼制度，规定相对人对于行政裁决不服，不仅可以提起针对行政裁决的行政诉讼，而且可以一并提起针对与行政裁决相关的民事争议的民事诉讼，这对于最终解决纠纷以及对行政裁决进行有效的司法救济具有

---

① 石佑启、杨勇萍编：《行政复议法新论》，北京大学出版社 2007 年版，第 90 页。

② 胡建淼、江利红著：《行政法学》，中国人民大学出版社 2018 年版，第 276 页。

③ 王小红著：《行政裁决制度研究》，知识产权出版社 2010 年版，第 93 页。

④ 《行政诉讼法》第 61 条规定：在涉及行政许可、登记、征收、征用和行政机关对民事争议所作的裁决的行政诉讼中，当事人申请一并解决相关民事争议的，人民法院可以一并审理。在行政诉讼中，人民法院认为行政案件的审理需以民事诉讼的裁判为依据的，可以裁定中止行政诉讼。《最高人民法院关于适用〈中华人民共和国行政诉讼法〉的解释》第 140 条第 2 款规定：人民法院审理行政机关对民事争议所作裁决的案件，一并审理民事争议的，不另行立案。

重要意义。

三、行政调解行为的合法性控制

行政调解作为一种诉讼外纠纷解决方式，它具有依据多样、调解方式灵活、适用范围广、适用时机灵活等特点。正因为具备这些特点，使得行政调解具备效率高、经济性强、可接受程度高的优势，然而，一旦行政调解背离了纠纷解决之目的，这些特点亦会使当事人的合法权益遭受到严重的损害。通过诉讼的方式审查行政调解主体的调解行为违法和不当，是对行政调解行为进行合法性控制的一条重要途径。如同行政裁决行为，我国目前对于行政调解行为的程序同样缺乏系统的法律规定，因此，对于行政调解行为进行合法性控制，尤为重要的一点就是规范行政调解行为的程序。除此之外，建立回访和考核制度也有助于确保行政调解工作的质量。

其一，建立回访和考核制度。回访和考核制度是保障行政调解工作公正、公开原则落实到位的一项措施，定时从调解的案件中抽调已调解完的纠纷对当事人进行回访，以了解调解过程是否规范、调解协议是否履行、对调解有何意见等内容。① 该项制度的落实，不仅可以促进社会矛盾纠纷得到公正调解，有效维护行政机关公正廉洁形象，也是对行政调解工作进行合法性控制的一项举措。在实际工作中，对调解工作不力造成矛盾激化和重大社会影响的情形可依据回访的结果查明情况，以追究有关人员的责任。

其二，对行政调解行为的法律救济。在实践中行政调解行为容易异化为行政命令，出现行政不作为、调解内容违法等情形可能损害当事人的合法权益等问题，所以应将行政调解纳入行政诉讼受案范围，纠纷当事人认为行政调解主体损害了其合法权益时，有权以行政调解主体为被告就行政调解主体的行政调解行为提起行政诉讼、申请行政复议。② 针对行政调解所存在的几种不同的违

---

① 刘莘著：《中国行政法》，中国法制出版社 2016 年版，第 266 页。
② 李文婵：《论行政调解违法的法律救济》，载《中共青岛市委党校·青岛行政学院学报》2016 年第 5 期。

法情形，我们提出与之相应的法律救济途径。

一是异化为行政命令的行政调解。当行政调解异化为行政命令时便失去了行政调解所具备的基本特征，违背了调节本应具备的平等、自愿原则，所达成的"调解协议"完全是按照行政主体自己的意志，虽名为"行政调解协议书"，实则为行政命令。行政调解以自愿为原则，当事人自愿接受调解，并且出于自己的自由意志达成调解协议，达成的调解协议对当事人没有法律约束力，如果当事人对达成的协议后悔的，可以不履行，协议没有强制执行的效力。①而当行政调解异化为行政命令时，行政机关将自己的意志强加于当事人并强制执行造成当事人的合法权益受到损害。此时，当事人可以就该"行政调解"申请行政复议或者是提起行政诉讼。

二是行政调解不作为。此处的行政调解不作为指的是当出现了以下几种情况之一时，而行政机关不进行行政调解或者不告知的：（1）法律法规当中明确规定了相应的情况出现时，行政机关应当进行调解。（2）法律、法规当中明确规定，针对此类纠纷，当事人可以申请行政机关进行行政调解。（3）倘若不适用行政调解将会对纠纷当事人的合法权益造成重大影响时，行政机关应当告知纠纷当事人其有申请行政机关对纠纷进行调解的权利，并且行政机关应依照当事人的申请进行行政调解。一旦行政机关出现行政调解不作为的行为，纠纷当事人可以采用申请行政复议或者提起行政诉讼的方式。

三是调解程序和调解协议内容违法，包括：（1）程序违法。现代国家要求行政机关依法行政，不仅要求行政管理活动在实体上符合法律规定，而且在程序上也应当符合行政程序。②倘若"行政调解协议"是行政机关采用违法的程序所达成的，当事人在履行行政调解协议后发现由于违反法律规定的程序而对自己的合法权益造成了损害的，应当有权对行政机关所主持的行政调解行为申请行政复议或者提起行政诉讼。（2）内容违法。调解协议的内容违法有以

---

① 赵银翠著：《行政过程中的民事纠纷解决机制研究》，法律出版社 2012 年版，第130 页。

② 应松年主编：《行政诉讼法学》，中国政法大学出版社 2011 年版，第 275 页。

下两种处理途径：一是提起行政诉讼。由于行政调解协议内容违法属于《行政诉讼法》第 75 条"重大且明显违法情形"，所以法院应当判决确认行政调解协议无效。① 一旦判决无效，该行政调解协议就自始无效、当然无效、绝对无效。二是申请行政复议。基于我国《行政复议法》当中并未规定确认行政调解协议无效的复议决定类型，因此，当行政调解协议当中存在明显的错误时，若行政调解协议存在可供撤销的内容，则应当作出撤销行政调解协议的决定，倘若行政调解协议不具备可撤销的内容时，则作出确认行政调解协议违法的决定。

四、行政仲裁行为的合法性控制

行政仲裁行为作为一类独立的、行政机关解决纠纷的行政行为，其权力行使同样存在滥用的可能，因此，必须对其进行合法性控制，这里主要介绍对于行政仲裁行为的司法监督。司法监督是确保公民权利能够获得最终司法救济的保障，对行政仲裁行为的司法监督与行政仲裁裁决的效力密切相关。就行政仲裁裁决的效力而言，并非一定要设立统一行政仲裁裁决效力的制度，立法机关可以根据争议事项的具体情况而设定仲裁裁决的不同效力，可以实行一裁终局或者两裁终局的制度，也可以实行一裁两审或两裁两审的制度。② 实行终局裁决的，法院可以通过撤销诉讼以及执行审查的方式对行政仲裁行为进行监督；实行非终局裁决的，法院可以依当事人的申请对案件进行审查，或者通过撤销诉讼或执行审查的方式对行政仲裁行为进行监督。

其一，通过不服审查的方式对行政仲裁进行司法监督。在对行政仲裁进行司法审查时，当事人对行政仲裁不服依法提起诉讼的，应以民事诉讼的方式申请救济，但在具体的制度设计上，又不应简单适用单纯的民事诉讼程序，而是应作为行政仲裁的司法审查程序进行架构。③ 如《劳动争议调解仲裁法》第

---

① 《行政诉讼法》第 75 条规定，行政行为有实施主体不具有行政主体资格或者没有依据等重大且明显违法情形，原告申请确认行政行为无效的，人民法院判决确认无效。

② 例如：《劳动争议调解仲裁法》（2007 年 12 月 29 日）就针对不同的争议事项设定了不同的效力制度。

③ 赵银翠著：《行政过程中的民事纠纷解决机制研究》，法律出版社 2012 年版，第 163 页。

50 条规定，除法律另有规定以外，当事人不服仲裁裁决的可以向人们法院提起诉讼。① 法院在对不服行政仲裁而提起的诉讼进行审查时，无须也不应就民事案件进行重新审理，否则会导致行政仲裁程序被虚置。法院在对行政仲裁进行司法审查时，应当先审查判断行政仲裁裁决决定是否有效，其次再就相关的民事纠纷做出裁判。法院在判断行政仲裁裁决的有效性时，应区分事实问题与法律问题而采用不同的审查标准。对于事实问题，法院应实行有限审查原则，采取实质性证据标准，尊重行政仲裁机关对于案件事实作出的判断，只要行政仲裁机关作出裁决时所采用的证据是合理的，即应尊重行政仲裁机关的事实判断。当然，合理的判断并不是唯一的，只要根据行政仲裁机关所提供的证据材料能够合理地作出相应的事实判断，法院即应承认其合理性，而不应以法院的判断代替仲裁机关的判断，否则将使行政仲裁程序被虚置。对于法律问题，法院则应进行全面审查，法院对于法律问题享有最终的判断权，包括行政仲裁机关是否有权进行仲裁，是否超越了法定的管辖权、是否遵守法定程序、是否滥用职权或者其他违法情形，都取决于法院的最终判断。经审查，法院认为行政仲裁裁决违法或者无效时，应作出宣告无效或者撤销违法裁决的判决，并对民事争议作出判决；经审查，认为行政仲裁裁决合法有效的，则应作出维持原仲裁裁决的判决。

其二，通过撤销诉讼的方式对行政仲裁进行司法监督。当行政机关作出的仲裁裁决为终局裁决或虽非终局裁决却已产生法律效力时，倘若存在法律规定的仲裁裁决无效之情形，应当赋予仲裁裁决的当事人向人民法院申请撤销仲裁裁决之权利。关于仲裁裁决无效的情形可参照《仲裁法》第 58 条②的规定进行准确判断。此外，由于行政仲裁机关在仲裁过程中有权依职权调取证据，如

---

① 参见《劳动争议调解仲裁法》第 59 条。

② 根据《仲裁法》第 58 条规定，导致仲裁裁决无效的情形包括：（1）当事人没有仲裁协议的。（2）裁决的事项不属于仲裁协议的范围或者仲裁委员会无权仲裁的。（3）仲裁庭的组成或者仲裁的程序违反法律规定。（4）裁决所根据的证据是伪造的。（5）双方当事人隐瞒了足以影响公正裁决的证据的。（6）仲裁员在仲裁该案时有索贿受贿，徇私舞弊，枉法裁决行为的。（7）仲裁裁决违背社会公共利益的。

果仲裁机关违法调取证据的，同样也构成行政仲裁裁决无效的理由。

其三，通过执行审查的方式对行政仲裁进行司法监督。行政仲裁裁决具有法律效力。对于生效的行政仲裁裁决，根据《劳动争议调解仲裁法》第51条的规定另一方当事人有权申请人民法院强制执行。① 在强制执行过程中，如果人民法院经审查认为仲裁裁决存在无效的情形，或者被申请人能够证明仲裁裁决无效的，人民法院应裁定不予执行。② 此外，如果人民法院认为执行该裁决违背社会公共利益的，裁定不予执行。

---

① 参见《劳动争议调解仲裁法》第51条。
② 参照《民事诉讼法》第237条的规定：如果被申请人提出证据证明仲裁裁决有下列情形之一的，经人民法院组成合议庭审查核实，裁定不予执行：（1）当事人在合同中没有订有仲裁条款或者事后没有达成书面仲裁协议的。（2）裁决的事项不属于仲裁协议的范围或者仲裁机构无权仲裁的。（3）仲裁庭的组成或者仲裁的程序违反法定程序的。（4）裁决所根据的证据是伪造的。（5）对方当事人向仲裁机构隐瞒了足以影响公正裁决的证据的。（6）仲裁员在仲裁该案时有贪污受贿，徇私舞弊，枉法裁决行为的。

结语：走向行为法治的中国政府

2020 年作为全面建成小康社会的决胜之年，也是基本建成法治政府的关键一年。纵观过去五年。1982 年《宪法》经历了第五次修改，国家行政体制改革稳步推进，监察体制改革初见成效，社会基本矛盾发生变化，社会处在关键的转型时期，因而对中国政府的治理能力和治理体系现代化提出了更高的要求。预计到 2035 年，我国各项制度在已基本建成法治政府的基础上更加完善，届时要基本实现国家治理能力和治理体系的现代化。其中，政府行政行为法治化的规范是法治政府建设的重要标准和评价依据，是实践行政法规和评价行政法规实施效果的标杆。

一、行为法治的两类评价维度：理论逻辑与实践问题

哈贝马斯曾尖锐地指出："如果把有效性要求理解为控制媒介，并把他们和权力、金钱、信任以及影响等放到同一层面上，他们就会失去其通过话语而能够得到兑现的意义。"[1] 放在行为法治的语境下，"法治政府"不能仅停留在话语上，理论再完善，一旦遭遇权力金钱等系统，就容易失去理论上的意义。因此，哈贝马斯进一步指出，"系统论只会承认经验实践以及经验状态属于他的对象领域，因而必定会把有效性问题（Geltungsproblem）转化为行为问题（Verhaltensproblem）"。这将有效性与行为之间直接挂钩，我们在探讨法

---

[1] ［德］哈贝马斯著：《合法化危机》，刘北成译，上海人民出版社 2000 年版，第 8 页。

治政府行为法治时，也是在研究行为背后的有效性、合法性问题，把"行为"当作"行为"，正视它是实践中真正存在的问题，而不是仅仅追求理论上的自治与完备。自休谟以来，人们认识到根据描述命题或陈述命题，不能在逻辑上推出命令命题和价值判断。行政行为的有效性、合法性并不能仅仅通过描述、陈述来体现，这也是用非认知主义态度去处理实践问题的出发点。

二、行为法治的两项正当基础：合法性与合理性

如果合法性信念被视为一种同真理没有联系的经验现象，那么它的外在基础也就只有心理学意义，至于这些基础是否足以稳定住既有的合法化信念，则取决于有关机关的预判机制以及可以观察到的行为倾向。但是如果每一种有效的合法信念都被视为同真理有一种内在联系，那么它的基础就包含着一种合理的有效性要求，这种有效性要求可以在不考虑这些基础的信息作用的情况下接受批判和检验。在第一种"如果"的情况下，只有论证理由的动机功能可以成为研究的对象，这要求法治必须从正面建立规范秩序，并且在法律共同体中，人们必须相信规范秩序的正当性。这样一来，对法治的合法化信念就退缩成一种正当性信念，满足于诉诸正当程序。而仅仅依赖规则的制定者根据系统的合理性所建立起来的立法垄断和执法垄断，显然是不够的，我们所信任的正当程序，本身也受到合法化的压力。而在第二个"如果"中，形式合理性不是正当统治的充分基础，正当化信念本身不具有使自身有效、合法的能力。纯粹基于正当理念作出的政府行为依然可能不合法，而是需要一种建立在价值合理性基础上的普遍共识。必须把两者有机结合起来，才能避免合法化所面临的危机。

三、行为法治的八个维度

本书以政府行为法治作为切入点，结合行政法学理论和原则，具体分析了行政行为法治的创制行为，执法行为，规制行为，公共服务行为，府际合作行为，协同治理行为，内部行为和司法行为八个维度。从不同侧面阐述了政府种种行政行为背后的法治理论，以揭示行政行为如何在法治的轨道上稳定运行，

系统地论述了行为法治理论。

行为法治理论要依托法学理论和当下中国社会现实进行更替和创新。越来越多的学者意识到构建新行政法的重要性，以"行政行为中心论"为基础构建起来的行政法构架难以规范政府的全部行为，诸如公共服务行为、公私合作行为、内部行为等政府行为无法被其评价和衡量，"行政方式中心论"在解释新型政府行为、厘清公私关系、解构政府行为本质上发挥出独特的作用，使政府行为在实践中从"管理"走向"治理"更加融洽。行政行为要素理论、效力理论、类型理论、可诉性理论和裁量性理论使行政过程论得以整体全面动态地被挖掘和研究，通过结合宏观和微观层面的法律评价，得出对行政行为的整体评价。

其一，行政创制行为要牢牢沿着法治轨道运行，建立完备健全的创制行为规制。行政权的合法性和正当性来源于法律的授权，创制行为如同地基，违反了法治原则和法定程序的行政创制行为，后续一切以此为依据的行政行为都失去了存在的合法基础。通过行政创制行为所制定的行政法规、规章、规划、决策等具有普遍约束力和强制执行力，因此，应当加强对行政创制行为的合法性控制，防止不当或者违法行为，及时对其进行撤销、纠正，保障公民、组织的合法权益。现行主要有立法审查，司法附带审查，人大监督，决策控制几种方式，未来还应当建立更加科学的创制行为规范，拓展合法性控制的渠道和措施。

其二，行政执法行为应当是多元的、弹性的、有层次的。在建设服务性政府、人性化执法的现代法治政府中，要坚持比例原则，应在其所追求的目的和为追求该目的所采取的手段给私人的权利与利益所造成的损害之间进行适当的平衡，要做到适当、必要。行政监督检查和行政处理决定作为行政执法的两大形式，对于不同层次的执法要采取不同的方式，通过公示、执法全纪录和合法性审核三项制度规范行政执法行为，通过行政复议和行政诉讼来保障最容易产生纠纷的行政执法行为的合法性和正当性。

其三，政府规制行为以增进社会利益为前提，以实现社会公平为目的。政府以经济规制、社会规制和行政规制三类对经济进行干预，实质上是规制者与被规制者，即规制机构、企业和消费者之间相互博弈的过程，三者之间通过直接或间接的互动关系，基本实现整体上的平衡。政府规制与传统的政府职能不同，因此要保障政府规制的透明化，制定和完善公众参与程序，建立司法监督制度和强化规制机构的内部制衡和自我约束机制，以实现社会整体的公平。

其四，公共服务行为要推进基本公共服务均等化，充分发展多种形式的公共服务。通过公共服务市场化和政府购买公共服务，保障基本公共服务发展均衡、充分，破解公共服务资源稀缺，公共服务监督范围过窄等问题。增强引导公民参与和疏通表达渠道，完善和强化公共服务公约的实施和执行，真正体现出政府为人民谋利、为社会增利。

其五，府际合作要扩大合作领域，完善纠纷解决机制。构建多层次的府际合作，跨省跨市、多省市范围的合作逐步扩大，基层政府之间的合作也逐渐在摸索和落实。由于府际合作通过协商建立，以利益为导向，因此府际合作纠纷解决机制的完善，应该以充分利用既有制度资源为前提。通过权力机关解决模式、行政机关解决模式以及司法机关解决模式，有必要充分利用既有制度，建立健全科学有效的府际合作纠纷解决机制。

其六，协同治理探索兼顾公私利益的行为模式，构建多元争端解决机制。简单地适用民事争端解决机制抑或行政争端解决机制，无法恰当地解决协同治理项目协议之争端。以合理科学的协同治理理论指导实践展开，对提高现行政府管理效率和减轻财政负担，改变行政机构不断扩充人员增加、财政不堪重负、行政效率低下的现状具有重要意义，最终实现公私协同治理的善治效果。

其七，行政内部行为作出要更加透明，注重权利救济。内部行为的作出要有明确的依据并且要尽可能公开透明，基于"行政内部行为"外部化而认为其具有可诉性、可复议性的理论发展，因此内部行为通过行政诉讼和行政复议可能得到救济。除此之外，发展和完善"行政检察"制度，将其作为解决内部行为争议的第三条路，为规范行政内部行为提供了另一种救济思路和途径。

其八，行政司法行为要更加公正高效。行政司法行为兼具行政与司法双重属性，既具有行政行为的行政管理职能，同时也具有司法行为的裁决纠纷的职能。在行政司法行为的实施过程中，要保证其公正、准确行使行政司法权，不产生权力滥用，避免对公民、法人或其他组织的合法权益造成二次伤害，要针对复议、裁决、调解和仲裁的行政司法行为分类规范以及合法性控制。

规范的政府行为促成行为法治，法治政府建设也就更加完善。过去的五年，中国政府在行为法治的道路上走得越来越坚实，构建起行为法治的制度自信和道路自信，如果在上述几个维度上更加注重政府行为规范，着重保护和平衡相对人的合法利益，那么未来必将会实现国家治理体系和治理能力的现代化。

参 考 文 献

一、译著类

[1] [澳] 休·史卓顿、莱昂内尔·奥查德著：《公共物品、公共企业和公共选择——对政府功能的批评与反批评的理论纷争》，费昭辉等译，经济科学出版社 2001 年版。

[2] [德] 奥托·迈耶著：《行政法》，高家伟、刘飞译，商务印书馆 2002 年版。

[3] [德] 哈特穆特·毛雷尔著：《行政法学总论》，高家伟译，法律出版社 2000 年版。

[4] [德] 黑格尔著：《法哲学原理》，范扬等译，商务印书馆 1982 年版。

[5] [德] 卡尔·拉伦茨著：《法学方法论》，陈爱娥译，商务印书馆 2003 年版。

[6] [德] 马克思，恩格斯著：《马克思恩格斯全集》，人民出版社 1963 年版。

[7] [俄] 维诺库罗夫著：《检察监督》，刘向文译，中国检察出版社 2009 年版。

[8] [法] 莱昂·狄骥著：《宪法论》，钱克新译，商务印书馆 1962 年版。

[9] [法] 孟德斯鸠著：《论法的精神》，张雁生译，商务印书馆 1982 年版。

[10] [法] 皮埃尔·布迪厄、[美] 华康德著：《实践与反思——反思社会学导引》，李猛等译，中央编译出版社 1998 年版。

[11] [美] 拜尔、格特纳、皮克著：《法律的博弈分析》，严旭阳译，法律出版社 1999 年版。

[12] [美] 布坎南著：《自由、市场和国家》，北京经济学院出版社 1988 年版。

[13] ［美］达霖·格里姆赛、莫文·K. 刘易斯著：《公私合作伙伴关系：基础设施供给和项目融资的全球革命》，济邦咨询公司译，中国人民大学出版社2008年版。

[14] ［美］丹尼尔·F. 史普博著：《管制与市场》，余晖等译，上海人民出版社、上海三联书店1999年版。

[15] ［美］德沃金著：《法律帝国》，李常青译，中国大百科全书出版社1996年版。

[16] ［美］戈尔丁著：《法律哲学》，齐海滨译，三联书店1987年版。

[17] ［美］格尔哈斯·伦斯基著：《权力与特权——社会分层理论》，浙江人民出版社1998年版。

[18] ［美］哈罗德·J. 伯尔曼著：《法律与宗教》，梁治平译，三联书店1991年版。

[19] ［美］汉密尔顿、杰伊、麦迪孙著：《联邦党人文集》，程逢如、在汉、舒逊译，商务印书馆1980年版。

[20] ［美］科斯著：《企业、市场与法律》，盛洪等译，上海三联书店1990年版。

[21] ［美］迈克尔·D. 贝勒斯著：《法律的原则》，张文显等译，中国大百科全书出版社1996年版。

[22] ［美］欧内斯特·盖尔霍思，罗纳德·利文著：《行政法和行政程序概要》，黄列译，中国社会科学出版社1996年版。

[23] ［美］詹姆斯·W. 费斯勒、唐纳德·F. 凯特尔著：《行政过程的政治——公共行政学新论》，陈振明、朱芳芳等校译，中国人民大学出版社2002年版。

[24] ［美］珍妮·V. 登哈特、罗伯特·B. 登哈特著：《新公共服务》，中国人民大学出版社2004年版。

[25] ［美］朱迪·弗里曼著：《合作治理与新行政法》，毕洪海、陈标冲译，商务印书馆2010年版。

[26] ［日］美浓部达吉著：《论特别权力关系之批判》，罗明通译，载《宪政

思潮》1983 年第 61 期。

［27］［日］室井力主编：《日本现代行政法》，吴徽译，中国政法大学出版社
1995 年版。

［28］［日］盐野宏著：《行政法总论》，杨建顺译，北京大学出版社 2008 年
版。

［29］［希］亚里士多德著：《政治学》，商务印书馆 1965 年版。

［30］［印］M. P. 赛夫著：《德国行政法——普通法的分析》，周伟译，山东
人民出版社 2006 年版。

［31］［英］J. S. 密尔著：《代议制政府》，汪瑄译，商务印书馆 1984 年版。

［32］［英］M. J. C. 维尔著：《宪政与分权》，苏力译，三联书店 1997 年版。

［33］［英］边沁著：《政府片论》，沈叔平等译，商务印书馆 1996 年版。

［34］［英］哈肯著：《协同学：大自然构成的奥秘》，上海译文出版社 2005 年
版。

［35］［英］哈罗德·拉斯基著：《国家的理论与实际》，王造时译，商务印书
馆 1959 年版。

［36］［英］卡罗尔·哈洛、理查德·罗林斯著：《法律与行政》，杨伟东等译，
商务印书馆 2004 年版。

［37］［英］洛克著：《政府论》（下），叶启芳、翟菊农译，商务印书馆 1964
年版。

［38］［英］马丁·洛克林著：《公法与政治理论》，郑戈译，商务印书馆 2002
年版。

［39］［英］威廉·韦德著：《行政法》，徐炳等译，中国大百科全书出版社
1997 年版。

［40］［英］亚当·斯密著：《国民财富的性质和原因的研究》（下卷），郭大
力、王亚南译，商务印书馆 1974 年版。

二、专著类

［1］毕可志著：《论行政救济》，北京大学出版社 2005 年版。

［2］ 曹胜亮、刘权主编：《行政法与行政诉讼法》，武汉大学出版社 2015 年版。

［3］ 陈广胜著：《走向善治中国地方政府的模式创新》，浙江大学出版社 2007 年版。

［4］ 陈新民著：《德国公法学基础理论》，山东人民出版社 2001 年版。

［5］ 陈新民著：《行政法学总论》，台湾三民书局 1997 年版。

［6］ 陈振明著：《公共服务导论》，北京大学出版社 2001 年版。

［7］ 城仲模主编：《行政法之一般法律原则》，台湾三民书局 1997 年版。

［8］ 董炯著：《国家、公民与行政法——一个国家—社会的角度》，北京大学出版社 2001 年版。

［9］ 范愉著：《非诉讼纠纷解决机制研究》，中国人民大学出版社 2000 年版。

［10］ 费孝通著：《神兽之间》，北京大学社会学所资料室 1991 年版。

［11］ 高志宏著：《公共利益界定、实现及规制》，东南大学出版社 2015 年版。

［12］ 郜风涛主编：《行政复议法教程》，中国法制出版社 2011 年版。

［13］ 关保英著：《行政法的价值定位——效率、程序及其和谐》，中国政法大学出版社 1997 年版。

［14］ 关保英著：《行政法时代精神之解构》，北京大学出版社 2017 年版。

［15］ 关保英主编：《法治政府概论》，中国法制出版社 2018 年版。

［16］ 韩春晖著：《现代公法救济机制的整合》，北京大学出版社 2009 年版。

［17］ 何勤华主编：《法律文明史第 13 卷现代公法的变革上》，商务印书馆 2017 年版。

［18］ 何渊著：《区域行政协议研究》，法律出版社 2009 年版。

［19］ 刘宁宁、王焱、贺志方编：《市场逻辑与国家观念》，生活·读书·新知三联书店 1995 年版。

［20］ 胡建淼、江利红著：《行政法学》，中国人民大学出版社 2018 年版。

［21］ 胡铭著：《我国公共产品供给的多元化与元均等化研究》，武汉出版社 2011 年版。

［22］ 季卫东著：《法治秩序的建构》，中国政法大学出版社 1999 年版。

[23] 江必新主编：《中国行政诉讼制度的完善》，法律出版社 2005 年版。

[24] 江国华、梅杨著：《重大行政决策程序法学研究》，中国政法大学出版社 2018 年版。

[25] 江国华编著：《中国行政法（总论）》，武汉大学出版社 2012 版。

[26] 姜明安编著：《行政程序研究》，北京大学出版社 2006 年版。

[27] 姜明安编：《行政法与行政诉讼法》，北京大学出版社、高等教育出版社 2019 年版；

[28] 李建良、陈爱娥、陈春生、林三钦、林合民、黄启祯著：《行政法入门》，台湾元照出版公司 2004 年修订版。

[29] 李龙主编：《西方法学经典命题》，江西人民出版社 2006 年版。

[30] 林尚立著：《国内政府间关系》，浙江人民出版社 1998 年版。

[31] 刘莘著：《中国行政法》，中国法制出版社 2016 年版。

[32] 刘学之著：《基本公共服务均等化问题研究》，华夏出版社 2008 年版。

[33] 刘玉姿著：《政府购买公共服务立法研究》，厦门大学出版社 2016 年版。

[34] 刘志昌著：《国家治理与公共服务现代化》，浙江人民出版社 2018 年版。

[35] 罗传贤著：《行政程序法基础理论》，台湾五南图书出版公司 1993 年版。

[36] 罗豪才、湛中乐主编：《行政法学》，北京大学出版社 2016 年版。

[37] 罗豪才主编：《行政法学》，中国政法大学出版社 1999 年版。

[38] 马怀德主编：《行政法学》，中国政法大学出版社 2009 年版。

[39] 马怀德主编：《行政法与行政诉讼法》，中国法制出版社 2000 年版。

[40] 马怀德主编：《行政诉讼原理》，法律出版社 2009 年版。

[41] 莫于川主编：《行政法与行政诉讼法》，中国人民大学出版社 2012 年版。

[42] 潘伟杰著：《制度、制度变迁与政府规制研究》，上海三联书店 2005 年版。

[43] 施昌奎、孙天法、鄢圣文等著：《政府购买服务与事业单位改革研究》，中国经济出版社 2016 年版。

[44] 石佑启、杨勇萍编：《行政复议法新论》，北京大学出版社 2007 年版。

[45] 石佑启著：《论公共行政与行政法学范式转换》，北京大学出版社 2003

年版。

[46] 石佑启著：《区域经济一体化中府际合作的法律问题研究》，经济科学出版社 2018 年版。

[47] 宋功德著：《行政法的均衡之约》，北京大学出版社 2004 年版。

[48] 宋惠玲主编：《行政法概论》，吉林大学出版社 2008 年版。

[49] 苏力著：《制度是如何形成的》，中山大学出版社 1999 年版。

[50] 苏晓红著：《我国政府规制体系改革问题研究》，中国社会科学出版社 2017 年版。

[51] 王贵松著：《行政裁量的构造与审查》，中国人民大学出版社 2016 年版。

[52] 王建新著：《英国行政裁判所制度研究》，中国法制出版社 2015 年版。

[53] 王剑荣著：《现代科技公共服务模式创新研究》，浙江大学出版社 2017 年版。

[54] 王景斌、蔡敏峰主编：《行政法原理》，北京大学出版社 2016 年版。

[55] 王乐夫、蔡立辉主编：《公共管理学》，中国人民大学出版社 2008 年版。

[56] 王珉灿主编：《行政法概要》，法律出版社 1983 年版。

[57] 王名扬著：《美国行政法》，中国法制出版社 1995 年版。

[58] 王名扬著：《王名扬全集：英国行政法、比较行政法》，北京大学出版社 2016 年版。

[59] 王名扬著：《王名扬全集：法国行政法》，北京大学出版社 2016 年版。

[60] 王希著：《原则与妥协：美国宪法的精神与实践》，北京大学出版社 2000 年版。

[61] 王小红著：《行政裁决制度研究》，知识产权出版社 2010 年版。

[62] 王学辉主编：《行政法学论点要览》，法律出版社 2001 年版。

[63] 王岳含著：《财政分权体制下的城乡基本公共服务均等化研究》，中国经济出版社 2016 年版。

[64] 王增忠主编：《公私合作制（PPP）的理论与实践》，同济大学出版社 2015 年版。

[65] 王周户、徐文星主编：《现代政府与行政裁量权》，法律出版社 2010

年版。

［66］王周户主编：《行政法学》，中国政法大学出版社 2011 年版。

［67］文正邦主编：《法治政府建构论》，法律出版社 2002 年版。

［68］翁岳生著：《行政法》，中国法制出版社 2002 年版。

［69］翁岳生著：《行政法与现代法治国家》，台湾祥新印刷有限公司 1979 年版。

［70］吴爱明主编：《公共管理学》，武汉大学出版社 2012 年版。

［71］吴庚著：《行政争讼法论》，台湾三民书局 1999 年版。

［72］伍启元著：《公共政策》，商务印书馆（香港）有限公司 1989 年版。

［73］肖北庚、王伟著：《行政决策法治化研究》，法律出版社 2015 年版。

［74］肖北庚主编：《行政法与行政诉讼法学》，湖南人民出版社 2008 年版。

［75］谢地主编：《政府规制经济学》，高等教育出版社 2003 年版。

［76］熊文钊著：《现代行政法原理》，法律出版社 2000 年版。

［77］徐学东著：《中国行政法论纲》，法律出版社 2008 年版。

［78］薛刚凌著：《行政法治道路探寻》，中国法制出版社 2006 年版。

［79］鄢圣文著：《非基本公共服务市场化供给研究》，中国经济出版社 2015 年版。

［80］杨登峰主编：《行政法与行政诉讼法》，武汉大学出版社 2010 年版。

［81］杨东伟著：《行政行为司法审查的强度研究》，中国人民大学出版社 2003 年版。

［82］杨海坤，章志远著：《中国行政法基本理论研究》，北京大学出版社 2004 年版。

［83］杨海坤主编：《行政法与行政诉讼法》，法律出版社 1992 年版。

［84］杨宏山著：《府际关系论》，中国社会科学出版社 2005 年版。

［85］杨建顺著：《日本行政法通论》，中国法制出版社 1998 年版。

［86］杨解君著：《行政法的创制与适用》，清华大学出版社 2009 年版。

［87］杨解君著：《行政法学》，中国方正出版社 2002 年版。

［88］杨临宏著：《行政法学新领域问题研究》，云南大学出版社 2006 年版。

［89］杨临宏著：《中国行政诉讼的制度缺失及完善问题研究》，云南大学出版社 2010 年版。

［90］杨仁寿著：《法学方法论》，中国政法大学出版社 1999 年版。

［91］杨小军著：《行政机关作为职责与不作为行为法律研究》，国家行政学院出版社 2013 年版。

［92］杨小军著：《我国行政复议制度研究》，法律出版社 2002 年版。

［93］杨小军著：《我国行政诉讼范围的理论研究》，西安交通大学出版社 1998 年版。

［94］杨寅著：《中国行政程序法治化——法理学与法文化的分析》，中国政法大学出版社 2001 年版。

［95］杨寅：《行政决策程序、监督与责任制度》，中国法制出版社 2011 年版。

［96］叶必丰、何渊、李煜兴、徐健等著：《行政协议：区域政府间合作机制研究》，法律出版社 2010 年版。

［97］叶必丰、周佑勇著：《行政规范研究》，法律出版社 2002 年版。

［98］叶必丰著：《行政法学》，武汉大学出版社 2003 年版。

［99］叶必丰著：《行政法与行政诉讼法》，武汉大学出版社 2008 年版。

［100］叶必丰著：《行政行为原理》，商务印书馆 2014 年版。

［101］应松年、刘莘主编：《行政复议法讲话》，中国方正出版社 1999 年版。

［102］应松年、袁曙宏主编：《走向法治政府：依法行政理论研究与实证调查》，法律出版社 2001 年版。

［103］应松年著：《行政程序法》，法律出版社 2009 年版。

［104］应松年著：《行政法与行政诉讼法学》，法律出版社 2009 年版。

［105］应松年主编：《当代中国行政法》，人民出版社 2018 年版。

［106］应松年主编：《行政行为法》，人民出版社 1993 年版。

［107］应松年主编：《外国行政程序法汇编》，中国法制出版社 2004 年版。

［108］余斌编著：《公共经济学》，武汉大学出版社 2017 年版。

［109］余凌云著：《行政法讲义》，清华大学出版社 2010 年版。

［110］余凌云著：《行政自由裁量论》，中国人民公安大学出版社 2005 年版。

［111］俞可平著：《论国家治理现代化》，社会科学文献出版社 2015 年版。

［112］俞可平主编：《治理与善治》，社会科学文献出版社 2000 年版。

［113］袁曙宏、宋功德著：《WTO 与行政法》，北京大学出版社 2002 年版。

［114］湛中乐等著：《行政调解、和解制度研究》，法律出版社 2009 年版。

［115］张光杰主编：《中国法律概论》，复旦大学出版社 2005 年版。

［116］张焕光、胡建淼著：《行政法学原理》，劳动人事出版社 1989 年版。

［117］张康之、刘柏志主编：《行政伦理学教程》，中国传媒大学出版社 2006 年版。

［118］张千帆、赵娟、黄建军著：《比较行政法——体系、制度与过程》，法律出版社 2008 年版。

［119］张尚鷟主编：《走出低谷的中国行政法学——中国行政法学综述与评价》，中国政法大学出版社 1991 年版。

［120］张树义著：《冲突与选择——行政诉讼的理论与实践》，时事出版社 1992 年版。

［121］张文显主编：《法理学》，法律出版社 2004 年版。

［122］张载宇著：《行政法要论》，台北汉林出版社 1986 年版。

［123］张兆成著：《行政法律行为论纲》，人民出版社 2013 年版。

［124］张正钊、韩大元主编：《比较行政法》，中国人民大学出版社 1998 年版。

［125］张正钊主编：《行政法与行政诉讼法》，中国人民公安大学出版社 1999 年版。

［126］章剑生著：《现代行政法专题》，清华大学出版社 2014 年版。

［127］章志远著：《行政法学总论》，北京大学出版社 2018 年版。

［128］赵永茂、孙同文、江大树编：《府际关系》，台湾元照出版公司 2001 年版。

［129］郑传坤主编：《行政法学》，法律出版社 2007 年版。

［130］郑春燕著：《现代行政中的裁量及其规制》，法律出版社 2015 年版。

［131］周汉华著：《政府监管与行政法》，北京大学出版社 2007 年版。

［132］周佑勇主编：《行政法学》，武汉大学出版社 2009 年版。

［133］周自强著：《准公共物品供给理论分析》，南开大学出版社 2011 年版。

［134］朱维究、王成栋主编：《一般行政法原理》，高等教育出版社 2005 年版。

［135］朱新力、唐明良等著：《行政法基础理论改革的基本图谱："合法性"与"最佳性"二维架构的展开路径》，法律出版社 2013 年版。

［136］朱新力、唐明良、李春燕著：《行政法学》，中国社会科学出版社 2014 年版。

三、期刊类

［1］薄贵利：《建设服务型政府的战略与路径》，载《国家行政学院学报》2014 年第 5 期。

［2］陈海威、田侃：《我国基本公共服务均等化问题探讨》，载《中州学刊》2007 年第 3 期。

［3］陈剩勇、马斌：《区域间政府合作：区域经济一体化的路径选择》，载《政治学研究》2004 年第 1 期。

［4］陈卫东：《我国检察权的反思与重构》，载《法学研究》2002 年第 2 期。

［5］陈振明：《非市场缺陷的政治经济学分析——公共选择和政策分析学者的政府失败论》，载《中国社会科学》1998 年第 6 期。

［6］程明修：《经济行政法中"公私协力"行为形式的发展》，载《月旦法学杂志》2000 年第 6 期。

［7］丁元竹：《促进我国基本公共服务均等化的基本对策》，载《中国经贸导刊》2008 年第 5 期。

［8］董丽：《基本公共服务质量评价问题研究》，载《吉林大学》2015 年第 6 期。

［9］范伟：《行政黑名单制度的法律属性及其控制——基于行政过程论视角的分析》，载《政治与法律》2018 年 9 期。

［10］方军：《我国法治政府建设评估机制的构建与完善》，载《中国法律评

论》2017 年第 4 期。

［11］方世荣：《论我国行政诉讼受案范围的局限性及其改进》，载《行政法学研究》2012 年第 2 期。

［12］付子堂：《习近平总书记全面依法治国新理念新思想新战略：发展脉络、核心要义和时代意义》，载《中国法学》2019 年第 6 期。

［13］高若敏：《谈行政规章以下行政规范性文件的效力》，载《法学研究》1993 年第 3 期。

［14］葛松：《行政诉讼受案范围的发展与问题》，载《黑龙江政法干部学院学报》2017 年第 3 期。

［15］耿玉娟：《规范性文件附带审查规则的程序设计》，载《法学评论》2017 年第 5 期。

［16］郭小聪、代凯：《国内近五年基本公共服务均等化研究：综述与评估》，载《中国人民大学学报》2013 年第 1 期。

［17］韩宁：《行政协议研究之现状与转向》，载《法治研究》2019 年第 6 期。

［18］侯学勇：《融贯性的概念分析：与一致性相比较》，载《法律方法》2009 年第 2 期。

［19］胡志平：《公共服务均等化与国家治理转型的"三维"匹配》，载《探索》2016 年第 3 期。

［20］黄学贤、周春华：《行政协助概念评析与重塑》，载《法治论丛》2007 年第 3 期等。

［21］黄学贤：《行政法中的比例原则研究》，载《法律科学》2001 年第 1 期。

［22］江必新：《〈行政诉讼法〉与抽象行政行为》，载《行政法学研究》2009 年第 3 期。

［23］江必新：《行政程序正当性的司法审查》，载《中国社会科学》2012 年第 7 期。

［24］江国华、梅杨：《行政决策法学论纲》，载《法学论坛》2018 年第 2 期。

［25］江国华、周海源：《论行政法规之审查基准》，载《南都学坛》2010 年第 5 期。

［26］江国华：《PPP 模式中的公共利益保护》，载《政法论丛》2018 年第
6 期。

［27］江国华：《从行政行为到行政方式：中国行政法学立论中心的挪移》，载
《当代法学》2015 年第 4 期。

［28］江国华：《行政立法的合法性审查探析》，载《武汉大学学报（哲学社会
科学版）》2007 年第 5 期。

［29］江国华：《行政转型与行政法学的回应型变迁》，载《中国社会科学》
2016 年第 11 期。

［30］江国华：《司法规律层次论》，载《中国法学》2016 年第 1 期。

［31］江利红：《日本行政法政策论考察》，载《法治论丛》2010 年第 25 卷第
4 期。

［32］江利红：《以行政过程为中心重构行政法学理论体系》，载《法学》2012
年第 3 期。

［33］江玉桥、梅扬：《行政任务外包的正当性及相关纠纷解决》，载《中州学
刊》2014 年第 4 期

［34］姜明安：《21 世纪中外行政程序法发展述评》，载《比较法研究》2019
年第 6 期。

［35］姜明安：《行政法的基本原则》，载《中外法学》1989 年第 1 期。

［36］姜明安：《界定"公共利益"完善法律规范》，载《法制日报》2004 年
7 月 1 日。

［37］解志勇：《预防性行政诉讼》，载《法学研究》2010 年第 4 期。

［38］金伟峰：《我国无效行政行为制度的现状、问题与建构》，载《中国法
学》2005 年第 1 期。

［39］李建良：《行政处分 2.0：法治国家的制度工具与秩序理念》（上），载
《月旦法学杂志》2018 年第 277 期。

［40］梁慧星：《论法律解释方法》，载《比较法研究》1993 年第 1 期。

［41］梁君瑜：《论行政纠纷可诉性》，载《北方法学》2019 年第 6 期。

［42］廖腾琼、李乐平：《行政检察监督权研究》，载《中国检察官》2008 年

第 5 期。

[43] 林广华：《行政司法刍议》，载《法学论坛》1995 年第 3 期。

[44] 林鸿潮：《重大行政决策责任追究事由的偏离和矫正——以决策中对社会稳定风险的控制为中心》，载《行政法学研究》2019 年第 6 期。

[45] 刘尚希：《基本公共服务均等化：现实要求和政策路径》，载《浙江经济》2007 年第 13 期。

[46] 刘祖云：《权责统一——行政的理论逻辑》，载《行政与法》2003 年第 10 期。

[47] 柳经纬：《从权利救济看我国法律体系的缺陷》，载《比较法研究》2014 年第 5 期。

[48] 罗豪才等《现代行政法学与制约、激励机制》，载《中国法学》2000 年第 3 期。

[49] 孟鸿志：《行政规划裁量与法律规制模式的选择》，载《法学论坛》2009 年第 5 期。

[50] 苗红培：《多元主体合作供给：基本公共服务供给侧改革的路径》，载《山东大学学报》2019 年第 7 期。

[51] 莫于川：《非权力性行政方式及其法治问题研究》，载《中国人民大学学报》2000 年第 2 期。

[52] 欧爱民、谢雄军：《不当联结之禁止原则及其适用方案》，载《湖南师范大学社会科学学报》2008 年第 5 期。

[53] 沈福俊：《司法解释中行政协议定义论析——以改造"法定职责范围内"的表述为中心》，载《法学》2017 年第 10 期。

[54] 沈岿：《论行政法上的效能原则》，载《清华法学》2019 年第 4 期。

[55] 沈荣华：《公共服务市场化反思》，载《苏州大学学报（哲学社会科学版）》2016 年第 1 期。

[56] 沈志荣、沈荣华：《公共服务市场化：政府与市场关系再思考》，载《中国行政管理》2016 年第 3 期。

[57] 束赟：《现代官僚制的经济性和工具性——马克斯·韦伯的现代官僚制

理论及启示》，载《行政与法》2014 年第 6 期。

［58］宋世明：《美国政府公共服务市场化的基本经验教训》，载《国家行政学院学报》2016 年第 4 期。

［59］孙彩红：《基本公共服务结构性分析与供给侧改革路径》，载《云南社会科学》2019 年第 1 期。

［60］孙德超：《推进基本公共服务均等化的基本原则——事权与财权财力相匹配》，载《教学与研究》2012 年第 3 期。

［61］孙笑侠、冯建鹏：《监督，能否与法治兼容——从法治立场来反思监督制度》，载《中国法学》2005 年第 4 期。

［62］唐钧：《"公共服务均等化"保障 6 种基本权利》，载《时事报告》2006 年第 6 期。

［63］田发、周琛影：《基本公共服务均等化：一个财政体制变迁的分析框架》，载《社会科学》2010 年第 2 期。

［64］王冰、杨虎涛：《论正外部性内在化的途径与绩效——庇古和科斯的正外部性内在化理论比较》，载《东南学术》2002 年第 6 期。

［65］王春业：《论政府协议法制化——经济区立法协作的新尝试》，载《公法研究》2011 年第 1 期。

［66］王贵松：《论行政法原则的司法适用——以诚实信用和信赖保护原则为例》，载《行政法学研究》2007 年第 1 期。

［67］王敬波：《相对集中行政处罚权改革研究》，载《中国法学》2015 年第 4 期。

［68］王锴：《论行政事实行为的界定》，载《法学家》2018 年第 4 期。

［69］王麟：《行政协助论纲——兼评〈中华人民共和国行政程序法（试拟稿）〉的相关规定》，载《法商研究》2006 年第 1 期。

［70］王青斌：《公共治理下的行政执法权配置——以控烟执法为例》，载《当代法学》2014 年第 4 期。

［71］王琼、张宏：《面对概念冲突的行政行为》，载《国家行政学院学报》2003 年第 3 期。

[72] 王胜利、郑磊：《行政协议纠纷的可复议性及其审理规则》，载《齐齐哈尔大学学报（哲学社会科学版）》2019 年第 9 期。

[73] 王天华：《裁量标准基本理论问题刍议》，载《浙江学刊》2006 年第 6 期。

[74] 王锡锌：《规则、合意与治理——行政过程中 ADR 适用的可能性与妥协性研究》，载《法商研究》2003 年第 5 期。

[75] 王锡锌：《自由裁量基准：技术的创新还是误用》，载《法学研究》2008 年第 5 期。

[76] 王柱国：《人事行政行为司法救济初探》，载《行政与法》2001 年第 3 期。

[77] 文正邦：《论行政司法行为》，载《政法论丛》1997 年第 1 期。

[78] 翁士洪：《从补缺式模式到定制式模式：非营利组织参与公共服务供给体制的战略转型》，载《行政论坛》2017 年第 9 期。

[79] 吴鹏：《行政联合执法应纳入法治的轨道》，载《云南大学学报（法学版）》2008 年第 6 期。

[80] 吴素雄、陈字、吴艳：《社区社会组织提供公共服务的治理逻辑与结构》，载《中国行政管理》2015 年第 2 期。

[81] 吴万德：《德日两国特别权力关系理论之探讨》，载《政法论坛》2001 年第 5 期。

[82] 肖金明：《论检察权能及其转型》，载《法学论坛》2009 年第 6 期。

[83] 谢地：《我国政府规制体制改革及政策选择》，载《吉林大学社会科学学报》2003 年第 3 期。

[84] 谢庆奎：《中国政府的府际关系研究》，载《北京大学学报（哲学社会科学版）》2000 年第 1 期。

[85] 熊樟林：《行政处罚上的空白要件及其补充规则》，载《法学研究》2012 年第 6 期。

[86] 徐勇：《治理转型与竞争——合作主义》，载《开放时代》2001 年第 7 期。

［87］ 许元宪：《浅议我国行政规划的制定程序》，载《延边大学学报（社会科学版）》2009 年第 5 期。

［88］ 薛刚凌：《行政法发展模式之检讨与重构》，载《公民与法》2006 年第 3 期。

［89］ 薛刚凌：《论府际关系的法律调整》，载《中国法学》2005 年第 5 期。

［90］ 闫尔宝：《行政法诚信原则的内涵分析——以民法诚信原则为参照》，载《行政法学研究》2007 年第 1 期。

［91］ 闫尔宝：《行政协议诉讼法定化的意义检讨》，载《学术论坛》2019 年第 5 期。

［92］ 阳晓伟、杨春学：《"公地悲剧"与"反公地悲剧"的比较研究》，《浙江社会科学》2019 年第 3 期。

［93］ 杨海坤、李兵：《建立健全科学民主行政决策的法律机制》，载《法律与政治》2006 年第 3 期。

［94］ 杨海坤：《非行政立法的抽象行政行为》，载《法学杂志》1991 年第 5 期。

［95］ 杨建顺：《行政裁量的运作及其监督》，载《法学研究》2004 年第 1 期。

［96］ 杨建顺：《正确理解和适用信赖保护原则》，载《检察日报》2018 年 2 月 7 日。

［97］ 杨解君：《抽象行政行为与具体行政行为质疑》，载《中央政法管理干部学院学报》1995 年第 1 期。

［98］ 杨临宏：《特别权力关系理论研究》，载《法学论坛》2001 年第 4 期。

［99］ 杨伟东：《行政诉讼架构分析——行政行为中心主义安排的反思》，载《华东政法大学学报》2012 年第 2 期。

［100］ 杨宜勇、邢伟：《公共服务体系的供给侧改革研究》，载《人民论坛》2016 年第 1 期。

［101］ 杨治坤：《府际合作纠纷解决的制度检视与完善路径》，载《江海学刊》2017 年第 4 期。

［102］ 叶必丰：《具体行政行为的法律效果要件》，载《东方法学》2013 年 4 月。

[103] 叶响裙：《基于政府购买公共服务实践的思考》，载《政府改革与创新》2013 年第 2 期。

[104] 尹建国：《行政法中的不确定法律概念释义》，载《法学论坛》2009 年第 1 期。

[105] 应松年：《依法行政论纲》，载《中国法学》1997 年第 1 期。

[106] 余晖：《论行政体制改革中的政府监管》，载《江海学刊》2004 年第 1 期。

[107] 余军、张文：《行政规范性文件司法审查权的实效性考察》，载《法学研究》2016 年第 2 期。

[108] 余凌云：《游走在规范与僵化之间——对金华市行政裁量基准实践的思考》，载《清华法学》2008 年第 3 期。

[109] 余少祥：《论公共利益的行政保护——法律原理与法律方法》，载《环球法律评论》2008 年第 3 期。

[110] 俞可平：《全球治理引论》，载《马克思主义与现实》2002 年第 1 期。

[111] 郁建兴、秦上人：《论基本公共服务的标准化》，载《中国行政管理》2015 年第 4 期。

[112] 袁曙宏、韩春晖：《社会转型时期法治发展规律研究》，载《法学研究》2006 年第 4 期。

[113] 湛中乐：《论行政法规、行政规章以下其他规范性文件》，载《中国法学》1992 年第 2 期。

[114] 张冬阳：《假象行政行为的界定和权利救济》，载《行政法学研究》2019 年第 4 期。

[115] 张坤世：《论行政法上的责任行政原则》，载《广东行政学院学报》2005 年第 17 卷第 5 期。

[116] 张守文：《PPP 的公共性及其经济法解析》，载《法学》2015 年第 11 期。

[117] 张淑芳：《规章以下行政规范性文件调整对象》，载《东方法学》2009 年第 6 期。

［118］张显伟：《府际权限争议权力机关解决及机制建构》，载《学术探索》2013年第4期。

［119］张新文、张国磊：《行政人员客观责任与主观责任的权衡——兼评特里·L.库伯的〈行政伦理学：实现行政责任的途径〉》，载《长白学刊》2015年第3期。

［120］张旭：《行政协议争议可复议问题研究》，载《上海公安学院学报》2019年第5期。

［121］章剑生：《反思与超越：中国行政主体理论批判》，载《北方法学》2008年第6期。

［122］章剑生：《有关行政诉讼受案范围的几个理论问题探析》，载《中国法学》1998年第2期。

［123］章志远：《行政行为概念重构之尝试》，载《行政法学研究》2001年第1期。

［124］赵子建：《公共服务供给方式研究述评》，载《中共天津市委党校学报》2009年第1期。

［125］郑慧、陈震聪：《国家治理与政府治理辨析》，载《理论探索》2016年第4期。

［126］周建波、刘霞：《对行政诉讼法受案范围修改之检讨》，载《江汉大学学报》2017年第4期。

［127］周萍：《论政府购买行业协会服务的内在机理》，载《中共南京市委党校学报》2010年第1期。

［128］周佑勇：《行政不作为构成要件的展开》，载《中国法学》2001年第10期。

［129］周佑勇：《行政法基本原则的反思与重构》，载《中国法学》2003年第4期。

［130］周佑勇：《行政许可法中的信赖保护原则》，载《江海学刊》2005年第1期。

［131］朱芒：《规范性文件的合法性要件——首例附带性司法审查判决书评

析》，载《法学》2016 年第 11 期。

[132] 朱芒：《论行政规定的性质——从行政规范体系角度的定位》，载《中国法学》2003 年第 1 期。

[133] 朱维究、胡卫列：《行政行为过程性论纲》，载《中国法学》1989 年第 8 期。

[134] 朱维究：《简论行政法的基本原则》，载《法学研究》1989 年第 1 期。

[135] 朱新力：《行政协助探析》，载《政府法制》1997 年第 5 期。

[136] 朱最新：《区域合作视野下府际合作治理的法理界说》，载《学术研究》2012 年第 9 期。

[137] 祝小宁、刘畅：《地方政府间竞合的利益关系分析》，载《中国行政管理》2005 年第 6 期。

[138] 邹焕聪：《政府购买公共服务的责任分配与行政实体规制——基于公私协力视角的探究》，载《行政论坛》2017 年第 11 期。

四、外文文献

[1] Jurgen Schwarze, *European Administrative Law*, Sweet & Maxwell, 1992.

[2] Christopher Osakwe, *The Bill of Rights for the Criminal Defendant in American Law*, *in Human Rights in Criminal Procedure* (edited by J. A. Andrews), Martinus Nijhoff Publishers, 1982.

[3] Rosenbloom, D. H., *Public Administration：Understanding Management, Politics and Law*, Boston：McGraw-Hill, 1998.

[4] Ernest Gellhornand Ronald M. Levin, *Lawand Process*, West Academic Publishing, 1997.

[5] Michael W. Spicer, *The Constitution and Public Administration：A Conflict in World Views*, Georgetown University Press, 1995.

[6] Jack Rabin, W. Bartley Hidreth, Gerald J. Miller, *Handbook of Public Administration*, New York：Marcel Dekker, Inc, 1998.

[7] Amartya Sen, *Development as Freedom*, Oxford University Press, Delhi, 2000.

［8］ Kuldeep Mathur, *A Survey of Research in Public Administration*, New Delhi, 1986.

［9］ Evan M. Berman, M. Jae Moon, Heungsuk Choi, *Public Administration in East Asia: Mainland China, Japan, South Korea, and Taiwan*, Florida: CRC Press, 2010.

［10］ Miriam K. Mills, Stuart S. Nagel, *Public Administration in China*, Greenwood Press, 1993.

［11］ Robert Alexy, *A Theory of Constitutional Right*, Oxford University Press, 2002.

［12］ David Easton, "*The New Revolution in Political Science*", *The American Political Science Review*, Vol. LXIII, No. 4, 1969.

［13］ William A. Darity Jr. *International Encyclopedia of the Social Sciences*, New York: Macmillan Reference USA, 2008.

［14］ David H. Rosenbloom, *Administrative Law for Public Managers: Essentials of Public Policy and Administration*, Westview Press, 2003.

［15］ Christopher F. Edley, Jr, *Administrative Law: Rethinking Judicial Control of Bureaucracy*, Yale University Press, 1990.

［16］ William F. Fox, Jr, *Understanding Administrative Law*, Lexis Publishing, 2000.

［17］ Kenneth F. Warren, *Administrative Law in the Political System*, Westview Press, 2011.

［18］ Carol Harlow and Richard Rawlings. *Law and Administration*, George Weidenfed and Nicolson ltd. , 1988.

［19］ Frederick J. Port, *Administrative Law*, London: Longmans, Green & Co. , 1929.

［20］ H. W. R. Wade, Christopher Forsyth, C. F. Forsyth, *Administrative Law*, Clarendon Press, 1994.

［21］ Beverly Hills, " Identify the Facts of Democratic Administration", *Administration*

& *Society*, Vol. 30, No. 4, 1998.

[22] Benjam Barber, *Strong Democracy*, University of California Press, 1984.

[23] Linda Deleon, Peter Deleon "The democratic ethos and public management", *Administration & society*, Vol. 34, No. 2, 2002.

附　　录

附录1　贝某某与某市公安局交通警察大队行政处罚二审行政判决书

某省某市中级人民法院
行 政 判 决 书

〔2015〕浙嘉行终字第 52 号

上诉人（原审原告）贝某某。

被上诉人（原审被告）某市公安局交通警察大队。

上诉人贝某某因诉被上诉人某市公安局交通警察大队（以下简称某市公安局交警大队）道路交通管理（道路）行政处罚一案，不服某市人民法院〔2015〕嘉海行初字第 6 号行政判决，向本院提起上诉。本院于 2015 年 7 月 16 日受理后，依法组成合议庭，并于 2015 年 8 月 5 日公开开庭审理了本案。上诉人贝某某，被上诉人的委托代理人顾某某、陆某到庭参加诉讼。本案现已审理终结。

原审法院经审理查明：2015 年 1 月 31 日，贝某某驾驶浙 F×××××汽车沿某市西山路行驶，遇行人正在通过人行横道，未停车让行。某市公安局交警大队执法交警当场将贝某某驾驶的浙 F×××××汽车截停并核实了其驾驶员身份。某市公安局交警大队执法交警适用简易程序向贝某某口头告知了违法行为的基本事实、拟作出的行政处罚、依据及其享有的权利等，并在听取贝某某的陈述和申辩后，当场制作并送达编号为 3304811102542425 的公安交通管理简易程序处罚决定书，决定给予罚款 100 元，并根据《机动车驾驶证申领与使用规定》对本次违法记 3 分。贝某某不服，于 2015 年 2 月 13 日向某市人民

582

政府申请行政复议。2015 年 3 月 27 日，某市人民政府作出海政复决字〔2015〕3 号行政复议决定书，维持了某市公安局交警大队作出的处罚决定。贝某某遂向原审法院提起诉讼。

原审法院认为，本案的争议焦点为贝某某是否应当停车让行。根据《中华人民共和国道路交通安全法》第四十七条第一款规定，机动车行经人行横道时，应当减速行驶；遇行人正在通过人行横道，应当停车让行。该条规定中，应当即必须。当行人以通过为目的行走在人行横道上时就应当认定为正在通过；即使中途有停顿，也应当认定为正在通过。本案中，当贝某某驾驶浙 F×××× 汽车靠近人行横道时，应当停车让行，理由如下：一、从视频资料看，行人已经先于浙 F××××× 汽车进入人行横道，且正在通过人行横道；二、行人的前进方向为浙 F××××× 汽车前进方向的正前方；三、若浙 F×××× 汽车于此时不停车直接通过人行横道，将会给行人的人身安全造成现实的威胁。故在本案情况下，贝某某应当停车让行。贝某某陈述的"应当停车"非"必须停车"及行人已经停下，其可以不停车让行直接通过人行横道的主张不能成立，不予支持。

根据《中华人民共和国道路交通安全法》第五条的规定，某市公安局交警大队负责某市的道路交通安全管理工作，其行政主体适格。《中华人民共和国道路交通安全法》第九十条规定，机动车驾驶人违反道路交通安全法律、法规关于道路通行规定的，处警告或二十元以上二百元以下罚款。根据《道路交通安全违法行为处理程序规定》第四十一条、第四十二条的规定，对道路交通安全违法行为处以警告或二百元以下罚款的，可以适用简易程序并由一名交通警察作出。本案中，贝某某驾驶浙 F××××× 汽车遇行人正在通过人行横道，未停车让行，违反了《中华人民共和国道路交通安全法》第四十七条第一款的规定。某市公安局交警大队执法交警发现贝某某的违法行为后，适用简易程序向贝某某口头告知了违法行为的基本事实、拟作出的行政处罚、依据及其享有的权利等，并在听取贝某某的陈述和申辩后，当场制作并送达处罚决定书。某市公安局交警大队于 2015 年 1 月 31 日对贝某某作出的处罚决定事实清楚，证据确凿，适用法律正确，程序合法。

《中华人民共和国道路交通安全法》第二十四条规定，"公安机关交通管理部门对机动车驾驶人违反道路交通安全法律、法规的行为，除依法给予行政处罚外，实行累积记分制度。……具体办法由国务院公安部门规定。"公安机关交通管理部门对机动车驾驶人的道路交通违法行为予以记分，具有法律依据，是对其行政许可行为的一种监督检查，目的在于敦促机动车驾驶人对自己的道路交通违法行为进行整改，促使其规范自己的驾驶行为。所以，本案中，某市公安局交警大队对贝某某的违法行为除依法给予罚款外，还可以根据《机动车驾驶证申领和使用规定》的相关规定对贝某某的本次违法行为予以记3分。

综上，贝某某请求撤销某市公安局交警大队于2015年1月31日对其作出的处罚决定书并赔礼道歉的诉讼请求，没有事实和法律依据，不予支持。据此，依照《中华人民共和国行政诉讼法》第六十九条之规定，判决：驳回贝某某的诉讼请求。案件受理费50元，由贝某某负担。

上诉人贝某某上诉称：1. 原判对法律条文的理解错误。上诉人也认同汽车在人行横道前应礼让行人，但不是行人只要走上人行横道汽车就必须一律停车让行。本案中行人在来去车道分隔线的左边（从浙F×××××的角度看），且已主动停下让上诉人先行，上诉人在此期间也做到了减速慢行，在看到行人无前行表现的情况下才缓慢驶过人行横道。故上诉人已经做到了礼让行人，本案行人停在分隔线边不走，不属于法条中规定的"正在通过"。原判认为行人先于车辆到达人行横道，故判决机动车必须停车让行不合理，机动车在人行横道上是否停车的主要依据是行人是否正在通过，而不是谁先到达人行横道。2. 在二审庭审中上诉人又补充诉称，上诉人的确在案发时间驾驶浙F×××××汽车路经案发路段，但从某市公安局交警大队提供的视频资料看，无法判定视频资料中行经路口的车辆即是上诉人所驾。综上，请求判令：1. 撤销某市公安局交警大队的处罚决定；2. 要求某市公安局交警大队赔礼道歉；3. 诉讼费用由某市公安局交警大队负担。

被上诉人某市公安局交警大队辩称：1. 根据《中华人民共和国道路交通安全法》第四十七条的规定，机动车行经人行横道时，应当减速行驶；遇行人正在通过人行横道，应当停车让行。上诉人驾驶浙Ｆ×××××汽车行经案涉路口时，遇行人先于车辆进入人行横道区域由南向北即将通过车辆前方，上诉人未按规定停车让行，该行为违反了上述法律规定。被上诉人当场告知了上诉人的违法事实、拟作出处罚的理由和依据等事项，在充分听取了上诉人的陈述和申辩后依法制作了处罚决定书，并当场向上诉人进行了宣告并送达，整个行政处罚事实清楚，程序合法，量罚适当。2. 本案属于现场执法，当案发路口的执法人员看到上诉人的车辆违法之后，立即通过对讲设备告知前方路口的交警人员进行拦截，且由于两个路口相距只有七、八十米远，从车辆违法到被拦截没有离开执法人员的视线，因此违法车辆就是上诉人所驾驶的浙Ｆ×××××汽车。综上，请求驳回上诉，维持原判。

当事人在二审中均未提供新的证据，本院经审理认定的事实与原审查明的事实一致。

本院认为：本案双方当事人争议的焦点问题为：1. 途经案发路口涉嫌违法的车辆是否为上诉人所驾驶的浙Ｆ×××××汽车；2. 如果涉案车辆系上诉人所驾，则上诉人在驾车途经案发路口遇行人通过人行横道时是否符合法律规定的应当停车让行的情形。

关于焦点一，根据被上诉人在一审中提供的视频资料来看，确实无法看清途经案发路口涉嫌违法车辆的车牌号码，但基于以下几点理由，完全可以认定涉嫌违法的车辆即是上诉人所驾驶的浙Ｆ×××××汽车。第一，从录像中可以看出，途经案发路口涉嫌违法的车辆是一辆银白色的小型轿车，车辆品牌类型类似于斯柯达。而且在案发时间段与涉嫌违法车辆同向行驶的只有一辆银白色类似于斯柯达品牌的轿车，在被拦截时停在路口的车辆也仅有一辆银白色类似于斯柯达品牌的轿车，即上诉人所驾驶的银白色浙Ｆ×××××斯柯达品牌轿车。由于从案发路口到被拦截路口仅有七、八十米的距离，且涉嫌违法车辆的行驶速度较快，大约在每小时 30 至 40 千米左右，则从案发路口至被拦截的路口大约需要 10 秒钟时间，如果在案发时间段有两辆以上银白色类似于斯柯达品牌的轿车经过案发路口，则肯定会出现在被拦截路口的录像视频中，但从被拦截路口的视频来看，当时只有一辆上诉人所驾驶的银白色斯柯达品牌轿车，由此可以认定，途经案发路口涉嫌违法的车辆即是上诉人所驾驶的浙 F×××××汽车；第二，涉嫌违法车辆被拦截时交通警察系现场执法，由于案发路口至被拦截路口距离较近，从视频中可以看出当时该段道路上行驶的车辆并不多，且仅有一辆银白色类似于斯柯达品牌的轿车在由东向西行驶，被上诉人称涉嫌违法车辆未离开过执法交警的视线具有合理性及现实可能性；第三，上诉人在被拦截后与执法人员的对话中，并未否认涉嫌违法的车辆就是自己所驾驶的浙 F×××××汽车，而且称"他正好停下来了，我开了，他在走么，我肯定会让了"，证明上诉人已经承认涉嫌违法的车辆就是自己所驾驶的浙 F×××××汽车；第四，上诉人在上诉状中称，"具体到本案的实际情况，行人处在来去车道分隔线的左边（从浙 F×××××的角度来看），且已主动停下让上诉人先行，上诉人在此期间也做到了减速慢行，在看到行人无前行表现的情况下，才缓慢驶过人行横道。"可见，上诉人对涉嫌违法的车辆即是其所驾驶的浙 F×××××汽车已经作了自认，而其在二审庭审中又予以否认，自相矛盾，根据"禁止反言"的诉讼原则，上诉人认为涉嫌违法的车辆不是自己所驾驶车辆的观点不能成立。综合以上几点理由，本院认为，本案涉嫌违法的车辆即是上诉人所驾驶的浙 F×××××汽车。

关于焦点二，本院认为，人行横道线是行车道上专供行人横过的通道，是法律为行人横过道路时设置的保护线，在没有设置红绿灯的道路路口，行人有从人行横道线上优先通过的权利。机动车作为一种快速的交通运输工具，在道路上行驶具有高度的危险性，与行人相比其处于强势地位，因此必须对机动车在道路上行驶时给以一定的权利限制，以保护行人。正是基于此，《中华人民共和国道路交通安全法》第四十七条规定："机动车行经人行横道时，应当减速行驶；遇行人正在通过人行横道，应当停车让行。机动车行经没有交通信号的道路时，遇行人横过道路，应当避让。"首先，从本案视频资料看，上诉人驾驶浙F×××××轿车行经案发路口人行横道时，行驶速度虽然不快，却没有明显的减速现象，仍然以较低的速度匀速向前行驶。而此时行人正在以较快的步频行走在人行横道线上，且在上诉人驾驶的车辆接近人行横道线时已经走至道路的中央也即上诉人所驾车辆的前方，该条道路中间并无绿化带或行人休息区，当行人发现上诉人所驾车辆并无明显减速且没有停下来的趋势时，才逐渐放慢脚步并最终停在了道路中央。可见，当上诉人驾驶车辆行经案发路口人行横道线时，行人"正在通过人行横道"，上诉人此时应该停车让行，而不应直接通过。其次，认定行人是否"正在通过人行横道"应当以特定时间段内行人的一系列连续行为为标准，而不能以某个时间点行人的某个特定动作为标准，特别是该特定动作不是行人在自由状态下自由地做出，而是在由于外部的强力原因迫使其不得不做出的情况下。具体到本案，案发时行人以较快的步频走上人行横道线，并以较快的速度接近案发路口的中央位置，当看到上诉人驾驶车辆朝自己行走的方向驶来，行人首先是放慢了脚步，以确认上诉人所驾车辆是否停下来，但此时行人并没有停止脚步。当看到上诉人所驾车辆没有明显减速且没有停下来的趋势时，才为了自身的安全不得不停下脚步。如果此时上诉人的车辆有明显减速并停止行驶，则行人肯定会连续不停止地通过路口。可见，在案发时间段内行人的一系列连续行为充分说明行人"正在通过人行横道"，行人在通过人行横道过程中之所以停下脚步的直接原因不是上诉人所称的示意车辆通过，而是基于自身安全考虑而采取的自我保护行为。再次，机动车和行人穿过没有设置红绿灯的道路路口属于一个互动的过程，任何一方都无法事先准确判断对方是否会停止让行，因此处于强势地位的机动车在途经人行横道遇行人通过时应当主动停车让行，而不应利用自己的强势迫使行人停步让行，这既是法律的明确规定，也是保障作为弱势一方的行人安全通过马路、减少交通事故、保障生命安全的现代文明社会的内在要求。

综上，上诉人驾驶机动车行经人行横道时遇行人正在通过而未停车让行，该行为直接违反了《中华人民共和国道路交通安全法》第四十七条的规定，被上诉人根据上诉人的违法事实、依据法律规定的程序、在法定的处罚范围内给予上诉人相应的行政处罚，事实清楚，程序合法，处罚适当；原判认定事实清楚，适用法律正确，应予以维持；上诉人的上诉理由不能成立，本院不予支持，依法应予以驳回。据此，依照《中华人民共和国行政诉讼法》第八十九条第一款第（一）项的规定，判决如下：

驳回上诉，维持原判。

本案二审案件受理费 50 元，由上诉人贝某某负担。

本判决为终审判决。

审　判　长　樊某某

审　判　员　张某某

代理审判员　张　某

二〇一五年九月十日

书　记　员　张某某

附录 2：北雁云依与 B 市公安局 C 区分局
公安户口行政登记一审行政判决书

某省 B 市历下区人民法院
行　政　判　决　书

〔2010〕历行初字第 4 号

原告"北雁云依"，女，2009 年 1 月 25 日出生，汉族。

法定代理人吕某某（系"北雁云依"之父），男，1974 年 11 月 1 日出生，汉族。

被告 B 市公安局 C 区分局 D 派出所（以下简称 D 派出所）。

原告"北雁云依"的法定代理人吕某某因认为被告 D 派出所拒绝以"北雁云依"为姓名为其女儿办理户口登记的具体行政行为侵犯其女儿合法权益，于 2009 年 12 月 17 日以被监护人"北雁云依"的名义向本院提起行政诉讼。本院同日受理后，向被告 D 派出所送达了起诉状副本及应诉通知书。本院依法组成合议庭，于 2010 年 1 月 28 日、3 月 8 日两次公开开庭审理了本案。原告"北雁云依"的法定代理人吕某某，被告 D 派出所的委托代理人到庭参加诉讼。因案件涉及法律适用问题，需要送请有权机关作出解释或者确认，本院于 2010 年 3 月 11 日裁定中止审理，现中止事由消除，本案恢复审理并审理终结。

2009 年 2 月，被告 D 派出所在为吕某某之女办理户口登记（出生登记）时，认为其要求登记的姓名"北雁云依"不符合办理户口登记的条件，遂作出拒绝以"北雁云依"为姓名办理户口登记的具体行政行为。

被告 D 派出所于 2010 年 3 月 5 日向本院提供了作出被诉具体行政行为的证据：

1. 情况说明，被告以此证明其作出拒绝以"北雁云依"为姓名办理户口登记的行政行为；

2. 常住人口登记表，被告以此证明"北雁云依"之姓名不随其父母姓。

被告提交上述 1—2 号证据用以证明其拒绝以"北雁云依"为姓名给吕某某之女办理户口登记，事实证据充分，程序合法。

被告 D 派出所还提交了以下适用的法律法规及文本：

1.《中华人民共和国婚姻法》第二十二条；

2.《中华人民共和国户口登记条例》第一条、第三条第一款、第二十二条；

3. 鲁公通〔2006〕302 号《关于规范常住户口管理若干问题的意见（试行）》；

4.《常住人口登记卡》；

5. 山东省公安厅、山东省卫生厅《关于进一步加强使用管理的通知》；

6.《中华人民共和国人民警察法》第六条、第三十二条；

7.《中华人民共和国居民身份证法》第一条、第三条；

8.《关于认真学习正确适用的通知》。

原告"北雁云依"法定代理人吕某某诉称，2009 年 1 月 25 日，我妻子在济南军区总医院产下一女，我们取名"北雁云依"，并办理了出生证明和计划生育服务手册新生儿落户备查登记。2009 年 2 月，我到 D 派出所为女儿办理户口登记，派出所请示历下区分局及济南市公安局户籍科后，不予上户口。理由是孩子姓氏必须随父姓或母姓，即姓"吕"或姓"张"，否则不能上户口。随后我反映到济南市公安局户籍科，据户籍科说又请示省公安厅有关部门，答复仍不能按此姓名上户口。根据《中华人民共和国婚姻法》和《中华人民共和国民法通则》关于姓名权的规定，经咨询有关法律人士和公安部业务人员，我认为我们给孩子起的名字符合法律规定，公安机关应予上户口。请求法院：判令确认被告拒绝以"北雁云依"为姓名办理户口登记的行为违法。

原告"北雁云依"法定代理人吕某某认为：《民法通则》第九十九条规定公民享有姓名权，有权改变自己的姓名。自我命名权是自然人的权利，任何人不能干涉。自然人成年后可以改变自己的姓名，法律不能干涉；《婚姻法》规定"子女可随父姓，可以随母姓"，是对男女平等的表达，而不是必须随父姓或母姓。凡是法律不禁止的都是允许的，所以公民既可以随父姓，也可以随母姓，还可选用其他姓氏；《民法通则》和《婚姻法》是上位法，而《关于规范常住户口管理若干问题的意见（试行）》（鲁公通〔2006〕302号）和山东省公安厅、山东省卫生厅《关于进一步加强出生医学证明管理的通知》是下位法，下位法的有关规定与上位法不一致的，应当适用上位法。姓氏只是各民族的传统，是否让子女随父母姓是个人问题。我国的姓氏是不断增加的，而不是固定的、规范的，谁也没有规定哪个字不能用作姓氏，法律未规定公民不能改变姓氏，姓名只要不存在有损国家尊严、违反民族美德等情况，皆可自由选取。

原告"北雁云依"法定代理人吕某某在庭审中称：其为女儿选取的"北雁云依"之名，"北雁"是姓，"云依"是名。

2015年1月19日，原告"北雁云依"法定代理人吕某某向本院提交书面材料，陈述了其为女儿取名为"北雁云依"的理由：我女儿姓名"北雁云依"四字，取自四首著名的中国古典诗词，寓意父母对女儿的美好祝愿。

原告"北雁云依"法定代理人吕某某向本院提交了如下证据材料：

1. 吕某某、张某某结婚证；

2. 户口簿（张某某联）；

3. "北雁云依"出生医学证明；

4. "北雁云依"新生儿落户备查联。

原告以上述1—4号证据证明"北雁云依"系吕某某与张某某夫妇的婚生女儿，"北雁云依"这一姓名已在出生医学证明上予以记载，父母均同意给女儿起"北雁云依"为姓名。

被告D派出所辩称，原告之父吕某某于2009年2月到我所申请为原告办理户口登记，因我所民警发现原告的父亲叫吕某某，母亲叫张某某，"北雁云依"既不随父姓也不随母姓，不符合《中华人民共和国婚姻法》第二十二条，以及山东省公安厅鲁公通〔2006〕302号《关于规范常住户口管理若干问题的意见（试行）》中新生婴儿申报出生登记姓氏应当随父姓或母姓的户口登记的规定。我所遂当日口头告知吕某某，新生婴儿申报出生登记其姓氏应当随父姓或母姓，吕某某为原告申报的登记姓名不符合规定，不能登记。我所依据法律和上级文件的规定不按"北雁云依"进行户口登记的行为是正确的。原告法定代理人在起诉状中称新生婴儿的姓名"北雁云依"符合《婚姻法》、《民法通则》的规定。我所认为，《民法通则》规定公民享有姓名权，但没有具体规定。而2009年12月23日最高人民法院举行新闻发布会，向媒体介绍收集的网民意见建议办理情况答复的第十三个问题，关于夫妻离异后子女更改姓氏问题的答复中称，《婚姻法》第二十二条是我国法律对子女姓氏问题作出的专门规定，该条规定子女可以随父姓，可以随母姓，没有规定可以随第三姓。作为行政机关应当依法行政，法律没有明确规定的行为，行政机关就不能实施，原告和行政机关都无权对法律作出扩大化解释，这就意味着子女只有随父姓或者随母姓两种选择，且《中华人民共和国人民警察法》第三十二条规定，人民警察必须执行上级的决定和命令。山东省公安厅鲁公通〔2006〕302号《关于规范常住户口管理若干问题的意见（试行）》的通知规定，新生婴儿申报出生登记，其姓氏应当随父姓或母姓，由于"北雁云依"一名不随父姓、不随母姓，因此我所不予办理户口登记的行为是正确的。2009年5月山东省卫生厅、山东省公安厅联合下发的鲁卫妇社发〔2009〕12号《关于进一步加强使用管理的通知》中，也再次明确规定了新生儿姓氏应当随父姓或随母姓。从另一个角度讲，如果按照原告法定代理人的理论，《婚姻法》规定了子女可以随父姓或者母姓，并不是必须，不是对姓氏的限制，那么既然没有限制是否也可以不要姓呢？如果是这样，那《居民身份证法》第三条为什么还要规定居民身份证登记的项目包括姓名，户口簿内页为什么还有姓名登记一项，岂不是产生了冲突。法律确认姓名权是为了使公民能以文字符号即姓名明确区别于他人，实现自己的人格和权利。《户口登记条例》第一条明确规定了，制定条例是为了维持社会秩序，保护公民的权利和利益，服务于社会主义建设。如果公民滥用姓名权，会模糊他人和自己的区别，损害他人和社会的利益，妨碍社会的管理秩序。《户口登记条例》第二十二条还明确规定户口簿、册、表格公安部统一制定，而户口册中常住人口登记卡第一项就是姓名，既包含姓也包含名。因此，姓名权和其他权利一样，受到法律的限制而不可滥用。否则，将造成权利义务关系的主体不明确。新生婴儿随父姓、随母姓是中华民族的传统习俗，据文献记载，我们的祖先最初使用姓的目的是为了"别婚姻"，"明世系"、"别种族"，它产生的时间大约在原始社会的氏族公社时期，《当代汉语词典》中也将姓解释为表明家族的字。这种习俗标志着血缘关系，随父姓或者随母姓，都是有血缘关系的，可以在很大程度上避免近亲结婚，但是姓第三姓，则与这种传统习俗、与姓的本意相违背。全国各地公安机关在执行《婚姻法》第二十二条关于子女姓氏的问题上，标准都是一致的，即子女应当随父姓或者随母姓。天津、沈阳等地的公民倪宝龙、律诗等就曾经因申请登记更改的姓名不随父姓也不随母姓，而得到当地公安机关的拒绝。综上所述，D派出所拒绝原告法定代理人以"北雁云依"的名字为原告申报户口登记的行为正确，恳请人民法院依法驳回原告的诉讼请求。

被告D派出所认为：《民法通则》第九十九条虽然规定公民享有姓名权，但并未对公民如何行使姓名权作具体规定。《婚姻法》第二十二条系我国法律对姓氏问题的专门规定。《民法通则》是一般法，《婚姻法》是特别法，特别法优于一般法；《婚姻法》第二十二条规定"子女可以随父姓，可以随母姓"，行政机关无权对该规定作出解释；省里有关法律文件与《婚姻法》第二十二条的规定并不冲突，都是规定了子女可以在父姓、母姓之间进行选择，是一致的。

经庭审质证，本院对证据作如下确认：

对被告提交的1—2号证据，原告均无异议；对原告提交的1—4号证据，被告均无异议。本院认为，被告证据、原告证据均与本案有关联性，来源、形式合法且具有真实性，应予采信。

本院根据以上有效证据及当事人质证意见认定以下事实：原告"北雁云依"出生于2009年1月25日，其父亲名为吕某某，母亲名为张某某。吕某某、张某某二人共同决定为女儿取名为"北雁云依"。2009年2月，吕某某前往D派出所为女儿申请办理户口登记，被民警告知拟被登记人员的姓氏应当随父姓或者母姓，否则不符合办理出生登记条件。因吕某某坚持以"北雁云依"为姓名为女儿申请户口登记，被告D派出所遂依照《中华人民共和国婚姻法》第二十二条之规定，于当日作出拒绝办理户口登记的具体行政行为。

本院认为，原告"北雁云依"的法定代理人吕某某对被告 D 派出所拒绝办理户口登记所认定的事实和遵循的程序均无异议，双方当事人主要对《中华人民共和国民法通则》第九十九条第一款、《中华人民共和国婚姻法》第二十二条的适用问题存有分歧。对这项法律适用问题，本院层报至最高人民法院。2014 年 11 月 1 日，第十二届全国人民代表大会常务委员会第十一次会议通过了《关于第九十九条第一款、第二十二条的解释》，解释规定："公民依法享有姓名权。公民行使姓名权，还应当尊重社会公德，不得损害社会公共利益。公民原则上应当随父姓或者母姓。有下列情形之一的，可以在父姓和母姓之外选取姓氏：（一）选取其他直系长辈血亲的姓氏；（二）因由法定扶养人以外的人抚养而选取抚养人姓氏；（三）有不违反公序良俗的其他正当理由。少数民族公民的姓氏可以从本民族的文化传统和风俗习惯。"

该立法解释第一款重申了公民依法享有姓名权，同时指出，公民行使姓名权作为一项民事活动，应尊重社会公德，不得损害社会公共利益。第二款采用了"列举+一般条款"的形式，规定了可以在父姓和母姓之外选取姓氏的三种情形。第三款则针对少数民族公民，规定其姓氏可以遵从本民族传统和习惯。

本案的关键问题在于，原告法定代理人吕某某提出的理由是否符合该立法解释第二款第（三）项规定的"有不违反公序良俗的其他正当理由"，同时符合尊重社会公德、不得损害社会公共利益的前提。应认为，该项规定设定了在父母姓氏之外选取其他姓氏的两个必备要件，一是不违反公序良俗，二是存在其他正当理由。其中，不违反公序良俗是选取其他姓氏时应当满足的最低规范要求和道德义务，存在其他正当理由要求在符合上述条件的基础上，还应当具有合目的性。

（一）所谓公序良俗，即指社会公共秩序和社会善良风俗，要求公民从事民事活动应当遵守公共秩序，符合善良风俗，不得损害社会公共利益，不得违反国家的公共秩序和社会的一般道德。

关于"公序良俗"对姓名的规制问题。首先，从社会管理和发展的角度，子女承袭父母姓氏有利于提高社会管理效率，便于管理机关和其他社会成员对姓氏使用人的主要社会关系进行初步判断。倘若允许随意选取姓氏甚至恣意创造姓氏，则会增加社会管理成本，无利于社会和他人，而且极易使社会管理出现混乱，增加社会管理的风险性和不确定性。其次，姓氏主要来源于客观上的承袭，系先祖所传，名字则源于主观创造，为父母所授。在我国，姓氏承载了对血缘的传承、对先祖的敬重、对家庭的热爱等，而名字则承载了个人喜好、人格特征、长辈愿望等。中国人民对姓氏传承的重视和尊崇，不仅仅体现了血缘关系、亲属关系，更承载着丰富的文化传统、伦理观念、人文情怀，符合主流价值观念，是中华民族向心力、凝聚力的载体和镜像。反之，如果任由公民仅凭个人意愿喜好，随意选取姓氏甚至自创姓氏，则会造成对文化传统和伦理观念的冲击，既违背社会善良风俗和一般道德要求，也不利于维护社会秩序和实现社会的良性管控。故，本案中"北雁云依"的父母自创姓氏的做法，不符合公序良俗对姓名的规制要求。

（二）关于"存在其他正当理由"，要求选取父母姓氏之外其他姓氏的行为，不仅不应违背社会公德、不损害社会公共利益，还应当具有合目的性。这种行为通常情况下主要存在于实际抚养关系发生变动、有利于未成年人身心健康、维护个人人格尊严等情形。本案中，原告"北雁云依"的父母自创"北雁"为姓氏、选取"北雁云依"为姓名给女儿办理户口登记的理由是"我女儿姓名'北雁云依'四字，取自四首著名的中国古典诗词，寓意父母对女儿的美好祝愿"。此理由仅凭个人喜好愿望并创设姓氏，具有明显的随意性，不符合立法解释第二款第（三）项所规定的正当理由，不应给予支持。

综上，依照《最高人民法院关于执行〈中华人民共和国行政诉讼法〉若干问题的解释》第五十六条第（四）项、全国人民代表大会常务委员会《关于第九十九条第一款、第二十二条的解释》之规定，判决如下：

驳回原告"北雁云依"要求确认被告 D 派出所拒绝以"北雁云依"为姓名办理户口登记行为违法的诉讼请求。

案件受理费人民币五十元由原告"北雁云依"的法定代理人负担。

如不服本判决，可在判决书送达之日起十五日内向本院递交上诉状，并按对方当事人的人数提出副本，上诉于山东省济南市中级人民法院。

审　判　长　任某

审　判　员　白某

人民陪审员　钱某

二〇一五年四月二十二日

书　记　员　张某

附录 3：某某公司诉 E 市国土资源局不予更正
土地用途登记案二审行政判决书

某省 E 市中级人民法院
行 政 判 决 书

〔2014〕萍行终字第 10 号

上诉人（一审被告）E 市国土资源局。

被上诉人（一审原告）某某公司。

某某公司诉 E 市国土资源局不予更正土地用途登记一案，安源区人民法院于 2014 年 4 月 23 日作出〔2014〕安行初字第 6 号行政判决。E 市国土资源局不服，向本院提起上诉，本院 2014 年 6 月 17 日受理后，依法由审判员朱某某担任审判长，与审判员李某某、邹某某组成合议庭，于 2014 年 7 月 11 日公开开庭审理了本案。上诉人 E 某市国土资源局的委托代理人，被上诉人某某公司的法定代表人及其委托代理人到庭参加诉讼。本案现已审理终结。

一审查明，2004 年某市土地收购储备中心受某市肉类联合加工厂委托，经某市国土资源局（以下简称"市国土局"）批准，公开挂牌出让 TG-0403 号地块国有土地使用权，并在《萍乡日报》发出公告：地块位于某市安源区后埠街万公塘，土地出让面积为 23173.3 平方米，开发用地为商住综合用地，冷藏车间维持现状，容积率 2.6，土地使用年限为 50 年。2004 年 2 月 12 日，某某公司通过投标竞拍，以人民币 768 万元竞得该宗土地使用权，某市土地收购储备中心与某某公司签订了挂牌出让成交确认书。2006 年 2 月 21 日，某某公司与市国土局签订了《国有土地使用权出让合同》，合同约定：某某公司为受让人，市国土局为出让人；出让人出让给受让人的宗地位于某市安源区后埠街万公塘，宗地编号为 TG-0403，出让土地面积为 23173.3 平方米，出让宗地的用途为商住综合用地，冷藏车间维持现状。土地使用权出让年期为商业 40 年，居住 70 年，自出让方向受让方实际交付土地之日起算，原划拨土地使用权补办出让手续的，出让年期自合同签订之日起算。土地价款总额计人民币768万元，主体建筑物性质为商住综合，建筑容积率不大于2.6，密度不大于40%，建筑层数为六层，绿地比例不小于30%，其他用地利用要求必须符合城市规划建设要求，按规划要求执行等权利义务事项。之后某某公司按合同约定向市政府的财政部门共计交纳了768万元（此款包含土地出让金5480485元、管理费、契税等）。2006年1月10日，因冷藏车间不能拆除等原因，某某公司书面信函给某市土地收购储备中心："TG-0403号地块划定的两块地分界线无误，如有误由我公司负责"。2006年3月1日，市国土局《土地登记审批表》审批栏中记载："市某某房地产开发有限公司通过市土地储备中心挂牌拍卖。该单位竞得市肉联厂使用权。2005年元月经市国土局、市政府批准，取得挂牌出让手续。面积以现丈量宗地为准。现根据该单位提供的宗地图分割成两宗发证，面积分别为8359.1m²、14814.2m²，用途商业、住宅。拟建议办理变更登记。"市国土资源局审查人朱显球、分管负责人张刚跃签字，主管局长签字准予登记发证。2006年3月2日，市国土局向某某公司颁发了"萍国用〔2006〕第43750号"和"萍国用〔2006〕第43751号"两本国有土地使用证，其中"萍国用〔2006〕第43750号"土地证载明"地类（用途）为工业，使用权类为出让，使用权面积为8359.1平方米"；"萍国用〔2006〕第43751号"土地证载明地类为商服、住宅用地。某某公司认为"萍国用〔2006〕第43750号"土地证登记的地类（用途）为工业有误，多次向市国土局反映，要求其将"萍国用〔2006〕第43750号"土地证地类由"工业"更正为"商住综合"。2012年4月23日，市国土局明示不同意更正，某某公司为此提起行政诉讼后撤诉。

　　一审另查明，2012年7月30日，某市规划局向某市土地收购储备中心作出《关于要求解释〈关于某市肉类联合加工厂地块规划要求的函〉》中有关问题的函的复函，复函称"贵中心'关于要求解释《关于某市肉类联合加工厂地块规划要求的函》中有关问题的函'已收悉，现函告如下：我局在2003年10月8日出具规划条件中已明确了该地块用地性质为商住综合用地（含冷藏车间约7300平方米，下同），但冷藏车间维持现状性质。根据该地块控规，其用地性质为居住（兼容商业），但由于地块内的食品冷藏车间是目前我市唯一的农产品储备保鲜库，也是我市重要的民生工程项目，因此，暂时保留地块内约 7300 平方米冷藏库的使用功能，未经政府或相关主管部门批准不得拆除"。2013 年 2 月 21 日，市国土局向某某公司作出书面答复：一、根据市规划局出具的规划条件和宗地实际情况，同意贵公司申请 TG-0403 号地块中冷藏车间用地的土地用途由工业用地变更为商住用地。二、由于贵公司取得该宗地中冷藏车间用地使用权是按工业用地价格出让的，根据《城市房地产管理法》之规定，贵公司申请 TG-0403 号地块中冷藏车间用地的土地用途由工业用地变更为商住用地，应补交土地出让金。补交的土地出让金可按该宗地出让时的综合用地（住宅、办公）评估价值减去工业用地评估价值以原宗地综合用地实际成交总价与评估价的同等比例计算，即 297.656 万元 * 70% = 208.36 万元。三、冷藏车间用地的土地用途调整后，其使用功能未经市政府批准不得改变。某某公司不服，于 2013 年 3 月 10 日向法院起诉，要求判令撤销上述答复的第二项，之后又撤诉。同年 7 月 10 日，某某公司公司再次向法院起诉，请求判令市国土局将"萍国用〔2006〕第 43750 号"国有土地使用证上的地类用途由工业用地更正为商住综合用地，并撤销"关于对市某某房地产有限公司 TG-0403 号地块有关土地用途问题的答复"中第二项关于补交土地出让金 208.36 万元的决定。

一审认为，根据《中华人民共和国土地管理法》《土地登记办法》《江西省土地登记办法》的有关法律、法规的规定，市国土局作为土地行政管理部门具有对于本市辖区内的土地管理的法定职责。关于市国土局提出其不是发证机关，只是登记机关，因此其不是本案的适格主体问题。根据《中华人民共和国城市房地产管理法》《中华人民共和国土地管理法》《土地登记办法》《江西省土地登记办法》的有关法律、法规的规定，市国土局是某市人民政府的职能部门，对辖区内的土地使用权的登记、颁发证是其法定的职责，某某公司认为"萍国用〔2006〕第 43750 号"国有土地使用证登记的土地用途有误，而要求市土地局对该证登记内容进行更正，市国土局负有更正登记的职责。故市国土局提出该抗辩理由不能成立。关于市国土局提出某某公司诉讼已超过了诉讼时效的问题。某某公司 2006 年 3 月领取"萍国用〔2006〕第 43750 号"国有土地使用证后的三个月内，就不间断地向市政府及市国土局反映情况并请求进行更正登记土地使用内容。市国土局 2012 年 4 月 23 日明示不同意更正后，又于 2013 年 2 月 21 日作出要补交土地出让金后同意变更的答复。某某公司于 2013 年 3 月 10 日对该答复不服提起了行政诉讼。再是，某某公司是针对市国土局不履行法定职责的不作为起诉，故某某公司的起诉没有超过诉讼时效，市国土局该抗辩理由不成立。关于市国土局提出 TG-0403 号国有土地中冷藏车间用地为工业用地的问题。原某市肉类联合加工厂持有的萍国用〔1999〕字第 16269 号国有土地使用证，权属来源是划拨的，某市土地收购储备中心依法收购经报市人民政府批准，该宗土地以 TG-0403 号国有土地使用权面积为 23173.3 平方米公开挂牌出让，土地用地性质是商住综合用地，冷藏车间维持现状，并无冷藏车间用地是工业用地性质。某市规划局对原某市肉类联合加工厂复函中均佐证 TG-0403 号国有土地使用权面积 23173.3 平方米（含冷藏车间）的用地性质是商住综合用地。萍乡地源评估咨询有限公司评估报告中，对该 TG-0403 号地块面积 23173.3 平方米的用地虽然有商住（工业）记载，但该宗土地在公开挂牌出让的审批后，用地性质是商住综合用地，竞拍取得该土地的单位应依法向政府的财政部门缴纳土地出让金，土地用地性质及土地使用者就会发生变化，故市国土局该抗辩理由不成立。关于市国土局作出的 TG-0403 号地块有关土地用途问题的答复中的第二项是否依据了法律，法规的问题。市国土局针对某某公司要求将"萍国用〔2006〕第 43750 号"国有土地使用证地类性质，由工业变更为商住综合用地，依照《中华人民共和国房地产管理法》第十八条"土地使用者需要改变土地使用权出让合同约定的土地用途的，必须取得出让方和市、县人民政府城市规划行政主管部门的同意，签订土地使用权出让合同变更协议或者重新签订土地使用权出让合同，相应调整土地使用权出让金。"该规定是土地权利使用人申请变更土地用途的情形，而某某公司不是要求市国土局变更土地用途的情形，而是要求更正土地登记用途；其次，某某公司在竞得 TG-0403 号国有土地使用权后，已向政府财政部门缴纳了土地出让金，不存在还要补缴的情形；再次，在本案的审理过程中，市国土局未向法庭提供应补交土地出让金 208.36 万元的事实依据，208.36 万元的每项基数依据是什么（即：297.656 元×70%＝208.36 万元），市国土局对此应该承担举证不能的法律后果。综上所述，市国土局作为被告主体适格，某某公司诉请未过法定诉讼时效。TG-0403 号国有土地使用面积 23173.3 平方米包含了冷藏车间 8359.1 平方米，冷藏车间维持现状，并不是市国土局所理解的冷藏车间是工业用地的问题。市国土局在审理中提出其作出的《关于对市某某房地产有限公司 TG-0403 号地块有关土地用途问题的答复》是具体行政行为以及该答复中第二项没有事实和法律、法规的依据。某某公司诉请市国土局将"萍国用〔2006〕第 43750 号"国有土地使用证的地类用途由"工业"更正为商住综合用地，冷藏车间维持现状，撤销答复中关于要求某某公司补交出让金 208.36 万元的决定理由充分，证据确凿，符合法律法规的规定，本院予以支持。经院审判委员会讨论决定，根据《中华人民共和国行政诉讼法》第三十二条、五十四条第一款第（二）项之规定，判决：一、某市国土资源局在本判决生效之日起九十天内对萍国用〔2006〕第 43750 号国有土地使用证上的 8359.1m^2 的土地用途应依法予更正；二、撤销某市国土资源局于 2013 年 2 月 21 日作出的《关于对市某某房地产开发有限公司 TG-0403 号地块有关土地用途的答复》中的第二项。

市国土局不服一审判决，向本院提出上诉，请求撤销一审判决，驳回某某公司的诉讼请求。其理由：一、一审判决是错误的。第一，上诉人不是本案适格诉讼主体，上诉人不是该证的发证机关，只是该证的登记机关；第二，TG-0403 号地块出让前有一部分是工业用地，出让规划条件重新明确冷藏车间保留工业用地性质出让，被上诉人也是按照冷藏车间为工业出让地缴纳的土地使用权出让金；第三，某市规划局于 2012 年 7 月 30 日出具的复函，并不能否认上诉人出让的冷藏车间的用地性质为工业出让土地；第四，上诉人于 2013 年 2 月 21 日作出的答复，其依据一是有市规划局的复函，二是考虑一宗地出现两个性质不同的土地，有不妥之处，因此，上诉人同意进行变更登记，但应当补缴土地出让金 208.36 万元。二、一审没有驳回被上诉人第一项诉讼请求（即要求更正土地登记用途）是错误的。第一，被上诉人该请求事项超过了诉讼时效；第二，被上诉人的该请求事项在 2012 年 5 月向法院起诉后又撤回起诉。2013 年 7 月，在被上诉人没有正当理由的情况下，以遗漏了诉讼请求为由再行起诉，上诉人认为，这明显不属于正当理由，被上诉人应当自负其责。三、一审没有驳回被上诉人的第二项诉讼请求（即请求撤销"关于对市某某房地产有限公司 TG-0403 号地块有关土地用途问题的答复"中第二项关于补交土地出让金 208.36 万元的决定）是错误的。被上诉人的第二项请求于 2013 年 3 月向法院起诉，后又撤回起诉。2013 年 7 月，被上诉人在没有正当理由的情况下再行起诉，违反了法律规定。

被上诉人某某公司辩称，一、被上诉人第一项诉请是要求上诉人作出土地更正登记，根据有关法律法规的规定，土地更正登记是上诉人的法定义务，故上诉人是本案适格的被告。二、涉案土地 8359.1 平方米的用途是商住用地，有国有土地使用权出让合同、市规划局的函件、土地登记审批表等一系列证据证实。"冷藏车间维持现状"是维持冷藏库的使用功能，并非维持地类性质，这是某市规划局批复的真实意思。三、答辩人请求更正登记的诉请，没有时效限制的规定。四、被上诉人曾就第一、二项诉讼请求分别起诉，撤诉后又起诉均有正当理由，也得到了一审法院的支持。综上，被上诉人认为一审判决事实清楚、证据充分、程序合法、判决正确，请求二审驳回上诉人的上诉，维持一审判决。

二审庭审中，上诉人与被上诉人均未提交新的证据，并坚持一审的质证意见。二审对前述一审查明的事实予以确认。二审补充查明，2004 年上诉人下属单位某市土地收购储备中心对 TG-0403 号地块挂牌出让时给竞买人提供的文件资料中，内容涉及出让土地规划用途的有《国有土地使用权公开挂牌出让公告》和《挂牌出让地块规划设计要求》（该两份资料系一审中市国土局提供的证据，其中规划设计要求系土地拟挂牌出让前由某市规划局确定），两份资料均载明"开发用地为商住综合用地，冷藏车间维持现状"。在双方当事人签订的《国有土地使用权出让合同》中也约定"出让宗地的用途为商住综合用地，冷藏车间维持现状"。由于某某公司请求上诉人对出让土地中冷藏车间所在土地用途予以更正登记的过程中，双方对"开发用地为商住综合用地，冷藏车间维持现状"这一表述有不同理解，某市土地收购储备中心向某市规划局呈函要求其作出解释。2012年7月30日，某市规划局向某市土地收购储备中心复函称"我局在2003年10月8日出具规划条件中已明确了该地块用地性质为商住综合用地（含冷藏车间约7300平方米）"，并称"根据该地块控规，其用地性质为居住（兼容商业）"。二审还查明，某某公司就涉案土地用途更正登记事项，多次向某市人民政府及上诉人提出书面申请，针对某某公司的要求，上诉人2012年4月23日向某市人民政府呈文明示不同意更正（未说明理由），2013年2月21日向某某公司作出书面答复称补交土地出让金后才可变更。本案某某公司的第一项诉讼请求（即要求更正8359.1平方米的土地用途登记），某某公司曾于2012年5月向某市安源区人民法院起诉时提出，在诉讼过程中因市国土局表示愿协商处理，某某公司遂提交撤诉申请并被法院裁定准予撤诉。后因协商未果，市国土局于2013年2月21日作出《关于对市某某房地产开发有限公司TG-0403号地块有关土地用途的答复》，某某公司对该答复中的第二项（即在某某公司补缴土地出让金208.36万元的情况下可以对涉案土地的用途予以变更登记）不服，于2013年3月向某市安源区人民法院起诉，要求撤销该项答复。在诉讼过程中，某某公司认为该诉请不能达到对涉案土地的用途予以更正登记的目的，遂提出撤诉并被某市安源区人民法院裁定准予撤诉。2013年7月10日，某某公司向某市安源区人民法院提起本行政诉讼。

本院认为，综合双方当事人的诉辩意见，本案争议的焦点问题是：1. 市国土局是否为适格被告；2. 上诉人应否对挂牌出让TG-0403号地块中8359.1平方米土地用途作更正登记；3. 被上诉人某某公司的第一项诉请是否超过法定时效；4. 某某公司就本案两诉请曾先后分别起诉，撤诉后再行起诉应否受理。

关于市国土局是否为适格被告的问题。本院认为，本案中，被上诉人所请求的是对业已作出国有土地使用权登记的其中一项，即土地用途项的登记予以更正，根据《土地登记办法》的规定，土地更正登记是土地登记的一种情况，应受该办法的规范。该《办法》第三条规定："土地登记实行属地登记""申请人应当依照本办法向所在地的县级以上人民政府国土资源行政主管部门提出登记申请"，该《办法》第五十八条规定："国土资源行政主管部门发现土地登记簿记载的事项确有错误的，应当报经人民政府批准后进行更正登记"。根据以上规定，上诉人具有土地更正登记的法定职责。拟更正登记时要报经人民政府批准只是行政机关内部操作程序，不能因此否认国土部门具有该项法定职责。故上诉人提出其不是适格被告的理由不成立。

关于上诉人应否对挂牌出让 TG-0403 号地块中 8359.1 平方米土地用途作更正登记问题。本院认为，该问题取决于 TG-0403 号地块公开挂牌出让时对外公布的土地用途是何用途，以及土地出让合同中对该事项的约定。根据本案查明的事实，TG-0403 号地块出让时对外公布的土地用途是"开发用地为商住综合用地，冷藏车间维持现状"，土地出让合同中约定为"出让宗地的用途为商住综合用地，冷藏车间维持现状"。由于双方当事人对上述土地用途之表述存在不同理解，某市规划局作为用地规划设计的权威机关，就该问题作出了专门答复，明确出让地块用地性质为商住综合用地，包含了冷藏车间，并指出"冷藏车间维持现状"是指暂时维持其使用功能。因此，某某公司要求上诉人对"萍国用〔2006〕第 43750 号"土地证（土地使用权面积 8359.1 平方米）地类更正为商住综合用地，具有正当理由，上诉人应予以更正。某某公司作为土地受让方按约支付了全部价款，上诉人"答复二"称如若变更土地用途则某某公司应补交土地出让金，缺乏事实依据和法律依据，且有违诚实信用原则。

关于被上诉人某某公司的第一项诉请是否超过法定时效的问题。本院认为，根据本案查明的事实，某某公司曾书面要求上诉人对"萍国用〔2006〕第 43750 号"土地证地类登记由"工业"更正为"商住综合"，属于要求上诉人履行法定职责（而非要求确认 2006 年土地登记行为违法）。针对某某公司的上述要求，上诉人于 2012 年 4 月 23 日向某市人民政府呈文明示不同意更正，2013 年 2 月 21 日向某某公司作出书面答复称补交土地出让金后才可变更（即若某某公司不补交则上诉人将不予变更）。某某公司为此先后于 2012 年 5 月、2013 年 7 月向某市安源区人民法院起诉提出了该诉请，根据《中华人民共和国行政诉讼法》及其司法解释关于行政诉讼时效的规定，某某公司的起诉并未超过法定时效。

关于某某公司就本案两诉请曾先后分别起诉，撤诉后再行起诉应否受理的问题。本院认为，从某某公司 2012 年起的一系列的诉讼过程来看，某某公司第一次起诉是 2012 年 5 月，其要求上诉人对"萍国用〔2006〕第 43750 号"土地证的地类登记由"工业"更正为"商住综合"，其针对的是上诉人不作为；第二次起诉是 2013 年 3 月，系基于上诉人 2013 年 2 月 21 日作出"补交土地出让金后才可变更地类用途登记"的答复后，对该答复不服而要求撤销该答复，其针对的是该答复；第三次起诉即本案诉讼，系因某某公司认为"仅撤销答复"不能达到对涉案土地的用途予以更正登记的目的，而在前次诉请的基础上增加一项诉请，属于对诉请的扩充。因上诉人已向某某公司作出了答复，在此情况下本案第一项诉讼请求不再是诉上诉人不作为，第二项诉讼请求虽在前次诉讼中已提出过，但在前次诉讼撤诉时某某公司已表明其真实意思不是放弃该诉权，而是要增加一项诉请以实现更正登记之目的。故本案的诉讼请求均不属于《最高人民法院关于执行〈中华人民共和国行政诉讼法〉若干问题的解释》第三十六条"人民法院裁定准予撤诉后，原告以同一事实和理由重新起诉的，人民法院不予受理"的情形，属于有正当理由再行起诉。据此，一审法院受理本案正确。

综上所述，上诉人的上诉理由不成立，其主张不能支持。一审判决主要事实清楚，审判程序合法，适用法律正确，依法应予维持。依照《中华人民共和国行政诉讼法》第六十一条第（一）项之规定，判决如下：

驳回上诉，维持原判。

二审案件受理费 50 元，由上诉人 E 市国土资源局负担。

本判决为终审判决。

审判长　朱某某
审判员　李某某
审判员　邹某某
二〇一四年八月十五日
书记员　陈　某

附录 4：张某、某区住房和城乡建设局城乡建设行政管理：
房屋登记管理（房屋登记）再审行政裁定书

某省某市中级人民法院
行 政 裁 定 书

〔2019〕辽 11 行再 1 号

上诉人（原审原告）：张某，男，1967 年 10 月 20 日出生，汉族，住某省某市某区。

被上诉人（原审被告）：某区住房和城乡建设局（原某县住房和城乡建设局），住所地某省某区。

法定代表人：董某，该局局长。

委托诉讼代理人：张某，该局信访法规股副股长。

委托诉讼代理人：李某，辽宁维达律师事务所律师。

原审原告张某与原审被告某区住房和城乡建设局房屋管理行政登记确权纠纷一案，已由某区人民法院于 2018 年 10 月 22 日作出〔2018〕辽 1104 行再 1 号行政判决。原审原告张某不服，向本院提起上诉。本院受理后依法组成合议庭审理了本案。现已审理终结。

原审被告某区住房和城市建设局（原某县住房和城乡建设局）于 2010 年 1 月 19 日作出某拆迁区域内房屋所有权证作废的公告，对原审原告张某的房屋所有权证（证号 01041744）部分作废（作废面积 117 平方米）。

2010 年 1 月 22 日，原审原告张某与某市土地储备中心签订了《城市房屋拆迁补偿安置非租赁房屋产权调换协议书》，对争议的房屋双方达成了补偿协议，房屋随后即被拆除。原审原告张某认为原审被告县住房和城乡建设局具体行政行为违法，应对原审原告 117 平方米房屋予以赔偿并起诉至县人民法院。县人民法院于 2012 年 5 月 30 日作出〔2012〕大洼行初字第 00013 号行政判决，确认县住房和城乡建设局作出的张某所有的 117 平方米房屋所有权证作废的具体行政行为违法。本案再审争议的焦点是：原审被告某区住房和城乡建设局应否承担赔偿责任。

原审法院认为：行政机关具体行政行为的作出，不仅应具备充分的事实根据，同时还应具有明确的法律依据。原审原告张某和原审被告某区住房和城乡建设局对原某县人民法院于 2012 年 5 月 30 日作出的〔2012〕大洼行初字第 00013 号行政判决书中确认原审被告具体行政行为违法的事实没有异议，即原审被告于 2010 年 1 月 19 日作出的某拆迁区域内房屋所有权证作废的公告中对原审原告张某（证号 01041744、作废面积 117 平方米）的房屋所有权证部分作废的具体行政行为违法。原审原告与某市土地储备中心签订拆迁补偿协议，就有房照 198 平方米的房屋及无房照 117 平方米房屋进行了补偿，故对原审原告要求原审被告某区住房和城乡建设局给予经济赔偿 510000 元的诉讼请求，本院不予支持。依照《中华人民共和国行政诉讼法》第七十四条、第九十一条、第九十二条、《最高人民法院关于适用〈中华人民共和国行政诉讼法〉的解释》第一百一十九条、第一百二十二条的规定，判决：撤销某县人民法院〔2012〕大洼行初字第 00013 号行政判决；确认原审被告某区住房和城乡建设局（原大洼县城乡建设局）于 2010 年 1 月 19 日作出的某拆迁区域内房屋所有权证作废的公告中对原审原告张某（证号 01041744、作废面积 117 平方米）的房屋所有权证部分作废的具体行政行为违法；驳回原审原告张某其他诉讼请求。

宣判后，原审原告张某不服，提出上诉。请求撤销一审判决，判定赔偿某区住房和城乡建设局违法确权给上诉人造成的经济损失。其理由是：（一）原审法院认定某区住房和城乡建设局对上诉人张某的 117 平方米的房屋的确权行政行为违法，但不承担赔偿责任的观点是不合法的；（二）原审法院认定上诉人提供的李某房产评估报告与本案不具有关联性是错误的。

本院认为，行政机关作出具体行政行为应当有明确的法律依据。本案被上诉人某区住房和城乡建设局于 2010 年 1 月 19 日作出的拆迁区域内房屋所有权证作废的公告中对上诉人张某（证号 01041744、作废面积 117 平方米）的房屋所有权证部分作废的具体行政行为没有法律依据，该行政行为违法。但根据上诉人与某市土地储备中心签订拆迁补偿协议可知，上诉人已接受了违法确权的 117 平方米房屋面积补偿，且双方已签订了拆迁补偿协议，补偿协议早已兑现完毕，原审原告张某以原审被告作出的具体行政行为违法为由，再次要求对 117 平方米无照房进行补偿，属于对已生效并已履行完毕的拆迁补偿协议的反悔，故对上诉人提出的要求被上诉人某区住房和城乡建设局给予经济赔偿的上诉请求，本院不予支持。上诉人提出的关于李某的房产评估报告应作为对其赔偿的参考标准的上诉理由，因李某房屋与上诉人的房屋没有法律上的关联性，具体情节及是否签订拆迁补偿协议等不相同，无参考价值，故对上诉人的这一上诉理由本院不予支持。依据《中华人民共和国行政诉讼法》第八十六条、第八十九条第一款（一）项规定，裁定如下：

驳回上诉，维持原判决。

本裁定为终审裁定。

审判长　孙某某

审判员　王　某

审判员　李某某

二〇一九年四月十五日

书记员　曹某某

附录 5：某市某区工商行政管理局与黄某某、何某某、何某工商行政处罚二审行政判决书

某市中级人民法院
行 政 判 决 书

〔2006〕成行终字第 228 号

上诉人（原审被告）某市某区工商行政管理局。

被上诉人（原审原告）黄某某，男，1952 年 3 月 24 日出生，汉族。

被上诉人（原审原告）何某某，女，1955 年 6 月 22 日出生，汉族。

被上诉人（原审原告）何某，男，1979 年 11 月 22 日出生，汉族。

上诉人某市某区工商行政管理局（以下简称某区工商行政管理局）因被上诉人黄某某、何某某、何某（以下简称"黄某某等三人"）诉其工商行政处罚一案，不服金堂县人民法院〔2006〕金堂行初字第 3 号行政判决，向本院提起上诉。本院依法组成合议庭，公开开庭审理了本案。上诉人某区工商行政管理局的委托代理人，被上诉人黄某某、何某某及黄某某等三人的委托代理人到庭参加诉讼。本院现已审理终结。

原审法院认定，2003 年 12 月 20 日，金堂县图书馆与黄某某联办多媒体电子阅览室。经双方协商，由黄某某出资金和场地，每年向金堂县图书馆缴纳管理费 2400 元。2004 年 4 月 2 日，黄某某以其子何某的名义开通了 ADSL84992722（包月 1000 元到 2005 年 6 月 30 日），在金堂县赵镇桔园路 151 号的门面正式挂牌开业。2004 年 4 月中旬因金堂县文体广电局整顿网吧，金堂县图书馆于 2004 年 5 月中旬退还黄某某 2400 元管理费，停办了金堂县图书馆多媒体电子阅览室。2005 年 6 月 2 日，某区工商行政管理局会同金堂县文体广电局、金堂县公安局对金堂县赵镇桔园路 153 号 2 楼进行检查，检查项目为"营业执照"，并对检查情况进行了录像，检查时发现有×中学学生叶×、杨×、郑×和数名成年人上网游戏。黄某某等三人未能在检查时出示《网络文

化经营许可证》和《营业执照》。某区工商行政管理局根据检查的情况，按照《互联网上网服务营业场所管理条例》第二十七条的规定，以成工商金堂扣字〔2005〕第 02747 号《扣留财物通知书》决定扣押何某某的 32 台电脑主机。该行为已被金堂县人民法院〔2005〕金堂行初字第 13 号行政判决所确认。2005 年 10 月 12 日，某区工商行政管理局以黄某某等三人的行为违反《互联网上网服务营业场所管理条例》第七条、第二十七条的规定，作出成工商金堂处字〔2005〕第 02026 号行政处罚决定，没收在何某某商业楼内扣押的从事违法经营活动的电脑主机 32 台。

原审法院认为，根据国务院第 363 号令发布的《互联网上网服务营业场所管理条例》第四条的规定，某区工商行政管理局是法律授权的"负责对互联网上网服务营业场所经营单位登记注册和营业执照的管理，并依法查处无照经营活动"的执法机关，是适格的执法主体。某区工商行政管理局在 2005 年 6 月 2 日对黄某某等三人处进行检查时，检查项目为"营业执照"。黄某某等三人在被检查时不能出示《网络文化经营许可证》和《营业执照》。且开通ADSL 时是以"网吧"为由申请的，资费是包月 1000 元，三名学生也证实上网时黄某某等三人收取了 3 元上网费用。因此，黄某某等三人的行为违反了《互联网上网服务营业场所管理条例》第七条的规定，同时也违反了国家工商行政管理局第 58 号令发布的《无照经营查处取缔办法》第四条第（一）项的规定，属擅自设立互联网上网服务营业场所的无照经营行为。某区工商行政管理局依照《互联网上网服务营业场所管理条例》的规定对其处罚是合法的。但因某区工商行政管理局在检查时项目为"营业执照"，而黄某某等三人在检查时也不能出示《营业执照》，同时《互联网上网服务营业场所管理条例》没有程序规定，而《无照经营查处取缔办法》是对无照经营查处取缔的专门程序性规定，某区工商行政管理局在对黄某某等三人从事无照经营活动的行为进行处罚时，既要适用《互联网上网服务营业场所管理条例》的规定，也应适用《无照经营查处取缔办法》的规定。黄某某等三人提出所扣押电脑主机是33 台，在某区工商行政管理局提供的"现场光碟"中黄某某也多次提到是 33 台，黄某某因此未在现场检查笔录、扣留财物通知书上签名。某区工商行政管理局在检查时现场有电脑 33 台，除黄某某、何某某在现场外，另有联合执法人员数名控制了检查现场，虽有扣押清单证明某区工商行政管理局扣押电脑主机是 32 台，但某区工商行政管理局现举不出所差 1 台电脑主机是黄某某等三人转移的证据，该责任应由某区工商行政管理局承担。根据《无照经营查处取缔办法》第十一条第一款、第十二条第一款的规定，某区工商行政管理局于 2005 年 6 月 2 日对黄某某等三人的物品进行了扣押，而作出处理决定的时间为 2005 年 10 月 12 日，超过了法定扣押的时间，应视为解除查封、扣押。依照《中华人民共和国行政诉讼法》第五十四条第（二）项第 1 目、第 2 目，最高人民法院《关于执行〈中华人民共和国行政诉讼法〉若干问题的解释》第五十九条、第六十条的规定，判决：一、撤销某区工商行政管理局于 2005 年 10 月 12 日作出的成工商金堂处字〔2005〕第 02026 号行政处罚决定。二、某区工商行政管理局在本判决生效之日起 30 日内重新作出该具体行政行为。三、某区工商行政管理局在本判决生效之日起 15 日内履行超期扣押黄某某、何某某、何某的电脑主机 33 台所应履行的法定职责。

宣判后某区工商行政管理局不服，向本院提出上诉称，1.《无照经营查处取缔办法》第十四条第二款明确规定"对无照经营行为的处罚，法律、法规另有规定的，从其规定"。据此，可以认定《互联网上网服务营业场所管理条例》作为调整互联网上网服务营业场所管理的专门行政法规，具有特别法地位，上诉人选择适用于行政相对人擅自设立互联网上网服务营业场所的定性和处罚是正确的。2. 原审判决仅凭"现场录像光碟"及现场检查笔录中反映现场执法人员多于被上诉人，以及当事人一方证言，就推定上诉人实际查扣 33 台电脑主机，没有事实根据及法律依据。3. 根据最高人民法院《人民法院诉讼收费办法》的规定，本案是行政处罚争议案件，争议的是具体行政行为是否合法，并无财产争议，一审裁决本案案件受理费 3084 元，其他诉讼费 2159 元没有法律依据。综上，请求撤销原审判决，维持上诉人作出的成工商金堂处字〔2005〕02026 号行政处罚决定。

被上诉人黄某某等三人辩称，2003 年 12 月 20 日，黄某某与金堂县图书馆达成协议，联合举办"金堂县图书馆多媒体电子阅览室"。2004 年 4 月 1 日，黄某某用其子何某的电话办理了宽带业务，同时以"金堂县图书馆多媒体电子阅览室"的名义在其妻何某某的门市金堂县赵镇桔园路 153 号 1 楼开业经营，后因金堂县文化局发现金堂县图书馆未向其申报备案，要求停止营业，黄某某随即停业，将电脑搬至金堂县赵镇桔园路 153 号 2 楼，并多次向金堂县文化局申报备案报送相关材料，其间并未对外从事互联网上网服务经营活动。某区工商行政管理局作出"没收电脑主机 32 台"的处罚决定认定事实不清。某区工商行政管理局未根据《中华人民共和国行政处罚法》第三十一条的规定，告知黄某某等三人拟作出行政处罚决定的事实、理由和依据，以及依法享有的权利，其行政处罚的程序违法。请求驳回某区工商行政管理局的上诉请求；维持原审判决第一项；撤销原审判决第二项；明确原审判决第三项中某区工商行政管理局应履行的法定职责内容。

某区工商行政管理局为证明其作出行政处罚决定事实清楚，向原审法院及本院提供了以下证据材料：

1. 2005 年 6 月 2 日，某区工商行政管理局现场检查笔录。主要内容为：检查中发现桔园路 153 号房屋中摆放有 33 台电脑，现场有四名学生及十余名成年人正在进行上网娱乐，当事人不能出示有关证件和营业执照。

2. 某区工商行政管理局所拍检查现场照片八张。

3. 成工商金堂扣字〔2005〕第 02747 号《扣留财物通知书》及所附财物清单。主要内容为：扣留组装处理主机 32 台。

4. G 省电信有限公司金堂县分公司的证明。主要内容为：何某 ADSL84992722 于 2004 年 4 月 2 日开通，资费包月 1000/月，开通地址桔园路 153 号。

5. 中国电信宽带 ADSL 业务登记表。主要内容为，84992722 号电话机主何某以开网吧为由，申请开通 ADSL 业务，开通地址为金堂县赵镇桔园路 151 号。

6. 2005 年 7 月 5 日，金堂县文化体育广播电视新闻出版稽查队的情况说明。主要内容为：2005 年 6 月 2 日，县文体广电局、县公安局、县工商局采取联合执法的方式，对桔园路 153 号网吧进行检查。检查时发现该网吧正在从事经营活动，某区工商行政管理局依法对其从事经营活动的电脑主机 32 台进行暂扣。

7. 2005 年 6 月 3 日，金堂县文化体育广播电视局的信息。主要内容为：2005 年 6 月 2 日下午由文体广电局、县公安局、县工商局采取联合执法的方式对赵镇桔园路 153 号的一家网吧进行检查，县工商局对网吧使用的 32 台计算机进行了现场暂扣。

8. 某区工商行政管理局扣押检查现场扣押财物的录像光碟一张。

9. 某区工商行政管理局对金堂××中学学生杨×、郑×、叶×的询问笔录 3 份及金堂××中学证明 1 份。内容为上述 3 名学生在桔园路 153 号处上网娱乐时，黄某某等三人收取了上网费用，询问时有被询问人所在学校的老师在场。

10. 金堂县人民法院〔2005〕金堂行初字第 13 号行政判决书、行政裁定书。主要内容为，判决维持某区工商行政管理局成工商金堂扣字〔2005〕第 02747 号《扣留财物通知书》。

经庭审质证，黄某某等三人对某区工商行政管理局所举的证据材料第 10 项提出异议，认为对杨×、叶×、郑×的询问时间均为学校放假期间，询问有作假之嫌，且询问方式具有诱导性；事实上 2005 年 6 月 2 日现场检查时没有未成年人在场。

本院经审查认为，第 1—8 项证据材料已被原审法院发生法律效力的〔2005〕金堂行初字第 13 号行政判决所确认。第 9 项证据材料取证合法，符合最高人民法院《关于行政诉讼证据若干问题的规定》第十条第一款第（四）项的规定，黄某某等三人提出的异议不成立。第 10 项证据材料系生效判决书、裁定书。上述证据材料与本案具有关联性，且具有真实性、合法性，本院予以采信。

某区工商行政管理局为证明其作出行政处罚程序合法，向原审法院及本院提供了以下证据材料：

1. 某区工商行政管理局行政处罚决定审批表，包括案件线索登记表、立案审批表、案件调查终结报告、案件核审表。

2. 某区工商行政管理局向黄某某、何某某、何某发出的询问通知书、送达回证、询问黄某某笔录。

3. 某区工商行政管理局成工商金堂处字〔2005〕第 02026 号行政处罚决定书（草稿）。

4. 某区工商行政管理局成工商金堂告字〔2005〕第 02026 号行政处罚告知书。主要内容为：黄某某等三人的行为违反了《互联网上网服务营业场所管理条例》第七条的规定，某区工商行政管理局拟根据《互联网上网服务营业场所管理条例》第二十七条对黄某某等三人作出没收违法经营的电脑主机 32 台，并告知黄某某等三人享有陈述、申辩的权利。

5. 某区工商行政管理局向黄某某等三人送达成工商金堂告字〔2005〕第 02026 号行政处罚告书的送达回证。该送达回证上附有国内挂号函件收据 3 份。

6. 黄某某、何某某、何某分别向成都市工商行政管理局提交的复议申请书 3 份。

7. 成都市工商行政管理局成工商复答字〔2005〕第 16 号行政复议提出答复通知书。

8. 某区工商行政管理局向成都市工商行政管理局提交的行政复议答复书。

9. 成都市工商行政管理局成工商复延字〔2006〕第 1 号行政复议延期通知书。

10. 成都市工商行政管理局成工商复字〔2006〕1 号行政复议决定书。主要内容为，成都市工商行政管理局经复议维持成工商金堂处字〔2005〕第 02026 号行政处罚决定。

经庭审质证，黄某某等三人对某区工商行政管理局的第 3 项证据材料认为不能证明行政处罚程序合法；对第 4 项证据材料认为黄某某等三人未收到该告知书；对第 5 项证据材料，认为挂号函件收据上无黄某某、何某签名，何某某虽有签名但收到的信封是空的，因此不能证明某区工商行政管理局向黄某某等三人送达了行政处罚告知书。某区工商行政管理局认为送达是通过邮局送达的，因此黄某某等三人的签名是在邮局办理挂号邮寄时邮局工作人员签的字，三封信均未被退回，说明三封信均已送达了黄某某等三人。黄某某等三人对第6、7、8、9、10项证据材料均未提出异议。

本院经审查认为，某区工商行政管理局提供的第1、2项证据材料已经金堂县人民法院〔2005〕金堂行初字第13号生效行政判决所确认。第3、4项证据材料是某区工商行政管理局内部的审批程序及告知权利、义务的文书，与本案具有关联性，对黄某某等三人提出的异议，本院不予采信。对第5项证据材料，本院认为依据《工商行政管理机关行政处罚程序暂行规定》第六十四条第（二）项关于直接送达有困难的，可以挂号邮寄送达的规定，某区工商行政管理局通过挂号函件形式送达，在有邮局工作人员签名，信件未被退回的情况下，其送达合法。因此，对黄某某等三人的异议，本院不予采信。对某区工商行政管理局所举的第6、7、8、9、10项证据材料，本院予以采信。

某区工商行政管理局为证明作出行政处罚适用法律正确，向原审法院及本院提供了以下法律依据。

1.《中华人民共和国行政处罚法》第三十一条、第四十二条；

2. 2002年8月14日，国务院第363号令发布的《互联网上网服务营业场所管理条例》第四条、第七条、第二十七条；

3. 1996年10月17日，国家工商行政管理局第58号令公布的《工商行政管理机关行政处罚程序暂行规定》第六十四条第（二）项。

黄某某等三人对上述法律的真实性无异议，但认为某区工商行政管理局认定的事实不成立，故上述法律不适用于本案。

本院经审查认为，某区工商行政管理局提供的上列法律、法规及规章在本案具有可适用性。

黄某某等三人为支持其主张，向原审法院及本院提供以下证据材料：

1. 2003年12月20日，金堂县图书馆与黄某某签订的协议。

2. 黄某某购买电脑及配件收据1份。

3. 黄某某购买电脑及配件的出库单3份。

4. 某区工商行政管理局现场检查笔录。

5. 某区工商行政管理局财物清单。

6. 某区工商行政管理局行政处罚决定审批表。主要内容为，某区工商行政管理局内部强制措施审批的程序，批准时间为 2005 年 8 月 24 日。

7. 王××、刘××、黄××三份调查笔录。主要内容为，黄某某与金堂县图书馆协议联办"电子阅览室"，向有关部门申报过，但未许可。拟证明开通互联网合法。

8. 检查现场照片 2 张。拟证明某区工商行政管理局执法人员在执法过程中粗暴执法。

9. 某区工商行政管理局成工商金堂处字〔2005〕第 02026 号行政处罚决定书。

10. 成都市工商行政管理局成工商复字〔2006〕1 号行政复议决定书。

11. 证人刘××、彭×出庭作证证言。主要内容为，在黄某某等三人处上网未交费。

12. 2005 年 12 月 2 日，G 省金堂××××学校的便笺。主要内容为，经查实我校无张×这名学生。

13. 某区工商行政管理局检查笔录附页，上面有 4 个学生签名。主要内容为，2005 年 6 月 2 日 18：05 分在何某某经营的网吧中上网的学生签名。

14. 根据黄某某等三人的申请，原审法院在金堂县文化体育局调取的金堂县图书馆《关于拟办"金堂县图书馆电子阅览室"的报告》。主要内容为，金堂县图书馆向金堂县文体广电局拟办"电子阅览室"的报告。

经庭审质证，某区工商行政管理局对 6、9、10、13、14 项证据材料无异议；对第 7 项证据材料的真实性无异议，但认为与本案无关联性；认为第 8 项证据材料与本案无关联性，且黄某某等三人未提供照片底片，不能证明该照片是否真实；对第 11 项证据材料提出异议，认为二位证人与黄某某等三人是熟人，只能证明他们两人在黄某某等三人处上网未收费而不能证明黄某某等三人未收取他人的上网费用；认为第 12 项证据材料只能证明 G 省金堂××××学校无张×这名学生，而不能否定检查现场的另三名学生的真实性，因此该证据材料与本案无关联性。

经本院审查认为，第 1—5 项证据材料已经金堂县人民法院〔2005〕金堂行初字第13号行政判决书予以确认。某区工商行政管理局对第6、9、10、13、14项证据材料无异议，本院予以采信。第7、8、11、12项证据材料与本案争议的事实没有关联性，不能作为本案定案依据。

根据上述有效证据，本院二审查明事实与原审一致。

本院认为：一、关于职权依据的问题。根据《互联网上网服务营业场所管理条例》第四条的规定，某区工商行政管理局对本区域内互联网上网服务营业场所经营单位登记注册和营业执照及查处无照经营活动负有行政管理职责，其执法主体适格。

二、关于适用法律的问题。《无照经营查处取缔办法》是针对从事各项经营活动的单位和个人制定的带有普遍约束力的法规，而《互联网上网服务营业场所管理条例》是为了加强对互联网上网服务营业场所的管理，规范经营者的经营行为，保障互联网上网服务经营活动健康发展而专门制定的法规，属特别法。根据《无照经营查处取缔办法》第十四条第二款"对无照经营行为的处罚，法律、法规另有规定的，从其规定"的规定，本院认为各行业对无照经营行为有特别规定的，应当依照特殊规定执行。某区工商行政管理局在对黄某某等三人进行检查时，虽以"营业执照"为检查项目，但在检查过程中发现黄某某等三人在未取得文化行政部门的批准和公安机关核发的《网络文化经营许可证》，及未经工商行政管理部门核准登记，擅自设立互联网上网服务营业场所，从事互联网上网服务经营活动，违反《互联网上网服务营业场所管理条例》第七条的规定，并根据该条例第二十七条的规定对黄某某等三人进行处罚，其适用法律正确。

三、关于事实问题。黄某某等三人主张某区工商行政管理局扣押电脑主机的数量为33台，而处罚决定没收电脑主机32台，属认定事实不清。本院认为，扣押财产与行政处罚是二个不同的行政行为，何某某诉某区工商行政管理局扣押财产一案，已经金堂县人民法院作出的〔2005〕金堂行初字第13号行政判决予以确认，因此该扣押财产行为的合法性应受生效判决所羁束，故黄某某等三人诉某区工商行政管理局扣押电脑主机的数量不准确及扣押行为违法不属本案审理范围。原审法院认定某区工商行政管理局在检查时现场有电脑33

台，虽有扣押清单证明某区工商行政管理局扣押电脑主机是 32 台，但某区工商行政管理局现举不出所差 1 台电脑主机是黄某某等三人转移的证据，该责任应由某区工商行政管理局承担，并以此判决某区工商行政管理局在本判决生效之日起 15 日内履行超期扣押黄某某、何某某、何某的电脑主机 33 台所应履行的法定职责，超越了本案的审理范围，应予撤销。

四、关于程序问题。《中华人民共和国行政处罚法》第四十二条规定行政机关作出责令停产停业、吊销许可证或者执照、较大数额罚款等行政处罚决定之前，应当告知当事人有要求举行听证的权利。虽然该条没有明确要求对"没收财产"应举行听证，但条文中的"等"所列事项，应当是指明文列举的责令停产停业、吊销许可证或者执照、较大数额罚款三种行政处罚种类以外的，并且与列举事项类似的其他对相对人权益产生较大影响的行政处罚。本院认为，为了保证行政相对人充分行使陈述权和申辩权，保障行政处罚决定的合法性和合理性，对没收较大数额财产的行政处罚应当根据《中华人民共和国行政处罚法》第四十二条的规定适用听证程序。关于没收较大数额的财产标准应比照《G 省行政处罚听证程序暂行规定》第三条"本规定所称较大数额的罚款，是指对非经营活动中的违法行为处以 1000 元以上，对经营活动中的违法行为处以 20000 元以上罚款"中对罚款数额的规定。因此，某区工商行政管理局没收黄某某等三人 32 台电脑主机的行政处罚决定，应属没收较大数额的财产、对黄某某等三人的利益产生重大影响的行为，某区工商行政管理局在作出行政处罚前应当告知被处罚人有要求听证的权利。本案中，某区工商行政管理局在作出处罚决定前只按照行政处罚一般程序告知黄某某等三人有陈述、申辩的权利，而没有告知听证权利，违反了法定程序，依法应予撤销。依照《中华人民共和国行政诉讼法》第六十一条第（一）项、第（二）项的规定，判决如下：

一、维持某省金堂县人民法院〔2006〕金堂行初字第 3 号行政判决第一项、第二项。

二、撤销某省金堂县人民法院〔2006〕金堂行初字第 3 号行政判决第三项。

三、驳回某市某区工商行政管理局的上诉请求。

一审案件受理费及其他诉讼费不变。

二审案件受理费人民币 3084 元，由某市某区工商行政管理局负担。

本判决为终审判决。

审 判 长 沈 某

代理审判员 郑 某

代理审判员 李某某

二〇〇六年九月二十八日

书 记 员 熊 某

附录 6：陈某某诉某市某区住房和城乡建设局
不履行房屋登记法定职责一审行政判决书

某市某区人民法院
行　政　判　决　书

原告：陈某某，女，55 岁，汉族，住某省某县。

被告：某市某区住房和城乡建设局，住所地：某省某市某区。

原告陈某某因与被告某市某区住房和城乡建设局（以下简称区住建局）发生不履行房屋登记法定职责纠纷，向某区人民法院提起行政诉讼。

原告陈某某诉称：某市某区××大道 833 号××花园 A 组团 23-201 室住房原为曹某某所有。2011 年 5 月 23 日，曹某某亲笔书写遗嘱，将该房产及一间储藏室（8 平方米）以及曹某某名下所有存款金、曹某某住房中的全部用品无条件赠给陈某某。后曹某某于 2011 年 6 月 22 日在医院去世。2011 年 7 月 22 日，原告经某市公证处作出公证，声明接受曹某某的全部遗赠。2011 年 8 月 3 日，原告携带曹某某遗嘱、房产证、公证书等材料前往被告下设的房地产交易中心办理过户手续被拒绝。2011 年 10 月 10 日，原告向被告提出书面申请要求被告依法为其办理房屋所有权转移登记，被告于 2011 年 10 月 27 日书面回复，以"遗嘱未经公证，又无'遗嘱继承公证书'"为由不予办理遗产转移登记。综上，原告认为被告强制公证的做法，与我国现行的《继承法》《物权法》《公证法》等多部法律相抵触。故提起行政诉讼，要求法院确认被告拒为原告办理房屋所有权转移登记的行为违法，责令被告就该涉案房屋为原告办理房屋所有权转移登记。

原告陈某某提交如下证据：1. 曹某某所书《我的遗言》，证明曹某某将涉案房屋遗赠给原告；2. 曹某某身份证及户籍信息证明复印件各 1 份，证明曹某某的身份；3. 房权证东山第 J00043260 号《房屋产权证》、宁某用〔2006〕第 19372 号《国有土地使用权证》各 1 份，证明曹某某对遗言中所涉及房产有合法处置权；4. 编号为 0000974 号《证明》1 份，证明曹某某已过世并被安葬；5. 公证处出具《公证书》1 份，证明原告已声明接受曹某某的遗赠；6. 房产分层分户平面图、取号单、发票各 1 份，证明原告前往被告处办理房屋所有权转移登记，并办理好配图手续及交纳费用，但是被告拒绝为其办理的事实；7.《关于办理过户登记的申请》及国内特快专递邮件详情单各 1 份，证明原告向被告书面申请办理过户登记的事实；8. 区住建局作出的《关于陈某某办理过户登记申请的回复》1 份，证明被告回复无法为原告办理房屋所有权转移登记；9. 司法鉴定中心出具的鉴定意见书 1 份，证明曹某某所书《我的遗言》是其本人书写，是其真实意思表示；10. 曹某某的死亡医学证明书 1 份，证明曹某某于 2011 年 6 月 22 日在某市第一医院肿瘤内科病房去世的事实。

被告区住建局辩称：根据司法部、建设部《关于房产登记管理中加强公证的联合通知》（以下简称《联合通知》）第二条之规定："遗嘱人为处分房产而设立的遗嘱，应当办理公证。遗嘱人死亡后，遗嘱受益人须持公证机关出具的'遗嘱公证书'和'遗嘱继承权公证书'或'接受遗赠公证书'，以及房产所有权证、契证到房地产管理机关办理房产所有权转移登记手续。处分房产的遗嘱未经公证，在遗嘱生效后其法定继承人或遗嘱受益人可根据遗嘱内容协商签订遗产分割协议，经公证证明后到房地产管理机关办理房产所有权转移登记手续。对遗嘱内容有争议，经协商不能达成遗产分割协议的，可向人民法院提起诉讼。房地产管理机关根据判决办理房产所有权转移登记手续。"而本案原告陈某某仅依据曹某某所立书面遗嘱为依据提出房屋所有权转移登记申请，该遗嘱并未经过公证，且原告也未提供该遗嘱分割协议，故不符合《联合通知》的规定，不应为其办理房屋所有权转移登记。综上，被告不予办理房屋所有权转移登记的具体行政行为事实清楚、程序合法、适用法律正确，请求法院依法驳回原告的诉讼请求。

某市某区人民法院经审理查明：某市某区××大道 833 号××花园 A 组团23-201 室房屋所有权人为曹某某。2011 年 5 月 23 日，曹某某亲笔书写遗嘱，将该房产及一间储藏室（8 平方米）以及曹某某名下所有存款金、曹某某住房中的全部用品无条件赠给原告陈某某。后曹某某于 2011 年 6 月 22 日在医院去世。2011 年 7 月 22 日，原告经某公证处作出公证，声明接受曹某某的全部遗赠。2011 年 8 月 3 日，原告携带曹某某遗嘱、房产证、公证书等材料前往被告区住建局下设的房地产交易中心办理房屋所有权转移登记被拒绝。2011 年 10 月 10 日，原告向被告提出书面申请要求被告依法为其办理房屋所有权转移登记，被告于 2011 年 10 月 27 日书面回复，以"遗嘱未经公证，又无'遗嘱继承公证书'"为由不予办理遗产转移登记。综上，原告认为被告强制公证的做法，与我国现行的《继承法》《物权法》《公证法》等多部法律相抵触。故向本院提起行政诉讼，要求法院确认被告拒为原告办理房屋所有权转移登记的行为违法，责令被告就涉案房屋为原告办理房屋所有权转移登记。

本案的争议焦点是：关于司法部、建设部《联合通知》效力的认定。

某市某区人民法院一审认为：根据相关法律法规规定，房屋登记，由房屋所在地的房屋登记机构办理。被告区住建局作为房屋登记行政主管部门，负责其辖区内的房屋登记工作。本案中，曹某某书面遗嘱的真实性已进行司法鉴定，司法鉴定中心出具的鉴定结论为：曹某某该书面遗嘱中"曹某某"签名与提供的签名样本是同一人书写。

根据《中华人民共和国行政诉讼法》第五十二条之规定："人民法院审理行政案件，以法律和行政法规、地方性法规为依据。地方性法规适用于本行政区域内发生的行政案件。"及第五十三条之规定："人民法院审理行政案件，参照国务院部、委根据法律和国务院的行政法规、决定、命令制定、发布的规章以及省、自治区、直辖市和省、自治区的人民政府所在地的市和经国务院批准的较大的市的人民政府根据法律和国务院的行政法规制定、发布的规章。"另《中华人民共和国物权法》第十条规定："国家对不动产实行统一登记制度。统一登记的范围、登记机构和登记办法，由法律、行政法规规定。"《中华人民共和国继承法》第十六条第三款之规定："公民可以立遗嘱将个人财产赠给国家、集体或者法定继承人以外的人。"以及第十七条第二款之规定："自书遗嘱由遗嘱人亲笔书写，签名，注明年、月、日。"另《房屋登记办法》第三十二条规定："发生下列情形之一的，当事人应当在有关法律文件生效或者事实发生后申请房屋所有权转移登记······（三）赠与······。"且《房屋登记办法》并无规定，要求遗嘱受益人须持公证机关出具的遗嘱公证书才能办理房屋转移登记。

本案中，《联合通知》是由司法部和建设部联合发布的政府性规范文件，不属于法律、行政法规、地方性法规或规章的范畴，其规范的内容不得与《物权法》《继承法》《房屋登记办法》等法律法规相抵触。行政机关行使行政职能时必须符合法律规定，行使法律赋予的行政权力，其不能在有关法律法规规定之外创设新的权力来限制或剥夺行政相对人的合法权利。行政机构以此为由干涉行政相对人的合法权利，要求其履行非依法赋予的责任义务，法院不予支持。故，被告依据《联合通知》的规定要求原告必须出示遗嘱公证书才能办理房屋转移登记的行为与法律法规相抵触，对该涉案房屋不予办理房屋所有权转移登记的具体行政行为违法。

据此，某市某区人民法院依照《中华人民共和国行政诉讼法》第五十四条第（二）项、第（三）项之规定，于 2013 年 7 月 24 日判决如下：

一、撤销被告区住建局于 2011 年 10 月 27 日作出的《关于陈某某办理过户登记申请的回复》。

二、责令被告区住建局在本判决书发生法律效力后 30 日内履行对原告陈某某办理该涉案房屋所有权转移登记的法定职责。

审判长　某某

审判员　某某

审判员　某某

二〇一三年七月二十四日

附录7：陈某某和某市某区环境保护局环保行政处罚二审行政判决书

某省某市中级人民法院
行 政 判 决 书

〔2014〕成行终字第 345 号

上诉人（原审原告）陈某某，男，1958 年 7 月 1 日出生，汉族，住四川省 M 市 K 区。

委托代理人彭谋，四川君盛律师事务所律师。

被上诉人（原审被告）M 市 N 区环境保护局。住所地：四川省 M 市 N 区双林路 57 号。

法定代表人张某某，局长。

委托代理人高某某，四川中一律师事务所律师。

委托代理人李某某，四川中一律师事务所律师。

上诉人陈某某因诉被上诉人 M 市 N 区环境保护局（以下简称 N 区环保局）环保行政处罚一案，不服 M 市 N 区人民法院〔2014〕成华行初字第 29 号行政判决，向本院提起上诉。本院依法组成合议庭，于 2014 年 8 月 22 日公开开庭审理了本案。上诉人陈某某的委托代理人彭某，被上诉人 N 区环保局的法定代表人张某某及其委托代理人高某某、李某某到庭参加诉讼。本案现已审理终结。

被上诉人 N 区环保局于 2012 年 12 月 11 日作出成华环保罚字〔2012〕1130-01 号行政处罚决定（以下简称 1130-01 号行政处罚决定），其主要内容为：德龙钢化玻璃加工厂（以下简称德龙加工厂）在 N 区从事钢化玻璃生产加工中私设暗管排放水污染物，该行为违反了《中华人民共和国水污染防治法》（以下简称《水污染防治法》）第二十二条第二款的规定，根据《水污染防治法》第七十五条第二款的规定，作出以下行政处罚：责令立即拆除暗管，并处罚款 10 万元。

　　原审法院审理查明，陈某某系个体工商户德龙加工厂的业主，自 2011 年 3 月开始加工生产钢化玻璃。2012 年 11 月 2 日，N 区环保局在德龙加工厂位于 M 市 N 区 B-10 号（以下简称 B-10 号）的厂房检查时，发现该厂涉嫌具有私自设置暗管偷排污水的行为。当日，N 区环保局向德龙加工厂送达了川 A 成华〔2012〕约通字第 110203 号《环境保护行政执法约见通知书》。之后，N 区环保局对德龙加工厂私设暗管的行为进行立案调查。

　　N 区环保局经过调查取证，于 2012 年 11 月 5 日作出川 A 成华〔2012〕改字 1105-1 号《四川省环境保护行政执法限期整改决定书》，限德龙加工厂在 2012 年 11 月 5 日前完成以下整改任务：1. 立即拆除私设暗管；2. 生产废水收集后循环利用，不能外排；3. 生活废水综合利用，加强厂内管理。该整改决定于当日向德龙加工厂予以送达。2012 年 11 月 8 日，N 区环保局作出川 A 成华〔2012〕调终字 1108-01 号《环境保护行政处罚案件调查终结审查表》，确认了德龙加工厂私设暗管排放污水的事实，并认为该厂属二次违法，建议罚款 10 万元。

　　2012 年 11 月 14 日，N 区环保局作出川 A 成华罚告字〔2012〕1114-01 号《环境行政处罚告知书》，告知德龙加工厂拟对其作出立即拆除暗管，并处罚金 10 万元的行政处罚，该告知书于当日送达德龙加工厂。同日，N 区环保局向德龙加工厂送达了川 A 成华听告字〔2012〕1114-01 号《环境行政处罚听证告知书》。2012 年 11 月 16 日，德龙加工厂向 N 区环保局提出听证申请。同年 11 月 20 日，N 区环保局作出并于当日向德龙加工厂送达了成华环罚通字〔2012〕20121120-01 号《环境行政处罚听证通知书》，并于 2012 年 11 月 27 日举行了听证。2012 年 12 月 11 日，N 区环保局作出 1130-01 号行政处罚决定，责令立即拆除暗管，并处罚款 10 万元。该处罚决定于 2012 年 12 月 11 日送达德龙加工厂。

　　原审法院认为，根据《中华人民共和国环境保护法》（以下简称《环境保护法》）、《环境行政处罚办法》等相关规定，N 区环保局具有对 N 区范围内的公民、法人或者其他组织实施的环境违法行为作出行政处罚的行政职权。本案中，德龙加工厂工商注册地虽然在 M 市龙泉驿区大面街道办事处辖区内，但其生产加工形成环境违法事实的具体地点在 M 市 N 区保和街道办事处天鹅社区。《中华人民共和国行政处罚法》（以下简称《行政处罚法》）第二十条规定，行政处罚由违法行为发生地的县级以上地方人民政府具有行政处罚权的行政机关管辖，《环境行政处罚办法》第十七条规定，县级以上环境保护主管部门管辖本行政区域的环境行政处罚案件，造成跨行政区域污染的行政处罚案件，由污染行为发生地环境保护主管部门管辖。因此 N 区环保局对德龙加工厂在 M 市 N 区保和街道办事处天鹅社区发生的具体环境违法行为具有管辖权。

对于德龙加工厂提出的其排放的水质达标而不应当处罚的主张，法院认为，该厂据以提出水质达标的证据为 M 市 N 区环境监测站于 2012 年 5 月 22 日出具的《检测报告》，该报告所称的水质达标是指德龙加工厂排放的废水符合排放污水的相关标准，德龙加工厂私设暗管排放的仍旧属于污水，违反了《水污染防治法》第二十二条第二款的规定。

对于德龙加工厂提出的罚款 10 万元属过重处罚的主张，法院认为，N 区环保局对德龙加工厂处罚 10 万元符合法律规定的幅度范围，且该厂曾因实施"未办理环评手续、环保设施未验收即投入生产"的违法行为受到过行政处罚，本案违法行为系二次违法行为，N 区环保局对德龙加工厂作出罚款 10 万元的行政处罚并无不妥。

综上，在事实上陈某某对于其私设暗管的行为并无异议，程序上 N 区环保局的整个执法行为符合相关法律规定，故 N 区环保局作出本案行政处罚决定事实清楚，证据充分，适用法律、法规正确，程序合法。遂依照《最高人民法院关于执行〈中华人民共和国行政诉讼法〉若干问题的解释》第五十六条第（四）项的规定，判决：驳回陈某某的诉讼请求。案件受理费 50 元，由陈某某负担。

宣判后，陈某某不服，向本院提起上诉称，1. ××社区内的生产点未办理工商登记，属非法生产点，且厂房也是由陈某某个人租赁，应当对直接责任人或实际生产者进行处罚，N 区环保局对德龙加工厂作出行政处罚系处罚对象错误。2. 上诉人的生产点未对环境造成实际的污染，在环保执法部门的调查中也能积极配合，N 区环保局对上诉人顶格处罚显失公平。请求撤销原审判决，并判决撤销 1130-01 号行政处罚决定。

被上诉人 N 区环保局答辩称，原审判决认定事实清楚，适用法律正确，程序合法，请求予以维持。

被上诉人 N 区环保局为证明其作出 1130-01 号行政处罚决定合法，向原审法院提供了以下证据材料及依据：

1. N 区环保局的组织机构代码证；2. N 区环保局主要职责内设机构和人员编制规定（"三定方案"）。3. 现场勘验笔录和现场照片；4. 行政执法约见通知书及送达回证；5. 环境保护行政处罚立案登记审批表；6. N 区环保局执法人员对杨玺所作的调查笔录和询问笔录（包括执法人员的身份证和执法证件、陈某某的委托书等）；7. N 区环保局执法人员对德龙加工厂业主陈某某所作的询问笔录以及德龙加工厂的个体工商户营业执照、陈某某的身份证明材料；8. 杨玺书写的《循环水沉淀池埋暗管的情况说明》；9. 川 A 成华〔2012〕改字 1105-1 号限期整改决定书及陈某某签收的送达回证；10. 案件集体审议记录；11. 环境行政处罚告知书、环境行政处罚听证告知书以及送达回证；12. 德龙加工厂听证申请书及授权委托书；13. 听证通知书及送达回证；14. 听证笔录；15. 德龙加工厂提交的听证补充意见；16. 案件案审委员会审议记录；17. 川 A 成华〔2012〕改字 516-01 号限期整改决定书及陈某某签收的送达回证；18. M 市中级人民法院〔2013〕成行终字第 240 号行政判决书；19. 1130-01 号行政处罚决定的送达回证。20.《环境保护法》第七条第二款的规定。21.《水污染防治法》第八条第一款、第二十二条第二款、第七十五条第二款的规定。22.《行政处罚法》第二十条；23.《环境行政处罚办法》第十七条的规定。

经庭审质证，上诉人陈某某对被上诉人 N 区环保局提供的第 1—19 项证据材料的真实性不持异议，但认为第 7 项证据材料仅为陈某某的个人陈述，不能证明 N 区环保局处罚对象正确；第 17—18 项证据材料不足以证明 N 区环保局对上诉人作出罚款 10 万元的行政处罚幅度恰当。上诉人陈某某对被上诉人 N 区环保提供的第 20—23 项依据的合法性不持异议。

上诉人陈某某为支持其诉讼主张，向原审法院提供了以下证据材料：

1. 经营者为陈某某、字号为 M 市德龙玻璃装饰部的个体工商户营业执照。

2. 经营者为陈某某、字号为龙泉驿区十陵街办新德龙钢化玻璃加工厂的个体工商户营业执照。3. 陈某某租赁保和街道办天鹅社区一组厂房的租赁合同、收取租金收条以及出租人的身份证复印件。4. N 区环境监测站于 2012 年 5 月 22 日出具的成华环监字〔2012〕水监督第 040 号《监测报告》。

经庭审质证，被上诉人 N 区环保局对上诉人陈某某提供的第 1—2 项证据材料的关联性提出异议，认为与本案无关；对第 3 项证据材料的真实性无异议，但认为在本案中不具有证明力，不能证明被上诉人的处罚对象错误；第 4 项证据材料形成于本次违法行为查处之前，且即使有效也不能否定德龙加工厂存在私设暗管规避环保部门监管的违法事实。

本案各方当事人提供的上述证据材料及依据已随原审卷宗移送本院。经审查，被上诉人 N 区环保局提供的第 1—19 项证据材料以及上诉人陈某某提供的第 3 项证据材料具有真实性、合法性，且与本案具有关联性，能够作为本案定案的根据，本院予以采信；被上诉人 N 区环保局提供的第 20—23 项依据系 N 区环保局作出本案行政处罚决定时合法有效的法律规范，在本案中具有可适用性。上诉人陈某某提供的第 1—2 项证据材料与本案无关联性，本院不予采信；上诉人提供的第 4 项证据材料即《监测报告》虽具有真实性，但与本案没有关联，且排放的生产污水是否达标并不影响德龙加工厂采取私设暗管规避监管事实的认定，故上诉人提供的该项证据材料本院不予采信。

本院查明的案件事实除与原审判决一致外，还另查明，德龙加工厂因不服 N 区环保局作出的 1130-01 号行政处罚决定，于 2013 年 2 月 8 日向 M 市 N 区人民政府申请行政复议，M 市 N 区人民政府于同年 4 月 3 日作出维持该处罚决定的行政复议决定，并于 2013 年 4 月 7 日向德龙加工厂送达。

本院认为，一、关于被上诉人 N 区环保局在本案中的行政处罚管辖权问题。根据《环境保护法》第七条第二款和《水污染防治法》第八条第一款的规定，N 区环保局作为 N 区环境保护的行政主管部门，其具有对本辖区内的水污染防治等环境保护工作实施统一监督管理的行政职责。本案被诉具体行政行为所涉性质为行政处罚，根据《行政处罚法》第二十条规定，行政处罚由违法行为发生地的县级以上地方人民政府具有行政处罚权的行政机关管辖。环境保护部第 8 号令公布的《环境行政处罚办法》第十七条规定，县级以上环境保护主管部门管辖本行政区域的环境行政处罚案件，造成跨行政区域污染的行政处罚案件，由污染行为发生地环境保护主管部门管辖。就本案看，德龙加工厂的工商登记注册地在龙泉驿区大面街道办东洪路 90 号，但被上诉人 N 区环保局在诉讼中提供的其对该厂厂长杨玺的调查笔录以及制作的有杨玺签字确认的现场勘验笔录、现场照片等有效证据，能够证明 N 区环保局查处的涉案地点在 N 区保和街道办天鹅社区一组。故根据前述规定，被上诉人 N 区环保局具有作出本案行政处罚的行政职权。上诉人陈某某提出的 N 区环保局在本案中不具有行政处罚管辖权的诉讼主张本庭不予支持。

二、关于被上诉人 N 区环保局在本案中的行政处罚对象是否正确的问题。根据被上诉人 N 区环保局在诉讼中提供的其对陈某某的询问笔录以及上诉人的庭审陈述等有效证据表明，上诉人陈某某系个体工商户德龙加工厂的业主，其租赁 N 区 B-10 号的厂房的目的是用于德龙加工厂的钢化玻璃生产加工，即涉案生产点属于德龙加工厂的一个生产点。该生产点是否办理工商登记、租赁者是否为陈某某个人，并不影响涉案生产点的经营主体为德龙加工厂这一客观事实。故被上诉人 N 区环保局在本案行政处罚中将德龙加工厂作为处罚对象正确。上诉人陈某某提出的 N 区环保局处罚对象错误的诉讼主张本庭不予支持。

三、关于德龙加工厂在本案所涉生产点私设暗管排放水污染物的事实认定问题。《水污染防治法》第二十二条第二款规定，禁止私设暗管或采取其他规避监管的方式排放水污染物。该规定的立法精神和目的就是从法律上约束和杜绝任何单位和个人采取私设暗管等方式规避环境执法部门的监管。根据本庭确认的有效证据以及当事人的庭审陈述，能够证明德龙加工厂的涉案生产点存在私设暗管排放生产污水的违法行为，该生产点所排放的生产污水是否达标并不影响德龙加工厂私设暗管规避监管这一违法事实的成立。被上诉人 N 区环保局对上述违法事实的认定证据充分，适用法律正确。

四、关于被上诉人 N 区环保局对德龙加工厂作出罚款 10 万元的行政处罚是否显失公平的问题。《水污染防治法》第七十五条第二款规定，违反法律、行政法规和国务院环境保护主管部门的规定私设暗管的，由县级以上地方人民政府环境保护主管部门责令限期拆除，处二万元以上十万元以下的罚款。该规定赋予了环境保护执法机关对私设暗管违法行为的罚款处罚享有自由裁量权，但该自由裁量权的行使应当要有相应的根据及理由予以证明。就本案查明的案件事实以及被上诉人 N 区环保局在诉讼中提供的 M 市中级人民法院〔2013〕成行终字第 240 号行政判决等有效证据看，N 区环保局于 2012 年 7 月曾以本案所涉生产点未办理环保手续、环保设施未验收即投入生产为由，对德龙加工厂作出立即停止违法行为，罚款 2 万元的行政处罚，同年 11 月，N 区环保局再次查获德龙加工厂在该生产点采取私设暗管方式排放水污染物，规避执法机关的监管。在此情况下，被上诉人 N 区环保局在《水污染防治法》第七十五条第二款所规定的幅度内，并综合考虑德龙加工厂的违法事实，对德龙加工厂作出罚款 10 万元的行政处罚并无不当。上诉人陈某某提出的 N 区环保局对德龙加工厂作出罚款 10 万元的行政处罚显失公平的诉讼主张本庭不予支持。

综上，被上诉人 N 区环保局作出的 130-01 号行政处罚决定认定事实清楚，证据充分，适用法律正确，程序合法。原审判决结果正确，审判程序合法。上诉人陈某某的上诉请求不能成立。依照《中华人民共和国行政诉讼法》第六十一条第（一）项的规定，判决如下：

驳回上诉，维持原判。

一审案件受理费负担不变；二审案件受理费 50 元，由上诉人陈某某负担。

本判决为终审判决。

审　判　长　李某某

审　判　员　喻某某

代理审判员　邱某某

二〇一四年八月二十二日

书　记　员　刘　某

附录8：某某公司与 J 市 K 区环保局
环保行政处罚纠纷一审行政判决书

某市成华区人民法院
行 政 判 决 书

〔2017〕沪 0116 行初 3 号

原告某某公司。

被告 J 市 K 区环境保护局。

原告某某公司因不服被告 J 市 K 区环境保护局（以下简称 K 区环保局）作出的行政处罚决定，于 2017 年 1 月 3 日向本院提起行政诉讼。本院于 2017 年 1 月 9 日立案受理，并于同月 13 日向被告送达了起诉状副本及应诉通知书。本院依法组成合议庭，于 2017 年 2 月 16 日公开开庭审理了本案。原告某某公司委托代理人，被告 K 区环保局局长及委托代理人到庭参加诉讼。本案现已审理终结。

2016 年 12 月 2 日，被告作出第 2020160224 号《行政处罚决定书》（以下简称被诉行政处罚决定），认定 2016 年 8 月 17 日，被告执法人员对原告无组织排放恶臭污染物进行检查、监测，在原告厂界采样后，经 J 市 K 区环境监测站（以下简称金山环境监测站）检测，3#监测点臭气浓度一次性最大值为 25，超出《恶臭污染物排放标准》（GB14554-93）规定的排放限值 20，该行为违反了《中华人民共和国大气污染防治法》（以下简称《大气污染防治法》）第十八条的规定，依据《大气污染防治法》第九十九条第（二）项的规定，决定对原告罚款人民币 25 万元（以下币种均为人民币）。

原告某某公司诉称，其系以其他企业生产过程中产生的污泥为原料进行无害化处理的资源综合再利用企业，厂区内的臭气来源于作为生产物料的污泥，而原告不是污泥的生产者，被告未调查臭气来源即因厂区界址臭气浓度超标将原告认定为臭气的排放者，与事实不符；被告处罚依据的《监测报告》未清晰界定原告所属的环境空气功能区及对应的恶臭污染物厂界标准值，三类环境空气功能区已并入二类区，但不代表三类区已经取消，原告所在区域有可能适用《恶臭污染物排放标准》中三级恶臭污染物厂界标准值，同时，连续排放源排放监测采样频率与间歇排放源不同，《监测报告》也未明确采取何种采样频率；污泥属于一般固体废物，因之造成的污染应适用《中华人民共和国固体废物污染环境防治法》（以下简称《固体废物污染环境防治法》）第六十八条第一款第（七）项及第二款的规定，处一万元以上十万元以下的罚款，但被告适用了罚款数额更高的《大气污染防治法》第九十九条第（二）项规定，属适用法律错误；在多个监测点位中，仅 3#监测点位臭气浓度超标，且仅系轻微超标，被告处以 25 万元的罚款，显有不当；此外，原告系资源综合再利用企业，享有税收优惠政策，一旦遭受行政处罚，则一定时期内无法再申请免税，且原告 2016 年 8 月处于新旧股东股权转让期间，公司新管理者未及时掌握公司情况，被告未考虑前述因素，仍处以巨额罚款，严重影响企业生存与发展。因此，被诉行政处罚决定认定事实及适用法律均错误，处罚幅度明显不当，请求予以撤销。

被告 K 区环保局辩称，其作为环境保护主管部门，有权对大气污染违法行为进行行政处罚；被告对原告无组织排放恶臭污染物进行了监督监测，在其厂界采样后，经检测，3#监测点臭气浓度一次性最大值超出了恶臭污染物排放国家标准，该事实证据确凿，原告调查时亦无异议；三类环境空气功能区已并入二类区，《监测报告》认定原告所在区域应执行二级恶臭污染物厂界标准限值 20 并无不当，且监测时根据现场情况对原告厂界四个点位各采集三次并取其最大值的做法亦符合规定；被告接到群众投诉后，对原告厂区进行检查并由金山环境监测站对厂区内厂界臭气和废气排放口进行采样，在收到《监测报告》后依法立案，经调查，作出责令改正通知，后经听证作出被诉行政处罚决定，执法程序合法；原告向大气排放恶臭污染物超出国家标准，被告适用《大气污染防治法》依法有据；被告作出处罚时已充分考虑了原告违法行为对环境及社会的影响、违法次数、配合调查取证情况、整改情况以及原告企业性质等因素，处罚幅度并无不当。被诉行政处罚决定认定事实清楚，证据确凿，程序合法，裁量适当，请求依法驳回原告的诉讼请求。

原告为证明其主张，向本院提供了以下证据：1. 营业执照、上海市高新技术企业认定证书，证明原告为综合利用淤泥开发新型建材的企业；2.《关于"年新增 2000 万块多规格环保型淤泥烧结多孔砖技术改造项目"环境保护设施竣工验收的审批意见》及 LS56-2012 号《建设项目竣工环境保护验收监测报告》，证明 2000 万块多规格环保型淤泥烧结多孔砖项目为原告当前运营的项目，相应环保设施已于 2012 年 12 月获得被告验收通过，项目各项排放符合国家标准，原告生产过程主要污染物为烟尘，通过 56 米高烟囱排放，不产生恶臭气体；3. 污泥处理协议 8 份，证明原告系从事固体废物无害化处理和处置的企业，主要业务之一是利用自身技术和设备，处理自来水厂、污水处理厂等其他企业生产过程所形成的淤泥、污泥；4.《关于污（废）水处理设施产生污泥危险特性鉴别有关意见的函》及《固体废物污染环境防治法》相关条文，证明生活污水处理所产生污泥为一般固体废物，国家鼓励、支持固体废物综合利用，对固体废物的运输、存储、处置等过程中造成二次污染的行为应适用《固体废物污染环境防治法》第十七条及第六十八条的规定；5. 资源综合利用技术咨询报告，证明原告作为以废弃物的处理和再次利用为主要业务的资源综合利用企业，可享受增值税即征即退 70% 的税收优惠政策；6. 股权转让协议、交接清单，证明原告在 2016 年 8 月发生股权转让，被告对原告执法检查时正处于新旧股东交接期间；7. 财税〔2015〕78 号文件，证明企业违反税收、环境保护的法律法规受到警告或者单次 1 万元以下罚款之外的其他处罚的，在此后 36 个月内无法享受税收优惠。

关于原告提供的前述证据，被告对证据 1 真实性无异议，但认为资源再利用企业不能成为环境处罚豁免的理由；对证据 2 真实性无异议，但原告不能据此证明其在生产过程中未产生臭气；对证据 3 真实性无异议，相关处理协议中明确约定不能造成二次污染，否则原告应承担相应责任；对证据 4 真实性无异议，原告系无组织排放造成臭气浓度超标，应适用《大气污染防治法》，不应适用《固体废物污染环境防治法》；对证据 5、证据 6、证据 7 真实性无异议，但认为均与本案无关。

被告为证明其主张，向本院提供了以下依据、证据：

一、依据：《中华人民共和国环境保护法》（以下简称《环境保护法》）第十条第一款及《大气污染防治法》第五条第一款，作为其职权依据；《中华人民共和国行政处罚法》第三十六条、第三十七条、第四十二条，《环境行政处罚办法》第二十二条、第二十六条、第二十七条、第三十三条、第三十五条、第四十五条、第四十八条、第五十一条、第五十五条，作为其执法程序依据；《大气污染防治法》第十八条、第九十九条第（二）项，作为其法律适用依据。

二、执法程序证据：《监测数据/报告收发记录单》，行政处罚立案报告表，案情调查报告，行政案件拟处理意见，行政案件审理意见，金环保听告字〔2016〕第224号《行政处罚听证告知书》、金环保改字〔2016〕第224号《责令改正通知书》、金环保听告回字〔2016〕第224号《听证回执》及前述文书的送达回证与送达现场情况，听证通知书、送达回证，听证笔录，听证报批表，行政处罚决定文书送达回证，上述证据证明被告于2016年9月5日收到金山环境监测站移交的《监测报告》后，依法立案和调查，后进行了听证，作出被诉行政处罚决定并进行送达。

三、认定事实证据：1. 信访处理单，证明执法来由，被告因群众信访投诉对原告进行执法检查；2. 现场检查笔录，证明被告执法人员于2016年8月17日对原告厂区进行检查并制作了笔录；3. 询问笔录，证明被告对原告进行了调查询问；4. 现场监测工况记录，证明金山环境监测站现场采样情况；5.《测试报告》，证明该报告中《监测报告》的监测数据显示原告厂界臭气浓度超标；6. 检验检测机构资质认定证书附表，证明金山环境监测站具有检验检测机构资质；7.《恶臭污染物排放标准》，证明测试报告系依据国家标准作出；8. 金环许〔2009〕201号《关于多规格环保型淤泥烧结多孔砖技术改造项目环境影响报告表的审批意见》、金环验〔2012〕79号《关于"年新增2000万块多规格环保型淤泥烧结多孔砖技术改造项目"环境保护设施竣工验收的审批意见》，证明原告运营项目系新扩改建项目；9.《对其他环境保护违法行为的罚款幅度的一般裁定》，证明被告综合考虑原告违法行为对环境的影响程度、对社会的影响程度以及原告的整改情况、违法次数、配合调查情况等因素后确定了具体处罚幅度；10. 信访处理单及中央环境保护督察组举报受理交办清单，证明原告被群众数十次投诉排放臭气、黑烟等问题，被告确定处罚金额时考虑了原告行为造成的社会影响；11. 原告公司出具的情况说明，证明被告裁量处罚金额时考虑了原告整改情况；12. 第 2020150479 号《行政处罚决定书》及其送达回证，金环保改字〔2015〕第 479 号《责令改正通知书》，证明原告曾因 2015 年 7 月 20 日厂界臭气浓度超标被被告责令改正、罚款35000 元，被告确定被诉行政处罚决定罚款金额时考虑了原告违法次数因素。

关于被告提供的上述证据，原告认为事实证据中，证据 1 未体现群众反映排放臭气问题；对证据 3 真实性无异议，询问对象是原告员工，其已陈述臭气扩散是因新旧股东交接，未及时处理堆积的污泥所致；对证据 7，认为被告未明确原告所在区域所属环境空气功能区类型以及执行的恶臭污染物厂界标准值等级标准，亦未确定是采用了连续排放源采样频率，还是采用了间歇排放源采样频率；对证据 8 真实性无异议，原告生产过程中不产生臭气，废气通过 56米高烟囱排放；对证据 9 无异议，系被告执法裁量时的参考标准；证据 10 无法确认其真实性。对其他证据，原告未提出异议。

根据原、被告双方的举证、质证意见及案件审理情况，本院对双方提供的依据、证据认证如下：对原告提供的证据 1、证据 2、证据 3、证据 4 的真实性予以确认；证据 5 系资源综合利用技术咨询报告，证据 6 系原告股权转让材料，证据 7 系税务政策，均与被告是否应对原告进行环境行政处罚无关，本院均不予采信。被告提供的依据均系有效法律规范，本院予以确认。被告事实证据 1 与证据 10 可相互印证，证实群众多次投诉原告厂区排放臭气，本院均予采信；证据 7 系国家标准，对其真实性予以确认，原告就证据 7 所提异议与证据 5 中《监测报告》是否可以采信紧密相关，本院将在后文进行认定；被告提供的其他认定事实证据及执法程序证据能够完整反映群众投诉、现场检查、取样检测、立案调查、责令改正、组织听证等行政处罚过程及相关事实，本院均予采信。

结合当事人的庭审陈述和上述认证的证据，本院确认以下事实：

因群众举报，2016年8月17日，被告K区环保局执法人员前往原告某某公司进行检查，并由金山环境监测站工作人员对该公司厂界臭气和废气排放口进行气体采样。同月26日，金山环境监测站出具了编号为XF26-2016的《测试报告》，该报告中的《监测报告》显示，依据《恶臭污染物排放标准》（GB14554-93）规定，臭气浓度厂界标准值二级为20，经对原告某某公司厂界四个监测点位各采集三次样品进行检测，3#监测点位臭气浓度一次性最大值为25。2016年9月5日，被告K区环保局收到前述《测试报告》，遂于当日进行立案。经调查，被告K区环保局于2016年11月9日制作了金环保改字〔2016〕第224号《责令改正通知书》及《行政处罚听证告知书》，并向原告某某公司进行了送达。应原告某某公司要求，被告K区环保局于2016年11月23日组织了听证。2016年12月2日，被告K区环保局作出内容如前的被诉行政处罚决定。

另查明，2009年11月13日，被告K区环保局审批通过了原告某某公司上报的《多规格环保型淤泥烧结多孔砖技术改造项目环境影响报告表》，2012年12月5日前述技术改造项目通过被告K区环保局竣工验收。同时，2015年以来，原告某某公司被群众投诉数十起，反映该公司排放刺激性臭气等环境问题。2015年9月9日，因原告某某公司同年7月20日厂界两采样点臭气浓度最大测定值超标，被告K区环保局对该公司作出金环保改字〔2015〕第479号《责令改正通知书》，并于同年9月18日作出第2020150479号《行政处罚决定书》，决定对原告某某公司罚款35000元。

本院认为，根据《环境保护法》第十条第一款的规定，被告作为县级以上地方人民政府环境保护主管部门，具有对所在行政区域环境保护工作实施监管管理的法定职责，有权对环境违法行为进行处理。被告接到群众投诉后，对原告生产场所进行检查，并由金山环境监测站对原告厂界四个点位进行了气体采样，在接到《监测报告》后，被告进行立案，经调查，作出责令改正通知并进行听证，后作出被诉行政处罚决定，执法程序并无不当。本案的争议焦点在于：1. 被告根据《监测报告》认定原告排放臭气且浓度超标是否有误；2. 被告适用《大气污染防治法》对原告涉案行为进行处罚是否正确；3. 被诉行政处罚决定处罚幅度是否合理。

关于第一个争议焦点，原告认为其生产过程中通过烟囱排放的气体并未超标，厂区内的臭气来源于作为其生产物料的污泥，而污泥系其他企业产出，其非污泥的生产者，故其不是臭气排放者，同时，被告处罚依据的金山环境监测站《监测报告》认定原告厂区适用的恶臭污染物厂界标准值有误，采样频率亦不明确。对此，本院认为，根据《大气污染防治法》第十八条的规定，企业事业单位和其他生产经营者向大气排放污染物的，应当符合大气污染物排放标准，遵守重点大气污染物排放总量控制要求。本案无证据可证实臭气来源于污泥，即使可能来源于污泥，原告作为排污单位，生产活动全程排放的污染气体均应符合国家标准的要求，既包括有组织排放，也包括泄漏、无组织排放。生产原料的处置、管理属于生产环节之一，原告作为生产单位对此负有环境管理义务，因疏于管理导致厂界臭气浓度超标亦应承担相应责任。关于原告厂界执行何种恶臭污染物排放标准的问题，《恶臭污染物排放标准》将恶臭污染物厂界标准值分为三级，排入"GB3095"中一类区的执行一级标准，排入二类区的执行二级标准，排入三类区的执行三级标准。该标准中恶臭污染物厂界标准值是对无组织排放源的限值，其中二级标准又分为两类，第一类为"新扩改建"类，臭气浓度标准限值为20；第二类为"现有"类，臭气浓度标准限值为30。该标准同时规定，1994年6月1日起立项的新、扩、改建设项目及其建成后投产的企业执行二级、三级标准中相应的标准值。《恶臭污染物排放标准》于1994年1月15日实施，而"GB3095"所指代的《环境空气质量标准》已多次进行修订，最新修订的《环境空气质量标准》（GB3095-2012）于2016年1月1日实施，其中调整了环境空气功能区分类，将三类区并入二类区，一类区为自然保护区、风景名胜区和其他需要特殊保护的区域，二类区为居住区、商业交通居民混合区、文化区、工业区和农村地区。金山环境监测站结合原告厂区所在区域及原告已于2009年实施项目技术改造等情况将原告厂界臭气浓度标准认定为二级标准"新扩改建"类限值20，并无不当。关于环境监测机构出具的《监测报告》是否明显有误的问题，金山环境监测站具有对臭气浓度进行检验检测的资质，其对监测对象厂界臭气浓度的采样、检测具有专业判断能力。《恶臭污染物排放标准》规定，排污单位排放的恶臭污染物，在排污单位边界上规定监测点的一次最大检测值必须小于或等于恶臭污染物厂界标准值。同时，该标准对于无组织排放源监测按连续排放源及间歇排放源的不同规定了不同采样频率：连续排放源相隔 2 小时采集一次，共采集 4 次，取其最大测定值；间歇排放源选择在气味最大时间内采样，样品采集次数不少于 3 次，取其最大测定值。由此可见，对大气污染物的排放测定应采取严格的方式和方法，即使在最大负荷生产和排放以及在最不利于污染物扩散稀释的条件下，排放监控值亦不应超过排放标准规定的限值。金山环境监测站根据现场情况，按照间歇排放源采样频率对原告厂界四个监测点位各采集三次样品进行检测，取其最大测定值，符合选择尽可能高的生产负荷及不利于污染物扩散稀释的条件进行检测的原则，未违反《恶臭污染物排放标准》的要求，本院予以尊重、认可。因此，被告认定原告 2016 年 8 月 17 日厂界 3#监测点臭气浓度一次性最大值 25 超过规定排放限值 20，事实清楚，证据确凿。

关于第二个争议焦点，原告认为厂界恶臭来源于生产用的污泥，污泥属于一般固体废物，其涉案行为应适用《固体废物污染环境防治法》第六十八条第一款第（七）项及第二款的规定，不应适用罚款数额更高的《大气污染防治法》第九十九条第（二）项规定。前者规定，未采取相应防范措施，造成工业固体废物扬散、流失、渗漏或者造成其他环境污染的，处一万元以上十万元以下的罚款；后者规定，超过大气污染物排放标准或者超过重点大气污染物排放总量控制指标排放大气污染物的，由县级以上人民政府环境保护主管部门责令改正或者限制生产、停产整治，并处十万元以上一百万元以下的罚款；情节严重的，报经有批准权的人民政府批准，责令停业、关闭。前者规制的是未采取防范措施造成工业固体废物污染环境的行为，后者规制的是超标排放大气污染物的行为；前者有未采取防范措施的行为并具备一定环境污染后果即可构成，后者排污单位排放大气污染物必须超过排放标准或者重点大气污染物排放总量控制指标才可构成。本案中，被告接到群众有关原告排放臭气的投诉后进行执法检查，检查、监测对象是原告排放大气污染物的情况，《监测报告》显示臭气浓度超标，故适用《大气污染防治法》第九十九条第（二）项规定更为贴切和准确，且如前所述，本案并无证据可证实臭气是否来源于任何工业固体废物，故被诉行政处罚决定适用法律并无不当。

关于第三个争议焦点，在案证据及庭审情况证实，被告在确定罚款幅度时，综合考虑了原告违法行为对环境及社会的影响、违法次数、配合调查取证情况、整改情况以及原告企业性质等因素，决定罚款 25 万元，罚款数额亦在《大气污染防治法》第九十九条第（二）项规定的法定裁量幅度内，被诉行政处罚决定处罚幅度并无不当。

至于原告提及被告查处时其公司处于新旧股东交接期间，且其系资源综合再利用企业，受到行政处罚将无法享受税收优惠政策，进而影响企业发展经营，本院认为，是否处于新旧股东交接期间，处罚后是否影响税收优惠均非环境执法应考量因素，资源综合再利用企业亦非环境处罚豁免的理由，原告主张无法成立。

综上，被诉行政处罚决定认定事实清楚，证据确凿，程序合法，适用法律正确，原告诉讼请求缺乏事实根据和法律依据，本院不予支持。依照《中华人民共和国行政诉讼法》第六十九条的规定，判决如下：

驳回原告某某公司的诉讼请求。

本案案件受理费 50 元，由原告某某公司负担（已缴纳）。如不服本判决，可在判决书送达之日起十五日内，向本院递交上诉状，并按对方当事人的人数或者代表人的人数提出副本，上诉于上海市第一中级人民法院。

审判长　徐　某

审判员　崔某某

审判员　许　某

二〇一七年三月二十七日

书记员　刘　某

附录 9：陈某某与某市市场和质量监督管理委员会

某区食品药品监督管理局其他二审判决书

某省某市中级人民法院

行 政 判 决 书

〔2017〕粤 03 行终 453 号

上诉人（原审原告）陈某某，男。

被上诉人（原审被告）某市市场和质量监督管理委员会某区食品药品监督管理局。

法定代表人郑某某，该局局长。

委托代理人陈某某，该局工作人员。

委托代理人赖某某，该局工作人员。

上诉人陈某某因与被上诉人某市市场和质量监督管理委员会某区食品药品监督管理局（简称某区食药监局）不予行政处罚决定纠纷一案，不服某省某市某区人民法院〔2016〕粤 0308 行初 1240 号行政判决，向本院提起上诉。本院依法组成合议庭，对本案进行了审理，现已审理终结。

上诉人陈某某上诉称，某区食药监局提供的检验报告与案涉产品不符。一审法院认为（微量二氧化硫）二氧化硫的含量并不会影响食品安全，认定错误。二氧化硫过量食用对人体有害，标注（微量二氧化硫）对消费者已造成误导。综上，陈某某请求：1. 撤销某省某市某区人民法院〔2016〕粤 0308 行初 1240 号行政判决或将本发回重审；2. 撤销某区食药监局作出的涉案不予行政处罚决定；3. 判决某区食药监局对陈某某举报工单编号为 201508280002 的违法举报重新作出处理；4. 判决某区食药监局承担本案一审、二审诉讼费。

被上诉人某区食药监局答辩称：一、本案涉及标签违法行为，被举报人的行为违反了旧食品安全法第 42 条第一款第九项的规定。鉴于情节轻微并及时纠正，未发生其他危害后果，陈某某也没有提交证据证明涉案产品涉嫌质量问题或者其因涉案产品而造成的危害的后果，所以某区食药监局依据行政处罚法第27条第二款的规定作出不予行政处罚，决定正确。二、本案涉及被举报产品标签没有标明二氧化硫具体含量的问题，不是二氧化硫含量多少的问题。三、某区食药监局作出被诉不予行政处罚决定，目的在于保护不特定消费者的普遍利益，而并非针对陈某某的个人利益，对陈某某的合法权益没有产生实际的影响。陈某某与被举报人之间的争议，可以通过其他途径予以解决。

经审理，原审查明的事实无误，本院予以确认。

本院认为，本案某区食药监局针对陈某某的举报，经现场检查并调取涉案商品进销台账等证据材料，认定被举报人构成销售标签不合格食品的行为；鉴于被举报人违法行为轻微并及时纠正，某区食药监局决定责令被上举报人改正违法行为，不予行政处罚，事实和法律依据充分，程序合法。关于陈某某上诉时提及的《最高人民法院关于发布第12批指导性案例的通知》（法〔2016〕172号）中的指导案例60号，该案例为盐城市奥康食品有限公司东台分公司诉盐城市东台工商行政管理局工商行政处罚案，其裁判要点为：食品经营者在食品标签、食品说明书上特别强调添加、含有一种或多种有价值、有特性的配料、成分，应标示所强调配料、成分的添加量或含量，未标示的，属于违反《中华人民共和国食品安全法》的行为，工商行政管理部门依法对其实施行政处罚的，人民法院应予支持。该案例的裁判要点在于人民法院应当支持市场监管部门对涉案违法行为实施的行政处罚，但该案例并不意味着所有涉案类型的违法行为，市场监管部门均应当给予行政处罚。是否给予违法行为人行政处罚，仍应由行政机关根据案件具体情况，在法律、法规、规章规定的处罚幅度范围内，依法行使行政裁量权予以确定。本案某区食药监局在认定被举报人销售行为违法的基础上，依据《中华人民共和国行政处罚法》第二十七条关于不予行政处罚的规定，基于本案具体情况，决定对被举报人不予行政处罚，并无明显不当。故陈某某关于撤销某区食药监局对被举报人作出的涉案不予行政处罚决定的理由不能成立，本院不予采纳。综上，一审判决认定清楚，适用法律、法规正确，本院予以维持。陈某某的上诉请求不能成立，本院予以驳回。依照《中华人民共和国行政诉讼法》第八十九条第一款第（一）项之规定，判决如下：

　　驳回上诉，维持原判。

　　本案二审案件受理费人民币 50 元，由上诉人陈某某负担。

　　本判决为终审判决。

审判长　王某某

审判员　杨某某

审判员　王某某

二〇一七年六月二十二日

书记员　袁　某

后　记

本套丛书中的《法治政府要论——基本原理》《法治政府要论——组织法治》《法治政府要论——程序法治》《法治政府要论——行为法治》《法治政府要论——救济法治》是在武汉大学人文社会科学首批次"70后"学者科研项目资助计划"服务型政府研究团队"（2009）系列研究成果的基础上，修改补充而成。在这近10年的漫长过程中，我所指导的研究生参与了书稿的修改、补充、校对等工作，在此，特别感谢他们所作的贡献；感谢武汉大学人文社会科学院的课题资助，感谢时任院长肖永平教授对课题的支持；感谢团队成员的精诚合作。

《法治政府要论——责任法治》是在中国法学会2010年度部级课题《行政责任法研究》（CLS-B1007）最终成果基础上，经反复修改补充所形成的。在此，感谢中国法学会的课题资助，感谢课题组成员的精诚合作，感谢丁安然、童丽两位博士生的参与。

另外，特别感谢钱静博士在出版基金申报中所提供的宝贵支持；感谢美丽的胡荣编辑细致的编辑工作和武汉大学出版社对本套丛书的支持；感谢国家出版基金的资助。

尽管成书历时漫长，但书中缺漏和不足仍让我心怀忐忑。恳切希望得到学界同仁的批评指正。

江国华

2021年3月22日